汾州府志

清乾隆版　第一册
卷首至卷五

山西文華·史料編

劉益令◎整理

《山西文華》編纂委員會　編

山西出版傳媒集團
三晋出版社

圖書在版編目(CIP)數據

汾州府志：清乾隆版 / 劉益令整理. —太原：三晋出版社，2016.9

ISBN 978-7-5457-1408-1

Ⅰ. ①汾… Ⅱ. ①劉… Ⅲ. ①山西—地方志—清代 Ⅳ. ①K292.5

中國版本圖書館 CIP 數據核字(2016)第 248763 號

汾州府志（清乾隆版）

整　　理：劉益令
責任編輯：任俊芳
封扉設計：山西天目·王明自

出 版 者：山西出版傳媒集團·三晋出版社（原山西古籍出版社）
地　　址：太原市建設南路 21 號
郵　　編：030012
電　　話：0351-4922268（發行中心）
　　　　　0351-4956036（總編室）
　　　　　0351-4922203（印製部）
網　　址：http://www.sjcbs.cn

經 銷 者：新華書店
承 印 者：山西臣功印刷包裝有限公司

開　　本：700mm × 1000mm　1/16
印　　張：134.25
字　　數：850 千字
版　　次：2016 年 10 月　第 1 版
印　　次：2016 年 10 月　第 1 次印刷
書　　號：ISBN　978-7-5457-1408-1
定　　價：540.00 圓（全五册）

ISBN 978-7-5457-1408-1

《山西文華》編纂委員會

《山西文華》學術顧問委員會

（按姓氏筆畫排序）

李　零　李文儒　李學勤　袁行霈　唐浩明

梁　衡　張　頷　張光華　葛劍雄　楊建業

《山西文華》分編主編

著述編　劉毓慶　渠傳福

史料編　張慶捷　李晋林

圖録編　李德仁　趙瑞民

出版説明

山西東屏太行，西瀕黄河，北通塞外，南控中原，是中華民族的主要發祥地之一。中華文明輝煌燦爛，三晋文化源遠流長。歷史文獻豐富、文化遺産厚重，形成了兼容並包、積澱深厚、韵味獨特的晋文化。山西省政府決定編纂大型歷史文獻叢書《山西文華》，以彙集三晋文獻、傳承三晋文化、弘揚三晋文明。

《山西文華》力求把握正確方向，尊重歷史原貌，突出山西特色，薈萃文化精華，按照搶救、保護、整理、傳承的原則整理出版圖書。叢書規模大，編纂時間長，參與人員多，特將有關編纂則例簡要説明如下。

一、《山西文華》是有關山西現今地域的大型歷史文獻叢書，分「著述編」「史料編」「圖録編」。每編之下項目平列；重大系列性項目，按其項目規模特徵，制定合理的編纂方式。

二、「著述編」以一九四九年十月一日前山西籍作者（含長期在晋之作者）的著述爲主，兼收今人有關山西歷史文化的研究性著述。

三、「史料編」收録一九四九年十月一日前有關山西的方志、金石、日記、年譜、族譜、檔案、報刊等史料，以影印爲主要整理方式。

四、「圖録編」主要收録一九四九年十月一日前有關山西的文化遺産精華，包括古代建築、壁畫、彩塑、書畫、民間藝術等，兼收古地圖等大型圖文資料。

五、今人著述采用簡體漢字横排，古代著述采用繁體漢字横排。

《山西文華》編纂委員會

出版前言

汾州府，明萬曆二十三年（一五九五）由汾州陞置，清代延續不改，民國元年（一九一二）廢。清乾隆时，該府轄一州七縣：汾陽縣、孝義縣、平遥縣、介休縣、石樓縣、臨縣、永寧州（故治在今吕梁市離石區）、寧鄉縣（今中陽縣）。明萬曆四十一年（一六一三），知府王道一主修，任宏等編纂《汾州府志》十六卷。

乾隆《汾州府志》三十四卷，首一卷，孫和相纂修。孫和相，字調鼎，山東諸城人，乾隆三年（一七三八）舉人，三十二年（一七六七）任汾州府知府。孫和相蒞任後，「暇日審閲前志，惜其久而未修，爰集紳士，咨訪舊聞，酌定體例。復延休寧戴孝廉東原考證古今，筆削成書」（曹學閔序）。戴震，字東原，安徽休寧人，乾嘉學派代表人物。戴震應山西布政使朱珪之邀來到山西，受聘編纂《汾州府志》時，在制定體例、考證史實等方面貢獻頗大，但該志刊印時未具名。志書修成刊刻於乾隆三十六年（一七七一）。朱珪序言評價此志，「文體追乎古人，辭稱協諸德行也。若斯者蓋鮮」。

志首有鄂寶、吴巖、朱珪、徐浩、曹學閔、孫相和等六篇序，重修府志銜名，《例言》十則，《府城圖》《府治圖》《學宫圖》《汾州府全圖》《汾陽縣山川圖》《平遥縣山川圖》《介休縣山川圖》《孝義縣山川圖》《臨縣山川圖》《石樓縣山川圖》《永寧州山川圖》《寧鄉縣山川圖》等十二幅地圖，《漢以來沿革表》。全志共有沿革、星野、疆域、山川、城池、官署、倉廒、學校、壇壝、關隘、營汛、驛舖、户口、田賦、鹽税、職官、宦績、食封、流寓、人物、義行、科目、仕實、列女、古蹟、塚墓、祠廟、事考、雜識、藝文等三十個門目。

該志主要特點：一是注重地圖繪製，采用計里畫方之法，繪製的地理方位、距離遠近有了較爲明顯的進步。正如《例言》所稱：「地圖及沿革表志中開卷第一事也，作圖者少加意精核。檢視其圖，方嚮遠邇，茫然不辨，名爲有圖，不但如無圖而已，且適以滋惑。」二是注重考證核實，糾偏正誤。沿革類考釋古今西河、汾州、中都、平陽、介休、永安等地域變遷，指出汾陽軍之名北宋宣和前已有，正《元史・地理志》始於金之誤；對中陽一地引《史記・秦記》《史記正義》《晋書・地理志》《水經注》等文獻，證明戰國、漢代及北魏中陽之不同；古蹟類所記境内古城，均依據歷代地理志考證其沿革流變；流寓類糾正前志收録尹吉甫、介子推等七人之謬。此志注重史實考證，在清代方志中頗獲盛名，段玉裁評價稱：「其書之詳核，自古地志所未有。」三是記述條理清晰，資料十分豐富。該志《例言》中提出「府境雖廣，山川雖繁，按文而稽，條歸條貫」的主張，在記載山川時，先分清山的脈絡，再確定主脈、支脈；記水則以幹流統支流，做到了有條不紊。山川類既有主脈山峰，又兼及形勝、物産、人物、事件、傳説，有助於綜合了解境内山川的自然、人文、社會狀況。户口類既有汾州府總户數、總人口數，又詳列汾陽、平遥、介休、孝義、臨縣、石樓、永寧州、寧鄉縣各屬地乾隆三十四年的人口狀況。如汾陽縣當時已有四萬九千九百五十六户，男婦口達到二十八萬三千七百八十四人，子女小口十五萬一千四百七十九人，充分展現了清初經過休養生息，人口快速增長的歷史史實。祠廟類詳記汾州府及各屬地二百餘處祠、廟、寺、觀，對於研究當地宗教和民間信仰極有價值。四是嚴格標準、注重取捨。如人物類提出「志與史例有不同者，史善惡並書，志詳善而略惡」的取捨原則。藝文類則提出即使是當地人，但其所有與當地無關的奏疏、論著「例不當録」，而對於任職於當地的官員，所有士民頌美之辭，有阿諛奉承之嫌，「亦例不當録」。五是廣徵博引、事出有據。志中凡涉考證、釋疑、糾偏、正誤，以及叙述沿革變遷之事，都以歷史文獻爲依據，做到了信而有徵。全志先後徵引的典籍有《禹貢》《爾雅》《周禮》《左氏春秋》《國語》《春秋經傳集解》《戰國策》《史記》《漢書》《後漢書》《魏書》《晋書》《水經注》《隋書》《元和郡縣志》《舊唐書》《五代史》《宋史》《金史》《元史》《明史》《明一統志》《讀史方輿紀要》《日知録》《潛印劄記》等。

山西省圖書館、山西大學圖書館等藏有清乾隆三十六年（一七七一）刻本。

此次入選《山西文華》的府州志項目在版本選擇上以珍貴、完備爲上。乾隆版《汾州府志》的珍貴性、價值性前文已述，衹在卷三十一、卷三十二兩卷卷目上，因當時印刷之誤，將「藝文五」錯訛爲「藝文七」、「藝文六」錯訛爲「藝文八」，卷三十三之後，均正確，此次影印出版，將整理目録以及頁眉統一糾正重排，正文則一仍其舊。特此說明。

劉益令

二〇一六年八月

目録

第一册

第二册

第三册

第四册

第五册

序

汾州府志序

刺史爲

天子守牧凡境内山川民風景物

一切屬世磨鈍之具罔不奉

茲

憲典然後乃爲良守禹貢所

一

載職方所掌詳哉其言之猶古志也三晉表裏山河
神京拱衛汾實我股肱郡牧斯土者省方問俗輯事寧人何所取哉語云前事不忘後事之師也志又曷可少哉

竊惟爲志者體例不難考
覈不精譬如嗜古者得舊
人尊卣敦盉彝環印錢刀之
品剔畫崖竅模糊瘢胝拾
爲己寶摩挲不置而數典忘
祖爲識者嗤正如買菜之求

序

益又多乎哉西河魏土文侯所與吕段干木田子方之遺風他如漢博陸侯唐汾陽王宋潞國公皆命世之英邁之撝武至清風亮節若介之推郭林宗後先輝映河山

洙泗之氣磅礴鬱積々人
同還不如古要有欽哉而
興者顧沂志自神廟後記
載闕如刺史孫君當有
幹實不蔽因循積習爰開館
縣書遍搜博訪拾遺補闕

穢者踈之浮者扶之訛者證
之暮年蒇事釐爲二册披
覽之下穆然如見山河之渟
峙阡陌之交錯人民之熙穰
前賢往哲之頡頏而下上也
夫豈燕石之珍不足當波斯

一盼哉洵乎其有合鄭康成知古知今之旨也余既喜刻史之居官克敦厥事亦甚望守牧者之多不忘所學也是為序

乾隆三十六年孟春撫晉

使者鄂寶撰并書

志猶史也合之則爲邦國周禮小史
掌之離之則曰四方周禮外史掌之
史不可闕志又安可廢顧作者非苟
焉已也如治室然自堂徂基規前矩
後成局在胸從而樸斲之垣墉之塈
茨丹艧之乃奕然煥然受張老之賀

矣汾州志成於前明萬歷中迄今百
數十年經思陵鼎革兵燹流離殆
如頹垣廢址不可收拾于此張皇
補苴視家所寡有加以潤色不可
得也刺史孫公來守是邦念古之
為政者必訪遺訓諮故實舍志奚

稽禮曰古也有志傳曰周志有之闕焉不講是返鑑索照也爰奮然起而脩之發凡起例徵文考獻凡建置之沿革陵谷之變遷風俗之醇澆物產之滋息與夫忠臣孝子義夫節婦及名賢流寓方技專門無不網羅散

佚著以傳著疑以傳疑是可以志矣吁世之傳舍其官惟刀筆筐筴是務至一切成敗利鈍陽闔不聞者比比而是倘有聞風興起慨然有作斯志之成庶幾納約自牖矣于是乎書

乾隆三十六年歲次辛卯督學使
者烏程吳嵒巖書

序

汾州府志序

府領一州七縣得漢太原郡之兹氏
中都京陵界休鄔西河郡之藺皐狼
離石隰成中陽土軍中亘大山若呂
梁黃櫨薛頡狐岐則二郡之所以限
唐宋已来為汾石二州兼有隰州地
府之設起明萬歷中後十餘年知府

一

序

王道一纂次府志寔始草創越今百六十餘載無繼而爲之者今秋之仲諸城孫君以新志若干卷請余言挂之簡端余謂此事匪易爲也且如汾州之名起北魏其初改吐京鎮爲州治蒲子城在今隰州徙治西河自裴良始而西魏之汾州在今宜川北周

之汾州在今吉州隋汾州在今霍州
前此之為西河郡治也起北魏太和
八年孝昌中則僑置平陽界而漢元
朔四年初置西河郡本在河西永和
五年南徙五百九里治離石迄於晉
不異若其依河表目見經傳子史者
地不一所咸非府境以所屬縣言中

都爲地三左氏春秋之中都在今河内魏書之中都在榆次永安爲地三漢晋之永安在霍州北魏孝昌後之永安與介休嘗僑置平陽而介休又僑置汲郡汾陽爲地五國語汾陽之田在平陽漢汾陽即静樂晋汾陽爲河東郡隸縣隋汾陽唐武德七年改

為陽曲其已後郡縣無汾陽之名而郭子儀封汾陽郡王鎮絳州以地名山澤言名梁山呂梁者春秋爾雅之梁山在少梁孟子之梁山在今乾州尸子呂覽淮南鴻烈暨水經注之呂梁在今保德州西為河之鉅隘而泗水中亘岨亦以名孔子所歎呂梁懸

序

水三十仞魚鼈不能遊者也名緜上
介山綿山者春秋之綿上在今翼城
後漢書之綿上在沁源揚雄河東賦
之介山在萬泉而翼城平定皆有綿
山鄔之北九澤班孟堅以為周職方
昭餘祁酈道元以為呂覽晉之大陸
胥失之然則凡所論著雖勤求經史

猶眩若棼絲也同名異地未能證實雜取其人與事於篇謂免識者之譏難矣孫君重其事不以所知自多復質諸休寧戴東原氏勒成一書於舊志既無可仍襲遂綜博古今嚴整義例用補闕典余歷官於閩於荆於晉欲備知地之險易政之利弊以敷宣

序

聖天子德意檢閱府州縣志至夥求其述地名山川能周知寰內形勢之全衇絡條貫不失地阞無紛糾傳合也記載官政以及田賦征傜爾雅明劃遠於胥吏案牘也傳一方之名宦人物審確不假借文體追乎古人辭稱恊諸德行也若斯者蓋鮮孫君素練於

治視昔時沉廢輒力舉不少因循玆
役亦其一焉用是驗孫君之守汾總
八州縣而握其柄者事事勤求畫若
斯之用心不亦懋歟不亦懋歟
乾隆三十五年嘉平月
賜進士出身
誥授通奉大夫山西布政使司布政使前

日講起居注官翰林院侍讀學士大典

朱珪撰

序

汾州府志序

合環宇内外及上下古今紀一代之顛末以成一家言名之曰史史之本於春秋嗣其後者推馬班爲最而馬班異同彼此相笑終無定論若省與府州縣各據一隅以立言不支不蔓既無溢美又毋使挂一漏萬且畫井分

一

疆犬牙相錯與鄰邑接壤如涇渭異流皂白異質不至杳冥而莫知其原惶惑而失其所守涖兹土者一切巨細洪纖無令其弛而不張久而湮滅是亦史家之遺意也汾州屬於山右前明萬歷間始建爲府爾時府志猶未修也迨萬歷三十七年知府

王君編次成書間有訛舛尚須釐正夫金可銷石可泐首事之人必賴乎踵事者使繼起無人則墜緒茫茫終歸沉泯蓋王君及今更一百六十餘年矣予同年生孫君越薪政尚清靜由滇南萬里

命守汾郡概舊志之久而未續因追

王君意臚列而次第之又獨力
難勝更聘戴東原先生襄其事
東原名士也博覽羣書考訂精
核寰海文人皆知之相與丹黃
甲乙首沿革終藝文為例三十
為卷三十又四使閲者雙眸炯
炯如白圭振鷺焉玆汾州分野
肇自禹貢屬於冀州嗣後因革

不一或称西河或称南朔或称介州或稱汾陽帯礫山河肘腋秦晋自卜子設教以来流風條韵猶未闌辞况温泉呈樂騶虞可懷金鎖玉亭膏壤沃野昌泰為漢之英俊宋梁則唐之賢豪近文忠烈狄武襄尤間世而一出者也由今溯昔士循乎禮教

民習乎樸誠事詩書安畊鑿不
亦休哉余奉
命分守冀寧嘉孫君之不辭勞瘁考
訂商榷既付剞劂而亦知產是
土者含哺鼓腹出入嬉遊莫非
我
皇上之生息教誨樂育涵煦之所致
乎因不揣固陋而弁于簡端

時
大清乾隆三十六年歲次辛卯春三
月山陰徐浩書

新修汾州府志序

郡邑之有志也，其史家之流乎？稽之於古，則圖稱之陳器者，籍稱之會稽，典錄祇述人物，羅含之記湘中，辛氏之記三秦，多談山水，二者各自成家。故劉知幾

有郡書地理書之别自宋以来
州縣志乘日以滋繁山川疆域貢
賦戶口仕宦人物莫不詳著於
編蓋無古二家之法而為之所
以存一方之文獻備正史之考稽
烏可闕焉而不具哉然而吏胥之

文傳抄寫或失體裁委巷之流傳沿襲虛乖事實是必有上下古今之學識而佐以典雅之文裁以簡要之筆然後可以傳世而行遠也汾州古稱西河明萬曆中始升州為府領縣七州一無有唐

序

汾石隰三州之境相沿至今者蓋
百五十餘年矣府之有志亦剏
於萬歷間規模粗具而疏略特
甚
國家統一海内無遠弗届歲甲
申學閲以西域新疆式廓應增入

大清一统志上請荷蒙
俞允并檄取天下府州縣志上之
史局而吾府志尚沿其舊章際
聖朝休養生息之治賦役清簡户
版庶繁官師先達懿美可紀倘
不及時撰次恐有久遠放失之患

學閱曩在里門與同年呂學三暨魏西銘昆仲私論及此輒以爲憾今太守諸城孫公以山左名宿來蒞吾郡政通人和百廢俱舉暇日繙閱前志惜其久而未修爰集紳士咨訪舊聞酌定體例

復延休寧戴孝廉東原攷證古今筆削成書公於聽政之餘仍親加潤色閱一年而告成體大思精文約義贍追常璩之詳審匹劉炳之該博所稱傳世行遠而有益於史家者其在斯

乎學閱薄宦京華數年於茲未
獲預校讐之末樂斯志之成而
吾鄉之文獻有徵也因不揣冒
昧而爲之序時
乾隆三十有五年歲在庚寅冬
至前七日

賜進士出身吏科掌印給事中

前史官郡人曹學閔撰

序

五

序

周官有土訓誦訓之職土訓掌道地圖以詔地事誦訓掌道方志以詔觀事鄭康成氏曰說地圖九州形勢山川所宜告王以施其事說四方所識久遠之事以告王觀博古所識然則圖志之書其由來蓋遠洛州自改府以來舊嘗有志越今百六十餘年曠而不修且舊志草創疎略於古今因革山川形勢跂之體要民之利病求其故

伸手見指懸衡取平未之能也夫郡之於縣所
謂臂之使指也因革形勢體要利病既未能示
諸掌將
朝廷詢風土徵典籍而
當事者問民間疾苦責其官守職司徒據去
今百六十餘年隸於事椽者以應其不可甚明
顧余爲是郡三載而後及志事何也非周察
而得其實不敢以爲言非精心於稽古曷敢輕

羣之書是以遲之又久略知爲是郡之大經乃復
徵詢八州縣備陳細目都舉統觀又適有休
寧戴東原氏來遊汾晉間今之治經之儒咸
首推戴君爲是志得其嚴加核訂以余之體
驗於今者更能信不謬於古矣郡故多賢智
學古之士聞余於茲遲之又久之意而卒底有
成也欣然相率而請校勘雕印不後於時余
亦以感郡之人才荒遠傳合者不必言其近而可

師昔之日不有狄武襄文忠烈其人德高業隆爲
國柱石若彼守人苟自勉今猶昔也志中之事
地事觀事存焉求其切民用達治道也志中
之人抑又求其端士趣厚民俗也是則余蓄於
心三載者如是因書以爲端首
乾隆辛卯季春之月知汾州府事
諸城孫和相撰書

汾州府志目録

重脩府志銜名

纂脩

汾州府知府孫和相山東諸城人戊午舉人

參訂

汾州府清軍同知李遵唐河南固始人甲子舉人

汾州府督糧通判劉望齡福建沙縣人監生

分脩

調任汾陽縣知縣朱濬甘肅靈州人丁卯舉人

汾陽縣知縣李文起廣東歸善人庚辰進士

原任平遥縣知縣德貴滿洲正白旂人丙辰舉人

平遥縣知縣蔡亮茂浙江德清人丁丑進士

介休縣知縣王謀文浙江山陰人貢生

原任孝義縣知縣鄧必安江西南豐人甲子舉人

孝義縣知縣黃印直隸天津人丙子舉人

原任臨縣知縣丁宗懋湖南醴陵人丙子舉人

臨縣知縣嚴慶雲陝西汧縣人辛未進士

石樓縣知縣梁植廣東順德人丙子舉人

永寧州知州王興穀江蘇金山人貢生

寧鄉縣知縣朱懋炳四川崇慶州人壬申進士

參閱

汾州府儒學教授李時中山西太平人庚辰進士
汾州府儒學訓導陳璉山西代州人廩貢

督理

經歷司經歷毛麟江蘇陽湖人史館議叙

採訪

戊子舉人卞爾珖
乙酉拔貢王廷槐

校對

乙酉舉人程學曾
乙酉舉人馬錦襄

候選理問賈應

監生杜玫

監刋

原任知縣段玿

原任巡檢魏國卿

貢生姜思熹

貢生郭繼僊

監生趙嘉泰

生員趙葆光

汾州府志

例言十則

汾州自前明萬曆二十三年攺府越十餘年知府王道一始纂次府志成於萬歷三十七年距今百六十餘年中間紀載闕如府屬一州七縣志雖各有增續亦距今數十年至有體應繫之府者州縣志固不得而詳況各志具存纂次多非其人往往因陋就簡稽其山川形勢及民間利病敝卷茫然夫以百六十餘年之遠八州縣之廣官事民事治要所在不可聽其散逸也用是訪輯成書蓋不敢云少待矣

志之首沿革也有今必先有古古曰州曰國國有分邑其後爲郡縣又其後設州以統郡郡以統縣而隋唐間州與郡無别惟稱名互改而已明以來則曰府曰州曰縣其間分合移徙隨時不同如一西河郡也其初在河西舊呼爲河套今鄂爾多斯左右翼六旗居之後漢永和五年始徙今府屬之永寧州北魏太和八年始置於今府治南十六里之故茲氏城孝昌二年則僑置平陽界北齊復太和中之舊一汾州也其初在今隰州孝昌中移今府境西魏别置汾州在今陜西宜川縣北周以東魏之南汾州爲汾州在今吉州尋又置汾州於今霍

州隋汾州亦與北周同唐武德三年復孝昌中之舊一平遥也其初曰平陶在今文水縣一介休也孝昌二年僑置平陽界永安中又僑置汲郡界今平遥縣漢中都也而北魏之中都徙置於榆次今孝義縣三國魏之中陽也而漢中陽西濱黄河北魏太和十七年於此置永安縣而孝昌二年則僑置平陽界前乎北魏者後漢魏晉之永安皆今霍州北周攻拔永安城亦在彼不在此昔人考之不審徒檢史書中涉乎西河汾州中都平遥介休永安之名者取而列諸名宦人物因又祀於名宦祠鄉賢祠論其世考其地實非官於斯產於斯者也而

此地之名宦人物往往遺失之故沿革定而上考往古乃始無惑

星野次乎沿革其說起於周禮九州之分星至春秋時言列國分星尤詳漢書乃以郡縣隸之然於古州國往往離齬不合葢秦漢間已失其傳非實有所見而分之者也存古說以見梗槩而沿革不明不可以道古作志者或先及之非其次矣至若圖繪星像錄步天歌尤屬固陋

疆域次沿革星野之後考今自是始也疆域辨而山川乃可得而紀

山川次乎疆域其奠也本天地之自然而形勢在焉風氣繫焉農政水利興焉作志者往往散列漫無敘次三者無由見也今以水辨山之脈絡而汾之東西山爲榦爲枝爲來爲去俾井然就敘水則以經水統其注入之枝水因而徧及澤泊隄堰井泉高高下下不失地防興水利除水患從是求之思過半矣故兼及自昔以來引渠灌溉之法築防疏濬之功備詳其下令衆山如一山羣川如一川府境雖廣山川雖繁按文而稽各歸條貫務求切於民用從來作志者僅點綴嬉遊勝景何小之乎視山川也

城池官署倉廒學校壇壝關隘營汛驛鋪戶口田賦鹽稅凡十有一者官事也民事也綱之紀之富之教之撫之衛之用之緩之政之大體於是乎在民之利病於是乎在故次疆域山川之後

職官名宦食封流寓四者至斯土者之往鑑也人物義行科目仕實列女五者宅斯土者之往鑑也職官食封不可勿存也府志於職官題名多至丞簿而止今載及縣尉者丞簿既裁則職在丞簿下者責務亦稍重也名宦必其德澤及民操持可法流寓非名賢不録此二者所以著愛慕也人物必大節卓然義行必爲善足風或

一事之有益於人亦附焉科目仕實猶職官食封之存之也巍科貴仕世俗之所豔稱或無大表見或有瑕疵指摘又或後世僅知其官階失其行事今不得而列之人物如職官題名中有失其行事者今不得而列之名宦也史家列傳外分忠義孝義文苑等目志書多倣之然史之列傳以爵位故有爵位不尊及無爵位者不得不別爲目以紀之志之人物以人品學問德業而忠孝固德之大端也有德有文者於人物見之專以文著者於科目仕實中散見之無庸複列至於名教所棄猶巧飾誣欺雖曾祀鄉賢邀聲譽今削而不録蓋志與史例

有不同者史善惡並書志詳善而畧惡也列女本非盡
屬節烈而賢婦往往鮮及之非賢婦之難也閨門以內
庸德之行雖美弗彰也又富貴之家猶有文飾其辭爲
傳爲記者窮巷下里實行其誰知之卽以節烈言其得
請旌表者非素饒之家則子孫猶能揚其幽芳者也彼
甘守凍餓老死屋下子孫無聞知無論力不能請旌卽
纂志時加意勤訪而莫舉以爲言且歷年稍遠松柏與
榛楚共泯没是可悲也遺者葢多書其所知而已職官
科目及烈女中之節烈録至纂志時乃止而名宦人物
義行仕實但著已往今之人其有待於後之人論定歟

古蹟塚墓祠廟事考四者備稽古者之檢之也雜識又其餘也寺觀附祠廟之下明非正也志書俗體列仙釋一目今卽各散見寺觀內凡逸事異聞世俗競傳之者皆見於雜識涉鄙俚荒謬亦不録風俗物產非逸事異聞比然無取乎泛常瑣濫以爲鋪張則爲語不多無庸別列二目故著之雜識之首

藝文繫之志末與列於前者互相叅證也纂志與集文不同故但以古今爲先後不區別文體敘詩亦然蓋志主乎地不取備文體也雖其地之人而生平所有奏疏論著於地無關者例不當録官斯土者及今在任一切

士民頌美之辭事涉導諛亦例不當録又有因事立文宜與事俱載於志而文或僅以通俗州縣志不妨備録府志亦一切贅收之則失體至如司馬温公撰文潞公家廟碑廟在洛陽不在介休喬宇觀緜水詩乃平定州之緜水此類尤不宜濫入以失作者之實凡古蹟非實題詠無嫌録之不可爲典要也碑記考序等一篇中雖有得有失無嫌人自爲說志内已有辨證存其文非取爲考覈也

地圖及沿革表志中開卷第一事也作圖者少加意精覈檢視其圖方嚮遠邇茫然不辨名爲有圖不但如無

圖而已且適以滋惑今列圖十有二而府境及八州縣
山川圖先布方格然後按山脈之條貫水流之委曲距
府州縣治之方嚮里數不使或爽至若方隅之觀各州
縣志多有所謂八景十景漫列卷端最爲鄙陋悉汰之
以還雅志內亦不涉及其題詠間取一二

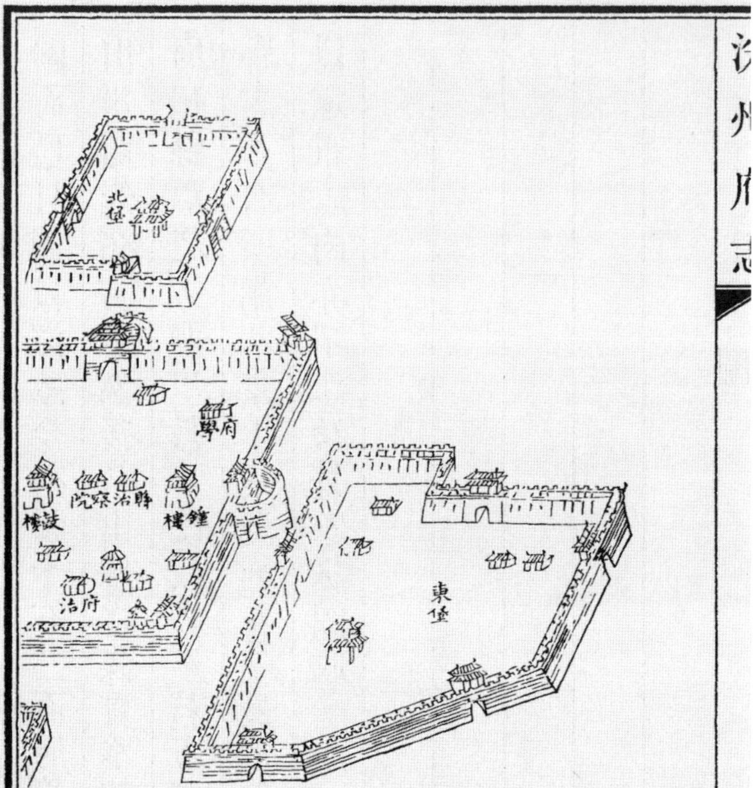

北堡
府學
鼓樓
察院
縣治
鐘樓
府治
東堡

右府城圖

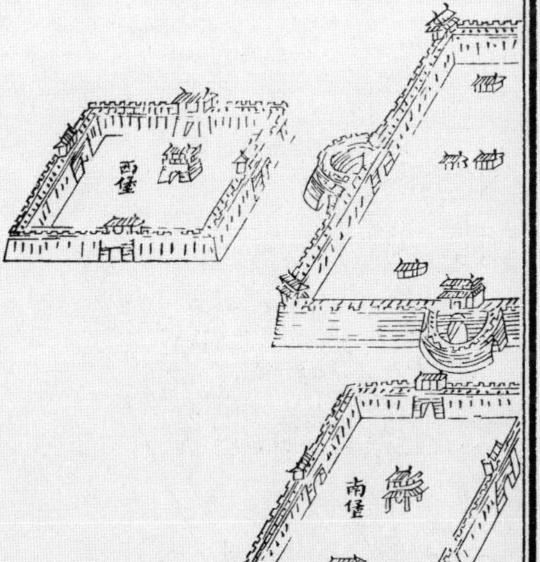

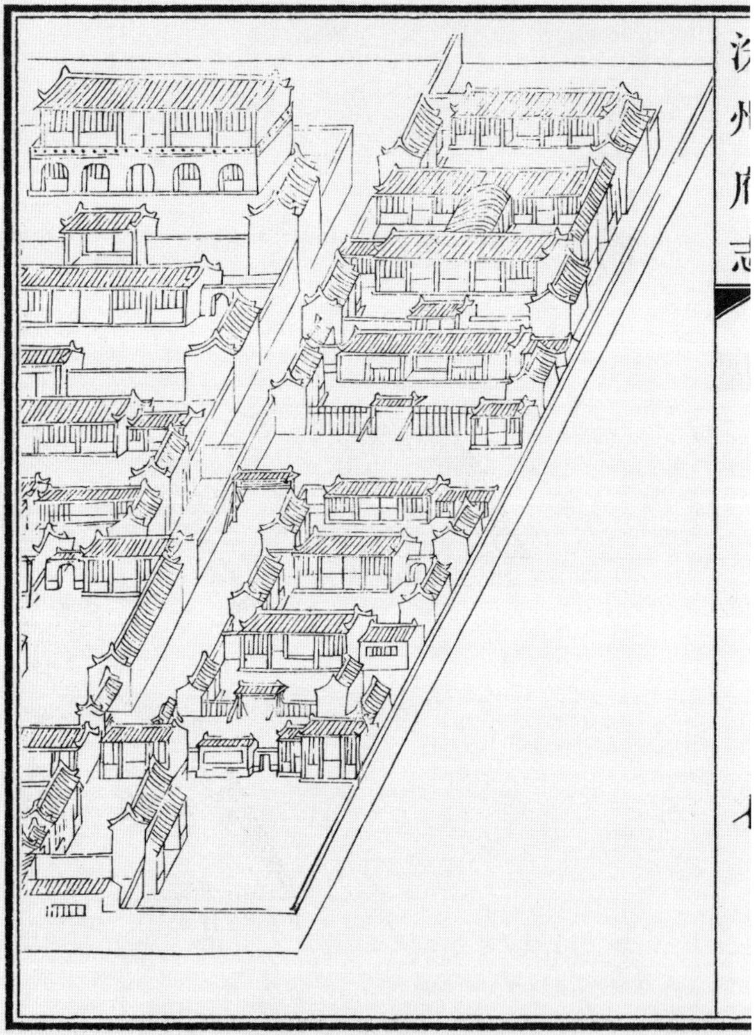

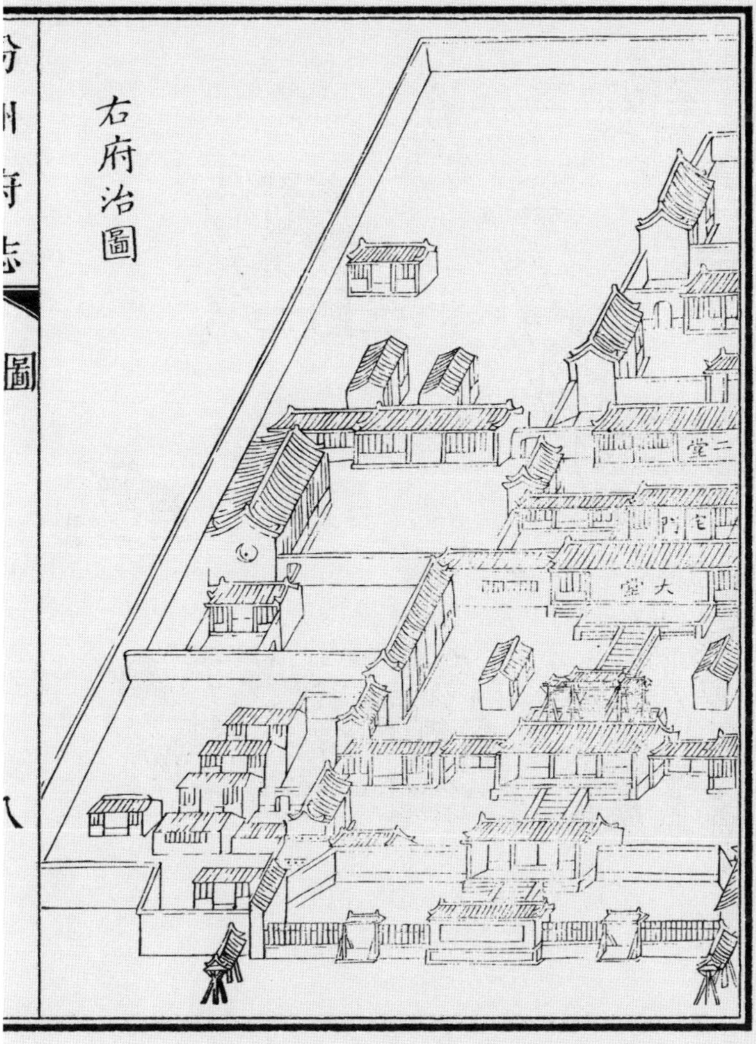
右府治圖
二堂
宅門
大堂

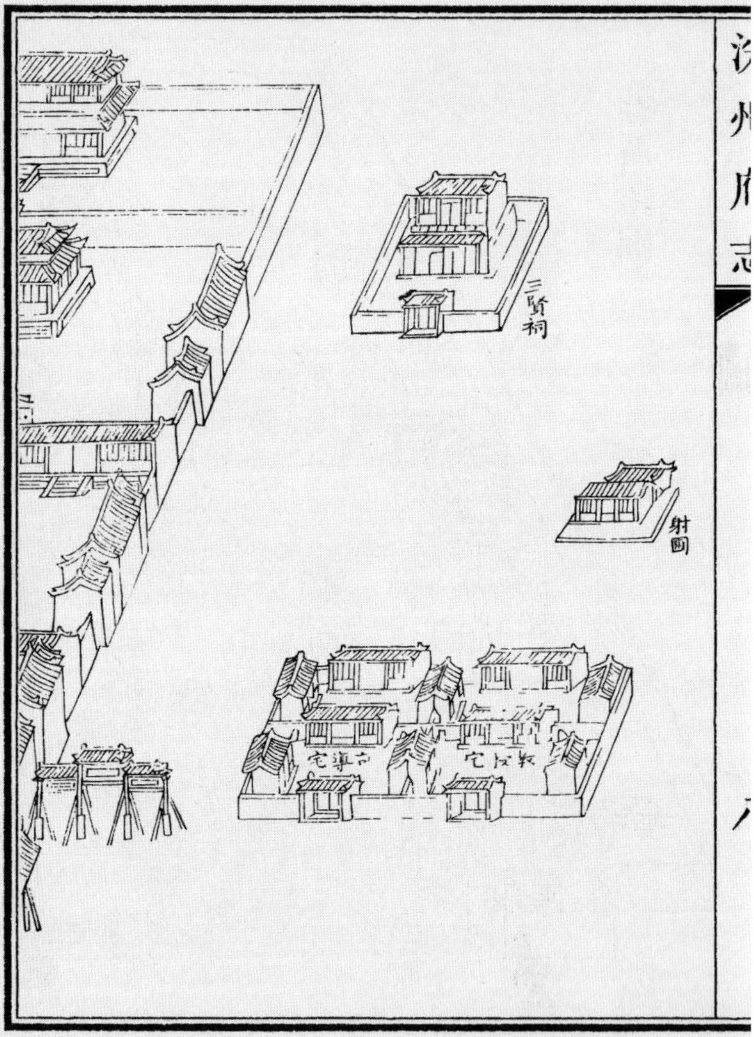
汾州府志
三賢祠
射圃

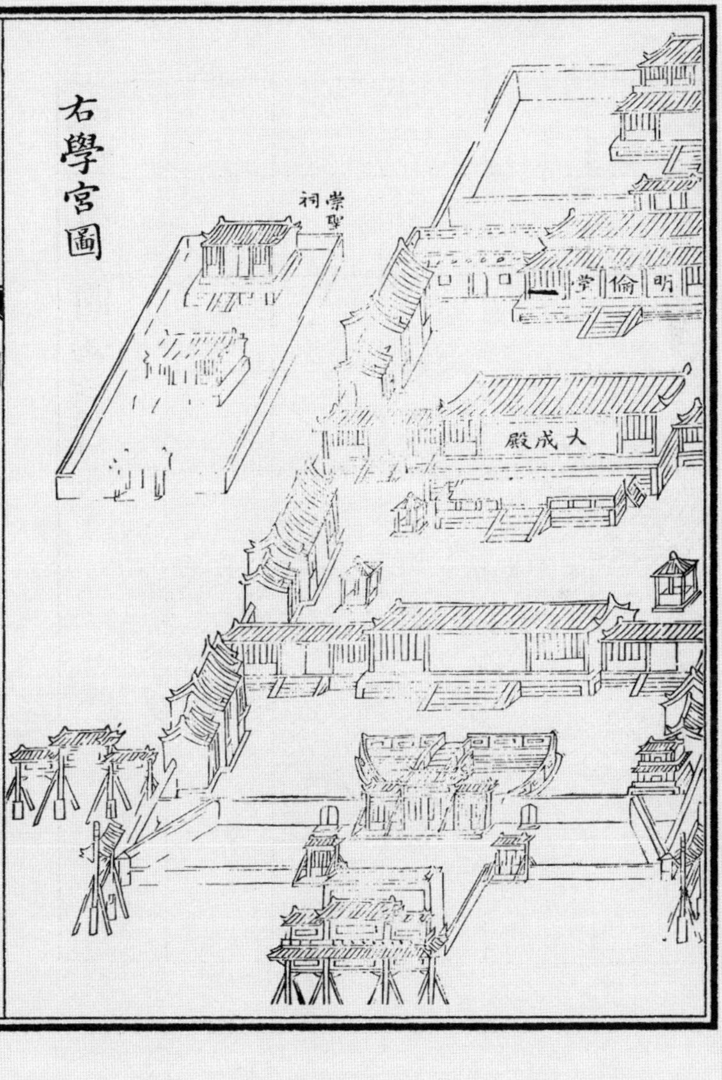
右學宮圖
崇聖祠
明倫堂
大成殿

汾州府全圖
每方五十里
交城縣界
文水縣界
祁縣界
武鄉縣界
沁源縣界
靈石縣界
汾陽
孝義
介休
張蘭鎮
文水
汾水

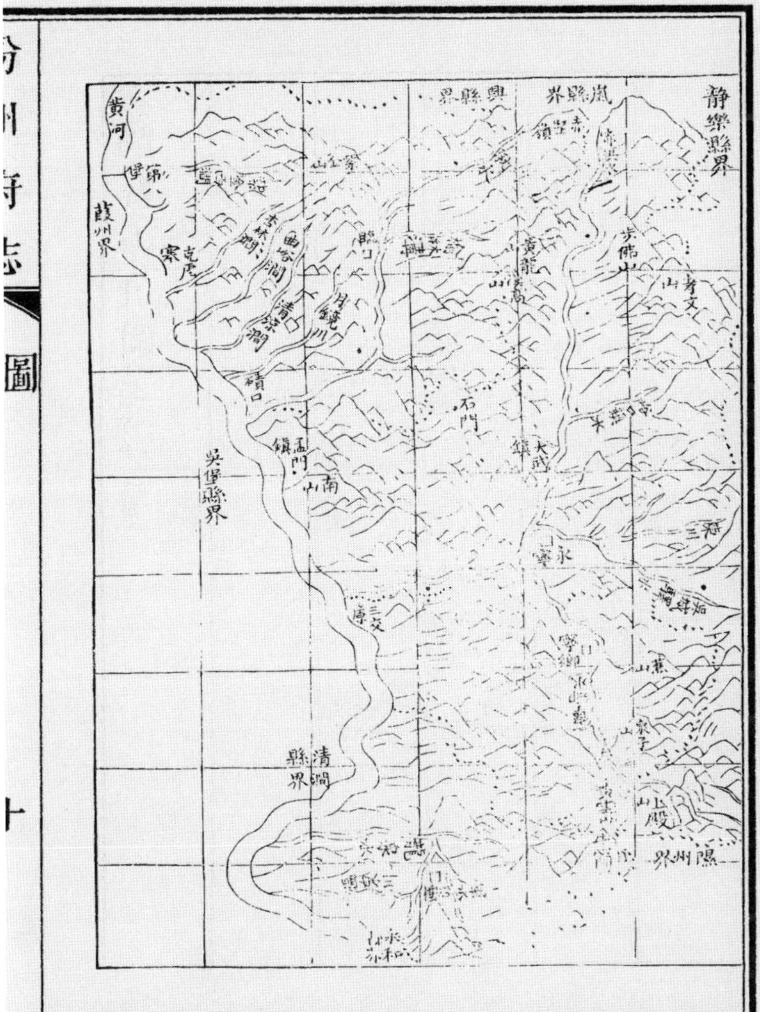
圖
靜樂縣界
嵐縣界
興縣界
黃河
葭州界
克虎寨
吳堡縣界
清澗縣界
隰州界
孟門鎮
南山
石門
大武鎮
永寧
步佛山
孝文山
黃龍山
月鏡川
積口
三交

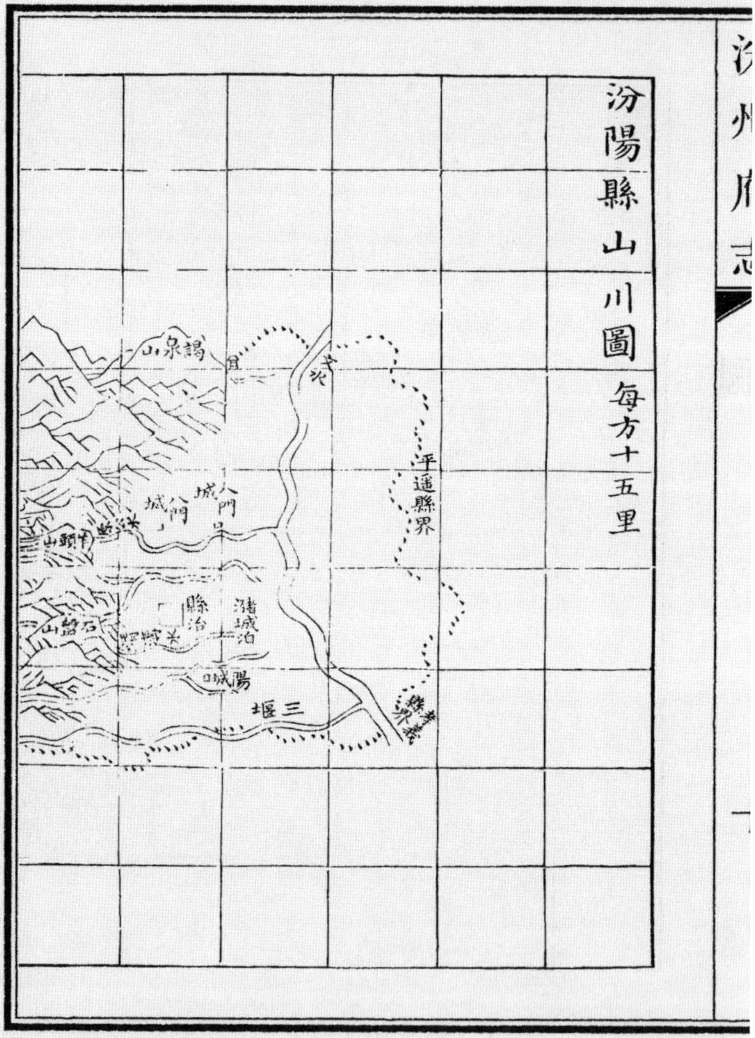
汾陽縣山川圖
每方十五里
謁泉山
文水
平遙縣界
八門城
縣治
舊城治
石盤山
陽城口
三堰
孝義縣界

汾州府志　圖　十一

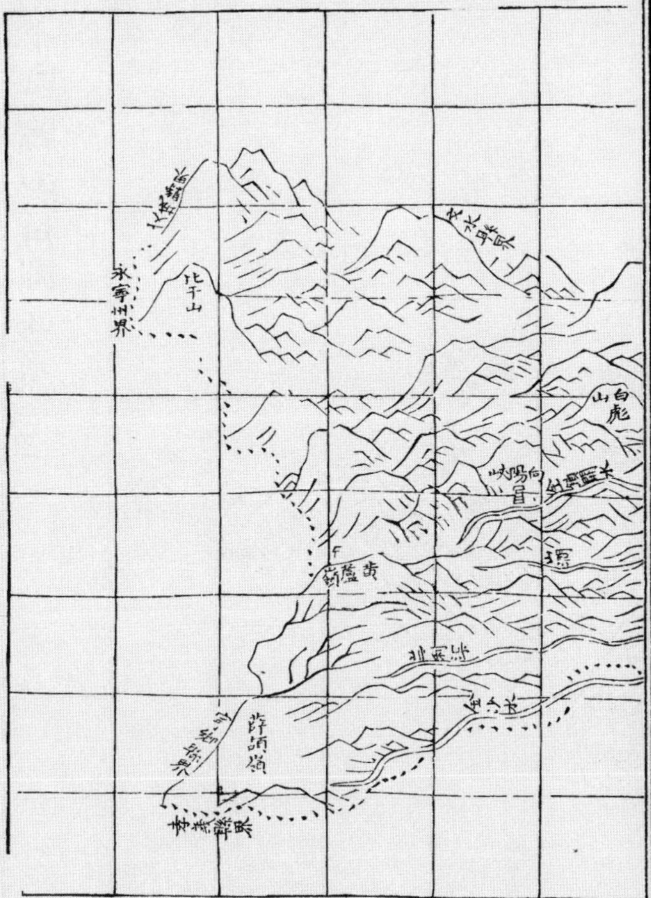

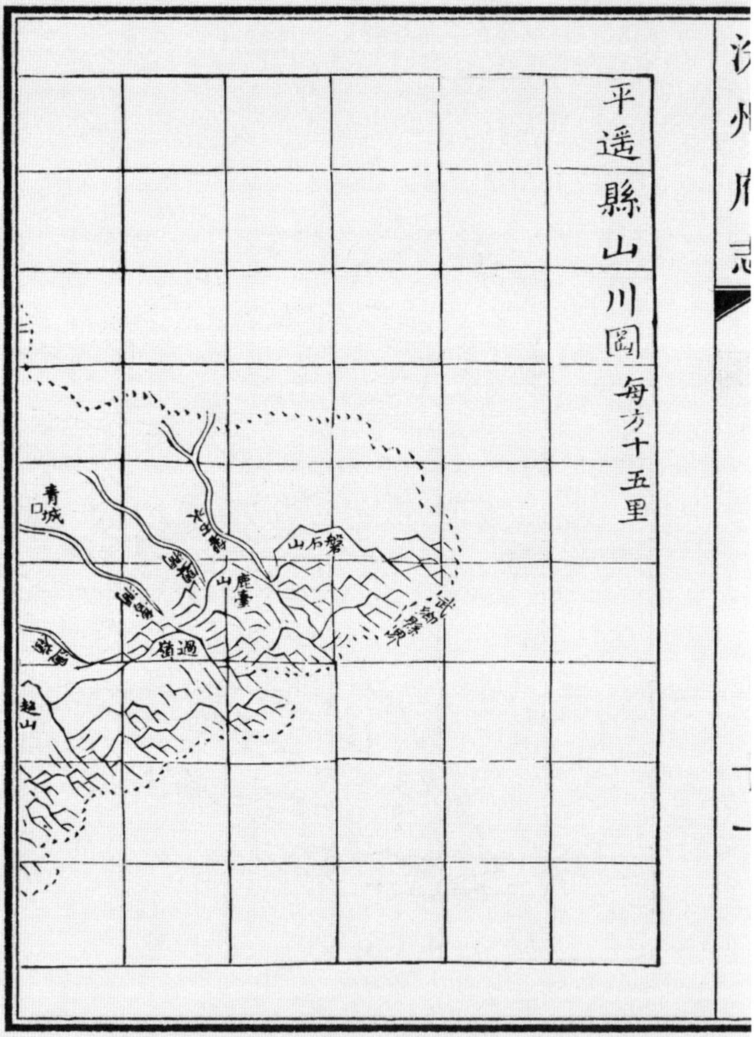
平遥縣山川圖
每方十五里
青城口
磐石山
鹿臺山
過嶺
超山
武鄉縣界

汾州府志　圖　十二

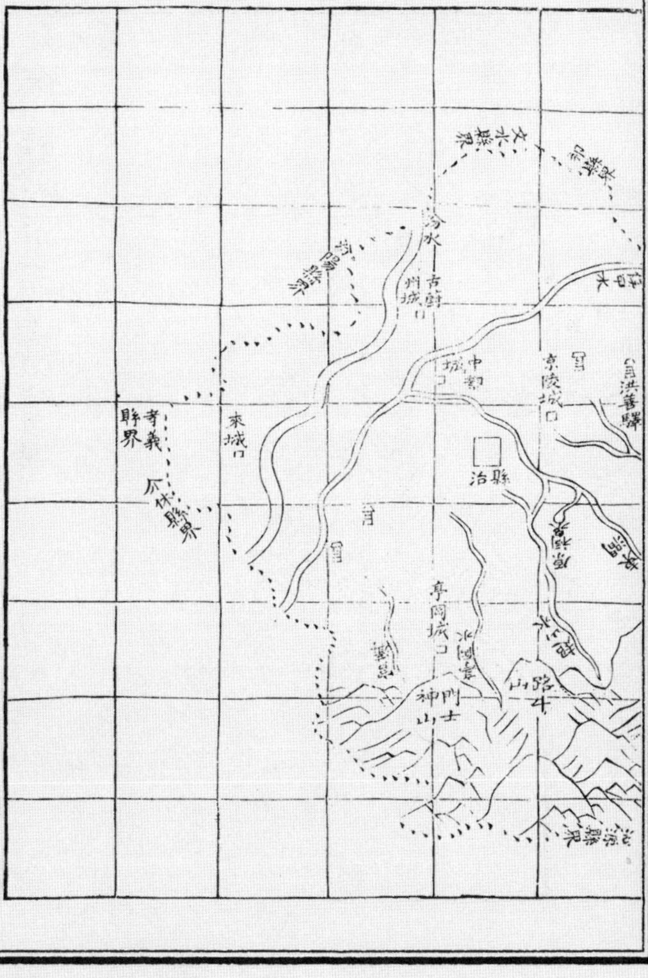

汾州府志

介休縣山川圖 每方十五里

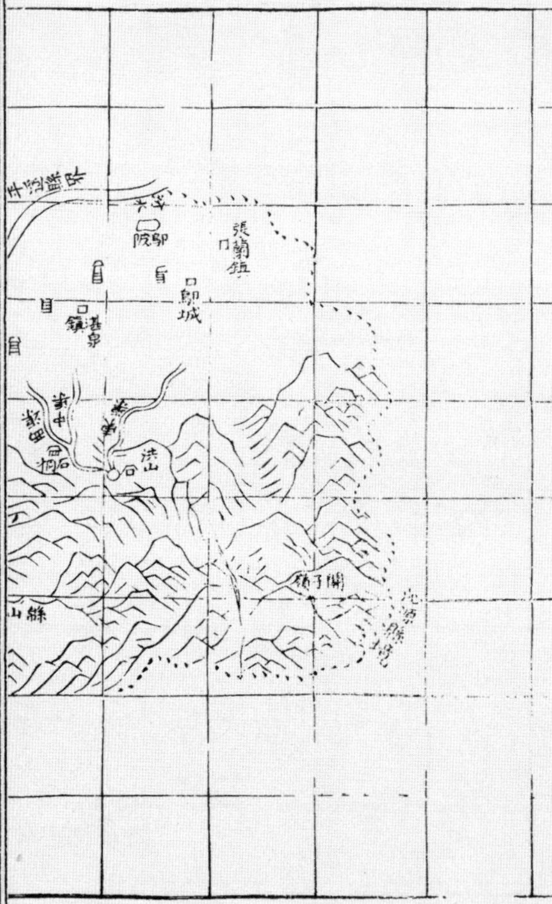

二

汾州府志　圖　十三

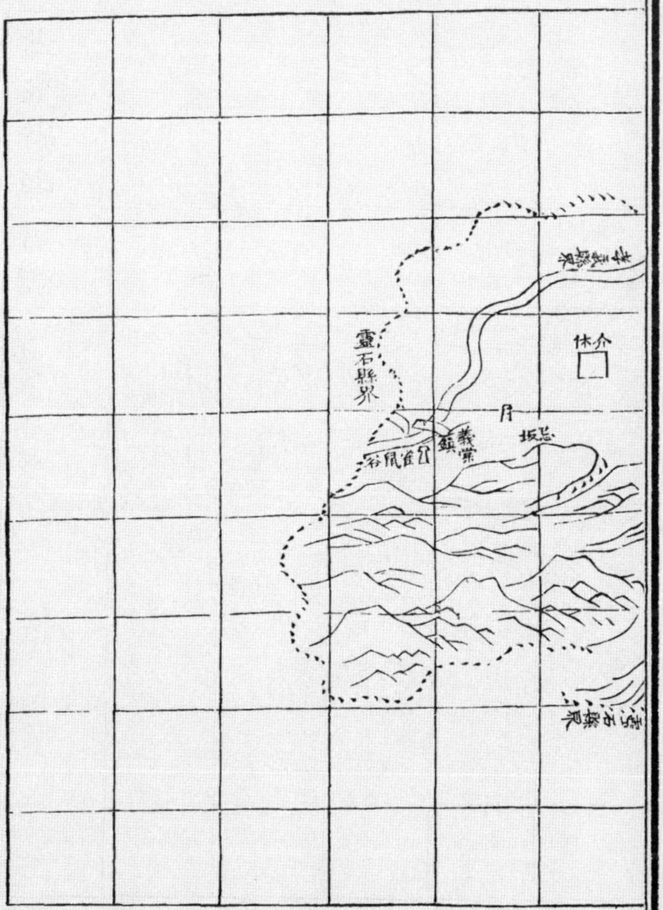

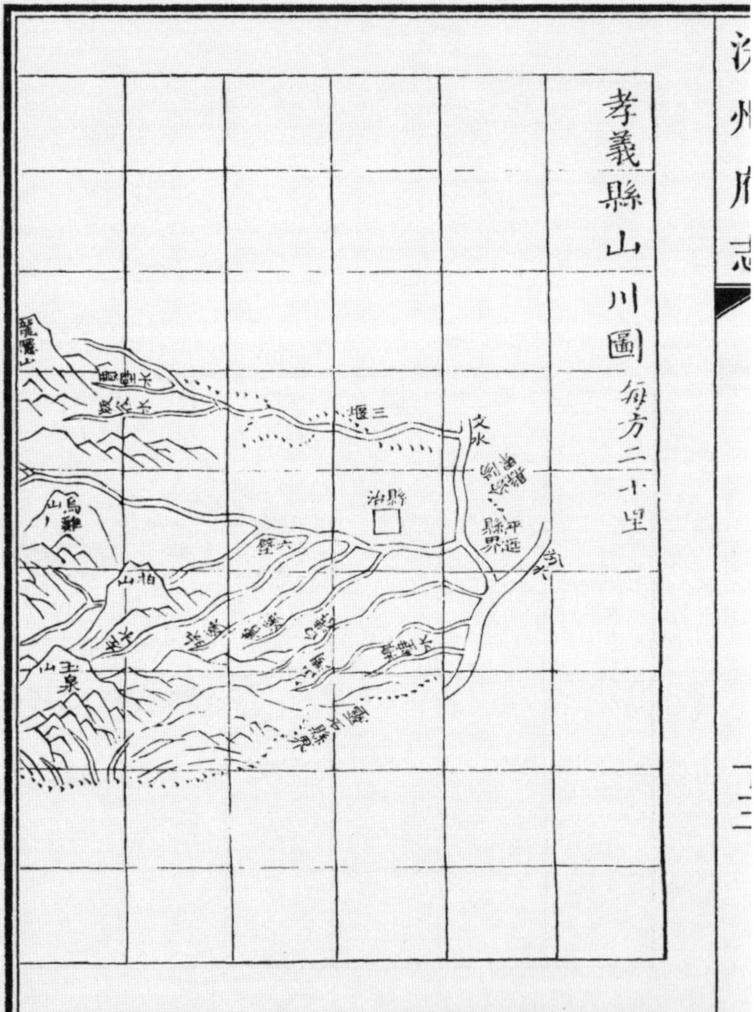
孝義縣山川圖
每方二十里
三堰
文水
縣治
平遥縣界
汾水
六壁
柏山
玉泉山
靈石縣界

汾州府志

圖

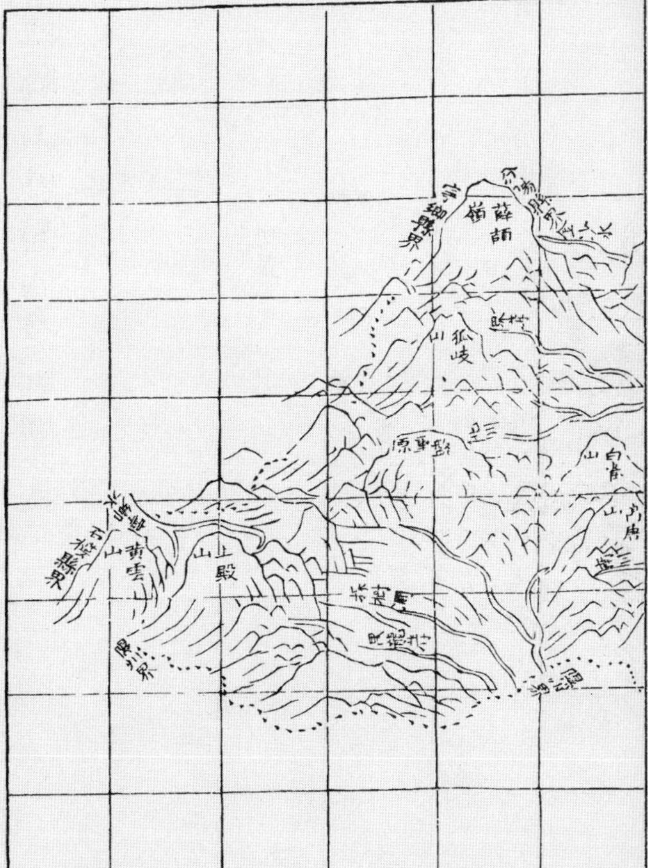

十四

臨縣山川圖 每方三十里

汾州府志　圖　十五

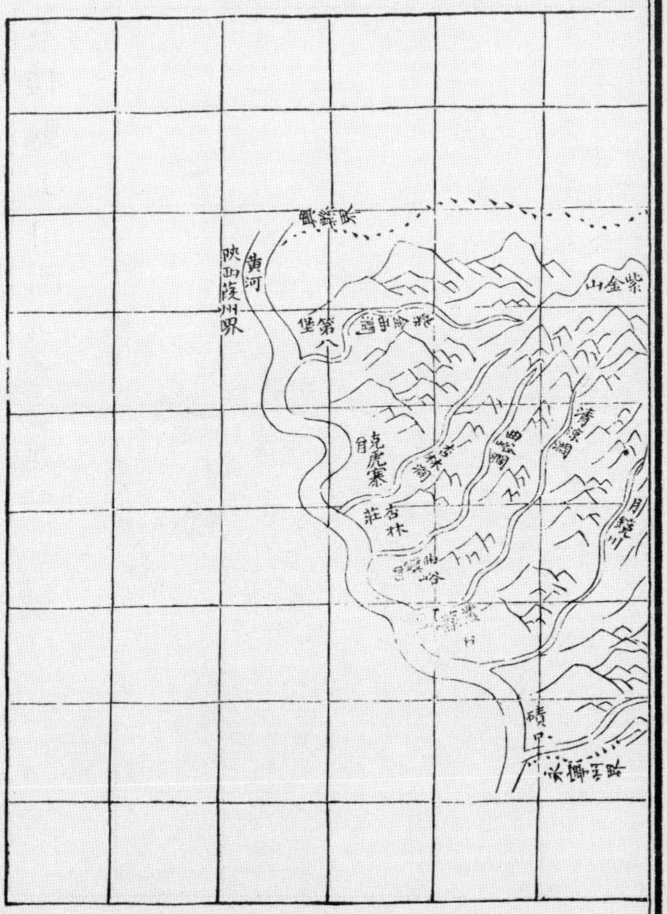

石樓縣山川圖 每方十五里

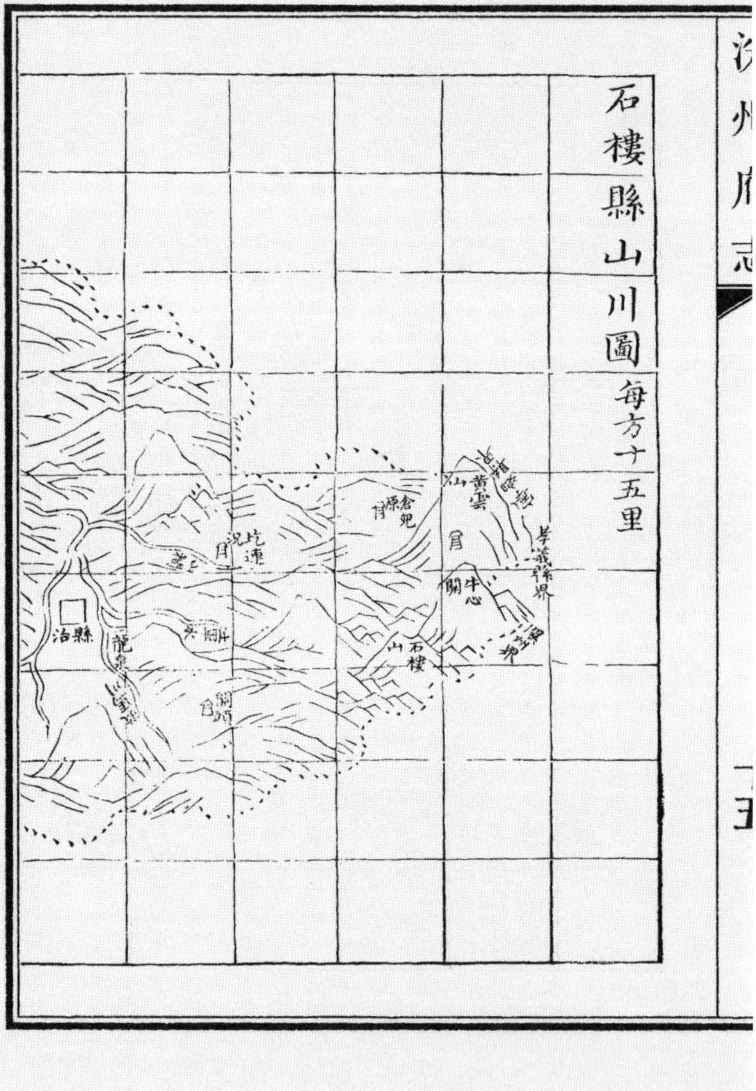

汾州府志　圖　十六

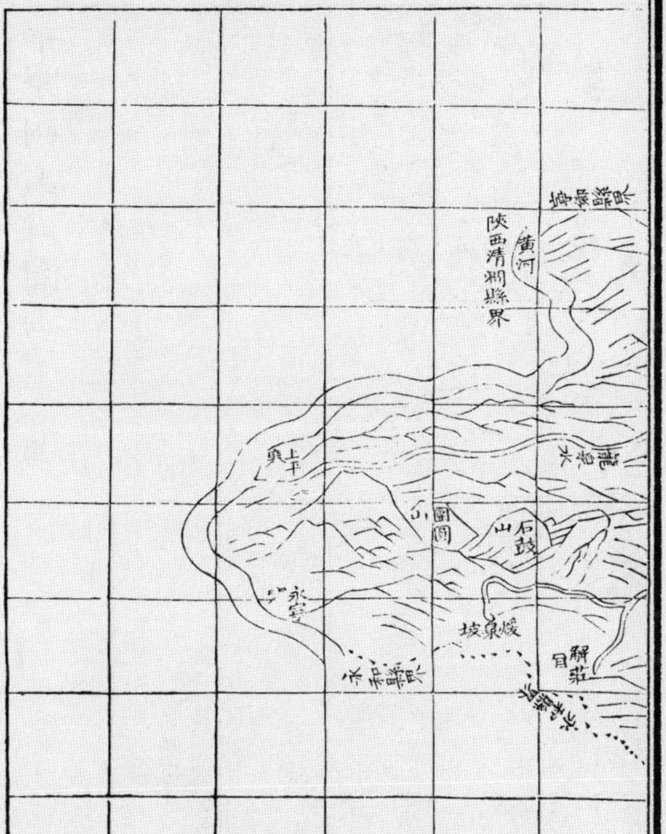

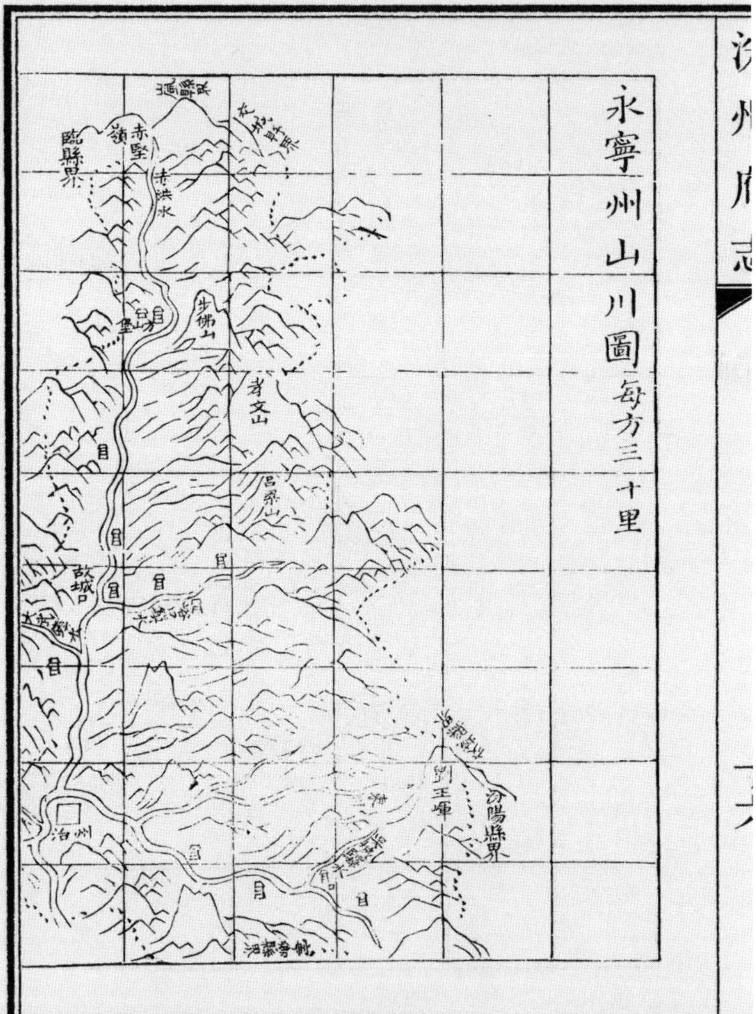
永寧州山川圖
每方三十里
臨縣界
赤堅嶺
赤洪水
步佛山
孝文山
呂梁山
故城口
大武村
州治
劉王嶂
汾陽縣界

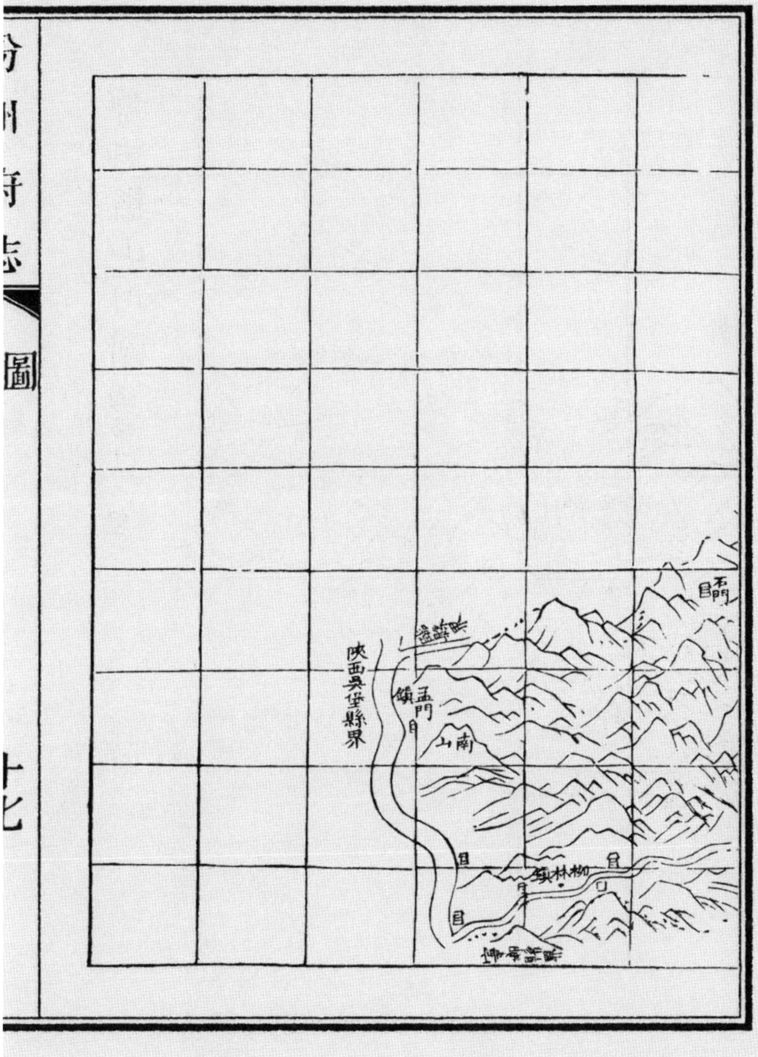
汾州府志
圖
陝西吳堡縣界
孟門鎮
南山
柳林鎮
石門

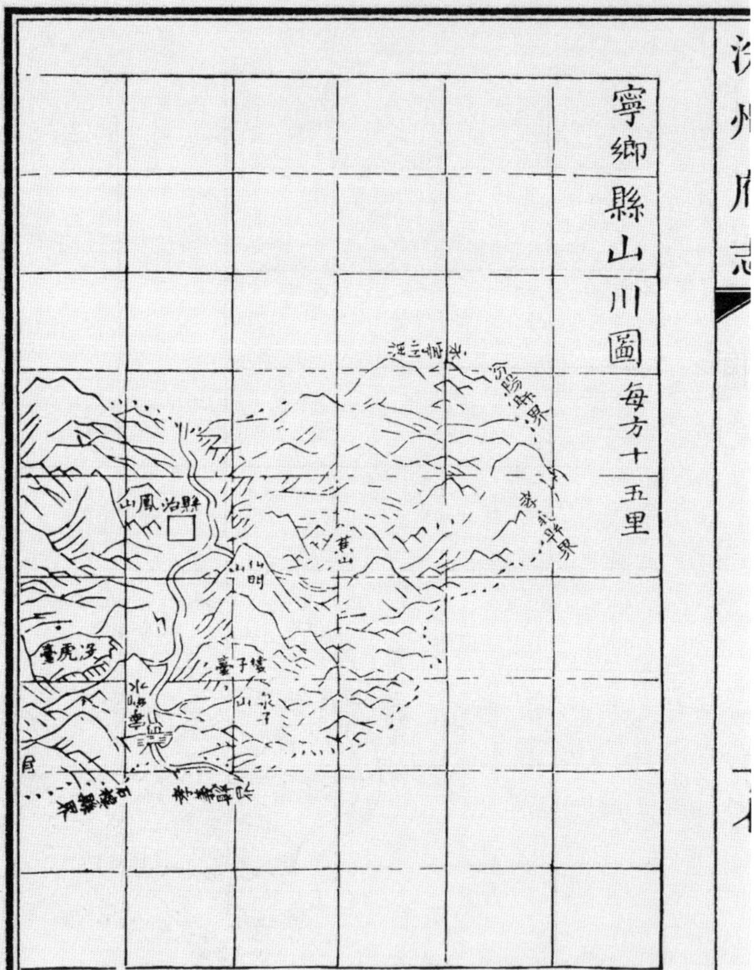
寧鄉縣山川圖
每方十五里
縣治
鳳山
伏虎臺
樓子臺
汾陽界

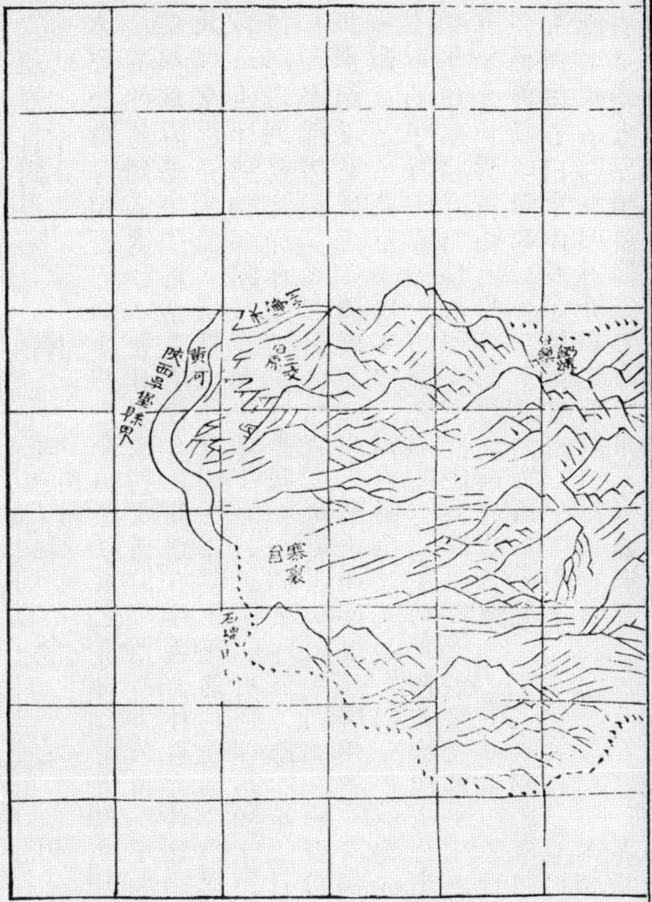
黄河
陝西吴堡縣界

漢以來沿革表

漢魏附見　晉劉石附見　北魏附見　隋　唐五代附見　宋　金　元　明

汾州府

太原郡西河國西河郡介州之介州武汾州之汾州之汾州領汾州領
之界休領離石太和八介休平德初改西河平西河孝西河孝義介
中都茲隰城中年置治遷濟世介休郡遷介休義介休義介休休平遷
氏鄔京陽介休茲氏城隰城永置領介孝義○平遷○平遷○萬歷二
陵○西永興初領隰城安大業休平遷石州領石州領石州領十三年
河郡之劉淵據介休永初改置貞觀初離石平離石方離石寧五月改
中陽皐離石藺安孝昌西河郡省入汾夷方山山孟門鄉○臨置汾州
狼藺離漢其後二年僑義寧元州○浩定胡臨溫泉臨州中統府領汾
石隰成還於藺置平陽年復分州之隰泉元符水寧鄉三年改陽介休
土軍西子置肉界而汾置介休城永安二年以○隰州太原府孝義臨
都永和州刺史州移治郡○石武德初臨泉縣之石樓之臨泉平遷靈
五年九鎮焉石西河北州領離改西河隸晉寧
月西河勒改離周於介石寧鄉郡置浩軍大觀
郡徙治石曰永休置介脩化盧州三年二年又
離石後石郡○州及介山定胡改曰汾以定胡
省入太太原國休郡省平夷太州天寶縣隸焉

縣置○石而永
隰州之寧州領
石樓　寧鄉沁
州領沁
源武鄉

原魏黃初二年復

之京陵中都鄔

汾州入和艮泉焉○吐大業初京郡太改爲離平眞君石郡○九年置隰州之治土軍石樓城領嶺東嶺西孝昌中陷寄治西河○離石鎭天興初置北齊於此置西汾州及懷政郡北周改州曰石州郡

初改置○隰州西河郡之溫泉乾元初石樓復爲汾州○石州武德初改離石郡置領離石平夷定胡臨泉方山天寶初改置昌化郡乾元初復爲石州○隰州之石樓溫泉長壽

亦屬焉三十二年沁州及所領縣不屬四十年以隰州之石樓來隸四十三年靈石改隸平陽府

	汾陽縣
	茲氏
日離石郡大象中又分置莬胡窟胡烏突三郡○太原郡之鄔平遥	隰城茲氏置改什星軍太延中改隰城置太和八年復置隰城縣孝昌二年僑置平陽界隰城
臨河	隰城上元元年九月改曰西河
	西河
	西河
	西河
	汾陽洪武初省西河縣入汾州萬歷二十三年五月改州爲府置倚郭汾陽縣

平遥縣	介休縣
京陵〇中都	界休〇鄔
京陵〇中都	介休〇鄔
平遥徙平陶縣置以廟諱改陶為遥省京陵入焉而中都徙置榆次 平遥開皇十六年析置清世縣大業初省入焉	介休太和八年置孝昌二年僑置平陽界北齊省北周復置大象中改曰平昌 平昌開皇十六年復改曰介休
平遥	介休
平遥	介休
平遥	介休
平遥	介休
平遥	介休

○鄔太和十九年置

孝義縣

兹氏地 魏移中陽縣於此

中陽永嘉後省入隰城

永安太和十七年分隰城縣置孝昌二年僑置平陽界

永安

永安貞觀元年改曰孝義○高唐新城武德二年置○温泉武德三年分新城縣置貞觀元年省高唐新城入焉

孝義太平興國元年改曰中陽後復爲孝義熙寧五年省入介休元祐元年復○温泉

孝義○温泉

孝義至元三年割温泉之半置廵檢司隸焉

孝義

臨縣	石樓縣
古皋狼之地	土軍後廢
離石地	
烏突北周大象中置	嶺西太平真君九年置太和二十一年改曰吐京〇嶺東太平真君九年置太和二十一年改
太和開皇中改烏突曰太和	吐京開皇十八年改曰石樓
太和武德三年改曰臨泉	石樓〇長壽臨河並武德元年析石樓縣置貞觀元年省入焉
臨泉	石樓
臨水改臨泉曰臨水	石樓
臨泉中統二年改臨水曰臨泉至元三年改置臨州	石樓
臨州洪武二年改州爲縣	石樓

	永寧州	寧
	離石隰成後並省○藺皋狼	中陽○西都
	離石永興初陷劉淵	離石地
曰新城	離石鎮北齊置昌化良泉二縣北周改昌化曰離石大象中析置定胡窟胡盧山三縣	離石鎮地北周
	離石○定胡○俻化開皇中改窟胡曰俻化○盧山大業中併入俻化○良泉大業三年移於方山改名方山縣	寧鄉大業初省
	離石○定胡貞觀二年改曰孟門七年省八年復置定胡縣○方山貞觀十一年北徙三十五里	平夷
	離石○定胡○方山	平夷
	離石○定胡明昌六年改曰孟門○方山貞祐四年徙於積翠山	平夷明昌六年
	離石中統二年省入石州三年復○孟門方山至元三年並省入離石	寧鄉
	石州省離石縣入焉隆慶元年改曰永寧州	寧鄉

汾州府志　表　二十二

鄉縣
析置寧鄉縣大象中又析置平夷縣
入離石○平夷
改置寧鄉縣

汾州府志

二二

汾州府志卷之一

沿革

府境於禹貢屬冀州周職方氏葢屬幷州

禹貢冀州河行其西界乎雍冀之間南流爲西河至華陰屈東界冀與豫之間爲南河古黄河自大伾山西南折而北界冀兖之間爲東河爾雅釋地兩河間曰冀州舉西河東河言之者也周禮職方氏河内曰冀州正北曰幷州馬鄭注虞夏書肇十有二州並云舜以冀州北廣大分置幷州

春秋時晉地

古地名之見左氏春秋及國語禮記者曰隨曰鄔曰

九原並晉地

隨今介休縣東境晉士會食邑前此魯隱公五年翼

侯奔隨蓋奔於姜戎境後乃爲晉有又前此晉穆侯

時千畝之戰卽國語宣王三十九年戰於千畝王師

敗績於姜氏之戎是也杜元凱春秋經傳集解云西

河界休縣南有地名千畝

鄔今介休縣東北境魯昭公二十八年晉魏獻子爲

政分祁氏之田以爲七縣司馬彌牟爲鄔大夫

九原漢爲京陵縣地今平遥縣也晉卿大夫墓所在

無遺蹟可考酈道元水經注云侯甲水西北流逕祁縣故城南又西逕京陵縣故城北於春秋爲九原之地也國語趙文子與叔向遊於九原曰死者若可作也吾誰與歸叔向曰其陽子乎文子曰夫陽子行廉直於晉國不免其身智不足稱叔向曰其舅犯乎文子曰夫舅犯見利而不顧其君其仁不足稱吾其隨會乎納諫不忘其師言身不失其友事君不援而進不阿而退其京尚存漢興增陵於其下故曰京陵焉今案絳州北二十里有九原山和順縣西北五里又有九原山忻州西有九原岡地志皆援國語禮記之

文考漢增陵事因左氏春秋其處者爲劉氏而推本
於士會漢猶近古以士會之葬在此或未盡無稽且
與士會之食邑在隨地相比近則趙文子與叔向所
遊宜繫之此矣明一統志引城塚記云京陵城周宣
王北伐時築此徒傳合小雅薄伐玁狁至於太原而
爲是說水地記圖注曰玁狁入寇由焦穫鎬方而至
涇陽王師逐之當由涇陽追至太原仍軍於鎬平定
後乃歸故下云來歸自鎬我行永久涇陽漢爲安定
郡朝那涇陽之地今平凉府平凉縣也在周京西北
六百餘里而焦穫鎬方又在其外太原又在焦穫之

外或以爲今固原州以地望考之不遠州在平涼府西北百七十里焦穫鎬方三地宜在此百餘里間孔沖遠以郭璞爾雅注池陽之瓠中當此詩焦穫是直逼周京矣非也自宋而後更以晉太原爲此詩所云太原者不察二地相距東西千有餘里顧炎武日知録云國語宣王料民於太原以其地近邊而爲禦戎之備必不料之於晉國漢書賈捐之言秦地南不過閩越北不過太原若晉陽之太原則其外有鴈門雲中九原不得云不過也顧氏援國語及賈捐之言據證詳審周宣王北征之蹟無由在平遥縣甚明然春

秋昭公元年晉荀吳帥師敗狄于太鹵晉攘地始北
至太原宣王時非晉境也晉國字葢偶失檢
七國時屬趙
古地名之見於戰國策史記者曰皐狼曰藺曰離石
皆趙邑
皐狼今永寧州西北及臨縣之境戰國策知伯使人
之趙請蔡皐狼之地趙襄子弗與語轉字異亦曰郭
狼武靈王召樓緩謀曰我先王取藺郭狼知伯所請
蔡皐狼即武靈王稱藺郭狼者藺字轉寫訛作蔡皐
郭語之轉耳

藺今永寧州西及臨縣之南境離石即永寧州境史記趙世家成侯三年當魏武侯之十五年魏敗我藺魏世家作敗趙北藺張守節云在石州趙之西北是也二十四年當秦孝公之十一年秦攻我藺肅侯二十二年當秦惠文君之十年秦取我藺離石武靈王十三年當秦惠文君改元之十二年秦拔我藺六國表作擊藺陽而戰國策秦攻趙藺離石祁拔鄭朱對秦王曰夫藺離石祁之地遠於趙而近於大國其事與秦伐趙攻閼與相連屬趙奢破秦軍閼與下在趙惠文王二十九年秦昭王三十七年蓋邊邑時失時

復靡常也

秦莊襄王三年初置太原郡

史記秦本紀莊襄王二年使蒙驁攻趙定太原三年攻趙榆次新城狼孟取三十七城初置太原郡張守節云上黨以北皆太原地即上三十七城也

漢初項羽徙魏王豹爲西魏王高帝三年定魏地置太原郡元朔四年更置西河郡皆屬幷州刺史部今府境在太原郡之西南西河郡之東南而太原治晉陽西河治平定與府界相去各遠

漢書地理志幷州太原郡領縣二十一在今府境者

兹氏京陵中都鄔界休兹氏今汾陽縣境京陵今平遥縣東境中都平遥縣西北境鄔今介休縣東北境界休即今介休縣境晋書始改界爲介漢之平陶縣治在今文水縣非府境西河郡領縣三十六在府境者土軍隰城離石藺皋狼土軍今石樓縣境隰城今永寧州西南境離石藺皋狼今永寧州及臨縣境又漢之中陽西都宜在永寧州及寧鄉縣之間然無可證實矣

史記高帝本紀十一年立子恆以爲代王都晋陽而文帝本紀及諸侯年表陳豨列傳並云都中都文帝

三年幸太原復晉陽中都民三歲租如淳以爲遷都於中都其說是也又文帝二年立子武爲代王四年徙爲淮陽王而太原王參徙爲代王復併得太原都晉陽如故以是時代王本都中都太原王本都晉陽參雖徙封代不徙都也水經注云侯甲水西逕京陵縣故城北又西北逕中都縣故城南春秋昭公二年晉侯執陳無宇於中都者也今案杜元凱春秋經傳集解中都在西河界休縣東南此卽道元所本唐魏王泰括地志中都故城在汾州平遥縣西北十二里以水經注地望考之適合其爲漢舊縣無疑明一統

志中都城在介休縣東北五十里介休之東北卽平遥之西北也杜氏言界休東南或轉寫之訛榆次縣東十五里亦有中都城蓋北魏之中都縣地形志中都有榆次城壽陽城平譚城榆次壽陽今仍爲縣平譚在今平定州西北二十五里是北魏中都與漢中都遠隔地志諸書不辨皆謂文帝爲代王所都非也又皆實以執陳無宇事考陳無宇送女致少姜晉侯謂陳無宇非卿執諸中都蓋於在途執之不使終禮平遥榆次非當日齊晉徃來所經水經注沁水東逕中都亭南左合界溝水水上承光溝東南流又南逕

中都亭西而南流注於沁水地在野王縣今爲河南懷慶府河內縣自齊適晉道出於彼然則孰陳無宇在彼不在此後人踵元凱之謬遂不復精覈矣

水經注離石水南流逕離石縣故城西又南出西轉逕隰成縣故城南其水西流注於河據此則漢之隰成縣遠在離石水之西而顧祖禹讀史方輿紀要云隰城故城府西七十里漢縣又引或云三國魏省隰城入茲氏皆非也後漢郡國志已無隰城當省入離石去茲氏則遠不得越離石而省入茲氏晉始改成爲城所言在府西七十里者今亦無可考

東觀記西河郡治平定縣唐李吉甫元和郡縣圖志
漢武帝元朔四年置西河郡理富昌縣吉甫葢因地
理志首列富昌故云然後漢書始云凡縣名先書者
郡所治也孟堅作志未有斯例闞百詩潛邱劄記曾
論之如梁國先書碭而治睢陽汝南郡先書平輿而
治上蔡是也百詩於西河郡亦從元和志則偶失檢
耳後漢書光武帝紀建武十年省定襄郡徙其民於
西河是時下距西河郡南徙凡百有三年而太子賢
注云今石州離石縣誤也
及永和五年九月以匈奴寇掠於是西河郡南徙五百

九里治離石始在今府之西北境
永和五年上距元朔四年凡二百六十五年後漢書
郡國志并州刺史部太原郡領十六城在府境者如
故西河郡領十三城在府境者離石藺皐狼而無土
軍隰成從并省也
後漢書順帝紀永和五年九月丁亥徙西河郡居離
石東觀記西河郡治平定縣離石在郡南五百九里
永和五年以匈奴寇掠徙郡離石
建安中省西河郡入太原魏黃初二年分太原之四縣
置西河郡仍治離石

獻帝起居注建安十八年三月庚寅省州併郡復禹貢之九州晉書地理志并州建安十八年省入冀州魏黄初元年復置并州自陘嶺以北並棄之

黄初二年上距永和五年凡八十二年水地記圖注曰水經原公水出兹氏縣西羊頭山酈道元注云縣故秦置也魏黄初二年西河恭王司馬子盛廟碑文云西河舊處山林漢末擾攘百姓失所魏興更開疆宇分割太原四縣以爲邦邑其郡帶山側塞矣王以咸寧四年改命爵土其年十二月喪國臣太農閻崇離石令宗羣等二百三十四人刊石立碑以述勳德

碑北廟基尚存也今案晉書西河繆王斌字子政魏中郎武帝受禪封陳王三年改封西河咸寧四年薨子隱立謚字與水經注微異武帝紀泰始元年十二月丁卯封皇叔父斌爲陳王咸寧三年八月癸亥徙陳王斌爲西河王四年十二月乙未西河王斌薨而碑文稱咸寧四年改命爵土豈其就徙封之國在四年不復推本言之歟水經注以碑繫之魏黄初二年莫識其故元和志云魏黄初二年乃於漢兹氏置西河郡然則黄初二年實魏置西河郡之始廟碑必有記置郡所起者或碑文殘闕上存黄初二年字道元

未深察遂以碑繫於是年非也自黄初二年下至晋
咸寧四年凡五十八年又二百七年爲北魏太和八
年西河郡始治茲氏城吉甫因水經注西河王廟碑
在茲氏又繫之魏黄初遂以爲是時即置郡茲氏亦
非也司馬斌葬茲氏故有廟碑在此其國仍都離石
晋書地理志西河郡領縣四首離石葢魏晋相承皆
因漢永和三年以來郡治之舊碑文言其郡帶山側
塞宜爲離石而非茲氏甚明况碑未稱離石令宗羣
等以該餘三縣魏晋之西河郡未嘗移治茲氏非單
文孤證矣

晉仍魏之舊

晉書地理志幷州太原國領縣十三在今府境者京陵中都鄔西河國領離石隰城中陽介休四縣並今府境水經河水篇南過西河圁陽縣東又南過中陽縣西又南過土軍縣西酈道元云中陽故城在東東翼汾水隔越重山不濵於河也道元所謂中陽故城當爲魏之中陽縣水經之中陽葢漢縣之舊許叔重說文解字云湡水出西河中陽縣之西南入河然則漢中陽縣濵河明矣史記趙世家武靈王十年秦取我西都及中陽秦本紀及六國表作取趙中都西陽

轉寫訛誤也二地同時被兵宜相去不遠皆在離石之南土軍之北於今寧鄉縣境近之但無可證實耳是時秦趙相攻秦在河西趙在河東秦雖越河擊趙之藺離石中陽西都然旋得旋失趙守險以禦秦全恃此其距秦拔榆次晉陽倘隔七十餘年則趙之中陽卽漢中陽縣爲濱河邊邑可知張守節引括地志云中都故縣在汾州平遥縣西卽西都也西陽卽中陽也在汾州隰城縣南此所言隰城縣南之中陽正道元所稱東翼汾水不濱於河者不可以釋趙中陽水經注文水逕兹氏縣故城東爲文湖又東南逕中

陽縣故城東勝水東逕六壁城南又東逕中陽故城南又東合文水元和郡縣圖志於孝義縣下云魏移西河郡中陽於今理永嘉後省入隰城吉甫詳中陽爲三國魏移置是漢中陽與魏晉實兩地其所本之書道元殆偶失檢歟張守節以平遥縣西之中都即西都尤謬漢書地理志中都屬太原郡中陽西都屬西河郡不得溷而一之

永興初匈奴左部帥劉淵據離石稱漢寇太原中都尋遷蒲子置幽州刺史鎮離石其後地入石勒而苻健慕容儁苻堅慕容垂迭有其地勒改離石爲永石郡

汾州府志

晉書惠帝紀永興元年八月匈奴左賢王劉元海反於離石自號大單于十一月劉元海僭號漢王永嘉元年三月并州諸郡爲劉元海所陷刺史劉琨獨保晉陽二年十月劉元海僭帝號於平陽載記永興元年元海遣其建武將軍劉曜寇太原泫氏屯留長子中都皆陷之地理志永興元年劉元海僭號於平陽稱漢於是并州之地皆爲元海所有元海乃以幽州刺史鎮離石今案劉淵始稱大單于在離石尋稱漢王在離石之左國城皆永興元年事其僭號於平陽乃永嘉二年事凡五年問名號三易志約畧其辭繫

之永興元年疎矣時幷州刺史劉琨拒守晉陽永嘉六年淵寇晉陽琨保於陽曲後劉曜置幷州於蒲坂而晉幷州石勒始有其地志言幷州皆爲元海所有亦謬

愍帝紀建興四年十一月石勒圍樂平司空劉琨遣兵援之爲勒所敗司空長史李宏以幷州叛降於勒元帝紀太興二年十一月石勒僭卽王位國號趙載記太興二年勒僞稱趙王尋討鮮卑鬱粥於離石悉降其衆城地理志自惠懷之間離石縣荒廢勒於其處置永石郡今案勒徙幷州置上黨魏書地形志云

幷州漢晉治晉陽晉末治臺壁是也
自石勒之後符氏慕容氏彼此相繼干戈擾攘其互
有幷州諸郡也符健值晉永和中慕容儁值晉升平
二年符堅值晉太和五年慕容垂值晉太元中迨北
魏皇始元年值晉太元二十年慕容垂卒九月魏軍
次陽曲幷州牧慕容農棄城夜遁魏軍略地晉川獲
慕容買得等於平陶城由是幷州入於北魏上距永
興元年凡九十二年
北魏天興初置離石鎮延和三年置吐京鎮太平真君
九年置吐京郡治漢之土軍故城太和八年置西河郡

治兹氏城是爲西河郡治在兹氏之始西河吐京二郡
並屬吐京鎮十二年改鎮爲汾州汾州之名自是始矣
而汾州治蒲子城非今府境
太和八年上距漢永和五年凡三百四十五年魏書
地形志并州太原郡領縣十在府境者平遥鄔汾州
統郡四在府境者西河郡領隰城介休永安三縣永
安析隰城置吐京郡領新城吐京二縣吐京即土軍
語轉字異也
孝昌中汾州移治西河是爲汾州治在西河之始而西
河郡則僑置平陽界不復在此永安中置顯州治六壁

城兼置定戎郡治瓜城置建平郡州治也其西河郡在平陽界者亦廢所領之隰城介休又僑置汲郡界中東魏天平中置真君郡治東多城亦屬於顯州興和中置寧州治介休城武定四年置武昌郡治團城置武康郡治東多城而武昌屬顯州武康屬寧州外此僑置之州郡尤名實交錯齊天保七年詔文有云百室之邑便立州名三戸之民虚張郡目循名督實事歸烏有正謂此也

魏書地形志晉州有西河郡領永安隰城介休三縣於郡下云舊汾州西河民孝昌二年爲賊所破遂居

平陽界還置郡隋書地理志臨汾有後魏永安縣開皇初改爲西河大業初省其故縣在今洪洞縣西南三十里卽孝昌二年西河郡所僑置也及永安中隰城介休又僑置於汲郡界而舊汾州不復有西河郡及所領之三縣矣地形志言還置郡非也還字或僑字之訛

孝昌中汾州移治其所屬吐京五城定陽三郡並寄治西河五城郡治五城縣本在今吉州北定陽郡治定陽縣卽今吉州治又是時改薄骨律鎮置靈州後陷天平中復置寄治隰城縣界置南朔州於介休城

不統郡縣前此永安中改懷荒禦夷二鎮置蔚州亦寄治鄔縣界魏書地形志顯州統定戎建平眞君武昌四郡靈州郡縣闕寧州統武康靈武初平武定四郡蔚州統始昌忠義附恩三郡元和志云介休縣後魏明帝時爲賊所破至孝靜帝更修築遷朔州軍人鎮之因立爲南朔州但領軍人不領郡縣其介休縣仍屬汾州今案永安中隰城介休僑置隸五城郡屬司州天平中屬北豫州武定五年屬義州義州本興和二年所置治汲郡陳城在今河南衛輝府汲縣界然則元和志云介休縣仍屬汾州者是時汾州無介

休縣舊介休縣之地乃寧州及寄治之蔚州也吉甫
偶疎於考
東魏别置南汾州統北吐京西五城南吐京西定陽
定陽北鄉五城中陽龍門九郡隋書地理志文城郡
東魏置南汾州後周改爲汾州後齊爲西汾州後周
平齊置總管府開皇四年府廢十六年改爲耿州後
復爲汾州其地在今吉州非府境
梁所置南朔州治齊坂城者爲北魏所取見地形志
與此遷朔州軍人鎭介休縣因名南朔州兩不相蒙
北齊於離石置懷政郡又置西汾州是時西河郡蓋復

其故北周建德五年取齊汾并諸州周置介休郡又置介州省齊之汾州入焉而改西汾州爲石州懷政郡爲離石郡大象中於離石置定胡窟胡烏突三郡

自魏分爲二齊承東魏周承西魏而周卒平齊其詳無地志可考隋書地理志西河郡下云後魏置汾州後齊置南朔州後周改曰介州介休縣下云後魏置定陽郡後周改郡曰介休離石郡下云後齊置西汾州後周改爲石州離石縣下云後齊置懷政郡後周改曰離石郡修化縣下云後周置窟胡郡定胡縣下云後周置定胡郡太和縣下云後周置烏突郡元和

志介休縣下云周武帝省南朔州今案隋書以南朔州爲齊置又與介州並於西河郡下言之元和志以南朔州繫之魏孝靜其置南朔州也在介休縣但領軍人視隋志爲覈其汾州下溷稱高齊又於此城置南朔州謬同隋志

隋志以魏置定陽郡繫之介休今案魏末之介休孝昌中僑置平陽界永安中僑置汲郡界此地不復有介休縣而魏之定陽郡領平昌西五城二縣乃興和四年置屬晉州卽隋志臨汾下所言有東魏西河敷城伍城北伍城定陽等五郡後周廢爲西河定陽二

郡者其地在今臨汾縣非介休於臨汾介休兩言之
自相矛盾矣
西魏别置汾州在今陝西延安府宜川縣北周之汾
州在今吉州而廢孝昌中移治西河之汾州其郡縣
屬介州汾州介州之於南朔州有領郡縣不領郡縣
之殊不得云改南朔州爲介州隋志之言亦疎
隋開皇初郡廢州如故大業初復置西河離石二郡今
府境兼有龍泉郡之石樓縣其郡治非府境義寧元年
分西河置介休郡
隨書地理志西河郡領縣六其四在今府境隰城介

休永安平遥龍泉郡領縣五在府境者石樓一縣石樓即吐京離石郡領離石修化定胡平夷太和五縣並今府境修化即窟胡太和即烏突其隋開皇十六年所置汾州十八年改爲呂州者在今霍州非府境元和志介休縣下云義寧元年於縣置介休郡舊唐書繫之唐義旗初隋恭帝義寧即唐義旗初也

唐武德元年以介休郡爲介州西河郡爲浩州離石郡爲石州而龍泉郡改爲隰州州治非今府境二年於石樓縣置西德州方山縣置方州三年廢方州改浩州爲汾州於定胡縣置西定州太和縣置北和州新城縣東

南四十五里置北隰州貞觀元年省介州西德州北隰州二年省西定州三年省北和州天寶元年改汾州爲西河郡石州爲昌化郡乾元元年復爲汾州石州汾石隰三州並屬河東道

舊唐書地理志汾州隋西河郡義旗初領隰城介休孝義平遥四縣其年割介休平遥二縣屬介休郡武德元年以介休郡爲介州西河郡爲浩州三年改浩州爲汾州仍割幷州之文水縣來屬貞觀元年省介州以介休平遥來屬文水還幷州十七年以廢呂州之靈石來屬天寶元年改爲西河郡乾元元年復爲

汾州舊領縣四天寶領縣五隰州石樓武德二年於縣置西德州領長壽臨河石樓三縣貞觀元年廢西德州省長壽臨河二縣以石樓屬東和州二年又省東和州以石樓來屬石州隋離石郡武德元年改爲石州五年置總管府貞觀二年廢三年復置都督六年又廢天寶元年改爲昌化郡乾元元年復爲石州定胡武德三年置西定州貞觀三年廢方山武德二年置方州三年州廢唐書地理志河東道汾州領縣五在今府境者西河孝義介休平遥四縣西河郎隰城孝義郎永安石州領離石平夷定胡臨泉方山五

縣並今府境臨泉卽太和隰州領縣六在府境者石樓溫泉二縣溫泉武德三年分新城置

五代時後唐晉漢東漢迭有其地周顯德初汾州防禦使來附因置寧化軍兼統石沁二州旋入東漢

五代史周本紀顯德元年四月乙卯汾州防禦使董希顏叛於漢來附壬戌取石沁州今府境於五代時蓋承唐舊制爲汾州石州及隰州之石樓縣

宋初革五季諸鎮節度之患命朝臣出守列郡號權知軍州事其後文武官叅爲知州軍事二品以上及帶中書樞密院宣徽使職事稱判其州軍而汾州兼西河郡

軍事後又改汾陽軍事史不詳起自何年石州兼昌化郡軍事又帶嵐石隰三州都巡檢使元符二年以石州之臨泉縣隸晉寧軍大觀二年復以定胡縣隸焉而晉寧軍本葭蘆川寨改置在今陝西榆林府葭州非府境汾石隰三州及晉寧軍並屬河東路

宋史地理志河東路汾州西河郡軍事領縣五其四在今府境西河平遥介休孝義石州昌化郡軍事領離石平夷方山三縣並今府境隰州太寧郡團鍊領縣六在府境者石樓一縣晉寧軍領縣二定胡臨泉二縣並今府境靖康後地入於金

金天會六年當宋建炎之二年置汾陽軍節度使後又置河東南北路提刑司汾石二州屬河東北路隰州屬河東南路

金史地理志河東北路汾州領縣五其四在今府境西河孝義介休平遥石州領縣六在府境者離石方山孟門臨泉寧鄉五縣孟門卽定胡寧鄉卽平夷河東南路隰州領縣六在府境者石樓一縣定興後地入於元案汾陽軍之名宋宣和以前已有之元史地理志謂汾陽軍起於金非也

元初立汾州元帥府至元三年以臨泉爲臨州汾石臨

三州屬冀寧路隰州屬晉寧路並河東山西道肅政廉訪司所轄

元史地理志冀寧路汾州領西河孝義平遥介休四縣石州領離石寧鄉二縣臨州不領縣並今府境晉寧路隰州領縣五在府境者石樓一縣

明洪武二年臨州改爲縣隆慶元年改石州曰永寧萬歷二十三年五月改汾州爲府屬山西承宣布政使司又設冀南道駐此

明史地理志汾州洪武九年直隸布政司萬歷二十三年五月升爲府臨州洪武二年降爲縣萬歷二十

三年五月來屬永寧元石州隆慶元年更名領縣一
寧鄉萬歷二十三年五月來屬沁州洪武九年直隸
布政司領縣二沁源武鄉萬歷二十三年五月改屬
三十二年仍直隸布政司石樓元屬隰州萬歷四十
年改屬靈石元屬霍州萬歷二十三年五月改屬四
十三年屬平陽府
國朝以寧鄉縣隸於府而永寧州不領縣
府所領一州七縣東四屬夾翼汾川爲漢之太原郡
境西四屬瀕界黄河爲漢之西河郡境
汾陽縣本漢茲氏縣晉徙漢之隰成縣置於此更成爲

城省兹氏入爲北魏太延中改爲什星軍太和八年復爲隰城縣又置西河郡治兹氏城孝昌二年僑置平陽界而汾州移治西河永安中又僑置汲郡界北齊天保七年併省魏末浮置之州郡縣鎭戍是時西河郡縣宜復其舊而史文闕失隋初隰城縣爲西河郡治屬介州葢北周以來相承如故也唐上元元年九月改縣曰西河明初省縣入汾州萬歷二十三年五月改州爲府倚郭置汾陽縣以後仍而不改

漢書地理志太原郡兹氏晉書地理志西河國隰城

魏書地形志西河郡隰城太延中改爲什星軍太和

八年復元和郡縣圖志汾州西河縣本漢茲氏縣也晉改茲氏爲隰城縣上元元年改爲西河縣舊唐書地理志上元元年九月改爲西河縣明史地理志汾州府汾陽元曰西河洪武初省入州萬歷二十三年五月復置更名

自唐上元元年以後至明初凡五百餘年此地名西河縣縣之名本因於郡西河郡之設其初在河西故劉熙釋名云西河在河水西也凡二百六十五年而南徙五百九里治離石凡六百有九年而徙治茲氏治雖再遷郡名不改凡八百八十五年而縣名亦因

之起地志援子夏居西河及吳起爲西河守以實之考秦本紀惠文君六年魏納陰晉陰晉今華陰縣也八年魏納河西地六國表作與秦河西地少梁十年魏納上郡十五縣魏世家作盡入上郡於秦前此秦魏之界張守節云魏築長城界秦自華州鄭縣以北濱洛至慶州洛源縣白於山即東北至勝州稒陽縣東至河西是也今陝西華陰縣西二里蒲城縣東五十里鄜州西南四里綏德州西十五里皆有魏長城遺蹟然則魏未失陰晉少梁以前其疆土在河西者南至華陰西至洛水北至今榆林府之北而趙西北

邊邑藺離石與魏鄰不與秦鄰故趙成侯三年當秦獻公十三年魏武侯十五年趙世家云魏敗趙藺及秦孝公八年與魏戰取少梁越五年爲秦孝公十一年趙成侯二十四年趙世家始云秦攻我藺其後趙武靈王十九年召樓緩謀曰西有林胡樓煩秦韓之邊是時魏之西河上郡及曲沃平周俱失於秦趙西境直與秦接不復鄰魏矣方文侯武侯之時魏都安邑據有河西地而吳起爲西河守以拒秦韓秦兵不敢東鄉韓趙賓從史記武侯浮西河而下中流顧而謂吳起曰美哉乎山河之固此魏國之寶也蓋古所

稱西河未嘗以名郡縣西河守亦非如後世之郡守
特舉龍門西河該河之左右諸城水經注以浮河事
繫之夏陽子夏陵及廟室繫之郃陽並於安邑不遠
秦孝公八年以前西河瀕洛之地悉魏境後人不察
唐上元初所名之西河縣始終爲趙地而謬摭魏事
由其迷於當時秦趙魏之疆域界畫是以輾轉滋惑
至如左氏春秋昭公十三年叔魚見季孫曰鮒也聞
諸吏將爲子除館於西河杜元凱經傳集解云西使
近河史記趙惠文王二年主父行新地遂出代西遇
樓煩王於西河而致其兵當在今寧武府偏關之外

二十年趙惠文王與秦昭王遇西河外在今河南澠
池縣西漢高帝二年韓信擊魏伏兵從夏陽以木罌
缻渡軍襲安邑而廣武君曰今將軍涉西河虜魏王
張守節云即同州龍門河從夏陽渡者孔叢猗頓適
西河大畜牛羊於猗氏之南猗氏故城在今蒲州府
猗氏縣南十里靈帝中平五年黃巾餘黨郭大等起
於西河白波谷在今太平縣東南三十五里白波谷
不屬西河郡而曰西河白波谷者徒以近龍門西河
耳由是言之春秋戰國以迄秦漢西河之名往往不
專目一地如是然絕無與於唐上元以後之西河縣

縣境去河遠因西河郡治得稱非有取義
汾陽之爲縣名漢及隋唐皆非此地漢書地理志太原郡汾陽北山汾水所出水經汾水出太原汾陽縣北管涔山山在今寧武縣西六十里值靜樂縣北百四十里隋書煬帝紀大業四年以離石之汾源臨泉鴈門之秀容爲樓煩郡起汾陽宮地理志樓煩郡靜樂有汾陽宮有管涔山天池汾水元和郡縣圖志靜樂縣隋汾陽故宮在縣北百五十里天池在縣北燕京山上周迴八里唐書地理志嵐州靜樂武德四年析置汾陽縣六年省有天池祠有管涔山有隋故汾

陽宫天池在今寧武縣西南四十里汾陽宫在今寧武縣西南六十里又隋志太原郡所領縣有汾陽舊曰陽曲開皇六年改爲陽直十六年又改名焉舊唐書地理志陽曲隋陽直縣武德三年分置汾陽縣七年省陽直改汾陽爲陽曲考今静樂縣及寧武縣之寧化堡陽曲縣之西北境皆漢汾陽縣地故隋唐所析置者猶本其舊稱遠在今汾陽縣之北晋書地理志司州河東郡有汾陽縣又遠在今汾陽縣之南今縣名即起於明萬歷二十三年葢本宋汾陽軍之稱以之名縣耳外此如國語夷吾私於公子縶曰中大

夫里克與我矣吾命之以汾陽之田百萬史記晉世家夷吾遺里克書曰誠得立請遂封子於汾陽之邑賈侍中云汾水名汾陽晉地而不言所在其地要不出今平陽府境内汾水之滸今太平縣南有地名汾陽爲縣境七鋪之一曰汾陽鋪又有汾陽山雖不必舉以實汾陽之田然可知地近晉都有名汾陽者矣顧炎武云霍山以北皆狄地自悼公後始開縣邑前此不見於傳考國語宰孔言景霍以爲城可證顧氏之言爲覈其北如今交城縣即春秋時大戎小戎之地翼侯避曲沃之亂而奔隨似奔於姜戎境又唐叔

始封在今翼城縣之故唐城城北曰古堆坡有唐叔虞墓晉水即晉峽之欒池水後人以太原有晉水遂謂唐叔始封於彼遠在翼之北且七百里不然矣魯襄公十六年當晉惠公敗于韓之明年狄侵晉取狐廚受鐸涉汾及昆都杜注云平陽臨汾縣西北有狐谷亭孔沖遠謂狐廚受鐸皆在汾北狄自北而侵南涉汾水昆都在汾南今臨汾縣南有昆都聚狐廚受鐸皆在今襄陵縣即北與狄鄰當惠公時晉之北境去今汾陽縣尚遠及魯昭公元年晉荀吳帥師敗狄於大鹵始擴境北至太原地志或援史記汾陽之邑

傳合尤謬

平遥縣漢爲京陵中都二縣及鄔縣地北魏徙漢平陶於此以廟諱改爲平遥而中都徙置於楡次隋開皇十六年析置淸世縣大業初省入焉以後仍之

漢書地理志太原郡中都京陵魏書地形志太原郡平遥二漢晉爲平陶後改有京陵城平遥城隋書地理志西河郡平遥開皇十六年析置淸世縣大業初廢入焉元和郡縣圖志汾州平遥縣本漢平陶縣地魏改平陶爲平遥京陵故城在縣東七里中都故城在縣西十二里舊唐書地理志後魏廟諱改陶爲遥

今案漢平陶故城在今文水縣西南二十五里魏雖徙置而西北境猶漢平陶縣故地地形志所云有平遥城卽漢平陶城也元和志文水縣平陶城在縣西南二十五里與今不殊則隋唐已割魏平遥縣之西北境入文水縣矣吉甫但云本漢平陶縣地疏也

介休縣本漢舊縣曰界休亦兼有鄔及中都二縣地晉改界爲介永與後並廢北魏太和八年復置介休縣於漢縣之東南十九年復置鄔縣亦與漢縣異地孝昌二年介休縣僑置平陽界永安中又僑置汲郡界北齊省西河郡之介休入永安北周復於漢故城置介休縣大

象中改曰平昌隋開皇十六年復改曰介休以後仍之
漢書地理志太原郡界休鄔晉書地理志太原國鄔
西河國介休魏書地形志太原郡鄔晉後罷太和十
九年復有中都有鄔城西河郡介休晉亂罷太和八
年復有鄔城介休城隋書地理志西河郡介休後魏
置平昌縣後周以介休縣入焉開皇十八年改曰介
休元和郡縣圖志汾州介休縣本秦漢之舊邑在介
山西因名之高齊省介休入永安縣周武帝復置介
休縣宣帝改介休爲平昌縣開皇末又改平昌爲介
休縣今案隋志以魏之定陽郡平昌縣之介休方輿

紀要於介休縣云東魏興和二年析置平昌縣兼置定陽郡考興和二年所置之平昌隸北五城郡不隸定陽其隸定陽者乃興和四年置非二年又北五城定陽皆屬晉州乃興和中前後僑置之郡縣不在介休境元和志以周宣帝時介休改名平昌隋開皇末始復舊名似得其實紀要本隋志之謬又加舛耳

孝義縣本漢兹氏縣地魏移西河郡中陽於此永嘉後省入隰城北魏太和十七年分隰城置永安縣孝昌二年僑置平陽界北齊天保中復舊唐武德二年置新城高唐二縣三年分新城縣地置温泉縣貞觀元年省新

城高唐入温泉改永安縣曰孝義宋太平興國元年又
改曰中陽後復爲孝義熙寧五年省入介休元祐元年
復置元至元三年割温泉縣之半入焉以後仍之
晉書地理志西河國中陽魏書地形志西河郡永安
太和十七年分隰城置唐書地理志武德二年置新
城高唐二縣貞觀元年省新城高唐元和郡縣圖志
孝義縣本漢茲氏縣地魏移西河郡中陽縣於今理
永嘉後省入隰城後魏又分隰城於今靈石縣東三
十里置永安縣貞觀元年以縣名與涪州縣名同改
爲孝義後魏於土軍故縣東七十里置嶺東縣孝文

改爲新城縣武德三年於縣東南四十里置温泉縣
因縣南温泉爲名貞觀元年省新城縣宋史地理志
汾州孝義太平興國元年改爲中陽後復爲孝義熙
寧五年省爲鎮入介休元祐元年復元史地理志汾
州孝義至元三年割温泉縣之半置巡檢司隸本縣
案地形志建義元年置永安郡治永安城領永安楊
二縣東魏置永安戍北周建德六年宇文憲自雀鼠
谷攻拔洪洞永安二城所謂永安城卽今霍州治與
西河之永安同名而異地
臨縣本藺皐狼之地晉省入離石北周大象中於此置

烏突縣隋開皇中改曰太和唐武德三年置臨泉縣尋省太和縣入焉金改臨泉爲臨水元中統二年仍改曰臨泉三年改臨泉縣爲臨州至元五年已卯州治南徙四十里明洪武二年改州爲縣以後仍之

漢書地理志西河郡皋狼藺隋書地理志離石郡太和後周置曰烏突及置烏突郡開皇初郡廢縣尋改焉元和郡縣圖志石州臨泉縣周大象元年於此置烏突縣開皇元年改烏突縣爲太和縣武德三年改太和爲臨泉唐書地理志石州臨泉本太和武德三年更名別析置太和縣元史地理志冀寧路臨州金

置臨水縣元中統二年仍改臨泉縣三年升臨州明史地理志汾州府臨元臨州洪武二年降爲縣今案漢西河郡有臨水縣或以爲即臨縣然水經注與唐宋地志絶不涉及無可證實闕之可也臨泉縣唐書以爲别析置太和考太和本隋舊縣武德三年蓋析太和置臨泉非太和於此時始析置也尋即併省是以元和志但云改太和爲臨泉縣元史謂臨泉金爲臨水金史志仍作臨泉未改亦作史者失之

石樓縣本漢土軍縣地北魏設石樓堡太平眞君九年於土軍故城置吐京郡領縣二曰嶺東曰嶺西太和二

十一年改嶺東爲新城縣嶺西爲吐京縣孝昌中陷寄

治西河北齊復故隋開皇初郡廢爲吐京縣十八年改

曰石樓唐武德元年析置長壽臨河二縣貞觀元年省

長壽臨河入石樓以後仍之

漢書地理志西河郡土軍魏書地形志吐京郡眞君

九年置孝昌中陷寄治西河領縣二新城世祖名嶺

東太和二十一年改吐京世祖名嶺西太和二十一

年改隋書地理志龍泉郡石樓舊置吐京郡及吐京

縣開皇初郡廢十八年縣改名元和郡縣圖志隰州

石樓縣本漢土軍縣也晉省後魏於此城置吐京郡

開皇十八年改吐京爲石樓縣因縣東石樓山爲名
也唐書地理志隰州石樓武德二年以縣置長壽臨
河二縣貞觀元年省長壽臨河
永寧州本漢離石縣及藺皐狼隰成之地後漢省隰成
晉省藺皐狼北齊置昌化良泉二縣北周改昌化縣爲
離石縣大象中析置定胡窟胡盧山三縣隋開皇中改
窟胡曰脩化大業三年移良泉縣於方山改名方山縣
其盧山縣大業初併入脩化而脩化縣省併不見史志
唐貞觀二年改定胡縣曰孟門七年省八年復置定胡
縣十一年方山縣北徙三十五里金明昌六年改定胡

縣曰孟門貞祐四年徙方山縣於積翠山元中統二年省離石縣入石州三年復置至元三年省孟門方山二縣入離石明初省離石縣入石州隆慶元年改州曰永寧以後仍之

漢書地理志西河郡離石隰成隋書地理志離石郡脩化後周置曰窟胡及置窟胡郡開皇初郡廢後縣改爲脩化又後周置盧山縣大業初併入焉元和郡縣圖志石州離石縣東北有離石水因取水名也漢末廢黃初復置陷劉元海高齊於此置昌化縣後周復爲離石定胡縣周宣帝大象元年於此置定胡縣

貞觀二年改置孟門縣七年廢縣爲孟門鎮八年廢鎮復爲定胡縣方山縣高齊於離石縣北六十八里置良泉縣大業三年移就今縣南三十五里方山置故名方山貞觀十一年移於今理舊唐書地理志定胡貞觀二年析置孟門縣七年省金史地理志石州方山貞祐四年徙治於積翠山孟門舊定胡明昌六年更元史地理志石州中統二年省離石縣入本州三年復立舊置司候司後與孟門方山俱省入離石明史地理志汾州府永寧州元石州洪武初以州治離石縣省入隆慶元年更名永寧州志隆慶元年蒙

古陷城之後署州事太原府同知李春芳以石失二字叶聲不吉請更名爲永寧今案定胡縣元和志謂貞觀二年改置孟門舊唐書以爲析置非也

寧鄉縣本離石縣地北周析離石置寧鄉縣大象中又析置平夷縣隋大業初省寧鄉金明昌六年改平夷縣曰寧鄉以後仍之

隋書地理志離石郡離石後周置寧鄉縣大業初併寧鄉入焉平夷後周置元和郡縣圖志石州平夷本漢離石縣地周宣帝割縣西五十一里置平夷縣金史地理志石州寧鄉舊名平夷明昌六年更今案永

經次中陽於土軍之北寧鄉縣宜爲漢西河郡之中陽魏徙中陽置茲氏南其地始併入離石然自來地志失之無可證實又漢西河郡隰成西都與中陽地皆相比後人但知有離石耳寧鄉之名始於北周其故城在今寧鄉縣東金明昌六年改平夷曰寧鄉實北周之舊名然則大業初省寧鄉其地蓋分入離石平夷二縣隋志但云併入離石畧也唐書地理志平夷縣下云有孝文山考孝文山在離石縣北平夷在離石縣南唐書似有舛誤

汾州府志　卷一　三十二

汾州府志卷之二

星野

星野之説見於周官經保章氏以星土辨九州之地所封封域皆有分星以觀妖祥今府境主晉言則參之分野晉始封在今平陽府翼城縣西南二十里之故唐城是府境與平陽猶之吳與越同分也

國語董因對晉文公曰實沈之墟晉人是居所以興也左氏春秋子產語叔向曰昔高辛氏有二子伯曰閼伯季曰實沈居於曠林不相能也日尋干戈以相征討后帝不臧遷閼伯於商邱主辰商人是因故辰

爲商星遷實沈於大夏主參唐人是因以服事虞夏

其季世曰唐叔虞當武王邑姜方震大叔夢帝謂已

余命而子曰虞將與之唐屬諸參而蕃育其子孫及

生有文在其手曰虞遂以命之及成王滅唐而封大

叔焉故參爲晉星由是觀之則實沈參神也史記天

官書晉之疆占於參罰案大夏服注云在汾澮之間

而杜元凱云今太原晉陽也史記禹鑿龍門通大夏

張守節引括地志云大夏今并州晉陽及汾絳等州

是此葢兼服杜而會通爲一又世本言唐叔虞居鄂

宋忠注鄂地今在大夏括地志故鄂城在慈州昌寧

縣東二里唐慈州即今吉州昌寧今爲鄉寧縣顧炎武日知録曰封禪書齊桓公西伐大夏考之於傳則曰自高粱而還高粱在今臨汾縣合是數說大夏近澮而遠於太原服說視杜爲優

其後三家分晉或以府境屬趙主趙地昴畢之分野爲言然邊境相錯遠於國都執一時疆界所及強與天合疎矣况今之府州縣尤不當泥古列國之占星鄭康成云星土星所主土也其書亡矣堪輿雖有郡國所入度非古數也星土之書旣亡後人輾轉傳合大致皆如康成氏所謂非古數者夫歲在實沈而晉文公返國太白

食昴而趙括長平之事應黃星出昴畢之分五十餘日而元魏起於代北太白晝見在參而太武幸隰城用兵西河四星聚觜觿參分而高齊始霸流星出昴北東南流轢畢貫參光明照地有聲如雷而尒朱氏殲於赤洪嶺晉趙之地上協大梁實沈自古以來占應不爽推而至於一郡一邑晝然辨其星度則其求益密其說益鑿善夫子產有言天道遠人道邇揚子雲曰史以天占人聖人以人占天居官守土者其盡心於人事俾無闕失焉民之休祥眚災感召補救求諸切要之至道雖勿問占候可也

漢書地理志魏地觜觿參之分壄也其界自高陵以東盡河東河內南有陳留及汝南之召陵㶏彊新汲西華長平潁川之舞陽郾許傿陵河南之開封中牟陽武酸棗卷皆魏分也趙地昴畢之分壄趙分晉得趙國北有信都眞定常山中山又得涿郡之高陽鄚州鄉東有廣平鉅鹿淸河河間又得勃海郡之東平舒中邑文安束州成平章武河以北也南至浮水繁陽內黃斥丘西有太原定襄雲中五原上黨上黨本韓之別郡也遠韓近趙後卒降趙皆趙分也秦地東井輿鬼之分壄也其界自宏農故關以西京兆扶風

馮翊北地上郡西河安定天水隴西南有巴蜀廣漢犍爲武都西有金城武威張掖酒泉敦煌又西南有牂柯越嶲益州皆宜屬焉案孟堅作志列秦魏周韓趙燕齊魯宋衛楚吳粵分野之詳舉漢時郡縣隸之今錄魏趙秦三國其郡縣與星之所分皆不足深據夫魏都安邑爲觜觿參之分仍參爲晉星之舊也趙都邯鄲去晉故都已遠是以不與晉同今府境乃趙地之邊魏者遠趙近魏宜同於晉志以西河屬秦太原屬趙漢西河郡治雖在河西而跨至河東今府境得其河東之地及太原郡之西南論秦晉之分野自

當以河爲界地在河西者雖舊屬趙魏亦同秦分地在河東者雖後入於秦亦不得謂非晉分然則漢志所列卽鄭康成謂郡國所入度非古數者耳以戰國時朝此夕彼犬牙交錯之疆界定星之分野不待辨而知其多疎矣

星經胃昴趙之分野冀州畢觜參魏之分野益州危室壁衛之分野幷州春秋元命苞昴畢間爲天街散爲冀州分爲趙國立爲常山觜參流爲益州營室流爲幷州分爲衛國蔡邕月令章句自胃一度至畢六度謂之大梁之次趙之分野自畢六度至井十度謂

之實沈之次晉之分野皇甫謐帝王世紀自胃七度至畢十一度曰大梁之次今趙分野自畢十二度至東井十五度曰實沈之次今晉魏分野晉書天文志十二次魏太史令陳卓言郡國所入宿度自胃七度至畢十一度爲大梁趙之分野屬冀州自畢十二度至東井十五度爲實沈魏之分野屬益州自危十六度至奎四度爲娵訾衛之分野屬幷州州郡躔次尾箕燕幽州西河上郡北地遼西東入尾十度東井輿鬼秦雍州太原入東井二十九度文獻通考洪氏曰晉天文志謂自危至奎爲娵訾衛之分野屬幷州衛

本受封於河内商虚後徙楚邱河内乃冀州所部漢屬司隸其他邑皆在東郡屬兖州於幷州了不相干而幷州之下所列郡名乃安定天水隴西酒泉張掖諸郡自係涼州耳又謂自畢至東井爲實沈魏之分野屬益州魏分晉得河内河東數十縣於益州亦了不相干而雍州爲秦其下乃列雲中定襄鴈門代太原上黨諸郡蓋又自屬幷州及幽州耳晉書出於李淳風之手豈非蔽於天而不知地乎案星經春秋緯皆兼言州國其於國之分星與漢書地理志無大異而所配之州則絶不可通故蔡氏皇甫氏之書但舉

國而不及州星經春秋緯以星言蔡氏皇甫氏以十二次言鄭康成注周禮云大界則曰九州州中諸國中之封域於星亦有分焉其書亡矣是星土之說以九州爲大限書亡而星經等書就國有分星傅合州之大界宜其轉相刺謬鄭君言諸國中之封域於星亦有分則不獨國有分星國中地域遠於國都者其上應之星自不得盡同如晉地兼及河外不必亦占於參也鄭君之言又曰今其存可言者十二次之分也星紀吳越也元枵齊也娵訾衛也降婁魯也大梁趙也實沈晉也鶉首秦也鶉火周也鶉尾楚也壽星

鄭也大火宋也析木燕也大致諸家說悉本此然十二次之名起於二十八舍而二十八舍則列星之與黃道相値者皇甫謐及陳卓所分十二次本漢書三統歷前漢末有黃道宿度其度乃赤道度也後漢永元四年賈逵始言赤道爲中天非日月道而典星待詔姚崇等十二人皆曰星圖舊有規法日月實從黃道官無其器不知施行十五年七月甲辰詔書造太史黃道銅儀是爲列宿有黃道度之始左氏春秋婺女爲元枵之維首又云元枵虛中也用太史黃道銅儀之度遷之則當以自婁十一度至畢二度謂之大

梁之次自畢二度至井五度謂之實沈之次而蔡氏
徒以當時冬至日躔斗二十度有奇爲星紀之中故
云日至其初爲節氣至其中爲中氣此由不明於二
十八舍雖與日行黄道相值而星與日各自運行也
列宿十二次終古不變而黄道十二宫冬至恆在子
宫之半亦終古不變黄道隱而列宿顯故借十二次
記之曰某日時刻躔某次幾度分冬至以中節氣從
十二次不可以次從中節氣推移今西洋之術知恆
星右旋以成歲差矣而冬至日在箕二度有奇謂之
曰日躔星紀之次此由不知十二次之名起於列星

不可以名黄道之十二宫也改析木爲星紀十二次之名悉隨之迭更與漢人不知歲差所以失不同而其失則同又自漢而下以節氣過宫大雪日躔星紀之初西洋術以中氣過宫冬至日躔星紀之初夫中者一宫之中也節者兩宫之間也以中氣過宫則中氣居兩宫之間而節氣反居一宫之中名實相悖此又其失之大者故西洋之術尤不可用以論星次至若晉天文志之謬洪氏已辨之然洪氏言衛受封於河内後徙楚邱則不解衛占於娵訾非河内及楚邱之衛乃成公遷於帝邱以後之衛也左氏春秋昭公

十七年冬有星孛於大辰西及漢梓慎曰星孛天漢
漢水祥也衛顓頊之虛也故爲帝邱其星爲大水帝
邱漢東郡濮陽縣今大名府開州也心爲大火定爲
大水營室東壁四方似口故名娵訾之口詩定之方
中亦以其方言之娵訾衛之分野天官家並同其曰
屬幷州則與星經春秋緯同一謬耳後言西河入尾
十度太原入東井二十九度尤迷謬滋惑諸說刪取
其語涉幷冀太原西河者論之餘不備錄
唐書天文志初貞觀中淳風撰法象志因漢書十二
次度數始以唐之州縣配焉而一行以爲天下山河

之象存乎兩戒北戒自三危積石負終南地絡之陰東及太華逾河並雷首厎柱王屋太行北抵常山之右乃東循塞垣至濊貊朝鮮是謂北紀河源自北紀之首循雍州徼達華陰而與地絡相會並行而東至太行之曲分而東流與涇渭濟瀆相表裏謂之北河北紀山河之曲爲晉代北紀之東至北河之北爲邢趙七國之初天下地形雌韓而雄魏其後魏徙大梁則西河合於東井秦拔宜陽而上黨入於輿鬼古之辰次與節氣相係各據當時歷數與歲差遷徙不同今更以七宿之中分四象中位自上元之首以度數

紀之而著其分野其州縣雖改隸不同但據山河以分爾觜觿參伐實沇也初畢十度餘八百四十一秒四之一中參七度終東井十一度自漢之河東及上黨太原盡西河之地古晉魏虞唐耿揚霍冀黎郇與西河戎狄之國西河之濱所以設險限秦晉故其地上應天闕其南曲之陰在晉地泉山之陽南曲之陽在秦地泉山之陰陰陽之氣幷故與東井通河東永樂芮城河北縣及河曲豐勝夏州皆東井之分參伐爲戎索爲武政當河東盡大夏之墟上黨次居下流與趙魏接爲觜觿之分案一行據山河以分於義爲

近其大夏之稱從杜元凱太原爲大夏盖分河東太原應參西河之濱應天闕而雜舉秦地北抵黃河之南豐勝等州及晉地南抵黃河之北蒲城河北等縣以爲與東井逼徙就十二次均分星度一次得三十度有奇勢必舉參而連及東井耳泥於天之一次所終而以地傳合之與泥於地之一國所至而以天强就之其失同也且於河渭之南舉終南太華河之北舉積石三危太行常山同爲北紀殊失地之分理脈絡至云魏徙大梁則西河合於東井秦拔宜陽而上黨入於輿鬼彼此遷就益涉支離矣

宋史地理志河東路當觜參之分明史天文志畢七度至井八度實沈之次也山西之太原府石忻代平定保德岢嵐六州平陽府皆參分絳蒲吉隰解霍六州皆觜參分澤汾二州皆參分案明志所載出清類天文分野書成於洪武十七年是時汾州領孝義介休平遥三縣石州領寧鄉縣臨縣隸太原府石樓縣隸隰州以太原平陽汾石皆專屬參惟隰州兼觜觿參言之然其一州三縣石樓最北亦專屬參可知也府境分野此爲近是

史記天官書晉之疆候在辰星星經辰星主恆山冀

州幽州幷州斗九星第九星主幷州常以五申日候
戊申爲西河庚申爲太原定襄周禮疏引春秋緯文
耀鉤云太行以東至碣石王屋砥柱冀州屬樞星唐
書天文志一行以爲斗杓謂之外廷陽精之所布也
斗魁謂之會府陽精之所復也杓以治外故鶉尾爲
南方負海之國魁以治內故陬訾爲中州四戰之國
鶉首實沈以負西海其神主於華山太白位焉太梁
析木以負北海其神主於恆山辰星位焉案此以五
緯及中宮斗秉言分野春秋時於五緯但言歲星未
聞五岳九州分配五星此蓋後起之說耳晉之疆候

在辰星占於參罰而一行以實沈與太白相配於占候又殊矣保章氏辨九州之地所封封域皆有分星先鄭舉春秋傳參爲晉星商主大火國語歲之所在則我有周之分野釋之後鄭因詳十二次之分如是止矣而賈公彥乃援春秋緯謂辨九州之地指北斗所封封域據二十八星強生支離經文九州之地所封封域者分天下爲九州州不一國也皆有分星者卽指辰爲商星參爲晉星之屬也惟天官書云二十八舍主十二州斗秉兼之魁杓共七星而星經言九星者劉向九歎訊九鬿與六神王逸注云九鬿謂北

斗九星也司馬貞注天官書引徐整長歴云北斗七星星間相去九千里其二陰星不見者相去八千里王砅注素問云上古世質人淳九星垂明中古道德稍衰標星藏曜故星之見者七焉則是合二陰星不見者而九然其說與春秋緯又互異正所謂占驗凌雜米鹽無足深辨

疆域

府治在布政司西南二百二十里廣輪之數右舒而左促

東西四百三十里南北百里西境南北四百餘里

倚郭汾陽縣

縣境東西百里南北六十五里北至太原府文水縣界五十里東北至文水縣界四十里東至平遥縣界四十里東南至介休縣界四十里南至孝義縣界十五里西南至薛頡嶺寧鄉縣界九十餘里西至黃蘆嶺永寧州界六十里少南至寧鄉縣界八十里西北至交城縣界百二十里

汾陽縣東與平遥分界大抵以汾水爲限而汾陽縣境有在數年前汾水故道之東者由汾水西徙故也今汾水行平遥界其境有在汾水之西者由汾水東

徙故也西與永寧州分界以西山正脊南行左右分水定其疆域至南接孝義縣則西起薛頡嶺循金沙水而東三十餘里渠北爲汾陽渠南爲孝義以下乃交錯於二縣而汾陽之地孤懸於孝義孝義之地孤懸於汾陽者甚多如智䄻一村周二十餘里在孝義縣西南越境殊遠當由自晉至宋分合併省時畫分未淸遂相沿至今耳

東八十里平遥縣

縣境東西百一十五里南北六十里北至太原府文水縣界二十里東北至太原府祁縣界三十里東至

麓臺山祁縣界七十里東南至沁州武鄉縣界六十里南至沁州沁源縣界四十里西南至介休縣界三十里西至孝義縣界萬戶堡四十五里西北至汾陽縣界四十里

東南七十里介休縣

縣境東西八十里南北七十里北至孝義縣界二十里東北至平遥縣界五十里東至平遥縣界六十里東南至關子嶺沁州沁源縣界六十里南至沁源縣界五十里西南至平陽府靈石縣界四十里西至靈石縣界二十里西北至孝義縣界二十里

南少東三十五里孝義縣
縣境東西百九十里南北三十五里右舒而左促北
至汾陽縣界十五里而遥自城東三十里萬戸堡至
西北薛頡嶺緣境百三十里與汾陽縣接壤東至平
遥縣界三十里其接壤者僅里許東南至介休縣界
二十里而近自城南三十里迆東北至萬戸堡緣境
三十五里與介休縣接壤南至平陽府靈石縣界二
十里而遥自西南至正南緣境七十五里與靈石縣
接壤西南至隰州界八十里而遥自黄雲山迆東南
緣境八十里與隰州接壤西至石樓縣界百六十里

其接壤者亦僅里許西北至寧鄉縣界百里而遥自薛頡嶺至正西黄雲山緣境八十里與寧鄉縣接壤孝義縣與寧鄉分界北自薛頡嶺至盤重原山屬孝義山西屬寧鄉自盤重原而西則以北面高山爲界山屬寧鄉山南屬孝義西與石樓以黄雲山脊爲界縣南梛壁以西則以南面高山爲界山屬靈石隰州山北屬孝義東南與介休縣當循汾水爲界而介休之南橋頭南嶺北諸村今皆在汾水之右蒕水道東徙故耳又卜家莊一村周十餘里孤懸於隰州境内須越境而治似由元至元三年割隰州温泉縣之半

入孝義晝分未淸也
此四縣者汾水行乎其閒
平遥之西孝義之東介休之北及西爲今時汾水所經其故道自汾陽縣韓家橋以上西岸爲汾陽東岸爲平遥
西北三百二十里臨縣
縣境東西百八十里南北百七十里北至太原府興縣界八十里東北至一箭嶺靜樂縣界百三十里東至連枝山永寧州界七十里東南至霍家嶺永寧州界七十里南至馬頭山永寧州界九十里西南至永

寧州界百二十里西至黃河百一十里隔岸爲陝西
榆林府葭州界西北至興縣界紅石灘百四十里
臨縣之山後所越永寧北境而與交城靜樂界故東
北至一箭嶺百三十里據山後所言也
西少北百七十里永寧州
州境東西二百里南北二百五十里北至赤堅嶺太
原府嵐縣界二百二十里東北至太原府交城縣界
百四十里東至劉王嶂交城縣界百里東南至黃蘆
嶺汾陽縣界百有五里南至寧鄉縣界三十里西南
至伏鹿山寧鄉縣界百一十里西至黃河百里隔岸

爲陝西綏德州之吳堡縣西北至磧口鎮臨縣界百
里至馬頭山臨縣界四十里
西百四十里寧鄉縣
縣境東西二百二十里南北百七十里北至永寧州
界二十五里東北至永寧州界八十五里東至汾陽
縣界六十里東南至孝義縣界七十里南至石樓縣
界百四十五里西南至石樓縣界百三十里西至黃
河百六十里隔岸爲陝西吳堡縣界西北至永寧州
界百三十里
寧鄉縣之軍鋪灣實孤懸於永寧州境內故西北百

三十里據軍舖灣言也
西南二百五十里石樓縣
縣境東西百六十里南北百一十五里北至寧鄉縣
界七十里東北至寧鄉縣界四十里東至孝義縣界
鳳尾村七十里東南至隰州界五十五里南至隰州
界四十五里西南至隰州之永和縣界四十里西至
黄河九十里隔岸爲陜西綏德州之清澗縣界西北
至寧鄉縣界四十五里至綏德州界百一十里
此一州三縣皆西距河環府界太原府之興嵐静樂交
城文水祁沁州之武鄉沁源平陽府之靈石隰州及所

轄之永和河西爲陝西榆林府之葭州又綏德州及所
轄之吳堡清澗自府治達　京師千三百八十里

汾州府志 卷二 十六

汾州府志卷之三

山川上

府境之山以汾水分東西西山自寧武府五寨縣南六十里蘆芽山迤邐而南在府屬臨縣湫水之右者曰紫金山東南距縣治四十里西麓之谿澗四西入黄河東麓之谿澗三東入湫水皆山夾水澗悉紫金山枝麓也

山勢嵯峩時有雲氣

山舊建聖水殿殿左右壁間有穴二大纔容手相去二尺許西曰雨穴東曰風穴風穴閉不敢啟雨穴値旱禱手探得水卽雨或偶探之時獲水珠鈿石諸物

曰鳳凰山卽臨縣城所倚西山城跨其上

曰竈山在城西南一名長壽山鳳凰山之陽竈山之陰

有澗名牛澗二山之脈北連紫金山

臨縣南十里曰白彌崖懸崖百尺上有佛字縱橫三尺似聖書然志稱舊說佛音彌爲佛肹佛時仔肩之佛

縣南五十里曰三交南山相傳北魏孝文帝過此見有異氣遂鑿斷來脈建廟壓之時荆棘罥衣怒折其刺至今此地棘刺獨無勾爲異此二山皆在湫水之右

湫水之左曰赤𡷊嶺今呼赤堅嶺西南距臨縣治七十

餘里魏書尒朱兆傳大掠幷州城內獻武王進討之兆遂走於秀容王又追擊度赤䃿嶺破之衆並降散山與永寧州接境南距州治二百二十里其北爲嵐縣界在嵐縣南九十里一名離石山離石水所導源也南流轉西入於黃河

離石水之右湫水之左以南曰大小連枝山西距臨縣治七十里山下有㵎名喬子川西入湫水曰黃龍山西距臨縣治五十里有谿㵎西導者二入於湫水曰漢高山西北距縣治五十里山下有㵎名大峪水西

入湫水山與永寧州接境南至州治百一十里史記韓王信列傳高帝七年信亡走匈奴匈奴使左右賢王將萬餘騎與漢兵戰漢大破之追至離石匈奴復聚兵樓煩西北漢令車騎擊破匈奴山上有高帝廟下有祠曰仙姑祠相傳三宮嬪葬焉非所詳也

曰雲山西北距臨縣治三十餘里山下有澗名小峪水西入湫水

臨縣東四十里曰中腳山產石炭縣東南八十里曰招賢山有鐵冶產石炭土人造磁器曰火山曰樊包頭山並出石炭土人造磁器此四山皆離石水以西

湫水之左在臨縣境者

曰積翠山南距永寧州百四十里金史地理志石州方山縣貞祐四年徙治於積翠山是也今俗呼方山嶺

曰馬頭山東南距州治三十里相傳晉豫州刺史祖逖嘗駐軍此山有廟碑

曰興雨山東南距州治二十里有雲繞是山則雨隨之其山三峰秀舉以狀類俗呼筆架山

曰匾斗山東距州治十五里山高插天傍有岩曰叶斗岩其下泉名靈通月窟泉山上有舊寨廢址俗呼安國王寨

曰南山東距州治百二十里山在故孟門縣之南其頂有泉名靈泉高崇熈靈泉寺記云南山峰巒插天下臨黃河有泉一道飛瀑山椒瀠洄殿宇導流齋廚旱取水禱之輒應金大定間於茲灌水入田嘉禾合穎

曰馬岩山東距州治百里有泉資灌溉

州北五十五里曰石版門山崖壁陡峻山半有穴如兩扇開闔狀州西二里小山曰虎山高百步州西九十里曰八盤山此三山皆離石水之西在永寧州境者

離石水之左曰步佛山南距州治百六十五里宋史王

忠植傳云叛將趙惟清執忠植械詣其右副元帥撒離曷不能屈使甲士引詣慶陽城下諭使降忠植大呼曰我河東步佛山忠義人也爲金人所執使來招降願將士勿負朝廷堅守城壁忠植即死城下

曰孝文山南距州治百七十里與交城縣接境在交城縣西北百六十里高四十里上無林木每雨則山半雲凝有北魏孝文帝碑長丈餘廣五尺許文字剥落其谿澗東導逕文谷是爲文水會於汾川

曰呂梁山西南距州治百三十里與交城縣接境在交城縣西北百五十里高插霄漢俗呼骨脊山鄙語云舊傳山半有蛤

蠡及繫角鐵縆少東曰鐵鏑山舊傳有鐵環並非所詳究也山有漢劉躭碑可辨者六十字言舜禹治水時事山頂有小廟刻記至元年號水地記圖注曰禹貢冀州旣載壺口治梁及岐舊說云壺口在冀州梁岐在雍州從東循山治水而西蘇子瞻云梁岐二山在雍州今於冀言之者因河而言非以二山爲冀州之地也曾彦和云壺口梁岐一役也其施皆同時不可分言於二州故併言於冀也王伯厚困學紀聞云治梁及岐若從古注則雍州山距冀州甚遠壺口太原不相涉晁以道用水經注以爲吕梁狐岐晁氏王氏之說是也考禹貢之文

自西而盡於東故先壺口次梁岐次太原岳陽次覃懷次衡漳或舉山或舉地梁岐之西水歸於河梁岐之東水歸於汾此二山爲汾川以西羣山自北而南之脊舉之以見汾西河東其地就治而太原則見汾東之地就治岳陽在汾東沁西覃懷則沁東而南近河衡漳則漳水過臨漳而入河北注觀此數語冀州所宜治者全具於是不得謂因壺口一役兼及河西雍州也況韓城之梁山雖近河而渭北之岐山遠隔在漆沮涇水之西誠使越漆沮涇水至乎岐下則雍州自渭以北所當治者幾於備舉又於雍州言涇屬渭汭漆沮既從荆岐既旅

此三語爲複文矣禹貢先分九州後復統記山川分者定其疆域合者見其條貫獨於發端之始以雍州山隸冀州何取乎先分後合示人以截然有限域者而寔淆溷其間也然謂禹貢梁岐即今永寧州之吕梁孝義縣之狐岐者亦有未盡如淮出桐柏渭出鳥鼠後人舉其枝山曰淮出胎簪渭出南谷蓋古者統以一名後人往往隨地殊稱今考孝文吕梁劉王嶂諸山寔一山之所盤廻薛頡狐岐高堂玉泉諸山亦一山之所盤廻禹貢之梁岐統名也今之吕梁狐岐特其中之一耳

蔡氏書傳云梁岐皆冀州山梁山吕梁也在今石州

離石縣東北爾雅云梁山晉望即冀州呂梁也呂不韋曰龍門未闢呂梁未鑿河出孟門之上又春秋梁山崩左氏穀梁皆以爲晉山則亦指呂梁矣酈道元謂呂梁之石崇竦河流激盪震動天地此爲禹旣治壺口乃治梁也岐山在今汾州介休縣狐岐之山勝水所出東北流注於汾酈道元云後魏於狐岐置六壁防離石諸胡因爲大鎭今六壁城在勝水之側寔古河逕之險阸二山河水所經治之所以開河道也先儒以爲雍州梁岐非是閻百詩尚書古文疏證云壺口在今吉州西七十里與河津縣西北三十里之

龍門相連與隔河之梁山對峙公羊傳梁山河上山穀梁傳梁山崩壅遏河三日不流經文遂連類而書寔有出於某州某山常例之外者又元和志京兆府奉天縣有梁山今乾州西北五里之梁山是也志言山即禹貢治梁及岐周本紀古公亶父踰梁山止於岐下及秦置梁山宮皆此山蓋山勢紆迴扶風岐山二縣之境經凡云及皆相近之辭以梁山屬此說亦可通岐山在今岐山縣東北十里縣在鳳翔府東五十里志稱府居四山之中五水之會五水汧也渭也漆也岐也雍也岐水入漆雍水合漆水入渭汧水漆

水各入渭（此別一漆水非禹貢之漆沮）應是治此羣水注渭耳胡朏明禹貢錐指云治梁所以終壺口之事除河患也其遂及岐者何蓋治梁已畢若身遠渡河而東則東方之事正多不能速還治雍當在數年之後而梁岐之間其於帝都事勢當日必有甚切而不容緩者故治梁之餘乘便施功及岐而止又洪水初平艱食未奏冀田僅第五等而梁岐之間去帝都最近田旣膏腴轉輸又便禹甸梁山之野通渭水之漕其爲帝都艱食計也切矣及岐而止者蓋岐西地高卬洪水不爲災而東方事急亦無暇西略故也案蔡氏說本晁

以道而引證多謬閻氏胡氏更申舊說以梁岐爲雍州山夫禹貢先分别九州初非於其間又牽合治水之先後緩急也使冀州施功西兼及雍且不啻大半治之則南亦可兼及豫東亦可兼及兖豈無相連之勢施功同時者乎至推言雍便轉輸論益窗而益鑿矣百詩於困學紀聞所云距冀州甚遠辯之曰梁山與壺口止隔一河耳不得謂甚遠考伯厚之言乃以自梁及岐其地連延而西爲甚遠不當偏舉一梁山議其語有滲漏百詩舢明皆深於考訂者咸謂蔡傳爲非固失在蔡氏不在晁以道蔡氏一引爾雅左氏

穀梁證晉山宜屬冀州不知春秋時自魯文公十年晉人伐秦取少梁梁山由是入晉迨後三晉既分自河以西濱於洛猶屬魏地少梁之梁山寔河西大山故晉望祭之列國望祭山川及晉河東望祭之山爾雅絶不一言而獨曰梁山晉望也正以河西近秦故特言之成公五年梁山崩壅遏河三日不流晉君召伯宗而問焉皆非離石縣吕梁一引吕覽語出尸子淮南鴻烈亦襲之所稱吕梁未鑿雖後人失其所在而離石縣之吕梁西距河百五十餘里隔越重山不濱於河無事疏鑿也一引酈道元水經注其本文云

河水左合一水出善無縣故城西南八十里西流歷於呂梁之山而爲呂梁洪其巖層岫衍澗曲崖深巨石崇竦壁立千仞河流激盪濤涌波襄雷奔電洩震天動地昔呂梁未闢河出孟門之上蓋大禹所闢以通河也司馬彪曰呂梁在離石縣西今於縣西歷山尋河乃無過岨至是爲河之巨嶮卽呂梁矣在離石北以東可二百有餘里後人以保德州西天橋峽爲道元所謂呂梁洪就水經注自北而南之次考之地望適協其地有禹鑿之跡河自故東勝州境轉而西南流八十里至河曲縣西北轉而西流九十里逕天

橋峽下至保德西五十里折而南逕興縣西又南百七十里至臨縣界道元言呂梁洪在離石北以東可二百餘里葢據黃河至離石縣界爲言因西流乃轉南故曰以東其指天橋峽無疑司馬彪言呂梁在離石縣西者卽今永寧州東北之呂梁徒因離石縣有呂梁山而河行離石之西故云在縣西寔未深考之言道元引而辯之則以離石西界河無過峘故溯流而上以求其地是道元以尸子呂覽淮南所言呂梁不在離石而遠在其北也蔡氏援以證呂梁在離石正與其說相刺謬一言岐山在介休縣取山海經狐

岐之山勝水出焉而東北流注於汾水者綴其下又引酈道元水經注按之本文乃云勝水西出狐岐之山東逕六壁城南魏朝舊置六壁於其下防離石諸胡因爲大鎭勝水又東合陽泉水又東逕中陽故城南又東合文水文水又東南入於汾是山海經水經注之狐岐在今孝義縣西宋熙寧五年省孝義入介休元祐元年復置孝義至蔡氏時已爲金地無所廢置當據元祐以後言在今汾州孝義縣不當據前此熙寧元豐十餘年間繫之介休也若介休東南洪山俗以爲狐岐其泉源俗亦呼爲勝水則又隅越汾水

其下言今六壁城在勝水之側寔古河逕之險阨二
山河水所經治之所以開河道也意以六壁城爲防
守西來渡河而東之津要不知北魏初河東岸離石
吐京之地萬山簇擁悉匈奴五部餘衆所居憑恃山
險未能卽平至狐岐以東汾川左右地勢平坦連接
太原本漢太原郡地故於此置六壁立爲鎭戍以防
狐岐以西黃河以東山寇西距黃河三百餘里不可
謂爲河逕之險阨呂梁狐岐之西始爲今臨縣永寧
州寧鄉縣山在三州縣之東而曰河水所經治之以
開河道將置此三州縣峻峯鉅嶺萬山簇擁者於何

地乎

曰勒臺山西南距州四十里相傳石勒嘗屯兵於此

曰伏盧山西距州治二十餘里五朝志修化縣有伏盧山是也北周大象中置盧山縣因是山以名隋大業初省入修化

曰雲鳳山南距州治二里高百步山有古墓相傳陳希夷墓非所詳究也華山之希夷峽舊傳希夷葬處矣

自呂梁山迆而東南曰劉王⿰山車西少南距州治百里高八里盤踞二十二里上有池曰飲馬潭劉淵都離石時嘗居此故名其左右谿澗石澗爲州之東川入離石水

以達河左澗入文水以達汾山之東麓接交城縣界在交城縣西百八十里自是而南左右汾陽永寧之間西山之正脊也

山脊之右曰拓拔嶺西距州治七十里山下有泉曰馬跑泉上有古塚相傳北魏孝文帝陵也無可證實

曰寶豐山西距州治六十里巉巖壁立亦呼尖山有巨石袤丈餘狀類龜一人踐之則動衆相與踐之則否俗傳以爲異

循山脊而南曰黃櫨嶺東距府治六十餘里西少北距永寧州治百有五里或言卽魏書序紀稱將從西河鑒

谷南出者也未聞其審
吳城驛水之左以南曰九鳳山西距州治五十里有石
洞曰白馬洞入里許有獨木橋飛石燕直下有梯偃仰
旋轉而進忽寛敞如屋怪石萬狀又進有圓石自頂倒
懸去地三尺許名石鐘擊之鏗然有聲又進得池二一
色白曰白龍池一黑如墨曰黑龍池又一池曰蓮花池
頂上水滴嚮䜴而下祈禱獲以入瓶輒應又進其穴九
道岐分深不可測相傳見一白馬日食田禾逐之入洞
蹏跡猶存殆如廣武之馬蹏谷天馬徑矣古碑云九鳳
山黄帝之别宫又一碑云赤松子煉丹之所非所詳也

洞前爲唐貞觀中尉遲敬德監造廟殿洞口時吐雲霧
晉高祖禱雨而應天福元年詔封淵濟仙洞勑樞密使
桑維翰書額山與望仙坡對峙坡俗呼韓仙山掌相傳
東萊韓中元往來是坡採蒼朮黄精服之身輕
曰龍山郎州治南山高一里山徑盤紆下有神醫華陀
廟其井泉名華君井病者祈禱取水
州北百九十里曰龍慶山上有佛寺浮圖俗傳尉遲
敬德所造呼爲尉遲塔州北百六十里曰三掌崖三
峰插天明晉藩牧地在其下土人呼官地裏州北百
二十五里曰銅柱山高千仞山半有涌泉上有寺名

迎曦寺州北百一十里曰龍王山土人呼爲北頂有龍王廟州北百一十八里曰黑龍洞山有鉛礦上有黄帝廟州東北七十里曰龍神山多五色石質溫潤東北三十里曰胡公山此七山皆離石水之左在永寧州境者州東南五十里曰尖陽山上立堡以備警山之東與寧鄉縣接境在縣東北三十里有泉西流入寧鄉

水

山脊之左枝麓岐分在汾陽縣境者曰謁泉山南距府治四十里隱泉水出焉東入文水水經注曰俗云暘雨愆時是謁是禱故山得其名非所詳也其山石崖絕險

壁立天固崖半有一石室去地可五十餘丈爰有層松飾巖列柏綺望惟西側一處得歷級升陟頂上平地一十許頃括地志謁泉山一名隱泉山在汾州隰城縣北四十里考北魏太和八年置西河郡治玆氏城玆氏本漢太原郡之屬縣也後人緣名傅合莫能稽遠遂以爲子夏居西河教授跡在於斯故是山俗呼子夏山禮記檀弓篇曾子稱退而老於西河之上鄭康成云西河龍門至華陰之地葢河上據河而言不指郡縣張守節始舉西河郡謁泉山石室引隨國集記云此爲子夏石室退老西河居此有卜商神祠李吉甫元和郡縣圖志汾

州西河縣下云卜商祠在縣北四十里方道元作水經注時西河郡治咸知新在此地故言子夏設教但求之夏陽郃陽間河水篇注云崌谷水東流側谿山南有石室因阿結牖連扃接闥昔子夏教西河疑卽此也而無以辨之谿水又東南逕夏陽縣故城北東南注於河陶渠水東南逕漢陽太守殷濟精廬尙在俗謂之子夏廟其水又東南逕夏陽縣故城南又東南入於河徐水東南逕子夏陵北東入河河水又南逕子夏石室東南北有二石室臨側河崖卽子夏廟室也道元所記者如是而於謁泉山及汾水文水絕不涉及明此地距河遠無

庸傳合耳治及隋唐習聞郡名不復責實卜子之跡在
龍門西河者移而虛加之北魏以後西河郡矣
曰青龍山東南距府治四十里孤峰特立羣山環之左
右谿澗流出山頂有泉曰甘泉
曰白彪山東南距府治二十五里相傳遠古騶虞見於
此山白虎黑文其麓曰壺盧谷原公水出焉東南入文
水谷有龍橋洞方廣十丈許闊兩巖間石梁橫續懸溜
滴池不絕南爲羊耳山石巉峰聳林茂泉飛水經原公
水出茲氏縣西羊頭山或云白彪山卽羊頭山之異目
也今別有山名羊頭山土山載石東距府治十五里原

公水經其下

曰比干山東南距府治百餘里元和郡縣圖志西河縣

比干山在縣北百一十里是也

黄櫨嶺之東曰向陽峽東距府治三十五里古金鎖關

在焉巖險插天中斷如闕延袤三十餘里有㵎水出峽

東流入文水

曰鵲鳴洞東南距府治十里舊曰西岩古洞

曰石室山東距府治三十里山多巖洞

舊志云石室山有空王佛岩麻衣仙洞空王佛後化

介山故今以抱腹巖爲東岩而以此爲西岩麻衣仙

姑汾州任氏女碑記稱生於唐貞觀元年七月廿有六日不願婚嫁披麻衣入洞中因以名其洞旱禱輒應

曰萬戶山東距府治二十里高八十丈延袤二十里頂平曠又謂之西岡舊傳趙所封離石侯石嵩葬此山下今無可考

曰石盤山東北距府治十里其高峯俗呼西頂

曰將軍山一名柏山東北距府治十七里舊傳離石侯牙將趙鼎號白馬將軍戰死此山民收葬山下故名山與石盤山相連

府治西三十里曰石婆神山相傳山無水泉有老嫗日遠汲以濟人沒而爲神建祠山上其山與萬戶山相連府西五十里曰柏山此二山皆山脊之東在汾陽縣境者

西山之正脊南行盤踞汾陽孝義寧鄉三縣境者曰薛頡嶺高五里許東北距府治九十餘里西距寧鄉縣治五十里東南距孝義縣治百里善利渠金沙水俱導源是嶺東入文水其西澗谷之水西入寧鄉水

自黃櫨薛頡而南其西麓止於寧鄉水之東曰寧陽山南距寧鄉縣治二十里俗呼朱店山縣境皆山惟北抵

永寧州爲平川是山乃諸水之屏障

曰蕉山西距縣治三十里山下有泉曰蕉泉隱見不常值歲旱則大涌而出縣境耕山爲田灌溉所不及惟特雨澤故土人不樂是泉通流

曰柏窊山西距縣治十里有二泉冬夏不增減清冽味甘可以已疾

曰卧龍岡西距縣治一里山勢委婉舊時多林木

曰泉子山西北距縣治三十五里崖臨寧鄉水之阸有二泉自南崖下涌出

曰樓子臺山西北距縣治三十二里山勢叠峻望之若

層樓然山有洞高八尺廣二丈深二十餘丈曰劉公洞
塑像洞內寧鄉水逕其西
曰蜜蜂崖西北距縣治三十里壁立如削寧鄉水逕其
下
曰仙明山西北距縣治十里山下有洞深不可測曰仙
明洞禱雨輒應
曰鳶嶺北距縣治二里許俗呼虎頭山寧鄉水環繞其
西而北
寧鄉縣東六十里曰黑嶺縣東南十里曰百家峪縣
東南三十五里曰黃嵩嶺此二山皆在山脊之西寧

鄉水之東屬寧鄉縣者

薛頡嶺之左曰龍隱山東南距孝義縣治六十里巒壁巍峩高三里許一名龍山其東南麓谿澗名賈壁水南麓谿澗名版峪水皆東北入金沙水

山西通志云隱龍山有象王峰蓮花峰雲蓋峰金沙河半月池諸勝

與薛頡嶺連岡而在南曰狐岐山晁以道釋禹貢治梁及岐謂冀州之岐山即此山也東距縣治百里高七里許其南麓有原曰盤重原原東谿澗俗呼孝河北川者也東入勝水

孝義縣新志云薛頡狐岐寔兩山薛頡跨汾陽寧鄉孝義三縣之界狐岐則全在孝義境內山西通志誤云狐岐一名薛頡

由盤重原左轉其旁起者曰白雀山東距縣治七十餘里山有池土人呼黑龍池其東曰烏雞山東距縣治六十餘里斜坡東下行三十里許而盡山亦有所謂黑龍池者池上有廟官民禱雨則於此

與白雀山連岡而在南曰高唐山東北距縣治七十餘里其南麓谿淵俗呼孝河南川者也唐書地理志武德二年置高唐縣貞觀元年省然則是山葢唐初高唐縣

境
與高唐山連岡而南迆東曰玉泉山高三里東北距縣治六十餘里山之東北麓勝水出焉東北入文水俗呼左水者也其東麓玦谿之水出焉南麓則漕谿之水出焉並東北入勝水自薛頡至玉泉寔一山之高下盤屈古通謂之狐岐山故山海經稱狐岐之山勝水出焉而東北流注於汾水若今之所謂北川乃東南而非東北亦惟左水逕六壁南若南北二川則合而逕六壁之北水經注可證也然山海經言注汾而水經注言注文水則因汾水東西轉徙驗之近事數年以前原公水以下

諸澗皆自達汾川不與水經注協今則皆入文水一如道元所見矣

由玉泉山岐分東迆北曰柏山東距縣治五十餘里峰巒峭拔一名金斗山勝水逕其陽高唐山之水逕其陰

自玉泉山迆南則爲靈石縣北山東盡於汾之西岸盤重原之西循岡阜邐迆而南地名弓家灣山之正脊也（在縣西南百四十三里）左有澗東南由隰州至靈石縣入汾右有澗自遠望山東南麓而來西爲寧鄉水又南枝麓岐分而西者曰可寒堆即遠望山也俗呼上殿山高十里許東北距縣治百六十里自山而西北八十里至寧鄉

縣治寧鄉水導源山之谿澗峰巒峻拔山有可汗廟元和郡縣圖志温泉縣遠望山一名可寒〻堆在縣西七十里周廻九十五里

孝義縣西南百二十餘里白家莊諸村之山自弓家灣迆邐而來東行起横岡鉅坡高出柏山高唐玉泉諸山之上南北緜衍二十餘里東西四十餘里山高巒複村庄稀少故山盡無名山北有谿澗西自弓家灣北導源東流三十里繞山而南經隰州靈石入汾山南有谿澗西自隰州北境野高泉導源東流四十里復入隰州界又南有澗自黑龍溝導源東流十餘

里亦經隰州合野高泉之水歸汾山西有谿㵎南自
上殿山東南麓導源經弓家灣南而西流入寧鄉縣
界歸黃河此弓家灣而南白莊村諸山之西爲西山
正脊所過之大致也上殿山之旁曰佛寶山上有積
石瑰琦駴目寔連於上殿山一石崖耳

寧鄉水之西曰雲集嶺北距寧鄉縣治六十五里縣之
鎮山也

曰八道岡東北距縣治五十五里循山之西谷至煖泉
鎮其東澗谷有泉流合車轍泉

曰車轍山北距縣治三十七里有泉東入寧鄉水

曰車鳴峪西北距縣治三十五里有泉而微細合八道

岡車轍山之泉入寧鄉水

曰避兵臺北距縣治四十里高千丈周盈三里一名没

虎臺下有清泉石室

曰屏風山北距縣治三十一里寧鄉水遶其下壁崖峭

舉展舒如屏

曰鳳凰山卽寧鄉縣城所倚西山也跨山爲城

曰仙童山在永寧州境東北距州治四十餘里有石洞

洞口廣丈餘少進旁有一穴纔容身俯傴乃入復開敞

內石牀一泉一甚清洌相傳昔時見童子晨樵採夕入

是洞故山以名焉洞口之上有廟曰應雨龍神廟

曰石門山東北距縣治百四十里黃河逕其西煖泉鎮之水逕其南

曰柏林山東距縣治九十里一名鳳翅山鋤溝鎮南山也北臨澗水山多古柏有松一株

縣西十里曰天原山縣西南九十里曰寨溝山此二山皆在寧鄉水之西黃河之東屬寧鄉縣者

寧鄉石樓二縣山之正脊盤旋其東右枝岐分迴環北轉故二縣之水皆北流屈西以歸黃河蓋山勢使然也

介於孝義石樓之間曰黃雲山東距孝義縣百六十餘

里西距石樓縣七十里二縣以山脊分界自黃雲山崖正北至寧鄉縣治九十五里

壁峭拳風氣寒冽

其西曰石羊山西距石樓縣治二十里山多栝木一名

栝木山下有小澗來自縣東五十里西入龍泉水

與黃雲山相連而在南曰牛心岡西距縣治六十里

其南曰石樓山西北距縣治六十里元和郡縣圖志云

開皇十八年改吐京爲石樓縣因縣東一石樓山爲名也

石樓山在縣南六十里

龍泉水之西曰翠金山北距縣治三里巒巑林窋一名

臺駘山上有臺駘廟

曰煖泉坡東北距縣治四十里温泉川出焉東北入龍
泉水
曰九重山東距縣治七十里山下有泉俗呼馬刨泉宋
呼延瓚故里在焉有巖曰金甲巖俗傳呼延瓚於此得
甲故名
曰石鼓山東距縣治三十里有平石二一似琵琶一類
鼓形
曰老子岩東距縣治二十里岩上清泉滴瀝冬成冰柱
高四丈有奇
曰團圓山東南距縣治五十里山峰高舉有漢高祖廟

牛坡有泉可資灌漑太平寰宇記土軍故城在團圓山下今無復遺蹟

曰飛龍山東南距縣治五十里山崖峻疊

以上右河左汾諸山在臨汾寧汾陽孝義寧鄉石樓六州縣界中者

汾東之山自寧武府治西南四十里分水嶺迆邐布分東南至樂平縣西沾嶺右轉歷八賦嶺侯甲嶺至府屬平遥縣之東曰盤石山西距縣治六十里有谿澗北流二十餘里散於原野

曰鹿臺山西北距縣治五十里嬰澗水出焉西北入侯

甲水今其水西北流散於原野酈道元以山海經謁戾之山嬰侯之水當之文獻通考汾州平遥縣下云有鹿臺山有嬰澗水劉崡遊鹿臺山記云山無林木衆壑參差千岩一色頂上方石平置纍纍如九層臺鹿臺得名或以此峰

曰過山西北距縣治四十五里魏書地形志太原郡平遥縣下云有過山是也過讀如戈爲澗之水出焉西北流二十餘里散於原野其西爲戈嶺有谿澗東北入侯甲水

曰超山西北距縣治四十里鹿臺山以西至此皆古過

山也超山之名起於唐天寶六年以水經注證之山郎汜山矣其谿澗北入過嶺水山有元遺山題名石云已亥秋八月十有四日自太原道往山陽留宿於此東山元好問裕之題温仁甫有後序

曰天峻山西北距介休縣治六十里壁立萬仞雲繞山半其下雖雨而巔或無雲

曰東洪谷西北距縣治四十里頂有泉曰懸泉瀝石下注似瀑布岩下有潭名白牛滾山路險峻直上三十里始達於滾爲潭者凡三潤五百餘步深不可測禱雨輒應其西曰西洪谷西北距縣三十里

山西通志平遥縣洪谷在縣西南有白龍潭又引武亮記谷上通綿山兩崖對峙壁立千仞巨潭天成皎若明鏡此所謂洪谷即介休縣之東洪谷耳非平遥境

曰蠶簇山西北距縣治三十里山勢高峻以狀類故名

曰洪山西北距縣治二十五里有泉曰鸑鷟泉資溉甚溥山即綿山之隨地異名者俗以爲狐岐山非也

曰綿山北距縣治四十里遞高四十里有岩曰抱腹岩羣峰蔟擁綿山之奥也岩西曰鐵索嶺援攀乃登自嶺而西至白雲洞土人呼爲中岩泉出崖壁間其孔百餘

狀若蜂藪名蜂房泉又有泉出下岩名下馬泉山勢緜
亘東抵沁源北接介休南跨靈石隸介休境者二十五
里以山脊界分其陽屬靈石其陰屬介休說者皆援介
子推事實之故又名介山左氏春秋言子推之隱不著
其隱於何所但曰遂隱而死晉侯求之不獲以緜上爲
之田曰以志吾過且旌善人遂隱而死者畢其終之不
可得言之求之不獲者隱固不復使人知也安知其隱
必猶在晉國中乎晉侯以緜上爲之田其地不出國中
之地或介推曾有子則授之其子或令人立其祠取租
稅供祭事而已史記則曰至死不復見介子推從者憐

之乃懸書宮門文公出見其書曰此介子推也吾方憂王室未圖其功使人召之則亡遂求所在聞其入緜上山中於是文公環緜上山中而封之以爲介推田號曰介山在左氏無所謂介山也曰以緜上爲之田則地名而非山名史記增成之曰緜上山中且以所封之田爲其所隱之處其曰環緜上山中而封之將以爲子推入居於此如項羽聞陳餘在南皮因環封三縣之事歟觀陳餘後發三縣兵則三縣爲餘有介推未必受此緜上山中食其租稅將所謂環封者乃空棄其地歟蓋戰國時有抱木燔死之說子長所不取而屈原賦稱封介山

而爲之禁其語近是故李以爲説耳戰國秦漢之際異説紛起無足取信當據左氏之文正之至緜上地又見於魯襄公十三年晉侯蒐於緜上以治兵及定公六年宋樂祁使於晉趙簡子逆而飲之酒於緜上獻楊楯六十於簡子皆地近晉都顧炎武以爲翼城縣西近之爲介子推田者亦宜在彼不在此

後漢書郡國志太原郡界休有界山有緜上聚水經注云王肅喪服要記曰昔魯哀公祖載其父孔子問曰寧設桂樹乎哀公曰否也桂樹者起於介子推子推晉之人也文公有内難出國之狄子推隨其行割

肉以續軍糧後文公復國忽忘子推子推奉唱而歌文公始悟當受爵祿子推奔介山抱木而燒死國人葬之恐其神魂貿貿於地故作桂樹焉吾父生於宮殿死於枕席何用桂樹爲余案夫子尚非璠璵送葬安能問桂樹爲禮乎王肅此證近於誣矣顧炎武日知録云漢魏以來傳有焚山之事太原上黨西河鴈門之民至寒食不敢舉火然考之於傳晉悼公蒐於緜上以治兵使士匄將中軍讓於荀偃此必近國都之地又定公六年趙簡子逆宋樂祁飲之酒於緜上自宋如晉其路豈出於介休乎況文公之時霍山以

北大抵皆狄地與晉都遠不相及今冀城縣西亦有縣山俗謂之小縣山近曲沃當必是簡子逆樂祁之地又云今萬泉縣南二里有介山漢書武帝紀詔曰朕用是介山祭后土皆有光應地理志汾陰介山在南揚雄傳其三月將祭后土上迺帥羣臣橫大河湊汾陰既祭行遊介山回安邑顧龍門覽鹽池登歷觀陟西岳以望八荒雄作河東賦曰靈輿安步周流容與以覽於介山嗟文公而愍推兮勤大禹於龍門水經注亦引此謂太康記及地道記永初記並言子推隱於是山而辨之以爲非然可見漢時已有二說矣

案今沁源縣北八十里有緜上關緜上城即後漢書之緜上聚也其地在緜山之南漢晉蓋屬界休縣後代割入沁源說者謂介休南山盤踞深厚是以求而弗獲若在萬泉者周圍僅十里未必不獲此未察春秋傳初非言其入於緜上也二山皆屬傳合又平定州東北九十里亦有緜山山有介子廟娘子關有妬女祠以爲子推妹　緜山東麓有緜水北流入澤發水喬宇觀緜水詩　嶺寒流繞澗斜離離石子帶晴沙翼城縣西北十五里之緜山下有介子推廟志稱土人傳晉文公所立

曰雀鼠谷東北距縣治二十里水經汾水又南過冠爵
津酈道元注云汾津名也在介休縣之西南俗謂之雀
鼠谷數十里間道隘水左右悉結偏梁閣道累石就路
縈帶巖側或去水一丈或高五六尺上戴山阜下臨絶
澗俗謂之魯般橋葢通古之津隘矣亦在今之地嶮也
考水經注所言谷之隘嶮今屬靈石縣境東接介休爲
入谷之口耳

介休縣東南四十里曰獅鼻岩高七十餘丈縣東二
十八里曰蝛城山縣東南二十里曰太虛岩岩畔有
數石洞知縣李鍾盛介山分界碑記山南之坡爲陽

坡地名有北塔鈎紅巖村柏溝峪大小柏溝村介神廟諸處屬靈石縣地山北之坡爲陰坡地名有說法臺抱樓山陶圪塔饅頭山與地村等處屬介休縣地俱以山嶺中脊陰陽爲界下以柏溝村與地村二溝合流總渠水心爲界

汾州府志卷之四

山川下 水利隄堰附見各水下

黃河自朔平府平魯縣西北緣胡山折而南流逕偏關河曲二縣過保德州西天橋峽至太原府之興縣西南紅石灘與府屬臨縣西北百四十里接境又南紫金山西麓之水引澗西導者四以次注於河又南月鏡川水西南流注之又南接永寧州境左得湫水又南逕孟門縣故城西有谿澗東來注之又南左得離石水又南接寧鄉縣境又南爲伏落津津際崖畔古寨宋史平夷縣有伏落津寨者也又南石口泉之水注之又南逕一故

城西俗呼吳王城疑趙之中陽故城也漢爲縣屬西河郡以水經考之中陽值離石之南土軍之北方秦趙相攻時秦在河西趙守險以禦秦宜於是間矣而久失其傳莫能證實又南逕三交原西又南逕石門山西又南爰泉鎮之水西北流注之又南接石樓縣境左得龍泉水河行府境之西凡四百六十里有奇自府境又南逕隰州之永和大寧二縣西過孟門山又南過吉州西南七十里壺口山又南逕鄉寧縣西過絳州之河津縣西北二十五里龍門山又南合汾水逕蒲州府之榮河臨晉永濟三縣西抵華陰潼關是爲禹貢所稱龍門西河

三受降城之南平魯偏關之西所謂河套者也河套之地北濱黄河南抵榆林府及延安府之靖邊定邊二縣北邊墻東西阻河今鄂尔多斯左右翼六旗居之而河曲保德與與陜西府谷神木二縣分河臨永寧寧鄉石樓與葭州吳堡縣綏德州清澗縣分河永和大寧與延川延長二縣分河吉寧鄉河津與宜川韓城二縣分河榮河臨晉永濟與郃陽朝邑華陰三縣分河

臨縣黄河上接興縣界紅石灘磧歷葭蘆磧烏龍磧翻入坪磧大同磧下接永寧州界行百八十餘里永

寧州黄河上接臨縣界下接寧鄉縣界行六十餘里寧鄉縣黄河上接永寧州界下接石樓縣界行四十餘里石樓縣黄河上接寧鄉縣界下接永和縣界行百八十里黄河津渡臨縣馬家岔渡對葭州大會村其南曰高家灣渡次南曰克虎寨渡對葭州東水門底古置浮橋其南曰杏林莊渡西南對葭州浮屠峪其南曰曲峪鎮渡其南曰白道峪渡西南對葭州關溝其南曰郭家塔渡對葭州荷葉坪其南曰堡子峪渡對葭州螅蜊峪其南曰高家塔渡對吳堡縣川口鎮其南曰索達干渡其南曰小園子渡其南曰橋子

溝渡對吳堡縣横溝村永寧州曰郝家津曰軍鋪渡
並對吳堡縣曰青龍渡對綏德州寧鄉縣曰三交口
渡對綏德州石樓縣曰上平津對綏德州
臨縣紫金山西麓一㵎西流八十里逕第八堡入黃
河俗呼第八堡河次南山麓岐分其一迤邐三十里
地名流泉溝有㵎西流二十里逕兎兒坂又西南四
十里逕杏林莊入黃河俗呼杏林莊河其一迤邐二
十里地名張陽會有㵎西南流六十里逕曲峪鎮入
黃河俗呼曲峪河山之西麓少南一㵎西南流九十
里逕叢蘿峪入黃河俗呼清涼河皆資灌溉

月鏡川水出臨縣西十五里西南流八十餘里逕索達干入黃河俗又呼孝才河資溉蔬圃

孟門故縣水自永寧州西七十里雷家溝西流十里逕南坡村又十里逕楸家莊又十里逕馬家塌又十里逕孟門故關入黃河

湫水出興縣東南八十里合查山水經注之陵水也西南流逕臨縣東北白文鎮南又西南一泉自左注之俗呼郝家坡溝又西南逕臨泉故城東故縣水自右注之又南左則有泉東出石巖下注之俗呼小馬坊溝右則紫金山東北麓之水引澗東導者二並東流二十里注之一澗俗呼窯頭溝次南一

澗（俗呼太平溝）又南連枝山之水曰喬子川西流四十里注之又南紫金山東麓之水東南流三十里注之（俗呼萬安溝）又南黄龍山西北麓之水曰榆林溝西流四十餘里注之又南有泉導源縣西北里許曰暴水泉東流八里注之又南逕縣城東右則牛澗之水注之左則甘泉溝水西流五里注之又南黄龍山西南麓之水西流二十五里注之又南善卷溝水東流八里注之又南漢高山之水西流三十餘里注之又南青堂溝水東流十里注之又南雲山之水西流二十里注之又南逕三交南山之東左納一水導源縣東南山澗曰湍水頭西流三十餘里

注之湫水自是屈而西流左納一澗導源永寧州西北谿谷西流二十餘里迤北注之又西入於河

水經注云河水又南陵水注之水出陵川北谿南逕其川西轉入河然則湫水南流經臨縣東爲左右泉澗所趨古所謂陵川也五朝志云太和縣有湫水北周烏突縣隋開皇中改曰太和則湫水之名葢起於隋矣文獻通考臨泉縣有臨泉水亦謂此水元人又呼爲吃那河元地理志黃河正南過保德州葭州及興州境又南過臨州與吃那河合是也湫水導源與縣合查山麓由大小連枝山長城坪西南流逕白文

鎮折而南受左右谿澗水至縣南五十里三交鎮折
而西南五十里至磧口入黄河郝家坡水在縣東北
五十五里泉源上涌深三尺有奇故縣水導源唐家
溝及海子頭溝在縣北五十里小馬坊溝在縣東北
三十里泉出石巖下窯頭溝在縣北四十里導源紫
金山北麓太平溝在縣西北三十里導源紫金山東
麓喬子川水在縣東北二十里導源連枝山下西遥
陳莊俗又呼陳莊河萬安溝在縣西北十里導源紫
金山東麓榆林溝在縣東北五十里導源黄龍山麻
峪溝在縣西北一里許導源暴水泉甘泉溝在縣東

南三里許導源石巖下安業溝在縣東南十五里導源中腳黃龍二山下善卷溝在縣西南十里導源趙家圪台大峪水在縣東南二十五里導源漢高山下青堂溝在縣西南二十里導源丁家溝小峪水在縣東南二十里導源雲山下鐘底溝在縣東南六十里導源湍水頭縣城西倚鳳凰山山南曰牛澗穿城而東入於湫水縣之西境皆山惟湫水起興縣自東北而西南行二百三十餘里注黃河明萬歷間知縣葛昇教民開渠築隄引資灌溉

湫水暴漲屢爲城患明宏治中知縣高嶮創築護城

隄嘉靖中知縣脫鎬賀定國吳朝相繼重修萬歷八年知縣陳舜道砌石增高藉以保障者垂六十年兵燹後屢爲湫水衝壞　國朝康熙四十六年知縣沈天泳開渠引流編栁作堰雍正十一年知縣徐能請公項銀三千大加修築知縣霍作明竣其事隄長百三十丈高十三層乾隆六年知府張坦讓見水勢湍急及知縣張紫極各捐俸修繕循隄之根埽疊石爲外護長百三十丈二十八年知縣丁宗懋於北頭接舊隄增長六十八丈頂衝處更築月隄二十丈三十四年復修繕完固

永寧州西北六十里南溝村谿谷之水西流二十餘
里逕臨縣范家溝入湫水

離石水一名赤洪水出永寧州北百九十里赤洪嶺是爲州之北川南流逕步佛山西又南逕方山縣故城東金貞祐四年徙方山縣於積翠山者是也又南逕一故城西唐貞觀十一年方山縣所徙治也又南逕漢高山東又南左得呂梁山之水又南逕艮泉縣故城西北齊所置縣也今猶呼泉城又南大武堡北澗水西來二十餘里自右注之又南左會東川南逕州城西西山之水東南流二十里注之又西南左合寧鄉水又西逕青龍

隰北至是衆泉奮湧引資灌溉又西鋤溝之水東南來注之又西逕一故城南宜爲漢之隰成縣又西逕八盤山南又西入於河

水經注河水又南得離石水口水出離石北山南流逕離石縣故城西又南出西轉逕隰成縣故城南其水西流注於河文獻通考方山縣有赤洪水離石縣有離石水一名赤洪水

北川自州北赤堅嶺南流二十餘里逕樹林堡又二十里逕方山堡雍正八年設巡檢司又十五里逕麻底會又十里逕津良堡又五里逕吳池圪洞有故城

遺蹟又十五里逕監軍莊又十五里逕横泉堡又十五里逕峪口左納吕梁山水又五里逕南村堡有故城遺蹟又二十五里大武堡北澗水自州西北七十里店坪溝東流十里逕高家溝又十里至大武鎮北入離石水又五里逕神底堡又五里逕漫塌村又十里逕霜霧都堡又五里逕下安村又八里逕趙家莊又二里逕水西村又二里逕西崖底左會東川而南逕城西西山之水自州西北三十里梁家汉東南流十里逕棗林村又十餘里逕虎山南入離石水又西南十里逕交口北左合寧鄉水又二里逕賀家塌又

十里逕上白霜又五里逕下白霜又二十里逕寨東
又十里逕青龍鎮又一里逕梆林鎮又九里逕穆村
又十里逕薛村又十里逕長峪村又十里逕南坡村
又十里逕薛家坡又二里逕郭家塲又三里逕賀家
坡又五里逕呼家原又五里至交龍口入黃河
呂梁山之水西流逕河莊南又西至峪口入離石水
自州西北百一十里背脊溝西流十里逕白家汶又
十里逕廟底又十里逕河莊又五里逕來堡又十里
逕峪水之南入離石水
東川出永寧州東北劉王峰之山西南流逕寶豐山北

又西南相里溝之水自北來三十里注之又西逕伏盧山西南左合呉城驛水又西逕一故城晉幷州刺史劉琨所築謂之盧城者也又西逕州城北而西會於離石水

州東北七十里小神頭始有水西南流十里逕歸化村又十里逕巖村又五里逕王村又五里逕德綱村又五里逕信義村右納相里溝水又五里逕石村又五里逕車家灣又五里逕下盧橋又五里逕田家會又八里逕七里漢又七里逕城北與離石水會

相里溝水導源州東北七十里高家莊有泉西南流

十里逕相里村謂之相里溝又十里逕陽坡村又五里逕豐義村又五里逕回來埸而南合東川

呉城驛水出呉城驛北山南流逕呉城西左納一泉屈而西流逕南寒灘又西至伏盧山東南會於東川

自州東北百一十里馬神舍南流二十五里逕小西溝又五里逕呉城鎮南石窟泉自水草灣西流注之又西十五里逕上四皓又五里逕下四皓又二里逕南寒灘又四里逕任家塌又七里逕上王營莊又五里逕下王營莊又二里逕郝家崖又五里逕薄車溝五里逕義居村又五里逕上盧橋又西爲二水之

會

州境萬山叢雜胥岡坡地難以引溉西城下温泉明宏治初知州吕大川教民種稻灌園後因山水爲患稻田遂廢州南十五里香水巖由大土河路口石壁中瀉出甘冽兼資灌溉州西穆村南近離石水村人陽高縣訓導王彦孔鑿渠以興水利溉田八百餘畮州北六十里有泉曰昭濟泉古碑云舊有海眼波濤洶涌州西十里有潭曰電雨溝泉州東南五十里有響水泉崖半涌出懸如瀑布

州城西北隅北川東川至此匯流爲一山水暴漲州

城屢被水患明宏治初衛州城知州呂大川築隄防護多植樹以固隄嘉靖中知州喬遷重修後漸廢壞萬歷二十六年知州夏惟勤改築大隄旋被水衝兼損西城三十六年知州李橋重修　國朝康熙四十八年州人于中丞準雍正十二年知州許炳元相繼修繕

寧鄉水導源遠望山之左右谿澗元和郡縣圖志溫泉縣遠望山一名可寒堆者也今在孝義縣西南百五十里水西北流接寧鄉縣南境又西北逕寧鄉關左會一澗谷其谷南通隰州又西北右得泉子山二泉俗呼清

水河又北逕車鳴谷東八道岡澗谷之水合車轍山泉自左注之又西北逕鷹嶺西棱柯泉之水西流注之又北逕寧鄉縣城東又北尖陽山澗谷之水西北流二十餘里注之又北白草溝之水西北流四十餘里注之又北接永寧州南境而北會離石水文獻通考石州平夷縣有寧鄉水即是水也

遠望山今名上殿山東南麓之泉俗呼馬跑泉自南而北環孝義縣之汲上（縣西南百五十五里）賈家山底（西南百五十里）晉州營（西南百五十里）諸村逕弓家灣之南行三十餘里西至樂家坡（西南百六十里）合鳳尾村開府村（並西南百六十里）南來

之水接寧鄉縣南境西至寧鄉關會郭家河底南來
乾澗北流十里逕泉子山有二泉俱出南崖下俗呼
車轍泉寧鄉水南來至崖下得是泉而盛可資灌溉
又二里逕黄蒿嶺又三里逕車鳴峪八道岡澗谷微
泉細流至車轍山下其泉稍盛冬夏不竭亦呼車轍
泉流經車鳴峪亦有泉而微合於寧鄉水又五里逕
石家溝又五里逕萬年保又八里逕陳家灣又五里
逕段冢莊泉源匯流至此相度地勢可引資灌溉舊
有堰曰段家堰溉地七十畮有奇乾隆三十四年三
月知縣朱懋炳勸民增設隄堰溉地三百餘畮又六

里逕鷹嶺之西舊有堰曰鷹灣堰縣南三里今溉地九十餘畮其引而西達於城中者曰清水堰明嘉靖二十六年知縣張鏜引渠經城南建通濟橋橋記稱縣城適枕西山之隈故掘井者百仞而不及泉民甚艱焉曩嘗有軫是念者乃自西南山麓開渠引流而上直抵城中而其流未廣據此則舊渠流直達城中以供民之取汲嘉靖中乃因而廣之耳後又湮塞萬歷三十一年知縣黃應貞復引入故道城內溉地二頃有奇今城南三里橋及碑記尚存而水屢經衝刷河身甚低不能引流城內田畮悉爲民居矣城東南鷹嶺

北棧柯泉之水自東來會縣東一里舊有堰曰沙會堰溉地二頃有奇其北曰東觀堰明萬歷十五年修溉田八十餘晦縣北八里曰寺灣堰溉地二頃有奇今亦如舊縣東尖陽山澗谷有泉西流十里逕靑蒿村又十里逕尚家峪入寧鄉水縣北十三里曰大高堰萬歷十五年張堯佐引山泉循崖而西溉地四十晦今溉地六十餘晦縣北二十里曰朱家堰溉園圃地八十餘晦今如舊縣東北二十八里禪房山下有泉西北流五里逕桃園村又十二里逕椿樹坪又五里逕白草村是爲白草溝又西北四里逕朱家店而

西入寧鄉水自此而北逕歇馬店北接永寧州境南距寧鄉縣治二十五里北距永寧州治三十里又北五里逕金羅鎮又五里逕東西郝村又十里逕交口村與離石水會自是永寧寧鄉之水悉滙爲一川西入黃河寧鄉縣西北八十里鋤溝鎮距永寧州西六十里青龍鎮不及里許

鋤溝鎮引青龍泉溉地一頃有奇

枝柯泉之水導源寧鄉縣東二十三里流入南大井溝溝東南起薛頡狐岐之坳其水循溝而北與薛頡嶺黑嶺之溝會而西逕蕉山南山有泉竇曰蕉泉其泉隱見不常又西逕穀羅溝又西逕柏窊山南又西逕鷹嶺北

注寧鄉水

南大井溝起薛頡狐岐之坳踰山而東爲孝義縣之狗兒溝棱柯泉出棱柯村北流轉西三里逕縠羅溝又二里逕莊兒上又三里逕榔溝村柏家峪又十里逕倉兒灣又二里逕邢家嶺又二里逕東觀村而入寧鄉水

鋤溝水導源寧鄉縣西四十二里曰蒲焉泉有三竇湧出西流逕獅尾溝又西逕南社村又西迆北逕柏林山北鋤溝鎮南而西北注離石水

蒲焉泉自張蒲子村循山澗屈曲西北流二里逕樹

子嶺又一里逕劉家塌又二里逕吳家夘又三里逕
楊家圪塔又三里逕上寺頭又三里逕高家莊又五
里逕任家塌又三里逕廟底又二里逕石盤上又三
里逕李家社又二里逕賀家社又四里逕曹家山又
二里逕灰塌村又三里逕南社村又五里逕張家灣
又二里逕鋤溝鎮又西北入於離石水
石口泉之水導源寧鄉縣西南五十五里西流逕棗坪
又西逕北新安又西北永寧石樓與寧鄉之地相交錯
寧鄉縣西南八十里有泉曰聚星泉其竇泉多故名西
流逕留誼村又西逕惠家坪又西迆北會石口泉之水

又西北逕下堡入於河
石口泉出縣西南石口子頭西流二里逕莊兒上又一里逕草舍村又三里逕棗坪又一里逕婁家塌又二里逕于坪又六里逕留次村又五里逕武家莊又一里逕高家莊又七里逕劉家圪垛又二里逕喬家莊又五里逕蘇家莊又四里逕康家坪又二里逕嘉善村又五里逕金家莊又八里逕北新安又西爲永寧石樓之地交錯其間踰之而西復至寧鄉縣境下堡入於黃河
聚星泉在郝家圪塔循山澗西流三里逕南石盤又

一里逕羅家塌又一里逕張家莊又五里逕塌上又五里逕劉家莊又五里逕杜家莊又二里逕衛家汊口又三里逕留誼村又八里逕周家汊口又五里逕田家圪塔又五里逕高家畔又三里逕高家圪塔又十里逕惠家坪而西北會石口泉水

暖泉鎮之水泉源所導曰牛尾泉在寧鄉縣西南百里自鎮西流逕沙塘接石樓縣南境又西北復至寧鄉縣境烏林泉出縣西南百二十里西流注之又西北逕石門山南而西注於河

牛尾泉出暖泉鎮西流五里逕韓家莊又三里逕補

村又二里逕雷家莊又三里逕柳樹溝又一里逕鮮花莊又五里逕王家莊又五里逕岳家山又五里逕沙塘村又二里逕石樓縣之汊兒上又三里逕楊家坡又五里逕平底又十里逕野雞坪又五里逕橋子頭又五里逕堷溝又十里復逕寧鄉縣之長興村又十里逕莊頭又五里逕下塌上入於黃河自暖泉鎮至沙塘村引牛尾泉溉地舊曾設渠規渠長溝頭司之恒遇微涓細流不敷灌溉於是渠規遂廢暖泉鎮與清水河隔越重山而山西通志云寧鄉縣西南引清水河繇暖泉鎮起誤也

烏林泉出下烏林西流三里逕前汊上又五里逕張家圪臺又五里逕新莊又十里逕石樓縣之土門等村而西入暖泉鎮水

府舊志載寧鄉縣野狐泉清洌可解暑毒寧鄉縣舊志作水神泉在縣治西北狐尾溝又二郎坪泉在縣治西北二里許有兩泉相距不數武南甘北鹹迥別

龍泉水出石樓縣東南四里俗呼屈產泉自石罅瀵瀉西流會於谿澗其谿導源縣東南四十里水經注之牧馬川也西北流合龍泉謂之龍泉水又西北有一澗西流二十七里注之水經注之土軍水也又西北逕城東

又西北左得煖泉坡之水又北有一小澗導源縣東五十里西流逕石羊山南自右注之又北屈西行九十餘里入於河

水經河水南過土軍縣西酈道元注云縣有龍泉出城東南道左山下牧馬川上多產名駒其水西北流至其城東南土軍水出道左高山西南注之龍泉水又北屈逕其城東西北入於河案今土俗不復知有龍泉水牧馬川土軍水之名惟泉之在縣東南者今猶古耳因水經注言牧馬川土產名駒後人遂傅合春秋屈產之乘及夷吾奔屈故有屈產泉之目又於

泉崖上建晉公子夷吾廟考北屈在今吉州不在此

城東南山俗呼神嶺山屈産泉出其麓流入谿澗澗

水出縣東南四十里東溝村俗呼沙河西北流會屈

産泉又北一里許會東沙河其水出縣東三十里成

家溝匯流之處西北距城一里由城東繞城而北與

城西之沙河會又六里石羊山下小澗導源縣東五

十里劉家圪臺村西至縣北十里東衛村入於沙河

其澗恒爲乾澗

温泉川之水出石樓縣西南四十里煖泉坡下北流十

里迤東右會一谿澗其谿導源縣東南三十里東北流

左合㥞泉坡水又東北有澗南來三十里自右注之又
東北逕城西而東北入於龍泉水
㥞泉坡在縣西南井滿村流合縣西南三十里解莊
汎沙河匯流處距城十五里地名龍臺村又五里至
段莊縣西南三十里車家坡之水逕譚莊北流匯入
又東北至城北四里與城東之沙河會
今石樓縣即以東西谿澗來流爲城濠山水暴漲屢
衝城址雍正八年知縣袁學謨於城東北開濬支河
隨遇水衝涌起沙土水改北流不繞城下共流處長
百九十丈上流廣四丈深七尺下流廣六丈深五尺

山西通志云石樓縣僻處萬山重巒疊嶂無近河民田亦無設立渠道

以上臨永寧寧鄉石樓四州縣歸黃河之水

汾水出寧武府寧武縣西六十里樓子山即管涔山之別嶂也南流由忻州之靜樂縣西太原府交城縣北陽曲縣西太原縣東徐溝縣西復經交城縣東南而由文水縣東至府屬平遥縣西北境西南流逕故蔚州城西又西南逕縣西故來城東又西南接介休縣東北境又西南逕故鄔城北左得侯甲水縣東南鸑鷟泉之水亦北流注之又西南逕介休縣北孝義縣東南文水自右

注之又西南白溝水東流二十餘里注之又西南一水
導源靈石縣北山逕孝義縣南屈而東流十餘里注之
又西南椰壁水東流十餘里注之又西南逕介休縣西
又西南入雀鼠谷接平陽府境由靈石縣北霍州西汾
西縣東趙城洪洞臨汾之西襄陵太平之東曲沃縣西
北絳州稷山河津之南西入於河歷府境平遥孝義介
休三縣其故道自文水縣折而西逕汾陽縣東後一再
東徙不復至汾陽縣境矣
據水經文水到平陶縣東北又東入於汾原公水過
茲氏縣北又東入於汾平陶故城在今文水縣西南

二十五里似今時汾陽孝義東境文水所經即水經汾水故道水經注文水與勝水合又東南入於汾其注原公水云水入文湖不至汾也似與今改流之汾水不殊考汾水舊由文水縣東北五十里北安都屈西至縣南二十五里河南都入汾陽境明萬歷三十九年東徙由縣東南四十里齊南都入平遥境水之東岸經郝莊趙坦村安固村樂村羌城縣西四十里西岸由文水縣永樂村入汾陽境經尹家社狄家社閻家社裴家會並縣東北四十五里郭家莊東社村李家莊並縣東北四十里九枝社縣東北三十五里演武鎮縣東三十里辛愛村縣東少南三十

里師家莊縣東南二十里董家莊縣東南二十五里其平遥縣羌城之下接入汾陽縣經韓家橋西河堡並縣東南三十五里大王村縣東南四十里北小堡縣東南十五里孝義縣汾水則由汾陽縣入境西岸經新莊縣東北十三里盧家莊縣東十里五路莊縣東南十六里鄭家營縣東南十二里南姚村縣東南十五里董屯縣南二十五里東岸經南小堡縣東北十六里大堡張家莊並縣東十五里橋頭村縣東十七里霍家堡縣東二十里介休縣汾水由孝義縣入境右岸經橋頭村縣北二十餘里左岸經羅王莊大宋曲小宋曲並縣西少北七里國朝乾隆三十二年又徙而東不入汾陽縣境東岸經任莊縣西北二十五里杜家莊縣西北二十里東范

落村縣西北二十五里西張趙村縣西少北二十里西岸經平遥縣之辛村西范落村並縣西北三十里青落村薛家莊並縣西北四十里寧固阜縣西三十五里蘇封村甯封村並縣西四十里王智村官地村靜化村並縣西南四十里接介休縣經北鹽場縣東北四十里北辛武村縣東北三十里東西大朗村並縣東北三十五里席村那村並縣東北二十里洪相村縣東北二十五里至橋頭村歸故道孝義縣則自萬戶堡入境縣東少北三十里西南至北橋頭村縣東十七里合文水以下復行故道又十里許合白溝水又數里合王馬水又五里至董屯縣南少東二十五里合嶺壁溝水溝南即介休之嶺北村縣西北二十五里此汾水東西轉

徙之大致也
汾水舊經汾陽縣東地高河卑瀕河或用桔槔汲水
漑畦明嘉靖中分守冀南道趙祖元疏渠造江浙水
車教民引漑民甚利之後淤徙不常遂廢萬歷二十
七年介休縣知縣史記事於縣西北羅王莊開渠引
汾水南至孫暢村長千五百二十七丈廣丈五尺深
丈漑田三十六頃有奇又與平遥縣知縣魏學徵共
興水利自平遥縣東至介休縣北開渠引汾水在平
遥境長二千六百三十丈在介休境長二千二百八
十丈渠廣六丈漑平遥縣地百頃介休縣地百十六

頭其水程自下而上以次灌輸先介休引灌十五日後平遥引灌十四日其平遥介休汾陽孝義舊渠萬歷二十九年孝義縣知縣周佑請分四縣水利起十月之朔止次年二月平遥縣於十月一日至十一月七日介休縣於十一月八日至十二月十五日汾陽縣於十二月十六日至正月二十一日孝義縣於正月二十二日至二月終而孝義又分四堰永安渠引經新莊村豐鍋頭村南船頭村小堡村福谿渠引經大堡村程家莊李家莊濟民渠引經橋頭村張家莊盧橋渠引經盧家莊别有仁德渠後並衝壞更濬利

導渠自汾水轉徙後渠堰悉廢

侯甲水出沁州武鄉縣西北百里侯甲山北流屈西逕太原府祁縣北俗呼沙河西接府屬平遙縣東北境西南流左得嬰澗水又西南逕故京陵城北又西南逕縣西北故中都城北左得過嶺之水又西南左得亭岡水又西至介休縣東北逕故鄔城南而西北入鄔陂以達於汾

水經注侯甲水逕祁縣故城南又西逕京陵縣故城北又西北逕中都縣故城南城臨際水湄又西合嬰侯之水逕鄔縣故城南又西北入鄔陂而歸於汾流

矣元和郡縣圖志祁縣胡甲水一名太谷水東南自潞州武鄉縣界流入又南入汾州平遥縣界案此水逕平遥縣自縣東北三十里山胡村入境行三十五里合中都河又三十五里至静化村接介休境水側有長壽村故俗呼長壽河夏秋暴漲屢漂民舍水經注言逕中都縣故城南今逕中都城北葢水道徙流也

嬰澗水出平遥縣東南鹿臺山俗呼鹿臺河水經注所謂嬰侯之水也又西北魯澗水出縣東南過山北流逕青城西而北注之又西北會於侯甲水

文獻通考平遥縣有鹿臺山嬰澗水劉嗣遊鹿臺山記云山之陰嬰溪出焉東北流入深壑及出山由東崖岡底陰溝村石壁夾立灌嬰廟在谿東二里嬰澗之名或以灌將軍故歟雷潔疏中都河記云城東一河名魯澗自東引入城流縣衙側有華林園城中央有賀蘭橋厥後魯澗衝湮溝塹不復入城瀠洄案鹿臺山嬰澗水經注引山海經嬰侯之水實之則其名非起於灌嬰矣平遥縣東今爲中都水所經而魯澗又在其東又東則嬰澗又東則磐石山水此三澗皆引資灌溉其水一不復匯流成川山水盛漲乃通流入

沙河魯淜導源米坑溝澗之西引溉東郭村洪堡閣艮莊龐莊地澗之東引溉細腰村金莊地各設渠惟龐莊乃散漫餘水微潤地畝無渠道嬰澗之西引溉府底村地澗之東引溉羅鳴後村地以北岐爲二渠西渠之西引溉閻村五里莊地西渠之東引溉新盛村大閻村小閻村地東渠之西引溉西襄垣村欽賢村郝同村郝家堡洪善村地東渠之東引溉東襄垣村梁官村地皆設支渠磐石山澗至原野岐爲二渠西渠之西引溉白城村地東渠之西引溉柏生村地東渠之東引溉郝開村地皆設支渠

過嶺水有二源東源出平遥縣東南過嶺之陰西北流有泉出縣東南十五里曰原祠水平地涌泉北流注之又西北左合西川西源出縣南超山北流合東川一名祀水俗呼中都河北逕縣城東迆西會於侯甲水

水經注云山海經稱謁戾之山嬰侯之水出於其陰北流注於汜水水右出汜山其水殊源共合注於嬰侯之水亂流逕中都縣南俗又謂之中都水侯甲水注之案嬰澗以西諸山源合成一川而會於祁縣來之沙河後因各上游渠堰支分水散原野不復通流

超山水俗又呼原公水又呼賀魯水因汾陽縣之原

公水傳合於此舊由城南引而西合石城山之水入
鄔陂其後洪善驛分水飲馬開隄北引明嘉靖十四
年因水衝城東北角知縣曹倖委典史吳欽於城東
南一里開渠深七尺廣二丈長二里築隄長百二十
步崇三丈五尺廣十五步名中都堰水仍遶城南西
流萬歷二十三年定七分往西三分往北資溉民田
用石砌築渠口以防衝決二十九年山水漲渠口衝
塌水直北流三十六年以地形西高北下引北勢易
仍定三七分水衝塌處厚加築塞使全力西注於隄
開一小口細流往北於是均受水利而無水害崇正

間山水暴漲壞隄西渠淤塞水遂北流　國朝乾隆二十七年知縣李在田詳請乃於南門外築隄護城長五百六十丈以防南山諸谿澗水暴漲

過嶺水東源俗呼邢村河惟澗之東引溉新村郭休村靑村邢村西郭村迆西源俗呼超山河澗之西引溉西坡村西源寺村迆澗之東引溉水磨村圪塔村東泉村趙壁村迆其與邢村河合流以下由縣城東屈逕城北引溉侯郭村道備村遊駕村南政村劉家莊地皆設渠

亭岡水出平遥縣南山北流逕亭岡城東又北屈西有

澗導源縣西南山谷自左注之又西入侯甲水

亭岡水俗呼路牛河導源路牛石城諸山縣之南山也其西曰官溝路牛澗之西引溉石渠村薄泥村黎基村岳壁村地澗之東引溉偏城村西泉村地官溝導源縣西南山俗呼門士神山溝西引溉常村侯冀村杜村地溝東引溉安社村七同村梁趙村地皆設渠此二水散漫田間不復匯流成川山水盛漲則西至縣西南四十里靜化村入侯甲水

鄔陂俗呼鄔城泊在介休縣東三十二里水地記圖注曰漢書地理志太原郡鄔縣九澤在北是爲昭餘祁幷

州藪水經注云其陂東西四里南北一十餘里陂南接鄔呂氏春秋謂之大陸又名嘔夷之澤俗謂之鄔城泊侯甲水逕祁縣故城南自縣連延西接鄔澤是爲祁藪也即爾雅所謂昭餘祁矣逕鄔縣故城南謂之鄔水俗亦曰慮水慮鄔聲相近故因變焉魏書地形志鄔縣慮水入嘔夷澤案之周官經職方氏并州其山鎮曰恒山其澤藪曰昭餘祁其川虖池嘔夷其浸淶易爾雅釋地則曰晉有大陸燕有昭餘祁呂氏春秋九藪稱晉之大陸趙之鉅鹿燕之大昭胡朏明禹貢錐指謂呂覽既云晉之大陸又云趙之鉅鹿如大陸即鉅鹿則一澤不應

兩見故道元以鄔澤當之今考胡氏之言亦未盡覈呂
覽趙之鉅鹿宜爲廣阿澤今曰大陸澤在順德府任縣
東北左氏春秋魏獻子田於大陸杜元凱以爲汲郡脩
武縣吳澤今在懷慶府脩武縣北馬融言晉地自朝歌
以北至中山爲東陽朝歌以南至軹爲南陽今南陽城
是也城在今脩武縣北水經注云脩武故甯也亦曰南
陽魏獻子田大陸還卒於甯大陸即吳澤矣據元凱善
長以吳澤釋春秋傳之大陸此澤自三晉分後地屬於
魏秦漢間人凡舉魏多以晉目之而韓趙則各目其國
以魏得晉之舊壤晉舊都在魏故也爾雅及呂氏春秋

晉之大陸皆宜以脩武吳澤實之郭璞高誘之注並云廣阿澤非也道元以晉大陸爲鄡陂使別於趙鉅鹿而鄡陂亦趙地既趙與晉對言則晉專以目魏而非并分之晉矣至以鄡陂爲昭餘祁始於班孟堅徒因東北近祁縣致滋傅合周職方昭餘祁與虖池嘔夷淶易並舉宜爲今之東西澱水經注所謂雍奴藪自鮑邱水之南南極虖池西至泉州雍奴東極於海其澤野有九十九澱宋時東塘濼西塘濼亦在是間自餘無復大澤可以當并州藪者且其上游即承淶易之水寔七國時燕地故爾雅稱燕有昭余祁呂覽稱燕之大昭若鄡陂去燕

絶遠不可繫之燕甚明周職方嘔夷之水乃滱水班孟堅許叔重並言之今俗呼唐河鄭康成注周禮疑嘔夷卽祁夷偶未省照也嘔夷出靈邱祁夷出平舒並今大同府境然源流各别酈道元魏收又目鄔陂曰嘔夷澤尤失之嘔夷亦川而非澤鄔陂據漢志有九澤之目蓋自平遥介休間東北至祁縣西地勢之下者往往成陂澤以故汾水至是東西轉徙而昔時澤名亦因汾水徙流或改爲川或淤爲平地非復舊蹟也

鸑鷟泉出介休縣東南洪山水經注謂之石桐水山卽緜山之别嶂也民間引渠資溉無通流正川其餘水北

入於汾

水經注云汾水又南與石桐水合卽緜水也水出介休縣之緜山北流逕石桐寺西卽介子推祠也又西流注於汾水汾水又西南逕介休縣故城西城東有徵士郭林宗宋子浚二碑案是水俗以爲勝水因目所出之山爲狐岐山又以洪山村故城當六壁城皆因孝義縣西之狐岐山勝水六壁城傳合於此非也

舊稱宋文潞公始於鸑鷟泉下開三渠引漑其渠俗皆呼爲河一迆東曰東河一北至石桐村始分（縣東南二十里）曰中河曰西河其導源於鸑鷟泉東源神廟前者

曰洪村河亦分鸑鷟泉之水入焉流至狐村曰狐村
河舊額東河水地五十三頃六十七畮七分有奇中
河水地三十八頃八十五畮一分有奇西河水地六
十頃七十六畮二分有奇洪山河水地十六頃七十
六畮七分有奇狐村河水地二十頃一畮七分有奇
水程始三月三日終八月一日每日灌地二十七畮
明嘉靖二十年分守冀南道於敖見西河壅淤命知
縣董宗魯興其役循故道濬深七尺併構隧道二百
餘步高二尺廣二尺有奇謂之石河引逵泮池二十
五年知縣吳紹曾申明前法修築隄防隆慶元年知

縣劉旁因賣水買水之弊設舊管新收册以杜爭訟
萬歷十五年知縣王一魁因有地無水有水無地之
弊立法以水隨地以糧隨水二十六年知縣史記事
因中西兩河至石桐村始異派毎起爭端舊有石夾
口水牐版歲久朽壞乃立石欄鑄鐵爲空以中河地
近四十頃定空四尺西河地近六十頃定空六尺令
四六分水二十七年以鸑鷟泉日可溉六十畮有奇
而舊册所載日溉二十七畮或水泉盛於昔時然弊
端卽因之起更計地定程以次灌輸前此三月以後
八月以前水程有定額至冬春間皆洩於汾是年冬

乃設冬春水額俾夏秋不得水者亦列於册得分資餘水東河二十村分溉共地百三十一頃中河九村分溉共地七十三頃西河十八村分溉共地六十九頃八十晦狐村河兼溉許大村共地八頃九十五晦承中河之下爲馬家河十四村分溉共地百七十二頃崇正間有欲壞此額者知縣李雲鴻以冬春不侵額內而廣利額外此惠而不費前令爲民不易之法也使一準舊規行之後東中西三河農民與洪山河農民爭水知縣李若星於鸑鷟泉分水入洪山河處鑄鐵爲空廣三尺高五尺以滿鉄空爲度餘水仍退

入東中西三河而狐村河與洪山河分水處又有鐵空及石空四六分水狐村河四分洪山河六分　國朝康熙八年知縣李鍾盛於三渠舊所設水平易木以鐵使永久無弊二十二年知縣李應龍於洪山分水處易石平以鐵平二十八年西渠中渠搆爭知縣王植設花名地畮水程册石桐應用西渠水六分中渠水四分其有餘不足則有變通之法準四六折筭以水還水又謂八月尚須灌溉改至九月寒露後方停止乾隆三十年洪山河設一水磨至三十三年新渠決口沙泥衝入東河水不得行知縣王謀文察知

由一磨之微妨於灌溉卽使折毀鸑鷟泉之利資溉方數十里東河自洪山村分行伏入地中貫洪山河下出於磨溝村南度樊王石河溉連福下莊李屯張良胡龍武屯[illegible]場楊屯北張王里霍董鹽場南辛武沙堡等村中西兩河自石桐村分行中河溉石桐下磨頭三嘉湛泉洪善段屯永安等村西河溉褚屯崇賢曹麻宋丁温等村及城東廂而石桐三嘉亦分溉其引灌之次設有程額水薄舊法兩月溉地一次周則復始後因爲日遲久酌定一月一周遇單月引溉名正水雙月引溉名破水引溉之法先遠後近又以

三河自首至尾長至四十餘里末流渠經久涸水下易耗於是正程之外先行浸潤名曰浸水立法至密然如東河南北鹽場等村近因汾川徙流沙淤地高水無所用昔之以水隨地以糧隨水者今則糧無所出將應得水程轉賣雖程額水簿所載照地均算而高下變遷難以槩論在有司審察利病隨時治之以平其爭而已

鸑鷟泉之外縣東三十五里柳溝村曰悶津泉一名連山水溉地一頃九十五畝二分有奇又一泉曰武同泉武同村溉地十五畝縣東三十里曰龍洞溝泉

胡龍村溉地四十二畮二分有奇縣東二十里曰蒲池泉在湛泉鎮之西溉地十九畮七分有奇縣東南二十里石桐村曰灰椰泉有二泉相距數十步溉地二十三頃九十三畮有奇縣南五里曰龍泉亦呼灰南泉及東椰等泉舊溉城南上下堡常樂村地五頃八十九畮有奇康熙四十四年泉忽竭至雍正十一年湧出如初并增新泉六空附近井泉舊須汲引今亦溢出資溉遂倍於昔共溉地十七頃六十九畮有奇縣南七里曰南河泉遐壁村溉地二畮縣南十五里曰宋壁泉東宋壁村溉地十二畮有奇又一泉曰

龍白溝泉西宋壁村溉地十四畮九分有奇縣南少西十里曰謝峪泉謝峪村溉地七頃六十一畮一分有奇縣南二十五里曰龍雨泉萬光村溉地二十五畮四分縣南四十里緜山下曰利民泉與地村溉地十二頃七十畮九釐此泉與靈石縣分灌靈石十二日介休十七日明崇正十五年緜山水暴發漂壞民田王廷傳於渠南谷口壘石堰長百二十丈廣丈崇八尺俾山水悉歸渠內諸泉冬春水額闊津泉八村分溉共地二十六頃灰柳泉十村分溉共地八十三頃謝峪泉八村分溉共地三十一頃介休縣舊志載

磨溝泉六村分溉共地一頃五十一畮水程十日畢
放水與謝谷泉同潤下八村地葫蘆三道河六村分
溉共地二十頃此二渠及中渠之下馬家渠皆有冬
春水額而無夏秋水
縣境泉流之無關水利者東北二十八里曰小橋泊
西入於汾縣東北五里葫蘆河出馬汝村北縣東南
四十里東洪谷有泉發岩頂曰懸泉谷中又有黑龍
池有白牛滋縣東北二十里段屯村有泉曰拔戳泉
鄙語云尉遲敬德敗單雄信拔戟於此縣南五十里
緜山有泉曰蜂房泉又有泉名下馬泉緜山之箭桿

嶺下有澗曰硲石澗流入汾久涸縣東五里宋胋村
後平地湧泉流分三派俗呼三道河逕下站村縣北八里
入於汾縣西北七里大宋曲明萬歷三十四年井泉
倏湧溢流可漑地數晦俗呼井成泉縣西十里有渠
俗呼内封河

以上平遥介休二縣歸汾川之水
文水導源太原府交城縣西山出谷逕文水縣俗呼文
峪河南流接府屬汾陽縣之東北境又南得隱泉水原
公水金鎻鬬水南逕縣東得清溝水又南得薛頡嶺之
水又南接孝義縣東北境又西南勝水自右注之池東

入於汾

文谷在文水縣北二十里其水自西北來水經文水出大陵縣西山文谷東到其縣屈南到平陶縣東北東入於汾酈道元注文水逕大陵縣故城西而南流有泌水注之又南逕平陶縣之故城東西逕其城內南流出郭又南右會隱泉水又南逕茲氏縣故城東爲文湖又東逕中陽縣故城東又東南流與勝水合又東南入於汾大陵故城在今交城縣西南十里前隸文水縣後割土安都易之因隸交城平陶故城在文水縣西南二十五里文水縣志云文峪水出永寧

州孝文山一出交城縣西山半崖龍口一出本縣土安都泊泊河（縣西五十里）三水合流從文峪口開栅鎮向東南流今是水自文水縣南流與汾陽縣東北五十里接境以下逕百金堡（縣東北四十五里）南堡村（縣東北三十里）康家堡（縣東少北二十里）之東迆西轉南逕雷家堡瀦城村申家堡之東（並縣東十里）迆東逕北莊村（縣東南十五里）乾河村之東（縣東南十八里）轉南逕師家莊之西（縣東南二十里）董家莊之東（縣東南二十五里）西河堡之西（縣東南三十五里）迆西接孝義縣南船頭村之西（縣東北十八里）新莊之東（縣東北十三里）轉南迆東注汾水昔時於汾陽縣卽與汾會自乾隆三十二年汾

從而東文水徙而西孝義縣始有文水然考之水經注文水既合勝水乃入汾與今之水道無異而前後地志所記或過文水縣即合流蓋汾水既東西轉徙於汾陽孝義東接平遥數十里間文水至此隨其所棄之故道逼塞而或因或決亦遂無定此小水附近大水者必然之勢於水之左右相其地形酌用縷隄遥隄之法亦補救之急務也

隱泉水出汾陽縣北謁泉山之上循磴逶迤東注山下又東逕文水縣西南以下無津渠通流山水盛漲乃趨下地入於文水

水經注文水又南會隱泉水水出謁泉山之上頂頂上平地一十許頃沙門釋僧光表建二刹泉發於兩寺之間東流礰石沿注山下又東津渠隱没而不恒流故有隱泉之名矣雨澤豐澍則逼入文水今文水縣境呼爲清泉渠南廟碑云文水縣迤南五里鄉名樂村乃隱泉之所經泉流自是而澄清可濯故曰清

泉

原公水出汾陽縣西北白彪山麓俗呼壺盧谷故是水又名壺谿語轉字訛遂呼賀魯水泉源所導至今猶留原公池之目俗亦呼馬跑泉鄙語云北魏賀魯將軍駐

師於山馬跑得泉或曰禿髮傉檀之子魏世祖賜姓源後又賜名賀者皆非也唐貞觀永徽間西突厥有賀魯其人屢爲邊患顯慶初始平之然足跡未至河東而茲水之稱原公水以七國時趙襄子之臣原過得名則遠在秦漢前矣一名石鼻溪東南流逕羊頭山北又東逕縣北又東入文水

水經原公水出茲氏縣西羊頭山東過其縣北又東入於汾酈道元注云水注文湖不至汾也案汾水至交城文水二縣下東西轉徙隨時不同故文水入汾或遠或近水經作於三國魏時下至北魏文水右徙

勝水乃會於汾前此入汾之水改而入於文水耳原公水俗又呼峪道河明嘉靖戊午萬歷乙酉癸巳並經濬治春初秋末農事不舉自金莊村縣西北三十里分三之一引入城中過此時則農民資溉田畮　國朝康熙二十六年循入城故渠通之今復淤塞趙日昌馬跑泉水碑記云峪道河經王化里和美里太和里董正里羅城里其村落則金莊尉家水泉田家溝李家溝劉村莊下太平董寺古浮圖羅城金井五里十二村匯諸泉爲一渠輪流澆灌復開渠引三分之一遶城濠入泮池碑在縣儀門左考峪道河經古浮圖而

下由賈家莊陳家莊西馬寨村雷家堡宣柴堡義安村康家堡安頭村北莊村乾河村師家莊入汾此數年前故道也乾隆三十二年汾徙而東文水徙而西於是雷家堡以下舊爲原公水所經今爲文水所經而師家莊以下及孝義縣東舊爲汾川所經今爲文水所經驗之近事數年前故道彷彿與水經合今時水道彷彿與水經注合然則民之田廬衝決漂沒今古同慨司是民者所宜加之意也

峪道河之水有泉曰悶泉舊志云在城北八里賈家里平地渟淵湛澹池闔閎如璧其脈散漫流衍無淵

激聲故名山西通志云民穿引藝稻旱歲不竭

金鎖關水出汾陽縣西三十里關峽一名懸泉水俗呼向陽峽水東流有澗由縣西張堡東流迆北注之又東逕縣北又東入文水舊與原公水同瀦於文湖今不復瀦蓄矣

此水過向陽村引資灌溉以下恒爲乾澗山水盛漲乃通流其右一澗俗呼禹門河導源山谿至張家堡有泉曰麻窟泉汾陽縣志云禹門河又名禹導河麻窟水在張家堡村民引溉田又云禹導河從馬跑泉出會上林舍縣西三十里安家莊張家堡並縣西二十里諸泉東

流四十里入汾禹門河從張家堡泉出至河口伏沙潛注東流轉北入馬跑泉水禹門禹導之名或合爲一或分爲二其名皆起於鄙俗無足置辯

文湖在縣東十里水經注云文水南逕茲氏縣故城東爲文湖東西一十五里南北三十里世謂之西湖在縣直東一十里湖之西側臨湖又有一城謂之瀦城水澤所聚謂之都亦曰瀦蓋卽水以名城也自北魏之西河郡治茲氏城唐上元以後又以西河名縣故陂地唐謂之西河泊宋則謂之西河濼元和郡縣圖志汾州西河縣文湖一名西河泊在縣東十里多捕魚之利宋史河

渠志熙寧元年正月復汾州西河濼濼舊在城東圍四
十里歲旱以溉民田雨以瀦水又有蒲魚菱芡之利可
以給貧民前轉運使王沿廢爲田人不以爲便至是知
雜御史劉述請復之明謂之瀦城濼
文湖因文水得名蓋起於晉及北魏之世前後文水
往往不及至是已入汾川而文湖所匯汾陽西山之
水自洩於汾故宋謂之西河濼以西河縣名之也明
謂之瀦城濼以陂側之城名之也若水經注言世謂
之西湖則又以陂在文水西得稱後人引水經注改
湖爲河以證此地古名西河因乎是謬矣明萬歷四

年分守冀南道張士佩令治渠堰俾得宣洩孔天胤碑記云澽濱公以布政左叅政分守冀南開府於汾下車省方問民疾苦則得水之所以爲利害義安里有瀦水一區曰瀦城濼其濼西北受張堡河十八澗之流東南隔汾河二十五里匯不得輸天雨暴漲則瀰原淹野敗壞民田凡七里十一村旱則無補於溉公乃察河壖之紆直相水維之弦緩畫方畧定準栽下令鑿渠增堰自濼頭起逕通河口渠長九千二百五十步闊四丈深五尺堰高七尺兩堰基各闊一丈收頂各六尺渠高連堰共深一丈二尺渠有長長有

夫其力用里畮之民其易買渠地與犒勞工役用公府之粟由是數百年淤滯之陂一朝通理委輸而會之川渠以衍滂堰以禦衝計民得安好腴田二萬二千四百畮有奇久之渠水充積猶足以資灌注而退灘之餘又倍利秔麥汾陽縣志云潴城村一帶舊係文湖深一丈長十五里闊八里文峪河及隱泉諸水皆入而匯爲水澤千頃稻粱莫不待灌而窮民網罟亦資鮮食文湖神廟記迄今可考嘗見東南水利甲於天下者以割田爲湖旱則蓄之潦則洩之雖有凶災而民不困西北之水則又貴蓄而不貴洩文湖當

時納而不吐故得常盈不涸金大定間濱湖居民浚
渠入汾太守傅公慎微力爲嚴禁守去終引而注之
耡以爲田無論傍湖膏腴多旱暵之虞皆變石田即
此地亦惟旱年可熟略有霑霖輒致淹没但知窪地
可田而不知餘田失水也但知低田可耕而不知凶
年賠累也今欲全濬爲澤勢必不能當法割田爲湖
之意規其半以蓄水導上流會納而勿使逼於汾其
所鑿地賦均攤於傍湖之田畮庶幾稍免賠糧之害
而實獲積水之利矣但愚民當被災之時或亦願行
而當收穫之年遂忘貽害

淸溝水導源汾陽縣西南谿澗東北流右合一泉曰石莊泉（縣西南十里）又東逕縣南入文水

舊志淸溝水在城西南十里出尉陵谿谷流注會石家莊水泉經流城南入喬東等村民引以溉田又名董師河

薛頡嶺之水有南北二澗北澗名善利渠循谿谷東流迆南轉而東北岐爲二左渠東逕陽城之北魏書地形志汾州隰城縣有陽城者也其水東注引資灌溉右渠南流逕陽城西屈而東逕其南又東亦引以資溉分釃之餘東入文水

方輿紀要云善利渠在府西南西山諸泉源會流爲渠東西首尾凡百餘里有溉灌之利劉希參碑記云善利渠自薛頡山尾入汾其源初發曰出谷泉後改今名首尾百里有奇從靳家莊迤邐漸東四五十里間始散漫行故陽城見喜乾河等村隨在開築甚賴其利此明洪武八年修渠碑王廷槐善利渠圖記云府城西南九十里曰薛頡山善利渠出焉東流十里經王家池迤而東南流二十五里經楊家莊又東五里經靳家莊又三里經韓家原轉東北流五里經源頭村又五里經莊子村南平陸村北又東八里經河北村又三

里經牧莊又三里經文侯村又三里至西陽城西北渠分爲二夾陽城而東其經陽城之北者爲北渠行五里許至東陽城始可引灌以上渠深地高至此始落平其導而南轉東者爲南渠行十里許至見喜村始可引灌舊設水額北渠溉東陽城吳南里二村地凡歷二年有半南渠溉見喜村地歷一年有半如寅年三月之一日閉南渠開北渠至辰年七月一日則閉北渠開南渠午年三月一日復閉南渠開北渠以是循環遞及三村所溉地百頃有奇餘水匯於文湖以達汾此所紀里數以兩村相距言其水道迂廻不止此故舊碑云百里有奇

薛頡嶺南澗土人呼金沙水左右汾陽孝義之間左則靈浮泉東南流注之右則賈壁水出龍隱山東南麓東北流注之又東版峪水出龍隱山之陽東北流注之又東三泉谷之水東南流注之又東歷三堰二縣附近隴畝引渠資溉又東入文水

薛頡嶺之西爲寧鄉縣界循山溝而西與南大井溝會於蕉山東南嶺東爲澮溝卽金沙水所導源也舊志靈浮泉在城西南四十里趙景王村俗傳景王禱水而泉應故名三泉水在城南二十里出三泉鎮山谷中西接靈浮東南流分爲三堰二屬汾陽一屬孝

義引水灌地各有日期載水利碑其水清洌異常故
須泉陰處經冬每結層冰至夏不釋城市當盛暑鬻
冰者皆往取之考金沙水起薛頡嶺東其澗谷曰澮
溝下流俗呼爲義河孝義縣新志義河一名金沙河
又名行春川源出薛頡嶺東南迂迴一百四十餘里
入文峪河自發源東行三十餘里北爲汾陽南爲孝
義又東至龍隱山轉東南行三十里許有賈壁水自
西來注又東二十餘里有版峪水自西南來注又三
里許會汾陽之三泉河又二十餘里至大虢城東北
入汾陽又二十餘里歸文峪河賈壁水源出龍隱山

東南麓東流二十里入義河版峪水源出縣西北四十五里龍隱山之南南繞西溝版谷諸村復東北入義河城北十五里截義河築堰曰柳坡堰逼水南入渠口東南流分溉中辛安閻家莊辛莊司馬南辛安東莊仁智清義八村之地爲義河中堰其上流爲上堰下流爲下堰二堰並溉汾陽縣地今義河一歲之中適流不過數十日往時康熙年間猶修渠築堰且因分水構訟近則渠雖仍舊罕有如期堵堰者豈視之不甚惜殆亦工費多而獲利少耳

勝水出孝義縣西南玉泉山東北麓山即狐岐之別嶂

也東流逕柏山之陽俗呼爲左水又東北逕故六壁府南有陂曰元象泊一名勝水陂勝水左合西陽水又東玦谿之水出玉泉山東麓東北流二十五里注之又東逕縣南引渠資溉元和郡縣圖志孝義縣勝水在縣南一里是也又東漕谿之水出玉泉山南麓東北流四十餘里注之又東入文水

水經注文水逕中陽縣故城東又東南流與勝水合水西出狐岐之山東逕六壁城南又東合陽泉水又東逕中陽故城南又東合文水今俗呼是水爲左水而以盤堽原之水爲水經注之勝水失之也是水自

導源五十餘里與西陽水會又二里許納玦谿又三里北岸引渠曰潤民渠又東五里北岸引渠曰興隆渠又十里許納漕谿又七里許而與文水會潤民渠在城西南二里許引過護城隄下經城南堡墻內繞城而東興隆渠在潤民渠之下其下勝水北岸則有仁義洪露馬道長興仁和中南六渠南岸則有馬任盤粮二渠潤民渠明洪武九年重濬溉城東大村小村長興長黃馬莊屯清義仁智南宰安盧家莊東盤粮十一村地興隆渠溉城東橋子上長黃馬莊屯清義仁智蘇家營七村地因興隆渠東注而蘇家營仁

智濤義諸村地在渠北　國朝雍正十年知府崔應階知縣陸洪辰令移西濟渠今呼崔陸渠仁義渠明萬歷三十七年開洪露渠明洪武初年所開後廢别開今渠溉大村地馬道渠溉小村地長興渠溉長興村地馬任盤粮二渠俱溉東盤粮地仁和中南二渠俱溉盧家莊地漕溪一名普濟民渠在城南十里許北岸引溉南漕村張魏村西盤粮地南岸引溉梧桐村地今頻歲乾涸惟雨多水發藉以灌溉及隆冬河東上流積水冰解水湍亦可引灌

西陽水出高唐山之南麓元和郡縣圖志温泉縣西陽

水源出縣東北去縣十里是也其澗東流俗呼爲南川
有澗水北自白雀山東流十餘里注之又東北吐京泉
東北流三里許左會於谿北魏孝昌中吐京郡僑置是
閒也或言吐京泉卽水經注之陽泉水是谿葢所謂陽
谿矣又東北左合盤垂原之水又東逕故六壁府北又
東入勝水
水經注陽泉水出西山陽谿東逕六壁城北又東南
流注於勝水今吐京水流出未遠卽赴谿澗俗呼爲
孝河南川者也其澗西自高唐山導源循山谿而東
二十里則白雀烏雞兩山之閒其澗南流注入又四

十餘里乃會吐京水谿曰陽谿故谿測之泉曰陽泉至薛家會東而合西來盤重原水又八里許入於勝水水經注但舉陽泉不復溯其澗所自耳吐京泉附近吐京村乾隆二十七年元村農民與吐京農民爭引水構訟連年不已三十四年據知縣鄧必安勘明吐京村地在南川南之上游元村地在北川北之下游所爭本屬風馬牛不相及因南川舊循山麓泉出雖高近即入澗故吐京村無地可溉後澗漸北徙泉流稍長澗南之地皆可引灌而元村人乃謂吐京村向無水利明文欲遏是流逾南北兩川入白龍渠以

潩元村地寔爲越畔如縣所陳泉斷歸吐京村民築
堰引潩
盤重原水出原東谿澗今俗呼孝河東北流有澗水東
南流十餘里注之又東南薛頡嶺東南麓之水東流迆
南注之又東南逕白壁關會於高唐山之水
盤重原在狐岐山下其南水由隰州至靈石縣入汾
其東水則俗目爲孝河北川者也自導源二十里合
一澗水俗呼狗兒溝出薛頡嶺狐岐兩山之坳又十
五里合薛頡嶺東南麓谿澗俗呼界裏頭水其水東
繞白駒相王等村之東復南流入北川又四十餘里

與高唐山水會縣西北三十餘里賢者村之尾原灘有泉南流入北川名淸水泉前明村人劉大剛濬渠漑地呼爲獨力渠縣西二十餘里鑿渠引北川之水曰白龍渠舊有支渠六今支渠並廢惟存總渠漑元村及賈家莊地

白溝水導源孝義縣西南十五里東流入於汾水出眞興村俗呼白溝河東流二十餘里漑下栅梧桐玉屯北姚等村地

靈石北山水北流至孝義縣南二十里俗呼王同河轉東入於汾

水導源靈石縣界高仁村至孝義縣王馬村東流十餘里澗之北溉玉屯王屯北姚南姚四村地澗之南溉董屯村地白溝王同二澗源近流小灌地亦甚微

椰壁水導源孝義縣南三十里遼壁村遼椰一聲之轉即北魏所置六壁之一也其水東流入於汾

此水俗呼嶺北溝長十餘里溝南即介休縣嶺北村

孝義縣境北七里居義村有泉曰海眼泉水色深黑舊資灌溉今廢縣西高唐山測有泉曰溫泉白雀山下有泉曰黑龍池縣南二十八里有泉曰冷泉縣西百四十餘里地名弓家灣有谿澗東流三十餘里經

盤重原之南白雀高唐二山西麓之水自北來注之又南逕玉泉山西四十餘里至劉家沿村南接隰州中窯村澗之西一澗導源隰州北野高泉東北至孝義縣西南百四十餘里地名採樹澗繞白家莊諸山之陽東流四十餘里南接隰州大麥交鎮又西一澗出隰州北九十里黑龍溝山之陰山東北距孝義縣治百二十餘里其山屬隰州溝屬孝義繞山麓東流十餘里亦南接隰州大麥交鎮此三水並由靈石縣入汾三澗以東玉泉山南麓之水東南流十餘里左會一澗出縣西南五十里止善村西南流十餘里注

於玉泉南谿而南由靈石縣入汾

以上汾陽孝義二縣合文水歸汾及自達於汾之水

汾州府志卷之五

城池

府城故汾州城也元至正十二年知州朱贇重築周九里十三步崇三丈二尺門四濠深廣不一明景泰二年修嘉靖十九年以東門外居民殷衆知州張琯築東郭堡周九里崇三丈門六二十一年復築南郭堡知州曹寵竟其事周五里十三步崇三丈門四隆慶三年知州甯策修城增其高厚崇凡四丈八尺下厚四丈二尺上厚丈八尺又築北郭堡周二里有奇崇三丈二尺門四五年始甃城萬歷六年知州張一敬甃東郭堡十二年

知州白夏築西郭堡周三里崇二丈五尺門四堡皆如城之制 國朝乾隆十七年汾陽縣民賈誠等十六人捐資繕北城三十七丈五尺有奇知縣陶敦仁督修完固

城邑考云汾州舊城世傳曹魏所築舊志云俗名四陽城言日四面照也又名祝融城者亦此義案水經原公水出茲氏縣西羊頭山東過其縣北酈道元注云縣故秦置也魏書地形志西河郡下云治茲氏城自秦漢至北魏所謂茲氏城者在今府治南十五里然則謂今城剏自三國魏不審信也北魏孝昌二年

西河郡僑置平陽界而汾州壽移治西河未知卽治
茲氏城與否至唐宋之汾州考之實爲今府治史不
詳北徙十五里其城築自何年要在北魏以後矣
平遥縣城明洪武三年重築周十二里有奇崇三丈二
尺濠深丈廣丈門六景泰初修正德四年知縣田登修
下東門甕城嘉靖十三年水衝壞東北隅十九年舉人
雷潔等繕完之三十一年知縣沈振增高西城北城六
尺增厚七尺又築北門甕城四十年權理縣事沁州同
知呂堯卿增高南城六尺四十一年知縣張稽古因邊
警遂甃其城隆慶三年知縣岳維華增臺樓新舊共九

十四甃以甎石濬濠加深廣萬歷三年知縣孟一脈更治新之二十二年知縣周之度修築東西門甕城　國朝康熙二十三年知縣黃汝鈺因人雨繕其損壞者二十五丈堞百二十三三十五年知縣王傑修南門甕城二丈三十六年修東城六丈有奇三十七年修北城四丈有奇三十九年知縣王綬修西城二丈有奇四十年修上東門甕城四十一年修北城二丈有奇四十二年修四門及南城二十餘丈四十三年修南城三十五丈四十四年修上東門雍正二年知縣高大有修東城四十一丈有奇乾隆二十七年知縣李在田濬城濠長四

百五十丈

舊志謂尹吉甫北伐玁狁駐兵於此築西北二面傅合之謬辯見沿革考漢之平陶城在今文水縣西南二十五里水經注云文水逕大陵縣故城西又南逕平陶縣故城東又南逕茲氏縣故城東是也北魏徙置京陵城西以廟諱改爲平遥而漢之故城仍在其境内後代乃割入文水縣魏書地形志平遥有京陵城平遥城所云平遥城卽漢平陶故城也然則今縣城蓋起於北魏耳

介休縣城周八里崇三丈五尺下厚三丈二尺四門濠

深二丈廣二丈東北有堡墻周四里崇三丈門五水門二明景泰元年知縣王儉彭鏞甃城四門正德二年知縣郝槃於城之四隅增設小樓嘉靖元年縣民董裳等於北門外甃砲祗加以鐵柵備水暴漲隆慶元年知縣劉旁重修增高丈二尺厚增八尺增城臺百一十有奇及窩鋪萬歷三年知縣康乂民築甕城二十六年知縣史記事增築西門南門外堡墻及東北城上窩鋪十有四爲樓於東南隅環城設懸樓十有六崇正四年知縣李雲鴻六年知縣張諭聖相繼繕治城之損壞者十三年知縣李若星甃城外堡墻因御史張煊所奏請也

國朝康熙十有四年知縣趙端修東城三十餘丈二十五年知縣李應龍繕城及城上大小樓三十四年知縣王埴修西城北城甃用瓴甋者四十二丈土築者三十五丈有奇乾隆二十年同知康勷權理縣事修繕南門二十七年知縣葉楷繕土城十三處通計百一十四丈及堞二處三十一丈知縣吳步青修西磚城二十一丈三十三年知縣王謀文設四隅城樓各崇二丈九尺廣丈有六尺深如之修堞之壞者二十有一及四門城樓濬濠城東城南因舊濠淤塞濬深七尺廣丈有奇通長千三百五十一丈城北新鑿濠長三百五十八丈深八

九尺廣丈有五尺而城西舊濠直達於汾者亦久淤濬之長二千七百二十二丈

山西通志云魏孝靜帝時始建遷朔州軍備禦外患築土爲垣案魏書地形志西河郡介休有介休城是北魏介休不復治漢故城其所置者在今縣東南二十五里元和郡縣圖志云後魏明帝時爲賊所破至孝靜帝更修築遷朔州軍人鎮之因立爲南朔州但領軍人不領郡縣然則北魏之介休縣城宜建自太和中至孝靜但修之耳非始建也其城亦在今縣東南而非今之縣治以水經注考之今縣治實漢故城

北齊省介休入永安北周武帝復置殆今縣治自北周以來不復遷改歟

孝義縣城周四里十三步崇二丈七尺門四東西北有月城濠深丈八尺廣與深等明景泰初典史李進天順間知縣沈純宏治間知縣張日升正德間典史韓彪嘉靖間知縣王錦劉大觀先後修治南門外有堡墻其外自南遶西有外堡墻皆嘉靖間分守冀南道於敖因邊警所築隆慶元年知縣陳情始甃城增高丈餘臺樓俱增於舊知縣陳翰竟其事　國朝雍正四年知縣方士模乾隆二十八年知縣張乃曾先後重修三十四年知

縣鄧必安捐俸修西月城五丈五尺及堞六處

山西通志云魏文侯時建元魏孝靜帝武定元年移置西北隅築今城案元和郡縣圖志魏移西河郡中陽於今理而水經注勝水東逕中陽故城南又東合文水今城南俗呼孝河者卽水經注之勝水以地望考之縣城卽魏晉中陽故城也其曰魏文侯時建傳合之謬辯見沿革

臨縣城周六里五步崇三丈嘉靖二十一年所築前此元至元五年己卯臨州治南徙四十里是爲今縣治州治雖遷而無城明景泰元年知縣劉本始築小城僅有

東南二門正德八年知縣杜斂增置外城東西設水門以洩山澗之水今城拓於嘉靖中兵備趙瀛於是甕城臺樓堞鋪俱備二十九年知縣張天祿於南北增置臺樓東南北浚濠廣深丈有奇隆慶元年知縣吳潮修城用石砌東南北三面萬歷十九年知縣張問行修敵臺攔馬墻浚其濠二十三年知縣常時芳於東城外内築臺各二甃以瓴甋建亭其上四十八年知縣諸葛昇修城西門　國朝順治間知縣謝道陳顯忠朱紹鳳張勸康熙三年知縣余維樞十四年知縣莊揩先後相繼修繕三十三年城東湫水不由故道衝損城郭日就頹圮

乾隆三十一年春知縣丁宗懋汾陽縣知縣朱濬孝義縣知縣王椿分工段督修明年九月工竣

今縣治即元至元五年所徙之臨州治

石樓縣城唐武德二年所築明景泰元年縣丞耿祥重修周一里九十六步崇二丈五尺南北二門南城外有外城爲東西二門合內外城周三里三十步城外因山澗爲濠阻深足恃而水暴漲時亦爲城害　國朝順治十六年知縣周士章修治改北門舊在東北移之於正北康熙八年知縣任玥雍正四年知縣麥士偉七年知縣袁學謨先後修繕八年復修南城

一永寧州城故石州城也周九里三步崇三丈五尺濠深丈二尺門三元至元二十一年河南行樞密院八元愷郡守尹炳重築明景泰元年知州范賔嘉靖二十年知州楊潤先後修繕隆慶間廵撫楊巍以遭兵火後城廣人稀遂截東南半壁新修築之崇四丈八尺下厚三丈二尺上厚丈有五尺浚其濠萬歷三年始甃城知州李春芳劉祐高光陳嘉謨許天球先後董役越五年而工竣甃城臺樓堞舖俱備二十六年知州夏惟勤修城徙南門於東南隅增設臺樓崇正十四年知州仇秉忠更深其濠　國朝順治十四年知州胡朝賔修西城康熙

十二年府通判署州事黃良驥修東城十九年知州馬雲瑞五十九年知州朱价先後修繕

舊志云秦丁巳三年趙武靈王破林胡樓煩始築案趙世家武靈王曰我先王取藺郭狼敗林人於荏而功未遂今西有林胡樓煩秦韓之邊張守節云林胡樓煩卽嵐勝之北也嵐勝以南石州離石藺等七國時趙邊邑也秦隔河也又武靈王二十年西畧胡地至榆中林胡王獻馬州境本藺離石郭狼之地爲趙邊邑已久前此成侯三年魏敗趙藺二十四年秦攻趙藺肅侯二十二年秦取趙藺離石武靈王十三年

秦拔趙藺非由武靈王破林胡樓煩始有其地甚明

其所謂秦丁巳三年者亦不可通考秦昭王三年當

周赧王之十一年趙武靈王之二十二年歲在丁巳

此稱秦丁巳三年殊不成辭

寧鄉縣城周五里百八十步高三丈門三明景泰元年

知縣梁杲所築正德六年知縣石祥重修浚其濠深二

丈嘉靖二十一年知縣王一言始設敵臺三十五年知

縣賈廸增樓堞及窩鋪隆慶二年知縣李鄉修城增高

五尺厚增八尺城北鑿重濠廣二丈深二丈五尺三年

知縣呉三聘築甕城萬歷二年知縣白經於西北隅建

棚舍八十有四三年知縣公一揚重修三十五年知縣廖得寶始甃城　國朝順治六年知縣史具勲修城之西南隅八年知縣王之儀修東南隅及樓

官署

府治在南城少東前明萬歷二十三年設府以舊守備署改爲府署自堂及廨舍如制內住宅頗促三十年知府崔士棨建後樓五間閱今百六十餘年未經大修內堂東西兩廡則余蒞任後捐俸繕葺而崔守所建後樓亦久廢圮求其完整可居尚有待云治西爲舊清軍廳理刑廳司獄司廢署地今署內之右南向三間顏曰居

易齋東向三間顔曰以勤補拙卽清軍廳址也

清軍廳舊在府治西康熙二十七年移駐介休縣城卽居舊分署乾隆二十一年又移駐張蘭鎭以所裁之巡檢司署改爲同知署

管糧廳在府治東垣墻及署內東廡歲久傾圮乾隆三十年通判劉望齡捐俸修整

經歷司在管糧廳之南二堂歲久欹側後宅傾圮無存乾隆十六年經歷毛麟捐俸建住宅三間東廡四間西一間二十五年三十年漸次修整二堂及東西餘房

汾陽縣署在東門內大街北初爲稅課局明永樂十一

年改爲州治正統十二年知州李善重建成化六年知
州伍秀建左右鐘鼓樓嘉靖二十八年知州李當萬歷
十二年知州白夏相繼修繕二十三年設汾州府即以
州治爲倚郭汾陽縣治二十五年知縣蔡成已修　國
朝順治十一年知縣吳世英修大門及鐘鼓樓康熙間
知縣趙其星平士楨先後重修
典史署在縣治西康熙四十八年典史李錦重修
提督學政察院在縣治西明天啟二年汾州府同知柳
白卿通判温毅然曹祖功永寧州知州沈復禮汾陽縣
知縣李作乂平遥縣知縣楊廷謨介休縣知縣孫磬石

孝義縣知縣閻夢夔共捐俸建　國朝乾隆六年縣人
候選知州郭建瑄捐銀三千七百五十餘兩重修更增
拓考棚
冀村巡檢司在縣北四十里本設在黃蘆嶺順治六年
署燬遂僦居城內康熙五十二年以守備舊廨分作巡
檢驛丞官署雍正四年巡檢驛丞並裁汰七年復設黃
蘆嶺巡檢司以未建衙署仍居城內舊廨乾隆二十一
年改駐冀村即將舊廨移建
舊志察院在師垣坊初御史案臨署按察分司嘉靖
三年始改淨心寺爲之分守冀南道在察院東初爲

布政分司每歲行部暫一居之嘉靖初定坐鎮於此遂開府焉分巡冀南道在察院西布政分司在察院南偏東按察分司在察院南偏西公館在分守道南長盈倉在師垣坊陰陽學在城東門外醫學在城南門內僧綱司在天寧寺道紀司在城隍廟汾陽縣志分守冀南道缺裁署改黃太僕祠分巡冀南道缺裁署廢知府張奇抱改建龍亭公館今改棠蔭書院

平遥縣署明萬歷十九年知縣何其智改大門上建譙樓及門內之左建寅賓館二十五年知縣周之度修大門外覲風樓四十七年知縣楊廷謨建儀門及東西角

門二十八年又修賦役房　國朝順治十二年知縣任
麗日重修鐘樓
典史署在縣治西
山西通志察院在縣治西南知縣王綬改建西河書
院按察分司在縣治東平遥縣志陰陽學醫學俱在
縣治左路北僧會司在太子寺道會司在大興觀
介休縣署元至元中縣尹閻梅建明洪武二年縣丞雷
震修萬歷十九年知縣王一魁修正堂及寅賓舘舊三
間俱拓爲五間　國朝康熙十六年知縣李試重建堂
臺繞以石闌二十四年又置甎洞於儀門外建樓其上

典史署在縣治西

舊志察院在西街東察院係舊布政分司在東街分守道在東察院東分廵道舊州館俱在西街張蘭鎮又有公館及冷泉關公館冷泉屬靈石往過官自介休南者介休供之自孝義南者孝義供之二縣同修察院一所僧會司在崇慶寺道會司在保陽觀山西通志清軍總捕分署即察院東分守道署介休縣志在城公館即清軍總捕分署

孝義縣舊署燬於元初至元二十四年縣尹王恕重建大德七年地震圮八年縣尹郝思敬復建明天順二年

知縣王佐宏治六年知縣張日升重修正德間知縣閔以仁築方臺於儀門外上建樓二層虛其下以通出入後廢改爲外門三間　國朝康熙四十八年知縣高佩建後樓

典史署在縣治東

舊志察院在縣治東布政分司在中陽樓東孝義縣志冀南道行署在宣化坊西縣署南有南館又明嘉靖中劉大觀建候館於南鄉之王屯村俱廢

臨縣署元知州馬麟建　國朝順治六年燬九年知縣朱紹鳳改建於舊治之南康熙十二年知縣常來譽更

增拓之闕二年知縣莊摺奠𠫓仁相繼繕葺規模始備
五十九年知縣楊飛熊重修
典史署舊亦遭燬康熙五十六年重建今縣治西
舊志布政分司在縣治南按察分司在外城南門内
醫學知縣常時芳建僧會司在普化寺山西通志布
政分司在文廟西按察分司在眞武樓東南今俱廢
石樓縣署明洪武六年知縣顧碩建崇正五年燬十年
知縣熊時泰重建　國朝順治十三年知縣周士章雍
正七年知縣袁學謨增修
典史署在縣治東

山西通志察院按察分司俱在治東今廢石樓縣志

僧會司在永慶寺

永寧州署元至正二十年建明隆慶元年燬權州事太原府同知李春芳請於上官以治西遺址給民納粟爲業又裁其中爲官倉所餘地合兵備道廢署地改建今治歷任隨時捐俸修繕

吏目署在州治西乾隆二十三年吏目蕭應璉捐俸修

方山堡巡檢司在州北百五十里

柳林鎮巡檢司在州西六十里本青龍渡巡檢司駐青龍鎮乾隆三十三年改駐柳林鎮

舊志府館在州治東醫學僧正司俱在州治東道正司在州治北山西通志察院在州治北廢

寧鄉縣署金泰和中建明宣德中知縣劉岳重建宏治中知縣曹鐸修　國朝順治八年知縣王之儀康熙二十四年知縣龔應霖重修

典史署在縣治西

舊志布政分司按察分司府館俱在縣治東陰陽學在縣治南僧會司在清涼寺道會司在元都觀

倉廒 養濟院附見

汾陽縣預備倉在天寧寺後凡五間康熙五十八年知

縣周超於縣治之右復建新倉

舊志預備倉一在天寧寺後一在縣學東養濟院在縣治西北考前明縣學在城外東關立信廂縣學東之倉其廢已久

平遥縣預備倉在縣治內公廨北常平倉舊在縣治東康熙三十四年知縣王傑建凡五間雍正五年知縣高大有重建於縣治西凡三十八間九年知縣梅廷謨捐俸增建六間乾隆五年知縣顧之麟請修繕縣治東舊倉五間增建十間名恩預倉

養濟院在下西門內路北歲久傾圮康熙十二年知

縣陳以恂捐俸重建四十八年知縣王綬乾隆十一年知縣李由中俱捐俸重修

介休縣預備倉在東街路北明萬歷十八年知縣王一魁建二十七年知縣史記事增高墻垣易土以甎倉門建樓以便防守　國朝康熙三十二年知縣王埴重修雍正二年縣富民捐穀三十石至五百石以上卽於各村設社倉貯之凡百有四處乾隆十二年富民捐設義倉凡五處

養濟院在宣化街南明洪武間知縣椰元泰建　國朝康熙間知縣王埴修雍正二年縣人趙祚焻於城

東趙家茶坊西捐地建普濟堂縣志順城關東門内
路北有育嬰堂亦是年建
孝義縣常平倉一在宣化坊倉巷街北凡竈廒十四間
房十八間一在縣署東新舊廒各三間
養濟院在橋南廂街西普濟堂在北稍門外路北育
嬰堂在南稍門外路西
臨縣常平倉一在縣治東康熙二十八年知縣莫友仁
建一在治西康熙五十九年知縣楊飛熊建以後歷任
知縣隨時捐俸修葺
縣舊有預備常平二倉明季遭兵燹俱燬又養濟院

康熙二十四年知縣莫友仁建後廢五十六年知縣楊飛熊重建於內城南門外之西

石樓縣常平倉在縣治東凡窯廒十一間房六間雍正七年知縣袁學謨建神倉於先農祠內常平倉亦前後修拓

養濟院在東門外雍正七年知縣袁學謨建

永寧州預備倉一在州治西凡三十間一即玉亭驛驛丞廢署改建凡二十三間一即州判廢署改建凡八間歷任知縣隨時捐俸修繕

舊志養濟院在州治西北

寧鄉縣常平倉在縣治東雍正六年知縣邵之楷建凡
窯廒十間乾隆八年知縣吳鍇增房六間三十年知縣
朱懋炳又增九間

舊志社倉一在縣治北一在朱家店一在仙明都養
濟院在慶豐門外俱廢

學校

汾州府儒學在同節坊卽明慶成王府　國朝順治十
七年改建而以舊府學爲汾陽縣學祭獻禮儀悉依會
典凡府州縣學皆有大成殿明倫堂尊經閣戟門泮池此定制也不別爲目

崇聖祠在明倫堂之西舊稱啓聖公祠雍正三年

欽改爲崇聖祠追封　孔子五代王爵

名宦祠在泮池東

鄉賢祠在泮池西

舊志汾州府學田學道周買置地八十一畮離城十五里毎歲除納糧外該徵租二十石二斗五升守道徐學道周批發地五十畮坐落中寨西北係郭裕絶產毎歲除納糧外交納租谷五石以上守道徐買置地九十一畮坐落上文里毎歲除納糧外交納租課二十石二升地七十七畮坐落肖莊里毎歲除納糧外交納租課十六石以上今見在學田凡十處田村

六十四畮蕭家塋七十七畮小北堡八十一畮東馬賽五十畮桑棗坡九十二畮堡城司三十三畮栗家莊十八畮文家莊四畮冀村四畮路家莊九畮又社學地二處孫家莊十畮大回頭十七畮三分亦舊歸府學通共四頃五十九畮三分而歷年爲承種者隱匿過半宜悉歸學勒石以備修聖廟給貧生之費

大成殿東廡有金翰林修撰王廷筠行書詩石四乃明嘉靖中重摹者其舊石在州學泮池西黄華亭漫滅不存東廡壁間又有宋元祐二年黄庭堅書眞覺道人歌石二其一有斷痕而絶不傷損葢明藩府中

舊物也
汾陽縣儒學在師垣坊卽舊汾州儒學金同知節度使康玉潤重修後燬於兵元初漸次修舉明洪武間知州茀志道正統間知州李善相繼重修正德十六年知州郁浩復增鑿內外泮池萬歷十二年知州白夏重加修拓二十三年設汾州府改州學爲府學知府崔士棨趙喬年文養浩繼修而新設倚郭汾陽縣則别建縣學於城東 國朝順治間改建府學於同節坊康熙十五年知縣崔秉政議縣學亦宜置城內於是以舊府學改爲縣學大加繕治

崇聖祠在尊經閣後
名宦祠在戟門外之左
鄉賢祠在戟門外之右
明倫堂後嘉靖中建敬一亭時翰林學士顧鼎臣進講宋儒范浚心箴因御製敬一箴及注范氏心箴程子視聽言動四箴命兩京國子監及天下學校建亭勒箴萬歷十二年知州白夏建三賢祠於啟聖祠左祀子夏段干木田子方而舊志稱知縣尹覺民導馬跑泉水至馮家莊架以木槽由西關入城至鼓樓南引入府學泮池所云府學即今縣學也

舊志汾陽縣學田無糧地一頃每年額徵秋租穀葛三十五石有糧地一頃每年秋租穀葛三十五石於本年租內照依時值變納糧差又有糧地一畮九分八釐四毫每年除納糧外額徵租穀四斗又守道徐學道周批發地五十畮係郭裕絕產每歲除納糧外交租穀五石守道徐買置地十七畮五分坐落西關南一里下舍村每歲除納糧外交納租課六石三斗二升五合地十五畮坐落北關北三里堡城司每歲除納糧外交納租課五石以上汾陽縣志云地四段坐落小相西里每歲除納糧外交租七石五斗又云

原設學田共地二頃六十一晦有奇糧十五石一斗九升五合有奇又房舖三所每歲賃銀三十餘兩縣志載宋元豐三年賜太師文彥博詩勑刋旉其碑石在學中

平遥縣儒學舊在治東嘉靖八年以縣治東南太子寺更之隆慶四年知縣崔元吉六年知縣孟一脉相繼捐俸建尊經閣萬歷十九年知縣何其智二十五年知縣周之度二十九年知縣魏學徵四十六年知縣楊廷謨先後修拓崇正九年知縣王凝命復以文廟與太子寺互更　國朝康熈十四年知縣魏裔慤按嘉靖八年以

後移改三十九年知縣王綬捐俸重修增鑿泮池
崇聖祠在敬一亭西
名宦祠在戟門外之左
鄉賢祠在戟門外之右
舊志先師廟舊在治東嘉靖八年廵按穆公凖呈以
前太子寺更之平遥縣學田凡地一頃七十八畮九
分九釐每斗額徵租穀十二石一斗一升租銀一兩
九錢三分五釐平遥縣志學田共地二頃八十七畮
每歲徵租粟二十二石四斗五升三合五勺徵租銀
一兩九錢三分五釐

介休縣儒學在城内東南隅舊在縣治東建於唐咸亨三年金之季燬於兵元至元初知縣閻梅買民居爲孝祀所九年知縣梁天翔以其故居爲講堂而建大成殿於前未訖代去三十年主簿王益率士民竟其事適知縣田澤涖任遂贊成之工竣於元貞初明洪武二十七年知縣武信天順間知縣王澤正德六年縣丞張敬十年知縣趙膺隆慶三年知縣劉旁六年知縣高鈞萬歷三年知縣康乂民十八年知縣王一魁二十五年知縣史記事四十二年知縣孫瓚崇正初知縣何騰蛟前後修拓規模始備其後生員董爾型重修　國朝順治間

爾型之孫復修明倫堂尊經閣康熙間貢生梁錫珩修

尊經閣其子復修三十五年知縣王埴修大成殿

崇聖祠在明倫堂之東

名宦祠在泮池東

鄉賢祠在泮池西

忠孝祠在學宮西雍正元年知縣單含奉文建

節義祠在學宮西雍正元年奉文建

舊志介休縣學田共地八十八畮六分有奇每年額

徵租穀四十七石三斗介休縣志學田共地七十二

畮五分有奇每歲徵租穀三十二石七斗視舊數爲

滅

孝義縣儒學在城東南隅宋大觀中知縣事董元愷建元元貞二年縣尹董完澤修大德七年地震圮八年縣尹郝思敬重建工未竣至大元年始繼成之明洪武十一年知縣陳莊天順五年知縣沈純成化五年知縣王佐宏治二年知縣張日升正德十年知縣閔以仁十三年知縣張友直嘉靖間知縣張愷萬歷二十八年知縣周佑三十五年知縣劉令譽相繼增修　國朝乾隆三十四年知縣鄧必安修

崇聖祠在大成殿東北

名宦祠在戟門外之左

鄉賢祠在戟門外之右

忠孝祠在學宫東北隅祀孝子鄭興舊在北門内康熙五十五年知縣閔衍建乾隆十五年知縣李方沁移建於學宫東南隅改舊祠爲節孝祠乾隆三十四年知縣鄧必安建文昌閣於大成殿東以舊文昌祠爲今忠孝祠

節孝祠在城北門内祀節婦蘇氏乾隆十五年知縣李方泌改忠孝祠於學宫内而以舊祠爲節孝祠

舊志孝義縣學田明萬歷中邑紳士霍鍾瑜捐置地

一頃二十四畮七分八釐每歲除納糧外額徵租銀四兩七分八釐孝義縣志康熙四十六年署孝義縣知縣阿爾布捐置地三十畮共一頃五十四畮有奇

臨縣儒學在縣治東南元至正間始建學於東郭明永樂十六年以河患改遷東南去舊址二里許嘉靖三十五年知縣脫鎬因廟學瀕河議遷今所萬歷二十六年知縣常時芳修崇正六年燬於兵　國朝順治三年知縣謝道修康熙二十七年知縣莫友仁重修增建尊經閣

崇聖祠在文廟東

名宦祠在戟門外之左
鄉賢祠在戟門外之右
舊志臨縣學田知縣張問行及縣丞魏賓置地一頃
六十八畮八分三釐每歲額徵租穀十一石五斗三
升爲給貧生婚葬之助臨縣志康熙間知縣莫友仁
買甘泉都地二頃六十四畮樂禮都地三頃一十一
畮善訓都地一頃七十七畮爲貧生助
石樓縣儒學在縣治東金時重建明洪武初知縣顧碩
修正統十一年知縣劉述景泰五年知縣馬榮嘉靖五
年知縣王仁相繼修葺崇正末燬於兵　國朝順治十

年知縣周士章重建教諭姜肇周董其事康熙二十五
年知縣趙鳳集二十八年知縣王許三十一年知縣高
必遴三十五年知縣趙鳳集五十二年知縣韓貽豐雍
正六年訓導宋國相九年知縣袁學謨相繼重修
崇聖祠在文廟西
名宦祠在戟門外之左康熙五十四年知縣韓貽豐建
鄉賢祠在戟門外之右
石樓縣志學田東門外地七晦一分
永寧州儒學在州治東南明洪武七年知州時應旂修
拓宏治十年大成殿災知州王道重建正德二年復災

知州張克恭重建嘉靖二十八年西自民舍延燬知州崔嘉重建隆慶元年燬於兵署州事李春芳重建萬歷二十四年知州夏惟勤重修　國朝康熙十九年知州馬雲瑞雍正五年知州周鑅重修

崇聖祠在文廟左

名宦祠在戟門外之左

鄉賢祠在戟門外之右

舊志學田城外東南隅地十二畮該應貢生員輪耕用助赴京路費後廢萬歷三十六年以柏木變價買地五十畮五分該夏秋糧一石七斗五升一合七勺

州志云其地坐落鳳山底馬茂莊西崖底三處地租

撥給貧生

學鄉縣儒學舊在縣治西金大定間縣尹劉文遹修以

後屢經修治其地面山背壑嘉靖六年廵按穆相檄知

縣張軾擇地於縣東南移建萬歷間知縣楊正達修崇

正末燬於兵　國朝順治八年知縣王之儀教諭范星

鼎訓導張天秩重建康熙三十八年知縣呂履恒修

崇聖祠在文廟左

名宦祠在戟門外之左

鄉賢祠在戟門外之右

忠孝祠節義祠俱在縣署東雍正五年知縣孔興唐建

以上文廟崇聖祠及名宦鄉賢忠孝節義祠

汾州府教授宅在射圃前訓導宅在其右

汾陽縣敎諭宅在尊經閣東訓導宅在尊經閣西

平遥縣敎諭宅在文廟東訓導宅在文廟西

介休縣敎諭宅在明倫堂東訓導宅在明倫堂西

孝義縣敎諭宅在明倫堂後訓導宅在其左

臨縣敎諭宅在文廟東訓導宅在其右乾隆三十年訓導郭金城捐俸八十餘兩修繕

石樓縣訓導宅在文廟東

永寧州學正宅在射圃東訓導宅在其左

寧鄉縣訓導宅在文廟後

以上學署

西河書院在府治東南舊名棠蔭書院康熙二十四年知府張奇抱建乾隆十二年知府魏元樞於汾陽縣願捐素積案內撥銀三千兩每歲收息銀三百六十兩又自捐養廉銀五十兩及八屬各捐多寡不一歲成六百兩爲延師置弟子之費十八年知府傾鴻重修復撥銀三千五百兩合前共六千五百兩每歲收息銀七百八十兩以充束修膏火經費免州縣捐助

白公書院舊府志云在啟聖祠西

仰高書院舊府志云在縣治西嘉靖元年督學周宣命知州張鉞即狄公祠隙地建叅政李元題名仰高宜仰子夏之文狄公之武也五年知州郭鏗增拓上二所舊志屬之汾州府其廢已久

文昌書院舊府志於汾陽縣云在學前府通判王重光署縣事議建

卜山書院汾陽縣志云在城北二十里大相村名子夏祠勑額卜山書院後以遠在郊野因學宮既成即於西偏創立書院仍以卜山名之

汾陽縣義學志云在府署西知府劉克孔建順治十六年分守冀南道申偉抱捐俸置於府西不數武康熙五十五年知縣平士楨重整五十八年知縣周超捐俸延師聚徒講肄其中

卿士書院平遥縣志云在上東門内路北即卿士廟

西河書院平遥縣志云在縣治西南康熙四十二年知縣王綬捐俸創建四十七年置地一頃九十四畮七分五釐充供給租課

平遥縣社學志云合城内外凡十所並知縣王綬設一在下東門外一在遊駕村一在香樂鎮一在洪善鎮一

在武村一在岳壁村一在陳家莊一在寧固阜村一在王家莊一在杜村義學在縣治東南康熙二十二年知縣黃汝鈺建設田尹　馬鋪民地四十畮七分一釐輸租二十石三斗五升五合二十六年增置上西門外五里民地二十七畮一分三釐租十三石五斗

景賢書院舊府志於介休縣云在東南城上年久拆毀

三賢書院舊府志於介休縣云在郭林宗祠今廢

綿山書院介休縣新志云本育才館明萬歷間知縣史記事建歲久傾廢今知縣王謀文卽其址改建書院

介休縣義學志云一在順成關本明知縣李若星祠

國朝雍正元年知縣單含改設義學置地三十餘畮龍峪村義學康熙六十年縣人任復裕捐建置地二十西畮有奇一在中街村縣人趙承舜捐建置地八畮銀三百餘兩地租銀息以充膏火一在張蘭鎮乾隆二十二年撤西街義學建巡檢署即以公館改爲義學

孝義縣義學志云縣人霍鍾瑜捐置又北關義學即鄭孝子祠康熙五十三年知縣閔衍設雍正二年知縣方士模重設三年又設南關義學於南山門上乾隆二十一年知縣莊行恭建義學於外城內東南隅

鳳山書院臨縣志云康熙二十七年知縣莫友仁置

臨縣義學志云康熙二十四年知縣莫友仁置

石樓縣社學山西通志云在文昌祠前

永寧州書院志云舊爲義學乾隆二十九年知州蔣龍昌修拓改爲書院

寧鄉縣義學志云知縣龔應霖建社學在察院址東

以上書院及義學社學

壇壝

社稷壇汾陽平遥二縣在城北之西介休縣在城西里許臨縣永寧州在城西孝義石樓寧鄉三縣在城北壇之制方二丈五尺崇二尺一寸階三等周以垣四門位

北嚮瘞石於南以表位不至側二尺五寸東西取中社右稷左石長二尺五寸方尺其瘞之也惟石之頂見於土上主以木長二尺四寸廣六寸丹之青字書某州縣社之神稷亦如之座厚五寸廣九寸有半祭用春秋二仲月之上戊制帛二黑色鉶一簠二簋二豆籩各四羊一豕一

風雲雷雨山川城隍壇州縣各設壇於城內南嚮祭亦以春秋二仲月之上戊位三中風雲雷雨之神左山川之神右城隍之神制帛七色白其餘如社稷壇

厲壇州縣各設壇於城北南嚮祭以清明日及孟秋之

望孟冬之朔迎城隍神位於上以主之位境內人鬼之無所歸者於左右

先農壇州縣各於東郊祭用仲春亥日

城隍廟一在汾陽縣治之西北本汾州城隍明萬歷二十三年改州爲府是爲府城隍一在縣治西爲縣城隍平遥縣在縣治東介休縣一在縣治東里許一在張蘭鎮孝義縣在縣治西北臨縣在縣治西南永寧州在州治北寧鄉縣在縣治北明洪武初封天下城隍之神府曰威靈公州曰靈佑侯縣曰顯佑伯二十三年改正祀典府城隍曰本府城隍之神州縣亦如之以春秋二仲

月之上戊合祭於山川壇每朔望肅謁行香凡遇水旱災患則禱之

八蜡廟汾陽縣在城東之南介休縣在城東南隅孝義縣在城西臨縣設壇於南壇之西石樓縣在城東舊列於祀典乾隆十一年停止

馬祖廟汾陽縣在城東平遥縣在洪善驛介休縣一在縣治之東一在城北孝義縣在儀門之右臨縣在城東石樓縣在縣治東永寧州在州治東北

旗纛廟一在府城内一在寧鄉縣歲以霜降日祭軍牙六纛之神以上四廟皆當壇祭者故附見於此不列祠廟内

《山西文華》編纂委員會 編

山西出版傳媒集團
三晋出版社

山西文華·史料編

汾州府志

清乾隆版 第二册

卷六至卷十三

劉益令◎整理

山西文集

汾州府志卷之六

關隘

府西羣山蔟擁自北而南西四屬臨永寧寧鄉石樓在山脊之西西抵黃河地勢東高西下故臨永寧之水南流西流過寧鄉縣東薛頡之西以南棱麓廻環故寧鄉石樓之水北流西流胥歸於河東四屬汾陽孝義在山脊之東右山左汾地勢西高東下故二縣西境之水東流平遥介休汾川行其西北太原以西之山環而至乎其南地勢南高北下故二縣南境之水北流胥注於汾而汾川纏絡之墟則東西原隰之所合也西控河山之

險戰國時秦趙相持趙守河東以據秦其險要在藺離石今永寧州境也東漢之季西河郡徙治離石日益多事降及魏晉匈奴五部之衆散居是間迨劉淵發難始於離石而東逼太原南奪平陽自時厥後中原非晉有也北魏之初西河離石吐京並置重鎮然餘寇竊發歲有兵事幾與魏終始周齊爭勝河汾間郡常爲兵衝隋大業末唐乾符以後太原南指未有不以是地爲中頓平陽北向未有不以是地爲敵途者也宋扞西夏明防韃靼府西爲必虞之地我　朝直北而西蕩然無外是以昔時關隘聊記其地用知古今而已

臨縣西百二十里曰克虎寨黃河東岸路通陝西葭州古置浮梁今以舟濟金大定中嘗於此地築城戍守以防夏人明洪武五年置廵檢司後裁

臨縣堡寨九曰三交寨鐘底寨堡子峪曲峪寨開陽寨杏林莊堡子城第八堡白文鎮鎮集二十有一曰三交鎮沙源集招賢集白文鎮兎兒坂曲峪鎮叢羅峪清涼寺安家莊侯家圪台十寨樓子峁大峁村石垜山崖頭村白道峪武家峁甲頭村下峁頭沈家溝苗家峁

永寧州北百五十里曰方山堡金貞祐中方山縣所徙

治也時鎮西節度使古里甲右倫言欲分石州兵五百權屯方山勦殺土寇且備嵐州而同知蒲察桓端拒而不發明萬歷二十五年廵撫魏允貞以方山乃三晉要害之地三縣不接之所請復築城池建察院一府署一鎮守衙一倉庫一築城時掘得太和八年縣印一顆解布政司寄庫內　國朝雍正八年廵撫石麟以方山堡在州治正北百五十里舊設廵檢裁汰已久但永寧北境遼遠叢山錯雜請增設方山堡廵檢一員

州北二百二十里曰赤堅嶺明洪武三年置廵檢司今廢

州西北六十里曰石門明隆慶元年九月俺荅兵由石門入石州俗呼石門墕又西北至臨縣治亦六十里

州西少北百二十里曰孟門鎮周大象元年於此置定胡縣隋置孟門關其地險固唐貞觀二年改縣曰孟門元置離石廵檢司於此城垣廬舍不滅於舊明改爲孟門廵檢司後廢

州西少南百二十里曰青龍渡舊設廵檢司駐青龍鎮乾隆三十三年改駐柳林鎮

永寧州堡二十曰四皓堡吳城堡李家灣堡大高家溝堡塞東堡香巖堡穆村堡薛村堡禦寇堡雙霧都

堡神底堡大武鎮堡石門堡南村堡峪口堡横泉堡
津艮堡方山堡樹林堡赤堅堡寨一曰尖陽山寨鎮
集七曰吳城鎮金羅鎮青龍鎮槲林鎮孟門鎮大武
鎮峪口鎮趙吉士守險分永靖交山議云晉省以太
原爲腹心而交靜諸山逼處太原右腋西極黄河盤
亘千餘里其中若神師羊腸孝文呂梁劉王嶂管涔
蘆芽離石石峽鹿徑兩嶺周洪諸山皆前古所稱名
區天險是趙武靈王闢之以爲强劉淵都之以定霸
者也歷考前代交境西北常列爲雄鎮宿以重兵唐
於嵜嵐置嵜嵐軍宋於靜樂置靜樂軍於嵐縣立節

度使元於靜樂置河北都元帥府明初靜樂兩嶺關婁婁嶺隘皆以太原左衛兵分屯守險自唐至明往往加意於此數百里之內夫險固之地雖數十里尚足容賊況列嶂連雲莫知紀極交靜諸山既雄峻四越其民又生長崖谷勇健輕生交西北與臨嵐永寧界其山若孝文呂梁劉王嶂皆絕險東北與靜樂陽曲界其山若神師羊腸交山皆絕險盜由此出沒案吉士此議於西北山險頗屬明切附錄其語以見梗槩

寧鄉縣西百五十里日三交原其地舊有城俗呼吳王

城下臨三交口渡盇古戍守處

縣南四十里曰泉子關明嘉靖二十一年五月山西巡撫令隰州知州何繼武防西路寇通平陽於泉子山南崖砌石墩一高七丈廣四丈長八丈北崖砌石墻一高六丈長二十二丈又於山澗中樹樁木惟通其流兩山置卒千餘人戍守

泉子山備禦碑記云東通於平陽者靈石之郭家溝是也西通於平陽者寧鄉之泉子山是也東路斷則靈石迤南無憂而平陽之左備以固西路斷則寧鄉迤南無憂而平陽之右備以固案此雖專爲平陽備

樂而其地屬寧鄉故附録之

縣南五十里曰寧鄉關寧鄉水自孝義縣西流迆北逕

關下

寧鄉縣鎮集六曰煖泉鎮娑陀店朱家店鋤溝鎮青

龍鎮永寧州寧鄉縣交界三交原

石樓縣西北九十里曰上平關卽唐書地理志之上平

津也下臨黄河五代梁開平二年李茂貞遣延川帥胡

敬璋攻上平關爲梁將劉知俊所敗卽此明洪武十三

年置廵檢司後廢

縣西八十五里曰永寧關西臨黄河宋史地理志石樓

縣下云有上平永寧二寨明洪武初置廵檢司後廢

崇正六年十二月秦賊盡入晉豫至數十萬而延綏

賊首鑽天哨開山斧據永寧關前阻山險下臨黄河

負固數年不下延綏廵撫陳奇瑜潛師疾走入山縱

擊斬首千六百級二賊死分兵擊賊首一座城斬之

延綏盜悉平奇瑜威名著關陜石樓縣志云河西清

澗縣水賊乘間竊發明季設守備把總駐防於花地

窊等處

縣東北六十里曰窟龍關後魏吐京郡之嶺東嶺西二

縣以關之山險分也明洪武初置廵檢司後裁

周士章議云黃雲山綿亘三十餘里林樹茂密地界於孝隰寧石之間中有窟龍關天成險隘萬壑莽蒼凡起解錢糧傳遞公文必由斯道而四外並無撥兵宜於關内界碑處所安撥兵十數人更番防守

石樓縣堡四曰管頭堡解家堡華城堡南嶺堡墩二十曰二郎墩西嶺墩東莊墩王村墩胡家墩四江墩管頭墩薛家墩薛張坡轉角墩閻家墩崖頭墩下窯墩

汾陽縣西六十里曰黃蘆嶺北魏武定二年齊獻武王出北道度赤洪嶺以斛律金爲南道軍司由黃蘆嶺出

會於烏突戍北齊天保三年幸離石遂至黄蘆起長城
四百餘里立三十六戍胡三省以爲此長城葢起唐石
州北抵武州之境明宣德四年設廵檢司　國朝順治
六年署毁僦居城内雍正四年裁七年廵撫覺羅石麟
以黄蘆嶺地屬險要復設乾隆二十一年移駐冀村
縣西三十里曰金鎖關在向陽峽岩險插天中斷如闕
爲汾石咽吭漢晉以來戍守處也明初置廵檢司尋廢
隆慶元年九月俺荅軍由向陽峽分掠孝義介休平遥
隰州等處復移兵汾州城下攻八晝夜不克乃引去因
增築關城設兵防禦

汾陽縣堡二十有九曰望春堡喬東堡故顯堡太平堡大相堡小相西堡小相東堡盡善南堡盡善北堡羅城堡董寺堡黑浮堡仁岩堡里仁堡康家堡西豐堡孝臣堡陽城堡靳同堡田同北堡田同南堡鞏村堡三泉堡任家堡趙家堡馬莊堡見喜堡中千堡田村堡寨十有九曰東馬寨西馬寨暮莊寨三泉寨張多寨趙村寨靳家寨向陽寨文侯村寨尚文村寨鞏村寨成家莊寨劉家莊寨坡頭寨南源寨安家莊寨湘子垣寨上金莊寨宋家莊寨鎮集十有一曰羅城鎮永安鎮仁岩村冀村見喜村裴家會田同鎮三泉

鎮陽城鎮小相盡善

孝義縣西北三十里曰版谷關

縣舊志云漢文帝時置關戍守

縣西二十里曰白壁關北魏西河郡未置之前設軍壁六於狐岐山東重兵戍守以防匈奴五部餘衆散處離石者其壁曰辛壁賈壁白壁許壁栁壁此五壁胥統於大鎮故大鎮即名六壁唐之六壁府是也唐天復二年晉將周德威追朱友寧抵白壁關宋建隆四年孫延進李謙溥等師旋出白壁關次谷口俄敵至延進倉皇走谷中又袁繼忠護隰州屯兵白壁關破河東三寨

縣西南三十里曰賈頋谷北魏於此置驛一名驛馬谷後兵亂遣賈頋戍此故名

孝義縣堡七曰司馬堡仁智村堡西盤糧村堡吴屯村堡南姚堡仁道村堡高村堡寨五曰下柵寨六壁頭山寨下堡村寨兑九峪山寨三河口山寨

平遥縣南五十里曰普同關在普同谷口東南抵縣上關通沁源縣西抵關子嶺南入岳陽縣爲往來險要之地明洪武五年置廵檢司後移於縣北二十里洪善鎮今廢

平遥縣堡五曰洪善堡杜村堡侯冀堡郝同堡達蒲

堡寨二曰趙壁山堡西泉山堡鎮集七曰洪善鎮上
店鎮寧固集范洛集朱圪集長壽集梁官集
介休縣東南六十里曰關子嶺南通沁源茂林峻嶺地
僻人稀舊置關寨明洪武五年設廵檢司轄弓兵三十
名防汛天啟五年裁
縣西南二十里曰雀鼠谷汾水出義棠鎮西南入谷北
周建德五年帝至晉州遣齊王憲率精騎二萬守雀鼠
谷隋大業十二年太原留守唐公破甄翟兒於雀鼠谷
唐武德三年秦王追宋金剛至省鼠谷日中八戰金剛
走介州官軍廹之以餘衆二萬出西門背城陣方輿紀

要云雀鼠谷蓋當往來之要路是也

介休縣堡四十曰南張堡（卽張蘭鎮）郝家堡田堡北賈村堡北張里南堡北張里中堡北張里北堡張原村堡大甫村南堡曹麻村堡義安村堡胡龍堡兩水村堡溫村堡三嘉村堡史村堡張家堡石河南堡石河北堡仙臺堡西段屯堡宋安村堡宋貼村堡下莊堡義棠堡馬安村堡孫暢村南堡孫暢村北堡大宋曲東堡大宋曲西堡湛泉堡東內封堡岳家灣堡南靳屯堡城南上堡城南下堡梁家堡羅王莊堡閻家堡趙家堡寨九曰關子嶺寨師屯寨劉屯寨龍頭寨胡龍

寨仙臺寨史村寨興地東寨興地西寨鎮集六日城市關廂張蘭鎮郝家堡湛泉鎮義棠鎮孔家堡

營汛

汾州營駐劄汾州府額設馬兵四十名步兵三百九十二名

舊額設馬軍百四十名步軍千五百五十九名 國朝額設馬戰兵二百名步戰兵三百名守兵五百名康熙三十五年裁馬戰兵百四十六名步戰兵百四十二名守兵二百三十五名後又裁爲今數凡馬步戰守兵每名月支米三斗每斗折銀一錢一分馬戰兵每名月

支餉銀二兩步戰兵一兩五錢守兵一兩馬每匹春
冬月支草六十束每束折銀一分料豆九斗撥在太原府大盈倉本色豆內
支領夏秋月支銀九錢
駐本營叅將一員守備一員外委一員隨營額外外
委二員馬步兵二百二十六名餘分防各營汛
汾陽縣分汛設防三處北路三十里曰永安汛兵三名又北十
里爲文水縣之文星舖汛西路三十里曰向陽汛兵三名又三十里曰
嶺底汛兵三名又五里踰黃蘆嶺接永寧州
平遥縣外委一員額外外委一員轄兵五十一名分汛
設防六處東北路七里曰五里莊汛兵五名又六里有奇

曰閻村汛兵五名又四里有奇曰洪善村汛兵六名又七里至鄭家莊
界祁縣西南路八里有奇曰艮如壁汛兵五名又四里曰橋
頭汛兵五名又三里有奇至杜村接介休縣東南路四十里曰坡底汛兵三
名又南二十里接武鄉縣界
介休縣把總一員額外外委一員轄兵六十一名分汛
設防七處東北路六里有奇曰東十里鋪汛兵五名又三
里有奇曰東十五里鋪汛兵五名又十一里有奇曰東三
十里鋪汛兵五名又七里曰東四十里鋪汛兵五名又四里
曰郝張汛兵六名又六里有奇至杜村屬平遥縣界西南路六里曰西十里
鋪汛兵五名又九里有奇曰西二十里鋪汛兵十一名又二里有奇至

桑平峪靈石縣界

孝義縣外委一員轄兵十名

臨縣外委一員轄兵三十四名分汛設防六處東南路五十里曰三交汛兵三名又四十里曰石門汛兵三名又南二十里爲永寧州之大武汛東北路六十里曰白文汛兵三名又北二十里接興縣界西北路百二十里曰克虎寨汛兵五名北六十里至大峪溝興縣界西越黃河接陝西葭州界其南五十里曰郭家塌汛兵五名東北距城百里西越黃河接陝西吳堡縣界又南三十里曰高家塌汛兵五名東北距城九十里南至永寧州黍門汛四十里

永寧州把總一員轄兵四十名分汛設防九處東路四

十里曰王榮莊汛兵三名又二十里曰四皓汛兵三名又二十里曰吳城汛兵三名又二十里曰三交汛兵三名又二十里踰黃盧嶺接汾陽縣西路五十五里曰寨東汛兵三名又二十五里曰辥村汛兵三名又四十里曰後河底汛兵五名西北二十里爲軍舖灣汛屬寧鄉縣所轄西越河接陝西吳堡縣界其北四十里曰孟門汛兵五名東距州城百二十里西越河接吳堡縣界

靖安營駐防河莊千總一員本營兵二十名所轄汛在州界者八處東路距州城九十里曰廟底汛兵三名又東五里曰白家汉汛兵三名又五里曰骨脊溝汛兵三名又十五里曰黃帝廟汛兵三名東接交城縣界西北路曰峪口汛兵三名東

至崩底汛三十里　又二十里曰橫泉汛兵三名　又三十里曰津頁汛兵三名　又三十五里曰方山汛兵三名西北接臨縣

石樓營駐劄石樓縣額設馬兵七名步兵百六十一名駐本營都司一員把總一員外委一員馬步兵百三十四名餘分防各營汛

石樓縣分汛設防五處東北路三十里曰圪連汛兵三名　又三十里曰窖兒原汛兵三名　又十五里曰黃雲山汛兵三名　又二十五里至寧鄉縣郭家河汛　西南路二十五里曰解莊汛　又西南十五里至永和縣趙家溝汛　南路二十五里曰關頭汛兵三名　又南三十里至隰州蓬門汛

沿河有汛六處轉角河汛花地窊汛閻家河汛並距

城九十里温家山汛距城八十里韋家畔汛距城九十五里崖頭汛距城百里各設防兵四名奉部文冬至下河驚蟄回營又舊汛四處紅窯汛土門汛並距城五十里兎舍汛距城八十里裴溝汛距城六十里

雍正三年裁

寧鄉縣把總一員轄兵二十名分汛設防三處南路六十五里曰郭家河汛兵五名南接黃雲山汛西路百三十里曰寨裏汛兵五名西越黃河接陝西吳堡縣界其東北二十里曰軍舗灣汛兵五名西則黃河此地跨入永寧州境東南二十里至永寧州之後河底汛

驛舖

東西通衢由太原府祁縣賈令驛西南五十里至府屬
平遥縣洪善驛
洪善驛在縣東北二十五里洪善鎮雍正八年裁驛
丞歸縣管轄今所有額馬七十七匹馬夫三十八名
半廠夫九十名
又西南八十里至介休縣義棠驛又西南八十里至平
陽府靈石縣瑞石驛
義棠驛舊在縣西南二十里義棠鎮明宏治二年移
於城北　國朝雍正八年裁驛丞歸縣管轄今所有
額馬七十七匹馬夫三十八名半廠夫九十名介休

縣新志云驛馬馳驟必於中途四十里張蘭鎮少息
或入夜則就坊店輪流派歇乾隆三十三年知縣王
諆文於間款内每年開支銀二十四兩賃店一所歇
馬永不許派累各店

其非通衢驛站自洪善驛西八十里至汾陽縣汾陽驛
汾陽驛驛丞雍正四年裁夫馬歸縣管轄今所有額
馬十二匹馬夫六名走遞損夫二十名自汾陽驛南
至義棠驛六十里

又西九十里至永寧州吳城驛
吳城驛在州東八十里吳城鎮雍正十年裁驛丞歸

州管轄今所有額馬六匹馬夫三名
又西八十里至玉亭驛
玉亭驛在州治東雍正六年裁驛丞歸州管轄今所
有額馬七匹夫三名半
又西六十里至靑龍驛又西六十里至陝西吳堡縣河
西驛
靑龍驛在州西六十里靑龍鎭雍正十年裁驛丞歸
州管轄今所有額馬五匹夫二名半
以上驛廠
汾陽縣總鋪在三賢坊之西北路十里曰太平鋪又十

里曰小相鋪又十里曰郭柵鋪即永安鋪又十里曰文星鋪
接文水縣南路十里曰陽城鋪又五里接孝義縣田屯
鋪東路十里曰瀦城鋪又十里曰康家堡鋪又十里接
平遥縣白石鋪西路十里曰劉家莊鋪又十里曰坡頭
鋪又十里曰向陽鋪又三十里曰嶺底鋪又二十里接
永寧州三交鋪

西通永寧州寳山蹊險徑

平遥縣總鋪在縣治前之西東北路十里曰仁內鋪又
十里曰洪善鋪接祁縣西南路十里曰城西鋪又十里
曰陳村鋪又十五里接介休縣田堡鋪西路十里曰達

蒲舖又十五里曰寧固舖又十五里曰香樂舖又十里曰白石舖接汾陽縣東南路十五里曰邢村舖又十五里曰辛村舖又二十里曰上店舖接武鄉縣

自城西北行經南政村蔣堡通文水縣自城東南行經西郭村坡底鎮上店鎮通武鄉縣自城而南經虎壁村胡村梁趙村七同村馬壁村窯頭村太山神通沁源縣自縣而西經姚村魏樂村王智村南官地村通孝義縣而由太山神至沁源縣上鎮爲險要

介休縣總舖在縣治前之東東北路十里曰宋貼舖又十里曰湛泉舖又五里曰王里舖又十五里曰南張舖

又十里曰郝張鋪又十里曰田堡鋪接平遥縣西南路
五里曰内封鋪又十五里曰義棠鋪接靈石縣北路由
義棠鋪十里曰劉屯鋪又十里接孝義縣王屯鋪
自城南而西經城南村河底村東歡村秦樹村至旌
介村亦通靈石之小徑自城東南行經張良村焦寺
村西野村至關子嶺沁源縣界
孝義縣總鋪在縣治前之西北路十里曰田屯鋪接汾
陽縣南路十五里曰王屯鋪接介休縣西路五十里曰
布落鋪又二十里曰南陽鋪又十五里曰義棠鋪又十
五里曰盤重原鋪又十五里曰車戶原鋪又十里曰弓

家灣鋪又四十里曰鳳尾鋪又三十里接石樓縣蒼耳原

自城東北行八十里至平遥縣洪上驛自城西北行五十里至布落鋪轉東北經梁家莊接汾陽縣馬莊鋪由布落鋪轉西南經南陽鋪義棠鋪盤重原車戶原弓家灣通寧鄉縣南境經寧鄉縣境內十五里至曹家沿復入縣境又南十五里至鳳尾村又西十五里至黃雲山接石樓縣境由盤重原而南三十餘里至劉家沿通隰州西曲鎮縣西岡巒重叠而盤重原山勢平衍爲四達之要道

臨縣總鋪在城南路二十里曰關王鋪又三十里曰三交鋪又二十里曰鐘底鋪又二十五里接永寧州石門鋪

廢鋪南路二曰安業曰佛堂峪俱通永寧州北路三曰廟坪曰白文通興縣曰陽坂通嵐縣西路三曰白塔曰兎兒坂曰克虎寨俱通陝西葭州

自縣而北經陳莊郝家坡至白文鎮通興縣縣西北經清涼鎮雷家磧兎兒坂至第八堡黃河岸北通興縣西通葭州由兎兒坂西至克虎寨黃河岸由清涼鎮石片頭西至曲峪鎮黃河岸縣西經安家莊存羅

谷至郭家塔黃河岸縣南經三交鎮轉西過侯圪臺至高家塔皆通陝西葭州由三交鎮西南至磧口黃河岸西通吳堡縣南通永寧州之孟門鎮由三交鎮東南經桃源霍家嶺至石門墕通永寧州越永寧州之北川至郝墕山通交城縣自縣至石門墕六十里又東百里至郝墕山縣東北百三十里至一箭嶺通靜樂惟三交鎮往永寧州之石門墕爲孔道然亦左右峻嶺高坂非坦途他皆山險小徑

石樓縣解夫遞送

舊未設鋪僱夫八名遞送公文謂之解夫

自城而北經孟家塌西衛村賀家塌裴溝村梁家山至寧鄉縣界冀家原自城而西經王村坂橋村老子王村井湍村石家坪留村霍家村越黃河通清澗縣賀家畔自城西南行經蕭家塌任家莊尨舍村延家溝至永和關自城東北行經故鄉村汊口村圪連村倉耳原至孝義縣鳳尾村自城而南經胡家峪賈家溝塌崖村關頭村至隰州界羅兒溝自城而東經沙窯村崔家莊曹村羅村紅窯村至隰州石口子鎮

永寧州總舖在城東路十五里曰馬家舖又十五里曰義居舖又十里曰北寒舖又十里曰南寒舖又十里曰

四皓舖又二十里曰吳城舖又十里曰三交舖接汾陽縣西北路二十里曰下安舖又二十里曰大武舖又二十五里曰石門舖接臨縣西路三十里曰白霜舖又九十里接陝西吳堡縣

廢舖北路十曰漫塔曰唐家曰石佛曰峪口曰橫泉曰監軍曰麻地曰方山曰土泥曰仁村接嵐縣西路二曰賀家塔曰薛村接吳堡縣

由大武舖而北經峪口鎮方山堡至赤堅嶺通嵐縣

由峪口鎮東北行至呂梁山通交城縣自城而西經梁家汶迆北至磧口黃河岸通臨縣由梁家汶斷道

塢至孟門鎭黃河岸自城而西經馬茂莊白霜鋪青龍鎭柳林鎭後河底越青龍渡通吳堡縣自城而南經交口村郝村金羅村至朱家店通寧鄉縣自城而東經盧橋村逾北循谿澗至劉王疃通交城

寧鄉縣東路五十里曰康家塌鋪又五十里曰偏城鋪又四十里至府前

廢鋪北路二十里曰朱家店接永寧州

自城而北經龐家會尙家峪大高村朱家店通永寧州自城西北行經鋤溝鎭通永寧州由鎭轉西南行經三交原黃河岸通綏德州自城而西經賀家塢留

義村至石樓縣界裴溝自城而南經段家莊陳家灣萬年堡車明峪轉西歷水子溝薛家峪乾村爨泉鎮王家莊桑塘村至石樓縣界平底村自城東北行經郭家山朱家嶺至永寧州界南溝村自城而東經倉兒灣黑嶺坡峪村至汾陽縣界偏城村由萬年堡轉東南行經黃蒿嶺劉家坪至孝義縣界弓家灣

以上鋪遞道路附見

汾州府志　卷六　二十六

汾州府志卷之七

戸口

戸十九萬二千七十六口百二十七萬七千八百三十

四逓計男婦大小口之數

明萬歴間戸四萬一千九百有一口五十二萬一千

二百二十六載在舊志時石樓縣不屬有靈石縣其後屢遭兵火

人民逃亡凋敝我　朝休養百有餘年生齒日增於

昔乾隆三十四年編戸民數汾陽縣戸四萬九千九

百五十六男婦口二十八萬三千七百八十四子女

小口十五萬一千四百七十九平遥縣戸三萬三千

六百口十三萬一千九百二十小口七萬五千五十介休縣戶六萬八千四百四十五口十七萬九千一十二小口十九萬九千五百五十三孝義縣戶萬三千四十八口二萬六千六百六十七小口七萬三千四十二臨縣戶千七百一十口萬四千三百有五小口萬七千二百八十七石樓縣戶五千五百六十一口萬二千八十一小口萬五千五百二十九永寧州戶萬五千六百有七口五萬六千九百七十四小口萬七千九十七寧鄉縣戶四千一百四十九口萬一千二百三十四小口萬二千八百二十

田賦

汾陽縣民地萬二百三十五頃五十畮七分一釐有奇

徵租課銀五萬六千六十兩九錢四分八釐有奇

明初原額地六千六百四十六頃四十一畮二分一釐夏秋稅麥萬六千一百二石九斗九升五勺五撮秋糧米三萬三千三百四十三石五斗四升三合二勺六抄五撮至隆慶五年額地六千六百一十三頃三十一畮二分五釐萬歷十一年定額萬有七十一頃七十二畮二分八釐舊志云此因奉例丈地遂多出三千四百五十八頃四十一畮三釐舊制村垌民舍原無稅糧委官盡行丈出兼及荒山徙阪五穀不生之地是以虛有此數縣志載敘

諭石炳云萬歷九年淸查抛荒委官迎合邀功將磽确沙灘增開實數當事者遂令抵補澤潞沁遼邊餉而遼沁屬邑借蠹生奸復欲爲彼保賠徭銀　徵夏稅雖大參陳公諫議阻之而前項貽害至今

麥萬六千一百六十石八斗五升七合四勺二抄六撮六圭七粒八粟秋糧三萬二千四百五十六石二斗七升三勺七撮七圭徵絲絹三十三匹並折色及馬草驛站加徵每畮九釐銀共五萬五千三百六十兩九錢六分八釐額外民田二十頃二十九畮四分徵折色銀六十四兩八錢六分一釐增豐贍庫夏秋糧及絲絹折色銀十七兩二錢八分九釐　國朝順治十二年以後至雍正六年續增額外地及河灘退

地共百四十一頃四十九畮三釐有奇徵折色銀六
百一十七兩八錢三分
平遥縣民地萬有三百九十二頃五十八畮四分一釐
徵租課銀六萬四千一百七十七兩八錢七分五釐
明初舊額官民地六千七百六十九頃四十八畮九
分一釐萬歷五年查報荒地二百四十頃免徵九年
至三十五年定額萬有一百四十三頃一十三畮三
分夏稅三千八百五十七石一斗三升六合一勺秋
糧四萬八千六百三十六石二斗五升二合一勺九
撮並折色及絲絹馬草驛站地畮九釐銀共六萬三

千四十一兩六分九釐增豐贍庫夏秋糧及絲絹折色銀百有一兩九錢四分二釐　國朝順治四年查報汾水所占地五頃一十八畝免徵稅糧及各項折色銀二十五兩九錢九分九釐十二年以後至雍正七年續增額外地及河灘退地共百三十一頃八十九畝五分六釐晉府更名田八頃共徵折色銀六百四十兩三分三釐又歸併太原左衛屯田百一十四頃七十三畝五分五釐徵折色銀四百二十兩八錢二分八釐

介休縣民地六千一百四十七頃五十三畝七分五釐

有奇租課銀三萬四千八百一十二兩七錢一分八釐
有奇

明初舊額官民地四千七百八十五頃至嘉靖二十八年額地四千七百九十五頃九十三畮六分三釐二毫萬歷三十五年定額六千二十頃三十二畮四分一釐八毫夏稅九百六十七石五斗六升八合六勺二抄五撮秋糧二萬六千五百二十三石五斗三升九合三勺七抄三撮並折色及絲絹馬草驛站地畮九釐銀共徵三萬四千七十兩一錢三分一釐有奇增豐贍庫夏秋糧及絲絹馬草折色銀百六十兩

一錢七分六釐有奇　國朝康熙十六年至雍正七年續增額外地百二十七頃二十一畮三分四釐有奇徵折色銀五百八十二兩四錢一分有奇

孝義縣民地九千七百八十頃三十六畮四分七釐有奇徵租課銀三萬五千九百七十四兩二錢六分六釐有奇

明初舊額地三千九百四十九頃八十一畮嘉靖三十一年額地三千九百一十九頃三十七畮四分萬歷十年定額九千五十四頃一十七畮舊志云萬歷十年清丈凡園場舍基舊不起科者搜括無遺本縣實徵原額包賠榆社稅糧一千四百二十三石五斗一升夏

稅五千三百四十七石四升六合八勺秋糧二萬一千五十九石三斗三升二合三勺七抄二撮七圭並折色及馬草驛站地畝九釐銀共三萬四千二百五十七兩七錢四分四釐有奇增豐贍庫夏秋糧及絲絹馬草折色銀十兩七錢四分三釐有奇　國朝順治四年查報荒地九百頃十分畝之六免徵十年十一年開墾復額康熙三年至雍正六年續增額外民田屯田更名田河灘山澗地七百二十六頃一十九畝四分七釐有奇及下坡地三十六坰共徵折色銀千七百五兩七錢九分三釐有奇

臨縣民地三千一百七十五頃八十九畮五分九釐有奇徵租課銀萬七千七十九兩六錢六分一釐有奇

明初舊額官民地共二千二百二十三頃六十七畮七分嘉靖二十五年額地二千二百四十八頃三十五畮二分萬歷九年至三十五年定額三千一百六十頃四十四畮四分九釐有奇夏稅四千三百三十八石五斗六升三合六勺五抄秋糧萬有一百五十二石四斗六升四勺五抄並折色及絲絹馬草驛站地畮九釐銀共萬六千九百四十四兩六錢六分七釐有奇萬歷間增豐贍庫夏秋糧及絲絹馬草折色

銀五十兩一錢二分九釐　國朝順治四年查報荒
地四百四十頃六十八畝五分二釐免徵十年至十
三年復額康熙十六年至雍正七年續增額外地及
坡岡十五頃四十五畝一分徵折色銀八十四兩八
錢六分五釐有奇
石樓縣民地千四百二十四頃四十二畝一分八釐徵
租課銀八千五百八十二兩五分二釐有奇
舊額地二千七百五十九頃九十一畝五分順治四
年查報荒地千九百四十四頃五十九畝五分免徵
定額八百一十五頃三十二畝徵糧四千四百六十

六石四斗三勺四抄八撮二圭七粒折色及絲絹驛

站地畮九釐豐贍庫夏秋糧馬草共徵銀五千三兩

四錢一分七釐有奇九年至康熙十六年續增額外

山地六百九頃一十畮一分八釐徵折色銀三千五

百七十八兩六錢三分五釐有奇

永寧州民地四千五十五頃四十九畮一分八釐徵租

課銀二萬四千六兩一錢三分三釐有奇

明初舊額四千二百一十六頃六十二畮七分萬歷

十年定額四千六百九十八頃二十一畮二分七釐

五絲夏稅八千一百二十八石五斗六升一合五勺

秋糧萬八千九百四十六石六斗四升二合九勺

國朝順治間查報荒地二千一百四十一頃一畮六分二釐免徵定額二千五百五十七頃一十九畮六分五釐徵糧萬四千六百四十九石九斗九升八合折色及絲絹驛站地畮九釐銀共萬五千四百九十六兩六錢五分六釐有奇十二年至乾隆七年續增額外民田更名田河灘山隅地千四百九十八頃二十九畮五分三釐徵折色銀八千四百五十九兩二錢四釐又歸併太原前衛屯糧折色牛具銀五十兩二錢七分三釐有奇

寧鄉縣民地五千八百三十三頃一十七畮八分九釐有奇徵租課銀九千七十二兩八分七釐有奇

明初地七千四百八十一頃三十七畮有奇萬歷九年將山坡地每四畮折平地一畮起徵至三十五年額地二千三百六十九頃八十二畮九分三釐一毫夏稅三千一百八十四石七斗六升九合四勺五抄秋糧七千四百三十一石一斗二升五合九勺　國朝初年額地四千一百二十二頃九十七畮三分徵糧七千八百三石六斗五升九勺折色及絲絹驛站地畮九釐銀共六千八百六十六兩三錢三分三釐

順治十二年至雍正六年續增額外地千七百一十頃二十晦六分徵折色銀二千二百一兩七錢三釐

以上地糧

康熙五十二年欽奉　恩詔以五十年丁册定爲常額續生人丁永不加賦汾陽縣徵均徭銀萬二千二十一兩九錢九分二釐有奇

行差人丁四萬八千四百一十三徵均徭併辦買本色顏料加增銀共八千七百五十八兩五錢三分四釐於乾隆十年奉文攤入地糧徵收地差銀三千二百六十三兩四錢五分八釐舊係按糧派徵

平遥縣徵均徭銀九千二十五兩七錢七分一釐有奇

行差人丁五萬三千二百二十徵均徭等銀共八千一百五十三兩九錢八分二釐內二千六百六十一兩於乾隆元年奉文攤入地糧徵收又地差銀八百六兩四錢三釐及歸併太原左衛屯丁八十九徵均徭銀六十五兩三錢八分六釐有奇

介休縣徵均徭銀九千四百七十三兩四分五釐有奇

行差人丁六萬一千二百九十二徵均徭等銀共七千三百二十四兩二分於乾隆元年奉文攤入地糧徵收地差銀二千一百四十九兩二分五釐有奇舊

係按糧派徵

孝義縣徵均徭銀六千一百一十二兩四錢七分八釐有奇

行差人丁萬四百八十六徵均徭等銀共二千六百三十二兩三分地差銀三千三百五十三兩五錢五分二釐有奇又歸併太原左衛屯丁百四十二徵均徭銀百二十六兩八錢九分六釐有奇

臨縣徵均徭銀三千八百七十三兩五錢六分四釐有奇

行差人丁三千七百六十二徵均徭等銀如額數於

乾隆二十三年奉文攤入地糧徵收
石樓縣徵均徭銀千四百九十三兩三錢七釐有奇
行差人丁三千三十八徵均徭銀如額數於乾隆二
十三年奉文攤入地糧徵收
永寧州徵均徭銀五千二百八十七兩七分五釐有奇
行差人丁八千四百八十七徵均徭銀五千二百八
十七兩七分五釐有奇額數內於乾隆二十四年奉
文開除故絕朋丁並匀減丁銀二千八百七十九兩
八錢七分五釐攤入地糧徵收又歸併太原前衛屯
丁三十八徵均徭銀十四兩九錢七釐有奇

寧鄉縣徵均徭銀三千五百七十二兩一錢三分六釐有奇

行差人丁二千七百七十徵均徭等銀二千一百三十七兩四分二釐有奇於乾隆十年奉文攤入地糧徵收地差銀千四百三十五兩九分三釐有奇舊係

按糧派徵

以上丁徭

額外匠價銀汾陽縣二百五十二兩四錢五分平遥縣百二十一兩九錢五分介休縣百五十一兩二錢孝義縣四十五兩四錢五分臨縣三十五兩一錢石樓縣八

兩一錢永寧州二十四兩七錢五分寧鄉縣四兩五分

並於乾隆三年奉文攤入地糧徵收

酒課銀汾陽縣三百兩平遥縣二十五兩六錢五分介

休縣三十四兩九錢二分孝義縣五十兩臨縣五兩石

樓縣二兩永寧州二十兩寧鄉縣十兩商稅銀汾陽縣

千一百七十八兩四錢九分二釐平遥縣六十六兩五

錢三分三釐介休縣六百六十八兩六錢孝義縣四十

四兩三錢二分三釐臨縣五十六兩石樓縣五兩六分

五釐永寧州九十九兩八錢八分寧鄉縣十三兩五錢

二分六釐

以上額外課稅

合府屬地糧丁徭及額外課稅共徵銀三十萬三千八百五十九兩二分四釐

汾陽縣六萬九千八百一十三兩八錢八分三釐起運各項下共四萬四千二百六十八兩九錢八分六釐存支各項下共二萬五千五百四十四兩八錢九分七釐平遥縣七萬三千四百一十七兩七錢七分九釐起運四萬八千三百六十六兩五錢七分七釐存支二萬五千五十一兩二錢二釐介休縣四萬五千一百四十兩四錢八分四釐起運二萬七千九十

七兩五錢一分九釐存支萬八千四十二兩九錢六分五釐孝義縣四萬二千二百二十六兩五錢三分二釐起運三萬一千九百二十四兩一錢四分六釐存支萬有三百二兩三錢八分六釐臨縣二萬一千四十九兩三錢二分六釐起運萬五千九百三兩一錢四分一釐存支五千一百四十六兩一錢八分五釐石樓縣舊額萬一千一百三十三兩七錢五分內除缺額徭銀九百一十一兩七錢六分四釐又經費不敷銀百三十一兩四錢六分一釐實徵萬有九十兩五錢二分五釐起運九千八十九兩一錢五分九

釐存支千一兩三錢六分六釐永寧州二萬九千四百五十二兩七錢四分五釐起運萬九千一百九十六兩八錢六分一釐存支萬二百五十五兩八錢八分四釐寧鄉縣萬二千六百六十七兩七錢五分起運九千四百一十五兩五錢三分八釐存支三千二百五十二兩二錢一分二釐

汾州衛屯田歸併於汾陽介休孝義三縣者共四十九頃七畮二分六釐徵租課銀一百四十二兩三錢五分七釐其均徭併歸於汾陽孝義二縣者共徵銀二百六十二兩四錢九分五釐

汾陽縣歸併汾州衛屯田二十九頃九畝八分徵折
色銀七十六兩三錢九分三釐有奇屯丁五百二十
八徵均徭銀二百九兩六分四釐有奇共二百八十
五兩四錢五分九釐內起運二百七十九兩八錢一
分四釐存支五兩六錢四分五釐介休縣歸併汾州
衛屯田十五頃八十九畝六釐徵折色銀五十三兩
五錢六分三釐有奇孝義縣歸併汾州衛屯田四頃
八畝二分二釐徵折色銀十二兩四錢屯丁百二十
徵均徭銀五十三兩四錢三分一釐有奇舊志汾州
衛屯地六百七十三頃四十七畝二分八釐該屯糧

二千四十一石八斗三升三合六勺一抄一撮三圭
內除拋荒糧六十九石七斗八升外實徵糧一千九
百七十二石五升三合六勺一抄一撮三圭五粒每
石折銀五錢共徵銀九百八十六兩二分六釐四毫
九絲四忽六微四纖其地坐落汾陽介休孝義蒲大
寧五縣
雜稅彙解戶部者據乾隆三十一年奏銷之數汾陽縣
千五百二十七兩五錢二分八釐
徵房田稅契銀六百三十一兩三錢八分三釐盈餘
銀二百六十一兩三錢一分五釐畜稅銀四百六十

兩四錢九分一釐盈餘銀二百六兩四錢三分九釐
烟稅銀百三十五兩九錢八分盈餘銀十六兩五錢
二分牙稅銀三百二十五兩四錢當稅銀四百九十
兩

平遥縣二千二百五兩三分六釐
徵房田稅契銀二百二兩二錢六分九釐盈餘銀二
百四十三兩三錢六分九釐溢額商稅銀三十六兩
三錢二分六釐畜稅銀二百五十九兩四錢四分盈
餘銀百二十一兩六錢三分二釐牙稅銀二百二十
二兩當稅銀千一百二十兩

介休縣二千八百四十兩一錢三分一釐

徵房田稅契銀五百九十八兩三錢八分三釐盈餘

銀五百一十四兩五錢二分七釐溢額商稅銀百七

十三兩四錢四分畜稅銀三百三十兩六錢三分六

釐盈餘銀二百四十二兩七錢四分五釐牙稅銀二

百兩四錢當稅銀七百八十兩

孝義縣千二百九十六兩七錢六分八釐有奇

徵房田稅契銀百九十八兩八錢七釐盈餘銀百三

兩九錢二釐溢額商稅銀六兩九錢九釐有奇畜稅

銀二百六十兩五錢二分盈餘銀二百二十五兩二

錢四分牙稅銀九十六兩二錢當稅銀四百五兩

臨縣五百四兩六錢五分

徵房田稅契銀三十四兩八錢九分四釐盈餘銀十三兩四錢一分畜稅銀二百八兩四錢八分五釐盈餘銀六十二兩五錢四分五釐又加增銀十一兩三錢一分六釐牙稅銀十四兩當稅銀百六十兩

石樓縣百四十八兩三錢一分二釐

徵房田稅契銀二十七兩六錢四分五釐畜稅銀八十五兩八錢八分四釐盈餘銀二十兩五錢八分三釐牙稅銀九兩二錢當稅銀五兩

永寧州三百五兩二錢六分

徵房田稅契銀十三兩二錢六分畜稅銀八十二兩二錢牙稅銀三十四兩八錢當稅銀百七十五兩原額當四十座稅銀二百兩開除五座計稅二十五兩

寧鄉縣百六十六兩九錢一分五釐

徵房田稅契銀二十五兩九錢七釐盈餘銀十兩九錢四分八釐畜稅銀三十二兩五錢八分三釐盈餘銀二十八兩七分七釐牙稅銀十四兩四錢當稅銀五十五兩

鹽稅

府屬一州七縣舊食鄰近土鹽雖領河東之引而不食其鹽惟輸稅於官謂之鹽稅行河東之引者三省曰山西曰河南曰陝西河南省則南陽河南二府屬汝陝二州屬與許州之襄城皆行河東引食河東池鹽山西省惟平陽潞安澤州蒲州四府屬解絳吉隰四州屬行河東引食河東池鹽大原汾州寧武三府屬遼沁忻代平定保德六州屬皆食本處及附近土鹽領河東引而不食河東鹽名曰鹽稅陝西省惟西安同州二府屬與安商華耀乾五州屬邠州及所領三水淳化二縣領河東引食河東池鹽其鳳翔府屬與邠州之長武食花馬池鹽名曰鳳課皆領河東引而不食河東鹽汾陽縣額行二千四百六十五引徵鹽稅銀九百八十八兩七錢一分二釐有奇平遥縣額行二千九百五十一引徵鹽稅銀千一百八十三兩六錢四分介休縣額行二千九百一十二引徵鹽稅銀千一百六十

七兩八錢三分七釐有奇孝義縣額行五百五十三引徵鹽稅銀二百二十一兩七錢七分六釐有奇臨縣額行百九十五引徵鹽稅銀七十八兩一錢七分四釐石樓縣額行五百二十引徵鹽稅銀二百一十五兩二分有奇永寧州額行四百四十七引徵鹽稅銀百七十九兩二錢二分四釐寧鄉縣額行百五十一引徵鹽稅銀六十兩六錢三分七釐有奇

明萬歷間鹽課汾陽縣額發鹽票九千張每張稅銀六分共銀五百四十兩平遥縣額發鹽票四千一百張共銀二百四十六兩介休縣額發鹽票二千五百

張共銀百五十兩孝義縣額發鹽票千三百張共銀七十八兩臨縣額發鹽票六百張共銀三十六兩永寧州額發鹽票六百張共銀三十六兩寧鄉縣額發鹽票二百張共銀十二兩載在舊志石樓縣洪武初額發鹽票六百六十張共銀三十九兩六錢載在縣舊志考引之名始於宋其用引之法即池驗劵按數而出元時每鹽一引重四百斤明初如之後分一引爲二引 國朝順治二年立河東鹽法時巡鹽御史奏稱陝西之平涼慶陽乃食花馬小池鹽山西太原汾州乃食本地煎鹽舊皆河東所轄以其與河東相

近也十三年因議均引目下廵鹽御史酌覆御史朱紱覆稱合照賦役全書丁口數目令各省布政司將傾引額丁通盤打算均勻派銷未經均定而御史焦毓瑞以河南俱食解池商鹽易於均派其山西太原汾州遼沁例食本地土鹽食解鹽者平陽潞安二府澤州一州陝西鳳翔例食花馬池鹽食解鹽者西安一府興安一州凡行解池商鹽州縣止有督銷之責而納課之責在商若行土鹽幷花馬池鹽之處則銷引納課之責成併在州縣部議遵定派引刊冊以永遵守康熙十年御史布舒疏請汾州府屬俱食本

地土鹽獨有石樓一縣行銷解鹽道路阻長行運維
艱請照改土鹽商民兩便部議自十二年準其改食
於是府屬之一州七縣悉爲派徵鹽稅矣六十二年
介休縣知縣蕭蕙以民旣輸鹽稅仍設商人於民不
便且巡丁橫行窮簷愁怨得請廢商雍正八年知府
張學林因汾陽縣商人巡丁大爲民害亦得請廢商
而同知馮雲熛權知府事有按糧攤課之請九年知
府崔應階知縣林中柟遂議將鹽課紙價銀攤入地
丁項内（每正糧一兩攤課一分五釐）乾隆二十八年奉布政司檄
稱代州交城壽陽三屬鹽課並無商販俱征之民已

經攤入地丁統征分解民甚稱便惟文水太谷汾陽平遥介休孝義石樓永寧寧鄉盂縣保德河曲等十二州縣雖經攤入地丁並未歸併統征分觧係令里老催收或派甲頭彙納以致暗中加派額外浮征貧窮小民不免苦累應俱倣照代州交城壽陽之例歸於地丁項下統爲征收分欵起解前此汾陽縣地丁內攤徵鹽課共平餘銀（每鹽課一兩加平餘銀一分五釐）倘未歸併至是年知縣顧學潮請正課與平餘雖有分欵寔止一項應統算攤征（於地丁項每一兩攤征鹽課紙價及平餘共一分五釐三毫六絲三忽四微八纖）乃以二十九年爲始由此豪右因緣爲奸侵

刻小民之弊永絶

汾州府志卷之八

職官上

府設於明萬歷二十三年五月前此曰州曰郡曰縣官制之多寡詳見史志而官斯土者欲盡稽其人未之能也自秦漢迄北周郡以領縣郡曰守曰太守縣曰令曰長而州本稱刺史以監郡所謂州者古九州十二州是也漢分天下爲十三部一州所部其地大矣然刺史秩六百石太守秩二千石縣滿萬戸以上爲令秩千石至六百石減萬戸爲長秩五百石至三百石綏和元年刺史改稱牧秩二千石其後牧與刺史迭相更變三國時

州名滋繁而北魏爲尤甚隋初罷郡存州後改州爲郡
改刺史爲太守唐亦州郡迭更刺史太守名雖相改而
實同宋則州帶郡稱事兼軍民於是結銜曰知軍州事
省言之直曰知州唐制州不親民事皆有倚郭縣惟京
都乃稱府或有以嘗行幸稱府者至宋詔討論潛邸所
領地改稱府明則州省倚郭縣而州有兼領縣及不領
縣之異大州領縣多往往改爲府府設倚郭縣屬州不
領縣者與縣無殊上轄於府間有府無倚郭縣與領縣
之州無殊者此古今官職崇卑稱名更變之大致至若
漢有郡守又有郡尉尋改曰都尉其後省都尉併職太

守郡尉掌佐守典武職甲卒秩比二千石守尉皆有丞
邊郡又有長史掌兵馬並秩六百石而令長之下亦有
丞尉秩四百石至二百石後代因事立名更僕未易數
今據設府以來職官或裁或增列於前此題名之後其
古官制則因其人之可考者而官名亦遂著焉夫官斯
土者其有惠政可稽宜爲之傳以傳然世遠事湮或當
時膏澤寔被於民久之僅留其姓名時代者有矣況姓
名時代偶留於載籍間千百之一二也既僅留其姓名
時代則其人與其居官之賢否又出於不可知不可知
莫如備録之此職官題名之所以不可廢歟左氏春秋

晉分祁氏之田以爲七縣在今府境者一得縣大夫一人秦漢以上知其姓名時代獨有是耳題名遂自是始信則傳信也然左氏以所舉者賢而書之而其後之居官別無可考見也由周而來至於今無可考見也者豈獨是哉

晉國鄔大夫司馬彌牟（晉頃公十二年）

漢西河郡太守常惠（元朔中）　杜延年（五鳳中）　馮立（字聖卿竟寧以後）　杜敦（字仲信延年之曾孫）　茅東（字思和並前漢時年號無考）　宗育（建武元年）　宋漢（安帝時）　邢紀（中平中）　崔鈞（靈帝時）　垣恭（後漢時年號無考）

西河郡長史馬襄（永平五年）　馬嚴（援之兄子永平十五年以將軍長史屯西河）

府境爲漢太原郡之兹氏中都京陵鄔界休西河郡之藺皋狼離石隰成土軍其西河郡治視太原郡治爲尤遠永和五年九月西河郡南徙五百九里治離石始在今府屬之永寧州自是以後西河太守乃宜載入惟得邢紀崔鈞二人前此自常惠至宋漢例如太原太守之不當遥列然太原别自有志而西河雖遠在河西今榆林府邊墻之外其地郡縣久廢闕無記錄且如後漢垣恭年號莫考存去兩恐失實故備書之不可與太原郡同例共論也

界休縣令應操桓帝時

晉西河郡太守郗隱字休然蜀郡成都人泰始初

離石令宗羣咸寧中

介休縣令賈渾太安中

後燕離石護軍高秀和慕容寶時

北魏離石鎮將陸突太祖時率部民隨從征伐數有戰功拜威厲將軍離石鎮將

奚愛眞高宗時　郭洛頭高祖時

離石護軍劉訖天興中

汾州刺史穆羆本吐京鎮將後改吐京鎮爲汾州仍爲刺史　元彬並高祖時　張通永平中　封囘　李彪並世宗時　趙遐熙平初　薛懷吉　元景和並正光中　裴良孝昌中汾州移治西河自良始　万俟洛　高市貴　介朱兆並永安中　劉貴普泰

初行汾州事張瓊永熙中行汾州事盧懷道文偉之子興和中行汾州事斛律金

太昌初賀仁武定初侯莫陳相東魏末裴徵聞喜人柳懿敏之父河東解

縣人于暉勁之子並年號無考

汾州大中正張亮武定末

汾州錄事參軍叱羅協永安中

汾州平西府司馬趙穆年號無考

汾州後軍府長史高幹肅宗時

汾州本吐京鎭太和十二年攺爲汾州領西河吐京五城定陽四郡州治蒲子城今隰州境孝昌中徙治西河始在今府境以後官汾州者乃宜載入前此例

如漢之太原西河然如裴澂郗懿于暉趙穆高幹見於史傳而年號莫考存去兩恐失實猶之漢西河矣故亦備書之

西河郡太守刁雙肅宗時

孝昌二年以後西河郡僑置平陽界其西河太守例不當載入又裴欣蕭百年皆西河太守牒舍樂西河領民都督皆年號莫考其時並近魏末故闕之

吐京郡太守劉升高祖時

吐京郡治漢之土軍故城孝昌中寄治西河並今府境也其吐京鎮非府境鎮將可考知者谷季孫來大

于例不載入

北齊西河郡太守綦毋懷文天保中　房豹河清中

北周石州總管虞慶則建德中

石州刺史劉懿京兆武功人年號無考

西魏及北周别置汾州其刺史可考知者寶善宇文測韓褒蘇讓王雅裴寬宇文邱王慶韋冲成休寧裴伯鳳楊敷州名雖同而地異

隋介州刺史李衍開皇二年

介州長史李純開皇中　薛粹仁壽中

石州刺史趙仲卿韋冲段文振並開皇中

西河郡太守蕭大圜開皇初

西河郡丞高德儒大業末

離石郡太守薛道實楊子崇並大業中

離石郡司法書佐李德佁大業末

隰城縣尉房元齡大業末

介休縣令柳韶大業中

隋別置汾州其總管及刺史可考者馮昱陸彥師侯莫陳穎姚安仁亦州名同而地異

唐浩州刺史薛大鼎字重臣粹之子河東汾陰人武德初

汾州刺史蕭顗武德三年李襲志武德中蕭鋭貞觀中劉延嗣彭城

人韋宏敏並嗣聖間李道堅景龍中韋湊景雲十一年楊隆禮裴談
並景雲中蕭愨開元中
西河郡太守李巨天寶五載長孫昜杜希望並天寶中陸璪吳郡人天
寶末
汾州刺史崔圓李勉並乾元中賈耽上元中王翊大歷中孔巢父
劉暹並建中中裴向李說並貞元中崔宏禮楊元卿並元和中李漢太和
九年魏謩開成五年李丕會昌中崔駢大中中王仲盈光啟初李存孝
孟遷並大順中李塘李存璋並天復中李承約天祐中薛從王詮光之
後楊守納崔奕竇總洛陽人蕭晉仲豫子楊譽福之弟崔珪博陵
人崔汀博陵人崔恭博陵人唐旻晉昌人並年號無考

汾州別駕李抱真大歷中　裴鵠安期之孫年號無考

汾州長史杜求仁永淳元年　崔隱甫開元初　李守愼蜀王湛之曾孫　王滿晉陽人　竇靈襲杞國公　畢浚東平人並年號無考

汾州司馬董晉　裴安期聞喜人　王處廉並年號無考

汾州司錄參軍事盧協范陽涿人年號無考

汾州司戶參軍事李亨紀王愼之曾孫　徐乂　皇邱悅並年號無考

汾州參軍事徐堅開元中　敬檖年號無考

汾州司法參軍令狐丞簡年號無考

汾州司倉參軍李咸一年號無考

汾州宣慰使裴遵慶上元二年

石州總管劉季正武德初

石州刺史王儉武德二年李元名貞觀二十二年杜正倫貞觀末武昭元和十四年王鄴天復中趙元勲兼知軍事盧肅范陽涿人裴太感文舉之曾孫崔琨盧見象范陽涿人並年號無老

石州司馬袁知元年號無考

石州推官辛實年號無考

隰城縣丞薛仁瞹開元中

隰城縣尉杜審言襄州襄陽人進士年號無考

西河縣令李韶紀王慎之後劉寶曹州南華人並年號無考

西河縣丞李士恭初名粲河間王孝恭之後年號無考

平遥縣令裴常嗣聖間　李延載趙郡人年號無考

平遥縣尉薛季昶嗣聖間

介休縣令張沖字孝源清河東武城人　婁思穎陽城諸縣人　鄭大令滎陽人並年號無考

介休縣主簿鄭令一岌之族弟年號無考

孝義縣令楊仲昌開元中

孝義縣丞鄭思莊年號無考

方山縣令楊越貞觀初

後唐汾州刺史符彦超同光中　康義誠明宗時

汾州防禦使萇從簡明宗時

石州刺史宋廷浩年號無考

石州司馬盧文紀明宗時

北漢汾州刺史段常劉承鈞時

汾州節度使趙文度劉承鈞時出守汾州盧遂蔚進盧並年號無考

汾州防禦使董希顔劉旻時周顯德初以地降周

石州刺史安彦進年號無考

後周汾州刺史王繼勳廣順初後又爲石州刺史康義誠年號無考

汾州團練使王全德顯德末

介休縣令鞠常顯德中

宋汾州路都監李謙溥開寶元年

汾州防禦使田欽祚開寶九年

汾州團練使折御勲太祖時

汾州戍將陳興端拱二年

汾州路兵馬都監郭逵字仲通其先自邢徙洛仁宗時　賈亶靖康元年

汾州團練推官郭固至和二年

知汾州溫仲舒太宗時進士　崔駢　王全斌大中祥符間　曹瑋真宗時環慶路兵馬都鈐轄叔知汾州　蔣偕仁宗時　許天啟崇寧中守汾州　周煒宣和元年知汾陽軍事　張確　張克戩並宣和中

汾州通判謝景初嘉祐三年　趙瞻英宗時　鄭穆年號無考

汾州司法參軍趙尚字公才邛州依城人英宗時進士

汾州司理參軍樓异徽宗時

汾州教授陳膏宣和中

汾州學正孔宏治山東曲阜人年號無考

石州都巡檢使陸萬友太平興國中

知石州翟守素馮汝士並太平興國中王杲齊州人至道中馮拯太宗時權知石州韓崇訓咸平初掌禹錫咸平中孫繼鄴字元嗣其先金陵人仁宗初高繼昇仁宗時呂大忠熙寧中張構紹聖中徐薇言宣和中

石州推官張堯封年號無考

西河縣令鄭起建隆中田晝年號無考

西河縣司馬員外盧象行年號無考

知平遥縣杜衍真宗時余彥和宣和中

平遥縣丞張標王舜俞宣和中

平遥縣主簿張公厚宣和中

平遥縣典史劉扶趙安平宣和中

知介休縣荆康舉天禧中王益柔慶歷中

孝義縣令董元愷大觀中

金汾州刺史郭企忠天會四年傅慎徽大定中

汾州酒同監郭三喜貞祐中

汾州觀察判官王遵古年號無考

汾州招撫使王遇元光中

汾州學正王大純大定中

汾陽軍節度使王璹太原人天眷二年龐迪正隆五年張中彥正隆中

烏古論蒲魯虎當海之子紇石烈志寧上京胡塔安人並廢帝時

石抹元毅許安人並明昌中胥鼎兼汾州管內觀察使貞祐二年烏古論德

升粘割貞並貞祐中完顏訛出虎興定初抹然胡魯剌興定二年徒

單況者李山並年號無考

同知汾陽軍節度使康玉潤權州事雷志並年號無考

汾州節度副使牛信昌大定十一年耿端義章宗時

石州戍將烏虎天會中

石州刺史趙臧天會十年劉撝天會中劉仲淵大定八年高汝厲明昌

五年　奧屯襄泰和中　呉迪刺貞祐初　紇石烈公順興定二年　納合萬家興定三年

同知石州軍州事曹望之天德元年　完顏宗璧大定中　蒲察桓端興定三年

石州軍事判官孫德淵大定十六年

平遥縣令劉士安泰和中　張奎年號無考

平遥縣丞董師中廢帝時　寇居慶大定中　田伯充年號無考

平遥縣主簿梁肅天眷中進士　嚴坦　鄭善繼年號無考

平遥縣尉劉鎮泰和中　郝智　完顏子儀　烏烈肅忠並年號無考

平遥縣義軍謀克杜豐大定元年

平遥縣教諭武亮年號無考

定胡縣令郭震大定中

平夷縣主簿劉文通大定中

寧鄉縣令宋德玉泰和中

元知汾州趙孟頫大德中末之官郭琪延祐中朱贇至正中甯德裕年號無考

同知汾州睦大用延祐中程邦彥年號無考

判汾州李朝英至正中

汾州學正連肇襄垣人至元中進士

西河縣主簿楊志道天歷二年

石州知州周景福南陽人　尹炳並至元中　李讓大德元年間

石州同知高岡中統元年

判石州何從祖大德初

臨州達魯花赤三合至正元年

臨州知州李思温至正元年　任居海至正二十四年　馬麟至正二十六年

臨州吏目武文紀至正中

平遥縣達魯花赤完顏大帖木兒大德四年　梁官奴速魯海都並年號無考

平遥縣尹梁瑜梁玠梁天翔並至元中相繼任　王翼甫大德六年　齊思古至順二年　高本韓謙並至正中　武弁龎仁温典王艮佐韓璉

楊天澤韓楨並年號無考

平遥縣主簿鄭仲良王鈞並年號無考

平遥縣教諭張翼年號無考

平遥縣尉王欽梁翺並年號無考

介休縣尹閻梅字子實至元元年梁天翔至元九年田澤至元二十年楊乘至正八年

介休縣主簿王葢字仲謙平陽人至元十年

孝義縣尹王恕至元二十三年董完澤元貞二年郝思敬太谷縣人大德八年林珏泰定二年朱守謙至正中

孝義縣教諭李思信李昱王惟中王松齡並年號無考

寧鄉縣長官王伯昌定宗時　次官陳資壽定宗時

寧鄉縣尹陳致至元中　蔡演至正中　楊克詔順帝至元中　宋景初

年號無考

明分守冀南道李元南直淮安人正德戊辰進士監察御史嘉靖元年任　王崇慶北直開州人正德戊辰進士主事嘉靖二年任　黃臣山東濟陽人正德辛未進士兵科給事中嘉靖六年任　胡纘宗陝西秦安人正德戊辰進士翰林院庶吉士嘉靖九年任　牛天麟山東聊城人正德戊辰進士監察御史嘉靖十一年任　高叔嗣河南祥符人嘉靖癸未進士吏部郎中十二年任　陸昆南直崑山人嘉靖癸未進士十四年任　劉可河南羅山人正德辛巳進士郎中嘉靖十五年任　於敖陝西岷州衛人正德辛巳進士郎中嘉靖十九年任　孫繼魯雲南衛人嘉靖癸未進士郎中二十二年任　葛守禮山東德平人嘉靖己丑進士郎中二十五年任　潘九齡陝西寧夏

衛舉人戶科左給事中嘉靖二十六年任齊宗道遼東廣寧衛人嘉靖戊戌進士監察御史三十二年任馬九德山東德州人嘉靖乙未進士郎中三十三年任程軏山東臨清州人嘉靖戊戌進士監察御史三十五年任陳珪廣東化州人嘉靖已丑進士郎中三十六年任彭範河南靈寶人嘉靖丁未進士刑科都給事中三十八年任陳洪濛浙江仁和人嘉靖辛丑進士刑部郎中三十九年任王顯忠北直保定人嘉靖辛丑進士翰林院庶吉士四十年任宋岳浙江餘姚人嘉靖辛丑進士郎中四十四年任孫一正陝西渭南人嘉靖癸丑進士郎中隆慶二年任張蕙山東平原人嘉靖庚戌進士郎中隆慶四年任紀公巡山東恩縣人嘉靖庚戌進士給事中隆慶五年任孫應元湖廣承天衛人嘉靖壬戌進士郎中萬曆元年任張士佩陝西韓城人嘉靖丙戌進士監察御史萬曆四年任柴淶浙江鄞縣人嘉靖丙辰進士郎中萬曆五年任賈待問北直威縣人隆慶戊辰進士刑科給事中萬曆七年任朱孟震江西新淦人隆慶戊辰進士萬曆九年任李采菲

北直瀋陽衛籍江西新喻人嘉靖乙丑進士監察御史萬歷十一年任梁問孟河南新鄉人嘉靖乙丑進士兵科給事中萬歷十二年任張一霽河南睢陽衛人嘉靖丙辰進士郎中萬歷十二年任陳惟直四川洪雅人嘉靖乙丑進士吏部郎中萬歷十三年任鄭國仕北直魏縣人隆慶戊辰進士翰林院庶吉士萬歷十三年任侯世卿北直武強人隆慶戊辰進士戶部郎中萬歷十六年任劉思忠北直保定右衛籍山東安邱人隆慶辛未進士戶部郎中萬歷十八年任林一材福建同安人隆慶辛未進士萬歷十九年任李琦南直江陰人嘉靖己未進士萬歷二十年任薛亨陝西韓城人隆慶辛未進士萬歷二十一年任

汾州知州茆志道洪武八年任紀正陝西隴州人洪武三十五年任張軏陝西清澗人永樂初任王賓山東武城人永樂三年任李善陝西岐山人進士正統初任葉穆福建閩縣舉人天順初任閻鐸天順二年任伍琇湖廣松溪舉人天順中任畢用山東鉅野

人進士成化九年任　耿昇北直衡水舉人成化十一年任　徐敬成化二十三年任　鄧真河南
固始舉人宏治二年任　海鯉湖廣江夏人進士宏治四年任　張恕陝西汧陽舉人宏治中任　程
觀宏治八年任　安鵬陝西咸寧舉人宏治十一年任　劉杲順天府舉人宏治十四年任　武
衞山東人進士宏治十六年御史遷任　王勲正德五年任　李棠北直清苑舉人正德八年任
伍箕江西安福人進士正德十年任　紀勛雲南舉人正德十二年任　郁浩湖廣永寧衛人進士
正德十四年任　何賢北直河間舉人正德十六年任　張鉞山東舉人嘉靖元年任　郭鑑陝西
咸寧舉人嘉靖二年任　吳潮江西新淦舉人嘉靖八年任　王正宗北直固安人進士嘉靖十
年介休縣知縣陞任　魏珏河南許州舉人嘉靖十一年任　王確南直潁上舉人嘉靖十二年任　劉
坤山東壽張舉人嘉靖十五年任　張琯陝西平涼舉人嘉靖十九年任　曹寵北直肅寧舉人嘉靖
二十二年任　李當河南嵩縣舉人嘉靖二十八年任　陳秉忠北直遵化舉人嘉靖三十年任

來賀陝西三原舉人嘉靖三十五年任　張朝憲雲南景東衛舉人嘉靖三十六年任　吳道南山東濮州舉人嘉靖四十一年任　王大經河南南召舉人嘉靖四十四年任　齊宗堯北直昌黎選貢嘉靖四十五年任　衛策河南河內舉人隆慶二年任　鄭逢時北直固安舉人隆慶五年任　周鐸南直太倉州進士萬歷元年任　杭朝望南直宜興歲貢萬歷二年任　張一敬山東朝城舉人萬歷三年任　董遐河南嵩縣人進士萬歷七年任　白夏南直潁州人河南潁川衛籍舉人萬歷十年任　周文耀北直廣宗舉人萬歷十四年任　劉衍疇河南洛陽舉人萬歷十九年任

以後設府缺裁

汾州同知滑恭直隸保定人　王懋洛南人　駱敏廣昌人正統十三年任　夏寅當塗人景泰元年任　蔡昭天順三年任　陳宰天順三年任　劉庠成化七年任　劉鐸成化十六年任　任俊成化二十三年任　高俊宏治八年任　席汝宏正德二年任

李玹正德五年任　康誥正德八年任　張翊正德十二年任　劉鉞遼陽人　蘇瓏北直雄縣人　張恩應天鳳陽人　遲應聘山東萊陽人　何萬春陝西隴西人　王達湖廣麻城人　郗琦山東德州人　王希賢陝西金州人　黃宸陝西咸寧人進士嘉靖三十七年任　蕭相湖廣靖州人嘉靖三十九年任　宋嘉猷陝西耀州歲貢嘉靖四十一年任　趙崇儒陝西河縣歲貢嘉靖四十三年任　王應聘山東霑化歲貢隆慶二年任　夏詔陝西洮州衛歲貢隆慶三年任　劉禴江西上饒歲貢隆慶六年任　陳敬則浙江安吉州選貢萬歷三年任　沈一奇北直宿州衛選貢萬歷六年任　李陳謨陝西通渭選貢萬歷七年任　母鉞北直天津衛選貢萬歷九年任　王登雲陝西高臺所選貢萬歷十年任　鄭禧北直棗強監生萬歷十五年任　楊喜慶河南孟津監生萬歷十八年任

汾州判官馬愷景泰元年任　孫宏天順三年任　趙廉成化七年任　卜麟

成化十六年任張廷成化二十三年任劉澄宏治七年任任遵宏治八年任可盛
宏治十一年任郝天麒宏治十八年任辛泰正德二年任劉致隆正德八年任魏
卿北直故城人正德九年任楊槐正德十二年任李勝陝西耀州人李崇儒山東人
盧松山東人王璣河南涉縣人馬負圖河南尉氏人高文學北直寶坻人
劉賢四川人陳以直北直開州人潘岱遼東人康淛浙江永嘉人嘉靖三十九
年任馬宗儒北直隆平人嘉靖四十一年任楊守公北直興州中屯衛歲貢嘉靖四十五年任
王守謙南直武進人隆慶三年任邱思敬陝西涇陽人隆慶五年任高魁蔚州左衛籍南
直六安州舉人隆慶六年任張齡北直深州歲貢萬歷元年任張仕河南新野歲貢萬歷二年
任申九峰山東恩縣舉人萬歷五年任胡璉陝西籍四川南江舉人萬歷七年任蕭韶
湖廣慈利人萬歷九年任邵子書北直清河歲貢萬歷十一年任楊春芳江南長州監生萬歷

十三年任秦自化陝西三原選貢萬歷十五年任劉杞北直定州監生萬歷十七年任俞起運北直定州人萬歷二十年任杜艮翰北直新城監生萬歷二十二年任

汾州吏目王政古蒲人正統十三年任趙榮景泰元年任趙傑成化七年任孫貴成化十六年任芝茂成化二十三年任聶成宏治七年任王翱宏治八年任李廣宏治十一年任龍濱正德五年任林靖正德十二年任韓世雄四川眉州人楊瑚河南人張友倫陝西三原人嘉靖二十四年任王尚智山東恩縣人嘉靖二十五年任楊雲鳳陝西慶陽人嘉靖二十八年任劉珝北直博野人嘉靖三十三年任寇仲哲陝西安定歲貢嘉靖三十九年任何宏北直豐潤歲貢嘉靖四十二年任趙漢陝西涇陽人隆慶元年任王登北直永清人隆慶二年任陳邦佐河南鄢城縣人隆慶五年任高謙北直獻縣人萬歷二年任劉孟冬北直安平人萬歷四年任張一弛陝西白水人萬歷八年任曾

喬寵山東濟陽監生萬歷十三年任吳昌齡山東德州監生萬歷十四年任姜繼志北直永寧監生萬歷十七年任劉汝大河南太康監生萬歷十九年任柯之茂北直貴池監生萬歷二十一年任

平遥縣知縣殷近仁南直嘉興人韓煒焞縣監生並洪武中任田愉陝西安化舉人天順中任張恕陝西汧陽人宏治中任田登陝西長安進士正德中任惠賓陝西清澗監生李邦彥北直薊州監生韓廷學陝西醴泉舉人陳讜北直定興舉人邢思樂宮舉人馬快北直廣平府進士曹倖山東濟南府人隆慶中任沈振山東鄆城舉人嘉靖中任呂堯卿沁州同知嘉靖中署知縣事張稽古陝西蒲城舉人嘉靖中任邱岱山東海豐舉人嘉靖四十四年任岳維華北直曲周人嘉靖乙丑進士隆慶二年任崔元吉北直順天府舉人隆慶四年任孟一脈山東東阿人隆慶辛未進士六年任董九仞山東

濱州舉人萬歷三年任徐轍陝西隴西舉人萬歷六年任宋艮知山東鉅野監生萬歷八年任牟應時陝西漢中府舉人萬歷十年任温天和北直文安舉人萬歷十五年任張濟世陝西朝邑舉人萬歷十七年任何其智北直固安人進士萬歷十九年任越應揚河南延津舉人萬歷二十一年任

明萬歷二十三年以前平遥縣縣丞主簿典史志皆不詳其年號今附於後

介休縣知縣徐養正洪武三年任柳元傑洪武六年任王德洪武十六年任武信南直徐州人洪武二十七年任許瓏永樂十一年任閻昇河南陳州人正統二年任王儉陝西平凉人正統七年任彭鏞湖廣石首人景泰初任楊縉陝西人景泰五年任王澤山東霑化監生天順三年任劉鉞北直撫寧人成化四年任王澄北直河間人成化十三年任

任張潔山東范縣人成化十八年任張瓚順天武功衛進士成化二十三年任忽中陝西蒲城舉人宏治十三年任蘇遠河南歸德府舉人宏治十三年任郝槃陝西綏德州監生宏治十八年任趙俊山東曲阜舉人正德六年任趙眉山東歷城舉人正德八年任王天佑陝西慶陽衛舉人正德中任趙臣北直肥鄉舉人嘉靖三年任閻鈺山東蓬萊舉人嘉靖五年任王正宗北直固安進士嘉靖七年任李其松山東高唐州舉人嘉靖十一年任劉源澄山東臨清州舉人嘉靖十四年任董宗魯北直靈壽舉人嘉靖二十年任邵苾陝西寧州舉人嘉靖二十二年任張琚陝西葭州監生嘉靖二十四年任吳紹增湖廣江夏舉人嘉靖二十五年任鄒質山東德州人嘉靖二十九年任魏廷珍陝西狄道監生嘉靖三十一年任畢元祉山東文登監生嘉靖三十四年任于司直北直濬縣舉人嘉靖四十一年任劉旁湖廣興國州舉人隆慶元年任高鈞河南襄城舉人隆慶五年任康乂民北直薊州

人萬歷三年任薛臣北直霸州人萬歷四年任張重恩河南祥符舉人萬歷八年任杜繼孝北直肥鄉人萬歷十三年任司諫河南洛陽進士萬歷十五年任王一魁陝西洋縣進士萬歷十六年任

介休縣縣丞雷震洪武中任張敬監生高爵劉達並正德中任劉鼐高智張義龍監生李敏德鄭鴻黨時雍王延齡孫懷德尹松吳調元王洪並嘉靖中任吳從政隆慶元年任張朝用萬歷四年任劉維坤萬歷七年任邢緒萬歷十一年任賈德宗萬歷十五年任白如瑜萬歷十八年任宋耀萬歷二十年任

介休縣主簿李顯北直景州人成化中任洪敷山東獻縣人宏治中任賈文學陝西甘州衛歲貢嘉靖中任

介休縣典史志皆不詳其年號今附於後

孝義縣知縣齊政南直山陽人洪武庚辰進士十一年任陳莊嚴洸洪武十一年任劉祥永樂十三年任劉簪宣德四年任高鵬正統四年任李樂正統十四年任陳貞景泰元年任沈純山東東平州監生天順五年任王佐河南偃師人景泰庚午舉人成化十一年任李瓊河南孟縣舉人成化十三年任劉守忠北直滑縣舉人成化十五年任張完南直邳州監生成化十九年任孟瑀河南舉人成化二十年任張日升河南項城人成化丁酉舉人宏治元年任周伯元山東壽張舉人宏治十二年任鍾澄陝西綏德州舉人宏治十三年任李海河南魯山舉人宏治十四年任張鑑陝西南鄭監生宏治十七年任龔濂陝西三原人宏治壬子舉人正德二年任閔以仁四川渠縣監生正德八年任張友直陝西同官人宏治辛酉舉人正德十二年任于璽遼東前衛監生正德十四年任楊銳北直遷安人正德庚午舉

人嘉靖元年任王璽陝西徽州監生嘉靖五年任尚璽河南臨潁監生嘉靖九年任魏尚質北直祁州人正德己卯舉人嘉靖十一年任張來鳳北直霸州人正德庚午舉人嘉靖十三年任張鉞北直懷柔監生嘉靖十四年任夏佐陝西南鄭監生嘉靖十五年任王錦北直曲周人正德丙子舉人嘉靖十七年任邵鶴年北直盧龍人嘉靖戊子舉人二十一年任呂冢北直束鹿人嘉靖壬午舉人二十五年任耿昕北直饒陽人貢生嘉靖二十七年任劉大觀陝西清澗人嘉靖癸卯舉人二十九年任董愷陝西汧縣人嘉靖庚子舉人三十七年任馬呈書北直廣平舉人嘉靖四十三年任陳情北直欒州人嘉靖丙午舉人四十五年任陳翰四川富順人嘉靖己酉舉人隆慶二年任党益陝西隴西人嘉靖辛酉舉人隆慶六年任張承文山東濮州人嘉靖辛酉舉人萬歷四年任李杜北直肥鄉人萬歷丁丑進士六年任胡來覲北直博野人隆慶庚午舉人萬歷十一年任謝梧北直任邱人嘉靖戊午舉人萬歷十七年任高數仞陝西寶雞人萬

歷己卯舉人二十年任

孝義縣縣丞衛健洪武中任沈彬洪武十七年任諸達永樂十三年任翟安宣德四年任李敏宣德中任施福景泰元年任杜俊景泰六年任韓容成成化四年任苗傑成化十二年任龔清陝西三原監生成化二十年任康福山東樂陵人宏治二年任葉世奎北直大城人宏治六年任賀總河南磁州監生宏治十二年任劉繼宗直隸監生宏治十五年任劉塘山東嘉祥人宏治十六年任李澤山東博平人正德六年任李祥北直青縣監生正德十四年任段朝儀陝西鄜州監生姚璋北直霍邱人吏員嘉靖初任胡子鈺陝西固原州監生嘉靖八年任趙國良陝西同州人嘉靖己丑進士工科給事中十二年謫任唐佑河南杞縣監生嘉靖十七年任葉世祥浙江黃巖人吏員嘉靖二十三年任李昇陝西耀州人吏員嘉靖二十七年任張潤陝西涇陽人吏員嘉靖三十二年任周尚恩北直

吳橋人監生　王廷臣陜西安化人吏員　吳鳳岐北直景州人　王天祿北直趙州

人　葉榮陜西保安人並嘉靖中任　辛承恩河南陜州人　李守正上陽人並隆慶中任

孝義縣主簿　成文貴洪武三年任　顧文洪武八年任　陳善敬洪武十七

年任　邢履道洪武中任　劉文　陳俊並永樂中任　徐貴正統中任　赫達宣德四年

任　王正宣德五年任　馮用景泰元年任　任辨志景泰六年任　陳智成化四年

任　趙敬成化八年任　張表北直定州人宏治二年任　王溥山東聊城監生宏治七年任

劉寶北直唐縣人吏員宏治八年任　吳朝北直清苑監生宏治十一年任　張濟陜西寧州監生

宏治十七年任　李昌山東濮州監生正德二年任　楊忠陜西渭南人吏員正德五年任　李瑄

北直成安人吏員正德七年任　侯璧北直趙州人吏員正德九年任　邱錫山東觀城監生正德十一

年任　李蕃陜西米脂監生正德十三年任　劉汝秀監生嘉靖二年任　崔廏北直臨城人吏

員嘉靖二年任秦賢北直新城監生嘉靖八年任路凱北直永平監生嘉靖十一年任王蘭陝西同州監生嘉靖十八年任李珊山東利津監生嘉靖二十三年任林華北直豐潤監生嘉靖二十八年任馮崇仁北直慶雲監生嘉靖三十二年任趙世寧陝西涇陽人李鍾秀北直東光人杜應元北直贊皇人並嘉靖中任傅繼美山東鄒平人丁志雲河南原武人並隆慶中任

孝義縣典史于坦洪武三年任郝儀洪武中任馬信宋成並永樂十三年任李進正統十四年任王都宣德四年任高慶成化四年任福海成化八年任張賢北直青縣人宏治二年任黃和北直河間人吏員宏治四年任修琮山東即墨人吏員宏治十三年任劉恕陝西渭南人吏員正德二年任雷佐陝西富平人吏員正德五年任韓彪北直東安人吏員正德十五年任屈斆陝西蒲城人吏員正德十六年任彭春北直大名人吏

員嘉靖八年任　鄧儒陝西咸寧人吏員　董相並嘉靖中任　李宗魯河南洛陽人吏員嘉靖十七年任　呂勤山東長山人吏員嘉靖二十一年任　李宗舜陝西朝邑人吏員嘉靖三十年任　王學書山東德州人吏員嘉靖三十一年任　淳實　馬彥實陝西涇陽人　王世爵陝西涇陽人　李士德河南郟縣人　田杲平原人　李棟北直冀城人並隆慶中任

孝義縣縣丞李守正以後至萬歷四十二年以前主簿丁志雲以後典史李棟以後至萬歷三十五年以前志皆不詳其年號今附於後

臨縣知縣洪祥洪武年任　龔禮洪武十四年任　王昱洪武二十七年任　呂璠永樂十五年任　李壽宣德中任　孟春正統初任　郭元監生正統三年任　劉本監生正統十四年任　張雲北直平谷縣人景泰四年任　汪清河南固始進士天順元年任　劉縉

成化元年任張鑑成化五年任雎讓北直滑縣監生成化六年任朱宗洪監生成化
十三年任孫輝山東高唐州監生宏治元年任王憲山東沂州監生宏治二年任高峻山東
棠邑舉人宏治四年任盧安陝西涇陽舉人宏治六年任陳達遼東衛監生宏治十七年任
王永北直薊州監生正德元年任於清山東武定州舉人正德六年任杜敏陝西膚施監生
正德八年任梁佐陝西隆德監生正德十年任吳得中陝西清水監生正德十一年任李
承嗣陝西長安舉人正德十四年任蘇景泉陝西延長監生嘉靖四年任陳祺北直河間
監生嘉靖十年任楊瀾陝西榆林衛監生嘉靖十一年任光澤山東陽信舉人嘉靖十四年任
陳淙北直遵化舉人嘉靖十六年任趙溥北直吳橋監生嘉靖十八年任和鳳北直曲陽舉人
嘉靖二十年任楊尚義四川漢州舉人嘉靖二十一年任徐松山東長清舉人嘉靖二十三年
任張墀山東商河監生嘉靖二十一年任張天祿北直深州監生嘉靖二十九年任

大伯陝西華陰舉人嘉靖三十二年任　孫玠山東昌樂監生嘉靖三十三年任　脫鎬北直新河舉人嘉靖三十二年任　張一夔陝西米脂監生嘉靖三十九年任　寇尚賢陝西乾州舉人嘉靖四十一年任　雷動陝西靜寧州監生嘉靖四十二年任　賀定國河東獲嘉舉人嘉靖四十四年任　紀會陝西洋縣舉人嘉靖四十五年任　吳朝陝西渭南舉人嘉靖四十五年任　王士欽北直滑縣監生隆慶二年任　李從誨陝西同州舉人隆慶四年任　張大順山東靈山衛人監生隆慶六年任　令煥然山東膠州舉人萬曆二年任　王好賢陝西華亭監生萬曆五年任　陳舜道北直新安監生萬曆六年任　李第陝西莊浪監生萬曆九年任　朱霓北直沙河監生萬曆十一年任　徐詔山東掖縣舉人萬曆十三年任　齊三畏北直南宮舉人萬曆十七年任　張問行北直邢臺舉人萬曆十八年任

臨縣典史康泰薊原亨並洪武中任　王貴永樂中任　薛贇宣德中任　左

雲薛正王春並正統中任　陳寧盧能並天順中任　郭振陳銘並成化中任　王淳王通李奈並宏治中任　張鋭張鳳並正德中任　劉孝正德十三年任　毛洪陰進美馮永倉劉雄程廷秀李湖鄧朝相劉拱極劉守節韓文學並嘉靖中任　施恩隆慶六年任　王希都萬歷四年任　馮崇禮萬歷八年任　冉世正萬歷十二年任　蘇大卿萬歷十三年任　葛卿萬歷十五年任　李宗儒萬歷十六年任　韓國用萬歷十九年任　謝邦治萬歷二十一年任

石樓縣知縣顧碩浙江天台人洪武六年任　鄭紀河南中牟人並洪武中任　王仁陝西盩厔人嘉靖初任　馬榮生福建長汀監生景泰中任　李光陝西米脂人貢生正德九年任　劉紹恤浙江人進士　張獲吉陝西涇陽舉人　皮宗詩四川舉人　李永年陝西涇陽舉人　關懷陝西燿州貢生　馬呈圖陝西葭州人貢生　李燁陝西朝邑舉人　侯嘉晏

陝西徽州舉人嘉靖中任

石樓縣縣丞度能河南人洪武九年間任

石樓縣主簿宗秉彝淮安貢生洪武九年間任

石樓縣典史高桂芳會稽人洪武九年間任

石樓縣知縣侯嘉晏以後至崇正十三年以前縣丞度能主簿宗秉彝典史高桂芳以後志皆不詳其年號今附於後

石州知州時應祥　金均佐並洪武中任　王鐸　祝毅　郭璞並永樂中任　陳道宣德中任　胡順湖廣零陵人正統中任　范寅景泰中任　杜章　李逢春陝西隴西舉人並天順中任　王啟　齊經陝西隆德舉人　呂大川江西新昌人進士　智

深山東青城人　才寬福建建安人進士並成化中任　王道山東曹縣舉人宏治中任　張克
恭河南磁州舉人　朱良進士　楊臣北直薊州舉人　彭祐北直天津衛監生　華震北直
宛平舉人　李芳陝西安化監生並正德中任　郭溥北直威縣舉人嘉靖三年任　張經陝西
汧陽舉人嘉靖六年任　李昇湖廣鈞州舉人嘉靖十年任　王逵陝西舉人嘉靖十二年任　喬
遷山東定陶進士嘉靖十五年任　張錡北直開州舉人嘉靖十七年任　趙若唐陝西邠州舉人
嘉靖十九年任　楊瀾北直安州舉人嘉靖二十年任　王朗陝西三原舉人嘉靖二十一年任　沙
廷珪陝西漢中府舉人嘉靖二十三年任　沈宏彝河南陳州進士嘉靖二十四年任　崔嘉
北直任邱舉人嘉靖二十六年任　邵苾陝西寧州舉人嘉靖三十三年任　朱玠陝西醴泉舉人
嘉靖三十七年任　王亮采南直溧陽舉人嘉靖四十三年任
石州同知黃昇洪武中任　冀駿宣德中任　陳霖　王哲並正統中任　邵勳

高儒並景泰中任　孫澤郭振並成化中任　石斌宏治中任　石玟堯智和
張紹並正德中任　任繼賢聶崙孫廷賓並嘉靖中任　李希思年號無考
石州判官車福成鄧躍並洪武中任　董徹宣德中任　李復正統中任　王
址周祥並景泰中任　毛珩劉瑾呂謙並成化中任　張纘宏治中任　楊經
孫謙喬遷並正德中任　陶璽石璉孟贍逯希閔並嘉靖中任　甯晉
封隆慶中任　侯安進士　張守蒙山東滕縣進士由御史左遷並年號無考
石州吏目董寅樊珪並正統中任　張翥景泰中任　司憲龔清並成化中
任　董紳姜選並正德中任　孟文劉縉李繩文北直蠡縣監生並嘉靖中任
郝綸萬全都司人隆慶元年間任　白璉安雄李希貴並年號無考
赤堅嶺巡檢司巡檢王鳳嘉靖中任

青龍渡巡檢司巡檢劉祐嘉靖中任

永寧州知州李春芳北直井陘人隆慶初任　劉佑陝西咸陽舉人隆慶五年任　高光北直密雲舉人隆慶末任　陳嘉謨湖廣長沙舉人萬歷三年任　許天球南直婺源舉人萬歷五年任　李鉄宣府監生萬歷十年任　史炳山東益都舉人萬歷十五年任　張子清北直無極監生萬歷十七年任　孔延祥陝西商州舉人萬歷十九年任　姚九功雲南臨安舉人萬歷二十一年任　牛炳忠河南監生萬歷二十二年任

永寧州判官陽義昂姚相並隆慶中任　馬雲鳳北直大城監生　張子清後復爲本州知州　王與可四川蓬溪舉人　沈艮才北直人　袁勳遼東監生並萬歷中任

永寧州吏目張惠隆慶中任　鄭鑒　劉懷寶山東濱州人　夏思文　張

祝陳繼綸山東曹縣人並萬歷中任

寧鄉縣知縣孟繼芳朱文中並洪武中任李仲德傅弼董學芳並永樂中任馬訓劉岳並宣德中任趙璡並正統中任梁杲王儼並景泰中任郭佐姚昱山東東昌府監生並天順中任劉芳山東陽穀監生靳亮監生鄒儒武宣並成化中任曹鐸趙瑄北直定興舉人韓智劉銳舉人並弘治中任方時雍山東單縣人石祥山東高苑監生許棠山東利津監生並正德中任石璣陝西渭南監生嘉靖二年任張軾浙江安吉貢生嘉靖五年任傅鐸陝西漢中府貢生嘉靖八年任趙時吉陝西鳳翔貢生嘉靖十四年任黃廷賢河南洧川監生嘉靖十七年任武德義山東館陶監生嘉靖十九年任王一言北直晉州監生嘉靖二十年任劉臣北直霸州監生嘉靖二十三年任張鐙南直江都監生嘉靖二十五年任賈迪北直東鹿舉人嘉靖三十二年任

劉本源陝西宜君監生嘉靖三十七年任張騰陝西耀州恩生嘉靖三十九年任張勛
河南遂平監生嘉靖四十二年任彭繼祖山東膠州舉人嘉靖四十五年任李卿山東日照
監生隆慶元年任吳三聘河南洛陽舉人隆慶二年任白經北直撫寧舉人萬歷二年任
公一揚山東蒙陰進士萬歷三年任齊嶸北直蠡縣舉人萬歷六年任郭然陝西咸陽
舉人萬歷八年任郝士光陝西延川監生萬歷十三年任毛巵陝西鳳翔舉人萬歷十五年任
王文煒山東東平州舉人萬歷十六年任楊正達湖廣武陵舉人萬歷二十年任
寧鄉縣典史靳昭趙驥並洪武中任衛存朱諒並永樂中任徐敏
宣德中任王信正統中任田原景泰中任尚迪羌文並成化中任侯森宏治中任
周繼達劉安章並年號無考王賢正德中任朱科孫睿馬萬里趙
景春李完陝西涇陽縣人嘉靖中任劉廉林朝會郭堅李仁貴李達

梁舜相嘉靖十四年間任　李守廉　李三鳳萬歷三年間任　張旻　馬行遠

王珩萬歷十四年間任

汾州學正

尼繕大慶人正統十二年任　林洪天順三年任　賈鉞成化十四年任

杜宣成化十六年任　武鉞山東平原人成化二十年任　欒凰成化二十三年任　胡健北直靈壽舉人宏治十二年任　石雲南直江都舉人宏治十八年任　李孟壽福建長汀舉人正德六年任　樊昺北直清苑舉人正德十六年任　陳德陝西長安舉人嘉靖五年任　張讓北直固安歲貢嘉靖十年任　張鸞北直完縣歲貢嘉靖十六年任　王軾河南洪縣歲貢嘉靖十九年任

王堂河南汝寧府歲貢嘉靖二十三年任　姜巘北直威縣歲貢嘉靖三十一年任　任瑶陝西臨潼歲貢　林大槐福建莆田舉人嘉靖四十一年任　崔朝山東益都歲貢嘉靖四十四年任

張三畏北直德州衛歲貢隆慶二年任　宋崇獻武功中衛籍山東武定州舉人隆慶五年任

陳汝聽陝西狄道歲貢萬歷元年任　方梧北直成定歲貢萬歷二年任　裴檀夏縣歲貢萬歷八年任　楊九章沁州歲貢萬歷十年任　李根河南孟津舉人萬歷十三年任　馬汝順北直永年歲貢　賈涇澍長治舉人　馬遇伯北直歲貢

汾州訓導朱貞南直江都人正統四年任　李珍陝西朝邑人正統十二年任　張紹宗天順二年任　章文天順三年任　劉鏄成化七年任　左貴成化八年任　孫琰成化二十三年任　胡政宏治八年任　李記山東萊陽歲貢宏治十年任　劉愷河南儀封歲貢宏治十四年任　李鳳北直交河歲貢　趙文顯陝西平凉舉人正德六年任　張獻歲貢正德十二年任　蘇鑾正德十三年任　霍世隆陝西盩厔歲貢正德十四年任　張振北直無極歲貢正德十六年任　周流陝西乾州歲貢嘉靖九年任　鄒世才山東萊蕪歲貢嘉靖二十年任　吳江陝西咸寧歲貢嘉靖二十一年任　劉希祐北直任邱歲貢嘉靖二十三年任　岳東

暘陝西狄道人嘉靖二十五年任王紞陝西蒲城人嘉靖三十一年任許義河南汝寧歲貢嘉靖三十三年任楊光先北直雞澤歲貢嘉靖三十五年任高岡陝西合水歲貢嘉靖三十八年任李應科河南涉縣歲貢嘉靖四十一年任張文河南盧氏歲貢嘉靖四十年任尹大志山東曹州歲貢隆慶元年任姬國用陝西榆林衛歲貢隆慶二年任張士舉北直武邑歲貢隆慶四年任任世鰲陝西永壽歲貢隆慶六年任張邦彥安邑歲貢萬歷四年任楊灼山東莘縣歲貢陳三餘潞城歲貢萬歷六年任李邦柱解州歲貢萬歷九年任王嘉孝鄉寧歲貢萬歷十一年任王瑶山東歷城歲貢荆來庭猗氏歲貢曲應鵬歲貢程講道歲貢並年號無考

平遥縣訓導葉伯巨浙江寧海人洪武八年任

介休縣教諭劉俊陝西鳳翔人解元天順元年任田良北直保定府舉人魏銓

河南儀封人張鐸河南新鄉人張震北直客城人麦景河南洛陽舉人尚輔北直

隆慶州舉人李克惠陜西寧州舉人並年號無考石聰北直清苑人正德七年任劉鐸

北直安州人李任北直定興人崔瑀河南裕州人左師顏蔡鳳翔關山人

潘貴信陽州人張世遠羅綬陜西商州舉人王衮齊河人張最達溪人盧

鑑北直永寧舉人李斗陜西鳳翔舉人任楚銅梁人于牧新城人馮皐謨蒲縣

人樊志義河曲人並年號無考侯職陜西榆林衛舉人萬歷十年任吉士滿城人杜

繲襄陵人並萬歷中任趙璿平定州人萬歷十七年任

孝義縣教諭武德新王益劉亭趙昉並洪武中任李昂永樂十三

年任張翥永樂中任汪思政正統四年任張顒正統十四年任李秩臨城人監生天

順三年任馮灝成化四年任董芳北直藁城監生成化十六年任張會山東武定監生宏治

中任齊璣河南臨漳監生正德三年任李詔北直開州監生正德六年任傅安河南安陽監生正德十四年任羅暉陝西洵陽籍監生嘉靖六年任楊汝桂山東莘縣監生嘉靖十三年任高岑陝西涇州監生嘉靖二十二年任段徵書陝西三原監生嘉靖二十四年任陸錦北直鄚縣監生嘉靖二十六年任王言大河南衛輝人嘉靖庚子舉人三十二年任閻景陽高陽人陳音國壽濱州人並嘉靖中任李在陝西寧夏人顧馨北直清河人並隆慶中任

孝義縣訓導鄭進房賓輕王冕張翥並洪武中任焦偉永樂中任董俊正統四年任亢高陝西藍田監生天順五年任焦賢成化四年任周制陝西乾州監生成化十九年任李諒北直棗強監生宏治元年任張聰北直永年監生宏治九年任蔡學詩北直保定監生宏治十年任王春山東膠州監生宏治十四年任曹思忠陝西

崇信監生宏治十五年任呂芳山東朝城監生正德二年任呂廣河南固始監生正德六年任

苟士淸陝西蘭州監生正德八年任孫錫北直南和監生正德十年任林鏞山東高唐

監生正德十六年任趙龍河南安陽監生嘉靖元年任曹麒嘉靖中任王祿北直高邑監生

嘉靖八年任趙錫北直臨城監生嘉靖十年任傅朝用陝西武功監生嘉靖十五年任王

崇德北直平鄉監生嘉靖十六年任鄧賢山東樂安監生嘉靖二十年任李經北直保安監生

嘉靖二十一年任趙天爵陝西眞寧監生嘉靖二十六年任寇從敎陝西乾州監生嘉靖

二十八年任趙濟民北直高邑監生嘉靖三十一年任潘天民河南睢州人孫愚

北直遷安人張鈞陝西三原人趙世黼陝西靈州人陳東陽陝西南鄭人王

嘉士陝西渭州人田杞北直密雲人張桂陝西膚施人並隆慶中任

臨縣教諭王達王守道並洪武中任賈松楊睿並永樂中任欒舉

房端河南汝寧府人並正統中任白珎景泰中任聶聰山東曹縣人成化四年任韓鸞
山東曲阜人宏治九年任郝綰山東阜城人正德三年任劉璿北直灤州人正德四年任張錦
安化人正德十四年任石松河南陳州人嘉靖七年任羅相北直衡水人嘉靖九年任馮瑀
陝西韓城人嘉靖十六年任陳傑陝西蘭州人嘉靖十九年任朱甸陝西金縣人嘉靖二十三
年任王鎬山東即墨人嘉靖二十七年任王大顯沔縣人嘉靖三十年任田璋嘉靖三十
五年任呂泮嘉靖三十八年任郭相嘉靖四十一年任賈元山東黃縣人隆慶元年任
程愭陝西長安舉人隆慶五年任劉定河南臨潁人萬歷元年任田子修陝西白水人萬
歷四年任李時正山東益都人萬歷六年任楊輔智永和縣人萬歷八年任劉克寬
安邑縣人萬歷十六年任王棨平順縣人萬歷十八年任梁九德北直魏縣歲貢萬歷十九年任
張四聰山東淄縣舉人萬歷二十一年任

臨縣訓導魯文招張賢業劉克明嚴思問並洪武中任林尚賓陳瓊並永樂中任李愷璩玉張瑩並正統中任宋信郭隆史忠王德明並成化中任吳瑆宏治五年任邵誦山東武城人宏治十年任趙鑑山東淄川人宏治中任溫玉陝西延長人宏治十五年任李艮相山東聊城人正德四年任邵昱北直良鄉人正德中任徐塘北直遷安人正德十五年任成憲北直保定人嘉靖元年任趙雄陝西平涼人任棨陝西西華人言崧郝勝北直臨城人並嘉靖中任劉官河南新鄭人嘉靖十一年任余朝用北直灤城人楊朝相北直蠡縣人並嘉靖中任張廷憲北直完縣人嘉靖二十三年任孟夏北直金鄉縣人嘉靖三十年任胡繪北直沙河人嘉靖中任周官嘉靖三十八年任徐德敏嘉靖三十九年任崔艮弼嘉靖中任鄭維誠嘉靖四十一年任秦升北直曲周人隆慶四年任楊應奎北直清苑人隆慶六年任郝

民彌垣曲縣人萬歷二年任李儉陝西高陵人萬歷六年任

石樓縣訓導董承祖北直藁城人洪武九年間任

石州學正許孟和洪武中任梁準年號無考項怡浙江奉化舉人李巽並正統中任徐昌山東嘉祥舉人天順中任張羽陝西涇陽舉人成化中任王進雷子堅陝西舉人並年號無考董鳳儀宏治中任周璽陝西狄道舉人年號無考史文正德中任趙儒北直易州人左儒陝西咸寧舉人並年號無考于先民山東即墨人魏宗北直欒城人胡來賓河南儀封人孫塘河南許州人趙宗文王之屏並嘉靖中任賈忠言年號無考郝綸隆慶元年間任

石州訓導吳允李希曾白大振張仲謙並洪武中任馬驥商勉劉肅郗敏並年號無考白昇宣德中任黃馨張晉王璉並正統中任

潘璠景泰中任王賢年號無考姚修彭儲吳秀並成化中任趙暹年號無考周翰宋鐸袁昇並宏治中任陳英都顯北直廣平人陳師稷劉永昌席從學陝西邠州人劉英並年號無考耿鳳鳴蕭琰遼東人孟俊陝西邠州人並正德中任韓鳳儀陝西朝邑人侯相河南臨漳人王準河南太康人並年號無考段豸沁陽人王艮翰山東膠州人王誠河南杞縣人王汝慶陳大經安慶州人劉珪北直滄州人劉禹卿河南密縣人崔宴北直淶水人王九叙山東利津人王養正馬克忠並嘉靖中任解進美陝西膚施人年號無考杜本翰田成張昱北直完縣人郝珊並隆慶元年任

永寧州學正張汝勵河南西華人隆慶中任陳艮佐山東莒州人強恕介休人並年號無考齊聞韶和順舉人萬歷中任

永寧州訓導傅大儒陝西清水人綫綵陝西西安府人並年號無考續朝用襄陵人宋鵡蔚州人並萬歷中任

寧鄉縣教諭劉敬興洪武中任朱煥永樂中任藉成宣德中任尉經正統中任賈亮景泰中任高賓宏治中任

寧鄉縣訓導靳貫洪武中任曹瓊永樂中任吳智浙江餘姚人史傑並宣德中任張俊景泰中任睢正成化中任黃紳羅紀陝西富平人張大經陝西鎮原人並宏治中任郝綽陝西綏德州蓋福北直平山人田鳳河南睢州人曹昌嘉靖中任吳宗仁陝西乾州人嘉靖七年開任

平遥縣教諭崇正六年以前訓導葉伯巨以後崇正十四年以前介休縣訓導天啟二年以前孝義縣教

諭顧馨以後萬歷二十六年以前訓導張桂以後天啟元年以前臨縣訓導李儉以後天啟三年以前石樓縣教諭崇正二年以前訓導董承祖以後永寧州學正郝珊以後訓導宋鵷以後寧鄉縣教諭高賓以後訓導吳宗仁以後志皆不詳其年號今附於後

汾州衛指揮使張英山後人宏治七年任至張文愷革

汾州衛指揮同知劉景昌北直獻縣人宏治七年任劉穗襲

汾州衛指揮僉事齊福北直邱縣人嘉靖三年任齊綱襲　王禮山後人宏治七年任至王朝卿陞神池堡守備王三錫襲　王景祚本衛人由祖總旗納授指揮僉事署衛印三年　王延祚本衛人由生員納授指揮僉事取用北樓口叅將管中軍

汾州衛中所正千戶陳璽山後開平人嘉靖三年任陳忠襲　王貴南直贛榆人景泰七年任王世勛襲

汾州衛副千戶楊清山東魚臺人嘉靖三年任楊進忠襲　張祿山東武定州人正德十一年任　彭慶山後人正德十一年任彭繼先襲　薛文興江南武進人原任百戶嘉靖七年死於青陽之戰子廷章陞副千戶十二年任薛繼周襲

汾州衛中所百戶劉㑺河南封邱人洪武二年任劉崇山襲　謝昱湖廣麻城人原任千戶洪武二十四年任降百戶謝重華襲

汾州衛左所正千戶洪清山後人洪武二十年任

汾州衛左所副千戶吳泰湖廣番禺人正德十一年任

汾州衛左所百戶張羽江南合肥人宏治六年任張顯忠襲　臧縺江南江都人宏

治七年任張鳳山後大興州人宏治七年任張臣襲龐英四川華陽人宏治七年任龐元襲唐鑑江南盱眙人宏治七年任唐恩襲

汾州衛右所正千戶傅繼宗江南合肥人宏治六年傅脩襲

汾州衛右所副千戶惠敬禮河南南陽人宏治七年任至惠承恩隆慶丁卯西寇逼汾恩禦之南關火銃斃二酋長敵退城完陞廣武站守備甯樟江南臨淮人宏治七年任甯三才襲

汾州衛右所百戶饒天爵江西金谿人宏治七年任饒忠襲夏琮江南全椒人宏治七年任夏秀田襲王瑄南直定遠人宏治七年任萬歷十一年以孫緝貴贈都察院右副都御史同品昭毅將軍王斆襲

汾州所鎮撫李廷琮湖廣公安人宏治十三年任以上汾州衛職官據舊志書之餘並無考

汾州營叅將陳文範武舉第一名隆慶二年任

汾州營守備喬登雲太原前衛千戶隆慶四年任　王應爵武進士萬歷元年任

余世祿武舉太原左衛千戶萬歷三年任　胡承勳武進士潞州衛署指揮使萬歷七年任

高山武進士署錦衣衛千戶萬歷十年任　錢華老營堡所都指揮萬歷十三年任　李國賓旗手衛指揮推巡捕把總萬歷十六年任　孫維老營堡所指揮萬歷十七年任　任寧燕山左衛指揮推巡捕把總萬歷十九年任　盧應諒河南歸德衛武探花授所鎮撫萬歷二十年任

汾州府志卷之九

職官下

汾州府知府一人同知一人駐張蘭鎮通判一人教授一人訓導一人經歷司經歷一人

明萬歷二十三年設府轄汾陽平遥介休孝義臨靈石六縣而永寧州領寧鄉縣沁州領沁源武鄉二縣亦隸焉凡二州九縣三十二年沁州沁源武鄉不屬四十年石樓縣來屬四十三年靈石縣改屬平陽府於是汾州府所轄凡一州七縣

舊志有推官一人司獄司獄官一人長盈倉倉官一

人並裁又僧綱司都綱一人道紀司道紀一人陰陽學正術一人醫學正科一人

汾陽縣知縣一人教諭一人訓導一人典史一人冀村巡檢司巡檢一人

舊志有縣丞一人主簿一人黄蘆嶺巡檢司巡檢一人汾陽驛驛丞一人並裁

平遥縣知縣一人教諭一人訓導一人典史一人

舊志有縣丞一人主簿一人普同村巡檢司巡檢一人洪善驛驛丞一人並裁又陰陽醫學僧道會司各一人

介休縣知縣一人教諭一人訓導一人典史一人

舊志有關子嶺巡檢司巡檢一人義棠驛驛丞一人

並裁又陰陽醫學僧道會司各一人

張蘭鎮巡檢司巡檢一人乾隆十七年設二十二年

裁

孝義縣知縣一人教諭一人訓導一人典史一人

舊志有縣丞一人裁又陰陽醫學僧道會司各一人

臨縣知縣一人教諭一人訓導一人典史一人

又陰陽醫學各一人

石樓縣知縣一人訓導一人典史一人

舊有縣丞一人教諭一人主簿一人上平關巡檢司
永寧關巡檢司窟龍關巡檢司巡檢各一人並裁又
陰陽醫學僧道會司各一人
永寧州知州一人學正一人訓導一人吏目一人柳林
鎮巡檢司方山堡巡檢司巡檢各一人
舊志有州判一人青龍渡巡檢司赤堅嶺巡檢司巡
檢各一人吳城驛青龍驛玉亭驛驛丞各一人並裁
又陰陽醫學僧道正司各一人
寧鄉縣知縣一人訓導一人典史一人
舊志有教諭一人裁又陰陽醫學僧道會司各一人

汾州營叅將一人中軍守備一人把總二人左哨把總駐介休縣右哨把總駐永寧州汾陽縣舊設千總一人乾隆二十六年改爲外委一人

舊志汾州衛指揮使一員指揮同知一員指揮僉事二員納授指揮僉事二員中所正千戸二員副千戸四員百戸二員左所正千戸一員副千戸一員百戸一員右所正千戸一員副千戸二員百戸三員所鎭撫一員經歷司經歷一員並裁又汾州營經制官守備一員中軍把總四員在衛選用隆慶二年設叅將一員四年裁

石樓營都司一人把總二人右哨把總駐寧鄉縣

石樓營舊設守備一員把總二員營衛舊制隨時裁改附録其可考者以見梗概

永寧州河莊汛千總一人屬靖安營

又各縣所有分防外委及額外外委別詳營汛內

分守冀南道麻溶南直宣城人萬歷癸未進士吏部郎中二十三年任劉廷謨寧羌衛籍陝西南鄭人萬歷丙戌進士兵部郎中二十七年任張季思四川內江人萬歷庚辰進士廣西道御史三十三年任徐榜南直涇縣人萬歷癸未進士工部主事三十四年任任應徵四川閬中人萬歷癸未進士山西道御史三十七年任潘光祖陝西臨洮人進士崇正五年任臧爾令山東人進士崇正六年任王肇生山東掖縣人崇正六年任盧友竹北直三河人崇正八年任馮上賓河南獲嘉人崇正十一年任吳嵩胤北直眞定人進士崇正中任自萬歷三十七年

以後至崇正末遭寇亂題名碑多無可考

知府盧大順北直永年人萬歷庚辰進士二十四年任　崔士棨河南安陽人萬歷癸未進士二十七年任　趙喬年北直深州人萬歷已丑進士三十四年任　王道一山東黄縣人萬歷乙未進士三十六年任　仝梧河南陝縣人萬歷乙未進士四十年任　劉一佺陝西盩厔人萬歷丙子舉人四十一年任　張才安北直深州舉人萬歷四十三年任　曹徵庸浙江平湖進士萬歷四十六年任　張三傑山東觀城進士萬歷四十七年任　楊嗣修河南河內進士天啟二年任　趙彥復河南杞縣人天啟三年任　侯君瑶崇正十七年死流寇之難自天啟中至此凡二十年間因兵亂遂無可考

同知白象陝西洛南選貢萬歷二十四年任　文養浩陝西耀州舉人萬歷二十六年任

周棟山東德州舉人萬歷三十一年任　楊伯柯南直淮安大河衛人萬歷丙戌進士三十一年

任趙士際南直涇縣舉人萬歷三十四年任王維祐湖廣漢陽舉人萬歷三十九年任以

後無可考

通判于應龍山東莒州選貢萬歷二十四年任周夢斗福建晉江舉人萬歷二十六年

任王道達河南淇縣監生萬歷二十八年任王重光北直魏縣舉人萬歷三十一年任

林六亨福建南平舉人萬歷三十四年任王允升山東鄆城舉人萬歷三十八年任戴

英河南磁州舉人萬歷四十年任于春雷河南洛陽歲貢萬歷四十一年任脩憲山東萊陽

選貢萬歷四十三年任温毅然河南汝州舉人萬歷四十五年任曹祖功南直巢縣選貢

天啟元年任薛養性陝西韓城舉人天啟三年任以後無可考

推官劉起山東壽光人萬歷已丑進士二十四年任葉期化陝西寧羌衛舉人萬歷二十七

年任趙爾待山東益都舉人萬歷三十二年任王家相北直獲鹿縣人萬歷戊戌進士三十

四年任楊爾陶山東海豐舉人萬歷三十五年任解經雅陝西韓城人萬歷辛丑進士三十六年任鄒汝聰山東棲霞舉人萬歷三十八年任張耀采山東濟寧州人萬歷丁未進士三十九年任楊湛然湖廣鄖縣舉人萬歷四十四年任石維嶽北直灤州進士泰昌元年任范之齊山東樂陵舉人天啟二年任王重儒崇正十三年間任前後蒞任者俱無可考

經歷司經歷李維清遼東定遼前衛選貢萬歷二十三年任郜浩仁河南襄城監生萬歷二十七年任甯汝孝遼東寧遠衛選貢萬歷三十年任韓養正陝西兩當選貢萬歷三十三年任紀大經順天文安歲貢萬歷三十六年任廖明綱江西定南監生萬歷三十九年任汪元賓應天六合例貢萬歷四十年任李翠北直保安州選貢萬歷四十五年任郭希程宣府前衛選貢萬歷四十七年任王璋燦江西安福人萬歷四十八年以後無可考

汾陽縣知縣蔡成已順天通州人萬歷已丑進士二十三年任鮑永肩北直東明

舉人萬歷二十六年任陳盡忠北直真定府舉人萬歷二十八年任彪準陝西咸寧舉人萬歷

二十九年任張邦俊陝西韓城人萬歷乙未進士三十年任尹覺民北直冀州人萬歷甲

辰進士三十三年任張國瑞北直樂亭人萬歷丁未進士三十八年任張九賢山東歷城人進

士萬歷四十三年任李作乂河南盧氏進士萬歷四十六年任黄纘祖陝西咸寧進士天啟

二年任張毓泰山東鄒平人天啟壬戌進士六年任賈允廸北直天津衛進士崇正四年任

費甲鏸陝西咸寧舉人崇正六年任武清周陝西華州舉人崇正七年任黄家瑞

山東滕縣進士崇正七年任張首標北直玉田進士崇正八年任王元建北直大興進士

崇正十年任高位北直臨山舉人崇正十二年任劉必達陝西三原貢生

汾陽縣縣丞劉愛陝西高陵監生萬歷二十四年任萬應堪浙江武康監生萬歷

二十七年任徐四教北直獲鹿選貢萬歷三十三年任金命器北直建德監生萬歷三十

四年任　盧大道北直永年監生萬歷三十八年任　沈士亨浙江嘉善監生萬歷四十三年任　王斗宿南直靈璧人吏員萬歷四十五年任　周時悅白河監生萬歷四十八年任　李汝松陝西靖邊人功貢天啟三年任　李榮先棗陽人吏員天啟六年任　史承憲浙江山陰人吏員崇正二年任　畢世綸江西貴溪選貢崇正三年任以後無可考

汾陽縣主簿　劉增陝西乾州人萬歷二十四年任　禄天賜河南永寧選貢萬歷二十五年任　呼篪陝西葭州選貢萬歷二十六年任　王幹南直高郵州監生萬歷二十八年任　崔瑞北直海門監生萬歷三十一年任　任貴錦衣衛儒士萬歷三十二年任　俞萊南直歙縣監生萬歷三十四年任　羅四垣河南光山歲貢萬歷三十六年任　郭如岱山東單縣監生萬歷三十九年任　袁有慶南直五河恩貢萬歷四十三年任　王文貴北直鉅鹿人吏員萬歷四十五年任　黃守謙南直歙縣監生萬歷四十八年任　馬文玉南直蘇州人吏員天啟三

年任倪尚文浙江上虞人吏員崇正四年任李先桂廣西桂陽監生崇正六年任邱人
鳳廣東饒平例監崇正九年任吉科北直玉田人吏員崇正十一年任沈昌肩浙江仁和
人吏員崇正十四年任

汾陽縣典史張世忠順天寶坻人吏員萬歷二十四年任田守分北直真定人吏
員萬歷二十六年任王興北直博野人萬歷乙未進士三十年謫任蘇守約浙江餘姚人吏員萬
歷三十一年任姚汝華南直三河人吏員萬歷三十五年任程應泰南直歙縣人吏員萬歷三
十六年任張桐陝西渭南人吏員萬歷三十七年任張繼善山東臨朐人吏員萬歷三十九年任
謝泰亨江西永寧人吏員萬歷四十一年任方嘉詔福建莆田人吏員萬歷四十三年任張
仕化臨湘人吏員萬歷四十六年任傅宗益浙江人吏員天啟元年任胡克明浙江錢塘
人吏員天啟三年任楊作震湖廣人吏員天啟五年任陳相國浙江人吏員天啟七年任馬

吽南直靈壁人吏員崇正二年任李茂椿河南閿鄉人吏員崇正三年任熊尚忠江西南昌
人吏員崇正四年任石之珩陝西同州人吏員崇正六年任董自揚北直易州人吏員崇正八
年任劉鴻賢陝西耀州人吏員崇正十年任馬明耀陝西華州人吏員崇正十三年任

平遥縣知縣周之度山東朝城人萬歷二十二年任魏學徵陝西咸陽舉人萬歷
二十六年任陳所學河南偃師舉人萬歷二十九年任陳鶴四川營山舉人萬歷三十五年
任潘思孟四川大邑舉人萬歷三十五年任盧尚禮陝西耀州舉人萬歷三十八年任
吳友直北直蠡縣舉人萬歷三十九年任楊天璋永昌衛選貢萬歷四十二年任楊廷
謨北直清苑舉人萬歷四十四年任李先成北直長垣舉人天啟二年任張夢鯨陝西
蒲城舉人天啟三年任于爾直山東福山選貢天啟七年任李方春山東青州府舉人崇
正三年任費甲鐄湖廣咸寧舉人崇正四年任白澤綬山東德州舉人崇正六年任于

汝琦湖廣龍陽人崇正七年任　王凝命雲南昆明進士崇正九年任　桑開第北直玉田舉人崇正十三年任　張于鼎四川內江舉人崇正十四年任

平遥縣縣丞王祐北直豐潤選貢　戴日昇南直溧陽監生　趙光啓北直永清監生　向明淵南直上元監生　楊夢龍浙江義烏貢士　何愛鳳浙江會稽人吏員並年號無考　陳明德陝西漢中府監生崇正二年任　商夢明山東青城歲貢崇正二年任　商攀蟾陝西米脂儒士崇正六年任　何譽明山東東平州監生崇正九年任　武承先陝西富平人吏員崇正十二年任　樓鳳儀浙江金華府人吏員崇正十三年任

平遥縣主簿朱時正　宋大亨　劉偉　喬嶽　陳詔　姜松　卜文豪　韓蛟　孟大受　劉璽　傅廷試　包澤　曹效周　費守業並年號無考　劉大信北直保安州人吏員萬歷三十二年任　蕭三汲陝西富平人吏員萬歷三十五

年任張縉上饒人吏員萬歷三十九年任王時遇北直邢臺人吏員萬歷四十三年任孫起
鳳北直故城監生萬歷四十六年任章莘南直丹徒人吏員泰昌元年任張吉廣北直安州
人吏員天啟三年任五年缺裁
平遙縣典史吳欽陝西人南永年趙進朝單恩單繼宗趙
守仁楊友德孫煒周嘉言李逢春劉一正史鰲李澤黃
景仮葉紹芳金用相邵應麒並年號無考劉壽基浙江平陽人吏員萬
歷四十二年任黃起孔福建莆田人吏員萬歷四十五年任張韓陝西同州人吏員泰昌元年任
茅春芳浙江上虞人吏員天啟二年任俞萬春南直南陵人吏員天啟五年任魏繼傑
浙江紹興人吏員沈良佐浙江鄞縣人吏員崇正三年任王世正南直合肥人吏員崇正六
年任杜養慥陝西華州人吏員崇正九年任魏士珩江西南昌人吏員崇正十三年任鄧

雲梯河南臨漳人吏員崇正十五年任

介休縣知縣

王正己陝西盩厔舉人萬歷二十年任　史記事陝西渭南人萬歷乙未進士二十四年任　杜湔然陝西鎮原舉人萬歷二十九年任　魏學徵陝西咸陽舉人萬歷三十三年任　胡謐北直永年舉人萬歷三十三年任　李鳳鳴北直固安舉人萬歷三十八年任　孫瓚山東壽張舉人萬歷四十年任　李先成北直長垣舉人萬歷四十四年任　李政修河南懷慶衛進士萬歷四十六年任　孫磐石山東費縣舉人萬歷四十七年任　盧榮春河南扶溝舉人天啟二年任　張元俊山東歷城進士天啟六年任　何騰蛟湖廣五開衛舉人崇正元年任　李雲鴻河南通許進士崇正四年任　朱國翰河南洛陽進士崇正七年任　解敬輿陝西韓城舉人崇正十三年任　徐擢北直元氏舉人崇正十五年任　李若星河南寧陵舉人崇正十六年任

介休縣縣丞竇臣萬歷二十二年任　呂師儒　李賦訥陝西延安衛歲貢並
萬歷中年任　王見知陝西延川選貢萬歷二十五年任　傅講陽慶衛選貢萬歷二十六年任　孫
思轍萬歷二十八年任　王懋德萬歷二十九年任　李時芳萬歷三十二年任　齊
志道陝西鄜州選貢萬歷三十五年任　張邦爕萬歷三十八年任　程萬化萬歷四十
三年任　馬調元萬歷四十六年任　朱萬戸天啟元年任　張俊英天啟四年任
劉士才天啟五年任　任詣天啟七年任　陸景秋浙江山陰人崇正四年任　尹亮
采雲南歲貢崇正七年任　時語歲貢崇正十二年任
介休縣主簿吳國棟寧夏中衛選貢萬歷二十二年任　戴端高陽縣人　何瑾
常鎧解魯王準董學正蘇孟陽劉紳王廷瓚孟九思楊
世孝金册魏貢金唐深魏九貢郭修完馬可嘉浦洪桃源

縣人溫鑛北直人監生何東疇王徵賢王儀錢象乾王自修胡
永忠陳近輝並年號無考劉吉士天啟五年任以後裁
介休縣典史楊洼永寧縣人王勝崔浩黨孟儉劉廷章牛進
賢闈功陳寶王士廉李朝官強重義陳嘉亮耿受卿王
端容張應祥蔺嶐祁陳邦定陝西清澗人章其能福建邵武人盧
師孔德廣東順德人任繡王卿蕭希龍俞元春葉景耀陳三德
樊一貫王有志王國賢浙江會稽人闞光國陝西延川人張武銳
浙江壽昌人並年號無考
孝義縣知縣李悌北直興濟人嘉靖癸卯舉人萬歷二十二年任王儒陝西平利人監
生萬歷二十六年任周佑河南修武人萬歷戊戌進士二十七年任劉令譽陝西平涼人萬歷甲

午舉人三十二年任張鋐湖廣施州衛選貢萬曆三十七年任孟道溥北直霸州人萬曆辛卯舉
人三十九年任潘簣萬曆四十四年任許宗禮北直長垣人萬曆丙辰進士四十七年任閻
夢夔鳴鹿人進士天啟元年任張毓翰陝西舉人崇正二年任王瓚陝西人崇正六年任
高茂枋崇正九年任胡之泰直隸人崇正十五年任
孝義縣縣丞薛滂河南原武人楊繼美北直西寧衛人謝宣虞城人張
大賀河南鄢陵人任繼善北直西寧拔貢解九齡陝西涇人吏員郭公襄
山東冠縣人藍光祖江西吉水人杜芃北直霸州人譙得中陝西涇州人葉
敬周南直婺源人亞萬歷中任王若霖萬曆四十二年任劉周萬曆四十三年任陳
王憲萬曆四十四年任沈新福建龍溪人萬歷四十八年任盧文顯天啟三年任智
王儀崇正六年任

孝義縣主簿倪密湖南萍鄉人 師昌言山東東阿人 王亮經河南濬縣人 劉希曾山東青城人 劉沐河南裕州人 張世孝北直雄縣人 劉篪陝西臨潼人 高得名北直易州人 韓登北直深州人 侯養性北直武清人並萬歷中任

孝義縣典史程元亨陝西華州人 李忠慶都人 張元中遵化人 劉景黃縣人 趙應春山東東阿人 吳朝家福建侯官人 徐文訓黃巖人 延應翕山東樂安人 陳嘉言南直六安州人並萬歷中任 潘鈿南直壽州人萬歷三十五年任 曹國珩萬歷四十三年任 劉鴻儒南直合肥人萬歷四十八年任 劉惠寧浙江四明人天啟中任 李應璧武定人崇正中任

臨縣知縣常時芳北直交城舉人萬歷二十三年任 袁孝揚河南祥符監生萬歷二十八年任 杜冠時陝西安化選貢萬歷三十二年任 劉汝哲陝西麟遊監生萬歷三十

四年任　楊如會山東招遠監生萬歷三十八年任　栗可仕北直任邱舉人萬歷四十一年任　王印河南商水監生萬歷四十三年任　諸葛昇浙江壽昌選貢萬歷四十五年任　白廷魁北直灤州監生天啟二年任　李庚山東鄒平舉人天啟六年任　董正紀四川廣原監生崇正元年任　趙一鶴北直昌黎監生崇正五年任　魏錫祚陝西固原監生崇正六年任　郭魁北直固城監生崇正十年任　張德涵山東朝城人崇正十二年任　王建善北直新城監生崇正十四年任　林永耀北直南皮監生崇正十七年任

臨縣典史　信中允萬歷二十三年任　史官陝西人　諸萬善並萬歷中任　王喬湖廣蘄水人萬歷三十四年任　丁朝佐湖廣麻城人　袁嘉棟河南光山人　王應九山東人　趙應阜陝西人　江潯河南人　黃起鳳福建寧化人　王安民陝西涇陽人　甯簡陝西三原人　王秉辰山東曹州人　趙忠宣江南陽人遷

陳宣猷河南羅山人　李應魁陝西富平人　杜煥河南鞏縣人　路由中陝西富平人並年號無考

石樓縣知縣王三益河南永城舉人　田既霑陝西富平貢生　彭友直北直遷安拔貢　呂慎修河南長葛拔貢　李鳴環北直束鹿拔貢　薛沛霄陝西白水貢生　彭彥沛北直隆平貢生　熊時泰陝西石泉貢生並年號無考　董維璉北直獲鹿舉人崇正十三年任

石樓縣主簿姜楫廣州人年號無考

石樓縣典史劉柏北直霸州人　沈浚浙江會稽人　彭有齡陝西漢中人　史國經浙江紹興人　王常吉順天人　李應秋浙江人　汪一洪浙江紹興人　李養心陝西華州人　王天福陝西甘州人　陸位浙江錢塘人並年號無考

永寧州知州馬之麟北直永年舉人萬歷二十三年任夏維勤北直冀州監生
萬歷二十三年任高第河南祥符舉人萬歷二十七年任劉鹿鳴河南祥符進士萬歷二十
八年任高天命河南陝州舉人萬歷三十年任喬可久陝西葭州人沁州同知萬歷三十二
年署任李橋陝西三原舉人萬歷三十二年任張邦貴陝西咸陽舉人萬歷三十六年任
[illegible]燿陝西武功舉人萬歷三十八年任姚允萬陝西三原進士萬歷四十年任張學韓
山東人羅日章沈紹沈復禮並萬歷中任王夢翼鄭文龍江西人
楊學程陝西漢中舉人並天啟中任韓景星崇正中任仇秉忠南直歙縣貢生崇正
十四年任張韜南直溧水恩貢崇正十七年由寧鄉縣知縣陞任
判官王之官李成喬湖廣江夏人吏員金汝騎陝西寧羌州監生于守
中北直青縣監生呂一德浙江餘姚監生邱萬山福建寧化監生周大賚湖廣石門

選貢鄭之城吳道源並萬歷中任李明棟天啟中任姜漁劉士豪黃

浣林承耀並崇正中任

吏目陳仕節湖廣人王艮佐北直大城人楊樽北直任邱人錢洲北直

玉田人耿子倫陝西三原人董治策北直安肅人葉宗道慈溪人高尚

簡北直藁城人丁邦新浙江義烏人劉嘉慶湖廣人會御高王希堯

並萬歷中任張文煥徐世儒浙江上虞人並天啟中任董印王選隆萬子

采朱文同陝西人並崇正中任吳奇宗南直休寧人年號無考

寧鄉縣知縣王問儒山東莘縣監生萬歷二十一年任宋一清山東東平州舉

人萬歷二十四年任張美含河南洛陽舉人萬歷二十七年任黃應貞山東歷城舉人萬歷

三十年任廖得寶陝西蘭州選貢萬歷三十四年任王心山東招遠選貢萬歷三十五年任

尹桓梁善士山東貢士張行恭北直舉人並萬曆中任張大行陝西蒲城舉人

天啟中任韓洪正四川瀘州舉人王淘瀘州舉人王用賓歲貢馮薦北直選貢並崇

正中任張韜南直溧水恩貢崇正十五年任三極陝西舉人崇正十七年任

寧鄉縣典史周明德萬曆二十四年間任王登萬曆四十一年間任王璲張

萬春並年號無考

平遙縣普同村巡檢司巡檢王夔姜大聘魏邦彥褚儒

先張養蒙王九州並年號無考劉天保北直博野人吏員萬曆四十二年任呂

佐北直安州人吏員萬曆四十五年任童如斗鄞縣人吏員萬曆四十七年任

介休縣關子嶺巡檢司巡檢邢廉北直東鹿人孫醇雷儒周

薦賢慕登榮王守縞周楫黨自安折應魁朝瑞董仲元

韓一佐　高拱宸　王朝鳳　葉應雷　路冕並年號無考　何紹浥天啟五年任以後裁

汾州府教授高進孝河南獲嘉人萬曆丙戌進士　趙欽舜解州人　胡向仁北直清縣人　許攀桂蔚州選貢　曾辛山東濟陽人　成有獲霍州人　郝天衢蒲州人　李知止北直安陽人　申自修潞城人　任寵陝西咸寧舉人萬曆中任以後無可考

汾州府訓導王愛民河南衛輝府人　文希朱垣曲人　曹應聘吉州人　吳東齊保德州人　朱孔麟平陽府人　陳宏基東平州人　王弼臣廣昌人　王登俊大同人並萬曆中任以後無可考

汾陽縣教諭李守義北直寧津歲貢萬曆二十四年任　王嘉績安邑人萬曆甲

午舉人二十七年任趙一鶴稷山歲貢萬歷二十九年任石炳南直太湖選貢萬歷三十二年任范聯芳山東黃縣舉人萬歷三十六年任楊元裕蒲州人萬歷丁酉舉人四十一年四十一年以會試副榜任閻明望長治舉人萬歷四十七年任周自立河南開封府歲貢天啟二年任張斗文高苑歲貢天啟四年任李希眏解州舉人天啟六年任古景安邑歲貢崇正五年任董繪北直定州歲貢崇正七年任王正倫河南閿鄉歲貢崇正九年任韓居觀洪洞舉人崇正十四年任

汾陽縣訓導令狐梗猗氏歲貢萬歷二十四年任何博載河曲歲貢萬歷三十年任何志祁縣歲貢萬歷三十五年任王化新襄陵歲貢萬歷三十八年任李果實臨汾歲貢萬歷三十九年任王三接廣東靈白恩貢萬歷四十年任王極汾西歲貢萬歷四十二年任燕鹿鳴陝西三水歲貢萬歷四十七年任師道亨蒲州歲貢天啟二年任天白

三遷徐溝歲貢天啟七年任　張信靈石歲貢崇正四年任　李華然遼州歲貢崇正八年
任　班執玉聞喜歲貢崇正十年任　姚之鎮五臺歲貢崇正十五年任
平遥縣教諭　常𦏁陝西乾州人　王倫陝西徽州舉人　楊昇陝西莊浪衛人　沈
洪陝西寧夏衛人　張奎陝西乾州舉人　婁源河南懷慶府人　姜梯四川新繁選貢　劉瑢
河南封邱人　王應和山東曲阜人　張弛北直邯鄲人　賈槐北直唐縣人　孫從
教陝西韓城舉人　李甘山東濱州人　趙從業夏縣人　韓易知南直涇縣舉人　張
拱臣陝西西和人　楊生金沁州人　郭如魯陝西朝邑人丙戌進士　趙建邦
河南宜陽歲貢　成嘉和霍州歲貢　張豫河南祥符舉人　胡向仁北直青縣歲貢　蔣東
周陝西寧夏衛歲貢　張敏政河南陝州歲貢　田養性陝西麟遊歲貢　孫藻青城歲貢
閻庚安邑舉人　仝濟國北直新安歲貢　張以寧北直南皮歲貢　韓懋貞陝西府谷

歲貢張國威貴州衛舉人高遠蒲州舉人並年號無考李儀鳳太原歲貢崇正六年任徐來庭安邑歲貢崇正八年任郭家隆北直興縣歲貢崇正十一年任

平遥縣訓導劉宗仁北直藁城人張延秀陝西鳳翔府人康偉陝西武功人張承烈陝西延安府人張宥陝西秦州人于省山東臨清州人郭東郊隰州人吳紹鳳徐溝人周暹山東沾化人李延齡河南涉縣人冀塒化北直沙河人許楠蔚州人紀承威陝西延安人袁汝度陝西澄縣人劉大中潞安府人姚希順太谷人靳元捷繁峙歲貢王汝智陝西洛南歲貢文鳴錢安邑歲貢裴希尹長子歲貢石星潞城歲貢劉豸陝西郃陽人王勉中平定州歲貢劉體履吉州人郭壯觀榆次歲貢韓重臣陽曲人王之遵太原衛人

馮一麟遼州歲貢崔思公平陸歲貢賈寅蒲州歲貢趙燿絳州歲貢李江忻州

歲貢劉策代州歲貢石瑤清源歲貢李應龍廣昌歲貢並年號無考衛嘉採臨晉歲貢崇正十四年任

介休縣教諭劉邦清咸遠衛人萬歷二十一年任陳翔鸞福建閩縣舉人萬歷二十五年任李凌雲潞城人張起鵾陝西涇陽舉人賈尚絅隰州人魏奉琦陝西鄠縣人王課榆次人趙一清鄭養性陝西鄠縣人路可行山東汶縣人王策榆次舉人並萬歷中任楊起鳳陝西寶雞舉人天啟初任鄧晏任裕統芮城舉人天啟崇正間任許曰可曲沃舉人崇正四年任趙濟昌解州舉人崇正中任

張景維太原府舉人崇正八年任

介休縣訓導聶聰陝西人張鼐山東濟南府人詹恩陝西鳳翔府人朱景陝西甘州舉人張玠河南容陽人張昇北直平山人韓威陝西朝邑人郭俊陝西

韓城人孟瑀山東利津人宋魯山東濟寧州人薛璋北直欒城人梁倫北直任縣
人王振北直懷安衛人劉舉山東掖縣人張諒北直清苑人馬慶北直廣平人
耿明陝西綏德州人陳國用北直清苑人楊景明河南澠池人陳鵠河南永寧
人郭栴陝西咸寧人趙璽河南汜水人呂萬里山東商河人楊鍼北直河間
人王鑄山東蒙陰人李邦瑞北直完縣人李希周河南胙城人郭大綸
北直定興人張鳴鵠北直開州人姚福陝西成縣人紀世榛陝西綏德州人焦
北直欒城人張察北直安州人李子民張思仁張拱宿黄桂芳
李遇時李崇藩王民德張四教鄭崇雅鄉寧人盧沂襄陵人
桑杰榆次選貢王汝濟陝西麟遊人張遜壺關人李承芳洪洞人吳東
齊保德州人王九功臨晉人趙仕君陝西宜君人李伸和順人崔選保德州人

郝自新並年號無考　張問德猗氏人天啓二年任　畢達平陽府人　馬如蛟萬城
人　衛王家霍州人並天啓中任　孫學祖崇正二年任　李維綱渾源州人崇正四年
任　張九德懷仁人崇正六年任　趙邦麒陽衛人崇正九年任
孝義縣教諭王聘陝西榆林人　王問行臨晉人　秦世光崞縣人　武
志沖陝西商州人癸酉舉人　崔知嵩北直安肅人　史可述河南偃師人丙子舉人
劉成効代州人　于艮章邱人　李守智北直東明人　王一鳴北直保定人
成有獲霍州人　高佑繁峙人並萬歷中任　李致道襄陵人萬歷辛卯舉人二十六年任
王弼臣萬歷四十年任　郭壯觀萬歷四十三年任　謝傳顯天啓四年任　霍士
名崇正六年任　李運和崇正十四年任
孝義縣訓導劉序陽和人　蓋紹德浮山人　吳玠陝西商州人　梁棟

太平人王來賓聞喜人馬嗣良臨汾人白尚寶靈石人張應祐河南

汲縣人文恩安邑人衛自立浮山人馮中孚北直容城人侯東周汾西

陶希明太原人高栢保德州人趙一鶴稷山人孟嘉賓繁峙人吉朝

傑陽城人劉汝正平陽府人趙評陝西膚施人毛文旌吉州人孫應奎

陝西三原人李枚鄭存義鄉寧人宋國屏北直棗強人李懋和上黨

田可久蒲州人並萬歷中任李煥吉霍州人天啟元年任吳三英蒲州人天啟四年任

張奇蘊崇正二年任程所好崇正中任師兆祉龍門人崇正六年任李國柱

崇正十四年任

臨縣教諭武永清陝西人萬歷中任李時郁陝西洋縣人萬歷三十一年任王

道中馬邑人楊一龍北直隆平人韓剛中夏縣人李時望聞喜人並萬歷

中任　路尚賢安邑人萬歷四十二年任　牛啟賢岢嵐州人　周璣榆次人　安居五臺

人並萬歷中任　趙國琮解州舉人泰昌元年任　焦崇功長治舉人天啟五年任　陸大

成雲南永寧州舉人　許大益山東聊城人並年號無考　李暢朔州人崇正末任

臨縣訓導　王撝謙北直元氏人　劉悖陝西鄠縣人　姜宗周陝西米脂人

邵汝楫陝西寧州人　寇清榆次人　趙縉靜樂人　馮廉河曲人　李嘉猷

靈邱人　郭學易臨晉人　曲達安邑人並萬歷中任　侯有功遼州人天啟三年任　李

日灼榆次人天啟七年任　董國昇萬泉人崇正中任　郭子智遼東開元人崇正六年任

侯嗣楚解州人崇正末任

石樓縣教諭　王琰　馮正　董芳金城貢生　班爵北直藁城人　文運昇

陝西三水貢生　高岡河南偃師貢生　高廩寧鄉舉人　李報德朔州人　趙一脉陝西

西安府貢生周儒　山東貢生吳巍然　張鯤翼　益都貢生柴希堯　安邑貢生夏禹德　晉府貢生陳禹謨　長子貢生並年號無考　謝傳心　安邑貢生崇正二年任　朱端　平定州貢生崇正四年任　王文獻　河南盧氏貢生崇正十一年任　周際顯　翼城貢生崇正十四年任

石樓縣訓導陶禮　北直良鄉舉人　辛希仁　山東鄒平人並年號無考

永寧州學正謝鴻　陝西西和人　劉永祚　北直眞定人　張邦佑　陝西秦州人　王制　陝西永壽人　田耕莘　河南湯陰人　閻芑　陝西涇州人　劉正東　陝西人　董三策　陝西韓城人　周一翔　南直無為州人　葢僎　山東利津舉人　李垌　北直安州人　高一科　廣昌人　賀大順　宣府衛人　孫溫　平定州人　趙蕭　大同左衛人　王承恩　萬泉人　劉九德　王三才　並萬曆中任　姚宗虞　易成器　保安

人並天啟中任趙汴史燾陶重華王三聘大同人馬健順並年號無考

永寧州訓導焦鵾馬邑人劉性愚夏邑人蕭鳴韶北直房山人秦

儼隰州人梁淵陝西洛川人張汝粹芮城人劉鴻漸並萬曆中任崔思

學張雲翮並天啟中任朱褍段天錫馬一敬並崇正中任張國維

吉州人解心學隰州人並年號無考

寧鄉縣教諭劉寧北直靜海人梅玉河南盧氏人李瑩湖廣靖州人胡

希賢山東益都選貢李聰河南林縣人黃致用北直邢臺人崔元吉北直舉人

馬克忠陝西寧州人王都陝西石泉人王士苑北直清苑人王廷詔陝西西鄉

人陸相北直人曹南陝西葭州人李守平北直永平府人王櫃陝西盩厔舉人

左文粹劉應元衛九韶程登洲北直隆平人馮立敬蒲縣人**羅**

正蒙清源人趙國泰榆次人張守謙平鄉人高選萬全都司保安衛人劉
光寵大同左衛人萬歷中任李持已崔嗣遠李敦信舉人李煥寇渶
崇正中任

寧鄉縣訓導惠義山東鄒縣人王永裕陝西武功選貢尚義河南河內
人劉禎山東魚臺選貢曹廷璽陝西清澗人韓濟楊蛟陝西興平人王儒
閻尚賢河南鹿邑人李文賢陝西洛川人魏士奇山東陽穀人樊枝楊
來鳳張鳳翼張嘉謨北直安肅人韓國晏猗氏人阮天祿潞安府人
王巍絳州人唐文翔陝西鳳翔人南向陽四川人黃鶴大同人劉士麟
霍州人費養源解州人王用賓汾西人牛任重長治人楊珍玉趙城
人趙憲絳縣萬歷中任王堯夫韓景儉郭嘉賓張文昻崇正中任

汾州營叅將劉光祚崇正四年任　常懷德崇正八年任　賀明威　張友仁　王萬春　孔虎岱並崇正中任

汾州營守備唐虞化戊辰武進士太原前衛指揮萬歷二十三年任　谷中和己丑武進士濟南衛指揮萬歷二十六年任　郭維賢太原左衛乙未武進士萬歷二十八年任　賀謙保定後衛指揮使萬歷三十三年任　秦用寬衛指揮使萬歷三十八年任　王文傑衛千戶萬歷四十年任　唐紹周指揮僉事萬歷四十五年任　劉忠衛千戶萬歷四十八年任　沈一奎衛掌印指揮使天啟三年任　貊出奇河南鹿邑武進士天啟七年任

石樓營守備韓能荆州人崇正八年創建營伍加授遊擊管本營守備事　鄭文貴上元人都司僉書管本營守備事

國朝分守冀南道馬鳴佩滿洲選貢順治元年任　榮爾奇山東德州進士

順治四年任許養高滿洲人順治四年任萬化河南封邱舉人順治六年任史記功
滿洲人國學教讀順治九年任陳喆順天大興人順治十一年任袁一相順天宛平人順治十
二年任祖建衡遼南寧遠生員順治十五年任婁希昊浙江義烏人順治十五年任范
周江南吳縣進士順治十七年任申偉抱遼東人順治十七年任陸光旭浙江平湖進士
順治十八年任劉芳聲遼東遼陽人康熙三年任以後裁
知府楊振龍順天大興舉人順治元年任林維藩江西武寧貢士順治二年任戢
民瞻遼東遼陽監生順治三年任王化惇河南靈寶貢士順治四年任黃廷柏遼東
海州衛生員順治五年任周召南遼東瀋陽監生順治六年任王沙賢遼東杏山貢士順治
九年任呂維熊陝西寧夏舉人順治十三年任郎永清遼東廣寧人筆帖式順治十四年任
王琡直隸蔚海衛拔貢順治十五年任劉克孔直隸山海衛拔貢順治十七年任沈貞

亨浙江海寧進士康熙十年任曹熙衡奉天錦州廩生康熙十二年任周于漆江南江浦
拔貢康熙十九年任張奇抱直隸蓋平人筆帖式康熙二十二年任劉懋恒順天宛平歲貢
康熙二十九年任楊滋夔滿洲廩生康熙三十七年任王隆熙山東濟河拔貢康熙三十
八年任沈寧浙江石門進士康熙四十二年任潘榮杏江南江都歲貢康熙四十九年任
姚震江南休寧監生康熙五十年任孫阜湖廣漢陽歲貢康熙五十三年任史在甲浙江
鄞縣進士雍正二年任白映棠滿洲副貢雍正五年任劉登庸順天平谷監生雍正六年
任竇容恂河南柘城進士雍正七年任沈一葵福建詔安進士雍正七年任張學
林江南丹徒貢生雍正八年任崔應階湖廣江夏廩生雍正九年任張廷琰江南桐城
貢生雍正十一年任張坦讓湖北漢陽人康熙癸巳舉人乾隆四年任魏元樞直隸豐潤人雍
正癸卯進士乾隆十二年任李果山東海陽人乾隆丙辰進士十四年任顧鴻四川閬中人雍

正壬子舉人乾隆十八年任嘉祥滿洲官學生乾隆二十二年任王綬山東掖縣人雍正丁卯舉人乾隆二十五年任張任燕湖北漢陽人雍正乙卯舉人乾隆二十九年任孫和相山東諸城人乾隆戊午舉人三十二年任

同知張元初直隸趙州舉人順治元年任張韜江南溧陽貢士順治三年任王倌桂直隸交河舉人順治五年任鹿兆圖山東福山貢士順治七年任岳登科遼東鐵嶺衛貢生順治九年任陳允中遼東復州衛貢士順治十四年任董期生浙江會稽舉人順治十八年任王馨穀直隸新城進士康熙六年任郭一鵬遼陽金州監生康熙九年任李作楫廣東東莞進士康熙十二年任劉其渾山東夏津貢士康熙十四年任孫奏江南高淳進士康熙二十五年任馬遴滿洲監生康熙三十九年任俞欽浙江山陰監生康熙四十九年任韓貽豐浙江慈谿進士康熙五十四年任柳國勳河南太康監生康熙五十五年任

祝兆鵬滿洲歲貢康熙五十七年任　楊飛熊江南山陽舉人康熙五十九年任　柯鄧

枚浙江嘉善歲貢雍正二年任　魏敬勝直隸栢鄉廩貢雍正五年任　馮雲熤江南金壇

歲貢雍正七年任　盧襄江南金壇貢生雍正九年任　林瑶福建海澄監生乾隆五年任　魏

乾敦直隸栢鄉貢生乾隆七年任　陳奇典福建同安貢生乾隆九年任　胡南金湖南

湖潭歲貢乾隆十四年任　圖桑阿滿洲官學生乾隆十六年任　康勷廣西臨桂監生乾隆十九

年任　李維梓山東長山監生乾隆二十二年任　陳正勳湖北江夏人乾隆己未進士二十五

年任　德福滿洲監生乾隆二十六年任　李納璧直隸蔚州人乾隆甲子舉人二十九年任　呂

瀜江蘇武進人乾隆甲戌進士三十一年任　高自位直隸寧晉人雍正癸卯舉人乾隆三十二年任

李遵唐河南固始人乾隆甲子舉人三十四年任

通判胡向明河南郾城貢士順治元年任　李毓舟直隸昌黎貢士順治三年任　劉

澄淇山東萊蕪貢士順治四年任婁鎮遠遼東鐵嶺衛貢士順治六年任劉文德湖廣孝感貢士順治九年任邊之鉉直隸任邱拔貢順治十四年任蕭如芝遼東籓陽貢士順治十八年任黃艮驥福建龍溪生員康熙七年任李文熙奉天遼陽監生康熙二十年任韓開藩浙江會稽監生康熙三十五年任黃大蘇江南無錫監生康熙四十四年任裴煜滿洲監生康熙五十年任劉粲山東寧陽監生康熙五十八年任周之瑛順天宛平監生康熙六十年任金炳順天大興監生雍正六年任楊昶順天宛平監生雍正十年任何潛甘肅秦安拔貢乾隆十四年任孟孝標河南杞縣監生乾隆十六年任劉望齡福建沙縣監生乾隆二十八年任

推官李貞茂直隸肥鄉舉人順治元年任楊作楝陝西醴泉舉人順治二年任孫如銓順天大興拔貢順治六年任陳凝祉江南泰州人順治辛卯舉人九年任竇可權

河南河內順治壬辰進士十三年任李其蔚福建晉江人順治壬辰進士十五年任楊鶴年河南原武人順治戊子舉人十七年任雍居敬四川南部人順治甲午舉人康熙三年任六年裁

經歷司經歷傅茂順治初任謝允中浙江會稽人吏員順治五年任王斌順治中任張素賢陝西三元歲貢康熙元年任陳情浙江山陰人吏員康熙七年任陳國鉠順天大興人吏員康熙十五年任戴鉉福建侯官人吏員康熙二十二年任張震遠江南蕭縣人吏員康熙二十七年任舒斯璘江西靖安人吏員康熙三十七年任張一鵬浙江山陰人吏員康熙三十八年任王政順天昌平州人吏員康熙四十六年任蕭若杞山東滋陽監生康熙五十一年任謝朝聘浙江山陰人吏員雍正元年任葉範佶順天大興生員雍正十三年任王是荷山東寧海州生員乾隆三年任方玊順天大興生員乾隆七年任李文勳湖北石首生員乾隆十二年任曾純河南固始監生乾隆十四年任毛麟江蘇陽湖人吏館議敘乾隆十

五年任

司獄司獄官王宗周直隸滑縣人吏員康熙四年任沈維寧浙江山陰人吏員康熙九年任杜先春順天宛平人吏員康熙二十三年任楊欣榮河南臨漳人吏員康熙三十三年任劉廸吉順天霸州人吏員康熙三十三年任李龍生江南江都人吏員康熙五十一年任雍正二年裁

汾陽縣知縣梁可培直隸容城恩貢順治二年任李岱陽河南封邱進士順治三年任張蘊奉天遼陽選貢順治五年任吳應元奉天廣寧貢生順治六年任吳世英奉天蓋州貢生順治八年任楊煥湖廣孝感人順治辛卯舉人十三年任龐載湖廣江夏貢生順治十七年任郭廸階福建龍溪人康熙三年任趙其星山東德州人順治辛丑進士康熙七年任徐熙明湖廣羅田舉人康熙十年任卞三畏奉天蓋州人康熙癸卯舉人十一年任

任崔秉政奉天海城舉人康熙十三年任楊栻江南上元人順治辛丑進士康熙十八年任陳念祖山東德州貢生康熙二十一年任龐知璧廣東南海舉人康熙二十三年任李聯江南丹徒貢生康熙二十四年任張時華直隸滄州人康熙己酉舉人三十六年任王士陟福建寧化舉人康熙三十七年任盧承宗奉天廣寧官監康熙三十九年任馮長祚陝西長安貢生康熙四十六年任平士楨浙江山陰人康熙甲子舉人五十年任周超浙江上虞人康熙己丑進士五十八年任陸乂江南長洲人雍正元年任馮雲熀江南金壇歲貢雍正二年任張延年直隸欒城人雍正癸卯舉人七年任林中柟江南泗州歲貢雍正八年任鄧文炳廣東番禺人康熙戊子舉人雍正十一年任袁學謨江南九江進士雍正十一年任張克緒滿洲人雍正十三年任張鴻舉河南杞縣人康熙辛卯舉人乾隆四年任朱廷掄順天大興人雍正庚戌進士乾隆六年任沈廷珍江南吳縣人康熙庚子舉人乾隆十年任曾

三省江西南豐人雍正癸卯舉人乾隆十五年任金濆順天大興人乾隆丙辰舉人十七年任金修仁順天大興人乾隆丙辰舉人十八年任李鍾份福建安溪人康熙辛卯舉人乾隆二十年任吳學昌浙江仁和人雍正壬子舉人乾隆二十一年任馮兆麟浙江慈谿人乾隆壬申進士二十四年任永常滿洲人監生乾隆二十四年任徐珏江西南豐人乾隆辛巳進士二十七年任顧學潮江南元和人乾隆壬申副貢二十八年任陳曾公直隸易州人乾隆庚午舉人二十九年任朱濬甘肅寧州人乾隆丁卯舉人三十一年任李文起廣東歸善人乾隆庚辰進士三十五年任

汾陽縣主簿吳展彩直隸大興附監順治元年任以後缺裁

汾陽縣典史蕭雲鵬江西泰和人順治二年任童欽敬浙江會稽人吏員順治五年任張德明浙江會稽人吏員順治九年任侯瑁直隸贊皇人吏員順治十三年任李之

實直隸大興人康熙三年任李達孝直隸衡水人吏員郁焜浙江會稽人翁肇北直隸靜海人吏員康熙中任李錦直隸靜海人吏員康熙四十五年任王朝聘陝西臨潼人康熙四十九年任龔國輪江西南昌人吏員康熙五十三年任熊廷臣直隸三河人吏員雍正四年任單元正直隸宛平人吏員雍正九年任陶棟梁江南常熟人供事雍正十年任黃肇熙直隸宛平人吏員乾隆八年任馬又隆直隸任邱監生乾隆十八年任汪履仁安徽休寧監生乾隆二十四年任虞山江蘇金壇人寄順天宛平籍軍機處方略館効力議敘乾隆三十二年任

平遙縣知縣宋登洲山東德州人順治二年任曹濟民山東益都歲貢順治三年任孔宗堯奉天遼陽貢士順治四年任金養貴奉天遼陽貢士順治六年任郭衛城奉天鐵嶺衛人順治九年任汪麗日江南六安州拔貢順治十二年任黃懷玉浙江錢塘拔貢順治十六年任朱奇印江南嘉定歲貢康熙三年任徐孺芳浙江仁和進士

康熙七年任張恪陝西涇陽舉人康熙十年任陳以恂江南興化進士康熙十一年任魏
裔愨直隸柏鄉舉人康熙十四年任朱均浙江山陰例監康熙二十一年任黃汝鈺廣寧
例監康熙二十二年任王之夫建寧拔貢康熙三十三年任王傑江南高淳進士康熙三十
三年任王綬陝西蘭州舉人康熙三十九年任金作輅浙江平湖舉人康熙五十年任唐
登科河南汝州拔貢康熙五十七年任李國桂湖廣江夏監生雍正元年任高大有
滿洲監生雍正二年任李廷琯順天大興廩生雍正六年任王士鏞滿洲監生雍正七年
任梅廷謨江西南城舉人雍正八年任張廷琪江南桐城拔貢雍正九年任雷暢
四川研縣拔貢乾隆元年任顧之麟浙江仁和進士乾隆五年任李由中福建邵武拔貢
乾隆九年任錢廷鏞浙江歸安監生乾隆十四年任李在田河南武陟拔貢乾隆二十二年
任李玳馨廣東長樂附貢乾隆二十九年任德貴滿洲舉人乾隆三十二年任

平遥縣縣丞李尚培江南涇縣人吏員順治二年任李玉樹江南旌德人吏員順治四年任陳端夏福安選貢順治九年任喬敬承耀州歲貢順治十一年任楊明新四川選貢順治十五年任任名著商州拔貢順治十八年任隗輝壽州歲貢康熙五年任康柏滿洲監生康熙十年任陳世蔭南平廪監康熙二十年任易爲蕃通州例監康熙三十年任于思忠遼東蓋州監生康熙三十六年任史光岳遼東例監康熙四十年任臧燦如奉天金州官學生康熙四十四年任以後缺裁

平遥縣典史單可繼江西高安人吏員順治三年任趙明卿浙江鄞縣人吏員順治五年任張瑛直隸宛平人吏員順治九年任胡儁浙江紹興人吏員順治十四年任王家瑾浙江義烏人吏員康熙元年任李可實湖廣襄城人吏員康熙十年任陳驥浙江山陰人吏員康熙二十六年任王明璋直隸完縣人吏員康熙三十七年任胡文烈江南涇縣人吏員康

熙四十三年任章振文順天宛平人吏員康熙四十九年任李沛順天大興人雍正二年任陸之津雍正六年任楊九經順天大興人吏員雍正八年任譚涵順天大興人供事雍正十三年任林鎮浙江會稽人乾隆七年任陳楫江南江寧人乾隆十五年任范洪運陝西富平人吏員乾隆二十年任彭由義湖北孝感監生乾隆三十三年任

介休縣知縣許鵾山東高唐州舉人順治二年任許光宅山東夏津選貢順治三年任姚廖唐河南洛陽進士順治四年任馬得路遼陽東寧衛舉人順治六年任李如模奉天鐵嶺衛貢士順治八年任段華國陝西鎮原恩貢順治十六年任呂淑印山東濟寧州貢士康熙元年任潘懋達江南蕪湖拔貢康熙六年任謝御詔河南固始進士康熙九年任李鍾盛河南安陽進士康熙十二年任程萬鍾浙江常山進士康熙十二年任趙端浙江錢塘貢士康熙十五年任李試江南丹徒廩貢康熙十七年任金一鳳順天大興監生康熙

十九年任李應龍遼東廕監康熙二十二年任丁大亨浙江嘉善舉人康熙二十六年任
王埴陝西榆林衛例監康熙二十八年任楊允和滿洲監生康熙四十四年任陳廷徵
浙江會稽監生康熙六十一年任蕭蕙陝西邠州解元康熙六十一年任單含山東高密生員
雍正元年任李惠順天大興人吏員雍正四年任李壽彭山東武定進士雍正七年任李
識蒙河南夏邑貢生乾隆元年任王鈺滿洲舉人乾隆三年任張重振直隸任邱進士
乾隆八年任楊龍文山東歷城貢生乾隆十年任宋允清江南長洲貢生乾隆十三年任
陳廷徵乾隆十六年復任張鎮山東海豐監生乾隆十七年任胡相忠江西贛縣進士
乾隆二十年任楊士銘山東即墨進士乾隆二十二年任巫慧安徽和州進士乾隆二十四年
任陳之銓浙江嵊縣貢生乾隆二十五年任葉楷廣東嘉應州舉人乾隆二十七年任黄
有恒江西廬陵舉人乾隆二十八年任吳步青浙江東陽拔貢乾隆三十年任陳會公

直隸易州舉人乾隆三十一年任王謀文浙江山陰貢生乾隆三十三年任

介休縣縣丞張政浙江餘姚貢士順治元年任錢妙選順治初任周至中秦州拔貢順治五年任楊復煒直隸安肅歲貢順治十年任王繼炤江西龍南衛貢士順治十六年任李芳春河南遂平歲貢康熙元年任金堦賓江南懷遠恩貢康熙八年任潘日升直隸萬全歲貢康熙十三年任陳時夏陝西富平貢生康熙十六年任王翰如陝西直寧拔貢康熙十九年任李廷鐸湖廣大治例監康熙二十八年任陳肇元浙江會稽功貢康熙三十四年任張日昱浙江仁和例監康熙三十六年任徐言正浙江仁和貢生康熙四十一年任趙宏圖奉天府監生康熙六十年任吳璋湖廣黃梅人雍正三年任雍正四年缺裁

介休縣典史莊應麟浙江會稽人吏員順治元年任黃元科遼東人吏員順治三

年任魏來貢宛平人吏員順治六年任涂宏南昌人吏員順治十二年任朱之紱蕭山
人吏員順治十五年任高遷大興人吏員順治十八年任張玉政富平人吏員康熙十年任
應玉會稽人吏員康熙十三年任陳元吉新城人康熙二十六年任侯萬戸河南臨漳
人吏員康熙三十年任張居恆陝西富平人吏員康熙三十七年任傅汝賢直隸房山人吏
員康熙五十一年任呂灝直隸宛平人吏員康熙六十一年任王勝曾直隸宛平人吏員雍正元
年任袁沆直隸大興人供事雍正六年任章化蛟浙江會稽人吏員雍正十三年任馬寧
臣直隸大興人吏員乾隆十二年任王文桂直隸宛平典吏乾隆十八年任李際盛廣東
嘉應州典吏乾隆二十三年任李師芳山東海寧州監生乾隆二十六年任胡之都江南如皋
監生乾隆三十年任李師芳乾隆三十四年復任

孝義縣知縣帝簡心山東人廩貢黃昌遼陽人順治元年任賀點山東莒州

順治三年任沈廷相宣化府遼陽籍順治七年任李世泰遼陽州監生順治七年任洪成紱江西南安舉人順治十二年任黃道運江西臨江貢生順治十四年任姚景申直隸青縣貢生順治十八年任陳之文江西臨川舉人康熙八年任范景榮直隸盧龍監生康熙十五年任魯一元奉天遼陽監生康熙十八年任董正祚滿洲監生康熙二十四年任張泰孚山東淄川舉人康熙二十六年任李國華滿洲監生康熙二十七年任甘文煊滿洲監生康熙三十年任張燮滿洲監生康熙三十二年任杜連登滿洲歲貢康熙三十七年任黃肇開廣東澄海舉人康熙四十二年任高佩滿洲監生康熙四十六年任阿爾布康熙四十六年任閔衍湖廣應山進士康熙五十一年任張瑋滿洲舉人康熙五十七年任方士謨江南歙縣人康熙辛卯舉人雍正元年任陸拱辰浙江上虞監生雍正八年任李士選廣西融縣人康熙辛卯舉人雍正十一年任李肇開浙江桐鄉人雍正癸卯進士乾

隆二年任汪錫河南嵩縣人乾隆丙辰進士八年任薩穆哈滿洲人乾隆丁巳進士十年任李方泌山東章邱拔貢乾隆十二年任尹廷賓直隸安肅人乾隆辛未進士十七年任張繩武福建侯官人乾隆辛未進士十七年任莊行恭福建福清舉人乾隆二十一年任張乃會直隸南皮人雍正甲辰舉人乾隆二十四年任王椿河南衛輝府人乾隆壬戌進士二十九年任

鄧必安江西南豐人乾隆甲子舉人三十三年任

孝義縣縣丞項奇順治四年任高可仰順治五年任沈廷順治六年任高人秀順治十三年任袁浩康熙中任曾益福建閩縣人康熙六年任周曰鼎賈一鳳胡冲張有正曾聖傳成先並康熙中任鄭名先廣東晉寧人康熙四十三年任袁瑢陝西涇陽人康熙五十三年任江至開江南江寧人雍正三年以後缺裁

孝義縣典史傅天德徐憲文並順治中任范天植宋士鵬東萊

人張雲鳳李文蔚直隸衡水人朱泰浙江會稽人並康熙中任楊珍直隸大興人雍正中任陳丕顯直隸武清人朱暹安徽旌德人辛先甲滿洲人龔銓浙江上虞人余崴祖江西新建人會崇周廣東鎮平人陳寶田浙江山陰人林永萌福建同安人並乾隆中任

臨縣知縣

謝道滿洲生員順治三年任陳顯忠滿洲生員順治五年任張耀祖滿洲生員順治六年任李國維滿洲人順治七年任朱紹鳳江南華亭進士順治九年任胡士廉浙江嘉興貢監順治十三年任姚開先陝西淳化貢監順治十五年任張勸北直大興舉人順治十六年任張樹昇江南鹽城進士順治十八年任余維樞江南婺源貢監康熙三年任鄒士模江西臨川貢監康熙四年任馮盛世湖廣江陵貢監康熙五年任常來譽直隸雄縣舉人康熙十年任鄒國偉滿洲人康熙十三年任莊揞武江南進

進士康熙十四年任莫友仁浙江會稽拔貢康熙二十二年任黄式度福建晉江舉人康熙三十四年任唐勲江南潁州進士康熙三十五年任李芃四川中江舉人康熙三十七年任楊沈天淶浙江仁和舉人康熙四十四年任唐良梧廣西全州舉人康熙五十一年任楊飛熊江南山陽舉人康熙五十二年任杜庭珠浙江秀水人康熙六十年任宋瑞軾山東膠州廩貢雍正元年任吳高浙江山陰歲貢雍正二年任吳卓江南全椒舉人雍正五年任嚴遂成浙江烏程進士雍正七年任徐能宗江西南城舉人雍正十年任霍作明廣東山水進士雍正十一年任張紫極河南永城貢生乾隆四年任陳正勲湖北江夏進士乾隆十三年任葉楷廣東嘉應州舉人乾隆十八年任丁宗懋湖南醴陵舉人乾隆二十七年任嚴慶雲陝西漢中府沔縣人由乾隆辛未進士三十五年任

臨縣典史王之佐浙江山陰人順治二年任項士芹江南太平人李應元

北直玉田人徐晨江南青陽人王遵陝西富平人康熙十四年任李伸直隸真定人康熙二十三年任郭振基陝西人康熙三十一年任張銘江南上元人康熙三十七年任馮加義陝西延川人康熙五十五年任周欽順天大興人雍正元年任金國棟直隸通州人雍正五年任王得禄浙江會稽人雍正十年任董紹裔順天宛平人乾隆九年任吳潢浙江會稽人乾隆三十年任

石樓縣知縣劉奇遇瀋陽人順治二年任陳聖治錦州衛生員順治三年任張邦傑鐵嶺衛貢生順治五年任韓鎮國遼東貢生順治七年任楊士英鐵嶺衛貢生順治十年任周士章上元舉人順治十三年任丁其譽江南如皐人順治乙未進士十六年任任玥高密人順治辛丑進士康熙八年任高名圖山東沂水進士康熙十四年任張省躬河南鹿邑進士康熙十九年任趙鳳集北直大名舉人康熙二十二年任王許四川遂溪舉人

康熙二十七年任 高必遴 三韓監生康熙三十三年任 魚鸞翔 陝西高陵進士康熙三十三年任 王岐鏞 山東膠州舉人康熙三十三年任 陳瑞 江南吳縣舉人康熙三十九年任 武二酉 福建同安舉人康熙四十三年任 鄭景洛 北直博野進士康熙四十六年任 韓貽豐 浙江慈谿進士康熙四十九年任 梁在韓 廣東羅定舉人康熙五十五年任 麥士偉 湖廣江陵舉人雍正元年任 袁學謨 江西彭澤人雍正甲辰進士五年任 牛巳 河南洛陽進士雍正十一年任 董兆瀛 雲南通海舉人乾隆元年任 徐玉田 江西南昌進士乾隆三年任 陳元樑 四川萬縣舉人乾隆五年任 黃光憲 湖北雲夢進士乾隆六年任 楊之琨 雲南石屏州舉人乾隆十二年任 沈顯文 陝西長安例監乾隆十五年任 梁植 廣東順德貢士乾隆二十九年任

石樓縣典史馮鼎 紹興人 譚國憲 諸暨人 秦一鴻 會稽人並年號無考

陳洪綠諸暨人順治十二年任張敵望順天人陳燮紹興人梁夢祥山東
濰縣人高維翰陝西渭南人夏成玉浙江紹興人齊養斗陝西宜川人馮
熊飛浙江慈谿人王繼北直大興人並年號無考胡化鵾江南常熟人康熙五十五年任
陳士俊浙江會稽人雍正八年任吳念恩浙江會稽人吏員雍正十一年任孟津順天
宛平供事乾隆四年任陶敦敘江南常熟附生乾隆十三年任曾元吉福建沙縣人吏員乾
隆十八年任劉法寶順天大興例監乾隆二十四年任章玉檢安徽石埭供事乾隆三十
三年任

永寧州知州遲日益廣寧右衛監生順治二年任陳翼明元城舉人順治三年
任蕭秉元滿洲生員順治五年任劉鳳翔利津人順治六年任胡朝賓鉅鹿貢生
順治九年任張邦佐滿洲人順治十二年任梁世通滿洲人順治十六年任胡薰

先四川井研廕生康熙六年任徐灝振滿洲人康熙十一年任王振祖滿洲人康熙十
三年任張象燦陝西人康熙十五年任羅守疆陝西人康熙十七年任馬雲瑞
滿洲人康熙十九年任蔡毓秀滿洲人康熙二十六年任吳徵江南儀真歲貢康熙二十七年
任陳麟浙江仁和生員康熙三十六年任王夢翼陝西三原人康熙三十九年任謝汝
霖福建長樂舉人康熙四十年任朱价順天大興人康熙五十四年任周鑲浙江會稽舉人雍正
元年任許炳元浙江嘉興舉人雍正五年任李廷柲湖北鍾祥貢生乾隆二年任耿
毓青滿洲監生乾隆十五年任周章煥四川江津舉人乾隆十七年任石履謙漢軍貢生
乾隆十九年任陸灝江南元和貢生乾隆二十年任楊永道漢軍乾隆二十五年任蔣龍
昌江蘇陽湖貢生乾隆二十七年任王興穀江南金山貢生乾隆三十年任
州判汪應聘江南人順治二年任方民孝順治三年任徐九鼎山陰人順治四

年任何璉保安監生順治八年任張至善山東舉人順治十年任郭一元大名進士順治十四年任鹿應瑞滿洲人康熙四年任董蟾秋山東舉人康熙十三年任丁文煜滿洲人康熙二十年任范瑛大興人康熙二十七年任岑宏蘇州府人康熙三十三年任閻明世滿洲人康熙三十八年任李載春廣平府監生康熙四十年任孫觀順天大興人康熙五十六年任雷濯順天宛平監生康熙六十一年任雍正六年缺裁

吏目朱朝祚福建人順治二年任張國瑞陝西人順治五年任沈文卿吳縣人順治九年任林文樞山東人康熙元年任楊兆位湖廣人康熙七年任祝天稔山陰人康熙二十一年任王鵬山陰人康熙二十八年任楊霄浙江人康熙三十四年任蘇佑江南人康熙三十八年任劉九鶴河南新安人康熙四十一年任李鎮順天宛平供事康熙四十七年任施洪祚浙江蕭山監生雍正五年任張仁江南旌德供事乾隆七年任宋汝礪江南

吳縣監生乾隆十六年任賴思誠福建永安貢生乾隆十九年任汪文在安徽潛山監生乾隆二十一年任倪元祚浙江會稽人吏員乾隆二十四年任李自達安徽石埭人典吏乾隆二十五年任蕭應璉廣東平遠人吏員乾隆三十一年任李培祖順天大興監生乾隆三十三年任

寧鄉縣知縣

馮瑾直隸東鹿舉人順治元年任趙光祚山東朝城貢生順治三年任史具勳陝西華陰進士順治四年任王之儀遼東廣寧人順治七年任蔣詔江南武進選貢順治十一年任何遷山東曹州選貢順治十三年任周祚昌陝西三原人順治壬辰會試副榜康熙元年任陳大來福建龍溪舉人康熙十年任朱暹湖廣隨州人康熙二十一年任龔應霖廣東四會舉人康熙二十二年任劉鼎文湖廣進士康熙二十八年任戴曰嚴江西金谿舉人康熙三十年任顧峵江南無錫舉人康熙三十五年任呂履恆河南新安

八康熙甲戌進士三十八年任　衣皺龍直隸河間人康熙四十二年任　瞿孝春江南常熟進士
康熙四十六年任　麥天穗廣東連山舉人康熙四十六年任　許自期浙江石門貢生康熙
五十四年任　劉鑑陝西咸寧進士康熙五十六年任　王三錫康熙五十九年任　董豫
四川彭水舉人康熙六十年任　王如种湖廣黃岡舉人雍正元年任　孔興唐河南鹿邑舉人
雍正六年任　趙守誠四川新繁舉人雍正五年任　邵之楷順天大興舉人雍正六年任
吳鍇江南婁縣舉人雍正十三年任　楊思恭廣東嘉應州進士乾隆十一年任　單鉽山東
高密舉人乾隆十五年任　楊國翰順天固安舉人乾隆十七年任　陶敦仁江南上元貢生乾隆
二十三年任　朱懋炳四川崇慶州進士乾隆二十八年任
寧鄉縣典史章大孝　段錦章順治十一年間任　郭維城　張九萬
孟士元　夏寅　徐崑　孫丹榮並年號無考　蔣永齡康熙二十八年任　鍾

天秀浙江會稽人典吏康熙五十六年任何士燦浙江山陰人典吏雍正四年任胡士樞直隸清苑人典吏雍正十年任周開泰江西金谿人典吏乾隆二年任沈大用浙江山陰人典吏乾隆八年任王㦤浙江會稽人典吏乾隆十八年任王吉士浙江會稽人典吏乾隆二十五年任蕭晉元廣東嘉應州監生乾隆三十二年縣丞借補

汾陽縣黃蘆嶺巡檢司巡檢婁成章直隸通州籍謝培緒劉珏直隸定州人曹士英直隸宛平人並年號無考黃世鑣浙江義烏人康熙四十九年任任仁浙江山陰人康熙五十四年任陳丕顯浙江會稽人康熙五十七年任雍正四年缺裁七年復設王振珏直隸薊州人吏員乾隆四年任高軾浙江山陰人吏員乾隆七年任李潢浙江山縣供事乾隆十一年任辛先甲滿洲監生乾隆十五年任

冀村巡檢司巡檢辛先甲郎黃蘆嶺巡檢司乾隆二十一年改周麟生江南

吳縣人吏員乾隆二十七年任蔣國榮浙江會稽人吏員乾隆二十九年任

介休縣張蘭鎮巡檢司巡檢乾隆十七年新設程延一浙江山陰人吏員乾隆十七年任二十二年缺裁

永寧州青龍渡巡檢司巡檢裴成章陝西渭南人康熙二年任王汝淵宛平人康熙十四年任羅宏祚直隸永平人康熙二十二年任王雲現大興人康熙二十七年任孫承滋大興人康熙三十六年任朱國元江南上海人吏員康熙五十三年任蘇炯順天大興人吏員雍正二年任張淇順天宛平人典吏乾隆七年任孫伊在浙江慈谿供事乾隆十七年任張文明奉天承德人吏員乾隆二十年任莫孔智浙江山陰人乾隆三十一年任

柳林鎮巡檢司巡檢莫孔智舊駐青龍鎮乾隆三十三年奉文移駐李有

常浙江桐鄉人典吏乾隆三十四年任

方山堡巡檢司巡檢雍正九年新設　任毓茂浙江嘉興人吏員雍正十年任　王丹浙江餘姚人典吏乾隆七年任　吳郁江蘇江寧監生乾隆二十五年任　秦隆浙江山陰監生乾隆二十九年任　魯如灝順天東安監生乾隆三十五年任

汾州府教授　馮徵肅順治十一年間任　甯世埏聞喜人順治十八年間任　張體元曲沃人順治乙未進士康熙四年任　袁絅河津人順治甲午舉人康熙九年任　竇瑀水人順治丁酉舉人康熙二十年任　張鴻羽屯留人順治丁酉舉人康熙二十一年任　何祖武大同歲貢康熙三十年任　宋璋長子人康熙癸卯舉人三十三年任　張洪定襄拔貢康熙四十一年任　郝啟敬太原人康熙己酉舉人四十六年任　閻開泰徐溝人康熙己酉舉人四十八年任　秦椰高平歲貢康熙五十六年任　李玉書平定州人康熙戊戌進士六十年任　周翹

濂安邑人康熙丁卯舉人雍正三年任段蕭聞喜人康熙己卯舉人雍正七年任劉澐遼州人康熙癸巳進士雍正十一年任張鳳瑞代州人乾隆己未進士十五年任郭偉人文水人乾隆己未進士二十六年任劉嗣漢定襄人乾隆辛未進士二十八年任李時中太平人乾隆甲戌進士三十四年任

汾州府訓導范奇正順治十一年任李鳳來趙城歲貢順治十四年任牛際會汾西人順治十八年任閻履光翼城歲貢康熙十六年任郭緝汾安邑歲貢康熙二十八年任闞其才太平歲貢康熙二十八年任戴文明太平歲貢康熙四十年任楊樞絳州歲貢康熙五十七年任郭應魁山陰歲貢雍正二年任魏近濂武鄉歲貢雍正七年任齊喆浮山歲貢雍正十三年任馬中俠平順歲貢乾隆元年任程格平順歲貢乾隆十年任郭偉襄垣歲貢乾隆十二年任姚際虞陵川歲貢乾隆十八年任劉佐吉州歲貢

乾隆十九年任　王席珍樂平歲貢乾隆二十二年任　陳璡代州廪貢乾隆二十四年任

汾陽縣教諭李森萬泉恩貢順治三年任　呂奇齡平定州人崇正己卯舉人順治九年任　蘭可玲吉州歲貢年號無考　任文炳大同府歲貢康熙十年任　王綸世長治人順治辛卯舉人康熙十三年任　馬登瀛陽曲人順治丁酉舉人康熙十五年任　楊遷蒲州人康熙己酉舉人二十二年任　張韡崞縣歲貢　李酪臨汾舉人並年號無考　李鏳絳州人康熙戊午舉人四十三年任　賈若瑚陽曲貢生康熙四十九年任　羅經猗氏人康熙丙子舉人雍正二年任　喬雲綬猗氏人康熙甲辰舉人雍正六年任　郭揚長治人雍正乙卯舉人乾隆五年任　張超鹿孟縣人雍正癸卯舉人乾隆十五年任　呂儲夏縣人雍正壬子舉人乾隆三十一年任　趙翽平陸人乾隆壬申舉人三十三年任

汾陽縣訓導趙承祚興平歲貢順治四年任　李芳桂陽曲歲貢順治八年任

馮嘉祥平定州歲貢順治十年任　王宗堯順治中任　楊大觀曲沃歲貢順治十八年任
以後缺裁康熙十六年復設　周之晉安邑歲貢康熙十六年任　田喜霔馬邑歲貢康熙二十年任　傅南官汾西拔貢康熙二十九年任　王奭會太平貢生康熙四十七年任　劉之儁交城歲貢康熙五十五年任　樊之楷臨汾歲貢雍正元年任　李加培大同歲貢雍正四年任　張鳳翮大同歲貢雍正六年任　覃自新大同歲貢雍正十一年任　劉壎洪洞歲貢乾隆元年任　鄭維翰文水歲貢乾隆六年任　樊金魁曲沃歲貢乾隆十年任　張澤煐浮山廩貢乾隆十九年任　王廷淑吉州廩貢乾隆三十年任

平遥縣教諭

劉璞河津歲貢順治四年任　于艮遇天城衛歲貢順治七年任　郭涵太原舉人順治十三年任　王介石榆次拔貢康熙十六年任　李章太原拔貢康熙二十年任　樊嗣永蒲州舉人康熙二十八年任　李恒爚威遠衛貢生康熙三十七年任　王益謙

臨晉副榜康熙四十一年任　高以位洪洞拔貢康熙四十六年任　賈化聖絳州歲貢康熙

六十年任　王晟代州舉人雍正三年任　謝丕振解州恩貢雍正八年任　孟世官太谷

副貢雍正十二年任　韓煥繁峙副榜乾隆六年任　郭明京霍州歲貢乾隆十年任　王志

匡陽曲拔貢乾隆二十五年任　朱宗元太原舉人乾隆三十二年任

平遥縣訓導　王祚茂陽城恩貢順治三年任　趙昌期忻州歲貢順

治四年任　程士衡襄垣恩貢順治八年任　孫如琰沁水歲貢順治十年任　格登貢榆次歲貢

吳紹魁並年號無考　喬挺然稷山歲貢康熙十年任　趙魏太谷歲貢康熙十年任

周見龍夏縣歲貢康熙十年任　李淑齡趙城歲貢康熙十三年任　崔屹長治歲貢康熙

二十年任　程萬里清源歲貢康熙二十八年任　郭基昌趙城恩貢康熙三十年任　程晉

瑾岢嵐州歲貢康熙中任　薛錫袞永和歲貢康熙四十三年任　張漢文榆社歲貢康熙

四十九年任　湯信賢趙城歲貢康熙五十六年任　程有祚祁縣歲貢雍正三年任　席琰蒲縣歲貢雍正八年任　鄭宗姬應州歲貢雍正十三年任　譚民瞻廣靈歲貢乾隆九年任　馬克繼應州歲貢乾隆十一年任　張建封山陰歲貢乾隆十四年任　張善治朔州歲貢乾隆二十年任　張若緒襄陵歲貢乾隆二十六年任　呂鎬安邑舉人乾隆三十三年任

介休縣教諭　李長年陝西人順治元年任　蒙崇詰隰州貢士順治四年任　王相霖陽曲廩生順治六年任　張光遠陽曲貢生順治七年任　孫有芭絳州貢士順治十年任　趙維台聞喜貢士順治十二年任　陳維新翼城歲貢順治十五年任　張尊美大寧貢士康熙四年任　郭超宗文水舉人康熙十年任　王楨文水舉人康熙十七年任　楊廷簡聞喜舉人康熙二十六年任　石博陽城貢士康熙二十八年任　侯國翰洪洞歲貢康熙四十三年任　楊廷銓聞喜舉人康熙五十四年任　呂元聲寧武舉人康熙五十九年

任榮鍵陽曲舉人雍正五年任張壽世興縣舉人雍正十二年任衛廷趙城舉人乾隆
十一年任張克功洪洞舉人乾隆十四年任胡方瑚高平舉人乾隆十九年任雷大興
陽高廩貢乾隆二十八年任

介休縣訓導姚之澤五臺貢士順治元年任廖覺闓陝西貢士順治二年任
房毓秀靈石貢士順治三年任李條生樂平貢士順治四年任王思聖趙城人順
治九年任魏博順治十二年任蘭可珍吉州歲貢順治十六年任傅錡順治十八年任段
文煃康熙初任以後缺裁二十一年復設劉宏績翼城歲貢康熙二十一年任王健襄陵
歲貢康熙二十五年任盧爾儁太平歲貢康熙三十八年任王奕會太平歲貢康熙四十
一年任李再鄴交城歲貢康熙五十五年任程轍稷山歲貢雍正三年任高倬大同
貢生雍正八年任王廣生安邑歲貢雍正十年任盧成章大同歲貢乾隆二年任白

晧渾源州歲貢乾隆十三年任　冀州璽蒲縣歲貢乾隆十六年任　賈憲至榆社廩貢乾隆
二十一年任　續敬修崞縣歲貢乾隆二十二年任　李生棟高平廩貢乾隆二十五年任
孝義縣教諭文敏秀晉陽舉人順治二年任　謝進德靈丘人順治十三年任
李一奎康熙二年任　曹其失名　張玶崞縣人　毋儀陽高衛　楊瑊蒲城人癸
卯舉人並康熙中任　甯佑聞喜人康熙三十三年任　楊蕙岳陽拔貢康熙四十三年任　武桓
太谷人康熙五十二年任　胡子彥交城人康熙壬午舉人雍正二年任　陳廷瑚嵐縣拔貢雍正
中任　周來豐祁縣進士　李芸榆次解元　閻燮榆次人甲子舉人　李忠義鄉寧恩貢
何冲若榆次人壬申舉人　趙良佐絳州人雍正乙卯副榜並乾隆中任
孝義縣訓導王其旋韓城長治人並順治中任　侯篤佑康熙二年任　侯
懋功張啟先並康熙中任　常棊失名廣昌人康熙二十年任　王成章康熙二十

五年任李暉壽陽人康熙三十九年任李日昇浮山人康熙四十年任因必可曲沃人康熙四十七年任姚緒焜芮城人康熙五十二年任梁著廷榆次人康熙五十五年任曹士威寧遠衛歲貢雍正中任田種玉榆社貢生李昇秀沁州歲貢張瑞麟壺關歲貢覃紹先大同歲貢王製應州歲貢王埈功陽城人乾隆甲子舉人並乾隆中任

臨縣教諭房毓秀靈石貢生順治四年任謝象申安邑舉人順治十年任梁琦太平人順治中任牛志遴太谷拔貢程均長治拔貢並年號無考賈鎔臨汾歲貢康熙二十一年任賈龍文蒲州貢生康熙二十九年任楊駿聲岳陽拔貢康熙三十三年任馮慶曾代州貢生康熙五十年任張世培盂縣貢生康熙五十二年任趙登捷徐溝舉人雍正三年任郝贊襄垣恩貢雍正十年任郝善因靈石拔貢雍正十二年任張獅潞夏縣舉人乾隆十二年任吳永發陽高恩貢乾隆十九年任康載嶟安邑副榜乾隆

二十六年任

臨縣訓導張奇勛澤州人順治三年任賀應鳳寧鄉人順治五年任孫世藎興縣人順治八年任王嘉言天城衛人順治十三年任杜之柱大同人史翼唐吉州並年無考號陳舜典繁峙人康熙三十二年任賈愈高聞喜歲貢康熙三十二年任鄭士拭五臺歲貢康熙四十一年任佽長發曲沃歲貢康熙四十四年任張漢文榆社歲貢康熙四十九年任馬喆太原歲貢康熙五十六年任李發光曲沃例貢康熙六十一年任許子敬祁縣歲貢雍正五年任楊蓄海平順歲貢乾隆三年任康煥章長子歲貢乾隆八年任梁會樞清源優貢乾隆十年任牛天青陵川歲貢乾隆二十一年任郭金城山陰歲貢乾隆二十七年任

石樓縣教諭張希載廣昌貢生順治五年任張廷俊太原功貢順治七年任

姜宗呂保德州舉人順治十二年任以後缺裁

石樓縣訓導王綸世長治貢生高且明廣昌貢生賈之龍吉州貢生趙旭光黎城貢生杜翩然忻州貢生張拱樞蔚州貢生韓之望樂平貢生馮聖明大寧貢生馬仁錫安邑貢生曹勝蘇忻州貢生任乃資河津貢生並年號無考

宋國相偏關貢生雍正五年任張同第襄陵歲貢雍正九年任王向極應州歲貢乾隆七年任周鳳生榆社歲貢乾隆九年任王暭代州歲貢乾隆十五年任張自省朔平府右衛歲貢乾隆二十一年任王國光文水歲貢乾隆二十五年任劉元龍平定州舉人乾隆三十四年任

永寧州學正閻士貴平定州歲貢順治四年任王宗成襄陵舉人順治九年任蘇萬方靜樂歲貢順治十八年任劉祚昇趙城舉人康熙五年任陳廷繼澤州拔貢

康熙十一年任　段文煌太原歲貢康熙十四年任　劉漢楨聞喜舉人康熙二十三年任　崔起泰黎城舉人康熙二十七年任　趙靜全樂平舉人康熙二十九年任　張昂榆次歲貢康熙六十一年任　陳惪健猗氏舉人雍正三年任　馮秉直長子舉人雍正十一年任　陳雷澥絳縣舉人乾隆六年任　王子達絳縣舉人乾隆十四年任　白日昣興縣舉人乾隆十九年任　韓僎曲沃舉人乾隆二十一年任　焦李庚高平人乾隆丁卯舉人三十二年任

永寧州訓導

雷景瑋太原歲貢順治三年任　范嗣薇蒲州歲貢順治八年任　李鐸高平歲貢順治十年任　郭維汾安邑歲貢順治十七年任　宋應選霍州歲貢康熙八年任　李爾蓀代州歲貢康熙二十三年任　施三汲代州歲貢康熙三十八年任　衛浥祺太平歲貢康熙四十年任　鄭端洪洞歲貢康熙四十八年任　錢元偏關歲貢雍正三年任　李光靈邱歲貢乾隆元年任　劉咸偉應州歲貢乾隆七年任　孟世祿太谷歲貢

乾隆七年任程信潞城歲貢乾隆十五年任馮錫與代州歲貢乾隆二十年任周輯榆次歲貢乾隆二十六年任栗培上長治拔貢乾隆三十二年任

寧鄉縣教諭李本堅襄陵貢士順治二年任范星鼎岳陽選貢順治八年任石獻璟岳陽人順治十年任張體壯乙卯舉人戴記張清標秦柳劉士現牛敬修馬生髭並康熙中任李秉恭安邑貢生康熙五十年任劉振基澤州府副榜雍正三年任杜增煜曲沃人會試明通榜雍正八年任韓藩交城副榜乾隆七年任十五年缺裁

寧鄉縣訓導張光遠陽曲人順治二年任張天秩垣曲人順治八年任陳謐太原人順治十年任劉芳芝張瑞璧牛金台邢拱極李惟序樊而蕙周詳並年號無考董洽曲沃廩貢康熙五十五年任徐琛馬邑歲貢雍正八年任

馬一鵬安邑歲貢乾隆十一年任賀應麟吉州歲貢乾隆十七年任高作敏浮山歲貢乾隆十八年任李奇觀太平歲貢乾隆二十年任王永清壽陽歲貢乾隆二十二年任杜煥發朔州歲貢乾隆二十七年任王場交城歲貢乾隆二十九年任梁會魁徐溝舉人乾隆三十三年任

汾州營叅將李登科遼東鐵嶺衛將林順治三年任甯獻功遼陽衛將材順治四年任李正芳直隸大興武舉原鑾儀衛鎮撫順治七年任郭虎陝西榆林衛行伍順治十三年任田永祿遼東鐵嶺衛行伍順治十七年任宋天祿直隸大興世職三科武舉康熙元年任鄭續善直隸義勇後衛指揮康熙七年任陳茂林湖廣房縣人康熙十三年任張應標陝西崇信人康熙二十一年任王祿陝西寧夏功加康熙二十三年任李順浙江永嘉將材康熙二十五年任李燦福建閩縣人丁未武進士康熙二十五年任林芳福建海澄將材

康熙三十三年任李九臣山東濟寧州功加康熙三十五年任佟國臣滿洲功加康熙三十九年任李之瑞直隸居庸行伍康熙四十年任徐登甲直隸宛平武進士康熙四十二年任邢耀龍陝西富平行伍康熙四十五年任黄助福建漳浦功加康熙五十年任丁延祥滿洲通事康熙五十七年任曾鳳儀河南人康熙五十九年任劉堯思四川武舉康熙六十一年任張茂雍正元年任李成龍雍正二年任徐宗仁雍正六年任惠養民雍正八年任朱武英雍正九年任許連科乾隆元年任李思祖乾隆二年任史宏蘊乾隆四年任南天章乾隆六年任雷濟生乾隆八年任黄元龍乾隆十年任蘇章阿乾隆十二年任馬麟紋乾隆十四年任陞蒲州府協鎮彭友俊乾隆十九年任韓岳乾隆二十一年任姬大鵬乾隆三十一年任袁守梃乾隆三十二年任白璉奉天人乾隆三十四年署任書林鑲黄旗滿洲人世襲乾隆三十六年任

汾州營守備
沈應春京衛恩蔭順治十二年任
毛玉京衛武進士順治十六年任
陳國柱陝西榆林行伍康熙八年任
李蓁陝西寧夏武進士康熙十二年任
劉應龍遼東功加康熙十三年任
朱成名山東濟寧州行伍康熙十七年任
金滿斗陝西慶陽衛功加康熙二十二年任
索之柱直隸河間府武舉康熙二十七年任
湯聖江南石埭武進士康熙三十八年任
錢士穀浙江山陰人甲戌武進士康熙四十一年任
楊振陝西涼州人侍衛康熙五十年任
盧漁蔚州人庚辰武進士康熙五十四年任
張志仁陽曲人癸酉武舉康熙五十七年任
楊明雍正五年任
楊國臣乾隆元年任
王文裕乾隆四年任
盧悅乾隆十五年任
王月乾隆十九年任
高義乾隆二十一年任
李煓乾隆二十四年任
劉廷元乾隆二十六年任
哈繼隆乾隆三十年任

汾州衛管衛事
趙一鳳本縣武舉順治二年任
王麒指揮廢職順治三年任

甯三才千戶廢職順治四年任　李長琳陝西三原武進士順治四年初定衛制推掌印　童維祚直隸甯雲武進士順治七年任後裁

汾州衛經歷司經歷茹珍順治十一年缺裁改設城守營千總一員守兵百名衙門即係舊衙

石樓營守備才綸順天人順治四年任　張時中鐵嶺人順治七年任　陸時雨上元武進士順治九年任　陳朝用遼東人順治十三年任　張三耀陝西寧夏行伍　彭良相直隸武進士　魏貞直隸武進士　馬世英陝西涇陽武舉　張龍福建行伍　韓德平魯行伍　王天福直隸滄州行伍　稽普浙江錢塘武進士並年號無考　劉文煥陝西榆林衛行伍雍正六年任十年改設都司

石樓營都司任璽臨汾武舉乾隆三年任　伍士功湖廣江夏行伍乾隆八年任

裴嘉猷直隸武進士乾隆十六年任　陳紀廣西行伍乾隆二十三年任　沈之驍福建詔安武進士乾隆二十五年任　姚㭠滿洲人乾隆二十七年任　鐵忠奇陝西長安行伍乾隆三十四年任

汾州府志卷之十

宦績上

杜敬侯延年字幼公南陽杜衍人昭帝時封建平侯宣帝卽位以定策安宗廟益戸二千三百爲人安和備於諸事久典朝政上任信之出卽奉駕入給事中居九卿位十餘年坐霍氏舊人免官數月復召拜爲北地太守居歲餘上使謁者賜延年璽書黃金二十斤徙爲西河太守治甚有名五鳳中徵入爲御史大夫後三年薨諡曰敬侯

來節侯歙字君叔南陽新野人今平遥縣西有來城相

傳爲歙所築無可證實
崔鈞字州平涿郡安平人少交結英豪有名稱爲西河太守獻帝初與袁紹俱起兵山東以討董卓
右漢三人舊志於名宦祠列漢西河太守杜延年於平遥縣名宦祠列漢大中大夫前守禦平遥縣來歙考宣帝時西河郡治遠在河西今府境西四屬爲西河郡所領之藺離石土軍等縣東四屬爲太原郡所領之兹氏京陵中都鄔界休等縣西河治遠而太原治近後人徒因北魏之西河郡在是而求諸史傳中見西河太守之賢者秩而祀之太原則後代不相屬

故不之及耳於漢不列太原太守而列西河非例也
今仍昔人之舊一去一存說詳職官題名至來歙侯
漢書列傳絕不言其曾涉是地徒因世傳來城之名
歸之於歙故題云前守禦平遥縣而縣志竟列於知
縣山西通志職官內遂稱建武時平遥令謬矣歙始
歸光武帝即拜大中大夫尋拜中郎將加以令之名
出於無稽又漢太原郡平陶其故城在今文水縣北
魏徙置於漢京陵城西改陶爲遥是來城在今平遥
縣境者縣名起於北魏舉而上加之漢又謬之甚者
今姑存而論之以當疑事勿質云爾

賈渾不知何郡人太安中爲介休令及劉元海作亂遣其將喬晞攻陷之渾抗節不降曰吾爲晉守不能全之豈苟求生以事賊虜何面目以視息世間哉晞怒執將殺之晞將尹崧曰將軍舍之以勸事君晞不聽遂被害

右晉一人舊志於名宦祠列魏西河太守房豹晉汾州刺史王雅西河太守刁雙於介休縣名宦祠列晉介休令賈渾惟賈忠義一人得其實其稱房豹也曰武城人爲政清淨甚著奇績考之北史房法壽傳云清河東武城人子翼翼子豹豹政貴清靜甚著聲績乃當北齊世祖時爲西河太守不知何以誤列之晉

以前其稱王雅也曰新門人明帝初除汾州刺史山
西通志則云太寧初爲汾州刺史更舉其後拜少傅
孝武將擢王恭殷仲堪一事考晉書王雅傳雅字茂
達東海剡人孝武帝深加禮遇時人彼以佞倖之目
隆安四年卒時年六十七而明帝太寧初下距隆安
四年凡七十八年不知通志何以不察至是且汾州
之名起於北魏晉無是名又晉太寧時此地屬石勒
孝武世此地屬苻堅尋屬慕容垂晉無此地也自太
寧初下距北魏太和十二年改吐京鎮名汾州凡百
六十餘年距孝昌中汾州移治西河凡二百餘年由

是言之晉太寧初無王雅無汾州卽孝武世亦無汾州之地及汾州之名而曰晉汾州刺史王雅謬矣北周有汾州刺史王雅字度容周書列傳云闡熙新固人世宗初除汾州刺史勵精爲治人庶悅而附之自遠至者七百餘家葢北周世宗明帝初舊志誤繫之晉通志遂以孝武時王雅與此合爲一人改明帝初曰太寧初於兩人時代皆失之新固訛作新門又北周之汾州其地在今吉州非府境時府境屬北齊此徒求諸史傳中見汾州刺史之賢者秩而祀之而於時代沿革茫然不辯是以紛紛淆誤刁雙則北魏肅

宗時西河太守亦非晉

穆羆代人襲爵宜都王除虎牢鎮將轉征東將軍離石鎮將羆賞善罰惡深自刻勵山賊劉什婆寇掠郡縣羆討滅之自是境內肅然後改吐京鎮爲汾州仍以羆爲刺史前吐京太守劉升定陽令吳平仁羆以吏民懷之並爲表請高祖皆從焉羆既頻薦升等所部守令咸自砥礪威化大行百姓安之州民李軌郭及祖等七百餘人詣闕頌羆恩德高祖以羆政和民悅增秩延限後徵爲光祿勳

劉升高祖時爲吐京太守在郡甚有威惠限滿還都民

八百餘人詣鎮將穆羆請留羆以吏民懷之爲表請詔
從焉
封孝宣回渤海蓨人本名叔念高祖賜名回皇興初爲
中書學生襲爵富城子世宗卽位以回行華州事尋除
鎮遠將軍汾州刺史肅宗初授平北將軍瀛州刺史又
爲度支尚書尋轉都官尚書冀州大中正滎陽鄭雲諂
事長秋卿劉騰貨騰紫纈四百匹得爲安州刺史除書
旦出暮往詣回坐未定謂回曰我爲安州卿知之否彼
土治生何事爲便回答之曰卿荷國寵靈位至方伯雖
不能拔園葵去織婦思方畧以濟百姓如何見造而問

治生乎封回不爲商賈何以相示雲慙媿失色莊帝初
遇害於河陰時年七十七諡曰孝宣
刁清穆雙字子山渤海饒安人少好學兼涉文史雅爲
中山王英所知賞拜西河太守正光初中山王熙之誅
也熙弟畧投命於雙雙之周年時購畧甚切畧乃謂
雙曰我兄弟屠滅已盡唯我一身漏刃相託卿雖厚恩
久見容蔽但事留變生終恐難保脫萬一發覺我死分
也無事相累卿若送吾出境便是再生之惠如其不爾
輒欲自裁雙曰人生會有一死死所難遇耳今遭知已
視死如歸願不以爲慮畧後苦求南轉雙乃遣從子昌

送達江左靈太后返政知尋因雙獲免徵拜光禄大夫莊帝初以功封曲城鄉男興和三年卒謚曰清穆

裴良字元賓河東聞喜人時汾州吐京薛羽等作逆以良兼尚書左丞爲西北道行臺値别將李德龍爲羽所破良入汾州與刺史汝陰王景和及德龍率兵數千憑城自守景和薨以良爲汾州刺史加輔國將軍行臺如故先是官粟貸民未及收聚仍值寇亂至是城民大饑人相食賊知倉庫空虛攻圍日甚死者十三四良以饑窘因與城人奔赴西河汾州之治西河自良始也

右北魏五人舊志於名宦祠列西魏汾州刺史韓褒

後魏汾州刺史王慶而刁清穆誤繫之晉今改正韓褒當北周保定三年爲汾州刺史王慶當北周大象元年爲汾州刺史繫之西魏後魏胥誤北周之汾州其一在今陜西宜川縣卽西魏所置之汾州其一在今吉州乃東魏所置之南汾州其一在今霍州隋書云開皇十六年置寔起於北周韓褒傳所謂州界北接太原當千里徑齊寇數入民廢耕桑是也皆非府境

房豹字仲幹東清河繹幕人體貌閒岸美音儀河清中除謁者僕射拜西河太守地接周境俗雜稽部豹政貴

清靜甚著聲績遷博陵太守又遷樂陵太守風教修理稱爲美政齊滅遂還本鄉邱園自養頻被徵命固辭以疾終於家

右北齊一人舊志於名宦祠列之三國魏山西通志於職官亦列之三國魏於名宦列之北魏胥誤今改正

虞慶則京兆櫟陽人本姓魚慶則幼雄毅性倜儻身長八尺有膽氣善鮮卑語被重鎧帶兩鞬左右馳射本州豪俠皆敬憚之初以弋獵爲事中更折節讀書常慕傳介子班仲升爲人襲爵沁源縣公宣政元年授儀同大

將軍除并州總管長史二年授開府時稽部數叛越王盛內史下大夫高熲討平之將班師熲與盛謀須文武幹略者鎮遏表請慶則於是卽拜石州總管甚有威惠境內清肅稽部慕義而歸者八千餘戶

右北周一人舊志於名宦祠列後周侍中行汾州事宇文測考測以大統四年拜侍中長史六年坐事免尋除使持節驃騎大將軍開府儀同三司大都督行汾州事八年加紫金光祿大夫轉行綏州事大統寔西魏非後周也時府境屬東魏而西魏亦別設汾州同名異地說詳沿革及職官

李衍字拔豆遼東襄平　開皇元年以行軍總管討叛蠻平之進位柱國明年突厥犯塞以行軍總管率衆討之不見虜而還轉介州刺史後數年朝廷將有事江南詔衍於襄州道營戰船後拜安州總管頗有惠政歲餘以疾還京師

蕭大圜字仁顯梁簡文帝之子也幼而聰敏神情俊悟年四歲能誦論語孝經及三都賦七歲居母喪便有成人之性梁大寶元年封樂梁郡王屬侯景肆虐簡文見弒大圜潛逃獲免明年景平大圜歸建康改封晉熙郡王大圜以世多故恐讒愬生焉恒以讀詩禮書易爲事

元帝嘗問五經要事數十條大圜辭約指明應答無滯帝甚歎美之隋開皇初拜內史侍郎出爲西河郡守大圜性好學務於著述撰梁舊事三十卷寓記三卷士喪儀注五卷要決兩卷幷文集二十卷

韋沖字世沖京兆杜陵人世爲關右著姓高祖踐阼賜爵安固縣侯歲餘長城之役發南汾州部衆千餘人在塗皆亡上以沖嘗安集稽部呼沖問計沖曰臣請以理綏靜可不勞用兵而定上然之因命沖綏懷叛者月餘皆至並赴長城上下書勞勉之尋拜石州刺史甚得諸部歡心以母憂去職仁壽中卒

段襄侯文振北海期原人少有膂力膽氣過人性剛直明達時務開皇中爲石州刺史甚有威惠後遼東之役卒於師贈光禄大夫尚書右僕射北平侯謚曰襄

薛道實汾東汾陰人道衡之從父弟也官至禮部侍郎離石太守知名於世

楊子崇高祖族弟也少好學有風儀愛賢好士開皇初拜儀同以車騎將軍恒典宿衛煬帝嗣位從帝幸汾陽宫子崇知突厥必爲寇患屢請早還京師帝不納尋有雁門之圍及賊退出爲離石郡太守治有能名唐義旗初兵夜至城下城陷子崇爲讐家所殺

李德佋趙郡柏人人父純開皇中爲介州長史兄德饒至孝甘露降於庭樹有鳩巢其廬德佋性重然諾大業末爲離石郡司法書佐太守楊子崇特禮之及義兵起子崇遇害棄尸城下德佋赴哭盡哀收瘞之至介休詣義師請葬子崇大將軍嘉之因贈子崇官令德佋爲使者往離石禮葬子崇焉

右隋七人

王儉武德初石州刺史二年劉季眞叛陷石州儉死之

薛大鼎字重臣蒲州汾陰人父粹爲隋介州長史義旗初大鼎於龍門謁高祖以功遷浩州刺史累徙滄州是

時鄭德本在瀛州賈敦頤爲冀州皆有治名故河北稱鐺脚刺史永徽中遷銀青光祿大夫行荆州大都督長史卒謚曰恭

舒王李元名高祖第十八子也貞觀五年封譙王十一年徙封舒王拜壽州刺史後歷滑許鄭三州刺史二十三年轉石州刺史元名性高潔罕問家人產業朝夕矜莊門庭清肅常誡其子豫章王亶等曰藩王所乏者不慮無錢財官職但勉行善事忠孝持身此吾志也及亶爲江都刺史以善政聞高宗手勑褒美元名以賞其義方之訓高宗每欲授元名大州刺史固辭曰忝預藩戚

豈以州郡戶口爲仕進之資辭情懇到故在石州二十年賞翫林泉有塵外之意永昌中與子亶俱爲邸神勣所陷被殺神龍初贈司徒仍令以禮改葬

楊越宏農仙掌人太宗初定天下網羅遺逸越曰天下有道可以出而見矣以角巾褐衣應命陳謨太宗曰石州邊方未沾王化汝往輯寧以息邊患授石州方山令

魯王李道堅靈夔之孫也神龍初嗣魯王性嚴整雖在閨門造次必於莊敬景龍四年加銀青光祿大夫歷果隴吉冀洺汾滄汴八州刺史以清毅聞入爲宗正卿薨贈禮部尚書

楊隆禮煬帝曾孫埭雲中汾州刺史性清嚴能檢察人吏欺隱殆絶開元中封宏農郡公授戸部尚書卒

崔隱甫貝州武城人隋散騎侍郎儦之曾孫也解褐左玉鈐衛兵曹叅軍遷殿中侍御史内供奉浮圖惠範倚太平公主脇人子女隱甫劾狀反爲所擠貶卭州司馬元宗立擢汾州長史兼河東道支度營田使遷洛陽令梨園弟子胡鶵善笛有寵嘗負罪匿禁中帝以他事召隱甫從容指曰就卿丐此人對曰陛下輕臣而重樂工請解官再拜出帝遽謝與胡鶵隱甫殺之有詔貰死不及矣賜隱甫百縑後拜東都留守封淸河郡公卒贈益

州大都督謚曰忠隱甫所至潔介自守明吏治以強正稱始帝欲相隱甫也謂曰牛仙客可與語卿常見否對曰未也帝曰可見之隱甫終不詣他日又問對如初帝乃不用

徐堅字元固湖州長城人世客馮翊梁慈源侯整五世孫也堅幼有敏性沛王聞其名召見授紙爲賦異之十四而孤及壯寬厚長者舉秀才及第爲汾州參軍事後累遷給事中封慈源縣子睿宗初進東海郡公元宗改麗正書院爲集賢院以堅充學士副張說知院事帝大酺集賢幔舍在百司上說令揭大榜以侈其寵堅見遽

命撤之曰君子烏取多尚人堅於典故多所諳職凡七
當謚次高選卒贈太子少保謚曰文

楊仲昌字蔓虢州閿鄉人元琰之子也開元中對策第
一授蒲州法曹參軍判入異等遷監察御史坐累左遷
孝義令鸞降庭樹太守蕭恕表其政徙下邽終吏部郎
中仲昌資長於吏常分父邑租振宗黨御身以約善與
人交士樂從之游

杜希望京兆萬年人重然諾所交游皆一時俊傑屬吐
蕃攻勃律勃律乞歸右相李林甫方領隴西節度故拜
希望鄯州都督知留後馳傳度隴破烏莽衆斬千餘級

進拔新城振旅而還擢鴻臚卿於是置鎮西軍希望引師部分塞下虜悉衆爭壇泉希望大小戰數十俘其大酋至莫門焚積蓄卒城而還授二子官宦者牛仙童行邊或勸希望結其驩答曰以貨藩身吾不忍仙童還奏希望不職下遷恒州刺史徙西河太守而仙童受諸將金事泄抵死畀金者皆得罪希望愛重文學門下所引如崔顥等皆名重當時

陸璪字仲采蘇州吳人舉明經補長安尉以清幹稱開元初改新鄉令人爲立祠後除洛陽令時車駕在洛擢勑姦豪人不敢犯爲中書令蕭嵩所器嵩罷他宰相俾

陰廉嵩短躁曰與人交過且不可言況無有邪以是忤
貴近出爲太原少尹累徙西河太守封平恩縣男屬邑
多虎前守設檻穽躁至徹之而虎不爲暴

薛從字順之絳州龍門人仁貴之四世孫以蔭授左清
道率府兵曹參軍累遷汾州刺史隄文谷瀘河二水引
漑公私田汾人利之徙濮州儲粟二萬斛以備凶災擢
將作監終左領軍衛上將軍贈工部尚書

崔昭襄圓字有裕貝州武城人開元中以鈐謀對策甲
科累遷爲劒南左司馬知留後元宗西出次扶風遷御
史中丞劒南節度副大使圓初聞難治城浚隍列館宇

儲什具帝次河池圓疏具陳蜀士腴穀羨儲供易辦帝省書泣下曰世亂識忠臣卽日拜中書侍郎同中書門下平章事仍兼劍南節度使至德二載遷中書令封趙國公後削階封李光弼表爲懷州刺史改汾州以治行稱從淮南節度使卒謚昭襄

李貞簡勉字元卿鄭惠王元懿曾孫也勉少喜學內沈雅外淸整始調開封尉汴州水陸一都會俗厖錯號難治勉摧姦決隱爲有名從肅宗於靈武擢監察御史遷司膳員外郎關東獻俘百將卽死有歎者勉過問曰被脅守官非敢反勉入見帝曰寇亂之汙半天下其欲澡

心自歸無繇如畫殺之是驅以助賊也帝馳騎完宥後歸者日至天子素重其正擢太常少卿欲遂柄用而李輔國諷使降禮於己勉不爲之屈乃出爲汾州刺史與元初拜檢校司徒平章事卒贈太傅謚曰貞簡勉少貧客梁宋與諸生共逆旅諸生疾且死出白金曰左右無知者幸君以此爲我葬餘則君自取之勉許諾旣葬密置餘金棺下後其家謁勉共啟墓出金付之位將相所得俸賜悉遺親黨身歿無贏藏其在朝鯁亮廉介爲宗臣表禮賢下士有始終嘗引李巡張參在幕府後二人卒宴飲仍設虛位沃饋之遣戍兵常視其資糧春秋存

問家室故能得人死力善鼓琴有所製天下寶之

賈元靖耽字敦詩滄州南皮人天寶中舉明經河東節度使王思禮署爲度支判官累進汾州刺史治凡七年政有異績召授鴻臚卿兼左右威遠營使貞元九年以尚書右僕射同中書門下平章事封魏國公卒贈太傅諡曰元靖耽嗜觀書老益勤尤悉地理爲圖廣三丈從三丈三尺以寸爲百里本之禹貢及班固漢書古郡國題以墨今州縣以朱刋落疎舛多所釐正又著貞元十道録其器偉然蓋長者也不喜臧否人物檢身厲行家人近習不見其喜愠

劉暹曹州南華人爲汾州刺史天資疾惡所至以方直爲觀察使所畏建中末召爲御史大夫宰相盧杞憚其嚴更薦前河南尹于頎代之暹終潮州刺史

孔巢父字弱翁少力學隱徂來山建中初涇原節度留後孟皞表巢父試秘書少監兼御史中丞行軍司馬尋拜汾州刺史入爲諫議大夫興元中李懷光擁兵河中以巢父兼御史大夫充宣慰使遇害帝聞之震悼贈尙書左僕射

李說字巖甫淮安靖王神通之五世孫也馬燧節度太原辟說署少尹遷汾州刺史李自良代燧復奏爲少尹

擢檢校禮部尚書節度使累封隴西縣男說精於職卒
贈尚書右僕射
裴向字傃仁絳州聞喜人父遵慶上元中同平章事廣德初僕固懷恩阻兵汾上代宗以遵慶忠純特遣往汾州宣慰見懷恩具陳朝旨懷恩引過聽命將隨入朝旋爲范志誠所惑以懼死爲辭會乘輿幸陝遵慶自汾州奔赴行在向少以門蔭歷官至太子少議郎德宗末方鎮之副多自選於朝以待有變次授之故向以選爲太原少尹行軍司馬兼御史中丞改汾州刺史轉鄭州向以學行自飭歷官仁智推愛利及於人以吏部尚書致

仕內外親屬百餘人向所得俸祿必同其費世稱其孝
睦

李漢字南紀雍王八世孫少事韓退之通古學屬詞雄
蔚爲人剛烈類愈愈愛重以子妻之擢進士第累遷右
拾遺直諫多所救補出佐興元幕府文宗立召爲屯田
員外郎史館修撰論次憲宗實錄書宰相李吉甫事不
假借子德裕惡之會李宗閔當國擢知制誥進御史中
丞吏部侍郎後德裕復輔政漢坐宗閔黨出爲汾州刺
史有善政及宗閔再逐貶州司馬尋徙絳州長史大中
時召拜宗正少卿

魏謩字申之鉅鹿人文貞五世孫也擢進士第文宗讀貞觀政要思魏徵賢詔訪其後以謩爲右拾遺謩姿宇魁秀帝異之累擢諫議大夫以直諫稱始謩之進李珏楊嗣復寔推引之武宗立坐二人黨出爲汾州刺史後大中五年進同中書門下平章事十年以平章事領劍南西川節度使卒贈司徒謩爲宰相議事天子前他相或委抑規諷惟謩讜切無所回畏宣宗嘗曰謩名臣孫有祖風朕心憚之然卒以剛正爲令狐綯所忌讒罷之

右唐二十八人舊志於名宦祠列唐汾陽王郭子儀汾州刺史李說西河太守陸璪汾州刺史賈耽李漢李

勉崔宏禮於孝義縣名宦祠列孝義令楊仲昌唐時

此地無汾陽之稱說詳沿革崔宏禮史但云擢忻汾

二州刺史而其傳末有云宏禮短於治民多愛利晚

頗務多積素議疵之夫短於治民在州郡之官已不

足稱能吏矣至以愛利務多積見譏猶列之祀典何

以示官箴儆凡居官者哉志是以去而不錄

李謙溥字德明幷州盂縣人性慷慨重然諾少通左氏

春秋建隆四年爲慈州刺史兼晉隰緣邊都廵檢行石

州事以興同寨爲治所開寶元年命李繼勳等征太原

以謙溥爲汾州路都監太祖征晉陽爲東寨都監前軍

副部署黨進遣謙溥伐木西山以給軍用未至聞鼓聲乃幷人逼西寨大將趙贊禦之幷衆未退謙溥麾所部赴之太祖遽至觀戰怪其赴援者非精甲問之乃謙溥也帝甚喜謙溥在州十年敵人不敢犯境有招收將劉進者勇力絶人謙溥撫之厚藉其死力往來境上以少擊衆幷人患之爲蠟丸書以間進佯遺書道中晉帥趙贊得之以聞太祖令械進送闕下謙溥詣其辜進伏請死謙溥曰我以舉宗四十口保汝矣即上言進爲幷人所惡此乃反間也奏至帝悟遽令釋之賜以禁軍都校戎帳服具進感激願擊敵自効

杜正獻衍字世昌越州山陰人衍總髮苦志厲操尤篤於學擢進士甲科補揚州觀察推官改秘書省著作佐郎知平遥縣使者薦之通判晉州詔舉良吏擢知乾州徙權知鳳翔府及罷歸二州民邀留境上曰何奪我賢太守也以太常博士提點河東路刑獄高繼昇知石州人告繼昇連蕃族謀變逮捕繫治久不決衍辨其誣抵告者罪後拜同平章事集賢殿大學士兼樞密使衍好薦引賢士而沮止僥倖小人多不悅皇祐初封祁國公衍清介不殖私產既退寓南都凡十年第室卑陋才數十楹居之裕如也善爲詩正書行草皆有法卒贈司徒

兼侍中謚正獻戒其子努力忠孝自作遺疏曰無以久安而忽邊防無以旣富而輕財用宜早建儲以安人心語不及私

王益柔字勝之河南人伉直尚氣喜論天下事用蔭入官杜衍丁度宣撫河東益柔寓書言河外兵饟無法非易帥臣轉運使不可因條其可任者衍度使還以學術政事薦知介休縣范仲淹未識面以館閣薦之除集賢校理至知制誥兼直學士院益柔少力學通羣書爲文日數千言時方以詩賦取士益柔去不爲范仲淹薦試館職以其不善詞賦乞試以策論特聽之

郭逵字仲通其先自邢徙洛康定中兄遵死於敵録逵爲三班奉職隸陝西范仲淹麾下仲淹勉以問學及爲汾州都監龐籍鎮河東俾權知忻州契丹來求天池廟地籍不能決以諉逵逵訪得太平興國中故牘證爲王土檄報之契丹愧服逵伉慷喜兵學尤善用偏裨每至所部令人自言所能暇日閱按之故臨陣皆盡其技每戰先招懷後戰鬭愛惜士卒不妄加誅戮其殺賊婦女老弱者皆不賞後官左武衛上將軍提舉崇福宮卒贈雄武軍節度使

趙懿簡瞻字大觀其先亳州永城人父剛太子賓客徙

鳳翔之盩厔瞻舉進士第調孟州司戸參軍知夏縣作
八監堂書古賢令長治迹以自監又以秘書丞知永昌
縣築六堰灌田歲省科斂數十萬水訟咸息民以比召
杜英宗治平初自都官員外郎除侍御史時議追崇濮
安懿王瞻引漢師丹董宏事謂其屬薛溫其曰事將類
此吾必以死爭固吾所也中書請安懿王稱親瞻爭曰
仁宗旣下明詔子陛下議者顧惑禮律所生所養之名
要相訾難彼明知禮無兩父貳斬之義敢裂一字之詞
以亂厥眞且文有去婦出母者去已非婦出不爲母辭
窮直書豈足援以斷大義哉臣請與之庭辨以定邪正

已而皇太后手書尊王爲皇瞻歎曰向者太后切責大臣議乃得罷今那臣與中官交締歸過至尊而自爲之地吾與首議之臣不並生矣因復力陳會假太常少卿接契丹賀正使入對英宗問前事對曰陛下爲仁宗子而濮王又稱皇考則是二父二父非禮英宗曰御史嘗見朕欲皇考濮王乎瞻曰此乃大臣之議陛下未嘗自言英宗曰是中書過耳朕自數歲時先帝養爲子豈敢稱濮考瞻曰臣請退諭中書作詔以曉天下時連日晦冥英宗指天示瞻曰天道如此安敢妄爲褒尊朕意已決無庸宣告瞻曰陛下祗畏天戒不以私妨公甚盛德

也及使還聞呂誨等諫濮議皆罷去乞與同貶不報趣
入對英宗曰卿欲就龍逢比干之名孰若効伊尹傅說
哉瞻皇懼言臣不敢奉詔使朝廷有同罪異罰之譏遂
通判汾州神宗卽位遷司封員外郎知商州元祐三年
擢樞密直學士簽書樞密院事明年以中大夫同知院
事五年卒太皇太后語輔臣曰惜哉忠厚君子也車駕
親臨贈銀青光禄大夫謚曰懿簡
呂大忠字進伯其先汲郡人祖通太常博士葬京兆藍
田遂家焉登第累官簽書定國軍判官熙寧中王安石
議遣使諸道立縁邊封溝大忠陳五不可罷不遣令與

劉忱使契丹議代北地會遭父喪起服知代州契丹使蕭素梁穎至代設次據主席大忠與之爭乃移次於長城北換西上閤門使知石州大忠數與素穎會凡議屢以理折之素穎稍屈已而復使蕭禧來求代北地神宗召執政與大忠忱議將從其請大忠曰彼遣一使來卽與地五百里若使魏王英弼來求關南則何如神宗曰卿是何言也對曰陛下既以臣言爲不然恐不可啟其漸忱曰大忠之言社稷大計願陛下熟思之執政知不可奪議卒不決罷忱還三司大忠亦終喪制其後竟以分水嶺爲界焉元祐初歷工部郎中陝西轉運副使知

陝州以直龍圖閣知秦州進寶文閣待制馬涓以進士舉首入幕府自稱狀元大忠謂曰狀元云者及第未除官之稱也既爲判官則不可今科舉之習既無用修身爲已之學不可不勉又教以臨政治民之要涓自以爲得師焉

田晝字承君陽翟人樞密使況之從子以任爲檢書郎調磁州録事參軍知西河縣有善政民甚德之議論慷慨有前輩風與鄒浩以氣節相激厲元符中浩爲諫官晝監京城門往見浩曰平生與君相許者何如今君爲何官浩曰上遇羣臣未嘗假以辭色獨於浩差若相喜

天下事固不勝言意欲待深相信而後發貴有益也晝
然之旣而以病歸許邸狀報立后晝謂人曰志完不言
可以絶交矣浩得罪晝迎諸塗浩出涕晝正色責曰使
志完隱默官京師遇寒疾不汗五日死矣豈獨嶺海之
外能死人哉願君毋以此舉自滿士所當爲者未止此
也浩茫然自失謝曰君之贈我厚矣建中靖國初入爲
大宗正丞曾布欵羅致之不爲屈
張確字子固汾州宜祿人元祐中擢進士第徽宗卽位
應詔上書言十事乞誅大姦退小人進賢能開禁錮起
老成擢忠鯁息邊事修文德廣言路容直諫遂列於上

籍宣和中知汾州七年徙解州又徙麟德府明年金兵至確乘城拒守或獻謀欲自東城潰圍出且採確意確怒叱曰確守土臣當以死報國頭可斷腰不可屈乃戰而死欽宗聞之悲悼優贈述古殿直學士召見其子宬慰撫之曰卿父今之巡遠也爲將爲守者皆如卿父朕顧有今日邪欷容歎息者久之

張忠確克戩字德祥開封人侍中耆曾孫也第進士宣和七年八月知汾州十二月金兵圍太原距汾二百里遣將銀木孛堇來攻縱兵四掠克戩畢力扞禦數遣勁卒擣敵營出不意焚其柵敵懼引去論功加直秘閣靖

康元年六月金兵復逼城朝廷命經畧使張孝純之子灝都統制張思正轉運使李宗來援思正誅求無藝民不堪命克戩引諭開曉皆願自奮宣撫使李綱表其守城勞連進直龍圖閣右文殿修撰太原不守思正紿云出戰遂率灝宗奔慈隰於是人無固志戍將麻世堅夜斬關出通判韓琥相繼亡克戩召令兵民曰大原旣陷吾固知亡矣然義不忍負國家辱父祖願與此城始終以明吾節諸君其自爲謀皆泣不能仰視同辭對曰公父母也願盡死聽命乃益厲兵儆守金兵至身帥將士擐甲登陴雖屢却敵而援師訖不至金兵破平遥平遥

爲汾大邑久與抗既先陷又脅降介休孝義諸縣據州
南二十村作攻城器具兩遣使持書諭克戩焚不啟具
述危苦狀募士間道言之朝不報十月朔金益萬騎來
攻愈急有十人唱爲降語斬以狥諸酋列城下克戩臨
罵極口砲中一酋立斃虜不得免手草遺表及與妻子
遺書縋州兵持抵京師明日金兵從西北隅入殺都監
賈亶克戩猶率衆巷戰金人募生致之克戩歸索朝服
焚香南向拜舞自引決一家死者八人金將奉其屍禮
葬於後園羅拜設祭爲立廟事聞詔贈延康殿學上賜
銀三百兩絹五百匹表揭門閭紹興中謚忠確

賈亶汾州路兵馬都監靖康元年十月庚子金人陷汾州亶巷戰死

陳膏莆田人政和中進士宣和中爲汾州教授佐守臣張克戩守城捍禦有功後知惠州

徐忠壯徽言字彥猷衢之西安人少爲諸生汎涉書傳負氣豪舉有奇志大觀二年詔求材武士韓忠彥范純粹劉仲武以徽言應詔召見崇德殿賜武舉絕倫及第屢著邊功知火山軍兼統制河西軍馬徙赴石州靖康初遷武翼郎閤門宣贊舍人金人圍太原分兵絕饟道自隰石以北命令不通者累月徽言以三千人渡河一

戰破之遷武經郎知晉寧軍兼嵐石路沿邊安撫使建炎二年金兵圍晉寧當是時河東皆已陷獨徽言保守孤墉堅壁持久撫摩疲傷與金人大小數十戰所俘殺過當徽言能得衆心奮楞餓傷夷之餘裒折槊斷刃以死固守遣人間道馳書其兄昌言曰徽言孤國恩死矣兄其勉事君及城陷徽言置妻子室中積薪自焚伏劒坐堂上慷慨語將士我天子守土臣義不見巇敵手因拔佩刀自擬左右號救持之急金兵狎至挾徽言以去金將婁宿就見徽言語曰二帝北去爾爲誰守此徽言曰吾爲建炎天子婁宿曰我兵已南矣中原事未可知

何自苦爲巖言怒曰吾恨不屍汝輩歸見天子將以死
報太祖太宗地下庸知其他金人知不可屈遂射殺之
事聞高宗撫几震悼顧謂宰相曰徐巖言報國死封疆
臨難不屈忠貫日月乃贈晉州觀察使謚忠壯再贈彰
化軍節度子閎旣同死事而從孫適亦以守安豐死世
著忠義

右宋十二人舊志於名宦祠列汾州通判趙贍贈延
康殿學士忠確公前汾州知州張克戩汾州路都監
李謙溥於平遥縣名宦祠列丞相少師祁國正獻公
前平遥尹杜衍於永寧州名宦祠列知石州軍徐巖

言而山西通志於名宦列陳寅西河守與妻杜氏死
難考陳忠義乃理宗紹定初知西和州守城死上距
靖康初汾州西河入於金凡百有三年和字史文不
誤改而入此且加以西河守之稱尤屬失檢

郭企忠字元弼唐汾陽王子儀之後企忠幼孤事母孝
謹年十三居母喪哀毀如成人天輔中大軍至雲中遣
耶律坦招撫諸部企忠來歸軍帥命同勾當天德軍節
度使事及見太祖問知其家禮遇優厚天會四年知汾
州事是時汾州初下居民多爲軍士掠去城邑蕭然企
忠詣帥府力請願聽其親舊贖還帥府從之未幾完實

如故石州賊閻先生衆數萬至城下僚屬慮有內變請爲備企忠曰吾於汾人有德保無他乃率吏民城守會援至合擊破之六年遷天德軍節度使後累遷金吾衛上將軍

董文定師中字紹祖洺州人少敏贍好學強記擢皇統九年進士第調澤州軍事判官改平遥丞縣有劇賊王乙素凶悍不可制師中捕得杖殺之一境遂安時大軍後野多枯胔縣有遺櫬寓於驛舍者悉爲葬之遷綿上令官至參知政事進尚書左丞師中通古今善敷奏練達典憲處事精敏嘗言曰宰相不當事細務要在知人

才振綱紀但一心正兩日明足矣其平居樂易眞率臨
事則剛決挺然不可奪泰和二年薨謚文定
傅愼微大定中知汾州州東十里有西河濼即古文湖
園四十里歲旱以溉民田雨以潴水宋時轉運使王沿
廢爲田熙寧元年御史劉述因民不以爲便請復之至
是有欲涸以爲田者愼微力爲嚴禁及代去後卒廢濼
耕種其中自是傍近之田多旱暵之虞而濼地本汚下
遇雨久輒致淹浸
完顏宗璧宗室子少恬靜好學以眞雅稱大定中同知
石州軍事廉潔自持有聲譽及代去父老作去思堂於

盧橋瑞石之東繪其像堂壁

郭震字伯起河間人大定中爲定胡令勸學課農滌除積弊及代去縣人感其仁恩立生祠於興覺院祀之

劉文通大定中爲平夷主簿以治行祀名宦祠

許文簡安仁字子靜獻州交河人登大定七年進士第侍御史賈鉉以安仁守道端慤薦於朝同知濟南府事路伯達繼上章言其立已純正宜 加顯任明昌中爲汾陽軍節度使泰和五年卒謚曰文 簡安仁質實無華澹然有古君子風爲時人所稱

石抹元毅本名神思咸平府路酌 赤烈猛安莎果歌仙

謀克人明昌中以最遷汾陽軍節度副使時石嵐間賊黨嘯聚肆行剽掠朝廷命元毅捕之賊畏而遁元毅追襲盡殪之二境以安遷同知武勝軍節度使事別郡有殺人者屢鞫不伏元毅訊不數語即具服河東北路田多山坂磽瘠大比時定爲上賦民力久困朝廷命相地更賦元毅以三壤法平之民賴其利後戰歿於撫州贈信武將軍元毅性沉厚武勇過人每讀書見古人忠義事未嘗不嗟歎賞慕喜動顔色

高汝勵字巖夫應州金城人登大定十九年進士第涖官有能聲明昌五年九月章宗詔宰執舉奏中外可爲

刺史者上親閱闕點注蓋取兩員同舉者升用之於是
汝勵自同知絳陽軍節度事起爲石州刺史承安元年
七月入爲左司郎中在朝多所陳奏皆明利病切機宜
爲人愼密廉潔貞祐二年拜參知政事正大元年薨年
七十一配享宣宗廟

宋德玉泰和中爲寧鄉令以治行祀名宦祠

胥鼎字和之尚書右丞持國之子也大定二十八年擢
進士第入官以能稱至寧初由戶部尚書拜參知政事
貞祐二年五月宣宗將南度留爲汾陽軍節度使兼汾
州管內觀察使十一月改知平陽府事兼河東南路兵

馬都總管權宣撫使三年拜樞密副使權尚書左丞行省於平陽宰相高汝礪言於帝曰胥鼎才擅衆長身兼數器宜召還朝省四年進封溫國公致仕元光元年晉陽公郭文振奏河朔受兵有年矣向皆秋來春去今已盛暑不廻且不嗜殺恣民耕稼此殆不可測也伏見前平章政事胥鼎才兼將相威望甚隆向行省河東人樂爲用今雖致政精力未衰乞付重兵使總制公府同力戰禦庶幾人皆響應易爲恢復惟陛下圖之正大二年起復拜平章政事進封英國公行尚書省於衛州鼎力疾赴鎮來歸者衆三年七月薨鼎通達吏事有度量

爲政鎭靜所在無賢不肖皆得其懽心

烏古論德升本名六斤葢都路猛安人明昌二年進士以翰林侍讀權參知政事與平章政事抹撚盡忠論近侍局預政宣宗怒未幾出爲集慶軍節度使改汾陽軍節度使河東北路宣撫副使復改知太原府事興定元年德升上言皇太子聰明仁孝保訓之官已備更宜選德望素著之士朝夕左右之日聞正言見正行此社稷之洪休生民之大慶也宣宗嘉納之二年元兵圍太原城破德升至府署謂其姑及其妻曰吾守此數年不幸力窮乃自縊而死其姑及其妻皆自殺詔贈翰林學士

承旨方貞祐中近侍局陰秉朝政及德升罷相盡忠下獄自是以後中外蔽隔以至於亡

完顏訛出虎隆安府猛安人大定二十八年進士累官補尚書省令史由忻州防禦使遷汾陽軍節度使兼經略使興定二年九月蒙古木華黎破汾州出虎力戰死

劉撝石州刺史無事蹟可考

右金十四人舊志於名宦祠列平章事莘國公前汾陽軍節度使胥鼎汾陽軍節度使石抹元毅於平遥縣名宦祠列少中大夫廣川伯前平遥縣丞董師中於永寧州名宦祠列石州孟門縣令郭震石州刺史

劉撝同知石州軍州事完顏宗璧戶部尚書前石州刺史高汝礪於寧鄉縣名宦祠列寧鄉簿劉文通寧鄉令宋德玉案胥平章封英國公此作莘國公蓋轉寫之訛劉撝無事迹可考永寧州志亦僅記姓名而繫之嘉靖六年知州張經之後十年知州李昇之前豈別有所見歟然舊府志成於明萬歷三十七年已僅留姓名而已似屬歲遠事湮者今仍據舊志列之

陳資壽錦州永樂人仕蒙古國既取寧鄉資壽以監軍駐焉剿捕羣寇綏輯人民其後遂家於是歷官昭毅大將軍

高剛字勝夫寧鄉人元初爲本縣尉尋遷石州軍判中統元年同知石州剛達民情精吏事民德之

梁瑜平遥人金評事秉鈞之子至元初爲本縣尹居官寬仁吏民懷之卒於官弟琮繼任未幾卒兄瑛之季子天翔繼任每具酒食召父老數輩訪以民間利病所宜可而行之至元九年授從仕郎尹介休縣當孔道驛使供應不擾設學明農以重教養會簡兵編戶以戍南方天翔第其衆寡甲乙爲伍咸稱平公官終四川道肅政廉訪使

周景福南陽人至元中知石州寬厚愛民政簡刑清教

養兼舉居三載民和歲豐有嘉禾同穎之瑞及代去吏民鐫石紀之

王翼甫平陽人大德六年尹平遥縣有廉操代去後民懷其善政

郭琪繁峙人延祐初知汾州以才能稱增秩朝列大夫

睦大用神峰人延祐中同知汾州廉正有威吏民守法畏服

齊思古榆次人至順二年尹平遥縣撫愛其民爲興利除害及去任民懷之不能忘

楊秉字文載濱州渤海人至正八年爲介休縣尹民饑

散爲盜乘立法招之使自新皆棄兵頓首願爲良民其後累官浙江行省左右司員外郎半海寇掠漕舟免官寓居松江張士誠入平江其徒郭良弼董綬言乘於士誠士誠遣張經招乘乘曰良弼綬皆名臣今已失節顧欲引我以濟其惡耶且讓經平日讀書云何經俛首不能對乘日與客痛飲竟日不言客問盍行乎乘曰乘一小吏致身顯官有死而已尚何行之有經促其行愈急乘乃整衣冠自經死年六十四

李朝英孟縣人至正問判汾州有政績

韓謙河南人至正間尹平遙縣公勤廉愼三年如一日

嘗被朝命問理賊黨滌除寃濫得活者數百家代去後民撰德政碑頌之

高本冀路人至正間尹平遥縣廉正愛民民於其去撰德政碑樹之洪善驛

蔡演至正中爲寧鄉尹持身淸愼善政治於民

馬麟至正二十六年知臨州開誠率物在官有政績

朱守謙河南汝寧人至正中寇入孝義焚刼甚慘守謙由總兵都鎭撫司經歷署孝義縣事撫傷殘恤困苦招徠逃潰者復其業又定團練之規設防禦之署立科差之等開渠堰之利不數月民若更生乃共立石以表功

德

程邦彦祁邱人同知汾州郡人德之及去撰遺愛碑

武弁少通書史年十八爲平遥尹有善政歷官少中大

夫

宋景初爲寧鄉尹有善政吏清民化

右元十九人舊志於名宦祠列朝列大夫知石州郭

琪汾州同知睦大用程邦彦汾州判官李朝英於平

遥縣名宦祠列平遥尹韓謙王翼甫齊思古高本於

介休縣名宦祠列介休尹楊乘於孝義縣名宦祠列

都鎮撫司經歷朱守謙於永寧州名宦祠列知石州

周景福石州同知高岡於寧鄉縣名宦祠列寧鄉尹

宋景初蔡演

汾州府志卷之十一

宦績下

殷近仁嘉興人洪武初舉孝弟知平遥縣其後獻茲政戒銘二十四篇擢廣西參政

顧碩天台人洪武初知石樓縣有治才百廢俱興民服而悅之

宗秉彝字孝先江南淮安人洪武初爲石樓縣主簿有長材值歲凶賑濟有法民多全活

茆志道洪武八年知汾州勤於治事而閭里不擾民咸稷之

葉伯巨字居升寧海人弱冠有名於鄉爲諸生通經術舉入國學洪武八年詔選國子監諸生分教北方而伯巨得平遥縣訓導九年星變詔求直言伯巨乃上書其畧曰臣觀當今之事矯枉太過者三分封太侈也用刑太繁也求治太速也今裂土分封使諸王各有分地蓋懲宋元孤立宗室不競之弊而秦晉燕齊梁楚吳蜀諸國無不連邑數十城郭宮室廣狹大小亞於天子之都優之以甲兵衛士之盛臣恐數世之後尾大不掉然後削其地而奪之權則必生觖望甚者緣間而起防之無及矣昔賈誼勸漢文帝盡分諸國之地空置之以待諸

王子孫願及今諸王未之國之先節其都邑之制減其衛兵限其疆理亦以待封諸王之子孫割一時之恩制萬世之利消天變而安社稷莫先於此夫笞杖流徒死今之五刑也用此五刑既無假貸一出乎大公至正可也而用刑之際多裁自聖衷遂使治獄之吏務趨求意旨深刻者多功平反者得罪欲求治獄之平豈易得哉近者特旨雜犯死罪免死充軍又删定舊律諸則減宥有差矣然未聞有戒敕治獄者務從平恕之條是以法司猶循故例雖聞寬宥之名未見寬宥之實所謂實者誠在主上不在臣下也故必有罪疑惟輕之意而後好

生之德洽於民心古之爲士者以登仕版爲榮以罷職不敘爲辱今之爲士者以溷跡無聞爲福以受玷不錄爲幸以屯田工役爲必獲之罪以鞭笞捶楚爲尋常之辱其始也朝廷取天下之士網羅捃摭務無餘逸有司敦迫上道如捕重囚比到京師而除官多以貌選所學或非其所用所用或非其所學洎乎居官一有差跌苟免誅戮則必在屯田工役之科率是爲常不少顧惜此豈陛下所樂爲哉誠欲人之懼而不敢犯也竊見數年以來誅殺亦可謂不少矣而犯者相踵良由激勸不明善惡無別議賢議能之法既廢人不自勵而爲善者怠

也有人於此廉如夷齊智如良平少戾於法上將録長
棄短而用之乎將舍其所長苛其所短而置之法乎苟
取其長而舍其短則中庸之材爭自奮於廉智倘苛其
短而棄其長則爲善之人皆曰某廉若是某智若是朝
廷不少貸之吾屬何所容其身乎致使朝不謀夕棄其
廉耻或事掊克以備屯田工役之資者率皆是也臣願
自今朝廷宜存大體赦小過明詔天下修舉八議之法
嚴禁深刻之吏斷獄平允者超遷之殘酷裒斂者罷黜
之如此則足以隆好生之德樹國祚長久之福而兆民
自安天變自消矣孔子曰如有王者必世而後仁此非

空言也求治之道莫先於正風俗正風俗之道莫先於守令知所務使守令知所務莫先於風憲知所重使風憲知所重莫先於朝廷知所尚今之守令以戸口錢糧獄訟爲急務至於農桑學校王政之本乃視爲虛文而置之將何以教養斯民哉以農桑言之方春州縣下一白帖里甲回申文狀而已守令未嘗親視種藝次第旱澇戒備之道也以學校言之今四方師生缺員甚多縱使具員守令亦鮮有以禮讓之實作其成器者朝廷切切於社學屢行取勘師生姓名所習課業乃今社鎮城郭或但置立門牌遠村僻處則又徒存其名守令不過

具文案備照刷而已上官分部按臨亦但尋習故常依
紙上照刷未嘗廵行點視也風紀之司所以代朝廷宣
導德化訪察善惡聽訟讞獄其一事耳今專以獄訟爲
要但知以去一贓吏決一獄訟爲治而不知勸民成俗
使民遷善遠罪乃治之大者此守令風憲未審輕重之
失也今天下諸生考於禮部升於太學歷練衆職任之
以事然而升於太學者或未數月遽選入官間或委以
民社臣恐其人未㫾時務未熟朝廷禮法不能宣導德
化上乖國政而下困黎民也開國以來選舉秀才不爲
不多所任名位不爲不重自今數之在者有幾臣恐後

之視今亦猶今之視昔昔年所舉之人豈不深可痛惜乎凡此皆臣所謂求治太速之過也書上帝大怒曰小子間吾骨肉速逮來吾手射之既至丞相乘帝喜以奏下刑部獄死獄中先是伯巨將上書語其友曰今天下惟三事可患耳二事易見而患遲一事難見而患速縱無明詔吾猶將言之况求言乎其意葢謂分封也迨洪武末年燕王屢奉命出塞後因削奪稱兵遂有天下人以伯巨爲能先見

齊政山陽人洪武十一年以進士知孝義縣性勤敏晨起視事無繫劇皆立判暇則循行勸農時曹無廢事獄

無滯繫野無曠土民以富庶擢户部郎中
武信徐州人洪武二十七年知介休縣廉正愛民累官
陝西僉事人多思之
紀正隴州人洪武三十五年知汾州有善政累官順天
府尹
許孟和鄞縣人洪武中爲石州學正時天下初定學校
廢弛孟和修建廟學齋舍朝夕率諸生講質經史凡所
造就者入官皆有實效
韓偉嶧縣人洪武中知平遥縣政簡不煩而民式化
鄭紀中牟人洪武中知石樓縣公正仁明廉操常如一

日
韓健洪武中爲孝義縣丞讀書習吏治好言古今忠節
事靖難師起死之
張軏清澗人永樂初知吉州起服除汾州民安其政任
滿奏留加四品俸後以疾致仕
許龔永樂十一年知介休縣廉能果斷任未滿除李琬
至琬逼龔即遜讓而歸尋擢陝西御史琬迎之禮如舊
龔亦自若人服其雅量
陳道宣德中知石州刑清政簡代去後民立德政碑頌
之

李善字元吉岐山人以進士正統初知汾州持已廉介
察其便於民者力爲之興舉遷眞定府知府
閻昇陳州人正統二年知介休縣愛養撫字因民貧逋
逃爲之申免糧稅後卒於官縣之民巷哭
郭元正統三年知臨縣撫愛其民政簡刑淸
王儉陝西平涼人正統七年知介休縣愛民如子有罪
不忍加刑民亦服其化獄訟頓減
粱杲景泰元年知寧鄉縣嚴明有才畧承巳巳之變建
城垣以爲保障民德之
彭鏞湖廣石首人景泰初知介休縣性廉介嘗疏通水

利民多賴之

張雲平谷人景泰四年以舉人知臨縣廉潔正直而庭
無獄訟擢濮州知州

馬榮長汀人景泰中知石樓縣有政聲

汪清固始人景泰中進士授監察御史天順元年以忤
權貴左遷知臨縣興學校勸農桑通水利減徭役鋤強
梗旌善良凡有便於民者以次修舉丁憂去民送之涕
泣於道

葉穆閩縣人以舉人天順初知汾州居一年調吉州巡
撫都御史李侃薦章言其去汾民思到吉民悅廉潔如

水遷河間府同知

王澤霑化人天順三年知介休縣法令嚴明豪強者歛戢民用以安

沈純東平州人天順五年知孝義縣甫下車卽飾學宮庀祭器整壇壝修城塹縣有王才里當西出之路山徑險隘艱於行旅爲隳高堙下十餘里間曠坦可通兼軌民以負租逃者招之復業請蠲其租旣去民思之立遺惠碑

伍秀松溪人以舉人天順五年知吉州尋遷汾州有賢能稱詔旌異之

田愉安化人天順中以舉人知平遥縣清介自持縣素號難治愉莅事精察民無奸暴

李逢春隴西人以舉人天順中知石州持守廉介政行化洽去後民立嘉政碑

姚昱東昌府人天順中知寧鄉縣性坦易有廉操遇事明決卒於官士民懷之作遺政記

劉鉞撫寧人成化四年知介休縣以廉明稱卒於官

李瓊孟縣人成化十三年以舉人知孝義縣清敏有特操適有中貴過縣横肆多需索一無所應逼之則徑解衣以奉中貴愕然爲愧謝嘗被誣繫獄事白復莅縣事

節操益勵

張瓚當塗人成化二十三年以監察御史左遷知介休縣愛民禮士甚著政聲

齊經隆德人以舉人成化中知石州性剛毅善剖斷聲稱大著

呂大川以進士成化中知石州多惠政民俗胥化於厚

才寬字汝栗遷安人以進士成化中知石州宏達精敏有經世畧累官兵部尚書

靳亮成化中知寧鄉縣居官廉正

張日升項城人宏治元年以舉人知孝義縣明習吏事

政多修舉

曹鐸字文振嘉祥人宏治初知寧鄉縣在任七年多惠

政

海鯉江夏人以進士宏治四年知汾州政尚廉察發姦

摘伏如神居一載卒民悲思之

高峻棠邑人宏治四年以舉人知臨縣有節操多善政

高俊膚施人以舉人宏治八年同知汾州剛正自任州

北有峽路阻僻多伏盜俊乃伐石塞僻行旅賴以無患

陳達遼東人宏治十七年知臨縣剛果有爲事至立决

郝槃綏德州人宏治十八年由代州判官遷知介休臨

政剛明事無巨細胥迎刃而解後擢知潞州去之日百姓攀轅泣於道

張恕汧陽人宏治中知平遥縣歷九載仁愛如一日擢知汾州因民安其政奏允食知州俸仍治縣事

王道山東曹縣人以舉人宏治中知石州慈祥愷惻善折獄能令民感化庭累月無人跡莅任九年去民作歌頌之

李昌濮州人正德二年爲孝義縣主簿有廉操

李韶開州人正德六年爲孝義縣教諭立身清慎教法嚴明諸生有不修其行者輒斥責之士習頓改

李棠清苑人以舉人正德八年知汾州慷慨有大節務實政惠民理煩治劇井井有條後歷松江太原二府同知擢戶部郎中及卒貧不能歛里人葬之題其碑曰清白吏

閔以仁渠縣人正德八年自華陰主簿擢知孝義縣性勤敏日夜不輟課樹藝振學校時給諸生紙筆之費親校文藝定其優劣修廟學築城浚濠綽理有餘才未幾卒於官士民嘆惜之

郁浩湖廣永寧衛人以進士正德十四年知汾州政簡嚴力興學校每朔望爲諸生講說經義不倦在任三年

擢户部員外郎至按察司僉事
李承嗣長安人正德十四年以舉人知臨縣性節儉歷
官六載終始如一外和内剛有古良吏風
何賢河間人以舉人正德十六年知汾州爲人倜儻政
尚惠和居歳餘卒郡人德之爲肖像祀焉
惠賓清澗人正德中知平遥縣時有邊兵率士民登城
拒守賴以保全
王天佑陜西慶陽衛人正德中以舉人知介休縣少負
與羣兒牧崆峒李夢陽遇之嘆其神俊授以學即能領
受臨晉公帖即神似嘗徵修孝宗實録及莅縣事簡要

務存大體而吏民咸畏服如神有分巡道過縣接不以禮天佑怫然解組歸

華震宛平人以舉人正德中知石州廉正愛民

王仁盩厔人嘉靖初知石樓縣安集流離值歲荒盡心賑濟民感其廉仁

曹昌汲縣人嘉靖初寧鄉縣訓導有學行勤於教士

王崇慶開州人正德戊辰進士以主事抗疏左遷沁州判官嘉靖二年遷分守冀南道以正風俗端士習爲務母老歸養後官至吏部尚書贈太子太保

郭鏗陝西咸寧人以舉人嘉靖二年知汾州爲人深沉

有志操民畏服之擢戸部員外郎累官布政司左參議
張軾嘉靖五年知寧鄉縣居官清愼事母以孝聞及母
歿扶柩歸葬廬墓踰年卒
羅暉洵陽人嘉靖六年爲孝義縣教諭激勸諸生備極
懇至
王正宗固安人以御史謫潞州判官嘉靖七年知介休
縣廉潔正直盜賊遠遁擢知汾州
李昇湖廣鈞州人以舉人嘉靖十年知石州勸農桑重
教化旌節義去之日百姓皆感泣
陶璽字廷用山東威海衛人嘉靖十二年判石州有清

操明年大饑盜起據劉王嶂諸山憑藉險峻以爲巢穴流劫汾嵐石隰諸郡邑又明年二月二十三日賊犯黄蘆嶺逼吳城璽率部下閻大剛王天佑等往遏之賊聞退保山上璽追至黑暗嶺合戰賊詐北更進夾兩山間遏伏璽身被數十創與閻大剛王天佑等六人皆力戰死越旬賊平逮繫州獄璽長子化年甫十五持刀刺賊不得死泣告母陳氏曰父死賊兒竟不得報何以立身天地具疏闕下復念父暴骨異地母弟俱無依急返至壽陽卒於旅邸後覈實璽以遏賊死贈石州知州其長子已死乃錄次子傳入監

趙國良同州人嘉靖己丑進士十二年由工科給事中謫任孝義縣丞多惠政民立石頌其德後擢分巡冀南道

劉坤壽張人嘉靖十五年由萬安縣擢知汾州廉靜愛民值強宗數撓法遂抗疏而歸民懷思之

傅朝用武功人嘉靖十五年爲孝義縣訓導實心勤教人多從學諸生中有貧不能婚葬者時分俸周給之

王錦曲周人嘉靖十七年以舉人知孝義縣因母言肩輿勞民遂改乘馬平易慈愛每延禮諸生講論娓娓不倦

唐佑杞縣人嘉靖十七年爲孝義縣丞在任七年廉靜有守如一日

於敖岷州衛人正德辛巳進士嘉靖十九年遷分守冀南道創外城及四鄉堡寨以資保障民永賴之累官大同巡撫

張倌平涼府人以舉人嘉靖十九年知汾州精明果毅凡強梗病民力爲杜絶

孫清愍繼魯字道甫雲南右衛人嘉靖二年進士累官知淮安府織造中官過淮繼魯與之忤誣逮至京大學士夏言救免繼魯不謝言不悅改補黎平擢湖廣提學

副使二十二年進分守冀南道執法不阿宗藩畏之及遷按察使也民送者塞於道而宗藩百餘人擁馬發其裝敝衣外無長物愕然曰我高皇祖迄今百七十餘年罕見此官乃載酒追送二十六年擢右副都御史代楊守謙巡撫山西繼曾耿介所至以清節聞總督都御史翁萬達議撤山西內邊兵併力守大同外邊帝報可繼魯抗章爭言紫荆居庸山海諸關東枕溟海拱護京師與鴈門寧武偏頭諸關西據黄河屏蔽全晉一也自偏頭寧武鴈門東抵平刑關爲山西長邊自右衛雙溝墩至東陽河鎮口臺爲大同長邊自叉角山至雙溝百四

十里爲大同緊邊自叉角山至老牛灣百四十里爲山西緊邊論長邊則大同爲急山西爲緩論緊邊則均爲最急此皆密邇河套譬之門闥山西守左大同守右山西併力守左尙不能支又安能分以守大同之右使三關將士遠離堡戍欲不侵犯難矣萬達聞之不悅上疏言繼魯以危言相恐復遺臣書帝方倚萬達怒繼魯騰私書引往事遂逮詔下獄疽發於項瘐死繼魯爲巡撫僅閱四月山西人習其前政冀有所設施遽以非罪死咸爲痛惜宗藩有上書訟其寃者卽前奪視其裝者也穆宗卽位贈兵部左侍郎賜祭葬廕一子謚曰淸愍

李珊，利津人，嘉靖二十三年為孝義縣主簿。縣舊有詭寄稅糧積弊，而宗藩佃田多遺累，珊悉清而正之。

葛端肅守禮，字與立，德平人。嘉靖七年舉鄉試第一，明年以進士授彰德推官。巨盜誣富家，株連以百數，守禮盡出之。主獄者譖之御史，會藩府獄久不決，屬守禮一訊即得，乃大驚服。及為儀部郎中，故事郡王絕近支得以本爵理府事，不得繼封。交城、懷仁、襄垣以繼封請，守禮持之堅。會以疾在告，三邸人乘間行賂，遂得請。旗校詗其事以聞，所籍記賂遺十餘萬，獨無守禮名，帝由是知其廉。二十五年遷分守冀南道，尋遷按察使，累官南京禮部尚書李本署吏部事希嚴嵩指考察廷臣署守禮下考勒致事後帝問守禮安在左右謬以老病對帝爲歎惜久之隆慶元年起户部尚書歷刑部尚書左都御史時大學士高拱張居正更用事交相軋守禮周旋其間正色獨立人以爲難卒贈太子太保謚端肅

陸錦漷縣人嘉靖二十六年爲孝義縣教諭申嚴約束諸生之驕惰者面斥警之

耿昕饒陽人嘉靖二十七年知孝義縣剛明有斷

任大伯華陰人嘉靖三十二年以舉人知臨縣勤慎慈愛未幾改調民立去思碑

脫鎬清河人嘉靖三十五年以舉人知臨縣勤敏慈仁
有善政擢蔚州知州
董愷沔縣人嘉靖三十七年以舉人知孝義縣性惇篤
有擔荷
張稽古陝西蒲城人嘉靖三十九年以舉人知平遥縣
操履清嚴累官叅議
馬呈書廣平人嘉靖四十三年以舉人知孝義縣周悉
民情熟習吏治政平民和擢知大同府
王亮采溧陽人以舉人嘉靖四十三年知石州隆慶元
年俺荅入寇城陷死之

賀定國獲嘉人嘉靖四十四年以舉人知臨縣性剛方有廉操擢知徽州去後民作思慕碑記

齊宗堯昌黎人嘉靖四十五年知汾州忠直有胆畧遇事慷慨直前隆慶元年俺答入寇抵城下宗堯登陴設守具指授捍禦方畧卒得保全加河東運司同知仍管汾州事尋調忻州

陳情深州人嘉靖四十五年以舉人知孝義縣操守甚堅有邊警竭力捍禦卒保無虞

沈振鄆城人嘉靖中以舉人知平遥縣有節操始終如一

葉榮保安人嘉靖中爲孝義縣丞練習邊事隆慶丁卯之警城内人驚怖無措榮日夜廵戢恃以無恐

杜應元贊皇人嘉靖中爲孝義縣主簿敏斷有才畧隆慶丁卯邊警後修城之役應元毅然任事民多德之

侯嘉晏徽州人嘉靖中以舉人知石樓縣御民以寛民胥安之爲歌稱其儉約廉仁能福庇斯民後擢河南府

通判

李完陝西涇陽人嘉靖中寧鄉縣典史性廉潔自始至終清操如一日善折疑獄雖爲尉而時人以李青天呼之

劉秀興國州人隆慶元年以舉人知介休縣邊寇大至守禦有法民誦其德

郝綸萬全都司人爲石州學正隆慶元年俺答入寇城陷知州王亮采死之綸與同知甯晉封訓導杜本翰田成郝珊驛丞劉靜同時殉難

李春芳井陘人隆慶初以太原府同知署石州事時州經新破春芳加意撫綏恤死慰生不遺餘力石州之改永寧自是始也

岳維華曲周人隆慶二年以進士知平遥縣剛介不阿廉明自勵設敵樓敵臺以備守禦縣官陝西兵備副使

陳翰富順人嘉靖己酉舉人隆慶二年知孝義縣才識明敏剖斷如流賭博及竊盜一時遂絶

高鈞襄城人隆慶五年以舉人知介休縣實心爲民

孟一脈字淑孔東阿人隆慶五年進士六年知平遥縣以廉能擢南京御史直諫忤旨謫建昌推官累遷至南贛巡撫

石斌阜城人爲石州同知勤於職事吏畏民服

李希思定興人爲石州同知以廉操著稱

王進爲石州學正軌範嚴肅士所式型

董鳳儀以舉人爲石州學正有學有守

陳嘉謨長沙人以舉人萬歷三年知永寧州實心愛民有惠政擢楚雄府同知

公一揚蒙陰人萬歷三年以進士知寧鄉縣性端嚴有善政民咸感之累官至郎中

王好賢陝西華亭人萬歷五年知臨縣實心愛民卒於官士民皆巷哭

許天球婺源人以舉人萬歷五年知永寧州守正不阿有聲稱擢紹興府同知

李杜肥鄉人萬歷丁丑進士六年知孝義縣有善政明敏任事

張重恩祥符人萬歷八年知介休縣廉明慈惠民立石
志之
郭然咸陽人萬歷八年以舉人知寧鄉縣明達果斷民
以神君號之而寬仁不苛
白夏潁川人萬歷十年知汾州治事明敏實心於民善
政不一
牟應時漢中府人萬歷十年以舉人知平遥縣有惠政
民悅服之
李鈇宣府人萬歷十年知永寧州廉正明敏去後民立
德政碑

謝梧任邱人嘉靖戊午舉人萬歷十七年知孝義縣務以鎮靜與民休息

張問行邢臺人萬歷十八年以舉人知臨縣平易近民端方持已去後人多思之

何其智固安人萬歷十九年以進士知平遥縣推求縣中利弊興除殆盡擢戸部主事

高數仞寶雞人萬歷已卯舉人二十年知孝義縣訟簡民安

楊正達武陵人萬歷二十年以舉人知寧鄉縣清操卓絶推誠惠民去後民特立祠祀之

趙應揚延津人萬歷二十一年知平遥縣愛民除弊恩威並著

李[illegible]興濟人嘉靖癸卯舉人萬歷二十二年知孝義縣嚴察胥吏恐爲民患無敢犯者

麻溶宣城人萬歷癸未進士二十三年由吏部郎中擢分守冀南道廉儉自持判斷神明

周之度朝城人萬歷二十三年知平遥縣有廉操治事精明

馬之麟永年人以舉人萬歷二十三年知永寧州在任數月治化大著尋改朔州

夏惟勤冀州人萬歷二十三年知永寧州修學築城督課士子砥礪鄉約時俺答數爲患率鄉兵大破之擢青州府同知去任之日老幼涕泣建生祠於東關
史記事渭南人萬歷乙未進士二十四年知介休縣善政不一歷官光禄寺少卿
陳翔鸞閿縣人萬歷二十五年以舉人爲介休縣教諭學博行廉以甘貧嗜學訓諸生修育才館羣萃其中而督課之多所成就遷徽州府通判
魏學徵咸陽人萬歷二十六年以舉人知平遥縣清廉果斷以母憂去民爲建生祠服闋後起知平陸縣三十

三年知介休縣有政聲不數月死於官

王儒平利人萬歷二十六年知孝義縣明斷有守

周佑修武人萬歷戊戌進士二十七年知孝義縣令行禁止罷官歸民咸惜之

高第祥符人以舉人萬歷二十七年知永寧州廉正愛民

劉令譽平涼人萬歷甲午舉人三十二年知孝義縣撫愛其民飭頹振廢

尹覺民萬歷三十三年以進士知汾陽縣廉幹有能聲以利民善俗爲務

盧尚禮耀州人萬歷三十八年以舉人知平遥縣撫民慈愛而斷事如神居官兩月民服其化未幾卒咸悲思之

孟道溥霸州人萬歷辛卯舉人三十九年知孝義縣有善政時縣遭水患道溥於南關外築護城隄長七里廬舍城垣藉保無虞縣建祠祀之

劉一佺字存吾陜西盩厔人以舉人萬歷四十一年知汾州府爲清官第一向有石鴈照汾州清官不到頭之謡一佺鑄鐵鳳鎮之擢雲南清軍驛鹽道副使

楊天璋永昌衛人萬歷四十二年知平遥縣有廉操治

尙簡要居官二載而卒遠近咸哀傷巷哭

張九賢歷城人萬歷四十三年以進士知汾陽縣務滌民害尤善治盜代去後民咸思之

楊廷謨淸苑人萬歷四十四年以舉人知平遥縣有長才居心仁愛在官多美績擢光禄寺署正

諸葛昇浙江壽昌人萬歷四十五年知臨縣多惠政去後民爲建祠

孫起鳳故城人萬歷四十六年爲平遥縣主簿以節操稱

許宗禮長垣人萬歷丙辰進士四十七年知孝義縣勤

民事有節操自奉儉約不取於民改榆次縣民不忍其
去建祠祀之
楊起鳳寶雞人天啟初爲介休縣教諭士悅其教造就
者衆
李先成長垣人天啟二年以舉人知平遥縣撫民重士
懲抑豪強有風力聲不一載卒於官人哀悼之
盧榮春扶溝人天啟二年以舉人知介休縣耿介嚴明
無敢干以私丁憂去任
何文烈騰蛟字雲從黎平衛人天啟元年舉人崇正元
年知介休縣時流賊蠭起多方捍禦改汾陽縣士民伏

闕乞留適遭父憂而賊來犯境揮涕視事設方畧退賊乃去士民哭送立生祠騰蛟才智精敏所在見稱十六年拜右僉都御史永明王加騰蛟太師進爵爲侯後聞其死節哀悼賜祭者九贈中湘王謚曰文烈

劉光祚字洪基榆林衛人崇正三年奉詔勤王與何可綱等戰灤州有功遷汾州叅將五年與遊擊王尚義敗賊張有義於臨縣賊還兵犯之仍爲賊所據光祚偕諸將逐賊復臨縣六年賊犯石樓光祚分三道進擊大敗之斬隔溝飛撲天虎等六人獲首功三百七十又數敗賊於臨永寧撲天虎等詐降光祚設伏斬之已而擊敗

賊魏家灣黑茶山七年勦敗王剮餘黨斬四百餘級加
署都督僉事爲山西副總兵敗賊崞縣復其城八年賊
渠賀宗漢號活地草者見其黨劉浩然高加計破滅僞
乞降光祚伏兵斬之晉中羣盜皆盡十四年賊已陷河
南襄陽中原郡縣大抵殘破光祚士馬無幾雖少有克
捷而賊勢轉盛及傅宗龍敗没於項城南陽震恐光祚
適經其地唐王邀與共守城陷遂死之

費甲鏸陝西咸寧人崇正四年以舉人知平遥縣有善
政六年改知汾陽縣老穉扳轅立去思碑時流寇蔓延
廵撫許鼎臣以曹文詔軍平定備太原東太監閻思印

同總兵張應昌軍汾州備太原西賊王彰德應昌等出兵進勦甲鏖爲閻思印所逼投井死士庶皆枕屍哭劉太監聞之抗疏白其事

李雲鴻通許人崇正四年以進士知介休縣恤民禦寇境賴以安薦卓異改陽曲縣尋擢御史巡按廣西

楊學程漢中人以舉人崇正五年知永寧州天資明敏遇事洞見本末吏民畏服遷成都府同知民立祠祀於

東關

王肇生山東掖縣人崇正六年爲分守冀南道事實無可考有王公平寇碑見藝文

魏錫祚陝西固原州人崇三六年知臨縣先是縣爲寇陷雖經新復餘孽猶間起錫祚撫養殘黎竭力捍衛凡五年盜靖民安治行大著後致政歸士民泣送數十里不絕建祠祀之

朱國翰洛陽人崇正七年以進士知介休縣實心治於民民歡誦之累官濟南道

張首標玉田人崇正八年以進士知汾陽縣時宗藩橫恣慶成王立金字下馬牌於府門有司垂首聽命首標獨不屈榜於通衢曰敢有恃勢魚肉我民者輕則徑自發落重則具牒兩臺請旨究擬藩役聞之斂迹未幾卒

民哀痛之

王凝命昆明人崇正九年以進士知平遥縣有幹濟才處已廉潔累官薊州僉事

董維璉獲鹿人崇正十三年以舉人知石樓縣政尚嚴明而用心慈愛民歌訟之

張于鼎內江人崇正十四年以舉人知平遥縣聽斷明決

仇秉忠歙縣人崇正十四年知永寧州招撫流移勤課多士擢杭州府同知士民各立去思碑一在署東一在東關甕城

李若星寧陵人崇正十六年以舉人知介休縣有善政
去後民立祠於順城關
侯君昭知汾州府崇正十七年城破不屈死
劉必達陝西三原人崇正末知汾陽縣城破死之義勇
范奇芳亦自剄
韓易知涇陽人以舉人爲平遥縣教諭士敬其學擢去
後爲立遺愛碑
劉宗仁藁城人爲平遥縣訓導淸節自持動一於正
趙璿平定州人性至孝爲介休縣教諭廉正有學擢知
新樂縣門人追送四十里外各掩涕不忍別立去思碑

於明倫堂後
李光米脂人知石樓縣民歌其美政
劉紹恤浙江人以進士知石樓縣愛民興教培植多人
王三益永城人以舉人知石樓縣居官廉靜慈愛
田既霑富平人知石樓縣有廉操撫愛其民
李鳴環東鹿人知石樓縣有保城功善弭盜擢知寧州
王常吉順天人爲石樓縣典史縣志云捕盜死難士民
愴懷
劉永祚真定人事繼母以孝聞爲永寧州學正勤課士
恤貧生

右明百七十五人舊志於名宦祠列汾州知州李棠何賢於平遥縣名宦祠列平遥縣知縣田愉張恕於介休縣名宦祠列介休縣知縣彭鏞於孝義縣名宦祠列縣丞衛健於臨縣名宦祠列臨縣知縣張雲高峻於永寧州名宦祠列總制三邊兵部尚書前石州知州才寛判官贈知州陶璽於寧鄉縣名宦祠列寧鄉縣知縣粱杲姚昱張軾志成於萬歷三十七年已酉凡得十有三人以後汾州府知府廉賢如劉一佳殉難如侯君昭參將之有功於此且其後以身殉國者如劉光祚皆未載入祀典則志久不修失於稽考

故也而府屬一州七縣如舊志所列而外增祀名宦汾陽縣則有分守冀南道於敖知縣費甲鏸劉必達平遥縣則有知縣韓偉訓導葉伯巨介休縣則有知縣史記事盧榮春教諭楊起鳳孝義縣則有知縣齊政沈純李瓊張口昇閔以仁王錦陳情臨縣則有知縣汪清李承嗣任大伯脫鎬賀定國張問行諸葛昇魏錫祚石樓縣則有知縣顧碩鄭紀王仁主簿宗秉彝永寧州則有石州知州李昇李春芳學正許孟和寧鄉縣則有知縣公一揚郭然楊正達典史李完又得三十有四人通四十七人而已大抵府州縣志名

宦之日遠者空憑諸史傳近者實得之見聞非位高名顯固作史所不及是以愈遠則愈湮失即數十百年間能言其居官之賢否矣而又往往加之以評論虛辭無事實良可惜也至列在祀典與未列祀典則或張而舉或弛而廢責屬後人不關前賢之優劣自古迄今功德施於民一再傳而泯焉無聞也者可勝道哉

莊應麒會稽人順治元年爲介休縣典史招流亡弭盜賊救水災民咸德之

劉奇遇瀋陽人順治二年以國子監助教知石樓縣政

簡刑清請蠲荒地租稅招撫流離善政甚多擢知揚州府

遲日益廣寧右衛人順治二年知永寧州州當殘破之餘撫愛其民興利除害民賴以甦

王之佐浙江人順治二年爲臨縣典史姜瓖之亂知縣張耀祖守城死之佐領兵民急趨上趙寨欲擒渠魁以圖恢復力不支爲賊所執義不屈膝罵賊以死

單可繼高安人順治三年爲平遥縣典史治事有賢聲

史具勳華陰人順治四年以進士知寧鄉縣有廉操慈祥愛民

黄廷栢遼東海州衛人幼孤事母至孝順治元年以薦徵知靈壁縣有治績轉大興縣五年擢知汾州府明年死姜瓖之亂贈太僕寺卿康熙四十六年祀名宦祠五十六年又建專祠方守城時賊圍之數重廷栢選勇士夜襲賊營賊驚擾及旦賊來益衆陷東門入廷栢身當其衝連發矢中賊墮馬復巷戰自辰至午與壯士格殺數十百人會大風起晝晦賊截擊廷栢與壯士遂分被執不屈死

張希載廣昌人順治五年爲石樓縣教諭持循端嚴多士奉爲師範

張耀祖遼東人順治六年知臨縣姜瓖之亂賊大至圍城攻之急耀祖曰此吾效命之秋也力守以死贈按察司僉事

周召南字晉侯遼陽人順治六年知汾州府時寇亂初定召南以招徠撫綏爲務除豪強胥吏之爲民害者嘗命所屬州縣官徭賦有當開豁者當均平者悉稽以告將爲民請命令下比屋歡呼在任三年擢山西驛傳道民共立遺愛碑道左

劉鳳翙利津人順治六年知永寧州政簡刑清值歲饑捐俸以賑累官武昌兵備道

李國維滿洲人順治七年知臨縣廉靜愛民及去士民泣送於途立去思碑

王之儀字虞廷遼東廣寧人順治七年知寧鄉縣時姜瓖之亂初平逋亡幾半之儀年甫二十招徠有方且爲規畫生計民得復業值山水暴漲毀城垣十丈有奇之儀立淋潦督衆完築水退創護城隄樹柳其上遷知海寧州後擢知福州府耿精忠之亂之儀不屈死寧鄉之民歷久猶思其澤

孫世藎興縣人順治八年爲臨縣訓導勤於課士持身接物足爲楷式

楊士英鐵嶺衛人順治十年知石樓縣廉靜愛民

胡士廉嘉興人順治十三年知臨縣廉靜愛民以拂上官意罷歸民泣送之

王嘉言天城衛人順治十三年爲臨縣訓導有學行

周士章上元人順治十三年以舉人知石樓縣石樓在萬山中土尤瘠重以兵燹之餘民就凋敝士章性磑潔不以家累自隨平徭弭盜通商勸農居之期年民始蘇丁憂歸後士民謡誦之

郎永清字定菴遼東廣寧人順治十四年知汾洲府有善政累官山東巡撫

姚開先字堯門陝西淳化人順治十五年知臨縣有政聲以父憂去後補官四川吳逆之變被執不屈死

秦一鴻會稽人順治中石樓縣典史賊皆斂跡民以寧靜

周祚昌字定孺三原人康熙元年以舉人知寧鄉縣赴任惟隨一子一僕廉儉自持食用極淡泊而勤勞撫字民深受其澤

陳之文臨川人康熙八年以舉人知孝義縣多惠政臨境舊撥里派差往往有偏苦之累之文為均其里甲代去後民建生祠祀之

任玥字少玉高密人順治辛丑進士康熙八年知石樓縣多惠政招流移復逋賦才識明敏民懷其德累官浙江道監察御史掌京畿道事京師坊市豪強多以私錢牟重息有印子墜子轉子之目玥牓示禁之

張恪涇陽人康熙十年以舉人知平遥縣性嚴直剛介實心愛民尤重士每優禮之然無敢干以私時軍過有索求擾民者恪親往當之領師者以是得罪縣中之豪爲民病恪廉知其狀杖殺之以母憂去一清如水人咸稱曰清廉張公

陳大來字春軒龍溪人康熙十年以舉人知寧鄉縣廉

儉愛民一如前任周祚昌

莊搢武進人康熙十四年以進士知臨縣鎮靜不擾振興文教值奉文加賦爲民抗請然後酌加民不爲苦擢知騰越州

金一鳳大興人康熙十九年知介休縣凡胥役與縣中豪強交通病民者纖悉知之置諸法民安其業獄省訟

清

黃汝鈺廣寧人康熙二十一年知平遥縣有廉操裁決獄訟不使株連時軍過必親送之恐或擾民

張奇抱益平人康熙二十二年知汾州府盡心民事明

年府境汾水湫水漲溢爲災凡五載汾陽臨之民荐困於瀧浸撫循之曲至思所以拯其民者不遺餘力審視地形高下修築隄堰民立石用誌不忘

張泰孚淄川人康熙二十六年以舉人知孝義縣有廉操嚴馭吏胥而不任喜怒勤於職晨起治事日昃不遑食丙夜猶危坐閱文案邑人頌之

王埴榆林人康熙二十八年知介休縣有善政莅任既久於民間利病纖悉不遺鸑鷟等泉引渠資溉累至爭訟埴爲分别籌畫弊清而訟遂息

劉鼎文湖廣人康熙二十八年以進士知寧鄉縣剛正

嚴明甫下車吏胥爲之肅然因上下都田賦不均力爲申請積弊一清卒於官民立石以誌功德

戴曰巖字羅林金谿人康熙三十年以舉人知寧鄉縣性坦易有惠政去後旣久民猶懷思之

王傑高淳人康熙三十三年以進士知平遥縣值歲饑設法賑濟全活甚衆有賢良稱行取額外主事累官禮科掌印給事中

高必遴遼東人康熙三十三年知石樓縣性骨鯁有治才民賴其善政

魚鸞翔陜西高陵人康熙三十三年以進士知石樓縣

除弊愛民後官江西學使亦大有聲譽

唐勲穎州人康熙三十五年知臨縣有古循吏風值兵荒忤上官意縊於署民悲泣之

吕履恒字元素河南新安人明大司馬忠節公維祺之孫也康熙甲戌進士三十八年知寧鄉縣性敏恕撫羸弱尤有恩庭幾絶笞扑設催科籍册時召鄉里民叅驗胥吏不得少生獘端經術飾吏治進弟子員親第其文藝甲乙爲之口講指畫不倦以治行擢御史累官戸部左侍郎

謝汝霖字用弼福建長樂人以舉人知延川縣康熙四

十年擢知永寧州興利滌弊多善政民稱爲自古清官第一然以廉直頗不得於上官州北曰大孝都曰東相下都曰勤忠下都皆磽瘠地而賦重於他都由往年奸黠之民飛詭積弊玫霖深知三都樂歲尚不足供賦歲奏銷用巳俸墊入而民不知也以未得請勘丈均賦爲憾卒於官至不能殯斂民皆巷哭失聲立專祠祀之

仇長發曲沃人康熙四十一年知臨縣厚重愛民振興文教在任八年士民咸沐其教澤

韓貽豐字燕公慈谿人康熙四十九年以進士知石樓縣有政聲擢本府同知

蕭惠邠州人以鄉舉第一人康熙六十二年知介休縣縣境舊食鄰近土鹽雖行河東引而不食其鹽名曰鹽稅既而設商以土鹽價同運城懇力請於上官謂民不食運城鹽而甘輸鹽稅者由價昂且不便民也旣輸鹽稅而又設商以昂價強之巡丁橫行窮簷愁怨於是廢商聽民自便民甚頼之

方士模歙縣人雍正元年以舉人知孝義縣釐奸剔弊盜竊殆絶每聽訟執事胥役不敢多一語權知寧鄉有兩縣神君之頌

麥士偉字蓮亭江陵人雍正元年知石樓縣撫愛其民

招集流移復業過半於其去職民甚懷之

馮雲熺金壇人以歲貢雍正二年知汾陽縣有惠政越六年擢本府同知熟悉民事時豪右藉銷鹽無端滋害雲熺思永久便民遂有按糧攤課之議汾陽之鹽稅得以循例輸納弊無從起者此議之力也

許炳元嘉興人以舉人雍正五年知永寧州惠政洽於民擢江寧督捕同知

袁學謨字廸來彭澤人雍正甲辰進士五年知石樓縣有善政民作歌頌之改知汾陽縣

宋國相偏關人雍正五年爲石樓縣訓導性廉介善於

課士
竇容恂石城人以進士雍正七年知汾州府多善政創
立西河書院拔擢秀民造就之成其材
張延年欒城人雍正癸卯舉人七年知汾陽縣廉正愛
民待士以禮而抑其奔競治豪滑制胥役嚴盜賊民懷
其善政被劾以去士民哭送於道者不絕
張學林丹徒人以貢生雍正八年知汾州府視利有可
興害有可除力爲民任之汾陽舊食鄰近煎鹽後豪右
與胥役朋比作奸即以土鹽歸商銷假名巡查私鹽大
爲民害至不能堪訴於官學林察知其隱積弊由是滌

絕

林中柟泗州人以歲貢雍正八年知汾陽縣慈祥愛民時知府張學林崔應階相繼釐清鹽法檄縣議覆中柟以鹽稅及平餘總攤入地丁銀內徵收永除豪右侵害且杜額外加耗之漸有碑記其在任多惠政

陳士俊會稽人雍正八年爲石樓縣典史有廉聲捕緝多方

崔應階江夏人以廕生雍正九年知汾州府遇事明而果斷初涖任前守理汾陽鹽政商銷病民案未結以法治之不少貸豪滑無所施其技

吳錯字靜巖江南婁縣人康熙戊子舉人雍正十三年知寧鄉縣操持廉正實心愛民在任十有一年一權知永寧州事一兼攝石樓縣皆剔除積弊三州縣士民咸稱頌之不衰先時雍正十年查墾荒地畮前任邵之楷虛報可墾地四百頃二十餘畮歲應徵折色銀三百一十七兩有奇實無其地徒議按粮均攤每兩加徵銀三分錯力陳之上官得題請豁免

葉鵬雲商邱人乾隆元年權知孝義縣僅五閱月以居心仁厚莅政嚴明去爲民思

李肇開桐鄉人雍正癸卯進士乾隆二年知孝義縣在

官無赫赫之功去後人懷思之縣倉糧出入最爲民累
肇開深悉其弊莅任六載未嘗一開發

張坦讓漢陽人以舉人乾隆四年知汾州府廉正恤民
先是雍正十年查墾荒地畮寧鄉縣知縣邵之楷虛報
可墾地四百頃二十餘畮寔無其地後知縣吳錯僉民
力不支欲請不得間會坦讓至遂以爲言坦讓力任之
得具題豁免在官八年多善政

耿毓青漢軍監生由鄖府通判乾隆十五年擢知永寧
州善治豪滑聲稱大著

張鎮海豐人乾隆十七年知介休縣善除奸慝盜賊嘗

日治民如治稼去其害稼者而已去後民懷思之
周章煥江津人以舉人知吳橋縣乾隆十七年擢知永
寧州慈祥撫字吏民懷之
胡相忠贛縣人乾隆二十年以進士知介休縣善撫教
能感入人心民俗失在剛悍相忠莅任一載俗爲之變
以丁憂去民哭送於道
巫慧和州人乾隆二十四年以進士知介休縣甫下車
值歲大旱米一石價至錢十三千民握草剥榆爲食適
河南運陝西米三萬五千石過縣慧截留之即以餞民
情狀請於大吏於是上官奇之爲移文關知河南因得

減價平糶全活饑民以萬計

徐珏南豐人乾隆二十七年以進士知汾陽縣謝絕餽遺裁免行戶縣役素橫肆珏痛懲之於是民情纖悉得達於官數月惠聲大著盜賊至相戒不入境縣倉例春放秋收名取耗息若干而民還輒倍遠鄉下戶不親納或三倍未已入務精善出時往往以粗惡其弊不可究詰民咸苦之珏親其收放令出入如例蓋珏未第時嘗遊汾晉間知其利病故動合政要加以實心愛民民亦戴之如親父母未幾調寧武去之日自城至境壺漿不絕送者塞途村民持田器奔來拜道左或望見已遠則

遥拜之八九十歲老人言聞見以來汾陽好官一人而已

顧學潮元和人乾隆二十八年知汾陽縣清操惠政一如徐令而才尤敏嘗密訪市井兇頑榜其名廳事左右凡酗酒鬭毆到官視壁上有名者重懲諸兇徒屛息汾陽故多民訟學潮得狀即按去城遠近限時刻勾審用杜胥吏生奬甫一年擢知灤州

汪嘉濟元和人乾隆甲子舉人三十一年權知孝義縣在官僅八閱月廉靜不擾毎聽斷必委曲開導不輒加刑而民咸服其明允

右　國朝以來六十六人已祀名宦祠者知府黄廷柏郎永清孝義縣則知縣張泰孚臨縣則知縣張耀祖莊揩仇長發典史王之佐石樓縣則知縣任玥永寧州則知州謝汝霖寧鄉縣則知縣呂履恒凡十八而孝義縣又祀巡撫申朝紀總督白秉政莫詳其故山西通志於名宦内列王昌運順治二年知寧鄉縣考王昌運於順治二年知鄉寧縣未嘗知寧鄉殆縣名倒寫誤入於此又列寧鄉縣知縣龔應霖而云縣在萬山中多虎患應霖始至虎遁去循聲卓然考寧鄉縣志成於康熙四十一年應霖廣東四會人以康

熙二十二年知寧鄉縣在任六年行取工科給事中
相距纔十餘年間而志云楚俗尚鬼多所修建譆事
上官費用頗煩然取於民而民不怨志固不足之而
未敢顯言要其爲官之概非良吏已可見矣下又云
邑東澮溝路雖屬孝義寔我寧以粟易棫孔道時多
虎患公捐貲買地建元壇廟念行人苦渴擇地鑿井
不可謂非善政也通志虎遁去之說豈因此附會歟
繼任者爲劉鼎文志稱其甫下車豪猾遁跡吏胥肅
然下又云天不祐寧一年而卒我寧世食公德勒石
以志觀此寧鄉人之怨應霖已甚於直斥尚列之名

宦設誣辭以謂其遁聲卓然何哉

汾州府志卷之十二

食封

盂增史記趙世家云盂增幸於周成王是爲宅皇狼徐廣曰皇狼地名在西河索隱曰按如此說是名盂增號宅皇狼而徐廣云皇狼地名在西河者按地里志皐狼是西河郡之縣名蓋盂增幸於周成王成王居之於皐狼故云宅皇狼

士會食邑在隨故左氏春秋亦稱隨會以上周

代王是爲文帝漢書文帝紀高祖十一年定代地立子恒爲代王都中都說詳沿革

士軍侯宣義高祖十一年二月以擊陳豨功封邑千一百戶謚曰式子孝侯莫如孫康侯平嗣平子生元朔二

年國除
鄔侯騶鈞齊哀王舅孝文元年四月封六年國除
離石侯劉綰代共王子元朔三年封後徙封涉侯
藺侯劉憙代共王子元朔三年封後徙封武原侯
隰城侯劉忠代共王子元朔三年封後徙封端氏侯
土軍侯劉郢客代共王子元朔三年封後徙封鉅乘侯
皐狼侯劉遷代共王子元朔三年封
中陽侯鮑永更始時以破青犢封光武初國除以上漢
中都公曹琬樊安公均子黄初二年以嗣豐愍王昂後
封其年徙長子公嘉平六年襲昂爵爲豐王

中都侯孫資景初二年由樂陽亭侯晉封齊王立增邑三百戶並前千戶

京陵侯王昶嘉平二年以征吳功由武觀亭侯晉封邑三千七百戶後以克毋邱儉文欽功封二子亭侯關內侯謚曰穆子渾襲

離石子孫宏咸熙中以父資舊勲封以上三國魏

西河王司馬斌宣帝弟咸寧三年由陳王徙封邑千七百一十戶謚曰繆子隱孫晉繼襲

京陵縣公王渾初襲父昶爵京陵侯太康元年以平吳功增封八千戶晉公卒謚元子濟濟子卓襲

西河王司馬喜爲石勒所執以上晉
離石侯石嵩卒葬萬戸山之西石趙
西河王元太興太和二十年由前京兆王改封子昴孫
悰襲
永安侯魏勤太宗時封
西河公元敦平文帝之曾孫也太祖初被堅執鋭名冠
諸將後從征中山所向無前太宗時拜中都大官世祖
時封子撥襲
西河公元石都天安元年封
永安侯劉乞歸孝文時封

平遥縣子司馬子如永安初封邑三百戶晉侯以上北魏

永安縣分隰城置始於北魏太和十七年前此之永安即今霍州永安城而孝昌二年西河郡及永安隰城介休三縣俱僑置平陽界故北魏以前永安封爵孝昌二年以後及東西魏西河永安隰城介休封爵例不載入北魏之中都在今榆次縣又定陽未嘗僑置介休故北魏之中都定陽封爵例不載入詳辨沿革

西河王高紹仁文宣帝第四子天保初封

西河王高仁幾武成帝第八子天統三年六月封

西河縣公任延敬

西河郡公乞伏令和以上北齊

西河縣公獨孤景雲廣阿縣公楷子周末以父功封

平遥縣伯鮑宏周平齊以功封

永安縣侯韋壽孝寬子建德中封靜帝初晉滑國公

永安縣伯杜產武帝時以戰功封周末晉襄武縣侯

永安縣男鄭元琮沛國公譯子宣帝初封

西河郡公乞伏慧仕周以軍功封隋仍舊封以上北周

介國公宇文闡即周靜帝隋初封

介國公宇文永洛由虞國公改封

西河公紇豆陵

西河郡公竇洪景官驃騎大將軍封子儼孫明哲襲
平遥縣公鮑宏開皇初由平遥縣伯晉封
永安縣男鄭元琦周沛國公譯子開皇初封以上隋
永安王李孝基高祖從父弟武德元年封二年討劉武
周戰没
西河郡公溫彦博武德初以勸幽州總管羅藝歸國封
貞觀四年晉虞國公
永安縣公姜寶誼武德初以佐命功封
介休縣公郭知運破突厥有功封
西河公竇敬遠孫善衡曾孫懷亶元孫印襲

西河郡公郭英乂後晉封定襄王

西河公張綸唐以上

西河郡開國侯相里金五代時

西河郡侯靳德淵元時

慶成王濟炫晉恭王第四子也晉恭王㭎太祖第三子

母高皇后濟炫始生太祖方御慶成殿宴故他王率繫

以地而王獨號慶成國汾州成祖時坐事召還薨謚莊

惠子美堉嗣薨謚恭僖子鍾鑑嗣長子奇湞當代父理

府事篝死無辜七人晉王奉勅數慶成王失教責奇湞

罪奪冠帶降爲庶人後更以孝聞鍾鑑薨謚溫穆奇湞

嗣正德中以賢孝聞賜勅褒獎薨謚端順子表欒嗣端順王生子七十八嘉靖初尚書王瓊以聞表欒侯茂寡言孝友好文學嘉靖三十年壽八十詔書嘉獎賚以金幣表欒薨謚恭裕子知爊嗣薨謚安穆子新堤先卒謚悼懷新堤子慎鍾嗣薨謚榮懿子敏莌嗣薨子求揄嗣薨子審贐嗣

永和王濟烺晉恭王第六子國汾州謚昭定子美塢襲以罪廢子順僖王鍾鋏襲薨子榮懷王奇湞襲薨子竫惠王表桻襲薨子安簡王知燠襲薨子新墭襲薨子慎鐳襲

平遥王佶焆瀋簡王第三子也瀋簡王模太祖第二十一子母趙貴妃佶焆謚僖靖子惠恭王幼𡒄襲無嗣以唐山悼僖王子鎮國將軍詮鑿奉祀以上明

公主湯沐邑北魏文成帝女西河長公主薛初古拔尚主西河公主薛洪祚尚主唐順宗第四女西河公主沈翬尚主

流寓

徐穉字孺子豫章南昌人舉有道拜太原太守不就穉嘗到江夏設雞酒薄祭太尉黄瓊不告姓名時名士郭林宗等數十人會葬聞之疑其穉也乃選能言語生茅

容輕騎追之及於塗容爲設飯臨訣去謂容曰爲我謝郭林宗大樹將顛非一繩所維何爲棲棲不遑寧處及林宗有母憂稺往弔之置生芻一束於廬前而去衆怪不知其故林宗曰此必南州高士徐孺子也詩不云乎生芻一束其人如玉吾無德以堪之而林宗建寧四年卒陳留蔡伯喈范陽盧子幹扶風馬日磾等遠來奔喪見酈道元水經注漢侍

令狐楚字殼士宜州華原人德棻之裔也生五歲能爲辭章既及第桂管觀察使三拱愛其材將辟楚懼不至乃先奏而後聘雖在拱所以父官并州不得奉養未嘗

與宴樂滿歲謝歸李說嚴綬鄭儋繼領太原高其行引在幕府由掌書記至判官德宗喜文每省太原奏必能辨楚所爲數稱之儋暴死不及占後事軍大讙將爲亂夜十數騎挺刃邀取楚使草遺奏諸將圍視楚色不變秉筆輒就以徧示士皆感泣一軍乃安由是名益重元和十二年拜中書侍郎同中書門下平章事卒謚曰文稱賢相楚少時嘗讀書綿山靜林書院見朱咸平五年囬鑾寺碑記唐時

王庭筠字子端河東人大定十六年間進士明昌元年罷官卜居彰德買田隆慮讀書黄華山寺因以自號三

年詔爲應奉翰林文字遷翰林修撰泰和二年卒求生平詩文藏之秘閣又以御製詩賜其家其引云王遵古朕之故人也乃子庭筠又以才選直禁林者首尾十年今兹云亡玉堂東觀無復斯人矣庭筠儀觀秀偉暮年詩律深嚴七言長篇尤工險韻書法學米元章與趙渢趙秉文俱以名家遵古爲汾州觀察判官時庭筠省親至此有行書詩石四片舊志載其詩入藝文非是地所作例不當入附錄於此其詩曰帝遣名山護此邦千家琵琶嵌西窻山僧乞與山前地招客先開卌雙卌四十也地四畼爲雙手拄一條青竹杖眞成日挂百錢游夕陽欲下山

更好深林無人不可留王母祠東古佛堂人傳棟宇自隋唐年深寺廢無僧住滿谷西風栗葉黃挂鏡臺西挂玉龍半山飛雪舞天風寒雲直上三千尺人道高歡避暑宮

元好問字裕之太原秀容人七歲能詩年十四從陵川郝晉卿學不事舉業淹貫經傳百家六年而業成下太行渡大河爲箕山琴臺等詩禮部趙秉文見之以爲近代無此作也於是名震京師官至行尚書省左司員外郎金亡不仕爲文有繩尺備衆體其詩奇崛而絕雕劌巧縟而謝綺麗五言高古沈鬱七言樂府不用古題特

出新意歌謡慷慨挾幽幷之氣其長短句揄揚新聲以寫恩怨者又數百篇兵後故老皆盡好問蔚爲一代宗工四方碑版銘誌盡趨其門平遥超山有題名石云已亥秋八月十有四日自太原道徃山陽留宿於此東山元好問裕之題以上金時

孫翥字鳳儀汴梁人父仕元爲集賢殿大學士至正二十八年四月九日明兵取洛陽執居守者令各寫平安書以慰出征將士時翥之父獨不寫洪武年號投筆遂自經死汾陽縣大相里卜山書院有翥所作詩碑序稱恐歲月愈久傳聞失真乃泣血以紀其實庶他日太史

氏有所採焉其詩曰乾坤頃動風塵際父子君臣義獨全身耻帝秦寧蹈海心知尊晉不書年孤忠閬苑三秋月濁世齊州九點煙萬古姓名應不朽黃河如帶嶽如拳又有八哀詩序稱至正戊申家僮自覃懷來報鶴平安因感時之不幸而志之不遂乃作八哀詩以洩其憤其詩曰歷數乾坤破山河道路難鄴城秋草合易水朔風寒賈勇曹劉壘輸平李杜壇林泉心不遂空報鶴平安茅土恩雖重蕭墻禍已胎關山豺虎鬬江海鱷魚來管樂才何忝風雲氣自迴深嗟王子晉愁霧鎖蓬萊萬里長城壞千齡刼數遭卧龍終爲漢司馬已歸曹秋風

縶金闕將軍折寶刀九重無路訴短髮不勝搔狡兎蹄
方健韓盧鼎欲燃旌旗朝入雒謗篋暮輸燕縛信高皇
詐開邊杜預賢憂時常痛哭淚入武功天服楚茅先入
吞吳沼可期君臣傾社稷天地限華夷否極還生泰時
安又致危百年文物盛鄒泗墮瘡痍德厚唐虞帝寬深
蟣虱臣禁闕排虎豹高閣閉麒麟咄咄年將宴漫漫夜
不晨屈原忠見放憔悴楚江濱帝座元都遠天門北海
深有人歌楚些無客問陳琳望闕千行淚思君一寸心
雷霆司號令幾日破重陰龍虎風雲散鯨鯢海水翻干
戈天下動宗廟聖人存跋踄防多難心肝奉至尊乘輿

千里目終日爲消魂案元史宰相表至正二十八年戊申有左丞孫景益而不見列傳順帝紀於二十八年四月亦疎漏失之故具録翥詩以補史之闕遺元時

顧炎武字寧人崑山人以貢生薦授兵部司務再薦職方司主事未仕其學上接漢唐考核之儒所著有音學五書肇域志天下郡國利病書日知録亭林集等書嘗寓汾陽縣其金石文字記所載大相里齊天保三年相里寺碑郭社村唐乾封二年郭君碑文侯村唐上元三年上柱國任君碑小相里唐上騎都尉相里瑞碑晋天福五年建雄節度使相里金碑皆身至其地摹拓者又

有詩見藝文

李因篤字子德富平人與崑山顧炎武太原閻若璩皆以博古精考核爲學者所推重時稱爲關中李夫子其至汾陽因顧炎武遊汾時取道而來也

傅山字青主陽曲人與汾陽胡庭友善其書法篆隸及詩古文辭一時珍貴之康熙戊午舉博學鴻辭授內閣中書未仕

舊志列尹吉甫介之推卜子夏田子方段干木郭巨陳摶並涉傅合今不錄又吳悉達事見雜識

汾州府志卷之十三

人物一

宋壯武侯昌楚卿子冠軍宋義孫也始居太原界休爲代王中尉高后崩諸呂欲爲亂以危劉氏大臣共誅之謀立代王丞相陳平太尉周勃等使人迎代王代王問左右郎中令張武等張武等議曰漢大臣皆故高帝時大將習兵事多謀詐其屬意非止此也特畏高帝呂太后威耳今已誅諸呂新喋血京師以迎大王爲名實不可信願稱疾毋往以觀其變中尉宋昌進曰羣臣之議皆非也夫秦失其政諸侯豪傑並起人人自以爲得之

者以萬數然卒踐天子位者劉氏也天下絶望一矣高帝封王子弟地犬牙相制所謂磐石之宗也天下服其彊二矣漢興除秦苛政約法令施德惠人人自安難動揺三矣夫以呂太后之嚴立諸呂爲三王擅權專制然而太尉以一節入北軍一呼士皆袒左爲劉氏畔諸呂卒以滅之此乃天授非人力也今大臣雖欲爲變百姓弗爲使其黨寧能專一邪内有朱虚東牟之親外畏呉楚淮南琅邪齊代之彊方今高帝子獨淮南王與大王大王又長賢聖仁孝聞於天下故大臣因天下之心而欲迎立大王大王勿疑也於是代王乃遣太后弟薄昭

往見絳侯絳侯等具言所以迎立王者昭還報曰信矣無可疑者代王笑謂宋昌曰果如公言乃令宋昌驂乘張武等六人乘傳詣長安至高陵休止而使宋昌先馳之長安觀變昌至渭橋丞相以下皆迎昌還報代王進至渭橋羣臣拜謁稱臣代王下拜太尉勃進曰願請間宋昌曰所言公公言之所言私王者無私太尉勃乃跪上天子璽閏月己酉入代邸遂即天子位羣臣以次侍使太僕嬰東牟侯興居先清宫奉天子法駕迎代邸皇帝即日夕入未央宫夜拜宋昌爲衛將軍領南北軍明年四月辛亥封昌爲壯武侯

東觀漢記宋義後有宋昌會稽典略昌宋義孫也唐書宰相世系表宋氏出自子姓楚有上將軍義義生昌漢中尉始居西河介休案昌爲宋義之孫當從會稽典録世系表但云義生昌文不具也漢界休屬太原郡世系表云西河介休蓋據魏晉以後言之耳

舊志鄉賢列春秋時介之推山西通志於人物列周尹吉甫子然於隱逸列周吉桑介之推尹吉甫辯見沿革及古蹟介之推辯見緜山條下子然引大戴禮曰觀於四方不忘其親苟思其親不盡其樂蓋介山子然之行也考之大戴禮記衞將軍文子篇作易行

以俟天命居下位而不援其上觀於四方也不忘其
親苟思其親不盡其樂以不能學爲已終身之憂是
介山子推之行也北周盧景宣注云晉大夫介之推
也據訛文子推作子然而分爲兩人一列人物一列
隱逸謬矣吉桑下實以趙簡子遊於西河事則遠在
介之推後而列於其前已爲失次又劉向新序作晉
平公浮西河中流而歎曰嗟乎安得賢士與共此樂
者船人固桑進對曰君言過矣夫劍產於越珠產江
漢玉產崑山此三寶者皆無足而至今君苟好士則
賢士至矣平公曰固桑來吾門下食客者三千餘人

朝食不足暮收市租暮食不足朝收市租吾尚可謂
不好士乎固桑對曰今夫鴻鵠高飛沖天然其所恃
者六翮耳夫腹下之毛增去一把飛不爲高下不知
君之食客六翮邪將腹背之毳也乎公黙然此本一
事而傳聞不同其曰西河則泛舉龍門河不得繫之
此地今斷自漢起前此傳會失實者槩不濫入
郭徵士泰字林宗太原界休人早孤母欲使給事縣廷
林宗曰大丈夫焉能處斗筲之役乎遂辭就成臯屈伯
彥學三年業畢博通墳籍善談論美音制乃游於洛陽
始見河南尹李膺膺大奇之遂相友善於是名震京師

後歸鄉里衣冠諸儒送至河上車數千兩林宗唯與李膺同舟而濟衆賓望之以爲神仙焉司徒黄瓊辟太常趙典舉有道或勸林宗仕進者對曰吾夜觀乾象晝察人事天之所廢不可支也遂並不應性明知人好奬訓士類身長八尺容貌魁偉褒衣博帶周遊郡國嘗於陳梁間行遇雨巾一角墊時人乃故折巾一角以爲林宗巾其見慕皆如此泰别傳曰泰名顯士爭歸之載刺常盈車或問汝南范滂曰郭林宗何如人滂曰隱不違親貞不絶俗天子不得臣諸侯不得友吾不知其它後遭母憂有至孝稱謝承書曰遭母憂歐血發病歷年乃瘳林宗雖善人倫而不爲危言覈論故宦

官擅政而不能傷也及黨事起知名之士多被其害惟林宗及汝南袁閎得免焉遂閉門教授子弟以千數建寧元年太傅陳蕃大將軍竇武爲閹人所害林宗哭之於野慟既而歎曰人之云亡邦國殄瘁瞻烏爰止不知于誰之屋耳明年春卒於家時年四十二四方之士千餘人皆來會葬謝承書曰泰以建寧二年正月卒自宏農函谷關以西河內湯陰以北二千里負笈荷擔彌路柴車葦裝塞塗葢有萬數來赴同志者乃共刻石立碑蔡邕爲文既而謂涿郡盧植曰吾爲碑銘多矣皆有慙德惟郭有道無愧色耳其獎拔士人皆如所鑒謝承書曰泰之所名人品乃定先言後驗衆皆服之故適陳留則友符偉明遊太學則師先李智之陳國則親魏德公入汝南則交黃叔度

初泰始至南州過袁奉高不宿而去從叔度累日不去
或以問泰泰曰奉高之器譬之泛濫雖淸而易挹叔度
之器汪汪若千頃之陂澄之不淸撓之不濁不可量也
已而果然泰以是名聞天下
宋徵士沖字子浚太原界休人其事實無考
水經注汾水又西南逕界休縣城東有徵士郭林宗
宋子浚二碑宋沖以有道司徒徵案林宗有辟司徒
掾舉有道二事豈子浚亦與之同歟他無可考姑據
水經注列之
右漢三人舊志列郭泰辛慶忌二人山西通志於人

物列宋昌漕仲叔郭翁中孫會宗於文苑列宋沖案
漕仲叔漢書游俠傳作西河漕中叔郭翁中史記游
俠傳作西河郭公仲漢書作高翁中孫會宗漢書楊
惲傳作安定太守西河孫會宗翁中武帝時人會宗
宣帝時人中叔王莽時人而列中叔於前亦失次漢
西河郡領縣三十六在今府境者不及四之一而郡
治遠居河西不得槩入於此况俠以武犯禁如翁中
中叔所不當列者也辛慶忌漢書稱其本狄道人爲
將軍徙昌陵昌陵罷留長安唐肅宗時有辛雲京蘭
州金城人客籍京兆爲太原尹其曾孫讜史但言其

居揚州年五十不肯仕至周顯德中辛仲甫宋史乃云汾州孝義人舊志於辛雲京下云慶忌二十八代孫因錫田在縣家焉辛仲甫下云慶忌之後至唐封金城王雲京錫田在縣因而家焉賜田事不見史傳惟元時史澤撰辛氏家譜記云唐金城郡王辛雲京漢左將軍慶忌二十八代孫也葬於萬年縣鳳棲原又云昔金城郡王所錫田有在孝義縣者子孫因而家焉是居孝義者雲京之子孫也雲京寄籍京兆故葬京兆之萬年縣不當因其子孫而繫之孝義由唐溯漢更援狄道辛慶忌去雲京七百餘年而從雲京

之子孫改爲孝義人祀之鄉賢列之人物何相沿不察一至乎是

郭侍御史欽西河人太康中以匈奴五部居內地稍因忿恨殺害長史漸爲邊患欽上疏曰魏初人寡西北諸郡皆爲戎居今雖服從若百年之後有風塵之警匈奴之衆自平陽上黨不三日而至孟津北地西河太原馮翊安定上郡盡爲之庭矣宜及平吳之威謀臣猛將之略出北地西河安定復上郡實馮翊於平陽以北諸縣募取死罪徙三河三魏見士四萬家以充之漸徙平陽宏農魏郡京兆上黨雜部峻其出入之防明先王荒服

之制萬世之長策也帝不納後卒有劉淵之亂

孫太守楚字子荆太原中都人祖資魏驃騎將軍父宏南陽太守楚才藻卓絶爽邁不羣多所陵傲缺鄉曲之譽年四十餘始參鎮東軍事文帝遣符劭孫郁使吳將軍石苞令楚作書遺孫皓劭等至吳不敢爲通楚後遷佐著作郎復參石苞驃騎軍事楚既負其材氣頗侮易於苞初至長揖曰天子命我參卿軍事因此而嫌隙遂構苞奏楚與吳人孫世山共訕毀時政楚亦抗表自理紛紜經年事未判又與鄉人郭奕忿争武帝雖不顯明其罪然以少賤受責遂湮廢積年初參軍不敬府主楚

既輕芭遂制施敬自楚始也征西將軍扶風王駿與楚舊好起爲叅軍轉梁令遷衛將軍司馬時龍見武庫井中羣臣將上賀楚上言曰頃聞武庫井中有二龍羣臣或有謂之禎祥而稱賀者或有謂之非祥無所賀者可謂楚既失之而齊亦未爲得也夫龍或俯鱗潛于重泉或仰攀雲漢游乎蒼昊而今蟠于坎井同于蛙蝦者豈獨管庫之士或有隱伏厮役之賢没於行伍故龍見光景有所感悟願陛下赦小過舉賢才垂夢於傅巖望想於渭濱脩學官起淹滯申命公卿舉獨行君子可惇風厲俗者又舉亮拔秀異之才可以撥煩理難矯世抗言

者無繁世族必先逸賤夫戰勝攻取之勢并兼混一之慮五伯之事韓白之功耳至於制禮作樂闡揚道化甫是士人出筋力之秋也伏願陛下擇狂夫之言惠帝初爲馮翊太守元康三年卒初楚與同郡王濟友善濟爲本州大中正訪問銓邑人品狀至楚濟曰此人非卿所能目吾自爲之乃狀楚曰天才英博亮拔不羣楚少時欲隱居謂濟曰當欲枕石漱流誤云漱石枕流濟曰流非可枕石非可漱楚曰所以枕流欲洗其耳所以漱石欲厲其齒楚少所推服惟雅敬濟初楚除婦服作詩以示濟濟曰未知文生於情情生於文覽之悽然增伉儷

之重三子衆恂纂恂子盛纂子統綽並知名
孫統字承公幼與綽及從弟盛過江誕任不羈而善屬文時人以爲有楚風征北將軍褚裒聞其名命爲叅軍辭不就家於會稽性好山水乃求爲鄞令轉在吳寧居職不留心碎務縱意游肆名山勝川靡不窮究後爲餘姚令卒子騰嗣騰以博學著稱位至廷尉騰弟登少善名理注老子行於世仕至尚書郎早終
孫廷尉卿綽字興公博學善屬文少與高陽許詢俱有高尚之志居於會稽游放山水十有餘年乃作遂初賦以致其意常鄙山濤而謂人曰山濤吾所不解吏非吏

隱非隱若以元禮門爲龍津則當點額暴鱗矣所居齋前種一株松恒自守護鄰人謂之曰樹子非不楚楚可憐但恐永無棟梁日耳綽答曰楓柳雖復合抱亦何所施耶綽與詢一時名流或愛詢高邁則鄙於綽或愛綽才藻而無取於詢沙門支遁試問綽君何如許答曰高情遠致弟子早已伏膺然一詠一吟許將北面矣絶重張衡左思之賦每云三都二京五經之鼓吹也嘗作天台山賦辭致甚工初成以示友人范榮期云卿試擲地當作金石聲也榮期曰恐此金石非中宮商然每至佳句輒云應是我輩語除著作佐郎襲爵長樂侯綽性通

率好譏調嘗與習鑿齒共行綽在前顧謂鑿齒曰沙之
汰之瓦石在後鑿齒曰簸之颺之糠粃在前征西將軍
庾亮請爲參軍補章安令徵拜太學博士遷尚書郎揚
州刺史殷浩以爲建威長史會稽内史王羲之引爲右
軍長史轉永嘉太守遷散騎常侍領著作郎時大司馬
桓温欲經緯中國以河南粗平將移都洛陽朝廷畏温
不敢爲異而北土蕭條人情疑懼雖並知不可莫敢先
諫綽乃上疏曰伏見征西大將軍臣温表便當躬率三
軍討除二寇蕩滌河渭淸灑舊京然後神旂電舒朝服
濟江反皇居於中土正玉衡於天極斯超世之宏圖千

載之盛事然臣之所懷竊有未安以爲帝王之興莫不藉地利人和以建功業貴能以義平暴因而撫之懷愍不建淪胥秦京遂令胡戎交侵神州絶綱土崩之釁誠由道喪然中夏蕩蕩一時横流百郡千城曾無完郛者何哉亦以地不可守投奔有所故也天祚未革中宗龍飛非惟信順協於天人而已實賴萬里長江畫而守之耳易稱王公設險以守其國險之時義大矣哉斯已然之明效也今作勝談自當任道而遺險校實量分不得不保小以固存自喪亂已來六十餘年蒼生殄滅百不遺一河洛丘墟函夏蕭條井湮木刊阡陌夷滅生理茫

茫永無依歸播流江表已經數世存者長子老孫亡者丘隴成行雖北風之思感其素心目前之哀寔爲交切若遷都旋軫之日中興五陵即復緬成遐域奉山之安既難以理保烝烝之思豈不纒於聖心哉逼今此舉誠欲大覽始終爲國遠圖向無山陵之急亦未首決大謀獨任天下之至難也今發憤忘食忠慨亮到凡在有心誰不致感而百姓震駭同懷危懼者豈不以反舊之樂賖而趣死之憂促哉何者植根於江外數十年矣一朝拔之頓驅蹴於空荒之地提挈萬里踰險浮深離墳墓棄生業富者無三年之糧貧者無一飱之飯田宅不可

復售舟車無從而得捨安樂之國適習亂之鄉出必安之地就累卵之危將頓仆道塗飄溺江川僅有達者夫國以人爲本疾寇所以爲人衆喪而寇除亦安所取裁此仁者所宜哀矜國家所宜深慮也自古今帝王之都豈有常所時隆則宅中而圖大勢屈則遵養以待會使德不可勝家有三年之積然後始可謀太平之事耳今天時人事有未至者矣一朝欲一宇宙無乃煩而難舉乎臣之愚計以爲且可更遣一將有威名資實者先鎮洛陽於陵所築二壘以奉衛山陵埽平梁許清一河南運漕之路既通然後盡力於開墾廣田積穀漸爲徙者

之資如此賊見亡徵勢必遠竄如其迷逆不化復欲送死者南北諸軍風馳電赴若身手之救痛痒率然之應首尾山陵既固中夏小康陛下且端委紫極增修德政躬行漢文簡樸之至去小惠節遊費審官人練甲兵以養士滅寇爲先十年行之無使隳廢則貧者殖其財怯者充其勇人知天德赴死如歸以此致政猶運諸掌握何故舍百勝之長理舉天下而一擲哉陛下春秋方富溫克壯其猷君臣相與宏養德業括囊元吉豈不快乎今溫唱高議聖朝互同臣以輕微獨獻管見出言之難實在今日而臣區區必聞天聽者切以無諱之朝狂瞽

進說芻蕘之謀聖賢所察所以不勝至憂觸冒干陳若
陛下垂神温少留思豈非屈於一人而允億兆之願哉
如以干忤罪大欲加顯戮使丹誠上達退受刑誅雖沒
泉壤尸且不朽桓温見綽表不悅曰致意興公何不尋
君遂初賦知人家國事邪尋轉廷尉卿領著作綽少以
文才垂稱于時文士綽爲其冠温王郗庾諸公之薨必
須綽爲碑文然後刊石焉年五十八卒子嗣有綽風文
章相亞位至中軍參軍早亡
孫給事中盛字安國太原中都人祖楚馮翊太守父恂
潁州太守恂在郡遇賊被害盛年十歲避難渡江及長

博學善言名理于時殷浩擅名一時與抗論者惟盛而已盛嘗詣浩談論對食奮擲麈尾毛悉落飯中食冷而復暖者數四至暮忘飱理竟不定盛又著醫卜及易象妙於見形論浩等竟無以難之由是遂知名起家佐著作郎以家貧親老求爲小邑出補瀏陽令太守陶侃請爲叅軍庾亮代侃引爲征西主簿轉叅軍時丞相王導執政亮以元舅居外南蠻校尉陶稱讒構其間導亮頗懷疑貳盛密諫亮曰王公神情朗達常有世外之懷豈肯爲凡人事邪此必佞邪之徒欲間内外耳亮納之庾翼代亮以盛爲安西諮議叅軍尋遷廷尉正會桓溫代

冀留盛爲叅軍與俱伐蜀軍次彭模温自以輕兵入蜀盛領羸老輜重在後賊數千忽至衆皆遑遽盛部分諸將并力拒之應時敗走蜀平賜爵安懷縣侯累遷温從事中郎從入關平洛以功進封吳昌縣侯出補長沙太守以家貧頗營資貨部從事至郡察知之服其高名而不劾之盛與温牋而辭旨放蕩稱州遣從事觀採風聲進無威鳳來儀之美退無鷹鸇搏擊之用徘徊湘川將爲怪鳥温得盛牋復遣從事重按之贓私狼籍檻車收盛到州捨而不罪累遷秘書監加給事中年七十二卒盛篤學不倦自少至老手不釋卷著魏氏春秋晉陽秋

幷造詩賦論難復數十篇晉陽秋詞直而理正咸稱良史焉既而桓温見之怒謂盛子曰枋頭誠爲失利何至乃如尊君所說若此史遂行自是關君門戶事其子遽拜謝謂請刪改之時盛年老還家性方嚴有軌憲雖子孫班白而庭訓愈峻至此諸子乃共號泣稽顙請爲百口切計盛大怒諸子遂竊改之盛寫兩定本寄於慕容儁太元中孝武帝博求異聞始於遼東得之以相考校多有不同書遂兩存子潛放潛字齊由爲豫章太守殷仲堪之討王國寶也潛時在郡仲堪逼以爲諮議參軍固辭不就以憂卒放字齊莊幼稱令慧年七八歲在荆

州與父俱從庾亮獵亮謂曰君亦來邪應聲答曰無小
無大從公于邁亮又問欲齊何莊邪放曰欲齊莊周亮
曰不慕仲尼邪答曰仲尼生而知之非希企所及亮大
奇之曰王輔嗣弗過也終於長沙相

右晉五人舊志列王延宋隱二人通志於人物列王
殷孫康王延於文苑列孫楚孫統孫綽孫盛孫放案
王延仕劉聰宋隱先仕慕容垂後仕北魏皆不當繫
之晉隱曾祖奭晉昌黎太守後爲慕容廆長史祖活
中書監父恭尚書徐州刺史慕容儁徙鄴恭始家於
廣平列入隱雖以孝聞然不能終事一主固無足稱

述且自其父家列人史猶云西河介休人徒推本言之耳王般祁人非今府境孫統與緯盛自幼渡江至統子騰登盛子潛放附見統盛傳可也盛曾孫康康子伯騶相去益遠矣

王延字延元西河人九歲喪母泣血三年幾至滅性每至忌月則悲啼一旬繼母卜氏遇之無道恒以蒲穰及敗麻頭與延貯衣其姑聞而問之延知而不言事母彌謹卜氏常盛冬思生魚勑延求而不獲杖之流血延尋汾叩凌而哭忽有一魚長五尺踊出冰上延取以進母卜氏食之積日不盡於是心悟撫延如己生延事親色

養甕則扇枕席冬〻則以身温被陞冬〻盛寒體無全衣而
親極滋味晝則傭賃夜則誦書遂究覽經史皆通大義
州郡禮辟貪供養不起父母終後廬於墓側非其蠶不
衣非其耕不食屬天下喪亂隨劉淵遷於平陽農蠶之
暇訓誘宗族侃侃不勌家牛生一犢他人認之延牽而
授與初無吝色其人後自知妄認送犢還延叩頭謝罪
延仍以與之不復取也年六十方仕於劉聰稍遷尙書
左丞至金紫光禄大夫聰死後靳準將作亂謀之於延
延不從準既誅劉氏自號漢大王以延爲左光禄大夫
延又大罵不受準遂殺之

右劉聰時一人舊志繫之晉非也

張成紀侯濟字士度西河人也父千秋慕容永驍騎將軍永滅來奔太祖善之拜建節將軍賜爵成紀侯隨從征伐累著功績登國末卒濟涉獵書傳清辯美儀容太祖愛之引侍左右與公孫表等俱爲行人拜散騎侍郎襲爵先是姚興遣將攻洛陽司馬德宗雍州刺史楊佺期遣使乞師於常山王遵遵以狀聞太祖遣濟爲遵從事中郎報之濟自襄陽還太祖問濟江南之事濟對曰司馬昌明死子德宗代立所部州鎭迭相攻擊今雖小定君弱臣彊全無綱紀臣等既至襄陽佺期問臣魏初

伐中山幾十萬衆臣答三十餘萬佺期曰魏國被甲戎馬可有幾匹臣答中軍精騎十有餘萬外軍無數佺期曰以此討羌豈足滅也又曰魏定中山徙幾戸於北臣答七萬餘家佺期曰治在何城臣答定都平城佺期曰有如許大衆亦何用城爲又曰魏帝爲欲久都平城將復還乎臣答非所知也佺期聞朝廷不都山東貌有喜色曰晉魏通和乃在往昔非唯今日羌寇狡猾頻侵河洛夙夜憂危今此寡弱倉庫空竭與君便爲一家義所無諱洛城救援仰恃於魏若獲保全當必厚報如其爲羌所乘寧使魏取臣等欲分向揚州佺期曰蠻賊互起

水行甚難魏之軍馬已據滑臺於此而還從北道東下乃更便直晉之法制有異於魏今都督襄陽委以外事有欲征討輒便與發然後表聞令朝廷知之而已如其事勢不舉亦不承臺命太祖嘉其辭順乃厚賞其使許救洛陽後遷謁者僕射報使姚興以累使稱旨拜勝兵將軍頻從車駕北伐濟謀功居多賞賜奴婢百口馬牛數百羊二十餘口天賜五年卒子多羅襲爵坐事除

郭文恭太原平遥人仕爲太平縣令年踰七十父母喪亡文恭孝慕罔極乃居祖父墓次晨夕拜跪跣足負土培祖父二墓寒暑竭力積年不已見者莫不哀歎尚書

聞奏標其門閭

宋簡侯宣字道茂西河介休人父洽爲慕容垂尚書太祖之圍中山也洽率所領專守北闉當洽所統官軍多被傷殺太祖特深忿恨及城平遂殺之子順訓並下腐刑宣時年數歲親人竊逃以免後與范陽盧子真渤海高允及從子愔俱被徵拜中書博士尋兼散騎常侍使劉義隆加冠軍將軍賜爵中都侯領中書侍郎行司隸校尉真君七年卒贈司隸謚簡侯子謨字乾仁襲爵卒於遼西太守子鸞字珍和襲爵東莞太守鸞弟瓊字普賢少以孝行稱母曾病季秋之月思瓜不已瓊夢想見

之求而遂獲時人稱異母終州郡屢辟皆不就卒於家
子仲美武定末尚書水部郎
宋列人子愔與從叔宣博陵崔建俱知名世祖時歷位
中書博士員外散騎常侍使江南賜爵列人子還拜廣
平太守興安五年卒贈安遠將軍相州刺史謚曰惠長
子顯襲爵顯無子養弟子弁爲後弁父叔珍李敷妹夫
因敷事而死弁才學儁贍少有美名高祖初曾至京師
見尚書李沖因言論移日沖竦然異之退而言曰此人
一日千里王佐才也顯卒弁襲爵弁與李彪州里迭相
祗好彪爲秘書丞弁自中散彪請爲著作佐郎尋除尚

書殿中郎中高祖曾因朝會之次歷訪治道弁年少官微自下而對聲姿清亮進止可觀高祖稱善者久之因是大被知遇賜名爲弁意取弁和獻玉楚王不知寶之也遷中書侍郎兼員外常侍使於蕭頤頤司徒蕭子良祕書丞王融等皆稱美之以爲志氣謇諤不逮李彪而體韻和雅舉止閑邃過之轉散騎侍郎時散騎位在中書之右高祖曾論江左事因問弁曰卿比南行入其隅隩彼政道云何興亡之數可得知不弁對曰蕭氏父子無大功於天下既以逆取不能順守德政不理徭役滋劇內無股肱之助外有怨叛之民以臣觀之必不能貽

厥孫謀保有南海若物憚其威身免爲幸後車駕南征以弁爲司徒司馬曜武將軍東道副將軍人有盜馬靽者斬而徇之於是三軍振懼莫敢犯法黃門郎崔光薦弁自代高祖不許然亦賞光知人未幾以弁兼黃門尋卽正兼司徒左長史時大選內外羣官弁定四海士族弁專參銓量之任事多稱旨然好言人之陰短高門大族意所不便者弁因毀之至於舊族淪滯人非可忌者又申達之弁又爲本州大中正姓族多所降抑頗爲時人所怨遷散騎常侍尋遷右衛將軍領黃門弁屢自陳讓高祖曰吾爲相知者卿亦不可有辭豈得專守一官

不助朕爲治且常侍者黃門之麤冗領軍者三衛之假攝不足空存推讓以棄大委其被知遇如此始高祖北都之遷也李沖多所參豫頗抑宋氏并有恨於沖而與李彪交結雅相知重及彪抗沖沖劾彪不至大罪并之力也彪除名爲民并大相嗟慨密圖申復高祖在汝南不豫大漸旬有餘日不見侍臣左右唯彭城王勰等數人而已小瘳乃引見門下及宗室長幼諸人入者未能皆致悲泣并獨進及御牀歔欷流涕曰臣不謂陛下聖顏毁瘠乃爾由是益重之車駕征馬圈留并以本官兼祠部尚書攝七兵事及行執其手曰國之大事在祠與

戎故令卿綰攝二曹可不自勉弁頓首辭謝劬勞王事
恩遇亞於李沖高祖每稱弁可爲吏部尚書及崩遺詔
以弁爲之與咸陽王禧等六人輔政而弁已先卒年四
十八詔賜錢十萬布三百疋贈安東將軍瀛州刺史謚
曰貞順弁性好矜伐自許膏腴高祖以郭祚晉魏名門
從容謂弁曰卿固應推郭祚之門也弁笑曰臣家未肯
推祚高祖曰卿自漢魏以來旣無高官又無儁秀何得
不推弁曰臣清素自立要爾不推侍臣出後高祖謂彭
城王勰曰弁人身良自不惡乃復欲以門戶自矜殊爲
可怪

右北魏四人舊志列南北朝張濟郭文恭宋敏宋弁宋翻宋世良宋世軌七人山西通志於人物列北魏張濟宋宣宋愔宋弁宋翻宋世景北齊宋世軌於文苑列北魏宋隱張偉北齊宋世良考之魏書宋隱西河介休人而自其父恭已家於廣平列人隱叔父洽洽第四子宣宣從子愔高允徵士頌稱行司隸校尉中都侯西河宋宣道茂廣平太守列人侯西河宋愔是宣愔宜從徵士頌繫之西河至宋弁宋翻其傳直稱廣平列人人翻弟毓毓弟世景其傳稱廣平人毓子世良世軌北齊書列傳亦稱爲廣平人唐書宰相

世系表宋昌始居西河介休十二世孫晃晃三子恭

洽畿徙廣平列人晃魏書作活或其更名也宣孫瓊

有孝行愔子顯無子以弁爲後弁北魏名臣今於宋

宣宋愔二傳附見之翻及世景世良世軌據史傳爲

廣平宋氏已久故不載入宋敏舊志但云敦篤有志

行又於宋世良下云敏之子案魏書毓字道和敦篤

有志行子世良然則敏殆毓之訛耳張偉太原中都

人北魏中都乃今榆次縣非府境

鄭興汾州永安人有孝行聞於朝貞觀元年以縣名與

涪州縣名同改爲孝義且以旌興也

李吉甫元和郡國圖志云縣人郭興有孝義故以爲名焉舊志云鄭興父早卒勺水不入口號痛者三日力農養母甘旨不闕母病湯藥必親嘗衣不解帶刲股爲羹以進母食之愈貞觀元年有司聞於朝詔改永安縣爲今名案郭鄭字相似未知孰是縣名以興改而新舊唐書孝友傳不列其人豈以刲股事出於委巷之陋遂畧之歟

康深汾州介休人貞觀八年爲殿前護駕將軍有功

介休縣志云按碑記深立心寛恕制行端莊太宗封境内神祇敕封太尉元知縣徐養正立碑今在下莊

村東

宋學士令文汾州人高宗時爲東臺詳正學士令文富文辭且工書有力絶人世稱三絶都下有牛善觸人莫敢嬰令文直往拔取角折其頸殺之及子之問以文章起其弟之悌以蹻勇聞之孫精草隸世謂皆得父一絶

宋右臺務光字子昂一名烈汾州西河人舉進士及第調洛陽尉遷右衛騎曹叅軍神龍元年大水詔文武九品以上官直言極諫務光上書曰后王樂聞過罔不興拒諫罔不亂樂聞過則下情通下情通則政無缺此所以興也拒諫則羣議壅羣議壅則上孤立此所以亂也

臣嘗觀天人相與之際有感必應其間甚密是以教失
於此變生於彼易曰天垂象見吉凶聖人象之竊見自
夏以來水氣勃戾天下多罹其災洛水暴漲漂損百姓
傳曰簡宗廟廢祠祀則水不潤下夫王者即位必郊祀
天地嚴配祖宗自陛下御極郊廟山川不時薦見又水
者陰類臣妾之道氣盛則水泉溢頂虹蜺紛錯暑雨滯
霪陰勝之沴也後廷近習或有離中饋之職以干外政
願深思天變杜絕其萌又自春及夏牛多病死疫氣浸
淫傳曰思之不睿時則有牛禍意者萬機之事陛下未
躬親乎晁錯曰五帝其臣不及則自親之今朝廷賢佐

雖多然莫能仰陛下淸光願勤思法宮凝就大化以萬
方爲念不以聲色爲娛以百姓爲憂不以犬馬爲樂臣
聞三五之君不能免淫亢顧備禦存乎人耳災興細微
安之不怪及禍變已成駭而圖之猶水決治防病困求
藥雖後僶俛尚何救哉夫塞變應天實繫人事今霖雨
卽閉坊門豈一坊一市能感發天道哉必不然矣故里
人呼坊門爲宰相謂能節宣風雨天工人代乃爲虛設
又數年以來公私覂竭戶口減耗家無接新之儲國乏
俟荒之蓄陛下近觀朝市則以爲既庶且富試踐閭陌
則百姓衣馬牛之衣食犬彘之食十室而九丁壯盡於

邊壁孀孤轉於溝壑猛吏奮毒急政破資馬困斯佚人窮斯詐起爲姦盜從而刑之良可歎也今人貧而奢不息法設而僞不止長吏貪冒選舉以私稼穡之人少商旅之人衆願坦然更化以身先之凋殘之後緩其力役久弊之極訓以敦龐十年之外生聚方足臣聞太子者君之貳國之本所以守器承祧養民贊業願擇賢能早建儲副安社稷慰黎元姻戚之間謗議所集積疑成患憑寵生災愛之適以害之也如武三思等誠不宜任以機要國家利器庸可久假於人秘書監鄭普思國子祭酒葉靜能挾小道淺術列朱紫取銀黃虧國經悖天道

書曰制治於未亂保邦於未危此誠治亂安危之秋也
願陛下遠佞人親有德乳保之母妃主之家以時接見
無令媟黷疏奏不省俄以監察御史巡察河南道時滑
州輸丁少而封戶多每配封人皆亡命失業務光建言
通邑大都不以封令命侯之家專擇雄奧滑州七縣而
分封者五王賦少於侯租入家倍於輸國請以封戶均
餘州又請食賦附租庸歲送停封使息傳驛之勞不見
納以考最進殿中侍御史遷右臺嘗薦汝州參軍事李
欽憲後爲名臣卒年四十二
宋總管之悌令文子之悌長八尺以蹻勇聞開元中歷

嶺南節度使太原尹嘗坐事流朱鳶會蠻陷驩州授總
管擊之募壯士八人被重甲大呼薄賊曰獠動即死賊
七百人皆伏不能興遂平賊

梁柱國思汾州平遥人幼好儒術重交遊值朝廷用師
奮身從戎累功加上柱國大歷十二年卒年八十有七

薛刺史鐵山隰州石樓人破黃巢黨單騎入長安勇智
之將罕出其右

右唐七人舊志列薛融康深鄭興辛雲京宋務光五
人山西通志於人物列康深宋務光宋之悌辛雲京
梁思於文苑列宋令文宋之問薛能考薛融當繫之

五代辛雲京金城人辯見前宋之問薛能與三國魏
孫資北齊張亮隋郭衍俱別見仕實
李刺史彥從汾州孝義人拳勇善騎射爲漢濮州刺史
州故有老吏舞文者皆歛戢
右五代漢一人

汾州府志

山西文華·史料編

清乾隆版　第三册

卷十四至卷二十二

劉益令◎整理

《山西文華》編纂委員會　編

山西出版傳媒集團
三晋出版社

山西文集

汾州府志卷之十四

人物二

辛太保仲甫字之翰汾州孝義人曾祖實石州推官祖迪壽陽令父藩河東節度判官仲甫少好學及長能吏事偉姿儀器局沉厚周廣順中郭崇掌親軍領武定節制署仲甫掌書記顯德初出鎮澶淵仍署舊職崇所親吏爲廂虞候部民有被刼殺者訴陰識賊魁即捕盜吏也官不敢詰仲甫請自捕逮鞫之吏故稽其獄仲甫曰民被寇害而使自誣服蠹政甚矣焉用僚佐爲請易吏以雪寃憤崇悟移鞫之乃得實狀崇移鎮真定改深趙

鎮觀察判官太祖受命以崇爲監軍陳思誨密奏崇有
姦狀上怒且疑遣中使馳往驗之未至崇憂懣失據謂
賓佐曰苟王人不察爲之柰何皆愕相視仲甫曰皇帝
膺運公首効節軍民處置率循常度且何以加辭第遠
偵使者率僚屬盡郊迎禮聽彼伺察人當自辨矣崇如
其言使者至視崇無他意還奏上大喜歸罪於思誨仲
甫又隨崇爲平盧軍節度判官崇卒改鄆齊觀察判官
累雪冤枉乾德五年入拜右補闕出知光州州有橫河
與城直會霖潦暴疾水溢漬廬舍仲甫集船數百艘軍
資民儲皆賴以濟六年移知彭州州卒誘營兵及諸屯

戍謀以長春節宴集日爲亂屬春初仲甫出城巡視見濠中草深意可藏伏命燒薙之兇黨疑謀泄有自首者擒百餘人盡斬之先是州少種樹暑無所休仲甫課民栽柳蔭行路郡人德之名爲補闕柳太祖問羣臣文武兼資者爲誰趙普以仲甫對徙益州兵馬都監代還遷爲三司戶部判官太平興國初遷起居舍人奉使契丹遼主問黨進何如人如進之比有幾仲甫曰國家名將輩出如進鷹犬材耳何足道哉遼主欲留之仲甫曰信以成命義不可留有死而已遼主竟不能屈使還以刑部郎中知成都府既至奏免歲輸銅錢罷榷酤政尚寛

簡蜀人安之八年加右諫議大夫時彭州盜賊連結爲害詔捕未獲仲甫誘令自縛詣吏者凡百餘人餘因散去九年入知開封府拜御史中丞雍熙二年拜給事中叅知政事端拱中進戶部侍郎時呂蒙正以長厚居相位王沔任事仲甫從容其間而已淳化二年以足疾罷爲工部尚書出知陳州代歸會蜀有寇以仲甫素著恩信將令輿疾招撫以疾未行無何以太子少保致仕眞宗卽位加太子少傅咸平五年卒年七十四贈太子太保子若沖若海若濛若濟若渝皆能其官孫有孚有鄰俱舉進士

侯侍郎仁寶汾州平遥人趙普妹婿也父益宋乾德三年贈中書令仁寶以蔭遷太子中允盧多遜與普有隙普罷相以仁寶知邕州州之右江生毒藥樹宣化縣人常採貨之仁寶以聞詔盡伐去九年不代太平興國中上言陳取交州策太宗令馳驛召歸多遜據奏曰若召仁寶其謀必洩蠻夷增備未易取也不如授仁寶飛輓之任且經度之別遣偏將發荆湖士卒一二萬人長驅而往勢必萬全遂以仁寶爲交州水陸計度轉運使前軍發遇賊鋒甚盛援兵不繼死江中太宗聞之甚悼惜特贈工部侍郎録其子延齡延世並爲齋郎延齡至殿

中丞延世至太子中舍

侯都部署延廣汾州平遙人祖益父仁矩延廣初在襁褓中遭王景崇之難乳母劉氏以己子代延廣死劉氏行匄抱持延廣至京師還益及仁矩歷通鄜雄三州刺史悉以補牙職在雄州時方飲宴寇數十騎白晝入州城延廣引親信數騎馳出射殺其酋一人斬首數級悉擒其餘黨仁矩喜拊其背曰興吾門者必汝也監軍李漢超以其事聞詔書褒美賜錦袍銀帶仁矩卒補西頭供奉官太平興國初護延州軍兼緣邊巡檢善撫士卒下樂爲用戎人畏服遷閤門祗侯會西北戎入寇求可

使徵廵者近臣言延廣將家子習邊事無出其右時延
廣病強起之遷崇儀副使充同鄜坊延丹緣邊都廵檢
使延廣力疾入辭太祖賜以名藥及方遣太醫隨侍戎
人聞延廣之至不敢復爲寇亂叛卒劉渥嘯聚亡命數
百人寇耀州富平縣謀入京兆其勢甚盛所過殺居民
奪財物縱火而去關右騷然延廣率兵數百自間道追
之會渥於富平四十五里渥衆已千餘人相持久之渥
素憚延廣傳言我草間求活觀死如鴻毛耳侯公家世
富貴奈何不思保守而與亡卒爭一旦之命於鋒鏑下
延廣怒因擊之挺身與渥鬬鬬大樹下斷渥右臂渥脫

走乘勢大破其衆遷銜甚止谷中後數日爲追兵所獲渥素號驍勇無敵至是爲延廣所殺羣盜喪氣餘黨稍稍自歸關右以定上嘉之擢拜崇儀使淳化二年李繼遷始擾夏臺卽命延廣領獎州刺史知靈州賜金帶名馬會趙保忠陰結繼遷朝廷命騎將李繼隆率兵問罪以延廣護其軍旣而夏臺平保忠就縛手詔褒美錫賚甚厚師還留爲延州鈐轄會節帥田重進老耄郡中不治以延廣同知州事兼緣邊都巡檢使先是延廣知靈州部下嚴整戎人悅服李繼遷素避其鋒監軍康贊元害其功誣奏延廣得虜情恐後倔強難制遂詔還以慕

容德豐代之部內甚不治至道閒繼遷寇靈州朝廷謀帥同知樞密院事錢若水稱延廣可使就拜寧州團練使知靈州兼兵馬都部署賜白金二千兩歲增給錢二百萬戎人塞道郵傳餽餉皆不通延廣獨引數十騎之鎮戎人素服其威名皆相率引避二年春病上遣御醫馳驛視之醫至疾已亟延廣謂中使李知信曰延廣自度必不起家世受國恩今日得死所矣但恨未立尺寸功以報上耳言訖而卒年五十上聞之爲出涕賵賻甚厚以其子爲六品正員官子紹隆東染院使帶御器械紹隆子宗亮右侍禁閤門祗候

趙景肅昌言字仲謨汾州孝義人父畝從事使府太宗尹開封選爲雍邱太康二縣令後終安申觀察判官昌言少有大志趙逢高錫寇準皆稱許之太平興國三年舉進士文思甚敏有聲於場屋爲貢部首薦廷試日太宗見其辭氣俊辯又覩其父名謂左右曰是嘗爲東畿宰朕之生辰必獻詩百韻爲壽善訓其子亦爲可嘉也擢置甲科爲將作監丞通判鄂州拜右拾遺直史館賜緋魚選爲荆湖轉運副使還右補闕會省副職改知青州入拜職方員外郎知制誥預脩文苑英華雍熙初加屯田郎中明年同知貢舉俄出知天雄軍時曹彬崔彥

進米信失律於岐溝昌言遣觀察支使鄭蒙上疏請誅彬等優詔褒答召拜御史中丞太宗宴金明池特詔預焉憲官從宴自昌言始也河東用兵樞密副使張宏循默守位昌言多條上邊事太宗即以昌言爲左諫議大夫代宏爲樞密副使遷工部侍郎時鹽鐵副使陳象輿與昌言善知制誥胡旦度支副使董儼皆昌言同年右正言梁顥嘗在大名幕下四人者日夕會昌言之第京師爲之語曰陳三更董半夜有傭書翟頳性險誕與旦狎旦爲作大言之辭使頳上之爲頳改姓名馬周以爲唐馬周復出也其言多毀時政自薦爲大臣及歷舉數

十人皆公輔器期昌言爲內應陳王尹開封廉知以聞
詔捕穎繫獄鞫之盡得其狀昌言坐貶崇信軍節度行
軍司馬穎杖脊黥面流海島禁錮終身初太宗厚遇昌
言垂欲相之趙普以勳舊復入惡昌言剛戾乃相呂蒙
正裁數月會有穎獄普以昌言樹黨再勸太宗誅之太
宗特寬焉淳化二年起昌言知蔡州逾年召拜右諫議
大夫或議弛茶鹽禁以省轉漕命昌言爲江淮兩浙制
置茶鹽使昌言極言非便太宗不納趣昌言往昌言固
執如初即以戶部副使雷有終代之卒以無利而罷昌
言復知天雄軍賜錢二百萬大河貫府境豪民峙芻茭

圖利誘姦人潛穴隄防歲仍決溢昌言知之一日隄吏告急命徑取豪家廥積以給用自是無敢爲姦利者屬澶州河決流入御河漲溢浸府城昌言籍府兵負土增隄數不及千乃索禁卒佐役皆偃蹇不進昌言怒曰府城將墊人民且溺汝輩食厚祿欲坐觀邪敢不從命斬衆股慄赴役不浹旬城完太宗手詔褒諭之召拜給事中叅知政事俾乘疾置以入卽赴中書時京城連雨昌言請出廄馬分牧外郡或以盛秋備敵馬不可闕昌言曰塞下積水敵必不至太宗從之未幾王小波李順搆亂於蜀議遣大臣撫慰昌言獨請發兵無使滋蔓廷論

未決會嘉眉連陷始命王繼恩等分路進討昌言攝祭
太廟宿齋中因召對滋福殿復贊兵計遂遣使督繼恩
戰繼恩御衆寡術餘寇未殄握兵留成都士無鬭志郡
縣復有陷者太宗意頗厭兵召昌言謂曰西川本自一
國太祖平之訖今三十年矣昌言知意即前指畫攻取
之策太宗喜命昌言爲川峽五十二州招安行營馬步
軍都部署昌言懇辭敦諭不許賜精鎧良馬白金五千
兩別賜手札數幅皆討賊方畧自繼恩以下並受節度
既行有奏昌言無嗣鼻折山根頗有反相不宜遣握兵
入蜀後旬日召宰相於北苑門曰昨令昌言入蜀朕思

之有所未便且蜀賊小醜昌言大臣未易前進且令駐
鳳翔止遣內侍衛紹欽齎手書指揮軍事亦可濟也詔
書追及昌言已至鳳州留候館百餘日賊平改戶部侍
郎罷政事知鳳翔府徙澶涇延三州眞宗卽位遷兵部
侍郎知陝州表求還京不許未幾移知永興軍咸平三
年與呂蒙正寇準同召以本官兼御史中丞知審官院
有言門資官不宜任親民昌言手疏以才不才在人豈
以寒儁世家爲恨遂罷其議加工部尚書仍兼中丞先
時多遣臺吏廵察尊臣踰越法式者昌言建議請準故
事令左右廵使分領之會知審刑院趙安仁判大理寺

韓國華斷獄失中解職昌言因上言詳斷官宜加愼擇
自今有議刑不當嚴示懲罰授以遠官若有罪被問不
即引伏者許令追攝又天下大辟斷訖皆録欵聞奏付
刑部詳覆用刑乖理者皆行按劾惟開封府未嘗奏案
或斷獄有失止罪元勘官吏知府判官推官檢法官皆
不及責則何以辯明枉濫表則方夐望自今如外州例
施行從之會孟州民常德方訟臨津尉任懿以賄登第
事下御史乃知舉王欽若受之昌言以聞欽若自訴詔
邢昺覆案坐昌言故入奪官貶安遠軍行軍司馬移武
勝軍景德初拜刑部侍郎求兼三館職命判尚書都省

眞宗幸澶淵以盟津居要增屯兵命知河陽歷知天雄軍府境內有小盜昌言榜諭能告執者給賞牙吏即遷職樞密使王繼英以爲小盜不當擅爲賞格乃訪昌言易其榜有勞者俟朝旨未幾徙知鎮州遷戶部侍郎大中祥符二年卒年六十五贈吏部尚書謚曰景肅録其子慶嗣爲國子監丞賦祕務喪姪孫允明同學究出身昌言喜推獎後進掌漕湖外時李沆通判潭州昌言謂有台輔之量表聞於朝王旦宰岳州平江昌言一見識其遠大以女妻之後皆爲賢相王禹偁自甲秩擢詞職亦昌言所薦也昌言強力尚氣槩當官無所顧避所至

以威斷立名雖屢經擯斥未嘗少自抑損然剛愎縱率
對僚吏倨慢時論以此少之慶嗣至太子洗馬
楊團練使瓊汾州西河人幼事馮繼業以材勇稱太宗
召置帳下即位隸御龍直三遷神勇指揮使從征太原
以勞補御龍直指揮使雍熙初改弩直都虞侯兼御前
忠佐馬步都軍頭領顯州刺史淳化中李順叛蜀瓊往
夔峽擒賊招安領兵自峽上與賊遇累戰抵渝合與尹
元裴莊分路進討克資普二州雲安軍斬首數千級詔
書嘉奬遣使即軍中眞拜單州刺史至道初召還供職
明年徙知霸州兼鈐轄未幾改防禦使靈慶路副都部

署河外都巡檢使賊界寇竊瓊固捍有功導黃河溉民
田數千頃敗賊於合河鎮北獲人畜無算賊騎五百掠
城下擊破之追北三十里並賜詔嘉諭咸平二年命爲
涇原儀渭邠寧環慶清遠軍靈州路副都部署尋徙鎮
定高陽關三路押策先鋒屯定州之北明年副王超爲
鎮州都部署再遷環慶徙定州四年召還以鄜州觀察
使充靈環十州軍副都部署兼安撫副使嘗遣使諭旨
賊若寇清遠及青岡白馬寨卽合兵與戰是秋果長圍
清遠頓積石河清遠屢走間使詣瓊請師瓊將悉出兵
爲援鈐轄內園使馮守規都監崇儀使張繼能曰敵近

重兵在前繼無以進不可悉往乃止命副部署海州團練使藩璘都監西京右藏庫劉文質率兵六千赴之寇鼓兵攻南門其子阿移攻北門堙濠斷橋以戰瓊遣鈐轄李讓督精卒六百往援至則城陷矣賊泊青岡城下順州刺史王瓌普謂瓊曰青岡地遠水泉非屯師計願棄之瓊合謀焚芻糧兵仗驅老幼以出退保洪德寨寇威浸熾未嘗交一鋒事聞於上傳召瓊繫御史獄治罪當死兵部尚書張齊賢等議請如律詔特貸命削官流崖州明年移道州景德初起爲右領軍衛將軍分司西京累遷左領軍衛大將軍領賀州團練使知兗州有州

卒自言得神術能飛行空中州人頗惑瓊捕至折其足
奏戮之五年卒年六十七録其子舜臣爲奉職長子舜
賓内殿崇班閤門祗候
李都監渭字師望汾州西河人後家河陽進士起家爲
臨潁縣主簿累官至太常博士會河決滑州天聖初上
治河十策參知政事魯宗道奉詔行河奏渭換北作坊
副使與張君平並爲脩河都監未幾皆罷以渭爲鄆州
兵馬都監徙知憲州又知鳳州兼階成州鈐轄初屬戸
寇陷階州沙灘寨渭至詰所以然者乃都校趙釗擾之
奏流釗道州以恩信諭酋帥復其寨遷軍器庫副使歷

知原環慶二州時詔舉勇畧任邊者李諮以渭應詔徙
益利路兵馬鈐轄領惠州刺史遷東八作使擢西上閤
門使徙鄜延路再遷四方館使寶元元年元昊將山遇
率其族來歸且言元昊反狀渭與知州郭勸謀卻之旣
而元昊果反又與勸奏以爲元昊表至猶稱臣可漸屈
以禮朝廷初以渭兼知鄜州坐是貶爲尚食使知汝州
徙磁州元昊犯邊言者並歸罪於渭復降右監門衛將
軍白波兵馬都監卒
曹元帥玠字帝錫汾州介休人仁宗朝建節開封遼夏
不敢犯以功授總理大元帥慶歷三年卒勅賜祭葬

狄武襄青字漢臣汾州西河人善騎射初隸騎御馬直選爲散直寳元初趙元昊反詔擇衛士從邊以青爲三班差使殿侍延州指使時偏將屢爲賊敗士卒多畏怯青行常爲先鋒凡四年前後大小二十五戰中流矢者八破金湯城畧宥州屠嚨咩歲香毛奴尚羅慶七家口等族燔積聚數萬收其帳二千三百生口五千七百又城橋子谷築招安豐林新寨大郎等堡皆扼賊要害嘗戰安遠被創甚聞寇至卽挺起馳赴衆爭前爲用臨敵被髪帶銅面具出入賊中皆披靡莫敢當尹洙爲經畧判官青以指使見洙與談兵善之薦於經畧使韓琦范

仲淹曰此良將材也二人一見奇之待遇甚厚仲淹以左氏春秋授之曰將不知古今匹夫勇爾青折節讀書悉通秦漢以來將帥兵法由是益知名以功累遷西上閤門副使擢秦州刺史涇原路副都總管經略招討副使又加捧日天武四廂都指揮使惠州團練使仁宗以青數有戰功欲召見問以方畧會賊寇渭州命圖形以進元昊稱臣徙眞定路副都總管歷侍衛步軍殿前都虞候眉州防禦使遷步軍副都指揮使保大安遠二軍節度觀察留後又遷馬軍副都指揮使青奮行伍十餘年而貴是時面涅猶存帝嘗勑青傅藥除字青指其面

曰陛下以功擢臣不問門地臣所以有今日由此涅爾
臣願留以勸軍中不敢奉詔以彰化軍節度使知延州
權樞密副使皇祐中廣源州蠻儂智高反陷邕州又破
沿江九州圍廣州嶺外騷動楊畧等安撫經制蠻事師
久無功又命孫沔余靖爲安撫使討賊仁宗猶以爲憂
青上表請行翌日入對自言臣起行伍非戰伐無以報
國願得蕃落騎數百益以禁兵羈賊首致闕下帝壯其
言遂除宣徽南院使宣撫荆湖南北路經制廣南盜賊
事置酒垂拱殿以遣之時智高還據邕州青合孫沔余
靖兵次賓州先是蔣偕張忠皆輕敵敗使軍聲大沮青

戒諸將毋妄與賊鬬聽吾所爲廣西鈐轄陳曙乘青未
至輒以步卒八十犯賊潰於崑崙關殿直袁用等皆遁
青曰令之不齊兵所以敗晨會諸將堂上揖曙起幷召
用等三十人按以敗亡狀驅出軍門斬之沔靖相顧腭
眙諸將股栗已而頓甲令軍中休十日覘者還以爲軍
未即進青明日乃整軍騎一晝夜絶崑崙關出歸仁鋪
爲陣賊既失險悉出逆戰前鋒孫節搏賊死山下賊氣
銳甚沔等懼失色青執白旗麾騎兵縱左右翼出賊不
意大敗之追奔五十里斬首數千級其黨黄師宓儂建
中智中及僞官屬死者五十七人生擒賊五百餘人智

高夜縱火燒城遁去遲明青按兵入城獲金帛鉅萬雜畜數千招復老壯七千二百嘗爲賊所俘脅者慰遣之梟黄師宓等邕州城下斂屍築京觀於城北隅時賊屍有衣金龍衣者衆謂智高已屍欲以上聞青曰安知非詐邪寧失智高不敢誣朝廷以貪功也初青之至邕也會瘴霧昏塞或謂賊毒水上流士飲者多死青殊憂之一夕有泉湧寨下汲之甘衆遂以濟復爲樞密副使遷護國軍節度使河中尹還至京師帝嘉其功拜樞密使賜第敦教坊優進諸子官秩初青既行帝每憂之曰青有威名賊當畏其來左右使令非青親信者不可雖飲

食卧起皆宜防竊發乃馳使戒之及聞青已破賊顧宰相曰速議賞緩則不足以勸矣始交趾願出兵助討智高余靖言其可信具萬人糧於邕欽待之詔以緡錢三萬賜交趾爲兵費許賊平厚賞之青旣至檄余靖無通使假兵卽上奏曰李德政聲言將步兵五萬騎一千赴援非其情實且假兵於外以除內寇非我利也以一智高而橫蹂二廣力不能討乃假兵蠻夷蠻夷貪得忘義因而起亂何以禦之請罷交趾助兵從之賊平人服其有遠畧青在樞密四年每出士卒輒指目以相矜誇又言者以青家狗生角且數有光怪請出青於外以保全

之不報嘉祐中京師大水青避水徙家相國寺行止殿上人情頗疑迺罷青爲同中書門下平章事出判陳州明年二月疽發髭卒帝發哀贈中書令謚武襄青爲人愼密寡言其計事必審中機會而後發行師先正部伍明賞罰與士同饑寒勞苦雖敵猝犯之無一士敢後先者故其出常有功尤喜推功與將佐始與孫沔破賊謀一出青賊既平經制餘事悉以委沔退若不用意者沔始歎其勇既而服其爲人自以爲不如也尹洙以貶死青悉力賙其家事子諮詠並爲閤門使詠數有戰功熙寧元年神宗考次近世將帥以青起行伍而名動夷夏

深沉有智畧能以畏慎保全終始慨然思之命取青畫像入禁中御制祭文遣使賫中牢祠其家

文潞公彦博字寬夫汾州介休人其先本敬氏以避晉高祖宋翼祖諱改焉少與張昪高若訥從潁昌史炤學炤母異之曰貴人也待之甚厚及進士第知翼城縣通判絳州爲監察御史轉殿中侍御史四方用兵偏校有臨陣先退望敵不進者大將守著令皆申覆彦博言此可施之平居無事時爾今擁兵數十萬而將權不專兵法不肅將何以濟仁宗嘉納之黃德和之誣劉平降虜也以金帶賂平奴使附己說以證平家二百口皆械繫

詔彥博置獄於河中鞫治得實德和黨援盛謀翻其獄
至遣他御史來彥博拒不納曰朝廷慮獄不就故遣君
今案具矣宜亟還事或弗成彥博執其咎德和并奴卒
就誅以直史館爲河東轉運副使鄜州餉道回遠銀城
河外有唐時故道廢弗治彥博父洎爲轉運使日將復
之未及而卒彥博嗣成父志益儲粟元昊來寇圍城十
日知有備解去遷天章閣待制都轉運使連進龍圖閣
樞密直學士知泰州改益州嘗擊毬鈐轄廨聞外諠甚
乃卒長杖一卒不伏呼入問狀令引出與杖又不受復
呼入斬之竟毬乃歸召拜樞密副使參知政事貝州王

則反明鎬討之久不克彥博請行命爲宣撫使旬日賊潰檻則送京師拜同中書門下平章事集賢殿大學士薦張瓌韓維王安石等恬退守道乞褒勸以勵風俗與樞密使龐籍議省兵凡汰爲民及給半廪者合八萬論者紛然謂必聚爲盜帝亦疑焉彥博曰今公私困竭正坐兵冗脫有難臣請死之其策訖行歸兵亦無事進昭文館大學士御史唐介劾其在蜀日以奇錦結宫掖因之登用介既貶彥博亦罷爲觀文殿大學士知許州改忠武軍節度使知永興軍至和二年復以吏部尚書同中書門下平章事昭文館大學士與富弼同拜士大夫

皆以得人爲慶三年正月帝方受朝疾暴作扶入禁中彥博呼內侍史志聰問狀對曰禁密不敢漏言彥博叱之曰爾曹出入禁闥不令宰相知天子起居欲何爲邪自今疾勢增損必以告不爾當行軍法又與同列劉沆富弼謀啓醮大慶殿因留宿殿廬志聰曰無故事彥博曰此豈論故事時邪知開封府王素夜叩宮門上變不使入明旦言有禁卒告都虞候欲爲亂沆欲捕治彥博召都指揮使許懷德問都虞候何如人懷德稱其愿可保彥博曰然則卒有怨誣之耳當亟誅之以靖衆乃請沆判狀尾斬於軍門先是弼用朝士李仲昌策自澶州

商湖河穿六漯渠入横隴故道北京留守賈昌朝素惡弼陰約内侍武繼隆令司天官二人俟執政聚時於殿庭抗言國家不當穿河於北方致上體不安彦博知其意有所在然未有以制之後數日二人又上言請皇后同聽政亦繼隆所教也史志聰以其狀白執政彦博視而懷之不以示同列而有喜色徐召二人詰之曰汝今日有所言乎曰然彦博曰天文變異汝職所當言也何得輒預國家大事汝罪當族二人懼色變彦博曰觀汝直狂愚耳未忍治汝罪自今無復然二人退乃出狀示同列同列皆憤怒曰奴敢爾僭言何不斬之彦博曰斬

之用事彰灼於中宫不安衆皆曰善既而議遣司天官
定六潩方位復使二人往繼隆白請留之彦博曰彼本
不敢妄言有教之者耳繼隆黙不對二人至六潩恐治
前罪更言六潩在東北非正北也帝疾愈彦博等始歸
第當是時京師業業頼彦博鎮持重衆心以安沆密白
帝曰陛下違豫時彦博擅斬告反者彦博聞之以沆判
呈帝意乃解御史吴中復乞召還唐介彦博因言介頃
爲御史言臣事多中臣病其間雖有風聞之誤然當時
責之太深請如中復奏時以彦博爲厚德久之以河陽
三城節度使同平章事判河南府封潞國公改鎮保平

判大名府又改鎮成德遷尚書左僕射判太原府俄復鎮保平判河南丁母憂英宗即位起復成德軍節度使三上表乞終喪許之初仁宗之不豫也彥博與富弼等乞立儲嗣仁宗許焉而後宫將有就館者故其事緩已而彥博去位其後弼亦憂去彥博既服闋復以故官判河南有詔入覲英宗曰朕之立卿之力也彥博竦然對曰陛下入繼大統乃先帝聖意皇太后協贊之力臣何力之有兼陛下登儲纂極之時臣方在外皆韓琦等承聖志受顧命臣無與焉帝曰備聞始議卿於朕有恩彥博遜避不敢當帝曰暫煩西行即召還矣尋除侍中徙

鎮淮南判永興軍入爲樞密使劍南西川節度使熙寧二年相陳升之詔彥博朝廷宗臣其令升之位彥博下以稱遇賢之意彥博曰國朝樞密使無位宰相上者獨曹利用嘗在王曾張知白上臣忝知禮義不敢效利用所爲以紊朝著固辭乃止夏人犯大順慶帥李復圭以陳圖方畧授鈐轄李信等趣使出戰及敗乃妄奏信罪彥博暴其非宰相王安石曲誅信等泰人寃之慶州兵亂彥博言於帝曰朝廷行事務合人心宜兼采衆論以靜衆爲先陛下厲精求治而人心未安蓋更張之過也祖宗法未必皆不可行但有偏而不舉之敝爾安石知

爲己發奮然排之曰求去民害何爲不可若萬事隳脞
乃西晉之風何益於治御史張商英欲附安石摭樞密
使他事以揺彦博坐不實貶彦博在樞府九年又以極
論市易司監賣果實損國體斂民怨爲安石所惡力引
去拜司空河東節度使判河陽徙大名府身雖在外而
帝眷有加時監司多新進少年轉運判官汪輔之輒奏
彦博不事事帝批其奏以付彦博曰以侍中舊德故煩
卧護北門細務不必勞心輔之小臣敢爾無禮將别有
處置未幾罷去初選人有李公義者請以鐵龍爪治河
宦者黄懷信沿其制爲濬川杷天下指笑以爲兒戲安

石獨信之遺都水丞范子淵行其法子淵奏用杷之功水悉歸故道退出民田數萬頃詔大名核實彥博言河非杷可濬雖甚愚之人皆知無益臣不敢雷同罔上疏至帝不悅復遣知制誥熊本等行視如彥博言子淵乃請覲言本等見安石罷意彥博復相故傅會其說御史蔡確亦論本奉使無狀本等皆得罪獨彥博勿問尋加司徒元豐二年拜太尉復判河南於是王同老言至和中議儲嗣事彥博適入朝神宗問之彥博以前對英宗者復於帝曰先帝天命所在神器有歸實仁宗知子之明慈聖擁佑之力臣等何功帝曰雖云天命亦繫人謀

卿深厚不伐善陰德如丙吉真定策社稷臣也彥博曰如周勃霍光是爲定策自至和以來中外之臣獻言甚衆臣等雖嘗有請弗果行其後韓琦等訖就大事蓋琦功也帝曰發端爲難是時仁宗意已定嘉祐之末止申前詔爾正如丙吉霍光不相掩也遂加彥博兩鎮節度使辭不拜將行賜宴瓊林苑兩遣中謁者遺詩祖道當世榮之王中正經制邊事所過稱受密旨募禁兵將之而西彥博以無詔拒之中正亦不敢募而去久之請老以太師致仕居洛陽元祐初司馬光薦彥博宿德元老宜起以自輔宣仁后將用爲三省長官而言事者以爲

不可乃命平章軍國重事六日一朝一月兩赴經筵恩禮甚渥然彥博無歲不求退居五年復致仕紹聖初張惇秉政言者論彥博朋附司馬光詆毀先烈降太子少保卒年九十二崇寧中預元祐黨籍後特命出籍追復太師謚曰忠烈彥博逮事四朝任將相五十年名聞四夷元祐間契丹使耶律永昌劉霄來聘蘇軾館客與使人覲望見彥博於殿門外却立改容曰此潞公也耶問其年曰何壯也軾曰使者見其容未聞其語其綜理庶務雖精練少年有不如其貫穿古今雖專門名家有不逮使者拱手曰天下異人也既歸洛西羌首領溫溪心

有名馬請於邊吏願以餽彥博詔許之其爲外國所欽
如此彥博雖窮貴極富而平居接物謙下尊德樂善如
恐不及其在洛也洛人邵雍程顥兄弟皆以道自重賓
接之如布衣交與富弼司馬光等十三人用白居易九
老會故事置酒賦詩相樂序齒不序官爲堂繪像其中
謂之洛陽耆英會好事者莫不慕之神宗導洛通汴而
主者過絶洛水不使入城中洛人頗患苦之彥博因中
使劉惟簡至洛語其故惟簡以聞詔令通行如初遂爲
洛城無窮之利彥博八子皆歷要官第六子及甫初以
大理評事直史館與邢恕相善元祐初爲吏部員外郎

以直龍圖閣知同州彥博平章軍國及甫由右司員外
郎引嫌改衛尉光禄少卿彥博再致仕及甫知河陽召
爲太僕卿權工部侍郎罷爲集賢殿脩撰提舉明道宫
蔡渭邢恕持及甫私書造梁燾劉摯之謗逮詣詔獄及
甫有憾於元祐從而實之亦坐奪職未幾復官卒
郝武莊質字景純汾州介休人少從軍挽彊爲第一充
殿前行門換供奉官爲府州駐泊都監主管麟府軍馬
與田朏將兵護軍須餽麟州道遇西夏數千騎寇鈔質
先驅力戰斬首獲馬數百又與朏行邊至柏谷敵塹道
以阻官軍質禦之於寒嶺下轉鬬逐北遂修復寧遠諸

栅以扼賊衝宣撫使杜衍安撫使明鎬連薦之且條上前後功狀超遷內殿承制幷代路都監賈昌朝又薦爲大名路鈐轄使討貝州文彥博至命部城西冋河上有亭甚壯彥博慮爲賊焚遣小校蘭千守而質使千往他營度職貝千辭質曰亭焚吾任其責千去而亭焚彥博將斬千質趨至帳下曰千之去質實使之罪乃在質願代千死彥博壯其義兩釋之質自此益知名賊平遷六宅使歷高陽關定州幷代鈐轄駐泊副都部署龍神衛捧日天武都指揮使馬軍殿前都虞侯加領賀州刺史英州團練眉州防禦使奉詔城豐州進步軍副都指揮

使宿州觀察使召還宿衛改馬軍英宗立遷武昌軍節度觀察留後加安德軍節度使爲殿前副指揮使神宗立易節度武軍爲都指揮使元豐元年卒帝親臨其喪贈侍中謚曰武莊質御軍有紀律犯者不貸而享犒豐渥公錢不足出已俸助之平居自奉簡儉食不重肉篤於信義田朏不振而死爲表揭前功官其一孫在并州與朝士董熙善約爲婚姻熙死家貧無依質已爲節度使竟以女歸董氏

郝中允戩字伯牙石州定胡人家貧竭力營養或憐傷之貸以錢數百萬使取息自贍戩重謝留錢五六年不

用復返之舉進士調宛邱尉舞陽主簿通山令時年未五十以父樵老不第上書請致仕爲父求官執政諭使赴官而後請曰如是則可升朝籍遇恩及親矣於是留妻子於家獨奉父行踰歲竟謝事上官以其治縣有績惜其去固留之耆老拜庭遮道皆不能止得太子中允以歸未至鄉里而樵卒自畚土造冢人有助之者使置土冢上去則隨撤之服除州以狀聞詔賜粟帛治平末以翰林學士呂公著薦起爲奉寧軍推官涇原經畧使亦奏辟幕府戲曰向所以未老致仕欲官及親也旣不能及尚庶幾以恩待贈今則無及矣姻族語其妻聶氏

使勸戩仕曰吾不德無以助君子矧敢強其所不欲以累其高哉聶事舅姑亦以孝義著戩忠信自將篤行苦節不仕而卒司馬溫公爲銘其墓

王防禦使奇汾州人武舉中第章惇經營湖北溪洞以爲將領降其酋舒光貴縛元猛平懿洽等州累遷加京副使爲湖南都監徙廣西宣州蠻寇邊奇領兵至天河縣期旦日會戰裨將費萬夜以衆竊出河泥隘戰没經畧使移書遺奇奇不能堪後數日蠻萬人驟集奇輕出遂敗麾下猶數百人勸策馬逃去奇罵曰大丈夫當盡節以報國何走爲戰而死詔贈皇城使忠州防禦使官

其家六人仍賜金帛
王節度使忠植石州人紹興九年金將斜卯阿里攻石州粘割胡撒率所部登城陷之十年秋忠植舉兵復石州等十一郡授武功大夫華州觀察統制河東忠義軍馬遂知代州尋落階官爲建寧軍承宣使龍神衛四廂都指揮使河東經畧安撫使明年金人圍慶陽急帥臣宋萬年乘城拒守會川陜宣撫副使胡世將檄忠植以所部赴陜西會合行次延安叛將趙惟清執忠植使拜詔忠植曰本朝詔則拜金國詔則不拜惟清械詣其右副元帥撒離曷不能屈使甲士引詣慶陽城下諭使降

忠植大呼曰我河東步佛山忠義人也爲金人所執使來招降願將士勿負朝廷堅守城壁忠植即死城下撒離曷怒詰之忠植披襟大呼曰當速殺我遂遇害世將上其事贈奉國軍節度使開府儀同三司官其家十人

宋史於忠植傳云太行義士也蓋考之未審

宋知浹汾州人通左氏春秋好直言岳飛以賓客待之飛初下吏知浹上書聲其寃流袁州

元象汾州孝義人有孝行嘗耕於六壁城下其地有陂土人因呼爲元象泊

任康節汾州西河人有孝行

舊志稱康節少遊學祖母李氏思之因急歸不復出祖母歿躬爨以養祖父案元象任康節其始末皆無考姑據舊志録之

右宋十六人舊志列王嗣宗田紹斌楊瓊李渭狄青李浩王奇侯延廣郝質文彥博趙劔趙昌言辛仲甫元象郝戩十五人王嗣宗田紹斌李浩別見仕實趙劔卽見昌言傳山西通志所列多據州縣志採入而正史中其人行事卓卓轉或失之自宋以下凡去取雖未當非有關考覈者不復具論以省繁衍

張喦起字傅霖汾州人爲國子助教免歸盜陷汾州喦

起與妻赴井死

右金一人舊志列馬天來吳希尹二人別見仕實

梁天翔字飛卿汾州平遥人瑛之季子少磊砢便騎射讀書能通大義以文階起年十八尹本縣中統五年授懷孟路總管至元九年尹介休遷知鄧州州初附不逞之徒相聚爲盜捕首惡杖殺之餘釋不問授簽嶺南廣西道按察司事摘奸發伏郡邑以寧遷廣東道提刑按察副使改四川按察副使歲饑請發廩以賑主者議上聞天翔曰報下則民殍矣遂發糧四萬斛賑之二十六年雲南行御史臺授朝列大夫侍御史乘傳上切治體者

二十餘事世祖深嘉納焉授吏部侍郎會高麗饑制以
天翔往賑還授成都路總管改四川道肅政廉訪使卒
年五十有五追封安定郡侯
杜思忠字彥甫汾州平遥人祖父珪好施與以長者稱
於鄉父豐沁州長官贈沁陽公思忠討高麗有功授承
務郎淇陽固鎮鐵冶提舉思忠曰鹽鐵之政古人所鄙
營利之術非余之能辭官歸人稱其高節
杜文定思敬字敬甫汾州平遥人思忠之弟也受學許
魯齋之門累官御史臺都事轉治侍御史除戶部侍郎
歷左右司郎中出爲順德安西總管僉陝西中書省務

汴梁總管復入爲侍御史拜中書參知政事進四川行省左丞不赴致仕年八十六卒謚文定立朝有風節

呂簡肅流字蒙甫汾州西河人少讀書曉達義理以國語文字爲廣平大名教授薦歷江南諸道行御史臺監察御史首上疏條八事黜貪儒之吏覈蜀寇之兵天歷初由南臺都御史僉海北海南道廉訪司使所至興學校正風俗斷疑獄弭盜寇詔加亞中大夫丁父憂服除起爲襄陽總管本路諸軍奧魯總管政績甚著授大中大夫大明路總管兼府尹本路諸軍總管內勸農事知河防事會臺議宿望擢拜嘉議大夫海北海南道肅政

廉訪使卒於官贈禮部尚書封河東郡侯謚簡肅
柳誠汾州西河人爲國子監助教有學守
王天祺字秋岩汾州西河人孝友能文徵教職舉茂異
皆辭疾不赴門人李峽等爲之立碑
李進士邦用汾州介休人少有大志不泥俗學孝弟出
於天性其行已教人一以孝弟爲先時望歸之
鈕汾陽伯克讓汾州介休人歷岳州武昌二郡推官用
法平恕守龍陽郡多善政州人勒石頌之終宣慰副使
追封汾陽郡伯
鄭衛公允中石樓人元進士累官浙東廉訪使進冢宰

封衛國公
縣志稱其德被生民功在社稷而事實絶不聞今據
縣志列之
褚忠肅不華字君實石樓人沉默有器局泰定初以廷試第二補中瑞司驛史授海道副千戶轉嘉興路治中連拜南臺西臺監察御史遷河西道廉訪僉事移淮東未幾擢副使汝潁盜發勢張甚不華行郡至淮安極力爲守禦計賊至多所斬獲且請知樞密院老章判官劉甲守韓信城相掎角爲聲援復上章劾總兵及諸將逗撓之罪朝廷録其功陞廉訪使階中奉大夫甲有智勇

與賊戰輒勝賊憚之號曰劉鐵頭不華頗賴之總兵者
聞不華勳已盛恚嫉乃檄甲別將兵擊賊冀以困不華
甲去韓信城陷既而天長靑軍叛普顏帖本爾所統黃
軍復叛賊皆挾之來攻不華知事危退入哈剌章營賊
稍引去乃出抵楊村橋賊奄至殺廉訪副使不達失里
不華以餘兵入淮安時城之東西南三面皆賊惟北門
通沭陽阻赤鯉湖指揮使魏岳陽遲駐兵沭陽淮安倚
其芻餉而赤鯉湖爲賊據沭陽之路又絕賊計孤城可
取進柵南鎖橋不華與元帥張存義出大西門會僉事
忽都不華兵突賊柵殊死戰賊敗走追北二十餘里城

中食且絶元帥吳德琇運糧萬斛入河爲賊所掠德琇
僅以身免賊與靑軍攻圍日益急總兵者屯下邳相去
五百里按兵不出凡遣使十九輩告急皆不聽城中食
草木螺蛤魚蛙燕烏及鞾皮鞍韉革箱敗弓之筋皆盡
撤屋爲薪人多露處坊陌生荆棘至正十六年十月乙
丑城陷不華據西門力鬬中傷見執爲賊所臠不華守
淮安五年殆數十百戰精忠大節人比之張許朝廷聞
之贈翰林學士承旨榮禄大夫柱國追封衛國公謚曰
忠肅賻鈔二百錠以䘏其家

褚伴哥忠肅之次子也隨父守淮安城陷父子力戰及

父中傷伴哥冒刃救護被殺
車世榮石州人以孝行旌州志但言其官鳳翔路陰陽
教授無事實可考
右元十二人舊志列杜豐杜思明杜思敬呂滈張益
李邦用王珪王仲文鈕克讓袁湘陳賫壽高岡十二
人杜豐杜思明張益王珪王仲文袁湘別見仕實陳
賫壽本錦州永樂人高岡別見名宦

汾州府志卷之十五

人物三

辛彦博汾州人初名彦德洪武中貢入太學高皇帝賜今名旋授監察御史秩滿遷浙江按察使以詿誤左遷復除監察御史尋擢都察院左僉都御史改詹事府詹事上書忤旨降山東按察使以保舉違例再降雲南布政司參政遷浙江按察使永樂初以擅責寧波衛指揮陳仲禮謫戍興州未幾召還復除監察御史補福建布政司右參議伴送瓜哇使臣赴行在帝顧謂廷臣曰此先帝所嘗器重者即授浙江左布政使賜鈔五十錠因

乞省墳墓得旨驛歸後卒於官彥博居官四十年持守清正不營田宅及喪歸子孫貧甚鄉人言爲官清苦者必以彥博爲稱首

李鳳臯平遥縣人洪武中舉賢良方正知榆社縣有政聲

梁卞介休縣人洪武十三年由通經儒士授本縣訓導施教有方尤諳治體辛彥博器之薦擢御史病卒

張僎平遥縣人洪武丙子舉人性端嚴言動不苟初除磁州判官以廉能著擢左春坊司直郎侍皇太子讀書朝夕勸導以聲色寶玩最易喪志上聞賜荊杖勞之未

幾謝事去後屢行徵辟卒不起
曹與介休縣人永樂辛卯進士授行人博通諸史名重
當時以病歸止騎一驢行李蕭然
武允介休縣人永樂丁酉舉人通明五經博覽羣籍恒
以啓廸後進爲心歷寧遠盧龍二縣教諭所至有聲士
多被成就尋乞致仕鄉後學翕然宗之
王潤介休縣人宣德乙卯進士知威縣有善政祀威縣
名宦
柴莊汾州人宣德末知金縣廉正愛民秩滿百姓保留
增俸復知縣事

楊昇字伯起寧鄉縣人正統戊午舉人官彰德府訓導遷遼東教授有學行在官在鄉俱多所成就

董瑾字文玉介休縣人正統十三年以貢生爲陜西甘州中護衛經歷性剛直有廉操時有貴宦縢蛟妹以不孝訶投瑾瑾不少恕御史李淇受屬於蛟轉屬瑾不聽卒置之法

王約寧鄉縣人正統中知定州善撫民時官軍逐寇糧芻不給設法措置事濟而民不擾擢浙江鹽運同知

楊智介休縣人少喪父三年中未嘗見其喜笑母喪哀毁廬墓有白兎馴擾人謂孝感所致正統中旌其門

武琦介休縣人景泰庚午舉人少居母喪廬墓時有橫軍作亂琦守墓不避賊入其廬見書數卷外無長物曰孝子也去之後官陝西肅府審理正

任義平遥縣人景泰庚午舉人篤於孝執喪廬墓三年知真寧鞏二縣以清正愛民稱民立遺愛碑

龎輔寧鄉縣人景泰丙子舉人成化十四年知涇陽縣改三原縣有異政擢知階州輔持行清約致仕歸鄉黨重之三原縣祀名宦

李穎平遥縣人天順己卯舉人授兖州府通判清介自持祈禱輒應民作清泉詩以歌之祭酒王雲鳳服其廉

謂有太古風

董齡汾州人天順甲申進士選翰林院庶吉士歷河南按察司僉事四川按察司副使所至有廉能聲子文奎以舉人知玉田縣有父風

武賢字尚德孝義縣人性至孝母失明以舌舐之遂復明父母俱歿稍遠出必拜告墓自墓還倒行不見墓始已聞官司傳呼聲雖𥫣室亦拱立竢之後舉入太學天順中知元氏縣有訟者反覆理諭之不加刑民皆相勸以訟爲耻庭清無事改知興平縣亦如元氏去任之日皆老弱泣送

李顒平遥縣人用志誠篤孝聞鄉閭成化乙酉舉人官彰德府通判歲饑勸富戸出粟以賑全活甚衆暇日課農桑教民務本考績以寛廉著民立碑建祠凡二十餘處後遷温州府同知

李秀汾州人成化戊子舉人知樂安縣清廉有異政發奸摘伏如神在官七月而卒樂安民祠祀之

温康字志潔介休縣人成化戊子舉人詮選第一授山東濟南府同知招撫流離奏除民害九年遷知尋甸州轉知澂江府時土賊猖獗莫能勦捕康至殲其巨魁餘悉解散康以禮匡俗政聲大著澂江學校公署傾圮皆

廉所修舉卒於官士民悲泣

周儀孝義縣人成化辛卯舉人正德中官鄠縣教諭與諸生約鷄鳴就學課誦書史儀未雞鳴即起正衣冠以待諸生多所成就秩滿轉保定府教授篤於訓迪一如鄠縣時

馬驥介休縣人成化甲午舉人知寶坻縣臨事果斷不阿貴幸縣多皇莊草魚等廠中貴權倖時騷擾爲害驥請咨兵部出榜通行禁革一時頌聲徧滿道路

文瑞介休縣人成化乙未進士授行人出使唐沈二府還以金帛却不受擢監察御史按畿甸時有中貴侵民

田前經理官得罪瑞按法平之併真經理者之寃權倖
悚然廵山東官舍有妖暗投瓦礫中傷人瑞至妖滅值
亢旱出祈禱即雨降人咸異之後擢山東按察副使兵
備遼陽節操愈勵卒於官囊笥蕭然
車梁石州人成化中爲御史十五年條列時政中言東
廠錦衣衛所獲盜先嚴刑具成案然後送法司法司不
敢平反請自今徑送法司毋先刑訊章下未報主東廠
者言粱從父郎中霆先以罪爲東廠所發挾私妄言遂
下詔獄給事御史論救乃獲釋遷知漢陽府卒於官
車霆石州人成化辛丑進士官刑部主事歷至郎中霆

性戇直持己廉正與上官語是非無少回互出知平涼府吏胥奉法唯謹藩府宗室無敢以私干者蒞任八年遷陝西參政入爲苑馬寺正卿擢右僉都御史廵撫宣府修舉邊政實心有功績致仕歸以禮讓表俗

張翼介休縣人成化甲辰進士授刑部主事歷至郎中出知保寧府遷四川按察副使羌人屢肆劫掠督兵勦除悉讋伏又遷貴州湖廣參政擢右僉都御史廵撫甘肅殫心區畫獲功十有六次西北賴之尋召入理院事未幾請告歸卒翼性耿介其居官清望最著

王錫石州人成化丙午舉人官洛川教諭性篤孝父輔

歿於山東扶柩西歸野宿不避雨雪既葬廬墓三年時
早霜殺禾塋左右獨不傷咸以爲孝感所致服闋補曹
縣母喪亦如之斷絶葷鹽形瘁骨立知州王道一再往
請之歸謝曰死塋前足矣竟卒

任良才平遥縣人成化丁未進士知江陰縣擢知高郵
州良才性孝至老不衰居官以清介稱

田耔汾州人宏治乙酉舉人知長清縣居官鯁直一介
不取其事親孝養誠至及親歿廬於墓所哀思骨立嘗
有早霜殺禾獨近塋禾不傷人以爲孝感之應族人多
化之鄉黨推重爲立忠孝祠與辛彥博並祀

汾州府志　卷十五　人物　六

賈璇汾州人宏治庚戌進士官戶部主事歷員外郎中
嘗督鈔揚州羨餘盡歸之官行賑江北調度有方所全
活甚衆正德初守闕乞誅宦官劉瑾等不報出補陝西
右參議未幾爲瑾所陷而歸及瑾伏誅朝廷將欲大用
以目疾辭時論惜之

高崇熙石州人宏治庚戌進士官至四川巡撫廕世襲
錦衣衛千戶其事蹟湮失考正德六年二月諭都察院
右副都御史高崇熙勑有云今保寧江津等處殘賊復
聚爲患爾會同總兵官楊宏征勦藍五等餘黨同副總
兵王憲勦殺江津強賊朕念彼處地方四年用兵軍民

困憊已極爾須加意撫恤設法賑濟存問疾苦寬蠲胥役十年八月贈右都御史高崇熙誥有云事有定論乃追念其前功故都察院御史高崇熙器識恢宏性資莊重累遷臬府才猷振乎綱紀兩擢藩司政克宣夫德化以蜀寇之未寧致王師之見討乃從僉議晉陟中丞彰國典以勵人心飭兵機而鼓士氣萃方漸息謳歌頌之將興三捷交馳丕風聲之益振顧其推誠待物竭力保民豈期釜內之魂復有柙中之變雖勢難再振而功未全收爰召北還遂致中殂十一年四月諭祭文有云爾性資敏達器宇魁梧發跡賢科擢司風紀歷官藩臬緯

著能聲晉佐都臺徃撫西蜀時因盜起受命臨戎提報旣聞賊氛復熾事出不意遂致人言方在申誣胡遽淪没觀此則崇熈累官及功績大槪可見弟崇明官長垣縣丞擢知邱縣亦有治績

石瓚介休縣人宏治壬子舉人知羅山縣時霸州流賊猖獗鄰縣棄城走寄印於瓚者十一瓚孤城獨守鏖戰月餘面中矢自拔去殺賊有功兵部奏請陞俸一級仍管縣事招集流民撫恤備至知府出見羅山民呼而語之曰汝等天堂上百姓邪擢萊州府通判羅山民立生祠瓚以親老乞歸侍養遂不復仕方伯劉向可移檄嘉

之曰孤城獨守功活萬人巡按倘維持表其坊曰光生冀北名著汝南帶管提學楊肩賢以忠臣第題其居

任良弼平遥縣人良才之弟宏治癸丑進士選翰林院庶吉士授刑科左給事中轉吏科都給事中彈劾不避權貴遷通政司左叅議忤宦官劉瑾降補建昌府通判復矯詔下獄謫戍遼陽持節自如瑾誅起通政司右叅議良弼居官三十年澹泊如諸生名重朝野及殁家惟琴書

辛文淵字道深石州人宏治癸丑進士知濬縣丁母憂服闋補固安縣遷知無爲州轉河間府同知忤宦官劉

墐逮獄謫廣東化州同知未幾遷河南汝寧府尋致仕
以御史薦起彰德府時山東盜賊縱横而登萊間尤甚
乃以文淵知萊州府至則浚隍崇墉以忠義激勸其民
而忌文淵者方據要津或勸以饋遺免禍文淵不從復
棄官歸文淵性剛直所至有聲
嚴泰汾州人宏治丙辰進士官戸部主事慷慨有治才
不妄取予督鈔蘇州蔬食飲水而已鈔關故有便民小
閘後并徵稅泰至罷之吳人謠曰滸墅灘頭無濁水蘇
州關上有青天後知登州府考治行廉平第一以介直
忤時或有造飛語欲中之者泰歎曰是尚可仕耶卽抗

疏歸杜門罕交接服母喪終身不除

張禮石州人宏治丙辰進士知博興縣祀鄉賢事實無可考

辛柱石州人宏治甲子舉人知寶豐縣遷永平府同知誥封戶部郎中祀鄉賢事實無可考

劉仲原字宗本汾州人宏治中歲貢生母喪廬墓晝夜悲號有盜夜半乞火仲原與之其盜知爲孝子廬遂感化改行卒爲善類牧童樵夫皆識其墓呼曰孝子墳

劉尚忠汾州人正德丁卯舉人知合水縣縣僻事簡尚忠靜厚不擾蒞政五年晝日清閒有白鳥常集於庭擢

平涼府通判

張鍵字君重石州人正德戊辰進士官南京戶部主事忤太監劉瑾逮至京師不爲屈謫衛輝府通判瑾誅復戶部主事督儲天津流寇奄至鍵登陴誓衆晝夜不怠卒保無虞薊州莊田累經奏牘不決鍵覆畝清覈歸其侵於民督餉關西招商搜逋士無饑色會蘭州大饑死者枕籍鍵發粟賑之全活甚衆及歸蘭州民遮泣立石志思擢知開封府開封中州省治隸縣四十餘文移旁午揮洒如流凡事之不便於民者必釐革之未幾卒

賈繼之汾州人璇之子正德甲戌進士官戶部主事歷

至郎中寛厚廉謹有儀度未第時省父揚州有遺千金求通關節者不納便告歸父曰既來定省何遽歸邪曰恐在此多事或負大人清訓耳後以言大禮被杖明年卒

張鈞石州人父赦國子生以二親早亡矢志不仕隱居城北村鈞正德已卯舉人以親老亦不仕讀書奉養孝聞遠近嘉靖二十年俺荅兵入寇虜其父去追百餘里號哭不絶寇射中其肩拔去復馳至則父死已二日一痛而絶及甦斂父屍歸盡餂父血水漿不入口三日不勝悲痛而卒事聞建孝烈坊旌之

馮華石州人正德已卯舉人知鄆城縣祀鄉賢事實無可考

張襄敏珩石州人正德辛巳進士授監察御史巡鹽兩淮繼按畿輔及陝西所至貞憲釐奬廉絀貪時稱名御史歷太僕大理二寺少卿僉都御史巡撫延綏尋遷南京都察院右副都御史提督操江未幾召入協理院事進左副都御史會宣大總督罷廷議屬珩珩以鄉曲辭爲言者所指落職久之以原職起巡撫寧夏進兵部左侍郎兼右僉都御史總督陝西三邊前後獲首功甚衆上數賜璽書金幣勞之進右都御史居數歲拜戸部

尚書督理大倉未至值延綏有警坐失事被逮謫戍慶陽未幾復起爲副都御史巡撫延綏遷前職丁母憂歸卒於家年七十餘賜祭葬贈工部尚書諡襄敏珩行履修潔器識宏遠居官以剛介著前後上鹽法馬政邊畧二十七疏尤博綜羣籍爲御史時輔臣有謂珩才行可充講官者欲推轂入翰林珩三疏不就時論高之

任道敏字濟愚孝義縣人正德中知漳縣至則撫瘡痍招流亡平土寇不二年縣大治以疾歸道敏性孝友居官在鄉皆有聲稱

張大祿字萬鍾孝義縣人正德中歲薦爲國子生官深

澤縣丞有廉操事父母以孝聞

賈越石州人正德中知汧陽縣清正有特操遇事立決
會縣境盜起越往勦遂戰死

李秉彝石州人嘉靖癸未進士知蠡縣祀鄉賢事實無
可考

胡汝輔石州人嘉靖乙酉舉人知安東縣除強禁暴蒞
政剛方改商河縣擢監察御史上時政十二事皆切中
利弊轉按察司副使

高金石州人嘉靖丙戌進士歷兵科給事中九年上疏
言陛下臨御之初盡斥法王國師佛子近又斥姚廣孝

配享臣每嘆大聖人作爲千古莫及乃有眞人邵元節者謨業殊恩爲聖德累夫元節一道流耳有勞優以金帛足矣乃加崇秩復賜其師李德晟贈祭廣孝不可配享於太廟則二人益不可拜寵於聖廟望削元節眞人號幷奪得晟恩䘏庶與端闢正道昌上方欲受長生術立下詔獄拷掠終以其言直釋之尋偕御史唐愈賢稽覈御用監財物劾奉御李興等侵蝕狀寘諸獄時有牛氏者恃國戚横肆金以法治之不少貸帝聞曰此天下直臣朕所畏憚又除京師巨豪張孝後遷山東按察司副使政聲大著北直山東俱入名宦

嚴霜臨縣人嘉靖八年知襃城縣性溫和簡約以儲蓄爲急遇雨暘祈禱如響而操持廉潔終始如一

張九湖石州人嘉靖九年寧鄉縣妖人聚衆五百出入寇掠九湖願爲國除賊時官軍甚少九湖充義勇能挽六石硬弓其發矢賊即應弦而倒乃悉來皆殊死戰官軍不支奔潰九湖猶力拒矢盡遂死之年甫十有八

雷潔平遥縣人嘉靖辛卯舉人知延長縣居官九載有美政潔平易近人優禮士子尤喜崇奬節孝

張冕字服周孝義縣人嘉靖壬辰進士授戶部主事監收太倉轉本部員外郎擢河南僉事分巡大梁至洧川

因颶風辨野寺之冤人咸異之遷霸州兵備副使平土
寇其居官勵操守及歸行李蕭然居家二十年博極羣
書德行文學遠近推重著有勝溪文集及縣志
賈銳石州人性篤孝家貧幼孤事母竭力致養遠近皆
稱曰賈孝子嘉靖十一年知州李昇額表其門禮請鄉
飲力辭不赴母卒年九十八銳亦六十七矣哀毀廬墓
遂卒於墓所
李翰字憲夫汾州人嘉靖甲午舉人知高陵縣存心平
易遇事練達值地震人民死者過半盜賊蜂起翰立法
甚嚴懲治渠魁不少徇民賴以安擢慶陽府同知

劉尚義汾州人嘉靖乙未進士由行人選御史在朝稜稜有威望降秦州判官改知朝邑縣遷松江同知俱以清介稱擢南京刑部郎中出補四川僉事兵備西蜀兼督松茂邊餉蜀人苦乏運尚義設法收給軍民兩便又釐清宿弊民作八頌以歌美之轉陝西叅議河南副使卒於官家無餘蓄尚義爲人渟朴簡淡好讀書所著有柏山集四卷詩五言尤駸駸入古

張玭石州人嘉靖乙未進士知清豐縣擢兵部主事歷至郎中出知永平府先是夢二朱衣人遺墨二笏至是謁夷齊廟所見宛如夢莅任三年勵清操擢按察使晉

右僉都御史巡撫順天屢奏首功尋謫布政司參議復入爲大理寺少卿遷順天府府尹轉南京戶部右侍郎召爲兵部右侍郎中途疾作至延津卒縣令發其行裝止俸銀十有七兩士論以爲仰孤竹遺風者賜祭葬如例廕一子

張德化石州人嘉靖庚子舉人孝友篤行博學洽聞不仕而卒著述甚多門人私謚貞孝先生

韓道兒臨縣人嘉靖十九年俺荅兵入境掠其母道兒追及之以石擊賊母脫歸而道兒被殺年甫十有七事聞得旌從祀鄉賢

張承相石州人少孤及長爲諸生事母以孝聞嘉靖二十年俺荅犯石州母被執奔救俱被殺寇退人往視之其屍尚抱母之頭有司申請立孝烈碑是時殺掠甚慘石州爲親死者十有一人

于濟石州人二歲而孤奉母盡孝年十八讀書城中嘉靖二十年俺荅兵抵城下號歸求母母已被執道遇之取石擊寇寇就剖其心而死母得逭去事聞旌表

張永安石州掾吏嘉靖二十年父爲俺荅兵所逐持挺追之擊傷二賊父得逸去而身自後衛之被數十創死事聞旌表

楊經寧鄉縣廩生嘉靖十九年俺荅兵入寇其父被殺經率二子洲湘提鐵棍重四十斤結河南力士王邦直時人號之曰王千斤者俟間深踐寇地殺獲首虜還謁軍門凡歷三年餘軍門送歸本縣肄業知縣旌以額曰忠孝天成

霍冀字堯封孝義縣人嘉靖甲辰進士授永平府推官擢監察御史清軍浙江廵按河南平土賊師尚擢大理寺寺丞都察院僉都御史廵撫寧夏戎事甚飭賜金綺移鎮保定畿右歲祲嚴武備發倉廩民賴全活蘇昌宣大以鈌餉告命徧歷疆埸盡得耗蠹侵冒之實因條上

恤軍通商轉輸積貯四事制可尋命總理山東河務轉兵部侍郎總督三邊軍務厚恤死事汰儲將不職者募丁壯激忠義修戰守具軍容一新時延寧兩鎮皆有奇捷晉兵部尚書料天下戎馬強弱邊塞要害及諸將帥材勇高下悉經畧劑量之宜以議憲臣功罪及京營事宜兩忤輔臣乞歸冀歷官三十年持已接物溫恭端重而才力過人事至轉化無滯年六十卒賜郵典如例

陳謨寧鄉縣人嘉靖丙午舉人初任知縣歷官戶部郎中性謹厚廉潔動履不苟執父母喪廬墓六年兄訓歲貢生家庭以孝友稱並爲士論所重

梁明翰字維憲孝義縣人嘉靖丁未進士授刑部主事
歷至郎中知慶陽府遷按察司副使邊陲騷動撫降其
衆轉太僕寺卿陝西叅政遷四川按察使明翰性長厚
賑恤鄉黨與人交恂恂禮法居官平易近人年八十三
卒
張芹字獻之孝義縣人嘉靖丁未進士觀政解餉雲中
愆期左授山東布政司照磨權知肥城縣遷安期縣招
集流移民多復業改濟源縣擢户部主事轉郎中知延
安府有惠政民爲建生祠
劉有誠字存甫寧鄉縣人明嘉靖丙辰進士官行人司

行人轉司副正四十二年遷刑部江西司郎中讞獄多所平反隆慶二年起服除刑部陝西司郎中窯徒李朝等爲亂勢猖獗有誠廉得其狀畫策擒渠魁數人平之明年授浙江按察司副使會歲饑請於巡撫賑恤二十餘州縣賴以全活勅臨清兵備尋督學陝西擢山東布政司叅政分守海右藩王奪取民田以爲莊田歷年已久有誠理而歸之民礦賊嘯聚爲變有誠鎮靜以消之時靑境凶荒流離殫心招撫設法輕減徭賦手校簿書至寢食俱廢得病告歸半載撫按促之起入境民如見慈父母值漕渠淤塞開新河有誠與贊籌務求所以寬

民力前病復作卒於官病劇時諄諄如夢中語猶以東人困役爲念有誠性嚴毅自其少好濂洛諸儒之書有所感動則録出粘壁間爲學首嚴義利置紀過簿愼獨牌以自警嘗慕明道文清志行諸葛文山忠貞居官勤於民事所至除積弊之病民者及卒囊無長物僚屬捐俸助衣衾巡撫以下咸感其廉操厚恤其嗣萊人建祠勒碑著有詩文語録數十卷子士宏爲諸生天性孝篤早失母晝夜爲孺子泣事祖母晨昏定省躬自炊爨父疾篤衣不解帶及殁毁幾殆撫諸弟友愛里黨共稱其行

王緝汾州人嘉靖已未進士授吉安府推官以母老迎養不便疏請就近改助教歷職方司郎中擢太僕寺少卿轉僉都御史巡撫貴州苗民歸附賜金幣進副都御史巡撫南贛終戶部右侍郎歷官三十餘年兩爲巡撫尤多建樹貴州建祠祀焉所著書有防邊紀畧

趙訥字孟敏孝義縣人嘉靖已未進士知定興縣賑饑有法改江都縣時權貴欲以其縣稅糧灑派鄰縣訥不從擢刑部主事服闋補戶部差管徐州倉出羨餘修邑梁洪橋轉郎中知保寧府甫三月乞歸囊橐蕭然訥性儉約不治家人生產嗜讀書寒暑不輟教人以孝友爲

先賢行訓之刻語錄詩文三十卷雜著選次七十八種郡縣續志其一也年七十九卒門人私謚文直先生

王友賢寧鄉縣人嘉靖己未進士歷知長安曲周二縣擢湖廣道監察御史遷大理寺丞轉少卿歷光祿太常大理寺卿工部侍郎南京戸部尚書加一品俸卒贈太子少保友賢雅度抑抑而深沉有執持在朝不阿權要其行事無遺文可考

薛東海石州人嘉靖壬戌進士知滑縣守官剛方嗜學至老不倦生平多所著述

張更化汾州人嘉靖乙丑進士授南陽府推官隆慶三

年擢監察御史明年巡視兩浙萬歷元年巡鹽政按鳳陽三年南畿道刷卷胥以整飭著五年擢陝西副使遷叅政丁憂服闋補湖廣叅政十四年遷山東按察使丁母憂復補原任十九年遷右布政使歷河南左布政使二十一年晉階太僕寺卿致仕更化歷官所在有聲性端嚴鄉人胥敬之有祠祀在城東關子蕆以孝行稱

朱表槵慶成府奉國將軍嘉靖中俺荅入寇表槵赴闕獻策忤嚴嵩意以越職言事斥之歸後寇圍汾陽慶成王知其能與畫策登城守出奇計擊賊賴以保全表槵精韜畧所著有陣圖撞石飛礮滚標戰車懸樓等式或

言表櫶嘗得異術臨陣祭大蜂蔽天入敵營螫死甚衆故解汾州之圍

田賦孝義縣人嘉靖中肄業太學賦七歲喪父慟毀骨立母病跬步不離籲天請代以憂瘁髮盡白與弟佃至友愛因思母不置遂成病卒鄉人稱之爲田夫子

趙師商孝義縣人嘉靖中貢生官清苑縣主簿執法不撓條論時政多見採納尋歸其居官在鄉事有濟於人知無弗爲祀清苑縣名宦

高崧寧鄉縣人隆慶丁卯舉人初任知縣歷官眞定府通判居官清正惟恐不義涉躬

文揚孝義縣廩生隆慶元年俺荅兵入其里肆殺掠揚避走出舍尋其父知被執往救乞代不得遂並見殺

孫士亭臨縣人俺荅入寇扶父避入崖谷一賊追及之士亭以所持钁與鬬擊賊走入營中羣賊持弓矢射士亭中二十七箭死父得免有司上其事立坊旌表

張格石州諸生負母避難遇賊將刃其母哀泣求代不得駡賊而死

張中路孫光裕車成並石州諸生俺荅入寇與州民張邦化李正秋崔桂劉朝瑚守城死祀州北忠烈祠

陳王道寧鄉縣人萬歷壬午舉人知延川縣改清澗理

寬獄判決如流咸得其情而廉潔自持循聲大著擢貞
定府同知
王政字正之孝義縣人萬歷癸未進士初知宜陽縣讞
獄稱平改清苑縣裁冗費撫流亡不阿權貴擢刑部主
事督漕運清剔漕弊性鯁直其行事不少假借
范道行字太衡平遥縣人九歲能文善詩歌萬歷癸卯
舉人知澠池縣立學校重農桑民感其德爲立生祠以
宦官魏忠賢索賄不應被劾歸李自成之亂罵賊死
梁殿邦字元鎮平遥縣人萬歷丙午舉人知三水縣少
孤嫡母閻氏母曹氏殿邦有至性事母曲盡孝誠負異

才爲文奥古文行並爲世所重

喬承詔字揚名介休縣人萬歷庚戌進士知南宮縣擢按察御史按閩平海寇地方寧謐以薦舉與當事不合歸杜門著書崇正中召起爲太僕寺少卿催餉陝西憫其民貧憊疏奏寬減憂勞得疾卒於行署從祀鄉賢給子孫奉祀生員

董承業字紹休介休縣人萬歷癸丑進士官中書歷刑科兵科給事中因陳時事忤宦官魏忠賢被劾免官杜門著書及魏璫敗召起太常寺少卿感痿痹疾告歸卒於家舊介休民多以輸粟於邊蕩產承業適奉差至大

同言於巡撫得改折色民永便之

王四維永寧州人萬歷戊午舉人知郃陽縣甫下車值

歲饑斗米錢千二百立請糴賑設施有法全活甚衆擢

衛輝府同知監軍餉畫謀擒叛總兵劉超以功擢與

王文清永寧州人萬歷已未進士累官都察院右副都

御史巡撫遵化等處清介端方朝野倚重致仕歸父維

機贈奉政大夫刑部郎中祀鄉賢事實無可考

任尚智孝義縣人萬歷中貢生知三河縣以不媚權要

致政歸鄉黨咸重其清操

王裕心字元涵孝義縣人政之子天啟壬戌進士官南

京國子監博士疏訟楊漣宼陳魏忠賢罪惡狀留中不
報轉戸部郎歴大名寧夏蘭州榆林道皆有政績擢右
僉都御史巡撫西安數立軍功致仕歸值李自成之亂
不食死

畢初登字揚衡介休縣人天啟甲子舉人博閱羣書尤
精心於易時流寇猖獗初登設法守禦城賴以全

李開先汾陽人天啟丁卯舉人有善行鄉人多德之祀
鄉賢

李英俊介休縣人父天質狂疾投井英俊時方灌園奔
救不及隨投井中俱死天啟中有司旌其門

趙宗堯平遥縣諸生父歿三年人未嘗見其喜笑與弟宗武事母盡孝道崇正中知縣于爾直桑開皆旌以額生平周恤親族多善行

胡遇春字統三汾陽人少孤家貧崇正戊辰進士知聊城縣詢縣中利病知其最苦者歲報大戶充徵解水陸道舳軒絡繹破編民產十八九遇春乃建議設吏代之以贖鍰偫器用諸有賠累則出於官而供張亦咸辦壬申河大浸遇春左右指畫疏瀹之必退而後已水既退艱播種復請免額稅未幾擢知臨清州值孔有德兵屯州境遇春率州兵以守時出不備襲擊敵始逸大學士

朱延禧聊城人也有傑奴犯陰罪匿相府遇春必捕之正以法指揮德州滿某狎一倡婦窺倡多金盜攫去倡恚死倡弟訟之滿賂當道屬誣倡弟坐死遇春爲直之曰不以賤抑其寃其戒子書曰汝父半生半死人斷不作貪墨吏爲若輩牛馬切勿學豪華兒媠鄉閭敗吾志

莅政六年擢户部主事以病歸抱病五六年卒於家子庭字季子李自成之亂庭遂與弟同並隱居講學庭於易詩春秋論語大學中庸孟子皆有論著同精明醫學四川總督某請治篤疾至則愈且敬其爲人遂深交屬員有以三千金致饋求同一言者峻拒之兄弟其勵名

節有學守

劉三元字聚奎平遥縣人崇正庚午舉人性方嚴負節概初知欒城縣教民稼織俾無曠土無惰民擢兵部車駕司主事兼戶部事出爲寧遠道會李自成之亂三元與諸生范羽可等糾集各路義師至數十萬及事無可爲遂棄家爲黃冠放浪山水間後遊欒城舊治士民張樂伐鼓方於生祠爲賽會三元徑入祠踞坐取爵暢飲衆環視識之曰吾父母也羅拜痛哭後卒於欒城

李元滋石樓縣諸生謹厚有學崇正五年李自成之亂賊執之罵不絕口以死有司旌之曰義士

曹良直字古遺汾陽縣人崇正丁丑進士知尉氏縣歷知靈壽雄縣擢兵科給事中條奏兵形八事一軍令不可輕更兵機進止呼吸變化此行間事也若樞臣調度惟宜斷之以大義如近者督師薊督領兵前進威必宜揚侯國必宜救此大義也忽而以尾追無益議撤忽而以東西分入催戰在廟堂之上不過一轉語耳而三軍之衆倏進倏退幾等兒戲且進退之間勞逸生死判焉必有心志揺揺怨聲載道者言之可畏以後請痛戒之一閫外不許請旨將在外君命有所不受況陛下神謨廣遠屢有原不中制不許遥請之明旨近來將帥故違

頻瀆習以爲常此不過騙陛下一旨以爲卸罪地耳且請旨疏入而營謀安頓之伎倆種種隨之矣此奸弊之尤也即或無他而兵機呼吸立變彼馳奏候旨部覆又候旨往返等待之間事機已去矣陛下徒勞批答樞臣徒費申飭無益也以後凡有逗遛科罪一入援不許請旨臣子赴君父之難義惟一往更無轉念近來庸懦撫鎮既聞邊警疏請入援明係逗遛觀望其中布置安排且不可測也此豈復有人臣禮乎除如遼楚秦豫身臨大敵原應請旨外其餘皆屬不臣後有犯者立逮正法一援兵不許報號樞臣一聞邊警調取各路

援兵文內必有赴某軍前聽調度之辭此卽信地此卽軍令也近見各援兵至必先赴京兵部報號雖覿面遇敵亦不戰曰我未報號也軍法離信者誅違令者誅獨不一問乎夫援兵遠至聖恩必有賞犒臣謂如調兵文內係來京者就京城外賞犒之若調兵文內派有某軍前者宜將賞犒發至軍前違限後至者竟免卽報號必不可廢亦止許數人入都違者以枉道逗遛論罪一監軍不許敘功將帥皆在功罪之中惟恐欺飾而後設監軍焉若一體敘功扶同之弊必滋故監軍止許事後敘勞卽論功罪亦宜以精核爲功通同爲罪若戰勝獲功

不許列名違者以冒功首罪如是則監軍眈然於功罪之外必無通同欺飾之弊矣巡按亦然宜著爲令一監軍不許鈔將帥之塘報將帥在功罪之中塘報大半欺飾監軍者宜自領一旅專覗各將功罪臚列塘報剋期密奏其於將帥塘報許從公駁正并奏如有通同掩飾别有奏聞監軍重罰不赦一戰守之功不宜并敘行間欺飾之弊最多如將帥欲飾罪必先報功而又恐人發覺乃并地方官亦敘在內甚有敘及巡按并鄉紳過客者或云措餉設犒或云添兵助器或云指授方畧此無他盖欲人人在功之中而無異辭以遂已之欺飾也以

後列名者以冒功論罪庶將帥之欺飾少止一舉將連坐之法宜有分別聖明之世豈乏禦侮之材而人每每知而不舉者惟連坐是懼然而連坐可不行歟亦曰稍爲分別可耳如督撫鎮將除一籌莫展以及大貪大詐連坐不宥外其餘清勤勇烈而爲時勢窮困者姑免連坐若所舉之人生平可諒忽變而爲貪詐其舉主能自叅者亦與免罪良直少甚貧族人中有欲助之貲爲治生計者謝曰吾輩豈逐末營利耶及歷三縣所至有政聲去之日民泣送者盈道性嫉惡在朝彈劾不避權貴以直聲著卒於官

田芳孝義縣人崇正丁丑進士歷官陜西河南提督江西學政擢太常寺正卿以廉正著所至有政績

朱新堞明宗家汾陽縣崇正十四年由宗貢生知中部縣時縣殘民困繪流民圖將上之會公事出土寇陷城免官已而復任命下賊破潼關已五日矣毅然曰此吾致命之秋也受事未旬日賊傳檄至新堞方巡城怒而碎之立斬來使欲效死守而縣新破人皆逃散乃書表封印使人馳送京師具冠帶望闕拜又望拜其母即自經士民葬之社壇側妻盧氏妾薛氏馮氏見新堞誓死以待賊至請先縊以盡節新堞撫而勉之左右皆泣士

民亦以袝葬
傳作楫孝義縣人崇正癸未進士知慶都縣歸後事父母二十餘年有孝行　國朝順治六年姜瓖之亂迫脅不從逃入山中及賊平大將軍手諭招之作楫至營以老疾固辭入城見尸横道中悉爲掩埋收養逃亡男婦凡百餘人道之歸家所著書有銘心集二十卷
朱敏灐字龍澤慶成府鎮國將軍軀幹甚偉好直言傲岸之氣人多憚之闖賊據平水敏灐出家貲盡散與貧窶及賊至被執詣李自成使跪敏灐厲聲曰我將軍也大宗之膝豈爲賊奴屈哉自成令捽下敏灐振聲一喝

撑者披靡退數武羣賊蜂擁爭批其頰罵不絕口折頸裂股而死

馮運泰字來吉汾陽縣諸生豪宕自喜善屬文賊入境運泰拉同儕日夜晝守城策甚悉以上當事賊諜廣布知運泰首規拒賊方薄城即使使縛以見運泰聞之仰天嘆曰死則死耳安有昂藏丈夫而受賊刑辱哉遂投井死里人收殯如禮題其棺曰明殉節處士馮生之柩

楊正春字榮初汾陽縣諸生李自成之亂賊執之去使飼馬他所正春薄暮具衣冠入文廟瞻拜痛哭隨投井是夜見夢於室人曰我得死所矣但水寒沁骨盍早出

我室人夜起而號徧覓不得次夜復夢曰我在府學井中何他求也往視之果得正春屍正春死時有丐者見之與人言其狀

賈守亨字通吾汾陽縣人少任俠不羈賊氛四起守亨偕里中好事者習射東郊賊至境人多謀出迎守亨不許及賊入其室大罵格鬬隨手而倒衆賊持梃亂下守亨紿曰汝不過欲得財耳我有伏藏爲汝探取汝不得唐突以辱我賊諾守亨入拔刃大叫自剖其腹血濺壁陽委於地賊隨後窺伺大驚走

王銜龍字雲從平遥縣貢生崇正中歷官兖州府通判

擢知陝州事父母曲盡孝道父文俊壽百歲母白氏亦九十有二

文雲鳳介休縣人崇正中以材武選置近侍李自成犯京師懷宗崩雲鳳趨與母訣曰願以死報國母曰吾從子食祿天朝寧再見他姓願先死以成子志遂自刎雲鳳縱火焚宅舍及妻子女同時俱死

喬遷介休縣諸生太僕承詔之子也甲申之變賊執之遷抗直不屈視有井遂投之賊曳出以火灼其腹罵賊不絕聲而死

鄭登雲石樓縣人見父病垂危惶急不知所爲遂刲股

作羹以進疾漸愈生平好施與恤窮乏值亂賊執之不屈而死

高宗文永寧州貢生官汾西縣教諭致仕歸闖賊之亂賊將田虎攻州城宗文知城陷索朝服北面望闕拜秉燭端坐賊入其家死之

張素永寧州諸生李自成之亂城陷被執不屈得脫投井死

梁國棟永寧州人性孝友流賊陷城衛父被砍四刃見父遇害駡賊求死賊曰孝子也釋之時季父及弟亦爲賊殺國棟備棺掩葬負母出城隱居奉養

賀來佐汾陽縣人八歲喪父盡哀明年母病來佐廢寢食奉侍藥餌四閱月如一日及卒不食五日哀毀骨立終制後補博士弟子員

李憲平遥縣人官保定府大寧衛經歷擢耀州同知轉山東布政司理問食知州俸歷官二十年清慎如一日事母孝甘旨奉養一飯不離及殁執喪三年事死如生士大夫咸高其行祀耀州名宦

梁棟隆平遥縣貢生官華陰縣縣丞清慎有聲事繼母以孝聞

邵希曾平遥縣諸生幼孤家貧事母張氏自甘粗糲曲

盡色養撫按聞其孝屢發粟旌賞及母歿後歲薦入官
恨未祿養猶時哀傷慟泣
趙澄平遥縣監生母喪廬墓朝夕泣奠塋中草木冬萌
有司旌表其門
王欲見字以道平遥縣諸生以孝行稱於鄉鄉人喜言
其事親居喪可以爲法
張榮平遥縣人父患疾不能轉側榮朝夕不離奉侍二
十餘年未嘗處私室父亦尋愈有司聞而旌之
石修玉平遥縣人官守備時山賊刼掠村堡修玉捕禦
之斬獲甚衆羣賊圍數帀又格殺數人死之當事旌以

忠勇

尙義字用方孝義縣人有至性父卒事祖母繼母曲盡孝誠祖母患靑盲日夜哀禱尋果復明

李天育孝義縣諸生父以酒後狂罵鄰里其母抑之房中遂憤而自殺天育痛父死非命遂絶飲食躃踊哀號三日卒督學周繼昌表其閭曰孝子

白騰蛟臨縣人官薊鎭總兵官都督簽事力戰死

宋銳臨縣人知洋縣時藍鄢警擾羽檄傍午外給軍餉內撫民心境賴以安

賀進臨縣諸生父以罪當死進詣官求代詞極哀切官

憐其志繫獄中聽決者三次後奏請得宥

賀希孔石樓縣諸生母張氏早喪家極貧事父仲實嘗

從永和負米色養備至及終廬墓三年有司聞其孝行

額旌之

甯孟魁石樓縣人事親承顏順志跬步不離父病衣不

解帶者五十餘日及歿終喪三年獨居食粥縣人稱其

孝行純篤

孫子文永寧州人以貢生知南和縣廉能有善政民建

祠祀之

賈越永寧州人以貢生爲知縣祀鄉賢事實無可考

平遥縣人王茂蘭楊國洪孝義縣貢生張均臨縣諸生
溫勵高節武衛寧鄉縣人史勉皆以孝稱其廬墓稱孝
者孝義縣則有張大登永寧州則有貢生王爾栴寧鄉
縣則有王伯誠貢生李士光武舉張霈諸生楊聯芳封
股稱孝平遥縣則有梁州尹梁州儒介休縣則有王延
孝義縣則有楊梁任國充李與香寧鄉縣則有李永
右明百六十餘人舊志列辛彥博董齡李秀賈璇田
紆劉仲原嚴泰賈繼之劉尚義張更化劉基李鳳阜
張偲任義李穎李顯任良才任良弼溫恭霍韜李憲
梁卞董謙武允曹輿董瑾文瑞溫廉馬驥張翼石瓚

文揚武賢周儀霍冀趙訥車霆張珩張玭楊昇王約
龎輔劉清劉有誠陳謨王友賢高崧四十七人劉基
自其上世當宋時已居青田溫恭霍韜劉清王友賢
別見仕賓董謙別見義行

汾州府志卷之十六

人物四

張登楷孝義縣人家故貧父問智客遊十數載無音耗登楷稍長自力成家既有子矣一日訣家之人曰我將尋吾父所在不見父終不歸故里輾轉經年至川西乃得遇其父問智見子雖喜不勝然在彼地更娶妻生有一子因是謂登楷曰我家無立錐地汝力薄難支倏有餘蓄可復團圞聚登楷度不能強乃返貸於族鄰盛飾輿馬往竟迎父以歸已所置產均分與弟其居鄉多善行鄉人稱之曰張孝子也

劉昇祚汾陽人順治初以進士官湖南道駐辰州賊來攻城昇祚設守禦甚備出奇兵擊之賊遁走已而賊大至衆數萬圍辰州昇祚擐甲登陴立矢石間指麾捍禦而辰州爲鎮黔咽喉故賊攻之急數月城陷昇祚猶大呼巷戰死事聞贈光祿寺卿廕一子入監僕渥虎亦從昇祚歿於戰

任長慶字雲石石樓縣人順治二年以拔貢生授中書歷工部郎中出知淮安府轉鳳陽道改臨洮道卒於官長慶精心計有膽畧任中書當從駕人皆憚之長慶毅然請行姜瓖之亂大兵來討復請從行恢復多有贊畫

在工部榷蕪湖龍江稅以廉潔稱所著有易解

趙永祚汾陽縣人順治丙戌進士授雷州府推官性剛決執法不阿時雷民多匿山谷學校之教不興永祚得通文義者二百人附於學親爲督課雷人始知讀書值盜王翰肆焚掠永祚與同知周𤇆詣其巢開誠撫諭翰投戈尋補慶陽府推官亦以清敏著卒後囊槖蕭然人咸稱爲廉吏

王廷伊字嚴介介休縣人以舉人順治中知信陽州憂歸起服知商州招撫流亡甚著治績內遷兵部職方員外轉車駕司郎中典己酉廣西試遷瓊州道巡查檳

鄉規例瓊海稱之以繼母憂歸卒

師佐字靖公永寧州人順治壬辰進士知福寧州招流亡嚴差役爲文以驅虎患民立祠祀之遷蘇州府督糧同知釐漕蠹滌除漕規與糧戸約曰爾曹省一釐旁費則完一釐正供督撫兩疏薦會病卒

于清端成龍字北溟永寧州人順治十三年以副貢知羅城縣縣數遭兵燹後拊循殘氓稍稍相習因問地方利害悉得要領編置保甲定約束前時鄰猺歲率二三至殺掠人畜成龍勒鄉勇將擣其巢咸懼自投不敢犯界上歸所虜掠然後民得事耕稼縣有數大姓恃猺獞

盜賊爲爪牙一逆其心則召亂成龍善撫民恩威並用數大姓皆奉法惟謹居七年遷知合州往者新歸流戶墾田既熟土著輒爭之故既集復散成龍爲規畫立案籍三年而後稽旬月間報歸千戶未幾遷黃州同知駐岐亭岐亭當黃麻偏界多汊湖幽壑盜所巢窟時急盜案官以盜爲諱白晝行刼不問成龍遣捕得九人集諸父老曰能保後不爲盜者貰之保二人即諸父老前取大索連繫七賊坑之盜自是慄遁又獲大盜彭伯鈴拔置左右責以捕盜巡撫張朝珍器重成龍舉卓異會吳三桂亂作檄攝武昌事問禦亂策成龍對以安人心莫

先下令停徵朝珍已草疏而成龍意與之合以故兵事皆屬成龍諜指武昌大姓與賊交通以藏器仗爲證成龍言大姓多避兵艮子湖中家人藏兵械備他盜無足怪跡之果無所得用卓異遷知建寧府朝珍奏改武昌檄造軍所渡橋於蒲圻賊鋒廹入城守而橋以山水暴漲圯罷職會東山寇作朝珍復委除賊成龍曰黄州界三省控七十二寨其人剽悍阻險難猝勝請得便宜行事許之問需兵幾何成龍曰前守蒲圻數人與俱足矣先是妖人黄金龍亡匿劉君孚家君孚得吳三桂劄書與金龍潛結賊渠周鐵爪等期七月並起會麻城人欲

因以陷其讐家事洩君孚恐遂以五月反於曹家河成龍行次陽邏偵知君孚雖反眾未合遂趨白杲未至賊柴十里止宿牓示脅從者許自首免罪誣陷者赴訴不拔捕投訴日千人皆宥之賊勢孤欲即降恐見誅成龍知其情遣一人持檄往諭而自騎一騾一人張蓋一人鳴鑼前導未至二里許命行呼太守來救爾山中人君孚匿後山夾道伏鳥鎗弩數百人成龍鞭騾直前入抵賊舍坐廳中賊環列黠者因相率羅拜成龍問老奴安在君孚嘗隸岐亭役故呼以暱易之又問山中雨水禾稼遂曰汝等皆良民何作賊自取屠戮父母妻子藏匿

賊皆泣成龍曰熱甚須少憩遂熟睡移時寤曰客至何乃不設酒脯君乎初懼見紿及是出叩頭自訴許招撫而還如期盡降其衆數千人以功復官留麻城經畫行村野分立區保擇謹厚者爲區長還武昌聞金龍逃合紙棚河賊鄒君申則移檄區長徵得二千人進駐望花山度賊食少彼利速戰緩以困之必自潰分三路守象棋山大崎山及布袋坳以賊走必經黄岡伏兵馬鞍山險隘閒君申金龍糧絶夜遁走遇伏盡擒成龍坐山上受俘疏聞晉級改知黄州府江西賊犯湖口旁掠興寧吳三桂密布劄書陽邏陳鼎業合逃兵掠驛馬永寧鄉

何士榮石玻劉敬業白水阪周鐵爪鮑世庸各擁衆數千爲亂逼趨黃州是時各鎮援兵悉隨大軍進攻湖南議者欲退保麻城成龍曰黃州爲湖北七郡門戶我師屯荆岳者數十萬水陸轉運取道於此且瀕江控制險阻前倚興寧廬阜後壓天堂金剛諸寨雖祇一郡寔東西關鍵不可棄之去然徒坐困莫若相機進勦賊雖衆皆取士榮進止先破士榮餘可不戰而下於是徵集各區鄉勇有衆二千人别遣黃岡縣知縣李經政擒鼎業諜報士榮已據黃土坳分衆以把總羅登雲武舉張偷聖領之往遇賊前鋒戰少利成龍疾馳抵偷聖營鄉勇

大集共得五千人營縮金寨下與賊對壘士榮數萬人自牧馬崖分東西兩路來攻東路賊少以登雲領千人禦之而成龍率千總李茂昇當其西尚聖攻右把總吳之蘭攻左戰始合之蘭中鎗死賊鬬益急成龍鞭馬徑前迴顧茂昇曰我死可歸報張公茂昇奮而進發矢折賊大旗軍隨進茂昇馬被鎗棄馬射殺二人换馬進戰復手刃數人而尚聖自右山繞出賊後相與合擊賊大敗士榮左臂斷就擒得賊名籍焚之登雲擊東路亦追奔數十里乘勝至呂王城據鞍草檄馳諭賊聞士榮被擒又知毀其名籍各解散至白水販鐵爪世庸等欲保

什子寨成龍已先令人守隘不得上脫身走追擒之又分衆平石陂賊自進勦至此纔二十有四日東山亂定此康熙十三年冬也十五年水旱洊臻訛言復起成龍以人心易搖宜示以暇豫乃治赤壁亭榭與文武官寮飲射歌詠其間而密得塲奸流孽頓息歷官江防道福建按察布政使直隸巡撫江南江西總督卒年六十有八贈太子太保謚清端廕一子入太學其遷按察使也時耿精忠初平罹重辟者衆獄已具成龍力言通海數案所牽引半皆平民遂白於親王釋不問成龍清嚴忠直勤勞治事官吏無不敬畏歸於廉慎及卒將軍都統

寮屬來至寢室見周身布被一筒中袍一襲靴帶二事堂後米暨鹽豉數盎而已平時心憚成龍者俱感動流涕士民立祠於清涼山

曹席珍臨縣人順治戊子舉於鄉康熙二年知竹谿縣自張獻忠平毀城池後垂二十九年皆其餘黨盤踞三省會勦始經收復然文武官之蒞竹谿者猶各居山寨席珍請於上官徙入縣治事總督張長庚可其議於是兵民中分縣治而居經營招徠以縣無城池建臺設炮石弓矢以備不虞居十一年遷知彝陵州未赴任而吳三桂反湖南諸郡同日告陷鄖襄所屬沿漢江上下千

二百餘里鎮協偏裨及士卒聞風並起襄鎮則楊來嘉鄖協則洪福竹山則謝泗竹谿則馮元各思投賊甲寅三月二十五日馮元邀席珍飲未數巡脫巾投地曰時事可知矣我輩宜乘機會席珍正色曰我輩當奉義守死與此土存亡耳明日元遣人詐謂同心守死當赴神盟誓席珍知其謀據臺不出四月七日元令家屬處南山漫陰寨下爲入川計乃率衆攻臺三日凡五戰元取薪集臺下欲焚臺會秦兵至駐劄白土關距縣四十里元顧瞻首尾而守備劉斌所轄士卒二百餘人不願入川中途扠斌還元勢窮遂舍去八月十九日賊將洪福

率五鎮十三協來攻欲取道竹谿窺興元及關南秦隴席珍率衆據中峯觀扼賊要路令劉斌分據桐溪寨爲犄角賊分兵攻擊歷四旬大小五十五戰賊以餉匱萃其衆攻中峯席珍竭力捍禦弟曹傑從子曹敔東及家僮張永祚楊眞寨民陳泰孔木匠從役徐禄何天祚等皆力戰死賊將馬更奇將登觀席珍手發大石擊之中腦立斃羣賊束草竿頭以焚觀樓樓上火起闔門遭屠戮婦女二十餘人相攜投崖死席珍復上中峯絕頂靈官廟據險以禦不食已二日又十餘戰家僮四十餘人盡見殺力盡被執既而得脱走白土關投遊擊余位都

時位都已陷與賊通執席珍于賊洪福送房陵行至竹山上肅驛題絕命辭於古廟壁其辭曰昆明池水橫六詔中有長鯨尾不掉西南風鶴過湖湘妖氛一夜滿邊徼我家山右尹楚水十載楓林始壘徙至荆門户屬西陵未及交代軍聲起康竹綿亘到襄樊長漢一千二百里偏裨鎮師與三軍盡是八閩謫戍子潮聲夜半捲郎關鳥語狐鳴滿漢南高官大爵爭來諂不信常山人姓顔水冷金寒性所成誓將隻手答聖明內外援絕四十日嗟兮帳外皆楚聲閶門義士同日死血頸模糊當路橫牀頭刀頭總氣盡刻木束蒲莫問姓任爾碎首與流

腸羞向竈養囚餘命朔風冽冽雪花急關木嬰鐵解房國讀書萬卷取義難悠悠生死何足說系命飛報武陵路幽縶房獄無朝暮夢魂夜到睢陽臺傷心誰復辭霧露臘盡冬回春到頭令下還官許釋俘共說反命偷生好讀史曾笑滿武秋月黑冒險度秦關禨鹿初奔說萬難堪恨余逆通線索反命成仇縛送還重羅網再榜掠血肉風飛俱見骨半口鐵鈕斧合親右手筋斷右骨折風吹枷鎖兩做囚猙獰鬼卒互輪流上庸城外南江水欲葬魚腹不可求寒熒明滅照破肉啾啾如鬭夜鬼哭雙眸開闔不能言潛將甲子算太乙兩葉天子日正

中四海何地不呼嵩但能厲得驚膂志不怕蚩尤十丈身及至房陵將殺之至期傳釋放安置撤海堰席珍採食荳花水芹等物尋賣卜於市至戊午大軍進剿賊夜遁席珍首謁軍門乃資送至鄖陽總督蔡毓榮檄府道詳驗傷痕適總督赴洞庭剿賊停止上下文移席珍僑居樊城辭歸籍後三院會題部議起職席珍以年逾七十遂不赴召

高首標永寧州人順治己亥進士知廣昌縣母憂起服補陵水縣丁父憂服闋補廣昌時閩藩爲亂未平其將劉汝桂猖獗首標單騎詣其營曉以大義汝桂心折解

甲歸降廣昌旁州縣胥復準軍功例加五級尋以廉能行取吏部文選司主事疾卒於道旅櫬蕭然不能還會鄉人于成龍總制兩江乃獲歸葬

董奕先介休縣人順治己亥進士爲平陽府教授遷國子監學正研先儒書以持敬爲本雜採鵞湖鹿洞條規分十則用訓多士所著書曰主敬編子振祖由拔貢生爲太谷縣教諭擢知霍山縣蒞任六載有惠政行取授工部屯田司主事卒於官

梁瓚素永寧州人以歲貢生知齊河縣齊河歲饑發倉粟哺之男女老幼用旗標識俾以次就食因爲濬趙牛

河棻王龍隄民德之攺知文安文安北接西淀爲水澤之匯造水車數百具挹田中水外出種秔稻得米數萬斛又條上制府酌定旗丁圈地租法不得意爲予奪由是五府胥視文安例卒於官祀文安名宦

梁潢字天水平遥縣人順治丁酉舉人知臨潁縣有善政行取主事歷員外郎中出知順慶府潢爲人精敏好讀書

賈逵汾陽縣人康熙戊午舉人官沁州學正自少有孝行

靳士龍介休縣人父世愛與里人高汝木入山樵牧以

小忿爲才所毆墜崖死妻任氏方娠冀生男隱忍未發已而士龍生及長爲言父死狀而泣士龍嚙指誓必報父讐以母在遲之康熙三十一年母歿殮葬畢乃白復父讐遂母志此其時矣因持梃出要汝才於路擊殺之語人曰四十年積恨今日始洩遂詣縣自首或欲以其事始末白於官士龍曰死吾願也何喋喋爲卒死於獄縣人哀而葬之以節貞孝烈表其墓

周琦孝義縣人康熙癸酉舉人有孝行及銓知縣以父老艱於迎養改授教職

梁通洛介休縣人康熙庚辰進士知滄縣作誓狀勸之

石以時自警多善政解任後濬人爲立生祠
李棠蔭臨縣人康熙壬辰進士授內閣中書以父病歸
養服闋改知清豐縣以廉明稱
崔鶴齡臨縣人康熙壬辰進士知興寧縣有廉操縣境
峒猺雜處山谷間宵小易於遁跡鶴齡察知民利病編
保甲定約束使不相擾病卒於官櫬不能歸士民感泣
醵金爲助乃得返葬
劉而位字爾爵汾陽縣人康熙癸巳舉人知安陽縣至
則訪民間疾苦有不便於民者務爲滌除凡訟案不使
一夕稽留五年擢泉州府未幾簡授分守廵海興泉永

兵備道以足疾歸起歷四川清軍驛傳鹽茶道分巡松茂兵備道川南永寧道疾復作卒於官其至泉州也屬縣某貪婪不職有叔父在朝爲貴官劾之無所畏避及病家居講學十載每揭孟子是非之心大學毋自欺爲言故在蜀時制府尹公以理學經濟體用兼優稱之所著書有省克引一卷家訓數十則及社學鄉約條規爲學之槩得於理趣者雖淺深但如所見要歸於躬行爲本

高能宣臨縣人康熙丁酉舉人知平江縣廉介善撫字平江疲於輸賴積欠至十餘年能宣抵任悉釋其拘繫

鼓舞勸導夙道一淸士民頌之膺卓薦擢刑部安徽司主事母憂廬墓三載病篤親友勸之還家閱月卒

賀凝祚永寧州貢生官樂平縣訓導事親以孝聞祀忠孝祠

安之瑄平遥縣諸生有孝行雍正十三年 舉孝廉縣人以之宜很辭不應其善行多爲里黨所稱

穆生輝臨縣人由行伍官臨襄總鎮都督同知西山寇亂殉難廕其子授臨洮同知

梁楩永寧州人順治戊子舉人知新寧縣前此盜林亞祐等盤踞百峰山官兵擒斬及楩到縣上官令將亞祐

五人甆諸獄梗研察乃林亞友開平人也友祐聲相邇防兵誤獲成獄爲申辨往復十有七次乃得釋有海島五屬縣境值查闢田陞科梗因民貧僅報六百畝巡撫怒梗曰不敢圖一己之功名貽萬年之大害巡撫稱善又值取楠木鄰縣以五株費至白金六萬梗念民貧不能堪卒請獲免

馬得正介休縣人以供事與纂修議敘判彝陵州時吳三桂爲亂州當其衝軍需旁午悉委籌辦復隨軍進剿凱旋擢知銅陵縣縣濱江爲築大隄數百丈建石牌司啓閉善斷獄民服其平允憂歸起服補魚臺縣亦水國

也乃浚河百餘里以平水患後擢知桂陽州未赴致仕
歸魚臺祀入名宦
張芭介休縣人甫二歲父遠出無音耗及長尋至江浙
得父柩以歸事母以孝稱母喪哀毀骨立築室墓傍每
食必奠人咸稱之
李克温平遥縣人事父母曲盡孝行卒後數十年鄉人
言子孝必稱克温
梁禹甸字奕奕平遥縣人以拔貢生知長安縣擢知河
州俱有仁廉稱能自持不事逢迎
王元勳臨縣人康熙庚子鄉舉第一後揀發廣東權知

清饒平二縣皆有政聲又權判潮州府卒於官
王祚興永寧州人康熙丁未進士知三水縣時遭兵燹
之後地荒民逃數歲無徵虧錢糧正供民因此益流亡
不返祚興到縣力請豁荒地逃丁屢觸上官怒終得
請每歲得免地丁正額銀三千七百有奇而民困始漸
蘇累擢至湖廣提學僉事士服其公明多立石紀績
呂文櫻字渠初汾陽縣人康熙丙戌進士知弋陽縣又
權知金谿行取監督大西倉以高安朱相國薦授戶部
浙江司員外郎轉禮部儀制司郎中服闋授湖廣道監
察御史尋擢通政司右參議改授奉天府府丞以老告

歸方任弋陽時甲與乙爭婚甲貧既聘婦而乙寔先貧後富婦家再受聘妄稱乙先出其聘物爲證察之辨屬新造詰乙曰若故貧安得有此詭稱三年前某鋪造也呼造者對簿纔及一月耳女遂歸甲有以田質於人代書質契者已死受田之家毀質契更爲賣契賂代書者之子証之聽治時詰曰若父書生亦爲人作此邪曰有之如某氏某田某氏某屋皆出父手因曰爾宜利其事次日具覆不能和狀而其父所書二契已取至眞僞判然乃予杖而許質者贖還既署金谿有鄔某死於途身負梃痕莫可跡見鄔妻呈詞有讐殺字密訊之則云夫

出不攜一物非盜殺故疑爲讐問其讐不敢言因屛左右導之言始述族有名歇雲者嘗以訟御報疑其所爲而無據察情辭非妄逮歇雲至堅不吐既而授意一隸俾伏聽而遣卒佯報歇雲已成招令解府逮辦行費母與妻俱哭卒卽去姑怨婦不阻其所爲婦以所持械在姑室中不知何時竊去伏者呼曰姑媳已承矣拘至案歇雲服罪其判事務研審類如此時縣於上官有積習未除文櫻羞逢迎矜名節適巡撫廉知文櫻爲吏良首列薦章格於俸淺未合例及入爲大司馬復以才守力薦故文櫻得列行取子審韶字學三乾隆甲戌進士亦

有學行鄉人多德之文櫻第四弟曰文櫺字用晦康熙庚子舉人舉孝廉方正又舉端人正士皆不就呂肯堂字子建汾陽縣諸生性梗直舉優行貢入成均而文櫺亦官國子監助教與肯堂同姓不宗素相善既而文櫺逮獄對簿時問者曰此有呂肯堂造言耳意欲以肯堂脫文櫺文櫺直應曰忌者欲擠我何可旁及蓋前一夕已有人導意文櫺荅言吾豈嫁禍於正人哉文櫺之子審廉在家聞父逮獄六日走千三百餘里奔至京師晝夜徬徨兩闕月竟感疾口中連呼辨冤而絕不瞑是時事已得解文櫺哭慰之曰我事已白汝何牽於心而不

瞑邪語畢即瞑審廉字元濤雍正乙酉舉人海寧陳相國悲其志作呂孝子傳其後文櫺歸肯堂無所合亦歸家居講學弟子甚衆肯堂教人必先端品行然絶口不臧否人物能詩別無著述而後學言人品學問咸推服之文櫺著春秋正宗十二卷及集古今人物曰正氣錄

劉廷翰字子藩永寧州人祖爾勷歲貢生當明之季負母避亂猝遇賊以身衛母中流矢抱持不釋既而創合母子無恙性仁孝濟人惟恐不及廷翰康熙辛丑進士知政和縣蒞任前二日次浦城聞廚張鋪墊舊皆胥吏預備而胥吏徵之里甲爲陋規遽禁止之居四年實政

愛民以賢能調臨安代者至盤倉穀陰令碾者碎其米曰穀濕計每石折閲幾二斗廷翰不與校然缺額盈千矣建寧府知府疑之親臨核實則縣民環呼籲求留任太守顧謂代者曰噂不畏新官嗔者而戀戀舊官乃若是因命取穀監碾則每石得米五斗外且浮二三升代者雖語塞猶以其廒色惡爲辭時衆民聚觀爭歸輦負以易填刻間脫然免於累念年逾六十力請致仕未一年卒於家

賀方泰臨縣人雍正丁未進士知永寧縣治務寬厚改代州學正方泰四歲喪母撫於祖母馬氏性孝爲童子

誦詩讀書每觸念泣下

劉元錫字服章永寧州人雍正丁未進士知臨邑縣歷壽張文登遷知德州擢知青州府改濟南病解任尋起權知沂州府海寧陳相國知其賢薦臺諫之職會疾作卒於官元錫明吏治所至有聲壽張東距會通河三十里而近古濟汶之會由縣境以入海而宋熙寧中黃河決澶州趨壽張之張澤濼明正統中決新鄉漫曹濮潰壽張沙灣故縣境多瀉鹵洿澤民恒苦澇治之南沙嶺小龍灣等七窪其下雖舊有河形歲久湮塞計民田五萬七千五百餘畮遇久雨輒没水中　元錫相度地勢闢

溝分洩導沙嶺窪之水由黃家岡出小龍灣等窪之水由五汊口出各設牐扼其衝前此蒞壽張者或議疏濬卒恐有妨運道因循未敢興事至是而數萬畝民田無憂於淹浸文登濱海隅俗輕生婦人尤甚一歲中自戕者至百數十人元錫爲勸戒語俾鄉之老成人集男婦徧爲講說自後輕生之案遂終歲無聞及爲府時以歷官二十載所躬自體驗者十有五事成書一帙曰切戒欺飾曰隨事教化曰獎勵善良曰矜恤窮民曰禁借命誣告曰清釐保甲曰設立義學曰戒民輕生曰速審詞訟曰禁飭胥役曰詳慎初報曰矜恤獄囚曰量捐積穀

曰嚴緝盜賊曰整緝橋道渡船語皆樸質以告所屬州縣其書題曰商言謙辭也論禁借命誣告有云鬬毆殺傷難保必無往往有將平日睚眦之怨羅織詞內問官以事關人命不得不行拘訊到案不承嚴刑備至每多誣服以致沉冤莫訴即問官明白查訊得實而初詞有名輾轉拖累動輒經年幸留殘喘業已家傾產蕩嗣後如有誣揑按律反坐不宜以事出有因等語代爲開脫仍先將執法本意逐細示諭俾知警惕論速審詞訟有云如婚姻地土始必批查覆未清晰至再至三民間已多往返及經準理差役傳喚不定帶到確限該役每多

需索壓掯禀到之後問官又多停擱甫經懸牌示審臨時或有事故不得不行改期既審未結又復另期改審煢煢小民何堪輾轉守候余歷任以來票內俱令注明離城里數三十里限二日五十里限三日遞遠遞加另備手摺將簽票事由期限逐條登記置之案頭到即審理十數年間並不懸牌示審如有壓掯展摺即知期限有常審理無滯該差鬼蜮難施論禁飭胥役有云若輩外似謹愿內多奸詐誤信其貌任用不疑或與家人勾結內外串通竊權恣肆作奸犯科無所不至惟在吾輩居心清肅不爲所中事由內定毋使置喙論詳慎初報

有云人犯初到真情難掩得情一易問官毋易視之命案傷械不符盜案贓夥未確之類無心細詰迨至審解供情互異初報不能更動輾轉籌畫移情就事業已大費周章或事相逕庭罪關生死何恐置生於死應死而生難爲辨白上司以事關出入不得不行駁詰再四項詳始得定案問官以生死各當心輪得釋陞此無辜業已備受刑楚案內無干亦受無窮拖累此皆初報不慎之故以上四事議論切深可列爲治法故刪取著於篇若其首之以戒欺飾尤接乎上下之本元錫在文登常以事傳保正某後期詰之惟俯首請罪怪其色沮問旁

役則曰其家有妖魅少違禍且立至彼若言此又涉妄誕故不敢言元錫命其人以狀訴歸未具狀妖遂絶

呂日跳汾陽縣人家貧甘旨不闕於供一事養之常咸出於至性鄉里目之曰孝子其祖母年七十有二感傷寒症不汗醫已無策曰唯禱於神即自卧祖母被中未幾日唯偏體皆汗祖母遂亦汗而愈曰唯以訓童子爲業而由家庭戚屬以及村黨疾苦困厄必身任之雖貧竭財力以行所當爲年四十三而卒衆論惜之

丁歲春孝義縣廩生事繼母以孝稱家貧勤學雍正五年學使按臨日命新進生童即學使公堂再拜歲春爲

師生平讀書務體要嘗曰讀大學當於知意心身體認明德讀中庸當於喜怒哀樂體認中和方見聖賢語言於人無隔礙所論著有四書撮要周禮正編內則烈女傳四言訓詞等書子運升乾隆丁卯舉人

霍愚孝義縣人天性過人父母歿居喪盡禮三年之內毎食必號泣以祭友人趙念祖將遊京師無擔石之儲猝舉家托愚歲餘歸妻子衣食贍足出其望外晚年家業已耗猶屢爲族人之貧者輸納官粮雍正八年衆議舉愚孝廉郤不受愚美丰姿少時有鄰婦誘挑之愚謹避有知者重其持正

賈權字爾衡汾陽縣諸生雍正中舉知宣城縣又權知寧國縣舊例漕米折色徵收糴於蕪湖關議價必贏餘目爲出洗權爲滌弊僅符時價正數民歌頌之其在宣城也始至即滌免帶征解費銀三千諸陋規汰免一淸尤善決疑案廉能之聲數月間即噪遠邇涇縣民爭戶口及是百年矣至擊登聞鼓事下巻牘山積援引百餘人巡撫曰此非賈宣城不辦即以委權察得其情實遂一言而決會行取擢主事權念父母老又無他兄弟遂告歸宣城故有祠祀謝元暉李太白名二賢祠民相與增之曰三賢肖像其中復建專祠於敬亭山

張士俊介休縣人由行伍起授保定營守備擢遊擊旋轉淮安漕標叅將理漕務淮安城低下臺堞與漕渠縁隄齊平雍正八年水漲不踰隄者寸許士俊曰惜小費貽大害非計也隄西洪澤湖汪洋萬頃決隄使水入湖及勢殺而後議補苴於城漕兩利當是時淮民賴之越數歲授四川重慶總兵官設救生船以濟瞿塘行楫復調雲南歷永順昭通兩鎮乾隆九年以老乞休邀　恩加銜予蔭

梁眉孝義縣人父可傳樂施與時出錢粟周里中貧乏其死亡者助之棺衾眉有孝行值兵荒負母潛逃山谷

中母卒柩在殯頊刻不離苦次知縣陳之文額表可傳
曰義士袁眉曰孝子眉子佩亦端方恪謹知縣閔衍額
表之曰德行可傳眉佩並諸生
李昱寧鄉縣貢生有孝行父歿事繼母撫稚弟誠篤備
至里黨中言孝友必稱道昱昆弟同居數十年昱歿後
弟乃析產多自予兼數倍人見昱之子時時不給愈多
昱之賢同縣人劉有德與弟有才家貧以傭工供旦夕
兄弟俱天性過人母瞽盡孝養鄉人稱之知縣呂履恒
聞其貧而能孝時給以錢粟
宋元址字定中汾陽縣人以歲貢生官和順縣訓導元

址性孝友少失父事繼母曲盡子職生平雖無所見於世子弟後學咸以其內行修也奉之爲師法良有司至是者亦樂表其善行以爲多士勸子鈺壬子舉於鄉亦以孝稱

郝之芳字炳青汾陽縣人歷官壺關縣訓導知山東之肥城縣江西之瑞昌縣遷太常寺博士改中書科中書陛見日以同知用發往江南權知江陰縣事數月因病告歸其居官有廉操多惠政自少失父事繼母以孝聞與弟之荃之芬友愛極篤兩弟亦念兄居官清正常輦家貲所有至衙署以佐祿入不及蒞肥城時值歲饑奉

文賑貸不少假手胥吏務於民實有濟及至瑞昌捐俸
創設義學又於忠孝節義祠旁建講堂課廟其秀民得
以造就者多人其呼爲郝公講堂
曹曰英字彥傑汾陽人少孤事母孝爲諸生有聲譽家
素饒能推恩族黨賴以舉火者衆有張媪者於母爲中
表姊妹嫠老無所依養之終其身居鄉務退讓子學曾
偶與老農語言不相下親詣畊舍謝失教不問曲直也
縣境舊食附近土鹽雖行河東之引而不食其鹽惟輸
稅於官謂之鹽稅既而設商價昂不便民且巡役肆行
窮簷愁怨或至誣指平民私販其害不可究詰曰英與

衆詣官白狀卒得請均其稅於糧而廢商民以不擾盍
居恆悛悛而遇所當爲未嘗懦懦有如此曰英與同縣
王敏友善敏極狷潔衆共呼之曰王廉士惟曰英餽粟
遺布敏無所違却人或效曰英之爲輒復不見納曰英
生平亶然諾與人交有始終卒年五十有一乾隆辛巳
以第三子學閔官檢討 覃恩勅贈如其官階
胡佋字介峰汾陽縣諸生遠近咸呼爲胡孝子父宗堯
官馬邑縣教諭憂歸旣而病累年佋侍養盡孝道鄉人
咸爲之感動故以孝子之名歸焉佋聞愈益自責父歿
後適 朝廷有保舉例知其行者欲起之佋以母老辭

卒不就

任錫嘏石樓縣諸生事母孝母癱病十餘年侍養不離側乾隆元年學使聞而表之

冀晏平遥縣人性孝誠祖母癱病卧不能動移者踰三年晏晝夜侍養飲食必親進生母侯氏得蠱證醫家言蠱之屬名血蠱者以口吸去膿血得愈晏即親吸之而母病果除縣中以孝行聞者鄧良輔鄧石長郭文煥王憲章趙榮秀郝振都喬壯觀龔頂壁冀州壚喬法舜皆能誠篤不失子職

段珂字佩斯汾陽人乾隆己未進士知浦城縣值歲饑

力請得賑恤又多方爲全活饑民計民賴以生尋丁母憂歸泣送者不絶於途

李錫嘏字如九臨縣人乾隆乙丑進士歷知陽武杞二縣始至陽武值水災親視民間疾苦請帑給賑其年冬復捐俸及勸富民輸粟煮賑民賴以不至失所杞歲饑錫嘏盡心安集奉文賑恤亦如陽武以堪勝知府保舉尋權知衛輝旣而同知開封督漕卒於途夾其居官勤民事多惠政杞人立生祠於西郊外

何其慧永寧州拔貢生性孝友事母曲盡子道以朝考第一知鹽山縣

王玉書永寧州人有孝行乾隆十五年父病醫藥不效將危玉書請於父問思食何物父曰惟思桑木耳正值隆冬此物萬無生理玉書泣禱於神臥桑樹下竟寐久之及覺仰見樹則木耳新生色甚鮮取以進父病頓愈鄉人奇其事知州李廷樾聞之額表其門曰孝續臨沂

張廷藩介休縣人有孝行居喪廬墓三年後官朔平府訓導乾隆二十三年以孝子　旌祀鄉賢而右玉縣訓導郭恒銚生員石汝瑋田馨美生員梁治弓斯張孟培烈董居中生員張國璞皆以孝行稱監生宋如隱齊東縣知縣梁洲定州同知張正任亦以廬墓稱孝

張呈繡介休縣監生七歲失父事母孝母嘗病思乳泉泉在山險中往汲遇虎虎逈視之徐去人以爲孝誠所感及母喪廬墓三年乾隆三十四年知縣王謀文爲請旌

汾州府志卷之十七

義行

賈淑字子厚林宗鄉人也世有冠冕淑爲舅宋瑗報讐於縣中爲吏所捕繫獄當死林宗與語淑懇惻流涕林宗詣縣令應操陳其報怨蹈義之士被赦縣不宥之郡上言乃得原林宗遭母憂淑來脩弔既而鉅鹿孫威直亦至威直以林宗賢而受惡人弔心怪之不進而去林宗追而謝之曰賈子厚誠凶德然洗心向善仲尼不逆互鄉故吾許其進也淑聞之改過自厲終成善士鄉里有憂患者輒傾身營救爲州閭所稱漢時

李洵仁汾州平遥人金新泰令皇統間元兵陷平遥時援兵五千編戶數百胥被殺骸骨暴野洵仁以宦遊得免及歸與平遥令梁琮募人拾遺骸萬餘於城西北爲巨塚葬之

韓子忠石樓人性孝友其弟名子同嘗以罪當棄市子忠以其子幼往代之死主帥察知其情嘉之遂免子同罪禮送子忠還以上元

董謙介休縣人洪武中官醫學訓科好義有勇略時縣境山水數發謙督夫築隄蠲金錢勞之浹旬而成永樂八年值寇盜肆掠謙率四子瑛脩泰冲及鄉之勇力者

三百人徑擣其巢賊驚潰復乘夜奄至謙橫刀搏戰至
旦僨左右翼之時以二十人殺賊甚衆賊遂遠竄不敢
窺介休
曹祿汾陽縣人篤於孝凡修橋築堰鑿井務爲義行祈
父年壽萬歷中餓莩遍野買地九畮以爲義塚
劉得仁汾陽縣人歲旱願爲衆祈命禱雨遂自焚死大
雨隨注州司馬葬之舊有碑題云義士劉得仁墓
嚴敏汾陽縣人性好施凡衣食棺木藥餌濟人終身不
倦而寧鄉縣高世科孝友端方里黨推重深於醫置藥
活人甚衆隆慶六年知縣呉三聘上其事奉詔給冠帶

張應堯字心聖介休縣歲貢生事祖父以孝聞兄弟七人同居立家規十六則復立同居另爨法祭祀婚嫁宴會餽遺及農工皆有度數家人千指咸謹肅人目爲義門

高城寧鄉縣人嘉靖六年輸地四十有四畮移建縣學知縣張軾以義民額表之

許汝元石樓縣人父歿逋負至數百金汝元曰逋不能償何以安亡靈於地下亦不能視諸弟饑寒無以自存乃更爲劵自任以父業盡分三弟後判寧州所得俸盡償前逋訓諸弟胥成立有司額其門曰孝友之門

晉賢石樓縣人六世同居孝友婣睦事聞詔旌之曰義門

鄧義字愫宜平遥縣人嘗三次助賑輸穀三千石詔旌之爲義官縣有神池泉水灌溉所資義開濬之又開渠以興水利子雲廣亦以輸賑旌義官

宋朝用介休縣人拾金五百訴於縣訪還嘗有客寄貨其家價踰千金流寇亂後踪跡無存訪知客僕盡以付之時人高其義而寧鄉縣王子深亦以拾還遺金稱義

温嶺董時習並介休縣人周貧好施以義稱嶺尤工寫竹嫺弓矢流寇圍城嶺發三彈三中賊遂解去

楊時芳石州人嘉靖二十年九月有邊警時芳輸粟五百石火藥千斤造虎尾炮五百自齎至州城中途遇寇刼去遂被殺知州王朗以其忠義死寇爲請得旌

王志可汾州人正統二年以納穀千石助賑旌爲義民

正統六年平遥縣李沖郭厚楊贇劉雄各輸賑二千石石州張雷魏廣各輸賑千石寧鄉縣王玘白海劉儀郭贇各輸賑五百石正德六年介休縣梁晟董澄各輸賑八百石萬歷十四年平遥縣雷應正輸賑千石而臨縣白惟能亦以饑歲輸賑千石汾陽縣張得滿賈彬張國樣皆遇饑輸粟稱義得例旌冠帶以上明

孟之俊介休縣廩生順治六年大兵討姜瓖餘黨軍於辛武堡前其弟誤放炮火攖罪至死時之俊感重病力疾起曰吾久爲棄人弟在猶可承業理家請身代之邀寬法薄笞舉歸飲食如舊病亦旋愈

董爾型介休縣人家素饒以捐修文廟順治十四年授訓導職子正紳亦準作恩貢正紳讀書務踐行著有性理集要等書遇歲饑則率先輸賑鄉人多德之康熙二十八年請祀入鄉賢

王元儒孝義縣人康熙三十六年饑元儒出穀三百石銀三百餘兩散給其村人五十九年六十年又大饑元

儒計村中有成丁一二人者給銀三兩買推挽車一具三四人者給銀六兩買推挽車二具每一車又給銀十二兩令往崞縣市米歸售所獲餘粟人自爲生老弱不能推挽計口給粟費千餘金而活人亦千計子定位能繼父風乾隆二十四年饑村人王奈以無食鬻妻既成待遣矣夫妻相視哭甚哀定位適見之如其所鬻銀數給還奈夫妻得保全後生有數子

呂謙字謹躬汾陽縣人好施樂排解有貧嫗張氏年六十無依周給衣食者二十年及歿買棺葬之里有貧欲鬻妻者謙聞之急饋以錢粟併勸其族人共資助得保

全生子成家有張習之者負債致忿爭債主不能平將構訟謙既代償而謂習之曰彼免爾債矣縻廝兒者貧家孤兒也遇諸路惻然哀之遂收養於家生平所爲類如此謙自少失父天性過人拜掃墓所輒伏哭不能起值明季寇亂負父遺像以出忽求不可得入賊營竟得之事母曲盡孝道母九十而歿謙已七十矣哀毀如孺子狀歠粥三年不以衰故禮稍減損卒年八十有三以子文櫻誥封奉政大夫

趙日昌字滋大汾陽縣人康熙乙卯舉人性儉好施與親族故舊待舉火者數十家庚子辛丑連歲饑日昌捐

銀三千助賑

宋乾汾陽縣諸生寄居孝義縣居鄉樂施與好爲人釋爭解紛與兄賢讓倡作本村堡墻費甚鉅村人賴之知縣閔衍爲之記其子孫入籍孝義

梁嶸字季宣介休縣人有昆陵蔣姓者以醫來介休與之善居數年病且死棺殮之籍遺金裝橐藏諸棺旣而其家無奔喪者護其喪跋涉三千餘里送還昆陵出所籍遺金歸其妻子昆陵人多嶸之義作詩歌美之而王國璽嘗於逆旅得遺金急追還之有平陽趙姓者寄銀曰兩其人客死家無知者數十年後攜至平陽訪還其

孫國璽客閩積數千金父母已歿諸叔父分居久皆貧乏國璽迎之同居共飲食鄉人稱其賢監生馬淑琰撫兄弟遺孤三世共爨監生常道通六世同居皆門庭謹肅可風永寧州崔子文以還遺金知州許炳元爲申請給八品頂帶旌之

張瑛字玉采汾陽縣人家素饒毎於歲杪出粟若平周鄉鄰之貧者以爲常康熙三十六年饑瑛既出財粟助賑而賑所不及者持田契求售踵接於門皆自貶損價值瑛第如其願售之價視平時蓋不及十之二於是得田且千畮明年大熟瑛徧榜各村曰願贖者聽帀旬盡

贖去人咸謂瑛長者其行事大致類此瑛所居曰西官村先是順治六年姜瓖之亂東官村趙姓者衆乘亂刼其家男婦俱被殺獨一稚子奔至瑛所瑛納之衆來索瑛曰是不可得必欲得者吾兩村且鬬視強弱及亂平瑛助趙氏稚子自諸官治罪者十餘人當盜賊之蠭起也瑛之村人將逃避賊瑛曰賊至未可知而先離散能保卽獲全乎孰若爲守計衆以村故無堡寨難之瑛曰堡寨誠不可猝爲環村而溝焉其可遂相率爲溝廣一丈有奇深倍於廣東西設弔橋各一瑛又以其家樓堡封貯村人財物其中既而賊大至踰溝村之人退入樓

瑛見一賊方據椅坐左右指麾急趣有力者舉石礮投擊中之身首俱碎立斃乃其渠魁也餘賊怒攻之急樓上瓦石亂下不得近乃取薪積於門欲火其樓宅舊有井僅供汲用至是泉忽大涌男婦遞傳水於樓以撲火賊計不得施又失其魁數日稍稍去瑛曰可以出而逐之矣相與持械出大呼擊鬬賊奔潰方是時瑛年纔十有九遠近村被賊殘破不一處而瑛之村獨完聚如平常人服其智勇瑛九十有一歲視聽不衰不脫齒行不杖一日無疾卒季子乃擢字簡臣亦以行義重於鄉不失父風

王家棟寧鄉縣人順治三年以縣境地荒丁殘重爲民累遂破產棄家往來呼籲實情得達豁免荒閑地糧四千五百一十七石有奇絕丁差銀二千三百三十四兩有奇衆義之勒石志其事

賀美章臨縣諸生孝友敦厚生平未見遽色疾言後學多宗仰之

馮芳猷字榮素汾陽縣人性孝友仁於族黨所居村堡牆即八門城故蹟也堡西門傾圮恐傷人捐貲修繕完好出見路有餓而死者詢之野人知爲無主之屍急買布及棺斂瘞表其狀貌衣色以待或來訪尋嘗積里中

人借劵踰千金盡焚之芳猷兄芳譽殁而無子時芳猷有一子際茂生二齡即以爲兄後際茂長中康熙丁酉武舉官湖廣永定衛守備

崔景輝臨縣歲貢生性孝友不事生產蓬蒿滿徑苔草盈堦教授生徒遠近學者宗之卒後門人撰德行碑表於路旁

王邦選字秀升汾陽人嘗設義學教其鄉之子弟貧不獲親師者乾隆己卯庚辰捐米麥八百五十石助賑太守嘉其好義額表之辭不居先是康熙中邦選尚少爲謀於鄉遂出己貲鑿渠引汾水文水資灌溉值暘歉而

一鄉獨以有秋邦選偉儀表篤於孝友自幼卽習治家事曰有子而父任其勞何貴有子雍正九年新設勇健營選壯士邦選爲當事所物色欲薦舉以父母老不忍離左右卒辭不赴次子恒兆壬申科武舉官直隸插箭嶺守備

梁椿孝義縣人幼失父事母奉養備至弟三人既長娶妻分祖所遺產各別居後椿勤於業更有增置復分以與三弟鄉里稱其友愛無異辭知縣閔衍額奬之

曹建經介休縣人濱沙河築隄堰數十村免於水患生員喬甲第亦捐銀修所居村水隄而守禦郭拔捐銀三

百兩修洪山村及源神廟大路
劉世昌介休縣人候選員外康熙四年兩次助賑輸粟
三千餘石銀二十餘兩所居堡遭水患出銀六百鑿渠
分其流俾水不爲害貢生周企儒康熙年間歲饑輸穀
七十石郭天立輸銀五百七十餘兩生員張文湛輸穀
百石銀二百兩貢生李之貞輸穀百石銀百兩温沖玉
輸銀二百兩曹國祥張恭讓各輸穀八十石承德郎喬
士多輸銀三百兩貢生董協徵康熙五十九年採買米
麥減價平糶仍以所糶銀五百兩散給得議敘教職遇
用雍正十一年監生范毓馪輸助賑銀二千兩監生温

馥以本村戸長多累置義田數十畝以爲應充者工食乾隆二十四年輸助賑銀四百兩韓維翰亦捐銀五十兩生息給本村戸長李正明以坊地低陷一雨即成巨浸捐貲買地五畝鑿爲深池以貯水乾隆二十四年輸助賑銀百兩田玉侯捐地開渠以利一村乾隆二十四年輸賑米百餘石指揮使郭鎮璋乾隆十三年輸餉銀八千兩議叙二十四年與從弟鎮琳鎮璜共輸銀四千兩米六百石李寶乾輸銀八百兩劉昌基輸銀七百兩府通判喬淩霄輸銀三百兩貢生張崇楫輸銀百六十兩其餘捐賑有差而薛有煥於二十四年輸銀幷所募

共二千六百餘兩

程恂字實菴平遥縣人康熙五十九年乾隆十四年出

粟賑饑平時皆多所施濟

李日耀汾陽縣人願以千金修堡事未行因歲饑遂以

散賙村人其子忠森孝森節森復以二千六百卒修堡

成父志康熙六十年捐賑六百兩左都御史朱軾題請

給額優奬又郎中田周捐賑六千兩肇慶府知府韓譔

捐賑六百兩候選知縣卞懷仁家共捐三千兩其餘捐

賑有差

范三拔介休縣人康熙六十年捐賑五千兩又助修文

廟生平多義行祀鄉賢子毓韻以雍正四年西征任轉運功叙太僕卿服用二品先是康熙三十九年官辦銅鉛共事凡六人有王某者虧帑八十三萬既死毓韻謂四人者曰諸君與王某日事奢靡今所虧帑金獨委之重負死友何益惟我問而已乃按期如額爲賠補子清洪乾隆戊午舉人歷官至浙江寧紹台道清注丙辰副貢内閣中書戸部廣東司郎中以督運金川助餉銀二十萬加太僕寺少卿清澳亦戊午舉人清沂戊辰進士翰林院編修毓韻弟毓譚因兄辦銅運餉兩事慫慂招之入都俾運察漢叟兒米萬石歷驚沙積雪之地無悮

軍需節省帑銀八十萬兩叙功授布政司叅政及銓期
父病急歸侍湯藥父歿哀毀致疾卒毓琦康熙丁酉武
舉歷仕至河北廣東正定各鎮總兵官都督簽事在河
北時出己貲買馬千餘匹發營補額
梁開國孝義縣諸生康熙六十年饑其村舊有數十人
推挽車爲業者開國各給銀若干令赴代州市米于是
無車者亦假車告助開國槩給之家人以病牛取價開
國知之急持銀贖還
田丕黼孝義縣人康熙六十年饑村人待以舉火者數
百家知縣張瑋爲給旌獎子繼學貢生行善益力首捐

義倉創立禁約鄉人遵之數十年無賭博爲非者族人以病將鬻妻繼學聞之贍其日用不使分離嘗買僕一日知其爲人獨子急焚券促令速還縣西接寧鄉山徑崎嶇繼學捐金鑿高墊下十數里成坦途寧鄉士民立石紀之乾隆二十三年後連經荒歉丕灝之孫裕檽裕穀裕賦設法賑濟計口授食歷三載村人不覺爲歉歲

劉洪澤介休縣人貟外職銜康熙六十一年西醜未靖輸米三百三十三石運赴軍營助餉議敘郎用聞父病急歸則父已歿遂終身事母不復仕鄉人有鬻妻者聞之即代償其值令得完聚雍正十三年饑輸銀五百兩

助賑乾隆十年李文輝輸銀四千兩軍功議叙乾隆十三年州同知劉洪教助餉銀四千兩州同知賓穆助餉銀千兩縣丞高擢助餉銀三千兩生員宋懷棠助餉銀千兩恩貢生羅贊助餉銀千兩監生劉洪莊助餉銀萬五千兩指揮使郭鎮璋助餉銀八千兩武進士張新正助餉銀二千兩千總職銜張玉政助餉銀三千兩楊茂星助餉銀千兩三十一年張玉政又以修城輸銀千兩張大鈞以修城輸銀七百兩各議叙有差

董協寧介休縣人值歲饑捐米百五十石以給餓者縣苦鹽商坐販之弊爲陳於知縣蕭蕙華商辦引民咸賴

之

龐完貞寧鄉縣人性孝友爲里黨推重有失行者輒曰愧完貞知之也視力所能周恤孤弱賴以成婚娶者四十餘家而蘇霧及弟成皆以好施爲鄉人所稱道

馬生彪孝義縣人克敦友愛先時兄弟四人分祖產生彪擇其薄者父後又生一子生彪以已產分給幼弟其子馬奇功亦能讓財

李煥字其章汾陽縣人捐職州同知寄居孝義縣性慷慨見人困厄汲汲如已事尤篤兄弟厚鄉鄰雍正十二年兄燧貿易河南誤被獄牽連罪應遠戍煥聞倉皇變

已產赴京得贖兄罪及歸兄有四男一女無產業煥爲之撫養嫁娶煥有一子纔數歲置家塾延師訓課親友子姪之來學者煥悉爲具束修並給塾中子弟一切膏火之費於城西置義塚地六畮常蓄棺具布匹有不能葬給棺一具布一匹歷任府縣皆有旌奬又循例舉報孝廉子天賜孝義縣籍監生循父所行不衰

康王召臨縣人因中戸凋瘵出私積六十餘金買水田十畮永爲戸徭公費雖一節好義亦屬可録

王希旦孝義縣諸生孝友好施與鄉里多德之

梁堪孝義縣諸生行素廉潔一日於路見遺金拾而急

訪還其人雍正七年事聞詔賜貢生加訓導職銜旌之

李亨翠平遥縣監生好施與於里中設義學鄰近寡婦雷氏貧老無依月給之粟至歿棺斂之王某妻產一女而妻死欲棄其女亨翠聞僱乳母養之長有高某者欠亨翠租穀四十餘石及白金三十欲賣女爲人妾以償亨翠知其事取劵與之女得不賣子天林歲施藥濟人而縣中安拱極閻治亦以有義行稱

張世淳孝義縣人家貧少失父母自力成家性樸厚於從父昆弟諸子推所有分給俾一無失所生平然諾不苟爲鄉里推服

張國珍字朝修介休縣人性孝友歲饑出粟賑濟者數次嘗爲輸錢糧積逋所居村修堡墻西面百餘丈所論著有易書評解四柏齋文集以歲貢官太原府訓導卒於官

王敏字慧庵汾陽縣武生也廉潔自持值歲饑斷餐二日得一飯弟手白金至曰少易粟敏正色語弟奈何干人敗家風令持去嘗有督理事司出入事竣衆指餘金曰準材計費不宜餘殆君之物雜入其內耳敏曰諸君謂我貧意以餘金畀我公事不可實私橐友以其困欲有贈袖白金至坐語竟日而返難出諸袖中也遠近咸

呼王廉士然敏生平勇於爲人性戇直衆以公事宜謁有司二日不得達敏至徑入陳衆方疑畏而敏辭氣慨然有司無以屈之卒如其請同學李某負屈繫獄敏與衆進於庭爲辯理罄囊恤其囹圄中事白乃已一友人觸官長在縲絏親戚畏避而敏往來省視官長訪知其名不加怒也敏老而無子一婢自幼畜之長有姿容或勸納以爲妾敏曰吾貧困何又重累少年壽有不惜三百金來購此婢者或以勸答曰貧吾分也恥因婢取財況不得其所彼之生死事大吾雖終窮弗忍爲於是即爲擇配嫁之前時敏嘗徒步赴省試旅舍中遇一稚子

察知爲被誘者走百里送歸其家則寡婦撫此兒忽失之正遑急不欲生望見兒母子如獲更生願酬謝敏曰吾憐稚子無依耳何謝爲遂行敏狷潔多近義是以人嘖嘖喜稱道年七十有一卒送葬者塞於途

任元直汾陽縣人有孝行與人交篤於友誼一友死周恤其妻終身一友無子出貲財爲買妾舅氏殁孤幼元直經紀其家數十年舅氏本富族也而元直持介行尤嚴令出入楚楚其居鄉剛正不阿又內行修鄉人咸敬之

梁治國孝義縣諸生性樸誠好施與每歲十有一月輒

出粟以濟其鄰里親友困乏必賙而自奉極儉約同居
四世無嘖言

蔡廣生字大敦汾陽人雍正中歲貢忻州訓導性質樸
不事修飾言行無所苟居家以孝友爲先鄉里宗之知
府劉登庸立旌善牌書其事及爲司訓教育有方士林
稱美

呂經字正五丁卯舉人汾陽人秉性剛直嚴毅不苟生
客稍失禮輒棄去家貧無以自給親友貽以粟却不受
其介如此設仰高社會文門下皆一時名士文章爾雅
至今傳其師法

姜之櫄字廷礎貢生汾陽人自幼敏達因奉寡母遂絶意功名弟之棟早夭撫遺孤如己子教之成立處鄉曲有疑難事一言立決無不允服

孔玫字晉璠汾陽人少英敏積學力行雍正癸卯領鄉薦以裁成後進爲己任經其指授循循有法度里人高其行誼近遠稱曰晉璠先生壽八十三

呂文櫆字象樞汾陽人貢生言信行果不事虛華居父喪哀毁骨立性好施予親黨貧乏者多蒙其惠壬午歲北城圮倡捐銀八百兩由是邑紳公捐以備甃石之用功不日告竣年七十餘舉元孫五世同堂人以爲厚德

之報云

劉晉字麗明汾陽人廩貢閉戸讀書尤嗜春秋聚徒講學五十餘年壽九十三歲後失明講春秋者猶日至其門士林宗之

梁祖葢平遥人貢生事母孝母病癱晝夜不離側久而弗替村被水出積粟二百石全活多人鄉里頌其德

辛應甲永寧州人雍正十三年官永明桃川市廵檢所分轄猺民四曰古調曰勾藍曰清溪曰扶靈其俗無禮法悍戾蠢愚應甲至每猺爲之各延一師詩書之教始通稍稍補博士弟子於是咸欣然向教及應甲卒於官

爲民德而神之立祠歲祀焉應甲性孝友父母早歿撫愛諸幼弟見稱里黨雖貧竭已貲急人之急有不能棺殮者其子哭於道亟歸覘無所有謀諸婦出粧奩以與之官廵檢時始僦民居詢官署遺址則明季燬於兵且百年矣累俸餘卒成廨舍知縣徐念祖有記

郭建瑄字廷獻汾陽縣人弟建琦字希珍皆循循持禮法以孝友稱父有疾卧牀第者三年兄弟躬侍不離側俗尚浮屠治喪以作佛事爲孝瑄兄弟惟一衷於禮鄉人往往化之母病目雖投藥腫痛不少減而瑄於前外出琦憂禱宿壇次夢有告者曰舌舐可愈如是而目果

愈時瑄亦以夢治裝歸計其夕即弟夢告者之夕也瑄念府城考院自前明以來久不修且制未閎廓學使按臨諸生若童子露立階下風雨之辰尤草草士無威儀濕漏或不能置筆硯其間遂以乾隆七年請於官願一家獨任其費遂大新之八年設社倉又輸穀千二百石十三年金川蠢動縣之薦紳家有助餉議瑄琦則輸銀萬兩瑄以原職銜議敘郎用知州琦得光祿寺署正而趙悳助餉銀萬兩卞懷鐸助餉銀六千兩趙俍郭繼儀助餉銀各五千兩賈鏡助餉銀四千兩張所抱助餉銀三千五百兩卞懷繡卞懷錦姜模姜栢王愷田高助餉

銀各三千兩趙愿趙憙助餉銀各二千二百五十兩惠大成助餉銀二千兩張書蒲助餉銀千二百五十兩張書堂趙應趙懋趙恩趙維治李瑋助餉銀各千兩張書思張書楠助餉銀各五百兩二十四年郭建琦輸賑米六十石銀六百兩張所抱輸賑米六十石銀二百兩賈誠輸賑米四十石銀四百兩王愷輸賑米七十石賈生瑶輸賑米五十石郭繼偉繼仲繼佺共輸賑米六十石銀二百兩李惠劉宗邦侯恭各輸賑米三十石夏璋張書紳馮駟各輸賑米二十石賈應輸賑米十二石王琯李敬李發智各輸賑米十石三十年以修城卞懷明卞

爾垣李開江各輸銀千兩呂審燾輸銀八百兩郭繼傳輸銀六百兩張素莊張素藩董志舒夏璋各輸銀五百兩趙嘉泰武汝翼郭繼僊張忱宋廣亨各輸銀四百兩賈白玉郭鑛張錫鑾張錫綸趙維淮馬周望張鵬飛各輸銀三百兩張企仲輸銀二百五十兩侯柯張萬遷任元第蔚凌雲各輸銀二百兩張廷模宋永華李尚文各輸銀百五十兩王承佑張書思田之芬封藩張瑗各輸銀百兩

郭大璣字肯堂平遥縣諸生自其祖以來孝友姻睦治家有法同居六世五十餘人無不謹守家風者學使聞

之善頷奬其門子與讓字履賓乾隆甲戌進士知安平縣有循聲以父憂歸卒於家

任灝永寧州人行高而至率易知州謝汝霖聞其賢願一見不可得精究於醫察脈以知死生如神投劑多異尋常皆有奇效或饋之金却不受也富貴人欲求其診治不能致必因於貧士輾轉以達鄉人多道其高節

薛五緎字子素臨縣諸生也少爲武生課業於汾陽隔牆聞有人問先生佳否應者曰武生耳即辭去棄而就文及省試見鄉闈搜檢者曰人不自知恥致防如賊待如句吾羞入矣竟絕意仕進其狷如此既而讀書一士

穴中三十年尤好易殁發其篋多宋儒書
孟養正字聖功介休縣人課里中童子先與講明朱子
小學之書令方容矩步鄉至以古人嘲之從其學者日
爲學盤以故皆散去貧不能自存販書行鬻非聖賢及
先儒之書不鬻愈益困舍而業醫人服其待人必以忠
實也於是術頗售養正好宋儒書分别流派孰純孰駁
言之頗有據依然拙滞不善屬文其爲人剖明正學俗
學之辨有感動於言下者究莫之能從養正生平狷而
慕學亦鄉之善士
郭意誠字太箴汾陽縣人少以學守自勵乾隆庚午舉

於鄉遇孟養正聞其語悅之盡棄所學從事小學之書雖盛暑必衣冠終日鄉至呼爲郭聖人方被薦後不謁主考暨房考官曰拜爵公朝謝恩私室當自出門一步謹之會挑選唱履歷衆皆跪意誠獨長揖或議其立異曰未受爵不拜非敢立異其行事彷彿養正雖處內室必自飭家人咸憚其嚴連丁父母憂一秉喪禮行之所著書有齊民日用録大意爲村學小子設而委曲譬喻導以入學爲人之道年五十卒

程學孔字紹洙汾陽人戊辰進士性至孝績學能文於盛暑衣冠危坐扃戶讀書弗輟也父商於蘇年餘無音

耗一夕夢父病及寤涕泣不勝因趣裝往省父果病竭力醫治又禱於神祈以身代卒不起扶柩歸以哀毀成疾卒於道

魏國正字衡如號書巢汾陽人少穎悟過目成誦性孝友冲齡失怙依寡母以居先意承志事事得其歡心奉胞兄卿若嚴師每出入禀而後行弱冠補弟子員文章博雅名重士林二十歲領鄉薦主司擊節賞歎以呈薦稍後列第五三十捷南宮下關讀書惟吟咏自娛神似玉溪生會徵詔至以瘵卒里人惜之所著有書巢遺集行世

王彥孔永寧州歲貢生銓陽高縣訓導有學行其居鄉也州有離石水山水暴漲田稼被衝在在受水之害而鮮獲其利惟穆村南山鑿石岸不患衝激水利可興彥孔度地勢濬其渠引水灌田八百餘畮村人爲建祠勒石志之

宋璨宋琅平遥縣人兄弟友愛好施與乾隆三十二年汾水暴漲漂沒廬舍璨琅多作木筏急令人拯救至其家得出於溺者數百人男女各置一所分給養之待水患平乃散還知縣德貴額奬之

曹曰英字彥傑太平村人曾祖朝仕有隱德明季嘗遇

異人授以術可致富終不一試或請以千金購其方歎曰若用吾術何止千金哉吾惟不義之故不試亦不欲以告人也臨終謂其子曰吾得異人術非不知可利子孫然遺之以利何如遺之以正乎曰英未冠而孤力學爲邑諸生有聲庠序事母孝與妻王左右奉養無間言母有中表姊妹嫠老無依曰英迎於家養之終其身居鄉里務爲退讓好施與有負之者亦未嘗與校一日其子與鄰人詬曰英聞即挾之曰此吾鄰里即汝諸父行孺子敢無禮耶親詣鄰人謝失教不問其曲直也邑有孝子王惠庵者貧不受人一錢獨與曰英善歲時餽之

則愛曰此彥傑所貽非盜泉也雍正中郡人苦鹽商之
橫曰英倡士民言於當事請均鹽稅於糧而逐商事得
行至今便之卒年五十有一以子學閔貴　贈儒林郎
翰林院檢討

汾州府志卷之十八

科目上

唐中宗時進士宋務光西河人歷官右臺御史

會昌六年丙寅進士薛能汾州人忠武節度使

宋開寶八年乙亥進士王嗣宗汾州人狀元樞密副使檢校太尉

開寶中進士王同節汾州人寶鼎令

太平興國三年戊寅進士趙昌言孝義人參知政事工部尚書

咸平二年己亥進士侯延之平遥人裔孫

天聖五年丁卯進士文彥博介休人歷官至太師封潞國公

進士失科年者李渭西河人鄜延路兵馬鈐轄四方館使趙元明孝義人辛

有孚孝義人　辛有鄰孝義人　郝戩定胡人太子中允

金大定中進士吳希尹石州人陝西東路轉運使

進士失科年者劉寵臨水人　張國紀臨水人　吉狀元臨水人失名墓在吉家莊　劉汝霖臨水人　劉汝爲臨水人　呼延履祥臨水人　吳承石州人　馬天來介休人國史編修官　吳希愈石州人　吳章石州人翰林學士

舉人失科年者呼延搆臨水人

元大德丙午舉人吉時介休人

進士失科年者張益汾州人狀元國子監司業　張大猷汾州人儒學提舉　梁舉雲平遙人上都路州判官　梁時中平遙人信州路總管府治中　梁越平遙人　梁日新平遙人工部侍郎　裴述之平遙人　李致堯平遙人　李晉平遙人　李邦

用介休人　畢異介休人　任安仁孝義人　李從雅孝義人　任允哲孝義

人　辛學孝義人　劉章孝義人　韓艮臨州人　鄭允中石樓人吏部尚書　溫

德榮石樓人昭文館大學士　褚不華石樓人泰定初榜眼淮東肅政廉訪副使　李天瑞

石樓人汾州知州　張德聚石樓人中都興和路治中　郭浩石州人朝請大夫　潘賜仁

石州人狀元知方州　劉汝舟石州人

舉人失科年者　封英孝義人　王元鼎孝義人

明洪武三年庚戌舉人　王敬先孝義人

二十年丁卯舉人　宋殷汾州人萊蕪教諭　任㒀介休人　劉鑰孝義人監

察御史　鄭昭石樓人魯府長史　馮士麃寧鄉人刑部主事

二十三年庚午舉人　朱琥孝義人

二十九年丙子舉人張偰平遙人左春坊司直郎 曹友道孝義人胙城訓導

三十年丁丑進士任皞介休人戶部主事

洪武中舉人傅遇孝義人延安府推官 傅讓孝義人廣平府通判 傅惟肖孝義人彰德府教授

建文元年己卯舉人劉英孝義人

四年壬午舉人曹興介休人

永樂元年癸未舉人姚敏汾州人隆平訓導 唐威孝義人富平教諭 李翰石州人給事中

三年乙酉舉人閻鳳平遙人河南布政使 楊維平遙人鄭州知州 霍莘孝義

人白璧臨縣人太僕寺丞　劉光石樓人教諭

四年丙戌進士霍華孝義人監察御史

六年戊子舉人任誠汾州人景州訓導　孫幹汾州人　劉漢孝義人刑部主事

九年辛卯進士曹興介休人行人

辛卯舉人樊甯汾州人登州府通判　梁浩平遥人平涼主簿　郭濟介休人　董安仁臨縣人　張斌石州人玉田知縣　王貞石州人靈壽知縣

十二年甲午舉人陳鉞平遥人　侯翀平遥人陝西巡按　范榮介休人興國知縣　喬鑑介休人　程鵬孝義人　杜彬石州人神木知縣

十五年丁酉舉人馬俊汾州人　白賁平遥人陝西參議　劉博平遥人會

寧教諭　武永介休人盧龍教諭　郭鼎介休人　趙敬孝義人太僕寺丞　靳忠孝義

人都察院照磨　曹恭臨縣人　順天中式趙逵孝義人

十八年庚子舉人楊暉介休人安平知縣　張顯石州人教授　薛琮石州

人教授　史宏達寧鄉人　張性寧鄉人

二十一年癸卯舉人張羽平遙人郃陽知縣　陶選介休人寧縣知縣　李

節孝義人　杜幹臨縣人　張廉石樓人教諭　權衡寧鄉人

宣德元年丙午舉人張靖孝義人　張彧臨縣人

四年己酉舉人韓文昌孝義人鄠縣教諭　靳理汾州人臨洮府通判　王誠

寧鄉人

十年乙卯舉人柳榮汾州人陝西參議　王潤介休人威縣知縣　王矩石樓

人王臣石州人彰德府教授

正統元年丙辰進士王矩石樓人辰州知府

三年戊午舉人孫撝石州人彰德府教授楊昇寧鄉人遼東都司教授

景泰元年庚午舉人田宏汾州人中部教諭任義平遥人肇縣知縣武琦介休人肅府審理楊森介休人合肥知縣崔讓石州人右僉都御史安章石州人平利知縣于坦石州人韓賜石州人新安知縣

四年癸酉舉人劉澄汾州人登州府推官霍貴孝義人薛禄臨縣人延安府同知閻讓石州人

五年甲戌進士于坦石州人巡撫

七年丙子舉人鄭德石樓人任邱知縣高岱石州人觀城知縣鄭德石州

人龐輔寧鄉人階州知州

天順元年丁丑進士霍貫孝義人太僕寺少卿

三年己卯舉人董齡汾州人　王麒汾州人太平知縣　李頡平遥人兗州府同知　陳輝平遥人吉府伴讀　薛箴石樓人國子監博士　鄭鐸石樓人新城知縣　李聰石州人澄城知縣

六年壬午舉人劉翊介休人武功知縣　閻廷臣孝義人蘭陽知縣　高鋐石州人開封府通判　康文石州人　王崇石州人

八年甲申進士董齡汾州人四川副使　閻讓石州人知府

成化元年乙酉舉人韓中和汾州人永城知縣　張鐸汾州人合水知縣　陳廉平遥人東光知縣　李頤平遥人溫州府同知　張綱介休人慶陽府通判　鈕紳介休

人車璽石州人

二年丙戌進士康文石州人御史

四年戊子舉人李秀汾州人樂安知縣溫廉介休人澂江知府文瑞介休人張文奎孝義人灃縣知縣溫章石州人徽州知州

七年辛卯舉人郭安介休人郭紹介休人靜海知縣周儀孝義人保寧教授車昺石州人淮安府通判安貞石州人光祿寺署丞

十年甲午舉人王倫汾州人順天府推官田耘汾州人洛陽知縣馬驥介休人寶坻知縣宋相介休人任恕孝義人鄢陵知縣孫章孝義人

十一年乙未進士文瑞介休人山東副使

十三年丁酉舉人吉善介休人林縣知縣張翼介休人杜檠臨縣人鎮

江府同知車梁石州人

十六年庚子舉人賈璇汾州人　李經汾州人　任艮才平遥人　溫

焞介休人郎縣知縣　辛文淵石州人

十七年辛丑進士車鑾石州人宣府巡撫

十九年癸卯舉人車相石州人　劉訊汾州人馬湖知府　冀玉平遥人濟

源知縣　高崇熙石州人　楊江寧鄉人中部知縣

二十年甲辰進士張翼介休人甘肅巡撫　車相石州人

二十二年丙午舉人閻泰平遥人朝邑知縣　任艮弼平遥人　郭用

介休人上蔡知縣　王憲介休人　燕慶介休人永寧知縣　閻佐介休人商南教諭　王

錫石州人洛州教諭　高暘石州人

二十三年丁未進士任良才平遥人高郵知州
宏治二年己酉舉人田籽汾州人長清知縣李潤平遥人巴縣知縣胡
雍臨縣人張禮石州人高崇省石州人閻文濟石州人
三年庚戌進士賈璇汾州人陝西參議李經汾州人胡雍臨縣人四川參
政車樑石州人知府高崇熙石州人四川巡撫
五年壬子舉人嚴泰汾州人石璜介休人萊州府通判薛濤石州人高郵知
州康濟石州人監察御史
六年癸丑進士任良弼平遥人通政使辛文淵石州人萊州知府
八年乙卯舉人賈珍汾州人清澗知縣梁濬石州人漳縣知縣
九年丙辰進士嚴泰汾州人登州知府張禮石州人博興知縣

十一年戊午舉人王儼介休人　劉仲和臨縣人鄭州知州

十四年辛酉舉人王用予汾州人兩淮鹽運司副使　劉顓平遥人

十七年甲子舉人賈繼之汾州人　趙承祖介休人正定府同知　辛柱石州人永平府同知

正德二年丁卯舉人劉尚忠汾州人平涼府通判　王大猷汾州人盧龍知縣　張鏈石州人

三年戊辰進士王言臨縣人山東副使　張鏈石州人開封知府

五年庚午舉人武海汾州人青州府通判　田時汾州人元氏知縣　武思仁臨縣人彰德府通判　車燦石州人工部郎中

六年辛未進士劉顓平遥人汝寧知府

八年癸酉舉人任大倫汾州人大城知縣董文魁汾州人武安知縣閻

尚志平遥人靜海知縣王卿臨縣人張珩石州人山東中式魏公濟

汾州人

九年甲戌進士賈繼之汾州人戸部郎中魏公濟汾州人山東費縣籍王

卿臨縣人浙江參政

十一年丙子舉人賈鼎汾州人高金石州人張欽石州人南陽府推官

十四年己卯舉人李嶽鍾汾州人穆陳緒臨縣人洛川知縣孫轔

石州人永平府通判李秉彝石州人馮華石州人鄆城知縣張鈞石州人

十六年辛巳進士李嶽鍾汾州人戸部主事劉黼平遥人夔州知州張

珩石州人兵部侍郎

嘉靖元年壬午舉人王儒汾州人任道充孝義人張湘石州人

二年癸未進士李秉彝石州人盩縣知縣

四年乙酉舉人田適汾州人會寧知縣張九叙石州人任廷貴石州人

胡汝輔石州人副使邢永良石州人趙州知州

五年丙戌進士高金石州人副使張湘石州人光祿寺卿張九叙石州人苑馬寺卿

七年戊子舉人常祐汾州人王儼汾州人平凉知府孫哲石州人白价石州人太僕寺丞孫軿石州人安化知縣

八年己丑進士任廷貴石州人崑山知縣

十年辛卯舉人孔天胤汾州人王文翰汾州人趙天祿汾州人

何體乾汾州人浮陽知縣　李天錫汾州人乾州知州　雷潔平遙人延長知縣　張晃孝義人　張洙石州人唐山知縣　楊時中石州人泰安知州

十一年壬辰進士孔天胤汾州人榜眼河南布政使　張晃孝義人霸州兵備副使　尹耕孝義人蔚州衛籍河間知府　孫哲石州人南陽知府

十三年甲午舉人王緯汾州人德州知州　劉尚義汾州人　宋廷璠汾州人真定府通判　顧君恩汾州人肇昌府通判　李瀚汾州人揚州府同知　張玭石州人　安熙石州人河南都司斷事　辛烜然石州人　趙國相石州人同州知州　史勉寧鄉人

十四年乙未進士王儒汾州人陝西僉事　劉尚義汾州人河南副使　任道充孝義人刑科給事中　張玭石州人戶部侍郎

十六年丁酉舉人晏公朝汾州人　孔天民汾州人東明知縣　霍冀孝義人　張艾孝義人德平知縣　武鎮華石州人知州

十七年戊戌進士辛烜然石州人萊州知府

十九年庚子舉人賈敦汾州人郿縣知縣　陳嘉謨汾州人　雷凌霄汾州人延安府同知　劉尚禮汾州人成縣知縣　張芹孝義人　趙訥孝義人　郭有爲臨縣人滁州知州　張德化石州人　張徵石州人扶風知縣　喬應光石州人

二十二年癸卯舉人郭錫汾州人開封府同知　楊蕚汾州人無極知縣　徐之屛汾州人洛川知縣　張心汾州人　趙鳳梧汾州人兩當知縣　鞏思勉平遥人　梁明翰孝義人

二十三年甲辰進士趙世祿汾州人山東參議　霍冀孝義人兵部尚書

二十五年丙午舉人王緝 汾州人 馮叔奇 汾州人平涼府通判 田大壯 汾州人棗強知縣 賈公儼 介休人鎮安知縣 賀遇春 石州人濟南府同知 楊柱 石州人 陳謨 寧鄉人戶部郎中

二十六年丁未進士梁明翰 孝義人四川按察使 張芹 孝義人延安知府

二十八年己酉舉人張朝進 汾州人 郝元傑 汾州人 武道修 介休人 蔚元康 孝義人 馬潹 孝義人蔚州衛籍館陶知縣 梁天叙 石州人清河知縣 薛東海 石州人 張栿 石州人 張津 石州人 劉有誠 寧鄉人 龐賢 寧鄉人

二十九年庚戌進士王文翰 汾州人陝西參議

三十一年壬子舉人任元 汾州人曹縣知縣 曹科 寧鄉人 王友賢

寧鄉人張蘊道寧鄉人

三十二年癸丑進士喬應光石州人四川提學道曹科寧鄉人順天府尹

三十四年乙卯舉人牛宗顔汾州人開封府通判薛鳴鳳介休人張文孝義人羅山知縣王瑋石州人日照知縣張河石州人平西知縣崔柄石州人寧海知州賀時雨寧鄉人

三十五年丙辰進士劉有誠寧鄉人山東參政

三十七年戊午舉人李希松介休人邵陽知縣霍封孝義人胡橞石州人苑馬寺卿李洙寧鄉人杜珩寧鄉人

三十八年己未進士王緝汾州人南京戶部右侍郎趙訥孝義人保寧知府

張蘊道寧鄉人工部屯田司郎中王友賢寧鄉人戶部尚書

四十年辛酉舉人賈明遠汾州人西安府同知　趙起元汾州人　馬廷驛孝義人鄠縣知縣　陳復彝寧鄉人東川府通判

四十一年壬戌進士蔚元康孝義人寶慶知府　薛東海石州人滑縣知縣

四十三年甲子舉人張更化汾州人　郭中孝義人常州府同知　白希珩寧鄉人

四十四年乙丑進士張更化汾州人太僕寺卿

隆慶元年丁卯舉人任國正汾州人寧津知縣　董莅介休人慶陽府推官

武奮孝介休人鞏昌府通判　張偉孝義人鞏昌府同知　高崧寧鄉人真定府通判　高巖寧鄉人　高廪寧鄉人三水知縣

二年戊辰進士白希珩寧鄉人南京戶部郎中

四年庚午舉人李迪吉汾州人漳縣知縣　程綬孝義人湯陰知縣

萬歷元年癸酉舉人順天中式馮時泰汾州人　郭文燦介休人登州府同知

四年丙子舉人張問官孝義人海豐知縣

五年丁丑進士李洙寧鄉人雲南副使

七年己卯舉人王近臣汾州人懷慶府通判

八年庚辰進士馮時泰汾州人山東參議

十年壬午舉人王政孝義人　陳王道寧鄉人真定府同知　王編寧鄉

順天中式陰起陽寧鄉人

十一年癸未進士王政孝義人刑部主事

十三年乙酉舉人溫知新平遥人南鄭知縣文應聘介休人城固知縣

崔惇典永寧州人

十四年丙戌進士高巖寧鄉人商邱知縣

十六年戊子舉人燕汝靖介休人長蘆鹽運司同知李如寶石樓人慶陽府同知

十九年辛卯舉人張世蘭汾州人劉敬容汾州人郭衛衆介休人劉日強寧鄉人衛輝府通判高守謙寧鄉人平凉府同知

二十年壬辰進士王編寧鄉人山東參政

二十二年甲午舉人張惟學汾州人雷鳴宏平遥人王永壽

寧鄉人

二十三年乙未進士張惟學汾陽人安邱知縣

二十五年丁酉舉人矯九高汾陽人　魏艮心汾陽人知縣　梁潢平遥人臨縣知縣　王縉寧鄉人

二十八年庚子舉人郭王化介休人衛輝府同知　董承業介休人　馬斯作孝義人　趙天賜孝義人　霍沁孝義人

三十一年癸卯舉人趙守宷孝義人解元　范道行平遥人澠池知縣　雷嘉祥平遥人　喬承詔介休人　趙守安孝義人

三十二年甲辰進士矯九高汾陽人東昌知府　任讓孝義人直隸籍　王縉寧鄉人翰林院檢討

三十四年丙午舉人梁殿邦平遥人　郭權永寧州人華亭知縣　賀來獻寧鄉人

三十七年己酉舉人王佐汾陽人　梁忻介休人　閻嗣科介休人　史左孝義人渭南知縣　劉棟寧鄉人

三十八年庚戌進士喬承詔介休人太僕寺少卿

四十年壬子舉人王文清永寧州人

四十一年癸丑進士董承業介休人太常寺少卿　馬斯作孝義人諸城知縣

四十三年乙卯舉人王裕心孝義人　高三重永寧州人

四十六年戊午舉人張第元汾陽人　韓周倩汾陽人　張元輔

孝義人　文運亨孝義人　王四維永寧州人衛輝府同知　李士俊寧鄉人

四十七年己未進士王文清永寧州人遵化巡撫　王永壽寧鄉人國子監博士

天啟元年辛酉舉人胡遇春汾陽人　朱之俊汾陽人　朱慎鍙汾陽人　董直愚介休人　王守履寧鄉人　劉三聘寧鄉人涿州知州

二年壬戌進士朱之俊汾陽人國子監司業國朝翰林秘書院侍讀　張第元汾陽人太常寺少卿　朱慎鍙汾陽人禮部主事　王裕心孝義人西安巡撫　王守履寧鄉人湖北監察御史

四年甲子舉人靳光先汾陽人　劉昇祚汾陽人　呂開科汾陽人新野知縣　張煊介休人　武斗星介休人　梁才俠介休人　馬初登介休人

五年乙丑進士靳光先汾陽人禮部郎中　董直愚介休人吏部文選司員外

七年丁卯舉人李開先汾陽人　王登選汾陽人知縣　張懋爵汾陽人　郭永泰介休人　梁才傑介休人　董貺璽介休人鄒平知縣　梁州棟介休人　田芳孝義人　宋聚奎孝義人山陽知縣

崇正元年戊辰進士胡遇春汾陽人戶部主事　閻嗣科介休人江西道御史　張煊介休人掌河南道御史　郭永泰介休人戶部主事　高三重永寧州人行人

三年庚午舉人劉三元平遥人寧遠道　趙禓臨縣人定襄教諭

四年辛未進士張懋爵汾陽人江南巡按甲申莊烈帝殉國設位朝夕哭臨後與薛宗周王如金侯晉同時死於亂

六年癸酉舉人潘維啓汾陽人　張藍田孝義人饒州府通判　順天中

式曹家麟寧鄉人

九年丙子舉人曹艮直汾陽人　王家遐汾陽人湖廣參議　司正脈汾陽人　王鳳翼寧鄉人

十年丁丑進士劉昇祚汾陽人湖南道　曹艮直汾陽人兵科給事中　田芳孝義人太常寺卿　張元輔孝義人行人　王鳳翼寧鄉人山東僉事

十二年己卯舉人曹偉汾陽人　張昌慶汾陽人鄉寧教諭　侯晉汾陽人　詹正春汾陽人　溫旌光介休人冀城教諭　王廷伊介休人邊州分巡道　霍焜孝義人湖廣參議　劉啟芳永寧州人

十五年壬午舉人武定汾陽人　朱敏浮汾陽人　任道脈汾陽人　董奕光介休人　傅作楫孝義人　史詒孝義人

十六年癸未進士潘維嵒汾陽人郯城知縣任道脈汾陽人河間知縣
傅作楫孝義人慶陽知縣史詥孝義人廣西道御史
國朝順治二年乙酉舉人任天祚汾陽人趙永祚汾陽人張
元慶汾陽人劉翊介休人任佐介休人劉修巳永寧州人順天中式
左射斗汾陽人寧武衛籍馮雲路汾陽人
三年丙戌進士張元慶汾陽人德平知縣趙永祚汾陽人慶陽府推官左
射斗汾陽人洛川知縣任佐介休人涉縣知縣劉修巳永寧州人淄川知縣
三年丙戌舉人鄭之璞汾陽人文人極介休人田茂蘭汾陽人浮
山教諭高達寧鄉人文光炳汾陽人張令名汾陽人沁州學正任肇坤介休
人青浦知縣孟金紘介休人桃源知縣宋奇傑介休人梁極殷介休人曲

沃教諭　劉承堯孝義人洪洞教諭　順天中式張令望汾陽人武進知縣

四年丁亥進士鄭之璞汾陽人車駕司郎中　任天祚汾陽人寧陵知縣

五年戊子舉人梁梗永寧州人新寧知縣　侯啟疆汾陽人山陰教諭　董柴愚介休人柏鄉知縣　曹席珍臨縣人彝陵知州

六年己丑進士宋奇傑介休人衡山知縣

八年辛卯舉人郭之翰介休人　梁欽構介休人　梁折桂孝義人陽城教諭　姜啟文汾陽人朔州學正

九年壬辰進士劉翊聖介休人新安知縣

十一年甲午舉人郭元佐汾陽人沔縣知縣　梁鍾豫介休人　馬絳帳介休人　馬殿諭介休人平魯衛教授　高首標永寧州人

十四年丁酉舉人王章燦介休人　劉興漢汾陽人　梁潢平遥人順慶知府　任懋進介休人大同右衛教授　李棲鵬介休人平魯衛教授　席待聘介休人平陽府教授　董宏道介休人　梁楠永寧州人

十五年戊戌進士梁才僎介休人福清知縣

十六年己亥進士劉興漢汾陽人行人　董奕光介休人國子監學正　梁鍾豫介休人常泰知縣　王章燦介休人桃源知縣　馬絳帳介休人澧縣知縣　高首標永寧州人吏部主事　高達寧鄉人蒲州學正

康熙二年癸卯舉人王祚興永寧州人　張其嶷介休人平陽府教授　王運新永寧州人

五年丙午舉人宋謙汾陽人　馬絳遠介休人嵩明知州　張文治介休

人趙尺璧臨縣人安化知縣王永清臨縣人羅城知縣

六年丁未進士張文治介休人廣寧知縣梁欽搆介休人文選司郎中王

祚興永寧州人湖廣提學僉事

八年己酉舉人順天中式李録弓介休人

九年庚戌進士李録弓介休人吏部侍郎梁楠永寧州人內閣中書

十一年壬子舉人孟漢儒介休人順天中式田玉成介休人

十二年癸丑進士田玉成介休人翰林院編修

十四年乙卯舉人李修詩介休人代州學正曹斌寧鄉人洪洞教諭趙

日昌汾陽人

十七年戊午舉人賈遠汾陽人沁州學正張啟泰汾陽人曲沃教諭王

賜召介休人　王永春臨縣人

十八年己未進士宋謙汾陽人會同知縣　孟漢儒介休人大同府教授

二十年辛酉舉人梁敷鮮介休人　趙連璞介休人洪洞教諭　張永

清永寧州人

二十一年壬戌進士梁敷鮮介休人諸城知縣

二十三年甲子舉人陳隆接汾陽人　降緯介休人　劉瑞臨縣人

二十四年乙丑進士王永春臨縣人陽江知縣

二十六年丁卯舉人呂讍汾陽人

二十九年庚午舉人梁克繩平遥人　順天中式齊溥汾陽人

三十年辛未進士王賜召介休人淶陽知縣

三十二年癸酉舉人梁通洛介休人　郭嵥之介休人　周琦孝義人臨晉教諭　趙騏臨縣人　張夢熊永寧州人　鄭宰寧鄉人

三十三年甲戌進士郭嵥之介休人太平知縣　張夢熊永寧州人懷遠知縣

三十五年丙子舉人武鉉汾陽人臨晉教諭　常三樂介休人吳橋知縣

三十八年己卯舉人孔鳳德汾陽人　賀德藩汾陽人　雷九章平遥人遼州學正　郭人任介休人臨汾教諭

三十九年庚辰進士齊溥汾陽人新寧知縣　梁通洛介休人瀘縣知縣

四十四年乙酉舉人曹啟泰汾陽人孟縣教諭　呂文樱汾陽人　張斌汾陽人寧國知縣　楊廷枚平遥人　王玠介休人　王栻介休人　李璋臨縣

人李棠蔭臨縣人王鏴寧鄉人

四十五年丙戌進士呂文櫻汾陽人奉天府丞

五十年辛卯舉人劉廷翰永寧州人

五十一年壬辰進士崔鶴齡臨縣人李棠蔭臨縣人

五十二年癸巳舉人劉而位汾陽人川南永寧道馬建功汾陽人孟承岷介休人馬世俟介休人梁迪同介休人全椒知縣劉士昌介休人鎮原知縣

五十三年甲午舉人任瑽介休人雒南知縣降玟介休人馬爾璨介休人樊晃臨縣人崔南齡臨縣人杜棟永寧州人遂昌知縣李瀛臨縣人

五十六年丁酉舉人王源汾陽人陽城教諭任仲周汾陽人宋慎

修介休人　延維哲臨縣人　高能宣臨縣人　王爾朋臨縣人

五十九年庚子舉人呂文標汾陽人國子監助教　梁心學介休人　周仲孝義人保德州學正　王元勳臨縣人潞州府通判　賀錫臨縣人渭源知縣　穆生敬臨縣人商南知縣

六十年辛丑進士劉廷翰永寧州人政和知縣

雍正元年癸卯舉人孔玟汾陽人　梁成武介休人渭南知縣　冀永棠介休人　張維泗孝義人　郭遴熙寧鄉人

元年癸卯進士馬爾璨介休人

二年甲辰舉人賈佶汾陽人　賈健汾陽人　郝世藩介休人內閣中書　梁錫璵介休人國子監祭酒　郭元鎬介休人文水教諭　李玉璋臨縣人　順天

中式賀方泰臨縣人劉元錫永寧州人
二年甲辰進士李玉璋臨縣人東安知縣
四年丙午舉人李維紀汾陽人張正任介休人晉州州判宋邦和介休人梁堉介休人田建疆孝義人趙以清臨縣人李溫臨縣人秦逢春臨縣人王士英寧鄉人
五年丁未進士賈健汾陽人懷遠知縣賀方泰臨縣人永寧知縣劉元錫永寧州人濟南知府
七年己酉舉人劉佩宗汾陽人呂審廉汾陽人冀艮璧平遥人馬綬介休人梁文山介休人梁文霖介休人梁收介休人
八年庚戌進士梁收介休人中牟知縣

十年壬子舉人宋鈺汾陽人任維紀汾陽人易州州司王廷貴汾陽人呂審韶汾陽人楊珏汾陽人聞喜教諭李昌介休人任大受孝義人李志道臨縣人順天中式趙中元臨縣人

十一年癸丑進士梁文山介休人庶吉士任大受孝義人蘭溪知縣

十三年乙卯舉人任西華汾陽人寧河知縣梁溥介休人祥符知縣梁文元介休人曲沃教諭梁文醇介休人宣城知縣王晁孝義人運司教授

乾隆元年丙辰舉人張綬汾陽人魏纘晉汾陽人程前平遙人襄陵教諭張顒孝義人李錫嘏臨縣人李璋寧鄉人順天中式范清沂介休人

二年丁巳進士趙中元臨縣人右玉教諭

三年戊午舉人段珂汾陽人　冀逵介休人　梁淇澤介休人　梁文五介休人　王嶧永寧州人　順天中式范清洪介休人　范清澳介休人

四年己未進士段珂汾陽人蒲城知縣

六年辛酉舉人王鎬臨縣人　曹學閔汾陽人　孟承藉介休人青陽知縣

七年壬戌進士魏纘晉改名桐蔭汾陽人沅陵知縣　馬綬介休人豐潤知縣

九年甲子舉人任學孔汾陽人　常經汾陽人

十年乙丑進士李錫嘏臨縣人開封同知

十二年丁卯舉人程學孔汾陽人　郝儒林汾陽人　劉光楷介休人　丁運升孝義人　師瑞龍孝義人開縣知縣　張俞都永寧州人　順天中

式王兆鵬汾陽人五臺教諭

十三年戊辰進士程學孔汾陽人未仕卒年三十三性孝友矜節槩范清沂

介休人翰林院編修張顒孝義人咸豐知縣張俞都永寧州人

十五年庚午舉人郭意誠汾陽人宋柏汾陽人張朝棟介休人改

名時棟張蘭芳介休人行唐知縣馬士聖孝義人崞縣教諭夏順天中式韓

衍桐汾陽人

十六年辛未進士韓衍桐汾陽人曹縣知縣

十七年壬申舉人魏國正汾陽人任覺任汾陽人

十八年癸酉舉人任錫紱汾陽人雲南試用知縣郭興讓平遥人降

仲介休人齊河知縣梁徽介休人衡防同知李有薰臨縣人運司訓導

十九年甲戌進士呂審韶汾陽人　曹學閔汾陽人吏科掌印給事中　郭興讓平遙人安平知縣

二十一年丙子舉人李郁章介休人曲沃教諭　梁減介休人　張惇孝義人兗州泉河通判　王永佐永寧州人

二十二年丁丑進士魏國正汾陽人未仕卒年四十三孝友有文名其詩集曰書巢遺藁已刻　張時棟介休人思南知府

二十四年己卯舉人郝庭平遙人　張大豐介休人洪洞教諭　于世榮永寧州人　衛覺寧鄉人　郭步雲寧鄉人

二十五年庚辰舉人閻泰和平遙人河津教諭

二十七年壬午舉人薛瑾光臨縣人解元　李瑤汾陽人　劉亦坦

汾陽人張信介休人張應聘介休人剌心壹介休人武廷瑜臨縣人

成性寧鄉人隰州籍

三十年乙酉舉人馬錦襄汾陽人程學會汾陽人曹錫齡汾陽人

石敦晦孝義人順天中式張熾汾陽人

三十三年戊子舉人卞爾珖汾陽人張贊元汾陽人梁履中平遥人張凌雲介休人任應龍臨縣人順天中式李國瑚介休人

三十五年庚寅舉人劉仲樟汾陽人卞珩汾陽人胡容汾陽人

順天中式曹夢齡汾陽人羅萬象介休人

汾州府志卷之十九

科目下

北魏宋宣西河人神䴥四年徵行司隸校尉中都侯　宋愔西河人神䴥四年徵廣平太守列人侯

元李懷義介休人至元十二年薦授冀寧路沂州知州進階奉議大夫後改霍州知州　王文仲介休人至元十二年以才能薦授河南光州判官轉儒林郎總管府判官二十六年拜中書省門下右丞相

明王宏孝義縣人洪武初舉賢良　牛希古永寧州人洪武中以孝廉薦授給事中　梁卞介休人洪武四年以通經薦授訓導後以辛彥博薦授御史　田畬介休人洪武四年以人才薦授南京上元縣知縣　喬敏道汾州人洪武十五年以人才薦授豐潤縣丞　李貴介休人洪武十五年

以人才薦授遵化縣主簿任光祖介休人洪武十八年以才薦授淮安府知府董謙介休人洪
武十八年以貌才授本縣醫學張惟中汾州人洪武二十九年以通經儒士薦授監察御史王貞
寧鄉人洪武中以楷書薦授上林苑監錄靳貫寧鄉人洪武中以儒士薦授安定州訓導王美寧鄉
人洪武中以正直薦授鄜州知州張謙寧鄉人洪武中以正直薦授無極知縣李顯汾州人宣
德八年以賢良方正薦授河池縣丞
國朝賈權汾陽廩生雍正七年保舉孝廉授宣城知縣內陞主事田多稼汾陽廩生雍正
七年保舉孝廉授梓潼知縣董淑典介休監生雍正七年保舉兵部武庫司後授醴泉縣知縣王
琮介休廩生雍正七年保舉戶部江西司十三年授山東布政司庫大使段玿汾陽優生雍正八年
以孝廉保舉知棲霞縣歷游豐蘭山二縣于大柄永寧州廩生雍正八年保舉孝廉授營山縣知縣
楊維和寧鄉人雍正八年保舉王爾御雍正八年保舉金山縣丞梁錫璵介休舉人

乾隆十七年以經學保舉授國子監司業歷官翰林院侍讀少詹事翰林院侍讀學士左春坊左庶子國子監祭酒

元貢生孝義縣林珏

明洪武中貢生汾州任郁刑部郎中馮逑成縣知縣張彬禮部郎中李繼祖常得衛經歷張甫昌化縣丞侯諒金臺巡檢王恪苑馬主簿段貞運司經歷張愷監察御史平遥縣梁軾戶部郎中杜濟湖廣按察司僉事段子固郃陽訓導介休縣辛彥博孝義縣王忠江西布政司理問張嘉江西布政司理問賈約武清知縣傅惟謙臨汾知縣劉端長淮衛經歷馬春寧州知州臨縣宋興祖高密縣丞袁奉先刑部主事王孝先吏科給事中郝傅岩戶科給事中李奉賢武清典史高公輔岳州府照磨高昇高贍謝企賢高

用辛義嚴進石州白大器主事高騰霄按察司僉事吳霆訓導吳

永訓導李希曾本州訓導白大有國子監助敎白大振本州訓導韓金府知

事賀佑中臨潁知縣段雝吏目馮淵韋輅知府王瑚劉濬吳驥縣丞

毛質主簿和函楊昇張儀主簿高晟趙福郭沖知府喬嵩王綱

梁鑑王希

永樂中貢生汾州王信仙遊典史劉恕郝艮咸寧知縣任確監察御史

牛順岐山知縣盧茂楊暉上林監丞郭孝馮諒田耘太僕寺丞趙綱霍

生王遜李敬郭哲王旻宋隆王政楊端蔚勉李柰郭林

劉永姚鸞平遥縣張本充懷遠知縣梁鵬遠魁縣主簿李銘河南右衛

經歷喬木戶部主事梁思道閻固遷安主簿閻豫邯鄲縣丞高本郭沖延津

縣丞任幹孫仍白水縣丞張輝郭景趙凱任欽賈眞淮安府檢校武尙文黃楊河泊所大使孝義縣鈕璿河南布政司副理問李榮乾州知州劉敏西安府同知姚琛羽前衞經歷趙搗常州府通判趙衡修武知縣馬昇神武右衞經歷段傑宜君知縣李華驍騎右衞經歷劉懋楚府典寶任旭慶元知縣任宏毅武功縣丞任宰陽武縣丞臨縣高遠濟南府知府郝英長安主簿李興文陝西布政司案牘郭務本博興知縣王儀邯鄲主簿郭謙張韶李宗周劉翼

馬艮馮滐

宣德中貢生汾州張玘靳琬衞經歷矯震金臺教諭馬舒李軏

平遙縣裴能永平府經歷張肅李柰龍州衞經歷閻維臨邑縣丞鞏昌

樂陵知縣郭昭寧海州判賈倧鴻臚寺鳴贊孝義縣閻綱遼陽衞經歷李春

巡檢路泰　金華典史王鼎　綏德衛經歷張敦　良鄉知縣李忠　鄠縣主簿武貴　登州府通判

臨縣冀德　平凉府經歷郭端　肇昌府知事鄭亨　富平主簿袁英　延慶州知州

喬俊　劉庸　郭進　石州張文彬　府同知張仲賓　知縣許志

寧趙僕　馬艮　知縣王昇　高珏　崔桂叢　知縣馮愷　知州高榮　主簿白琛　縣丞

于淵　河南永寧知縣蘇文　主簿劉芳　知縣達善　兵馬司副邢和　車振

郭綬　楊榮

正統中貢生汾州陳悅　慶陽推官張志　延川縣丞李玉　華亭縣丞張珉　永城知縣

張琉　徽州吏目平遥縣張詵　招遠知縣鞏膂　通州衛經歷李瑄　溧水主簿

薄廣　大寧前衛經歷楊榛　孟紹伯　孝義縣程進　樊旻　真寧縣丞馬英　安化縣丞

霍達　靖州吏目任懃　臨洮府經歷王瑜　海洋千戶所吏目王佐　臨朐

知縣張瓚臨城知縣李正羽林衛經歷臨縣張顯隴西縣丞張鑑冀州判官高

謙華亭縣丞高尚呂奉舉王政郭大高勉楊名善獲鹿縣丞高貴

三原縣丞李廉延津知縣袁志寧鄉縣薛謙鳳翔府推官楊敏江西布政司都

事景義階州吏目劉從友鴻臚寺序班劉迪鴻臚寺序班劉沉平度知州趙

翀燕山前衛經歷郭希賢靜海主簿周琮懷縣主簿邢珪無錫主簿劉毓固安主簿

楊從友萊州府經歷楊謙南宮知縣白驥

景泰中貢生汾州原海狄道縣丞陳安慶陽照磨蔡茂辛輝豐城縣丞

劉淵保安吏目李能建昌知事譚深西安照磨郭昭永城知縣李恭臨淄縣丞賈

鵬薊州州判平遥縣陳琮鞏盤姚俊安泰臨江府照磨王祿龍興州吏

目孝義縣郭文鑑霍憲姚文章經歷吳膺扶風知縣張昜金華知縣

武賢元氏知縣臨縣趙鵬馮翼王迪蘇志石州楊春主簿車永
縣丞郝晟薛炳王翼郭瑄寧鄉縣強壽雲南京東衛知事尉文河開
府倉副使劉深通渭知縣逯鳳太平府知事王約定州知州遷兩浙運司靳輝淮安
衛經歷賀璎延川知縣劉本劉彝常州府經歷史麟朝邑縣丞斛靜馮鍾
靜寧州吏目
天順中貢生汾州陳紀聊城知縣王敬宛平主簿吳敬鳳翔經歷劉清
湖州照磨侯顯中部主簿蔡齊西安知事李川巡檢謝瑞鳳翔經歷武韜楊州經歷
宋璽新河縣丞武學歷城主簿張信涿州吏目康璿江油主簿張達延慶州判魏
琮謁廳序班平遥縣許經趙奎餘姚主簿高翼房銘閻時沾化訓導范
鏞登城縣丞孝義縣張文懷來衛經歷劉永福山知縣郭敦上林苑錄事臨

縣李茂臨潼知縣段讓金谿縣丞曹英京城兵馬康泰周府引禮石州高灝
主簿喬棐兵馬司安定知縣薛俊知縣寧鄉縣楊春許鶚泰彪金谿
主簿郭垣曹秀王璣寶雞縣丞張昱長垣縣丞賀璃周藩奉祀趙衡寧夏衛訓
導趙岳平涼府通判李[illegible]淳化縣丞
成化中貢生汾州任祉鄜州吏目張傑濟源主簿王泰府谷知縣陳榮
靈臺訓導姚雍灤州州判李仁樊超奇城主簿李備寶豐縣丞矯致中光州吏目
郭稟王府教授郭謙靈臺主簿崔正合浦主簿侯貴兵馬司郝諒西河知縣矯
致和永清訓導張鏞趙府奉祀任廷佐平遙縣李英井陘訓導趙倫王
銘景州判官鞏璽毛錦尉氏縣丞劉深泰州衛經歷宋輝南京戶部照磨米祥
魯山縣丞杜鼎臨陽州衛經歷趙正臨清州同知孝義縣趙忠肥城知縣趙泰

萊蕪主簿朱茂　華亭主簿武成　平利知縣王輔　東阿縣丞張文　鈞州吏目白謙　靜寧

州判梁恭　彰德府照磨王彝　隆慶州訓導張鳳　延安府通判臨縣郝堅　鳳翔

府推官李寶　李奈　京衛經歷劉瓛　汧陽知縣吉宏　吳縣主簿郭昇　京城兵馬王

安　郭現　河州判官呂茂　清水知縣高賢　密雲知縣張文舉　咸寧主簿郝縉　儀隴

知縣石州李奎　主簿張岌　葉縣主簿白正　訓導馮泗　訓導李振　薛泰　高

章　寧任知縣任寧　知縣張威　縣丞張俊　吏目王倫　韓清　訓導李讓　主簿崔

巍　縣丞董雄　主簿韓紘　縣丞賀瑄　訓導許隆　高瓚　薛儀　馮復禮　高

文彬　寧鄉縣周舉　白信　武志學　王畿　臨淮主簿劉文　武定州判官

王鳳　上林苑監署丞改輝縣縣丞　靳儀　和必睦　鎮原知縣許銓　河州同知王廷

用　繼縣教諭楊濟　高郵州吏目楊應麟　東明主簿賀廷秀　臨洮府同知進階朝列大

夫楊應祖商河主簿李宗道太安州判官

宏治中貢生汾州賀道重慶通判趙清沂府審理靳忠朝城訓導姚俊

靈臺知縣雷忠臨洮推官趙公裕衛經歷馬紳漳縣知縣劉仲原新城知縣張

鳳鄢陵知縣張聰張鵬承寧知縣李德霸州州判王輔同州州判馬騏獻縣縣丞

曹伯勤南城主簿曹茂鴻臚序班平遥縣任慈沂水主簿高庭四川成都府斷

事梁深平凉衛經歷郭良佐定遠縣丞任良佐南安縣丞任良臣太湖主簿

李汶曹縣縣丞任良貴孝義縣霍紹宗乾州訓導李棠吕寧蓟州府推

官郭清博野縣丞張慶成都府知事趙吉三河訓導李森嵩縣主簿李鋭同州

州判武仲學臨朐主簿孫餘慶臨縣温讓蓬萊縣丞陳洪範靜寧州判官

郝輔淄川縣丞武輝穆奈李耀張元吉安府知事高廷禄湖廣布政司理

周賀天錫靜寧州判官　石州孫章縣丞　王新推官　張敏縣丞　高鵬縣丞

張儀主簿　王豪縣丞　孫子文知縣　高忠主簿　車文兵馬司　梁廷張子

恭于琉　韓錦　王廷斷事　賈淵訓導　董錫縣丞

正德中貢生　汾州趙安獻縣縣丞　劉璿臬司經歷　武雄朝邑主簿　矯廷

欒曹縣知縣　原肅臨山主簿　劉玹曲周縣丞　任輝永平照磨　李麟鳳翔知事　劉偉

沈邱訓導　劉正芳膚施縣丞　劉雲漢衛訓導　李朝元貴縣主簿　張琮　王卿

臨洮通判　平遥縣曹武廬州同知　鞏玹　閻琛合水訓導　成德鎮原縣丞　任

道安化訓導　尹賓伏羌知縣　冀密莒州同知　孝義縣傅相祥符教諭　傅贊右衛

經歷　宋川趙州訓導　吳從周鞏昌府教授　周　周邦端沁陽訓導　傅從智寧化王府

典膳　張大方　周璣西城副指揮　任道敏漳縣知縣　程仲文三原主簿　張大

祿深澤縣丞臨縣賀進李蕃萊水縣丞李世衡長安主簿李廷桂魯府奉祀

郝儉乾州判官高翊西和知縣郭奇甘泉知縣郭衛民蒲臺主簿嚴霜襄城知縣

石州楊昊知事崔定知事辛文澤主簿安璽拓廷錫溫鉉知縣梁

嶶庸府同知任賓府同知劉廷訓導董儀吏目安孟元訓導寧鄉縣

郭磐劉欽滕縣知縣劉忠黨敬新城縣丞張翔階州吏目劉斌任縣知縣高

寧

嘉靖中貢生汾州郝鵬武定州判宋相許州吏目趙升盧龍知縣張

維寧遠知縣雷啟東中部知縣張深咸陽縣丞陳信畧陽主簿田文秀米脂教諭

鄭翰臨淄訓導常庭馬負圖杜杲衛訓導吳鄰偃師訓導郝相韓希

文香河訓導何璇劉廷珪平涼教諭崔相鳳翔照磨崔枏彰德訓導郭純熙

金縣教諭任重夏邑教諭鄭軫高陵教諭張瓚慶陽訓導裴昂藍田教諭宋時亨
常守仁華亭教諭王志安莊浪教諭李得春青縣知縣安常元縣教諭蔚鴻
漸欒亭教諭武儼洛南教諭武之屛延川知縣趙時中衛輝訓導何師顏陳州
學正郝文煥青州訓導何宏道成安訓導張雲翔甘泉訓導梁橋遷安教諭楊
志隆遷安訓導李純全蘇臺訓導侯位鞏昌訓導李惟喬王府教授平遥縣
閻陳謨汲縣主簿任良璽范耀單縣縣丞鞏思問華州州判王克勤張
敏學韓城縣丞郭廉李堯臣趙錢山海衛訓導鞏思勉段文海陽郭
教諭李濮郞陽經歷劉繖金州訓導程文鞏昌府訓導張世良乾州訓導郭贊
容城訓導雷崇廉無錫縣丞范伯奇李鍾秀寶雞主簿范煒邠縣訓導李鏞
鳳翔教諭郭廷弼張縉雷世用尉州訓導唐敏成友泰薛良德廣昌

教諭龔昇程式薊州訓導梁櫝三水知縣趙孟吉贊皇知縣曹廷學日照主簿

呼爲顏孝義縣王定信陽州訓導武清周淵宜陽縣丞馬應元米脂

知縣田賦馬從禹雲南布政司照磨趙恩商青苑主簿霍仲才廣信府照磨

梁明翰王允和冀州訓導任仲文傅褒武城主簿郭蕃滿澗訓導馬應

辰開封府訓導魏淮汲縣縣丞傅綬孟縣主簿武安民華陰主簿任復初李

貴臨潼知縣田畬鳳縣教諭趙才通許教諭張經綸故城教諭周統武彥秀

西安府訓導宋大儒汜水訓導臨縣李純伊府審理高岳四川布政司經歷張

九鵬高聰楊廷玉侯之翰薛固齡婺源主簿袁鑾宜川縣丞郝光

先安定知縣賀鳳儀廣平府照磨溫時習衡水訓導侯爵嚴州府經歷陳懷

學邠州學正杜秉倫徽州府訓導崔介福夏津主簿李偉杜龍濟郝故

翼交河知縣高崑東明主簿温嚴景州學正郭良弼兗州府訓導王尚德盩厔

訓導賀鳳簫鎮遠知縣任鳳汝州學正白豸淳化教諭郝齡興平訓導賈迎恩

萊陽主簿石州任賢主簿劉希賢縣丞温玄賈章縣丞馮璜府經歷馮

麟訓導馮傑州判賀文楊玫辛朴張洹安季元賀宏縣丞任廷

王府經歷蘇明教諭董鐙馮騏高介麟遊縣丞高僉壽州吏目康鵬張

鑾王廷用主簿馮瑋高舉縣丞張九經主簿崔濟教授梁材訓導王

識訓導任應祚主簿田蘭訓導王廷弼教授宋世相訓導王用予訓導

張名儒衡水知縣馮蘭訓導高峯訓導楊瑶訓導賀鳳岐訓導高良秀

學正郭鐸邢相馮江賀鳳臨高冲寧鄉縣陳繼道汲縣縣丞龐

道亨河南府經歷趙汝瑁東鹿主簿王廷英延津訓導王聰張錦劉紹

溧陽王府教授 李士光 楊翰寧州同知 白宗 商樊相饒陽訓導 曹豸三原主簿

高尙德臨清州吏目 陳訓 劉廷相汝寧府知事 史廷器郟城主簿 楊方

中豐潤教諭 王愚獻縣縣丞 王棟鄭州學正 陳鳳岐合水知縣 陳鳳儀林縣知縣

高世薦封邱訓導 武君賜博平訓導 郭欽鞏縣訓導 劉諭定州訓導 王希道

渭源教諭 黨瑶泰州訓導 李士吉長垣訓導

隆慶中貢生汾州常三省鄗縣縣丞 郝元望永寧訓導 馬孟龍永和

訓導 郭東野汾西教諭 鄭賢永壽縣丞 王瀾 介休縣任允西安府通判 董

麟吳堡知縣 王傑蒲城知縣 王懋沙河知縣 宋英河間知縣 許祥 王浩 馬璧

汚池知縣 王化遠河間府訓導 孝義縣史記萬泉訓導 梁時秋延安府經歷

程綬 張鎮滎陽教諭 楊囊交城教諭 臨縣高應舉同官訓導 胡先 陳遺

規靈臺主簿郝芹商河主簿永寧州李環教諭高筆訓導張仲賓知縣張

祖范通判張科辛維疆邢棟教諭張稔梁徵庸府同知寧鄉縣

劉一科成安主簿陰雷陝州同知郭桂

萬歷中貢生汾州牛文明魚臺知縣劉永祚鎮江通判李廷詔李

耕霄田選臨洮同知潘溪望馬汝器石門知縣何熙稷山訓導王國忠

宋汝爲左瀛長山教諭田順和曲沃訓導李芬臨晉訓導王應麟廣平訓導

刁文奎浮山教諭樊在峰登州通判李尚賢朔州訓導汾陽縣田宗易

雷法乾鄉城訓導趙世臣夏縣訓導姜宗周衛訓導孔階謝策盂縣教諭

雷象坤李榮春虞城訓導王境汝寧訓導雷與陳訓導宋良楨霍州訓導

王聘賢靜樂教諭王景符榮河訓導馮建賢雷行可同知左濬劉堯

潢浮山教諭雷象乾襄陵訓導田鳳鳴猗氏訓導李遇泉文科潞安訓導盧
楹宋明俊劉正笏王運亨武時臣任棟呂澈王璉唐山知縣
程範劉志麟平遥縣張翼垣曲訓導冀夔渭南訓導張朝光洪洞訓導
任希韓洪洞訓導梁朴潞安府訓導劉永謐邵希曾夏縣訓導張德謙
丹徒縣丞石似玉商州州判武靖邦洪洞訓導劉士明李瑞費縣縣丞楊守
義崞縣訓導王尚才毋莫丘思敬長子教諭張宗孔王尚龍陝州知州
白九韶壽陽教諭趙光國馬邑教諭武乾榆社教諭崔應嵬趙昇蒲州訓導
王思牧梁棟隆華陰縣丞裴國賓介休縣董良玉任尚智三河
知縣王素徵戶部主事喬承詔孝義縣任瑞趙讚禹城縣丞霍鏜吳堡
知縣李敬大同右衛訓導王之士史繼晉宜川知縣石廷祥朔州訓導張盡

心高平教諭張芥絳縣訓導楊從教洛川縣丞張志正史多聞張養志
大同右衛訓導孫顯祖樂平教諭程希顏河內訓導李邦瑋汝寧府訓導任偉
神木教諭武淑後隆平知縣褚玉成榆林府教授張宰馬登高蒲州學正傅
宗忠田芳大理寺正卿楊益新孝感訓導任明心獲鹿訓導武憲文臨
縣劉誥賀應期寧羌衛經歷武續郭鞏堅昌樂縣丞王化胡汝濬
益都主簿范學浚安邑訓導賀表東明主簿白鶴賀應鵬扶風主簿張靖邦
交城教諭王誥鄠縣縣丞李文郁臨洮府通判賀守正滎澤教諭郝芹太原訓導
侯璒文水訓導曹維濯慶成王府教授王德溥泰州學正賀誥郭孔嘉延長
教諭李自香喬養蒙芮城訓導崔依漢大同府教授賀承基平陸訓導白
知幾薛寅賓撫寧知縣高召永寧州張教彝學正崔桂敢知縣白

禱訓導楊伊訓學正楊伊誥訓導高田教授張士俊任啟堯學正曹
敎訓導任光恩縣丞楊東訓導崔敷典張士偉賀觀教諭高宗武
知縣邢南薰教授任時俊訓導李時嵩蔿知縣高維杰教諭郭汝震
劉蘊文訓導張燏閣儒劉騰訓導王應訓訓導王有恒教諭胡文
烈知縣高宗文教諭劉成已高文達州判崔榛劉芳名辛運隆
邢圻訓導王鼐白春縣丞曹秉府經歷王爾梅訓導張純仁訓導張
至道邢圯梁隆吉李桂柯曹敦張泰初訓導高畏訓導崔允
昇馮仁民王文淵訓導高儒斗知縣楊綱寧鄉縣楊輝蒲縣教諭
王孟堅霍州訓導陳復初商水訓導曹種曲沃教諭王誠化平陸教諭陰起
陽史誌垣曲訓導張堯佐永寧知縣高巍沁州訓導逯天爵真定府訓導劉

儒王緒薛尚義藩府教授劉延安費縣知縣劉延壯祁縣訓導賀時珍

潞安府訓導王之化絳縣教諭楊九福平陸教諭張承緒安邑教諭陳復東

楊可大咸寧教諭王壽昌陽曲教諭高應龍張應鰲阿迷知州楊可久

商河知縣王士宏王養俊延川知縣高俊太倉州同知王之弼

泰昌中貢生孝義縣王心一趙長庚濟南府通判臨縣喬鳳

翔臨洮府同知石樓縣李元徵北城兵馬指揮

天啟中貢生汾陽縣侯萬里郝鳴秋知縣潘維啓韓范張

旟光祿署丞李開先甄尚曾通判平遙縣劉士鰲永年主簿閻起蛟

介休縣董直愚董作霖孝義縣傅明遠新安知縣王謨蒲縣教諭

臨縣高鑑河南衛經歷賀承嗣賀行簡西安衛經歷郝孔照侯士

傑綏德衛經歷　石樓縣鄭懋極陝西米脂知縣　寧鄉縣史桂枝德州同知

高斦祥符縣丞　陳王德祁縣訓導　張芳聲浦縣教諭　陳象乾解州學正

崇正中貢生汾陽縣張崇慶知縣　馮雲路　王如金　樊樞　張

問明教諭　朱時俊知縣　賈守珍　李正芳訓導　朱慎鐃通判　朱新𧼨

朱新堉　孔四科趙城教諭　朱求旋　朱求𨻶　牛沖霄五臺教諭　原爾

謙祁縣教諭　李茂知縣　李呈芳知縣　平遥縣姚寧國內黄縣丞　宋國正

白象珩獲鹿縣丞　侯宗孔延安府知府　武君賜榮河教諭　劉三重　温而

理　王育才廣安州判　梁來孟　張國化徐溝訓導　介休縣裴𦁤南宮知縣

任體坤金壇知縣　孟鎔世　鈕嘉會　孝義縣霍涪　張藍田　魏時

偉鰲山衛經歷　史訂　張玉田榮河訓導　張棟翼城教諭　任三重　王佐才

張永光霍州訓導張麟圖太倉州州同史詥史長經霍進興安知縣臨
縣温粹然趙琉懷柔知縣郭燊李復初玉田縣丞郭榮李永培和順
教諭李栐吉州學正趙禚王國琯安邑訓導范光祖趙裪黃巖縣丞石樓
縣任太初南京留守後衛經歷鄭崇善鄭薰許大受陳所知張名
士猗氏訓導張四明陝西華州學正許體心陝西耀州學正李元泰山東魚臺主簿
永寧州于成龍己卯副榜寧鄉縣高必大高撝謙北京武學教授曹
孟銘劉向化和順教諭李可受萬泉教諭高珙來水教諭史桂芳劉璧
王進玉高樹其無年號可考者介休縣歲貢生温尋陝西
道御史羅旭當塗知縣段益董翼縣丞梁棟教諭張訥通判張翼趙琄
知縣荊魯安福知縣祁約陝西衛經歷王魯知縣李鏞知縣任傑岳宗三原

知縣高政　任鼎　趙宗　李燦溧水知縣　劉澄浙江道御史　李士貞咸陽教諭

張暈正定府訓導　劉淵潼關縣丞　王執中宜君縣丞　董瑾　侯邦通州吏目　郭

逵揚州府經歷　董豫淳化知縣　安仁博野知縣　尹純豐潤知縣　楊芳鳳陽衛經歷

常盛涇陽縣丞　張鵬舉安塞主簿　張鵬遠陝西布政司都事　馮信　任紀遼東

都司斷事　武廷佐行唐縣丞　楊澄　王紀陽州府經歷　李世榮莘野主簿　梁定

清豐主簿　梁文獻縣主簿　安世英文登縣丞　宋嘆河間知縣　任九皐平鄉縣丞　石

堅固原知州　武尚學山東鹽運司經歷　鄭隆滋陽縣丞　張成淮安衛經歷　董瓚

濟源訓導　郭宗四川陸司吏目　屯　胡寧　趙禮　王道　武棟鎮遠縣丞　吉元貞

清苑縣丞　文善威縣訓導　燕廷應益都主簿　文武懷慶衛經歷　劉源魏縣主簿　曹

潤保安州訓導　郭璜安州訓導　董鎮　梁郾城主簿　張思德魏縣主簿　文宗道

劉緒賈賢薛忠長垣縣丞李漢甘肅衛經歷尹宏學西平訓導石質教諭
石鳳儀涇陽縣丞張璉遵化訓導石玳主簿趙守貞張佩陽和衛訓導郭
文萃羅光祖商河訓導賈麟遼東廣寧訓導薛鳳翔武時榮成縣訓導董
儀寧夏衛訓導任艮環縣訓導張希孟漢陽教諭李維新應王府教授閻仲
魁潞州教諭宋道強恕永寧州學正郭繼祖主簿廉泉訓導張鵬温尚
義訓導侯宗愚霸州司知張鵬漢任尚智朱國英羅宏謙慶陽府判
郝邦宰西安府教授董天福洛陽縣丞張崇德魏縣訓導石光國澤州訓導
任毓芳耀州訓導侯宗訓潞安府訓導常永清隰州學正董正誼漢川縣丞
燕嘉賓澤州訓導燕國儒靜樂訓導梁維垣宋思義李應春侯國
順夏縣訓導温海四川汭川知縣羅敷化汭縣知縣董汝相新繁知縣董希維

董真儒渾源州訓導段元中真寧教諭郝日進章邱主簿王宗孔永和教諭
劉重光王家瑞運司教授許詳隆德知縣石齊邠州州判侯經理樂平教諭
王啓監解州訓導武建功文應宿臨洮府教授趙邦靖五臺教諭梁輿
成孟好問臨汾教諭趙從化臨汾教諭王業成任治統宋思讓通渭
訓導王珽楊攀桂崞縣訓導賈棫安慶府訓導宋可大石樓縣歲貢
生任守彝涇縣縣丞許諭甘泉知縣張泰吏目張徵知縣張翥給事中賀
莊同知薛善薛篪經歷閻威主簿賈斌主簿劉覲引禮舍人王璋劉源
經歷許鎧知事張紳主簿王棟知事曹隆吏目許時雍知事呼孟陽推官
王賓呼思全知縣劉玘知事王彪照磨王文濟鄭聰賈相教諭張
思聰檢校鄭維璋主簿鄭永兆吏目劉文伯主簿張良弼州判許汝

輝嵗州通判劉本濴主簿甯孟和鄭瑄李綱主簿張忠吏目鄭承鸞

鄭樞主簿鄭夔主簿胡江知事鄭祥主簿鄭維新知事張國綱縣丞鄭

淵知縣鄭滸知縣趙文宜兵馬指揮張文魁王希仁主簿許雷斷事王

永吉知州許廷傑主簿許汝元州判高汝榮主簿鄭九思主簿王守

信訓導甯時寶經歷甯孟陽知縣鄭善陝西神木教諭許尚忠照磨王崇

德通判許汝光教諭賈信主簿劉秉榮知縣張孟春甯孟魁王三

晉鄭熠三原縣丞王養民鄭杞賀喬年高象緯晉府紀善王三才

交城王府教授劉汝濟教諭王序王三顧寶雞縣丞任自修沁水訓導許謐

王亨嘉澤州訓導張四教繁峙教諭許應乾孟縣教諭鄭崇雅直隸大寧都司

經歷薛春芳甯承考王九德靈邱教諭李如桂夔州府教授賈時中

主簿賈嶺廣宗知縣高士河南太康教諭許養德瀋府審理王惠民猗氏教諭王善政慶成王府教授

國朝順治中貢生汾陽縣黃中吉推官武時際縣丞俱恩貢曹伯勤張亨慶馬駿史亨劉啟祚朱臨龍南知縣甄茂英李宷鄭琦兗州府通判張令甲泰州運判俱拔貢朱觀副貢王家燕推官盧滂鈺澤州訓導王琇交城訓導韓自明陳府昌張聖化謝瑞靈姚新德郭加桂通判賈人龍曹鼎蒲縣訓導賈三俊王夢夔劉洙張令望郝世勛通判任昌慶內閣中書劉應鵬平遙縣梁崇窿武岡州同張治光祁縣教諭邵雅量絳州訓導劉孔揚稷山教諭趙承舜平陰知縣侯翰廷榆次教諭范于蘩侯于周臨汾訓導高孔明李冠楠李裕

棟邵武縣丞梁禹甸河州知州任繼先蒲縣訓導武永承雷動天介休

縣孟朝桂馬高登西安府訓導梁復安梁榮茂縣丞梁承任孟

心孔楊瑞繁峙訓導王肖舜曲沃教諭任一龍江西縣丞侯詔封喬廷

璞樂安縣丞陳王章浮山訓導溫封光董尋益李學英董秉鳳溫

廷傑桑日扶會縣知縣梁極殿文掄魁州同梁欽搆王仁浩德興

知縣梁桂枝董爾範州同董爾容州同董修巳淮安府通判王章燦

馬絳新宋鳴鶴孝義縣霍琛代州學正張道一張述孔寧國府通

判張師孔襄陵教諭任重道東昌府通判孫琛代州學正張起萬西華知縣

李際亨繁峙訓導田公玉陽高衛教授任時惺王明遠霍焜臨縣

李太沖郝蜚鴻費縣縣丞高愈謙興縣教諭趙一鬮老營所訓導趙光

晉夏縣訓導李提芳府通判郝孔曜州同高如乾黃梅縣丞王基昌樂平
訓導賀翔鵬賀化鵬垣曲訓導賀殿邦廣昌訓導高益廣樊如聖榆社
訓導高秉鑑石樓縣鄭蘭芳應州學正石懷珍保定府同知任長慶
陝西洮岷道許奇遇豐城縣丞鄭王都任允初吳縣知縣鄭天眷益都縣丞
鄭聖敬太平訓導任維初太谷訓導王立極平陽府訓導許國彥趙城訓導
喬瑞珍縣丞左自亨賈復真孟縣訓導鄭育才嵐縣訓導永寧州高
首標邢昌祚曹州州同武寶府通判楊瓚文水訓導王頎訓導郭維藩
猗氏訓導賀春芳稷山訓導崔凝禧辛艮臣崔我升張勳猷訓導崔
儒熥五臺訓導于化龍知縣高象斗梁正中王賓臣張肩機寧
鄉縣史官柳州同知王景昉辰溪知縣劉毓英高昶聞喜訓導劉子豫

廣順知州高鳳儀萬泉教諭王鑄世文昌知縣楊承志霍州學正衛道明李
林鳳王世傳張月星廣昌訓導高觀
康熙中貢生汾陽縣程世偉賈世望俱恩貢武偉臨汾教諭齊
溥韓荆觀俱拔貢白秉毅賀德藩胡宗堯俱副貢劉風遠王
棠第河曲訓導任任重翼城訓導張懋中長子訓導張懋敬張鍾慶稷山
訓導陳章王事敦張弓恩崞縣訓導張璿襄陵教諭謝國相劉應明
洪洞訓導李洙魏兆徵榮河訓導靳敷光孔聯芳張泌劉延祚鄭
遠田國鼎李占春潘濂劉晉劉瑀王誠之武永昌鄭俶
任如尹董少遊劉大德趙之達李仙才曹鉎賀泖劉振
業張榛蔡聖生張光譜賀深羅鼎宋步霄朱祚昌任履

聖王建極楊仁孔衍泗張暹曹光鼐張天錫王乾震壺關
教諭曹宜敦安邑訓導郝光銓朔平訓導李洪太原訓導王汾潞安訓導古謙
忻州訓導賈恭清源訓導李霖壺關訓導平遥縣冀南英郝中興陳舜
年山陰訓導郝堯都梁邦宲梁甲第梁濬侯旬薛維屏王際
泰梁震阮吉王希正梁學曾郭中元雷震電鄧珙高越
侯宣嚴爾象李而棠梁爾愫王之楫梁建都郝舜都梁
建畿平定州訓導劉鶴齡太原府訓導李凝祚梁素頡侯以臨雷
天章李夌漢喬燧高鵬梁祖益介休縣宋奇功長子教諭任
文雅宋企濂垣曲教諭梁星煒趙連璞王任遠興縣教諭董書思
潞安府教授梁敷鮮梁于蕃董振祖工部屯田司主事陳彝董書對

降玉六河津教諭宋慎修田有公馬綱温文琇張昌基梁州楷常毓秀閻僑朱之鳳張應堯黎城訓導馬應芳蒲縣訓導梁巖謨郭華國王元齡梁皇殿降見龍文水訓導康正昌宋賡琦王鼎郭之楹王正倫羅大經孟崇恩長子訓導王之舟董司直李篤生劉蔟聖董襄宸石吉星張豫昭宋企環梁培萱王璞温席珍李馥董奕著張翀雲趙城訓導任崇質樂平訓導閻靜馬伯揚李建統馬龍光王心正任遠絳州訓導鈕昌運董振烈繁峙訓導鈕良珍石琇璠師正郭麗圖梁裕祥河曲訓導孝義縣張昌年任學道張錦標霍燦蔚州學正楊爲棟王來鳳史侃霍如岱任述尹平陸訓導張桂香史諟武纘文霍如

華霍垓宋嗣郊霍圻周之正任騰梁維殿程孔任復魁
華魏都王外文周之德郭自俊清源訓導張祉霍祚昌梁鳴
鳳王宗帝任宗玉楊潭張峩儒梁篤商岢嵐州學正霍爔程
綸任憲成榮河訓導史匡經霑益知州傅前掖張維址惠文琦王
宗祥郭玢劉汾梁希報霍墀王成武臨縣劉光照郭基
犖白琦趙拱徵州同樊軼凡趙景獻郝褒赤蒲縣訓導趙魁晉
趙章晉牛瓚崔景輝白璀白璿太平教諭白晉燮老營堡訓導王
永寧樊琳曹紘明康三接曹仁唐崔鶴齡張提李思邵
劉燧白晉嶠樊瑛劉煒李思豫王永全李如勳王作礪
薛文傑李思升劉宏烈李紹綱王廷珪高能恭曲沃訓導石

樓縣許鳳翔沁源訓導鄭瑭鄭僑恭任啟英鄭王牧洪洞教諭賀

萬齡永和訓導鄭谷芳梁于陛襄垣訓導任聖初高星炳許夢熊

解州訓導張瑞璜崞縣訓導張之珍李奮庸李長敷鄭履貞任之

皋絳州學正賀維新李長華劉中柱和順訓導鄭僑儀范之齊許

繼昌潞城訓導鄭玠張文旦寧武府訓導張起鵬賈崇彪梁州傑

李映桓呼士爵左雲訓導永寧州賀凝祚樂平訓導高翔鵬張曙

乙卯副榜薛鍾秀州判任之賢王運開王廷泰大同訓導崔岱王澤

滎縣知縣賀鼎新高步蟾劉爾勦王玓生丁卯副榜張其藴王起

潛劉嘉聲太原訓導張廷祚崔儒煒劉光鉉崔四賢梁期昌

任九皋梁景隆張士秀任九峻張美秀王國泰榆社訓導李

開基梁樟張履祥張景梁璵縣丞于廷勷任光祚胡雲濟

張日新襄垣訓導李建章靜樂訓導任景祚郭之霖王玠生高岱

王之瓛廷正沁源訓導梁嵋張宏祚張日升任大鵬梁璥胡

冥鵬王曙梁崞梁崺王履劉漢鼎梁巘寧鄉縣劉嘉賓

王名儒陳籛王師孔王運隆王琣衛先訓高在瀛高文

煜郭命新任元慶王艮卿鄭宰癸酉舉人王鐙丁卯副貢王調元

衛皇曹國鼎高輔王用錫王熒高運許日章高品高進

張景雲李植惠若僑王之琰己卯副貢王佑王學曾王純元

劉遵寵王煒劉玉鳴劉爾儉楊勛曹斐高鶴張景仁王

熵曹藩壽陽訓導王之沃李昱

樓縣許鳳翔沁源訓導鄭瑭鄭僑恭任啟英鄭王牧洪洞教諭賀
萬齡永和訓導鄭谷芳梁于陛襄垣訓導任聖初高星炳許夢熊
解州訓導張瑞璜崞縣訓導張之珍李奮庸李長敷鄭履貞任之
皐絳州學正賀維新李長華劉中柱和順訓導鄭僑儀范之齊許
繼昌潞城訓導鄭玠張文旦寧武府訓導張起鵬賈崇彪梁州傑
李映桓呼士爵左雲訓導永寧州賀凝祚樂平訓導高翔鵬張曙
乙卯副榜薛鍾秀州判任之賢王運開王廷泰大同訓導崔岱王澤
榮縣知縣賀鼎新高步蟾劉爾勷王玓生丁卯副榜張其蘊王起
潛劉嘉聲太原訓導張廷祚崔儒煒劉光鉉崔四賢梁期昌
任九皐梁景隆張士秀任九峻張美秀王國泰榆社訓導李

樓縣鄭于灋王詔賀來儀陳大猷李長青李長發許恭
任用礪永寧州梁嶮梁峨任紹祚任纘祚任昇祚江南泰州
州判郝繡芳安象何其慧鉛山知縣梁鳳賀烜梁鳳鳴胡溶李
天祿馮民琇王世擢寧鄉縣李晃孟縣教諭楊荃臨汾訓導趙慰
祥寧鄉訓導雷景輝寧武府訓導王之藩衛孔居王巘元周攀鳳
王池楊維和署富陽知縣郭備郭汝魯
乾隆中貢生汾陽縣任顯相趙之偉朱承恩李絠唐俱
恩貢王樸韓衍桐辛未進士曹縣知縣朱審畤交城教諭王鳳翮己卯副貢大寧
訓導王廷棍俱拔貢劉璐文義寧知縣張成志孟縣教諭任時瑞俱副貢
任大成壽陽訓導靳登洲李杰代州訓導宋元圻和順訓導卞時中雷

祚宏猗氏訓導張鏐徐宏劉磐趙城訓導郝樹屛張世卿曹德懿
侯榮光侯步青賈良玉劉玢張綱張履昌李玉枚任璵
平遥縣郝秉忠毋爾信耿秉謙盂縣教諭侯以誠郭爾琰靈石
訓導趙怡梁經世懐仁訓導成廷玉柴成枝郝天祥梁濤安敦
梁施愷渾源州訓導鄧良輔任憲章宋賓王任明鵬武建勳
段廷翼薛登五李廷翰李廷軾閻調梅李璋冀成已介
休縣劉仲昌孟承葑范清注戶部廣東司郎中馬淇瑛劉光楷
羅贊曹俊粹侯鉄降仲王光前霍滋林王允都魯習之
馬政拔貢寅副貢張廷光侯職天范世德降國英羅桂聯陽城
訓導王藩劉殿選郭文清懐仁訓導張承文李珮郭恒鋕右玉訓導

王撥郭瑛夏縣訓導李椿左雲訓導張廷藩馬世標馬邑訓導閻俊士
張正傳宋士達梁杰胡彤對任士誠康大士劉爾聰郭
于翰吉夢熊楊朋楹趙臨都孝義縣李國祉程朱稷山訓導
劉執中夏縣訓導武勳王燕榮汾西訓導任叔玉張珄劉汪馬褑
雷助雲史角王駒雷助霈五臺訓導張邦達平陸訓導梁質粹田
成潤程悅周徐溝清源鄉學訓導張軒雷助霆李大經武國森倪
殷輔郭廣宋斌孫燊祖臨縣王偉綸李思敬趙森張成
龍薛清李志陞懷仁訓導王克農天鎮訓導賀維翰郝中桂馬邑訓導
高帝昇高遵範郭懷瑜趙夢麒高遵尺張援賀述禹神池
訓導李士升張讚楊化龍張懋李錫袞榆次訓導高配極樊昇

趙以徵李愈楷崔文煥任瑞張璿白延年張敦臨石樓
縣任懋勳(永和訓導)陳緒(武鄉教諭)王詔(鳳臺教諭)喬瞻韓劉承忠許
人龍張嗣仲張璿鄭友范劉殿揚李果超曹元甲呼延
春張琳張鵬鄭毓生任錫景馮仲任鍾麟呼延齡許文
鴆李果軼張汝基馮信永寧州任璉白維鵑(聞喜訓導)楊世
修(太谷訓導)于大楫梁學恭(昭文主簿)張貞元任璡王彥孔(陽高訓導)
陳裔(甲子副榜)王宁高天鳳蒙養正(興縣訓導)梁鳳儀李荷張銘
(長子訓導)張錫燦何爾慧王恒升郝吕村張之璉崔心顏田
廼衛劉元麟李夢麟高永禎王烈安於仁張文匯梁崇
齡王文然劉元鐸侯賜輅侯賜履梁崇讓寧鄉縣李楠

杜秉仁邢登岸惠迪吉楊世璜王楫王惠王之治平魯訓導
王之淮張秉直山陰訓導許九章李瑞高繼呂楊世璐楊濬
楊之淮楊演史文煌楊永春壬午副貢衛述尹張鞏基王飛
熊郭行亨王彬楊際春郭行光龐世艮龐月峰雷尚仁
郭來賀張鵬文
明貢監之列仕籍者汾州劉志朝邑縣丞任好學濟源主簿靳志
義漢中府知事李惠東阿主簿李希賢處州府經歷謝經深澤縣丞董寧乾州
吏目靳宣廣信府經歷張彥祐宿遷知縣謝達廣信府經歷駱貴霸州吏目武
璽沂州吏目呂祺廣信府經歷呂彥士武功縣丞張文經平州州判雷騰龍
涇陽縣丞李廷儒鴻臚寺序班賈祐涇州吏目王文遷鄧州吏目樊龍欒州州判

李廷機陝州州同　王從約東鹿知縣　郭謐固安縣丞　李渤大寧都司斷事　李洛
臨漳縣丞　賈思顥亳州吏目　常懷義句容縣丞　安國士邳州吏目　侯國華州吏目
馮伯奇通判　李漁劍州州判　李廷員單縣縣丞　蔚畏民睢州州判　侯祉沈邱
主簿　趙景貞蒲城縣丞　鄭觀孟津主簿　楊四維楚府典儀　盧應忠咸寧縣丞　李
舜臣鴻臚寺序班　周价淮安府經歷　武敏學安塞縣丞　李菁葭州吏目　汾陽
縣王用賀光祿寺署丞　郝鐔固原州同知　張珽光祿寺署丞　郭禮淮安運判
和德化德州同知　侯正忠安州吏目　郭裕鴻臚寺序班　張主信鴻臚寺序班
陳善府經歷　劉創漢鴻臚寺序班　王憲綱光祿監事　魯穩東縣縣丞　李守
謙招遠主簿　原會鴻臚寺序班　裴焯中書科中書　張得滿中書科中書　曹應
秋鴻臚寺序班　張令聞上林苑署丞　平遙縣董儒鞏昌府經歷　李頡上溪

州吏目范聰登州府知事温良寧羌州吏目王羽四川吏目趙邁蕭縣縣丞鄧
彝湖廣布政司照磨李瑚平利知縣趙威秦安知縣馮廉儀封主簿趙賢澠池縣丞
李清淮安府照磨李永鑑深州判官冀良弼興國州吏目張文明三原主簿
任良翰松陽縣丞雷世傑三原主簿任儒濟源主簿冀良佐安化主簿趙崇
禮膠州吏目趙崇義遷安主簿陞知事李時芸徐州吏目趙繼祖杭州斷事李
鴻淵臨淄縣丞梁大安河間主簿鄧三畏醴泉縣丞冀儼宜川縣丞李性明
馬瑚府經歷曹廷鎮河間府經歷雷應祚河南府照磨王永齊臨清州吏目
王從伊麟遊縣丞毋達無爲州吏目范懷策寶慶府照磨李性敏遼陽衛經
歷李進忠滄州吏目郭思恩武定州吏目雷嘉雨鳳縣主簿鄧騰霄兵馬
司梁秉乾內黃縣丞梁穎達山陽主簿梁建鼎曲陽縣丞介休縣趙敏

衛經歷張鵬舉千戶所吏目燕繹順天府經歷溫柔仁和主簿劉廷舉陸屯
長官司吏目王繼宗署陽縣丞董惟德白州府檢校溫九敘高陵知縣賈光
漢州吏目武湖蘄州府經歷侯時義滄州吏目董讓大成主簿侯康國同原州吏
目郭永貴都勻府經歷侯景崑山主簿董汝臣臨洮府通判侯烈簡州吏目
壁經歷降天衛廣平府經歷王嘉琮苑馬寺監正歷都司經歷降大任上林苑監
丞喬承詰文安知縣張可教江陰主簿宋行簡常山主簿梁端容慶陽府經
歷董待膺興國州同知孝義縣程勛丹陽主簿閻子奎徽州府檢校李
儀延安府經歷李儒米脂知縣馬龍行唐縣丞張大綱濮州吏目張大紳寧國
縣丞武安邊鳳翔府照磨任希孟華亭主簿任朝宗睢州州判任復初朝邑
主簿張汝器長垣主簿霍喬東平州吏目李莊南部主簿張鷄翮宿州吏目任

三才光祿寺署丞　程嘉言鴻臚寺序班　王泰衛經歷　張正鵠鴻臚寺序班
霍鍾瑜長蘆鹽運司同知　霍鍾琳鴻臚寺序班　臨縣雷震常州府知事　高
拱永年主簿　宋銳洋縣知縣　劉朗費縣主簿　白軌杞縣主簿　郝寶阜城縣丞　陳懷
仁宿遷主簿　賀吉開封府照磨　雷倫滁州吏目　喬岐來鹿縣丞　高應先太平府照
磨　薛昌齡寧海州吏目　劉茂順德府經歷　劉漢臣安寧千戶所吏目　陳璽
洛陽主簿　王濟民沁陽主簿　喬木溧陽主簿　王尚義東阿主簿　賀科靜海主簿　侯
之宋宜君縣丞　賀承恩溧陽主簿　賈迎福永年主簿　賀三樂陝西清平監監正
苗希賢光祿寺監事　武崇文德平縣丞　賈迎祿辰州府照磨　賈待價北通
州吏目　趙祁曲阜縣丞　趙袍鴻臚寺序班　郝一太鴻臚寺序班　苗春芳西城
兵馬司　石樓縣鄭九經儀封主簿　張文相鎮原知縣　張壽靈臺知縣　張䨓

嘉興知縣張汝舟涿州判官張汝梅長青縣丞張汝藩寶雞主簿張廷寶河南
布政司檢校張一道州吏目王承恩宜川主簿劉仲斗漢中衛經歷王衍
祚宜川縣丞許樹梓邳州衛經歷永寧州延尚知縣賀禮知縣安淮知縣
賈甡知縣賈越知縣高崇明邱縣知縣車棠知縣楊濟府通判于璽華陰
知縣溫文標知縣韓銳知縣張譚審理車柱主簿楊景新主簿張豸主簿
任朝聘主事孫繼愚州吏目孫子文南和知縣寧鄉縣楊九皋萊州
府檢校武鋐齊河主簿劉希堯南陽主簿尹從仁鄖城主簿張萬里滑縣主簿
楊幹歸德府檢校劉世新汝寧府檢校李士輝鄒平主簿張電日照主簿李
瀛洵陽主簿李時夏中牟主簿張寵常州府照磨張魚廣信府照磨曹瑛寧晉
知縣王守謙鴻臚寺右少卿王世鼎鴻臚寺序班

國朝貢監之列仕籍者汾陽縣郝文煜安仁縣丞任之讓縣丞王德元兵部職方司主事田呈瑞浙江金衢嚴道武文璧靈石教諭馮中節中書魏之憲内閣中書武俊武進知縣張進賢蒲城知縣安圻九江同知楊文運清豐知縣李煜獨山知州張珣上虞知縣董志建江浦知縣候補同知胡述祖廣平知縣賈三芳始興知縣任履智解州訓導靳隆瑜繁峙訓導卞文蔚沁源訓導史永年江華巡檢賈毓蜚商邱典史胡纘祖東鄉縣丞王琨璧肇慶府司獄蕭雯廣東鹽課大使王瑄滄州驛丞李蘊隆興縣訓導宋之琦清源訓導姜調泰芮城教諭常化成樂平訓導郝圻徐溝教諭盧大任陽城訓導李琦洪洞訓導馬五梅安定知縣任嗣蕃洪洞訓導朱士宏蘭溪知縣趙申祥長子教諭蔡祚遠蒲縣訓導郝國瞻太平訓導任鄜崞縣訓導楊俊運司經歷文光斗

潞城訓導路如軾　趙城訓導任應辰　天門縣丞魏國璉　嵐縣訓導魏學寬　鹿邑

縣丞馮天祐　澄城典史韓衍慶　江浦縣葛城驛丞任獻璠　絳州訓導杜元勳

西安府照磨張銘　長子訓導侯時　靈邱訓導趙潤　陸豐巡檢張國俊　稅課大使魏

珏　内閣中書王臨　興縣訓導韓謨　肇慶府知府張漢翺　高安知縣候補主事郝之

芳　瑞昌知縣太常寺博士王凝道　壽陽教諭任宗訓　絳縣教諭賈崇德　夏縣教諭

任郜　崞縣訓導馮殿魁　襄垣訓導姜純修　臨晉訓導任應辰　平陽府訓導任

廷佐　廣昌訓導武運肇　廣靈訓導降達璘　猗氏訓導魏國琳　河津訓導左元

蒲城巡檢徐寬　梁山縣丞郝成名　蒲圻縣丞馬履中　西和縣知縣田周　郎中田

震　湖北鹽驛道張石　兩淮鹽大使卞懷仁　高明縣知縣任永德　晉州吏目馮

武臣　奉化縣丞馬履端　真寧縣知縣張時俊　濮州知州劉永祺　清豐典史任

維翰縣寶門宣課大使　張廷梅德興縣縣丞　張雲束鹿縣丞　張栢固安縣知縣

姜之璉吳江縣縣丞　張書紳同知署龍門縣知縣　任立賢侯官縣丞　梁甡兵馬司正指揮　梁正心資陽縣典史　劉永誼東阿縣典史　馮令德耀州吏目　卞懷郜安寧知州　賈聯璸州判署高邑典史　武元宰南城副指揮　張琪成安典史

韓衍楷四川布政司經歷　耿毓孝北流知縣　馮際春建德典史　朱玉書錦縣典史

賈悅北路司獄　劉鵬舉貴州按察司照磨　賈雙玉崇仁巡檢　賈棟玉田典史

田錫莘河州知州　何多學涇州知州　賈生琇戶部主事　曹靜功開化典史

馮登閣大竹典史　宋國璁兵部員外　宋國珖翰林院待詔　楊淳諸羅佳里興司巡檢

惠大成黃梅巡檢　魏振綱保昌巡檢　劉思艮順寧巡檢　馮際宴雷波廳巡檢

魏國卿以吏目歷官松江府經歷華亭縣丞金匱縣望亭巡檢治事敏果有聲稱未仕時詩名著遠邇有梅

軒詩鈔已刻　韓燕永明知縣　張玫長樂巡檢　武忠善榮城吏目　韓衍槐保康知縣

李譽椿戶部員外　郭銳畧陽典史　田高西安府同知　梁生翽北城吏目　馮大

慶烏程巡檢　張錫眉貴縣典史　張履謙玉屏典史　曹延齡平谷典史　王性杭州

稅大使　賈聯玉福建按察司司獄　賈廷璋睢寧典史　楊詰海鹽典史　雷司澤

三水典史　李文毅河源典史　崔建朝監利巡檢　陳一杕福建巡檢　張習永清主簿

武承運沛縣知縣　劉成蛟夾江知縣　李瀚宸鎮遠縣丞　白如珩饒陽典史　平

遙縣張塤威縣典史　李生貞縣丞　邵進昇御武典史　冀州煜揚州府照磨

冀先登長樂縣丞　閻立功震澤司巡檢　冀先德德慶州巡檢　冀履升平利

典史　趙燦章永清縣典史　雷應龍蘆山知縣　梁恭經歷　楊錫五南城兵馬司吏

目　米養賢沔陽典史　張顯文曹縣縣丞　侯錫琬陳留縣丞　楊吉泰長葛縣丞

高寧邦隨州巡檢冀先魁洮州茶馬大使李桂南陽驛丞趙宋衍新會巡檢范
和泰南康巡檢屠宸輝錦縣典史朱廣臨淮典史介休縣常學易陝甘鹽驛
道趙祚炳垣曲教諭常學艮衡州府知府董命馬邑訓導梁星煜淮安府知
府張鉽岳陽訓導張廷序平陸訓導趙祚耀壽陽訓導李之楨靈石訓導馬
鍾華浙江鹽驛道王維凝老營堡守禦千戶所訓導王聘廣靈訓導劉斗文中
書科中書劉典文靈石訓導宋企至汾西訓導宋藻大寧訓導張金鳳大寧訓導
張國瓚萬泉訓導梁于宣絳州訓導喬甲第工部屯田司員外郎田肇修代州
訓導梁洲齊東知縣穆進忠霍州訓導郭儀鳳平定州訓導喬士多安陸府通
判馬淇珩戶部廣西司郎中張大功定遠主簿冀映霨雅州府通判張正
倬汾陽州吏目馬仲士延長典史程翼道霍州訓導汜棣溫江知縣常三書

魏縣知縣常三立　桂陽知縣王登位　南平巡檢張正任　晉州州同陰旺　安平典史張爾寧　兩淮霸上巡檢劉士昌　鎮原知縣董舒文　祁州州判董福才　鎮海巡檢范倫　閬中典史康益勝　犍爲典史刺大英　桂平巡檢李伸　樂亭巡檢曹嘉瑞　廣德巡檢董柴　安州知州李日照　汅陽州判張正化　灤州知州馬淇珣　永北府知府曹培棟　西城兵馬司正指揮馬權　龍安府知府范彬　直隸布政司庫大使范檢　蘇州府督糧水利同知常宜密　贛縣縣丞梁正倫　婁縣縣丞范清灝　黔陽知縣李日旭　吏部司務廳李存心　丹陽主簿武殿才　歸化知縣李恒遵　兗州府司獄馬淇理　嘉興府知府趙國樞　恩縣知縣張璲　長沙府同知侯國樞　直隸布政司理問黃廷璐　福建楊家溪巡檢范松　安仁縣丞張崇樸　商水知縣梁錫藩　永平府知府馬伯銓　於潛知縣黃上采　陽信州判郭正璋　西城兵馬司副指揮范

清洮州廳撫彝同知張靈瑞江山典史侯爵西城兵馬司正指揮董源涵曹儀

通判馬淇瑞景州知州黃廷樸北河效用州同知郝鏞德州吏目董靖宇鎮南

州吏目梁增會澤典史梁日臨敘州府通判捐同知董憲曾宿松縣丞馬楠刑部

雲南司郎中梁允泰山陽縣丞馬果永寧知州張仁政雲南布政司理問喬士

玉永州府知府范清溥嵩明州知州捐補郎中高光祖普洱府知府龔國勳

獨山州同知侯任碧甲司巡檢吳宏猷甌寧典史張星烜松江府批驗大使馬

攽考吏目揀發南河委用賈世模湘鄉知縣梁允寧公安縣丞龔邁臨城典史補永

寧巡檢范清莊貴州試用吏目董源潑平涼典史張位西城兵馬司吏目穆大

道潼川府經歷梁昌靜寧州吏目郭宜位石門典史梁望洪舊江口巡檢曹

漢良中城兵馬司吏目李繩湖南督糧道庫大使范濤澄保定府經歷梁圻苓溪

典史張法祖岳池典史茹連發太平司巡檢發直隸委用揀張嗣衡福建詔安塲鹽
大使范樹白霞寨巡檢范棉湖南鹿角司巡檢馬得楨魚臺知縣燕經邦臨川
縣清泥巡檢李鳳翔松滋縣紅崖寨巡檢趙錫球龍江關大使孝義縣韓起
祥湘陰驛丞李唐和州知州史正治邵武知縣武勳王崇安典史武文昌南豐
典史郭薇垣博羅巡檢張學孔甘州府經歷史國輔荷澤縣丞王汝瀘州巡檢
鑒閩浙鹽大使韓銑龍川典史韓德厚黃梅巡檢郭連疆州同知分發廣西試
用臨縣張宗良繁峙訓導穆成周戶部員外郎趙俊鑾安化知縣穆生
棠永嘉縣丞劉嘉註奉新典史李枚太倉知州石樓縣任之尹鳳翔知縣任
之鼎秀水知縣鄭珵襄陵訓導鄭玖渭南知縣永寧州劉廷漢政和知縣于
廷翼曲沃訓導王之瑞太平教諭朱雲林藁城典史于灝四川清吏司郎中辛

天爵鄰城教諭梁拱辰寧遠府通判于大梃廉州府知府任昇祚泰州判官

梁紹素雷州府同知梁拱斗東鄉縣丞閻金壇西城兵馬司副指揮辛應甲

永明巡檢胡廼炯揀發江蘇試用縣丞監督海塘工務杜九斌安陸府照磨王善士

平魯教諭

明嘉靖丙午武舉劉慶寧鄉人己酉張霈寧鄉人壬子乙卯

楊棟寧鄉人二科並中式辛酉靳朝進甲子劉軾寧鄉人

隆慶丁卯曹琢寧鄉人劉璞寧鄉人庚子史篇寧鄉人

萬歷癸酉温論介休人高鴻學寧鄉人壬午己卯高鴻學三科

並中式龍池衛守備辛卯李日新介休人郭師孔寧鄉人庚子文永權

介休人張鴻聲介休人梁徵寧永寧州人馬雲錦永寧州人癸卯張九

邊永寧州人張銘盤永寧州人劉十傑寧鄉人丙午蔣有功汾陽人馮居敬汾陽人張九邊二科竝中式壬子張體乾解元臨縣人萬歷中賈迎壽高自舉薛國昌李增田乃積竝臨縣人

天啟辛酉劉時茂汾陽人劉龍蟠臨縣人甲子殷若霖臨縣人

崇正癸酉張煌介休人八角城守備指揮僉事丙子劉恒祚汾陽人崇正中趙文光郭之藩趙一鳳汾陽人

武舉失科年者劉正國賀澄梁垣喬芹毛汝科楊惟茂牛維光薛啟肩竝永寧州人

萬歷癸丑武進士張體乾臨縣人五軍都督府左都督太子太保

天啟壬戌劉時茂汾陽人河南都司

崇正丁丑劉恒祚汾陽人湖廣右營遊擊　癸未趙文光汾陽人國朝順治二年陝西固鎮標左營守備九月征賊武大定力戰死贈都司賜祭　郭之藩汾陽人

武進士失科年者賀震彝永寧州人湖廣副將

國朝順治乙酉武舉宋顯庸介休人　桑錫土介休人　戊子梁復灝介休人　董正史介休人　梁企孟介休人　丁酉石安邦介休人

王揚介休人　朱之琦介休人　甲午田珍汾陽人　李元吉汾陽人　梁

陳于陛介休人浙江台州衛守備　冀州佐介休人　張雲龍永寧州人　庚子宋世法介休人　梁士選臨縣人　順治中宋其昌汾陽人

康熙癸卯王琦琮介休人　王藏修介休人　丙午馮自明汾陽人

馬澄調汾陽人　馬渭生孝義人陝西西寧衛千總　梁克剛臨縣人　趙璿臨縣

人運河千總劉德溫寧鄉人己酉郭維世汾陽人運糧千總任毓泰汾陽
人廣東守備梁文龍介休人孟之倘介休人梁堂瑧介休人王登朝
介休人壬子楊輪寧鄉人郝天祚汾陽人任毓美汾陽人李應龍
平遙人楊啟慶介休人梁堂珊介休人任之頏石樓人乙卯張志
巽汾陽人賈世晉汾陽人張奇瑞平遙人武翼平遙人曹章譽介休
人張良傑介休人陝西紅崖口守備楊軾寧鄉人戊午傅鐸汾陽人張廷
瓚汾陽人孔淑良汾陽人李貞汾陽人安爾甸平遙人羅先甲介休
人武翊泰介休人梁可楨介休人韓淑琦介休人韓養翼介休人
孫負錦孝義人辛酉賈世祿汾陽人永和關把總劉明法汾陽人陳繼
儒汾陽人任興圻汾陽人鄭遐汾陽人趙之嶠汾陽人梁之瑞平遙

人張基紳介休人任發榮介休人溫奇材介休人栔瀞臨縣人王
克寬永寧州人甲子馬淑調汾陽人張其達汾陽人王守魁介休人
孫贊宸介休人趙連璋介休人劉大堯孝義人王永譽永寧州人郭
正卿永寧州人丁卯魏道恭汾陽人任秉章汾陽人劉振威平遥人湖
廣永定衛守備申健昌平遥人張國珮介休人李蕃孝義人吳傑孝義人
趙捷臨縣人領運千總白晴臨縣人東直門守禦千總梁岑永寧州人任萬鵬永寧
州人庚午劉橋平遥人趙君輔介休人王暄永寧州人癸酉董如愚
介休人董原天介休人丙子張佐平遥人武封侯介休人張翀曜
介休人任萬登永寧州人梁繩素永寧州人己卯雷霆章平遥人高攀
蟜介休人壬午馬爾駿汾陽人湖廣荊州右衛守備田惇修介休人高攀

龍介休人　乙酉閻慎謀平遥人　戊子雷濯章平遥人　高攀鳳介休人　辛卯任顯績汾陽人　高攀丹介休人　張問惠介休人　甲午張玫汾陽人　劉珏平遥人　李宏發介休人　李宏德介休人　張新政介休人　丁酉任宗讚汾陽人　王質秀汾陽人　馮際茂汾陽人　李宏儒介休人　范毓裿介休人正定鎮總兵官都督僉事　庚子任伊汾陽人　白秀章平遥人　龔君錫平遥人

雍正癸卯劉璠平遥人　甲辰王邦迪汾陽人江南建陽衛守備　高攀霞介休人　李宏士介休人　張養德介休人　丙午劉佩瑗汾陽人　任世任汾陽人　張中道平遥人直隸順德府遊擊　武由介休人廣東將軍中軍守備　王昭介休人淮安衛隨運千總　己酉趙生瑞汾陽人　閻鐸汾陽人　任克任汾陽人

張履中汾陽人 張中倫平遥人 李兆熊介休人 李兆麟介休人 劉
方遂介休人 李如璠孝義人浙江衢州府都司 王子任元任汾陽人 薛曆
汾陽人 岳文煒介休人 梁轔介休人 程建功平遥人衛守備 乙卯趙生
瑚汾陽人 温毓帥汾陽人 王邦達汾陽人 岳現瑾介休人 趙班介休
人 李兆鳳介休人 任士淇介休人 劉稼孝義人 王之泰寧鄉人
乾隆丙辰趙基采汾陽人 宋楚玉平遥人 王昌齡介休人 戊午
郝如琳平遥人 梁騰霄介休人 張樑介休人 李作楫介休人 辛酉
張秉鈞汾陽人 高天德汾陽人 冀道介休人 甲子程綱平遥人 武
銳介休人 丁卯郝正瑚汾陽人直隸冀州千總 梁鎮韓平遥人 高璘介休
人 庚午弓斯發介休人 壬申李繼弼介休人解元 王恒兆汾陽人直

隸易州折箭嶺守備李兆瀛介休人　李兆吉介休人　癸酉武生玉平遙人
劉法楷介休人　李兆凱介休人　高敬祗介休人　張漢輝介休人　丙
子姜乃乾汾陽人江西饒州守禦所千總　任鵬飛汾陽人　王萬年汾陽人　強
大勇介休人　宋興介休人　張筠統介休人　己卯郭振國汾陽人　王
肇熊汾陽人　文寀介休人　范杜介休人　庚辰岳壽淵介休人解元　郭
元凱介休人　趙繼曾平遙人　段生本介休人　高榮祖介休人　壬午
張敦元汾陽人　郝纘汾陽人　張振倫平遙人　陶凌霞介休人　李日
騰介休人　梁旃介休人　武思文介休人　乙酉李中遐平遙人　董敏
中平遙人　高上通介休人　強爾瑗介休人　岳現麟介休人　宋鼎介休
人　李坦介休人　張起鳳介休人　強禦侮介休人　劉子勳孝義人　戊

子武鷹揚平遥人　劉翰清介休人

順治丙戌武進士范承名平遥人陝西鞏昌府秦州衛守備　己丑王珣

汾陽人　乙未董正史介休人陝西潼關守備　戊戌朱顯肅介休人陝西寧夏衛

守備　石安邦介休人廣東香山遊擊

康熙癸丑楊啟慶介休人雲南永昌衛守備　丙辰趙連璧汾陽人山東壽張營

遊擊　梁堂珊介休人廣東廣州府右衛守備　己未孫貟錫孝義人山東靈山衛守備　壬

戌李貞汾陽人臺灣協標左營中軍守備　乙丑郭爾安平遥人山東濟南衛守備　丁

丑任興圻汾陽人　癸巳高攀蟾介休人四川南坪營守備　乙未高攀鳳

介休人侍衛　戊戌張新政介休人　李宏儒介休人

雍正庚戌趙生瑞汾陽人直隸馬蘭鎮黃花山守備　張中式平遥人陝西潼關營

都司高攀霞介休人直隸宣府四野堡守備李兆麟介休人王邦迪汾陽乾隆辛未

乾隆壬申弓斯發介休人浙江衢州提標遊擊己卯程綱平遙人辛巳

岳壽淵介休人湖北安遠營守備癸未郭元凱介休人榜眼侍衛范杜介休人

武思文介休人提塘己丑宋鼎介休人侍衛劉翰清介休人

明武職侯盛汾州人錦衣衛將軍王景祚汾州衛人本衛指揮僉事王延祚汾州衛人北樓口參將營中軍惠承恩汾州衛人河南都司掌印惠迪吉汾州衛人承恩子河南都司胡福介休人湖廣武定衛軍士永樂中從本衛指揮征南生擒高麗王擢本衛指揮喬海介休人金吾左衛指揮王傲介休人百戶趙璽介休人錦衣衛千戶郭玉介休人懷遠百戶

石脩玉平遙人守備董義學介休人殿前護駕將軍梁希孔介休人殿前護駕將軍梁榮豐介休人河南領班都司羅浩然介休人陝西延綏榆樹澗守備董敬勝

介休人戚遠堡守備董廷誨介休人大津衛守備文雲鳳介休人殿前護鶴將軍白騰蛟臨縣人薊鎮總兵官都督僉事陣亡曹應林臨縣人均州副總兵郝孔烈臨縣人京衛鎮撫樊鳴鳳臨縣人京衛指揮郝惟賢臨縣人京衛鎮撫崔天爵永寧州人雲南靖雄鎮總兵劉清寧鄉人天城衛軍也正統己巳之變通事英廟以翊戴功授天城衛指揮同知子安孫正世襲龐迪寧鄉人錦衣衛將軍武廷翰寧鄉人錦衣衛將軍曹忠寧鄉人錦衣衛百戶

龐自得寧鄉人崇正四年守衛

國朝武職李尚惠汾陽人由都司有軍功陞廣東布政使司靳隆琇汾陽人陝西甘州衛守備王仲賢汾陽人甘州城守營中軍守備李御選汾陽人陝甘督標前營遊擊陳一貫汾陽人直隸蘆溝營守備李登科平遙人陝西關山遊擊郭維斗平遙人江西鉛山所守備張士俊介休人雲南昭通鎮總兵官穆生輝臨縣人臨襄總鎮都督同知劉

思鳳臨縣人守備　曹建唐臨縣人四川夔州府守備　賀國賢石樓人直隸紫荊關副將

張士俊石樓人江西羊角營守備　李克友石樓人以把總征西陣亡廕子李進功千總　李進功克友子以廕後陞江南溧陽營司僉書　褚必祥石樓人江南淮安守備　劉發永寧州人台協副將　任廷魁永寧州人四川重慶府遊擊　劉偉用永寧州人守備　姜乃乾饒州所守禦　王恒輝汾陽人衛千總

汾州府志卷之二十

仕實

孫資字彥龍太原中都人魏國旣建與涿郡劉放俱爲秘書郎先是資歷縣令參丞相軍事文帝卽位放資轉爲左右丞黃初初改秘書爲中書以資爲中書令加給事中賜爵關中侯遂掌機密三年進爵關內侯明帝卽位尤見寵任加散騎常侍進爵樂陽亭侯太和末吳遣將周賀浮海詣遼東招誘公孫淵帝欲邀討之朝議多以爲不可惟資決行策果大破之進爵左鄉侯青龍初加侍中光祿大夫景初二年遼東平定以參謀之

功進爵封本縣資中都侯其年帝寢疾欲以燕王宇爲大將軍及領軍將軍夏侯獻武衛將軍曹爽屯騎校尉曹肇驍騎將軍秦朗共輔政宇性恭良陳誠固辭帝引見放資入卧內問曰燕王正爾爲放資對曰燕王寔自知不堪大任故耳曰曹爽可代宇不放資因贊成之又深陳宜速召太尉司馬宣王以綱維皇室帝納其言即以黄紙授放作詔放資既出帝意復變詔止宣王勿使來尋更見放資曰我自詔太尉而曹肇等反使吾止之幾敗吾事命更爲詔帝獨召爽與放資俱受詔命遂免宇獻肇朗官太尉亦至登牀受詔然後帝崩齊王即位以

放資決定大謀增邑三百資幷前千戶封愛子一人亭侯次子騎都尉餘子皆郎中正始元年更加資右光祿大夫金印紫綬儀同三司六年資轉衛將軍領監令如故七年復封子一人亭侯年老遜位以列侯朝朔望位特進曹爽誅後復以資爲侍中領中書令嘉平二年資復遜位歸第就拜驃騎將軍轉侍中特進如故三年薨諡曰貞侯子宏嗣放才計優資而自修不如也放資既善承順主上又未嘗顯言得失抑辛毗而助王思以是獲譏於世然時因羣臣諫諍扶贊其義幷時密陳損益不專導諫言云及咸熙中開建五等改封宏離石子

資別傳資幼而岐嶷三歲喪二親長於兄嫂講業太學博覽傳記同郡王允一見而奇之太祖爲司空又辟資會兄爲鄉人所害資手刃報讐乃將家屬避地河東故遂不應命尋復爲本郡所命以疾辭友人河東賈逵謂資曰足下抱逸羣之才値舊邦傾覆主將殷勤千里延頸宜崇古賢桑梓之義而久盤桓拒違君命斯猶曜和璧於秦王之庭而寘以連城之價耳竊爲足下不取也資感其言遂往應之到署功曹舉計吏尚書令荀彧見資歎曰北州承喪亂已久謂其賢智零落今日乃復見孫計君乎表留以爲尚書郎

辭以家難得還河東諸葛亮出在南鄭時議者以爲可因大發兵就討之帝意亦然以問資資曰昔武皇帝征南鄭取張魯陽平之役危而後濟又自往拔出夏侯淵軍數言南鄭直爲天獄中斜谷道爲五百里石穴耳言其深險喜出淵軍之辭也又武皇帝聖於用兵察蜀棲於山巖視吳竄於江湖皆撓而避之不責將士之力不爭一朝之忿誠所謂見勝而戰知難而退也今若進軍就南鄭道既險阻計用精兵又轉運鎮守南方四州遏禦水賊凡用十五六萬人必當復更有所發興天下搔動費力廣大此誠陛不所宜

深慮夫守戰之力力役參倍但以今日見兵分命大將據諸要險威足以震攝疆寇鎮靜疆埸將士虎睡百姓無事數年之間中國日盛吳蜀二虜必自罷弊帝由是止時吳人彭綺又舉義江南議者以爲因此伐之必有所克帝問資資曰鄱陽宗人前後數有舉義者衆弱謀淺旋輒乖散昔文皇帝嘗密論賊形勢言洞浦殺萬人得船千萬數日間船人復會江陵被圍歷月權裁以千數百兵住東門而其土地無崩解者是有法禁上下相奉持之明驗也以此推綺懼未能爲權腹心大疾也綺果尋敗亡是時無歲不有軍

征而帝總攝羣下內圖禦寇之計外規廟勝之畫資皆管之然自以受腹心常讓事於帝日勤大衆舉大事宜與羣下共之既以示明且於探求爲廣既朝臣會議資奏當其是非擇其善者推成之終不顯已之德也若衆人有讒過及愛憎之說輒復爲請解以塞譖潤之端如征東將軍滿寵涼州刺史徐邈並有譖毀之者資皆盛陳其素行使卒無纖介寵邈得保其功名者資之力也初資在邦邑名出同類之右鄉人司空掾田豫梁相宗豔皆妬害之而陽豐黨附豫等專爲資構造謗端怨隙甚衆資既不以爲言而終無

恨意豫等衞服求釋宿憾結爲婚姻資謂之曰吾無憾心不知所釋此爲卿自薄之卿自厚之耳乃爲長子宏取其女及當顯位而田豫老疾在家資遇之甚厚又致其子於本郡以爲孝廉而楊豐子後爲尙方吏帝以職事譴怒欲致之法資請活之其不念舊惡如此大將軍爽專事多變易舊章資歎曰吾累世蒙寵加以豫聞屬託今縱不能匡弼時事可以坐受素餐之祿邪遂固稱疾九年二月乃賜詔曰君掌機密三十餘年經營庶事勳著前朝暨朕統位動賴良謀是以曩者增崇寵章同之三事外帥羣官內望讜言

屬以年耆疾篤上還印綬前後鄭重辭旨懇切天地以大順成德君子以善恕成仁重以職事違奪君志今聽所執賜錢百萬使兼光祿勳少府親策詔君養疾於第君其勉進醫藥頤神和氣以永無疆之祚置舍人官騎加以日秩肴酒之膳焉世語曰放資久典機任獻肇心內不平殿中有雞棲樹二人相謂此亦久矣其能復幾指謂放資放資懼故勸帝召宣王帝作手詔令給事辟邪至以授宣王宣王在汲獻等先詔令於軹關西還長安辟邪又至宣王疑有變呼辟邪具問乃乘追鋒車馳至京師帝問放資誰可與太

尉對者放曰曹爽帝曰堪其事不爽在左右流汗不能對放躡其足耳之曰臣以死奉社稷曹肇弟纂爲大将軍司馬燕王頗失指肇出纂見驚曰上不安云何悉共出宜還已暮放資宣詔宮門不得復內肇等罷燕王肇明日至門不得入懼詣廷尉以處事失宜免帝謂獻曰吾已差便出獻流涕而出亦免案世語所云樹置先後與本傳不同資別傳曰帝詔資曰吾年稍長又歷觀書傳中皆歎息無所不念圖萬年後計莫過使親人廣據職勢兵任又重今射聲校尉缺久欲得親人誰可用者資曰陛下思深慮遠誠非愚

臣所及書傳所載皆聖聽所究向使漢高不知平勃能安劉氏孝武不識金霍付屬以事殆不可言文皇帝始召曹眞還時親詔臣以重慮及至晏駕陛下即阼猶有曹休外內之望賴遭日月御勒不傾使各守分職纖介不間以此推之親臣貴戚雖當據勢握兵宜使輕重素定若諸侯典兵力均衡平寵齊愛等則不相爲服不相爲服則意有異同今五營所領見兵常不過數百選授校尉如其輩類爲有疇匹至於重大之任能有所維綱者宜以聖恩簡擇如平勃金霍劉章等一二人漸殊其威重使相鎭固於事爲善帝

曰然如卿言當爲吾遠慮所圖今日可參平勃侔金霍雙劉章者其誰哉資曰臣聞知人則哲惟帝難之唐虞之聖凡所進用明試以功陳平初事漢祖絳灌等謗平有受金盜嫂之罪周勃以吹簫引彊始事高祖亦未知名也高祖察其行跡然後知可付以大事霍光給事中二十餘年小心謹慎乃見親信日磾夷狄以至孝質直特見擢用左右尚曰妄得一胡兒而重貴之平勃雖安漢嗣其終勃被反名平劣自免於呂須之讒上官桀桑弘羊與霍光爭權幾成禍亂此誠知人之不易爲臣之難也又所簡擇當得陛下所

親當得陛下所信誠非愚臣之所能識別臣松之以爲孫劉于時號爲專任制斷機密政事無不綜資放被託付之問當安危所斷而更依違其對無有適莫受人親任理豈得然案本傳及諸書並云放資稱贊曹爽勸召宣王魏室之亡禍基於此資之別傳出自其家欲以是言掩其大失然恐負國之玷終莫能磨也

張司空亮字伯德西河隰城人少有幹用初事尒朱兆拜平遠將軍以功封隰城縣伯邑五百戶高祖討兆於晉陽兆奔秀容兆左右皆密通誠款惟亮獨無啟疏及

兆敗竄於窮山令亮及倉頭陳山提斬已首以降皆不忍兆乃自縊於樹伯德伏屍而哭高祖嘉歎之授丞相府參軍事漸見親委以書記之任天平中爲世宗行臺郎中典七兵事雖爲臺郎而常在高祖左右遷行臺右丞高仲密之叛也與大司徒斛律金守河陽周文帝於上流放火船燒河橋亮乃備小艇百餘艘皆載長鏁鏁頭施釘火船將至即馳小艇以釘釘之引鏁向岸火船不得及橋橋之獲全亮之計也武定初拜太中大夫薛琡常夢亮於山上挂絲以告亮且占之曰山上絲幽字也君其爲幽州乎數月亮出爲幽州刺史屬侯景叛除

平南將軍梁州刺史尋加都督揚潁等十一州諸軍事兼行臺殿中尚書轉都督二豫揚潁等八州軍事征西大將軍豫州刺史尚書右僕射西南道行臺攻梁江夏潁陽等七城皆下之亮性質直勤力彊濟深爲高祖世宗所信委以腹心之任然少風格好財利久在左右不能廉潔及歷諸州咸有黷貨之聞武定末徵拜侍中汾州大中正天保初授光祿勳加驃騎大將軍儀同三司別封安定縣男轉中領軍尋卒於位贈司空公

郭襄侯衍字彥文自云太原介休人也父以舍人從魏武帝入關其後官至侍中衍少驍武善騎射周陳王純

引爲左右累遷大都督時齊氏未平衍奉詔於天水募人以鎮東境得樂從千餘家屯於陝城拜使持節車騎大將軍儀同三司每有寇至輒率所領禦之一歲數告捷頗爲齊人所憚王益親任之建德中周武帝出幸雲陽衍伺於行所時議欲伐齊衍請爲前鋒攻河陰城授儀同大將軍武帝圍晉州慮齊兵來援令衍從陳王守千里徑又從武帝與齊王大戰於晉州追齊師至高壁敗之仍從平幷州以功加授開府封武強縣公邑千二百戶賜姓叱羅氏宣政元年爲右中軍熊渠中大夫尉迥之起逆從韋孝寬戰於武陟進戰於相州先是迥遣

弟子勤爲青州總管率青齊之衆來助迥迥敗勤與迥子惇祐等欲東奔青州衍將精騎一千追破之執祐於陣勤遂遯走而惇亦逃逸衍至濟州入據其城又擊其餘黨於濟北累戰破之執送京師超授上柱國封武山郡公賞賜七千段密勸高祖殺周室諸王早行禪代由是大被親昵開皇元年勑復舊姓爲郭氏突厥犯塞以衍爲行軍總管領軍屯於平涼數歲虜不入徵爲開漕渠大監部率水工鑿渠引渭水經大興城北東至於潼關漕運四百餘里關内賴之名之曰富民渠五年授瀛州刺史遇秋霖大水其屬縣多漂没民皆上高樹依大

家衍親備船栰并齎糧拯救之民多獲濟衍先開倉賑郵後始聞奏上大善之遷授朔州總管所部有恒安鎮北接蕃境常勞轉運衍乃選沃饒地置屯田歲剩粟萬餘石民免轉輸之勞又築桑乾鎮皆稱旨十年從晉王廣出鎮揚州遇江表構逆命衍爲總管領精銳萬人先屯京口於貴洲南與賊戰敗之生擒魁帥大獲舟楫糧儲以充軍實乃討東陽永嘉宣城黟歙諸洞盡平之授蔣州刺史衍臨下甚踞事上姦諂晉王愛暱之宴賜隆厚遷洪州總管王有奪宗之謀託衍心腹遣宇文述以情告之衍大喜曰若所謀事果自可爲皇太子如其不

諧亦須據淮海復梁陳之舊副君酒客其如我何王因召衍陰共計議又恐人疑無故往來託以衍妻患癭王妃蕭氏有術能療之以狀奏高祖高祖聽衍共妻向江都往來無度衍有詐稱桂州俚反王乃奏衍行兵討之由是大修甲仗陰養士卒及王入爲太子徵授左監門率轉左宗衛率高祖於仁壽宮將大漸太子與楊素矯詔令衍宇文述領東宮帖上臺宿衛門禁並由之及上崩漢王起逆而京師空虛使衍馳還總兵居守大業元年拜左武衛大將軍帝幸江都令衍統左軍改授光祿大夫又從討吐谷渾出金山道納降二萬餘戶衍能揣

上意阿諛順旨帝毎謂人曰唯有郭衍心與朕同又嘗勸帝取樂五日一視事無得効高祖空自劬勞帝從之益稱其孝順初新令行衍封爵從例除六年以恩倖封眞定侯七年從往江都卒贈左衛大將軍賵賜甚厚謚曰襄長子臻武牙郎將次子嗣本孝昌縣令

宋之問字延淸一名少連汾州人之問偉儀貌雄于辯甫冠武后召與楊炯分直習藝館累轉尚方監丞左奉宸內供奉武后游洛南龍門詔從臣賦詩左史東方虬詩先成后賜錦袍之問俄頃獻后覽之嗟賞更奪袍以賜于時張易之等烝昵寵甚之問與閻朝隱沈佺期劉

允濟傾心媚附易之所賦諸篇盡之問朝隱所爲巫爲
易之奉溺器及敗貶瀧州朝隱崖州並叅軍事之問逃
歸洛陽匿張仲之家會武三思復用事仲之與王同皎
謀殺三思安王室之問得其實令兄子曇與冉祖雍上
急變因匄贖罪由是擢鴻臚主簿天下醜其行景龍中
遷考功員外郎諂事太平公主故見用及安樂公主權
盛復往諧結故太平深疾之中宗將用爲中書舍人太
平發其知貢舉時賕餉狼籍下遷汴州長史未行改越
州長史頗自力爲政窮歷剡溪山置酒賦詩流布京師
人人傳諷睿宗立以儈險盈惡詔流欽州祖雍歷中書

舍人刑部侍郎倡飲省中爲御史劾奏貶蘄州刺史至是亦流嶺南並賜死桂州之問得詔震汗東西步不引決祖雍請使者曰之問有妻子幸聽訣使者許之而之問荒悸亦不能處家事祖雍怒曰與君俱負國家當死柰何遲回邪乃飲食洗沐就死祖雍江夏王道宗甥及進士第有名于時魏建安後迄江左詩律屢變至沈約庾信以音韻相婉附屬對精密及之問沈佺期又加靡麗回忌聲病約句準篇如錦繡成文學者宗之號爲沈宋語曰蘇李居前沈宋比肩謂蘇武李陵也

薛能字太拙汾州人會昌六年進士第大中末書

判中選補盩厔尉李福鎭滑表署觀察判官歷御史都
官刑部員外郎福徙西蜀奏以自副咸通中攝嘉州刺
史遷主客度支刑部郎中權知京兆尹事授工部尚書
節度徐州徙忠武廣明元年徐軍戍溵水經許能以舊
軍館之城中軍懼見襲大將周岌因逐能屠其家自稱
留後能僻於詩日賦一章集十卷
裴誨平遥人唐吏部尚書
相里太師金字國寶汾州西河人爲人勇悍而能折節
下士事晉王爲五院軍隊長梁晉戰柏鄉胡柳皆有功
遷黄甲指揮使同光中拜忻州刺史是時諸州皆用武

人多以部曲主場務漁蠹公私以利自入金獨禁部曲不與事厚其給養使掌家事而已遷隴州防禦使廢帝起兵鳳翔馳檄四鄰四鄰未有應者獨金首遣判官薛文遇見廢帝往來計事廢帝卽位德之拜保義軍節度使晉高祖起太原廢帝以金爲太原四面步軍都指揮使高祖入立徙鎮建雄罷爲上將軍天福五年卒贈太子太師

今汾陽縣小相里之北太師墓有二碑並列一爲上騎都尉相里瑞碑漫滅特甚其可識者曰上騎都尉相里府君之碑曰相里瑞字鳳威曰夫人任氏一爲

建雄軍節度使相里金碑碑文云顓頊生大業大業生庭堅庭堅仕堯爲大理官至殷末有理徵爲殷伯其孫仲明逃紂之禍故去玉而稱里氏至周時晉有大夫里克其妻同成氏攜小子季連避地居於相城時人遂呼爲相里氏相里武爲漢御史相里覽爲趙將軍案相里瑞唐時人盖金之遠祖然則金世居汾州西河而五代史云并州人考之未審也又碑文云字國寶而史云字奉金碑文云贈太子太師而史云贈太師碑文云封西河郡開國侯而史遺之顧炎武金石文字記曰莊子書言相里勤之弟子韓非子言

有相里氏之墨今汾陽縣大相里小相里二村相里氏之後尚有數十家因考北齊寺碑題名多相里氏史言武士彠娶相里氏士彠幷州文水人去此不遠至今千有餘年而裔孫猶居於此不過晉俗淳樸而山谷之險猶足以自保故能累代不遷若山東河南則兵火之餘人民亡散欲求元時遺族已寥寥不可見矣

薛尚書右丞融汾州平遥人少以儒學知名唐明宗時爲右補闕直宏文館晉高祖鎮太原融爲觀察判官高祖從鄴欲據太原拒命延見賓佐問以可否而坐中或贊成之或恐懼不敢言融獨從容對曰融本儒生耳軍

旅之事未嘗學也進退存亡之理豈易言哉高祖不之責也高祖入立拜吏部郎中兼侍御史知雜事累拜左諫議大夫遷中書舍人融曰文辭非臣所長也遂辭不拜時詔修洛陽大內融上疏切諫高祖褒納其言詔罷其役遷御史中丞改尚書左丞分司西京卒年六十

侯齊國公益汾州平遥人祖父以農爲業唐光化中李克用據太原益以拳勇隸麾下從莊宗攻大名先登擒軍校擢爲馬前直副兵馬使征劉守光先登遷軍使破洺州爲機石傷足莊宗親以藥傅其瘡及愈改護衛指揮使梁小將李立李建以驍勇聞軍中憚之會莊宗與

梁人戰河上盜挺身出鬬擒其二將遷馬前直指揮使莊宗入汴爲本直副都校從明宗討趙在禮於鄴會諸軍推戴明宗盜脫身歸洛莊宗撫其背出涕明宗立盜面縛請罪明宗曰爾盡忠節又何罪也改本直左廂都校天成初朱守殷據夷門叛盜率所部斬關先入轉左右馬前從馬直都校領潘州刺史王都據定州叛盜從王晏球攻討會契丹來援盜逆擊之破其衆唐河北克其城授寧州刺史入爲羽林軍五十指揮都校領費州刺史時夏帥李仁福卒子彝超擅命自立以邀節鉞命盜帥師討之明宗不豫遂追還應順初潞王舉兵鳳翔

以益爲西面行營都虞侯益知軍情必變稱疾不奉詔
執政怒出爲商州刺史蜀軍寇金州益率鎮兵襲擊大
破之詔賜襲衣名馬加西面行營都廵檢使晉初召爲
奉國都校領光州防禦使范延光反以益張從賓據河
陽爲聲援晉祖召益謂曰宗社危若綴旒卿能爲朕死
邪益曰願假鋭卒五千人破賊必矣以益爲西面行營
副都部署率禁兵數千人次虎牢從賓軍萬餘人夾汜
水而陣益親鼓士乘之大敗其衆擊殺殆盡汜水爲之
不流從賓乘馬入水溺死築京觀刻石紀功晉祖大喜
拜河陽三城節度充鄴都行營都虞侯會延光以城降

移鎮潞州天福四年晉祖追念虎牢之功遷武寧軍節度同平章事遣中使謂益曰朕思卿前年七月九日大立戰功故復以此月此日徙卿鎮彭門領相印仍賜門戟改鄉里爲將相鄉勲賢里九月徐州大火益出金粟賑之明年徙鎮秦州充西面都部署階州義軍校王君懷害其刺史暴虐率衆數千投蜀請爲先鋒下秦城諸州益聞之懼請援於朝又潛遣書於蜀將以達誠意少帝聞之疑爲邊患議徙於內地會蒲帥安審琦移鎮許下以益爲河中尹護國軍節度契丹入汴益率僚屬歸京師詣契丹主自陳不預北伐之謀契丹授以鳳翔節

廣漢祖即位加兼侍中益自以嘗受契丹命聞漢兵入洛憂之浚城隍爲備孟昶遣益所親掌樞密王回齎書招益復遣綿州刺史吳崇惲厚遺之崇惲本秦州押衙益故吏也及何重建爲帥遣崇惲奉表以階秦歸蜀授刺史故昶遣之益遂與其子歸漢祖命重建率川兵數萬出大散關以應之漢祖知其事遣客省使王景崇率禁軍數千倍道趨岐下召益入朝時漢祖已不豫召至臥內謂之曰侯益貌順朝廷心懷攜貳爾往至彼如益來即置勿問苟遲疑不決即以便宜從事景崇至京兆合岐雍邠涇之師以破蜀軍益懼即謀入朝會聞漢祖

崩景崇欲誅益慮隱帝不知先朝密旨從事程遲景崇里人也益因遣之說景崇曰君致位通顯亦可小知止足何必懷禍人之心爲已甚之事乎況侯君親戚爪牙甚衆事若妄發禍亦旋踵至矣景崇怒曰子去勿爲游說吾將族爾益知不用遲言即率數十騎奔入朝隱帝遣侍臣問益結連蜀軍之由益對曰臣欲誘之出關掩殺之耳隱帝笑之益厚賂史宏肇輩言景崇之橫怒諸權貴深庇護之乃授以開封尹兼中書令俄封魯國公景崇聞之遂據城叛益親屬在城中餘七十口悉爲景崇所害及周祖起兵隱帝議出師禦之益獻計曰王者

無敵於天下兵不宜輕出況大名戍卒家屬盡在京城不如閉關以挫其鋭遣其母妻發降以招之可不戰而定慕容彦超以爲益衰老作懦夫計沮之隱帝遣益與彦超及張彦超閻進卿吳虔裕守澶州至赤岡周師奄至戰留子陂漢軍不利益臨陣見士卒無鬭志又占候不祥乃與焦繼勳等夜謁周祖周祖慰勞遣還廣順初封楚國公改太子太師俄又改封齊國公顯德元年冬告老以本官致仕歸洛遣使賜茶藥錢帛就撫問之宋太祖即位遺賜器幣歲一來朝太祖以耆舊厚待之乾德初郊祀詔綴中書門下班禮與丞相等三年卒年八

十贈中書令五子仁愿仁矩仁寶仁遇仁興仁愿至左金吾衛大將軍蓬州刺史仁遇西京内園使仁興右屯衛將軍仁愿子延濟西京作坊使康州刺史

侯刺史仁矩汾州平遥人益次子從益爲商州衙校益之討張從賓也仁矩首犯賊鋒以功領蓬州刺史充河南牙職從益歷潞徐秦三鎮開運初入爲氈毯使出爲天平行軍司馬漢初授隰州刺史至郡決滯訟一日釋繫囚百餘獄爲之空民情悦服仕周歷左羽林將軍出爲泗州刺史改通州兼屯田鹽鐵監使宋初歷祁雄二州刺史治軍有方畧歷數郡咸有善政開寶二年卒年

五十六太祖甚惜之特命中使護喪子延廣延之咸平
二年進士及第
田紹斌汾州人仕河東劉鈞爲佐聖軍使戍遼州周顯
德四年領五十騎來歸鈞屠其父母家屬世宗召補驍
武副指揮使宋初隨崔彦進征李筠攻大會寨破之以
功遷龍捷指揮使又敗筠於澤州茶碾村筠退保澤州
紹斌鑿濠圍守流矢中左目前軍部署韓令坤以其事
聞及太祖召見於潞州紹斌殺晉軍益衆奪其鎧甲又
從討李重進於楊州壁城南圍三日城潰斬首踰千級
賜袍帶繒帛尋補馬軍副都軍頭龍衛指揮使下荆湖

平嶺南率皆從行討蜀隸大將劉延讓麾下會全師雄寇神泉紹斌率所部敗其黨數千時漢劍道梗因賴以寧太祖遣使孫晏齋詔賜賚有加凡在蜀三歲剽盜珍除還改龍捷都虞候嘗盜官馬貿直盡償傳進事發獄具有司引見講武殿紹斌稱死罪太祖知其驍勇欲宥之執於門外遣內侍私謂之曰爾今死有餘責紹斌曰若恩貸臣死當盡節以報俄復引見釋之且密賜白金會征江南擇諸軍借事得五百人爲步鬬軍令紹斌領之及率雲騎二千抵昇州城下克獲居多太祖親討河東命紹斌從何繼筠扼契丹兵于北百井奪賊鼓幟而

遷太平興國初擢龍衛軍指揮使領江州刺史二年梅山洞蠻叛命與翟守素分往擊之至邵州聞蠻酋符漢陽死去其居十里大潰其衆擒蠻二萬令軍中取利劍二百斬之餘五千遣歸諭諸洞自是其黨帖服太宗賜以金帛緡錢金帶鞍馬歷天武日騎軍指揮使改馬步都軍頭出戍鎭定高陽關曹彬之攻幽州也命爲先鋒指揮數遇契丹兵鬬奪牛羊器甲師還召見便殿加領溪州團練使復遣屯北面端拱元年拜冀州防禦使尋改解州淳化中爲河中同丹坊鄜延横嶺蕃界都巡檢使會鄭文寶議城席雞城寨爲清遠軍紹斌與文寶領

其役城畢以文寶之請命爲知軍事至道元年拜會州觀察使仍判解州俄充靈州馬步軍部署領徒入蕃討賊斬首二千級獲羊馬橐駝二萬計馬以給諸軍之闕者捷聞手詔嘉諭之數部金粟帛詣靈武淸遠遠人讋服不擾未幾皇甫繼明白守榮等督轉餉於靈州紹斌率兵援接抵鹹井賊踰三千餘來薄陣且行且鬬至耀德凡殺千人寇復尾後紹斌爲方陣使被傷者居中自將騎三百步弩三百與敵兵确於浦洛河大敗之初守榮與紹斌爲期既而繼明卒故後一日遂爲賊所圍守榮等欲擊之紹斌曰蕃戎輕佻勿棄輜重與戰當按轡

結陣徐行守榮等忿曰若但率兵來迎勿預吾事紹斌因率所部去輜重四五里繼遷初見紹斌旌旗不敢擊守榮等自欲邀功與戰賊先伏兵以羸騎挑戰已而伏發守榮等敗丁夫愕眙逭蹂踐至死者衆紹斌率所部徐還一無遺失至淸遠與張延州會食見豪中人裸而呼曰我白守榮也繩引而上解衣遺之遣內侍馬從順驛聞太宗甚嘉之優詔褒美時命李繼隆范延召討繼遷就命紹斌爲本州都部署兼內外都巡檢使繼隆以浦洛之敗上聞言紹斌擁兵不顧自言靈武非我不能守欲圖方面有異志太宗怒曰此昔嘗背太原來投今

又首鼠兩端眞賊臣也即遣使捕繫詔獄鞫問貶右監門衛率府副率虢州安置眞宗即位召還授右監門衛大將軍領叔州刺史尋改萊州防禦使詔還其所籍居第賜良馬十四調環慶靈州淸遠軍部署慶州有野雞族數爲寇掠道路患之嘗有驍捷卒二十餘往邠州爲其掠奪即馳告紹斌紹斌召其酋帥三人斷臂馘劓放還寇感而化帖服紹斌素勇悍與同職頗不叶轉運使宋太初每按部靈州淸遠多貿市紹斌語發其私太初心銜之及還朝言紹斌之過尋赴召直其事咸平二年北面寇警復命爲鎭定高陽關路押先鋒隷傅潛潛遣

與石普並戍保州普陰與知州楊嗣議出兵擊討之及夜普嗣未還紹斌疑其敗亟即領兵援之普嗣果爲賊所困度嚴凉河頗喪師衆及紹斌至即合兵疾戰獲一百四十餘人以勞遷邢州觀使潛屯中山紹斌三馳書於潛且言邊重大至但列兵唐河南背城與戰愼無窮追潛性巽懦聞之益不敢出賊衆益熾焚劫城寨車駕駐大名召潛屬吏詢逮紹斌即遣使械繫下御史臺鞫問免官黜爲左衛率府副率送往上都禁其出入五年授右千牛衛將軍致仕景德初起爲左龍武軍將軍永城兵馬都監三年遷左監門衛大將軍帝以紹斌久朱

職不宜在衝要乃徙考城都監大中祥符初領長州刺史從東封朝覲壇就班軍士建充庭旗旗倒壓紹斌仆地遽起無傷時紹斌已老其壯健若此遷左領軍衛大將軍領康州團練使輦縣都監二年卒年七十七紹斌長兵間習戰法以格鬬立功然性暴戾故屢被黜子守信爲內殿崇班閤門祗候

李安化軍留後浩字直夫家本綏州徙西河浩務學通兵法以父定蔭從軍破儂智高韓絳城囉兀領兵戰賞堡嶺川殺大首領訛葦多移斬首千三百餘級積官供備庫副使廣西都監裒西北疆事著安邊策謁王安石

安石言之神宗詔對改管𨐾麟府兵馬未行又從章惇於南江引兵由三路屯鎭江入敘州討舒光貴破盈口柵下天府會於洽州入懿州蠻酋田元猛元喆合狤狑拒官軍浩分兵擊之殺狤狑降元猛元喆遂城懿州進討黔江蠻復城黔江惇上其功謂不當與他將比擢引進副使熙河鈐轄李憲討山後羌浩將右軍至合龍嶺會戰遣降羌乞啀輕騎突敵帳俘其酋冷雞朴李窋撤馘二千遷東上閤門使爲副總管知河州安撫洮西五路大舉浩將前軍復蘭州遷引進使隴州防禦使知蘭州兼熙河涇原安撫副使坐西關失守及報上不實再

貶秩旋以戰吃囉厄共連立功復之哲宗卽位拜忠州防禦使捧日天武都指揮使馬軍都虞候進黔州觀察使歷鄜延太原永興環慶路副都總管再知蘭州卒贈安化軍留後

王景莊嗣宗字希阮汾州人曾祖同節實鼎令祖待價汾州防禦推官父夢證成州軍事判官嗣宗少力學自奮遊京師以文謁王祜頗見優待開寶八年登進士甲科補秦州司寇叅軍侍御史路沖知州事爲政苛急盜賊羣起嗣宗乘間極言其闕失沖大怒繫嗣宗於獄又教無賴民被罪者訟嗣宗治獄枉濫朝廷遣殿中丞王

廷範按之具獲訟者誣罔狀嗣宗乃得釋太宗征河東
嗣宗陳邊事召赴行在授大理寺丞通判睦州改右贊
善大夫徙河州太宗遣武健卒潛察遠方事嗣宗械送
京師因奏曰陛下不委任天下賢俊猥信此輩以爲耳
目臣竊不取太宗怒其横遣使械嗣宗下吏削秩會赦
復官尋以秘書丞通判澶州並河東西植樹萬株以固
隄防上言本州榷酤斗量校以省斗不及七升民犯法
釀者三石以上坐死有傷深峻臣恐諸道率如此制望
詔自今並準省斗定罪從之入爲三司開折推官以左
正言充河北轉運副使時邊境用兵崔翰爲大將嗣宗

每以苦言激其展効就賜緋魚太宗將議親征嗣宗上疏言契丹必不至之狀甚見嘉納改左司諫賜白金千兩入爲度支判官改駕部員外郎妻病夜抉本司署門取藥爲直官宋鎬所發坐罷職頃之出知興元府徙京西轉運使又移河北賜金紫貝州驍捷卒五十餘人謀竊發嗣宗率吏悉擒之優詔嘉奬遷虞部郎中賜錢百萬至道初移河東轉運使以爲政暴率䧟徙知耀州又知同州加比部郎中淮南轉運使江浙荆湖發運使揚楚間有窖家神廟民有疾不餌藥但竭致祀以徼福嗣宗徹其廟選名方刻石州門自是民風稍變初漕運經

泗州浮橋舟多覆壞嗣宗徙置城隅遂獲安濟又建議外任官俸薄貪猥者或致豐給廉謹者終嬰貧匱請以公田均賜之就改職方郎中咸平三年以漕運稱職就拜太常少卿踰年以右諫議大夫充三司戸部使改鹽鐵使嘗與度支使梁鼎戸部使梁顥同對言曰國家經費甚繁賦入漸少加以冗食者衆尤爲耗蠹所宜裁節若用度不足卽復重擾於民矣況西北二邊未平有饋運之煩臣等會議事可省者願條列以聞從之明年將郊祀嗣宗因條上應奉諸物以及工作凡減雜物十萬六千省工九萬九千又言計省條奏事有可紀者望令

判使一員選録送史館詔以三司務繁不當日有纂録可逐季録送會罷三部使改左諫議大夫知通進銀臺司兼門下封駁事出知并州兼并代部署州境有卧龍王廟每窮冬闔境致祭值風雪寒甚老幼踣於道嗣宗亟毀之轉運使鄭文寶上其政績有詔褒美先是西邊市馬以給北邊戰士有瘠弱者即送闕下暑月道路遠多死嗣宗建議以汾州地涼接樓煩諸監美水草請就牧放從之召拜御史中丞大中祥符間眞宗告謁太廟嗣宗立班失儀因自首眞宗謂憲官當守禮法以其性麤暴不之責加兼工部侍郎權判吏部銓嗣宗剛果率

易無所畏憚每進見極談時事或及人間細務頗輕險好進深詆參知政事馮拯之短遂結宰相王旦弟旭使達意於旦以爲助旦疾其醜行因力庇拯嗣宗大怒知制誥王曾從妹適孔冕家閨門不睦曾從東封至冕家啜茗中毒得良藥乃解事已暴露曾密疏方行大禮願罷推究宰相亦以冕先聖後將有褒擢乃隱其事嗣宗獨謂曾誣構冕當反坐乃求寢息曾愬而嗣宗請對言孔冕爲王曾所訟儻朝旨鞫問加之鍛鍊則冕終負冤枉又侯德昭援赦敘紏年考未滿以欺詐得之非吏部令史自首亦無由知沿堂行首李永錫坐贓除名復引

充舊職尋送銓授令録眞宗亟召王旦等詰之旦曰孔冕之罪朝議特爲容隱不令案聞誠非寃枉也德昭據吏部奏驗乃行制命及其首露郎巳追奪承錫先爲縣吏坐爲本部節度市羊不輸筭除名及沿堂闕人李沆以其魁梧因選擬官復用爲副行首在省祗事四年陳牒乞班敘用因復送銓眞宗曰止此乃致旱邪嗣宗理屈復以他辭侵旦旦不與抗乃已明年十月嗣宗復請對言去歲八月至今年十月不雨宿麥不登及秋亢鄆苦雨河溢害稼刑政有失致成災沴孔冕寃枉播在人口王曾尚居近班願示黜退以正朝典臣請露章以聞

眞宗語王旦等曰曾實無罪若嗣宗上章亦須裁處旦曰勗不善之迹甚衆但以宣聖之後不欲窮究謂寃枉感傷和氣恐未近理趙安仁曰今若再行按問勗何能免罪王欽若曰臣請審問嗣宗若再鞫勗不能自隱如何區處明日嗣宗復對旦謝前言之失眞宗亦優容之其強妄多此類將祀汾陰以永興重地思得大臣才兼文武者鎭之因謂宰相曰嗣宗嘗自言知武事可授廉車以當此任宜召問之嗣宗願奉詔即拜耀州觀察使知永興軍府眞宗作詩賜之時种放得告歸山嗣宗逆於傳舍禮之甚厚放旣醉稍倨嗣宗怒以語譏放放曰

君以手搏得狀元耳何足道也初嗣宗就試講武殿搏趙昌言帽擢首科故放及之嗣宗愧恨因上疏言所部兼并之家侵漁衆民凌暴孤寡凡十餘族而放爲之首放弟姪無賴據林麓樵採周回二百餘里奪編甿厚利願以臣疏下放賜放終南田百畝徙放嵩山疏辭極于詬辱至目放爲魑魅真宗方厚待放令徙居嵩陽避之四年邠寧陳興擅釋劫盜徙嗣宗知邠州兼邠寧環慶路都部署城東有靈應公廟傍有山穴羣狐處焉妖巫挾之爲人禍福民甚信向水旱疾疫悉禱之民語爲之諱狐音前此長吏皆先謁廟然後視事嗣宗毀其廟燻

其穴得數十狐盡殺之淫祀遂息徙知鎮州發邊肅姦
賍肅坐貶嗣宗嘗言徙种放掘邠狐按邊肅爲去三害
居二歲召還授樞密副使檢校太保寇準爲使嗣宗與
之不叶累表解職授檢校太傅大同軍節度知許州嗣
宗嘗游是州別墅在焉時人以爲榮移知河南府天禧
初改感德軍節度洛下訛言相驚徙知陝州再表請老
且求入覲遣使召還郊祀改靜南軍節度既至闕下病
足不能朝謁乃求再知許州不復議休退寇準爲相素
惡之特命以左屯衛上將軍檢校太尉致仕表求面辭
以足疾艱於拜起特免舞蹈許其子扶掖之對數刻賜

錢百萬還許下準貶朝議以嗣宗藩輔舊臣特令月給奉五十千嗣宗尤睦宗族撫諸姪如已子著遺戒以訓子孫勿得析居又令以孝經弓劍筆硯置壙中五年卒年七十八廢朝贈侍中謚曰景莊録其子二人甥二人官嗣宗事三朝最爲宿舊所至以嚴明御下尤傲很務以醜言淩挫羣類爲中丞日嘗忿宋白郭贄邢昺七十不請老屢請眞宗敕其休致又遣親屬諷激之及嗣宗晚歲疾甚猶亭厚祿徘徊不去嘗謂人曰僕惟此一事未能免物議衆皆嗤之嗣宗好爲文而札尤甚奉祀之歲近臣皆爲頌記宰相以嗣宗所撰不足發揮盛德慮

爲後所譏乃不許刻石所著有中陵子三十卷子堯臣
內殿承制唐臣太子中舍從子舜臣供奉官閤門祗候
禹臣太子中舍
李彥哲汾州平遥人屢有武勲累官兵馬大元帥
裴定平遥人宋大理評事累官禮部侍郎
吳希尹石州人父承舉進士少好學廣蓄書籍構家塾
顏曰萬卷堂希尹力學知名當世大定中登進士第官
至同知陝西東路轉運使子章亦舉進士官至翰林學
士元遺山嘗從受學
馬編修天來字雲章汾州介休人經義進士博學多技

能畫入神品多作詩欲别出盧仝馬異之外在太學十
九年貧苦人不能堪而談笑自若大安初調潁州司候
靈璧簿召爲國史編修官正大九年没於京師年六十
有一

杜豐字唐臣汾州西河人祖遇仕金爲評事父珪以積
德好施鄉稱善人豐少有大志倜儻不羣通兵法仕金
爲平遥義軍謀克佩銀符太祖取太原豐率所部來降
皇舅按赤那延授兵馬都提控從國王按察兒攻平陽
先登克絳州解州諸堡招集流民三萬餘家以功賜金
虎符陞征行元帥左監軍金人南遁遂以豐守河北庚

長上黨張開以萬衆寇汾州豐率精騎五千敗之從國王何察兒下懷孟破温谷木澗等寨輒先登攻洪洞西山斬首六百餘級攻松平山破之賊墮崖死以萬計獲生口甚衆金將武仙等往來鈔掠平陽太原間行路梗塞壬午授豐龍虎衛上將軍河東南北路兵馬都元帥便宜行事遂破玉女割渠等寨俘獲千餘人丙戌從按赤那延攻盖都金守將突圍出豐戰扼之斬首千級捕虜二十人盖都下遂畧地登萊降島民萬餘己丑以才部取沁州由是銅鞮武鄉襄垣綿山沁源諸縣皆下辛卯命豐撫定平陽太原眞定及遼沁未降山寨皆平之

乙未陞沁州長官長官者國初高爵也在沁十餘年寬
繇薄賦勸課農桑民以富足丁未請老丙辰疾卒于家
年六十有七沁人立祠歲時祀焉子三人思明思忠思
敬思敬事世祖潛邸累遷治書侍御史阿合馬敗臺臣
皆罷去思敬以帝所眷知獨留出爲安西路總管僉陜
西行省事歷汴梁總管再入中臺爲侍御史時桑哥以
罪誅風紀爲之振肅未幾拜參知政事改四川行省左
丞不赴陞中書左丞致仕年八十六卒謚文定子四思
明字彥和襲明威將軍吉州路達魯花赤思忠淇陽固
鎮鐵冶提舉思敬四川行省左丞思問字紀甫簽河西

隴右道提刑按察司事思明長子恕同知無錫州事次子淵知長寧州兼管内勸農事思忠長子憲文沁州輿魯長管思敬次子肯搆字繼宗河東山西道慰使贈康靖公三子肯播字繼先知會州四子肯穫陝西省左丞肯搆次子宣集賢大學士贈晉國公四子惠字仲義尹龍游縣肯穫長子文獻字仲徵晉寧同知豐弟珏字舜臣河東南北路輿魯萬戸子安民襲父爵安民第二子惟孝輿魯千戸

梁瑛汾州平遥人父秉鈞字仲平仕金爲大理評事七子瑜玫瑛珪珍瓊琮瑜與琮相繼爲本縣令瑛善騎射

勇力絶人元兵南下授元帥左監軍屢出奇計入關定秦隴擢征行都元帥以縣行平安州事安集勞徠人獲寧息武仙陷平陽瑛進兵仙大敗棄城走入覲授御前千戸邑從南征下西和興元十數城次唐鄧時軍民降附日衆他將以糧不給欲盡殺之瑛曰殺降不祥凡隸麾下悉得不死從元帥塔海甘不圍資州踰月始下塔怒欲悉坑之瑛曰今始得一城而坑之他城未易下也塔善其說瑛起行陳經百數十戰未嘗敗北所全活者亦不下數萬計成都平詔充西京平陽太原京兆延安五路萬戸瑛以太原初定民多離散請給復三年詔從

之丙辰三月卒年六十有六瑛長子翼襲行軍千戶遷成都轉運使次子翙太原路管軍千戶三子天翔四川道肅政廉訪使琮長子翔尹太平縣次子翥尹文水縣天翔長子時中以進士爲信州路總管府治平次子時正尹清河縣兼管本縣諸軍奥魯勸農事三子時仁簽浙東海右道肅政廉訪司事四子時義尹成紀縣翥長子用剛鄜州同知次子用直尹蕭山縣

袁湘字潤夫臨縣人金末王公佐持節鎮葭蘆當元勁兵之衝辟湘聞於朝授忠顯校尉延長主簿以功擢武節將軍臨泉令及王公佐卒湘夜渡河詣元將孛罕營

降以便宜升臨爲州卽以湘爲州帥遣將州兵略地鄜延悉下之授延安路兵馬總管湘勸耕稼裁抑游惰使各食其力儒生之賢而文者欲仕則登之幕府以師羣吏不則陞之學官以範多士會大料民止籍主戶漏其僑家浮客者其後河東山西來徙其民湘謀使者勿徙者有詔令民隨在占籍同列害其能多行金帛貴幸以訟湘徵使就辨湘辭貴幸幣殊涼薄廷臣以訟者之言方騰能不以賄免重其忠儉及大封宗室劃所治爲公主湯沐邑有說湘厚斂入謁可結主知且無令同列得先之也湘曰吾豈剝下市寵者邪不行世祖方爲太弟

征前詔駐兵六盤山**柵**見行府建言始延安之籍民爲兵皆懸賞募之人率授銀三十兩始行及遠戍久役津**餽**不如於前老稚日困於家勇者挺身而孤亡悋者連伍而俱歸軍吏以法誅之莫之能止也非大選閱郡民厚業饒丁者更代以休其力蓄其氣則兵帳不完世祖然其策歲癸丑冬將適京兆未至以病歸卒於家

隣政昭毅大將軍資壽之子資壽官寧鄉因家焉政至元中爲平陽太原巡鹽規運官以武績歷官至定遠大將軍弟致至元中爲本縣簿尉遷縣令後擢宜興州同知

王珪介休人至正間硤子城討賊有功擢步兵元帥後

曹濮賊亂又討平之擢都督大元帥

張司業益西河人性謹厚以廷試第一官國子監司業

益嘗受學於王天祺儒者也故其持身接士溫恭有器

度

王仲文介休人至正十八年判光州二十年改儒林郎

總管府判官二十六年拜中書省門下右丞相

裴見素平遥人元工部尚書

蘭以權字世衡汾州人博學能詩洪武中選授中書省

照磨以安撫廣西功擢禮部員外郎進應天府尹

霍華字希伊孝義縣人永樂丙戌進士少年登第奉勅歸娶鄉里榮之後拜監察御史

温恭平遥縣人驍勇絶倫正德中有功任征西大元帥子孫世襲

孔天胤字汝錫汾州人嘉靖壬辰殿試第二以宗親例不得授京職外補陝西按察司僉事提督學政降知祁州遷河南按察司僉事兵備穎州復以布政司叅議提督浙江學政歷陝西按察使右布政使遷河南左布政使致仕歸天胤好讀書善詩文著有文谷集若干卷

霍韜平遥縣人嘉靖七年官總兵鎮撫陝西甘肅縣舊

志稱其義勇剛毅

王守履字存予寧鄉縣人天啟壬戌進士知許州州比歲不登守履善撫其民循聲大著擢戸部員外郎疏陳崔呈秀可殺四大罪中間並及陳爾翼奸狀及爾翼疏辨即就其疏駁之申理前說得嚴旨降調崇正初復原官　國朝以薦起之爲湖北監察御史

張烜字葆光介休縣人明崇正戊辰進士知安邱縣歷章邱盧龍二縣擢監察御史以薦舉失實免官　本朝仍起爲御史劾尚書譚太及其黨不克以冤死旋得昭雪加贈通議大夫太常寺卿子基蓮以父官官之

王鳳翼寧鄉縣人崇正丁丑進士授漢中推官時盜賊四起鳳翼設策防守增修城垣保安境內尋擢刑部主事　國朝授山東按察司僉事

梁欽構字翊宸介休縣人順治丁未進士知長垣縣丁憂起補固始縣皆有政聲行取吏部歷考功驗封司遷文選司郎中充會試同考官請假歸里

李應遴平遙人明季由行伍守固關李自成之亂不降賊招聚義兵取永寧祁縣等處　國朝隨攻太原以功陞遊擊收地千餘里招服三千餘賊隨大軍入陝賀眞叛緝斬賊魏景龍招降賊將收兵三千守漢中以功加

叅將管關山遊擊事攻叛賊胡向震於西鄉洋縣斬首二千收寨二十餘處大戰喬麥山下生擒首領白和尚等十二人又斬餘賊五百餘級追賀賊入漢中大敗之尋復漢中督修棧道擢授副將

史諭孝義縣人以進士歷官廣西道監察御史巡按江南福建兩省按臨惠安縣某知縣奇貪極酷公署鋪陳至三萬餘金冀以賄免諭入境即行題參有同年某饋黃白酒各一器啟視之皆黃白金也反金記過嘗自矢曰枉法要一錢不得渡江歸所至咸稱其廉明

田芳孝義縣人以進士歷官陝西隨營粮道轉河南雎

陳道兼攝歸德府提督江西學政擢太常寺正卿清廉
正直所至皆有異績
劉發永寧州人由行伍官浙江台州營守備累至武昌
叅將康熙十三年三藩爲亂發隨大兵進勦吳三桂冒
矢石勇果當先復岳州以功擢台協副將
霍焜字岐望孝義縣人順治十七年以舉人授馬湖府
推官旋權知馬湖及敘州府十八年值兵亂二府俱新
闢無城守焜率領家人擊賊負重傷幼子垣陷敵死焜
設方畧卒平之兩郡以寧尋遷員外郎督贛關稅務轉
兵部郎中授四川川東道擢湖廣布政使司叅議所著

書曰採木末議曰巡東治書

樊晃臨縣人康熙甲午舉人知鄆城縣著有瑟堂治規一書循而行之莅任甫七月以憂歸

于準字子繩永寧州人兩江總督太子太保謚清端之孫也以蔭知臨清州轉刑戶兩曹授江南驛鹽道復歷直隸守道浙江按察使四川布政使擢副都御史巡撫貴州移巡撫江蘇閱五年免官歸雍正三年復原職九年卒於家

張崇樸介休縣人以監生知鉛山縣歷孟商邑二縣所至有惠政韓文公孟人也遴其後詳請得題準爲五經

博士

梁成武介休縣人雍正癸卯舉人知寶雞縣歷長武渭南有治才

梁敢介休縣人雍正庚戌進士權知涉縣有惠政以涉人安之遂補實改中牟縣兩充同考官年六十七告歸敢子五文元文霖文山文醇文五皆親教之文霖文山已酉與父同舉於鄉文山癸丑進士選翰林院庶吉士文元文醇又以已卯舉文五以乾隆戊午舉文山授編修擢左春坊左諭德乾隆七年督學廣東生平愼交遊勵廉隅

梁溥介休縣人雍正乙卯舉人以會試明通授保德州學正擢知閿縣歷滎澤鞏祥符三縣閿北三鱣堂漢楊震校書處爲修葺新之其在滎澤也適中牟調縣民赴役溥捐資募閒民代之在鞏修杜少陵祠置田以供祀事

降仲介休縣人乾隆癸酉舉人知齊河縣有惠政例散積穀於民會歲饑捐俸五百餘兩代償之

段玿字士瑤汾陽人雍正八年以孝廉保舉知棲霞縣歷海豐蘭山有政績清操自勵居官十有八年致仕後貧不能給朝夕鄉人重之

董柴介休縣人幼失父事母以孝稱由貢生知宿州廉潔愛民值歲饑先開倉賑後詳請其秋蝗不入境民各輸一錢以建亭名曰一文亭病歸起補安州丁母憂服闋不復仕

汾州府志卷之二十一

列女上

郝中允戩之妻聶氏戩以孝行著親殁後篤行苦節不仕姻族語其妻使勸之仕曰吾不德無以助君子敢强其所不欲以累其高哉聶事舅姑亦以孝著石州定胡縣

右宋一人

張嵓起妻失姓氏起爲國子助教免歸盗陷汾州嵓起與妻並赴井死汾州人

右金一人

姜鳳舉妻皇甫氏夫殁或勸之再適泣曰禽鳥且有不

再配者人可反不如乎況舅姑老子幼何忍棄之泰定

中部旌汾州西河人

右元一人

郭世玉妻陳氏年二十一夫歿子纔一齡事舅姑撫稚子貞心苦節兩遇兵燹踰九十乃卒洪武中部旌

劉景博妻矯氏夫歿五十年人未嘗見其貌有一子雲漢紡績以養雲漢後官寧夏訓導宏治中部旌

舉人常祐妻謝氏夫卒於京家貧舅姑老子纔一齡謝盡孝道知州曹寵陳秉忠相繼牒於巡按額獎之

鎮國中尉朱知爊妻賀氏封恭人見中尉病不起欲先

死以殉遂絶飲食與知㸅同日卒時嘉靖二十七年慶
成王表欒爲奏聞禮官按典無旌命婦例世宗特命旌
之謚曰貞烈
鎭國將軍朱奇㴒妻王氏少寡奉姑稱孝年八十餘其
子輔國將軍表杙以狀聞嘉靖三十九年賜勅遣行人
梅惟和詣第旌奬
韓秀妻謝氏夫歿年十七守志節隆慶初知州齊宗堯
額奬之
王蜀妻侯氏年二十一夫歿即欲從之死家人防守潛
吞毒同日卒按院奏請勅旌

鎮國將軍朱敏滌妻賈氏年二十五夫歿矢志從死衆
慰止之不百日哀毁死巡撫按院俱有區旌
張大化妻原氏年二十二夫歿事繼姑盡婦禮苦節撫
孤巡撫按院俱額表之
田贍妻武氏年十七夫歿紡績撫孤苦節四十餘年巡
按額表其門
生員賈㞐妻王氏夫歿自刎死學道南居益額奬之
生員賀時泰妻賈氏夫歿至貧事姑孝年饑自食糠教
子讀書苦節三十餘年卒於明末未舉題曾孫德藩康
熙已卯舉人

田伯松妻朱氏伯松歿舅姑亦相繼歿伯松有幼弟甫生數月朱撫之長娶婦尋夫婦皆卒遺子芳朱育爲己嗣教讀書爲庠生巡撫額其門曰一世維風歲給穀二石布一疋

慶成王審爐妃武氏崇正癸未冬李自成渡河掠蒲坂妃聞之不復櫛沐宮媪以問妃曰天之所壞人不能支我待死而已既而賊至將入府妃赴井死十閱月屍始得出之面如生

李茂材妻劉氏隨夫避賊崖窰賊索得之茂材見殺劉枕夫屍大哭賊擁上馬投地罵賊所爲諸婦羅勸罵益

甚賊怒舉刀斫之三以死

朱新堞妻盧氏妾薛氏馮氏新堞晉恭王十七世孫也家汾州崇正十四年知中部縣會賊入關傳檄至新堞方巡城怒而碎之誓必死以守妻妾三人請先自經有女方數歲亦隨母死

李桂妻蘇氏千戶謝德妻王氏田訥妻郭氏劉鎧妻段氏樊鶴妻任氏常保妻田氏俱以節孝詔旌又生員田一蘭妻張氏李金榮妻吳氏蔚大賢妻郭氏並守志節

以上汾陽縣

三孝女趙氏其父老無子三女及笄俱願侍養不嫁父

歿三女躬負土爲墳高三十尺周二畝餘各植柏一株
正德間夜有盜樹者樹將斷斧聲徹村墟聞二十里鄉
人以爲異乃出逐尙存柏一株咸呼爲孝女墳
生員相仲禮妻于氏正統十八年夫歿刺一目以矢志
姑年八十子纔三齡于勤紡織以養姑撫教幼子奏聞
詔旌
生員李華妻矯氏正統九年夫歿舅姑俱八十餘子憲
生纔十月矯事育盡道憲長亦克孝官布政司理問宏
治中詔旌
李辨妻梁氏夫早亡子頤生纔八月梁躬紡織撫之長

成化中詔旌頤膺成化乙酉鄉薦官鞏昌府通判人爲
立生祠十所事母稱孝
李得海妻郭氏隆慶元年俺荅兵入境郭被執賊欲汚
之郭厲聲曰寧碎身死不辱身而生遂見殺有一女尚
幼隨郭在側能具道訓導程文表其墓
鄧貢臣妻張氏年二十夫病篤語之曰親老汝肯爲我
事否子幼汝肯鞠否張泣曰分也及歿甘貧孝養有司
額其門曰乾坤正氣子希曾以貢生官夏縣訓導
蘇士學妻李氏年十九夫歿長子繼在抱次子續方娠
李事舅姑撫幼子苦節六十年奏聞詔旌

李蘭妻劉氏年二十二夫歿子在襁褓紡織撫孤苦節守貞五十餘年廵按額表其門

石廷學妻任氏年十八生一子數月而夫出客死他鄉任守節撫孤廵按額其門曰柏臺旌節

王廷明妻李氏隆慶元年俺荅入寇抱幼女隨夫避兵未至城里許賊突至欲掠之去殺女并殺其夫李抱夫屍痛哭奮罵不屈遂被殺城上人望見之

毛世武妻鞏氏夫出亡里中兒以褻語嘗之氏厲聲大罵爲所殺守道廵按俱以貞烈表其門

溫登魁妻梁氏年十九夫歿撫幼子甘貧守節姑强之

嫁梁以刀墮三指示志卒完節以壽終
雷三畏妻郝氏年十七夫歿子生纔三月旣葬夫或勸之嫁郝指稚子曰我之不死者以有雷氏此子也事姑撫子三十餘年罕有見其面者萬歷中通判脩憲額其門曰北宮苦節
任建妻溫氏生員梁士豪妻田氏王胡妻郝氏知縣梁櫝妻曹氏妾閻氏並守志節以上平遥縣
文整妻李氏年二十三夫歿守志撫孤正統十一年詔旌
羅維妻宋氏年十八夫歿生子纔三月守志撫孤有司

以聞成化二十三年詔旌

宋彬妻羅氏年二十一夫歿家貧紡績自給嘉靖七年詔旌

李廷保妻秦氏年十八夫歿家貧無立錐之地勤紡織茹糟糠苦節堅貞有諷之嫁者自殘其面毀容貌壽至九十餘終萬歷中知縣史記事立碑表之

郭朝臣妻羅氏年二十三生一女夫病篤謂之曰爾年少我死必擇可嫁者羅泣曰吾不忍聞此言有死無二願先死不使夫有不了事及將絶曰不可爲矣遂自縊次日夫死

王附學妻梁氏年二十五夫殁孝事舅姑撫孤子壽九十五終嘉靖四十二年詔旌

喬士恩妻郭氏年二十五夫殁撫孤守志孝事舅姑壽七十八有司額表之

宋尚志妻文氏年二十一夫殁守節撫孤天啟中詔旌

郭宗妻王氏有姿容一日薄暮宗出惡少潛入其室急大聲呼鄰里惡少逸去宗還白其事且曰我雖未受辱豈忍受強暴抱持遂自縊死按移檄撰碣表墓

王天福妻梁氏天福病噎梁焚香祝願與同死及夫殁越數日食杏仁死

王睿妻鈕氏鴻臚寺寺丞王嘉璋妻趙氏俱以節操稱

趙年二十方娠而嘉璋歿守志撫孤子長爲諸生有司

表其門曰節存宗祀

庠生張翼儒之子婦閻氏甲申之變恐被辱自縊死

文雲鳳之母及妻並失姓氏雲鳳以材武選充近侍母

與妻俱在京師甲申之變雲鳳以爲臣死忠與母訣母

曰吾從子食祿天朝寧自生願先死以成子志遂自刎

雲鳳及妻女皆焚死以上介休縣

任全繼室張氏年二十夫歿有前妻一子文約纔三齡

張守志撫孤其後孫女二一適劉公願一適李願皆夫

早殁勵志節終其身

吳全妻張氏年二十夫殁苦節守貞舂汲緝紡以養姑戚屬有以貧諷之者卽面斥不與更見及姑卒甘處困窮以終

監生田賦妻霍氏賦有孝行以母憂病卒霍慟曰吾夫死而吾獨存耶縊喪次家人救免賦旣葬乘間卒自經賦弟貢之妻吳氏夫早殁撫孤永錫及長娶婦郭氏永錫有孝行又早殁郭亦矢志守貞趙訥記其碑陰曰吳郭之節永錫之孝皆不可無聞於世

張烈婦楊大仁之妻也大仁多從匪類遊有曹姓者嘗

至其家見張有色一日探知張歸寧要於廣仁寺後之壞垣紿以夫在內欲有語未入垣即牽衣欲逼之張力拒賊罵被殺

生員任希閔妻趙氏年十九夫歿子朝生纔月餘守志撫孤事舅姑甚謹朝宗後官睢州通判嘉靖中詔旌

生員張荷妻王氏年二十夫歿苦節守貞事舅姑孝學道表其門曰貞節第

鄠縣知縣馬廷華妻王氏廷華卒於官子又殤王爲夫樹坊表易產業不足出糚奩佐之曰夫既無後庶藉此以傳於世萬歷中知縣胡來覲表其門

辛門妻傅氏教諭傅相之孫女也俺荅兵入寇夫爲賊所殺傅聞投崖死

生員史宗王妻孫氏俺荅兵入寇時孫年二十方娠而夫爲賊所殺矢志守貞冀有子以承夫後及生果男也撫教之萬歷乙酉舉於鄉知渭南縣有司奏請詔旌

任克已妻孫氏俺荅兵入境掠其家孫扶姑伏草中兵先殺姑脅從之孫罵不絶聲復以刀斫其髮不屈賊知不可奪刃其腹而死

任自修妻程氏流賊至境肆掠入其室欲污之程罵不絶聲觸壁而死

武烈女生員武有昇之女也字柏氏子未嫁而壻夭女誓不再字父母憐之仍爲議婚納徵者至女聞入密室自經死事聞詔旌

舉人孫章妻李氏呂鉞妻韓氏拔貢張正志妻任氏並守志節以上孝義縣

生員冀善妻嚴氏年二十夫歿子纔二齡父母憫之令再適嚴曰吾爲士人妻豈效醜婦行以自玷耶事舅姑撫幼子閨門肅然壽八十五終宏治中知縣盧安上其事詔旌

韋太妻李氏夫早歿矢志撫孤子長官州判宏治二年

詔旌

喬廷瑞妻高氏年二十四夫歿自縊死

武勉仁妻高氏年二十一夫歿子績纔一齡苦節撫孤

績長爲諸生嘉靖中知縣楊尚義請於巡按立坊表之

王廷佑妻郝氏年二十三夫歿養姑撫子白首不櫛沐

巡按檄縣立坊表之

袁汝器妻穆氏夫歿無子矢志守貞舅天保潛受郝養

志財聘穆知之自縊死知縣常時芳申請給祭葬額表

之

趙從東妻劉氏夫歿無子戚屬諷之嫁曰禽獸之不若

不可爲也繼子環未幾蕩產殆盡劉乃刺黹自給壽八

十六終

王大賢妻薛氏夫歿子三聘纔二齡撫之長爲諸生娶

郭氏而三聘又早歿子守中纔四齡家本甚貧皆苦節

守貞

賀承惠妻陳氏年二十五夫歿子誥纔四齡績紡撫孤

誥爲諸生萬歷中詔旌

知州郭有爲妻任氏子孔亨妻白氏孫肯構妻高氏三

世孀居節操如一有司表其門

高肯舜妻郭氏年二十四夫歿姑亦以痛子繼歿郭拮

据兩喪子嶠纔六歲岵三歲有叔姑欲奪其志郭剪髮矢志剌㓃撫孤二子長皆爲諸生萬歷中知縣常時芳上其事詔旌

郝有成妻崔氏年二十四夫歿子騰纔四齡孝事舅姑撫幼子騰長爲諸生萬歷中知縣劉汝哲上其事詔旌

生員殷福妻郭氏夫歿撫子永泰長爲諸生未幾永泰又卒而舅姑尚異質郭拮据合葬焉萬歷中知縣楊如魯額表之

劉愼體妻韓氏年二十三夫歿撫二子光祚建鼎及長俱爲諸生天啟中知縣李度請旌未報

賀寧邦妻賈氏年未二十聞流寇攻城入恐見辱抱幼女投井死

郭增妻高氏聞城破賊已入倉皇自經死

高烈女高汝賢之女也年未笄賊掠之馬上女投地罵賊扶上復墮者數四遂見殺知縣登城守日覩其狀表以額曰正氣干霄

樊節妻劉氏崇正五年賊陷城爲所掠罵賊死知縣申請額表之曰女丈夫

歲貢郝孔照妻陳氏聞賊陷城登城自墜死旌曰貞烈

以上臨縣

生員李元浤妻賀氏元浤罵賊死賀矢志撫孤二子及長皆爲諸生

任自立妻許氏崇正五年賊破城入同子起家妻趙氏俱墜城死有司表之曰一門雙烈趙有子二長積慶次長慶後長慶官淮安府知府有惠政

生員王珙妻鄭氏歸珙未踰年珙歿矢志守貞事姑九載曲盡孝道姑卒有欲奪其志者鄭歎曰吾之不死以有姑也今姑死何以生爲遂自縊

張法聖妻李氏義士李士浤之女也年十八夫歿守節二十餘年會李自成之亂投井死

賀應元妻劉氏年二十夫歿子生纔數月苦節撫孤有
司奏請詔旌
庠生鄭維賢妻孫氏年二十五夫歿甚貧苦節守貞壽
七十二終旌表祠祀以上石樓縣
梁烈婦梁仲女也適生員阮福福交趾人父寧爲靑龍
驛驛丞福死梁年二十亦自經成化中有司奏聞詔旌
張璞妻李氏年二十三夫歿事舅姑以孝稱矢志撫孤
四十餘年嘉靖中知州王璉以其事聞詔旌
生員閻文淳妻王氏年十九夫歿無子而甚貧矢志守
貞壽八十一終嘉靖中知州張錡常餼米肉奏聞詔旌

安勳妻白氏嘉靖辛丑寇亂白從夫匿土穴寇攻急令夫逸去罵賊不屈身被十餘創死明年奏聞詔旌

牛宗近妻李氏俺荅兵入寇夫婦俱被執李以身蔽夫曰寧殺我毋殺夫賊並殺之明年詔旌

侯景儒妻吳氏賊至走避山洞中賊烽四起知不免乃棄兒投水賊急挽之載馬上吳刺面怒罵遂被殺

冀應張環妻李氏張蘭妻馮氏俱孀居守志罵賊被殺

又喬甫妻郭氏亦以罵賊死明年並詔旌

賀烈女年十七未適人嘉靖辛丑從父匿山谷爲賊所獲強之行不從賊支解之明年詔旌

𡏖烈女年十六嘉靖辛丑被掠女仆地不起罵不絶口賊怒斷其頭以去明年詔旌

生員張鐩妻崔氏夫早殁無子守節五十餘年奏聞詔旌

生員車煜妻張氏年十九夫殁無子卽自縊奏聞詔旌

張珊妻王氏年二十夫殁事舅姑盡孝道壽逾七十終奏聞詔旌

按察司副使胡汝輔之側室鄭氏少貞靜言笑不苟汝輔疾革先自縊有司表其門

生員車坦妻訒氏年二十五夫殁甚貧苦節五十餘年

事聞詔旌

山東副使喬應光妻蘇氏生員車同軌妻喬氏隆慶元年城陷俱赴井死都御史並請旌表是年石州之變自縊投井者廟宇井坎所在皆滿權州事李春芳爲收男女名瘞一大塚得旌者惟蘇喬數人其湮沒不傳者不知凡幾而石州廵檢劉祐任邱縣人秩滿同子治起文在省適石州陷其妻董氏與女挽髮環抱投井死治婦爲幼子所牽遂被掠祐聞變趨歸莫得家人所在會治婦秉間逃還語其狀始縋井出之母女抱如故當事義之爲治殮給驛歸葬

張鉼妻王氏年十九夫殁無子矢志守貞四十餘年有司額表其門

崔某妻王氏王惟春之女也其夫弟欲汚之王駡退遂自縊後夢其父寃得白巡按立烈婦碑以表之其文曰質清氷玉節勁松筠明嫌惡辱死不愧心蚩蚩夫弟那知人倫一日投繯千古名馨

崔烈婦崔有福妻也甲申之亂爲賊將田虎所執駡賊以死其子同時被殺

張瑛妻梁氏年十九夫殁子方在襁褓矢志撫孤壽踰七十終有司請旌表

王廷弼妻張氏年二十五廷弼遭李自成之亂死於賊有子纔七齡矢志撫孤苦節五十餘年以上永寧州

生員李坤妻劉氏適坤半載坤死遂自縊

高聰妻杜氏正德末賊掠至境欲逼犯之杜罵不絕口被殺

劉瑋妻曹氏年十九夫殁甚貧苦節守貞以終萬歷初知縣公一揚額表其門

王崇德妻田氏年二十夫殁遺孤朝相纔一齡撫之長娶高氏未幾朝相又殁姑婦共績紡守節有司額表其門賚米二石布四疋

生員劉有孚妻楊氏年二十夫歿無子而甚貧苦節守
貞隆慶二年知縣李卿額表之
生員衛君寵妻劉氏少寡守貞教子直指旌其門
劉進良妻任氏夫歿子纔二齡甚貧苦節五十八年萬
歷七年病卒壽八十有六有司表其門
武進珮妻白氏夫歿子纔二齡操作勵節知縣吳三聘
上其事額表之
生員楊燦妻王氏年二十五夫歿守節撫孤萬歷二十
六年三院表奬之
生員王翰妻靳氏翰疾篤靳刲股糞愈之及卒姑武氏

患瘡斬口吮之守節盡孝巡按額表其門

生員王正妻楊氏年二十七流賊破城殺正掠之扶馬上楊從馬投地罵賊以刃挾之楊曰吾王尚書孫婦死不受辱賊斷其身爲二以死時同難見者婦人三四亂定後三四人尚存鄉人詢之歷歷能道其詳言楊身傷七刃有司額表之（以上寧鄉縣）

右明百四十餘人

汾州府志卷之二十二

列女下

生員張君遴妻朱氏年二十四夫歿矢志撫孤康熙十六年旌

李之桂妻田氏年二十三夫歿孝養舅姑喪葬盡禮孤緒甫生撫訓爲知名士苦守三十餘年康熙四十九年旌

杜根芽妻李氏貧家婦也夏月採蕨有李大成者先在山招之曰是處可取也指引入深林欲犯以非禮李不從擊殺之棄溝中鄰人雷姓名打差兒見李入山久不

出跡求之大成遇打差見狀甚倉皇打差見歸語根芽得李屍訟之官治大成死罪康熙四十九年旌

雷龍騰妻齊氏龍騰早歿值收穫晨起當場圃趙之福欲犯以非禮齊急持挺格鬬之福擊以石傷而仆地奮力起之福投石亂擊駡不絕聲以死事旋敗露治之福死罪康熙五十五年旌

監生韓衍萃母年十八夫歿矢志撫孤康熙六十一年額旌其門

侯孝女字秀姑侯明亮之女也康熙六十一年饑女母呂氏以食盡將赴井女號泣隨其後挽救不及亦投井

死時年十四歲縣人名其井爲孝女井

監生張寅愷妻李氏年二十五夫歿時舅姑已先歿有

祖姑年踰七十李曲盡孝事守志撫孤壽八十而終康

熙中知縣平士楨額表之

史廉妻崔氏廉客死宣府訃聞崔拮据爲歸其柩訃既

至曰吾之事畢矣即於是夕自經

任顯烈妻姜氏年十八夫歿無子繼子克任撫之長克

任中雍正已酉武舉

常懋文妻王氏年十九夫歿守節撫孤有司額表之

董科妻高氏年二十五方娠而夫歿子生撫之守志姜

壤之變避難肅靜村小寶溝中遊騎數輩踪跡得之高罵賊被殺雍正七年　旌

王永興妻劉氏夫歿子纔二齡備極艱辛事孤撫幼雍正中知府白映棠額旌其門曰苦節可風壽八十一而終

生員田錫蘭妻劉氏事舅姑盡婦職姑病曰婦事我甚孝願婦他年娶媳亦如婦之賢及舅姑相繼歿夫感疾經歲既而知病不可爲謂劉曰汝年少無以我故自苦劉愀然曰是何言也因拔笄折之曰倘有不諱所不與君同逝者有如此笄錫蘭默然一日告其父劉涵曰夫

病劇而無子且有他命許決一死以從父急止之慰以立嗣稱未亡人對曰夫嘗語兒杞梁妻夫亡妻投淄水死兒已心識之立嗣之事在父與田宗共圖之不繫兒之存否也月餘夫歿劉檢視衣衾畢值舉家倉皇扃戶自經死年二十三

王邦妻侯氏年二十四夫歿子生纔一月矢志守貞孝事舅姑姑歿舅娶繼姑事之如一既而舅姑相繼歿所遺幼子俱在襁褓侯紡織以供衣食小叔與己子皆撫鞠成立乾隆十二年旌

呂君用妻于氏年二十五夫歿子琛生纔一月守志

孤及琛長爲諸生雍正中知府劉登庸額表其門曰矢

節埀慈

貢生呂文彬妻魏氏子審裕生未踰年夫隨兄文櫻在

京邸既而訃至魏恐舅姑之老而哀傷也曲盡婦職撫

遺孤父魏好修以貢生援例授博士未之任卒子幼乃

以弟與巳子同延師訓教乾隆二十二年壽七十知府

顧鴻額表之曰荻德松年至七十九而終進士賈天祿

爲之作傳

王濤應妻汪氏事繼姑盡婦職夫客死遺孤嘉祚尚幼

撫之長爲諸生乾隆二十年知府顧鴻爲碑文表其墓

李承謨妻張氏年二十六夫歿一子三齡一子纔一齡家貧姑老上事下鞠績紡叓日苦節四十餘年

王信妻朱氏夫歿無子以猶子王家輔爲夫後家貧紡績不輟苦節四十餘年

馬雲錦妻王氏夫歿遺孤三遷迅遂撫之長遷歲貢生遂拔貢壽至七十得題　旌

生員王邦謙妻田氏子生纔一月而夫歿事舅姑盡婦職撫孤守志三十餘年得題　旌

樊之璞妻任氏年二十三夫歿子七齡事姑撫幼以貞孝稱得題　旌

馮開元妻姚氏夫歿姑老奉事稱孝守節撫孤壽至七十得題旌

李節森妻劉氏夫歿無子以猶子爲夫後矢志守貞得題旌

貢生玥之妻郝氏年二十四夫歿遺孤二鎮鉶撫之長皆爲諸生得題旌

監生趙伸繼室李氏夫歿撫孤守節五十餘年得題旌

張世琨妻田氏夫歿遺孤二述宰述相撫之長皆爲諸生得題旌

馬文元妻王氏夫歿撫孤又早歿繼孫撫鞠守節五十餘年得題 旌

貢生姜之楝妻郝氏年二十夫歿子思熹尚在襁褓撫之長爲諸生守節四十餘年得題 旌

賈三聘妻馮氏夫歿子烈生纔一月馮壽百有一歲烈之子連璋婦王氏孝事祖姑王亦壽八十七

趙登第妻李氏年二十六夫歿矢志撫孤家事一聽夫之兄弟掌理尋亦中落絶不以爲言守節三十餘年

呂忠仁妻卞氏年二十夫歿子尚在襁褓矢志守貞撫之成立事祖姑孝及歿卞以哀毁致疾

監生任大任妻郝氏年十八夫歿守志三十餘年

曹文奎妻王氏方娠而夫歿後三月子生撫之成立守節五十五年

郭得貴妻惠氏二十九歲夫歿遺三子俱幼家寒日夜織紡備極辛勤且通書義三子皆其課讀苦節三十七年

張萬清妻王氏年十九夫歿守志撫孤四十餘年

張大璵妻劉氏成婚禮之日值大璵患鉅瘡垂危入門即侍湯藥未一月夫歿彌留之際執手謂之曰惧爾青年願早適人荅曰劉門無再醮婦何多慮爲旣而繼姑

遣之嫁其母繼母也亦欲奪其志不從含怒待之姑不與其食劉食人所不堪食事姑彌孝謹有祖姑年七十餘多病劉遂同房侍寢稍聞呻吟聲輒終夜不寐祖姑感其孝至諱言病久之家人內外咸以劉異尋常鄉里相與語及劉則稱之曰聖賢劉通經書繼子爲夫後自教之聖賢之目雖出鄉俗指稱因其貞孝不變言動謹敬且悅魯論孟子等書也

張瑾妻㡻氏夫歿撫孤士英針黹自給壽九十一歲孫熾登順天鄉榜

舉人呂審廉妻古氏審廉奔父難死京邸子心傳六齡

撫之長爲諸生孝事舅姑值繼姑病侍藥奉食三月日夜不離左右姑命之少息不少懈時訓其子曰汝父死孝只恐汝墜家聲也

卞時庸妻趙氏事繼姑以孝聞繼姑病癱症趙不離側十三年子懷詔安寧州知州

任正吉妻李氏年二十三夫歿子士燦生纔六月矢志撫孤節操已四十年

賈璞妻黄氏年十八方娠而夫外出子生纔數月夫客死矢志撫孤守節已三十五年

州同石全妻張氏年二十九夫歿家無留遺撫四齡之

孤王印節操已三十三年

張璵妻王氏年二十三夫歿子纔四齡次子方娠以舅姑老曲盡孝敬勤織紡佐所不給撫二子成立節操已三十三年

監生賈耀曾妻任氏年二十三夫歿子纔五齡事祖姑繼姑盡婦職矢志守節已三十二年

張瑀妻卞氏年十七方娠而夫歿及生撫鞠成立守節已三十一年

監生何勤學妻劉氏夫早歿子膺昌嗣昌俱幼苦節撫孤底於成立嗣昌爲諸生

李琳妻李氏年二十夫客死子錫爵纔四齡錫祿一齡

李拮据以夫之柩歸葬矢志撫孤先是舅歿繼姑欲攜

女改適其女前姑之女也至是七齡李因留撫之長適

士人

郝雲章妻王氏二十六歲夫歿矢志守節孝事翁姑撫

一歲之孤守節已三十二年鄉里以賢孝聞

監生蘇紹武妻郝氏二十三歲夫歿子纔在襁褓間矢

志守節事舅姑孝及歿喪葬盡禮

李發炳妻李氏二十九歲夫亡無子撫侄生瑜爲嗣時

方襁褓苦志鞠養至於成立

趙錫妻魏氏十九歲夫亡遺一子霞光苦志鞠育至於成立年四十歲而卒

趙鑽妻蔡氏年十八歸趙趙故貧家歸趙五年方娠而夫歿歿後三月生子成德時氏年二十二歲舅姑皆老病無依氏以鍼黹奉養成德稍長出就邑庠生楊灝受業脫簪珥以備修金師郤不受念氏苦節教誨彌勤舅姑歿氏爲營葬茹荼嚼蘗備極艱辛年踰三十鬟鬢皆白卒年五十五歲守節三十三年里人以賢孝聞

進士程學孔之妻任氏年二十五歲夫歿事姑盡婦職矢志撫孤鄉人稱其節孝

呂譜妻朱氏王國藩妻高氏李廷櫺妻張氏李洪妻趙氏任廷敬妻宋氏任提妻常氏生員曹大受妻張氏王金鉞妻曹氏趙時茂妻甄氏張道遠妻賈氏呂文發妻武氏郭臨泰妻李氏王大元妻李氏張素抱妻裴氏王之瑞妻張氏曹坦妻盧氏張令聲妻趙氏張天錦妻李氏党元統妻原氏田培蘭妻李氏任大堯妻田氏魏紹晉妻田氏馮光鼎之母韓氏王者運妻郝氏魏興華妻曹氏耿三成妻王氏張茂金之母張氏呂珍選妻陳氏王學進妻呂氏王悅之妻劉氏韓育英之母李氏劉之福妻趙氏宋坦妻田氏任貞吉妻李氏李加林之母梁

氏曹錫之妻魏氏劉而浩妻馬氏蔡克生妻劉氏靳世遠妻張氏監生田緯妻楊氏姜思蕙妻霍氏李宗虞妻任氏朱光榮妻文氏王三錫妻魏氏郝澤妻李氏張克寬妻劉氏李桐妻孫氏郭惟寬妻許氏並守志節以上汾陽縣

梁進傑妻楊氏年十九夫殁守節三十一年事姑盡孝撫子有成康熙四十年旌

張國儒妻梁氏順治六年姜瓖之亂爲盜所掠不屈死之

貢生李冠楠妻劉氏被賊執絶食死

楊正芳妻張氏順治六年夫死於兵張守志壽九十終

米騰芳妻任氏順治六年騰芳死於兵任食貧守志垂六十餘年卒

劉裕正妻郝氏年十八夫歿子生纔一齡事舅姑撫幼子徒恃織紡度日若節數十年鄉里稱其賢孝

梁植妻雷氏年二十一夫歿無子父母欲奪其志雷曰禽獸之行誓不爲卒全其節年五十八終

雷騰雨妻郝氏年二十一夫歿守節其姑瞽無所見郝事之謹里中莫不稱賢

生員梁勉妻劉氏年二十夫歿子生纔五月貧苦守志

陰貴斗妻李氏年二十二夫歿撫孤守志事舅姑孝
耿崇宰妻李氏年二十二夫歿守志撫孤
李光俊妻梁氏年十九夫歿子生纔十月撫孤守志事舅姑鄉人咸稱其賢孝
王益興妻朱氏年二十三夫歿子纔三齡孝事舅姑撫孤守志
趙加印妻李氏年二十四夫歿紡織度日苦節撫孤
王尚威妻張氏年二十夫歿子纔三齡守節撫孤其子先卒復撫三孫壽九十七終
楊玉茂妻侯氏年二十三夫歿子纔二齡守志撫孤

薛友貴母賈氏年二十三夫歿紡織撫孤

王國重妻范氏年二十二夫歿守志

冀州偉妻梁氏年二十一夫歿守志

生員薛廷瑶妻劉氏年十九夫歿子生纔三月矢志撫孤

薛豫妻梁氏年二十二夫歿守志

侯新命妻張氏年二十一方娠而夫歿後三月子生苦節撫孤年八十餘終

生員高鼎甲妻孟氏夫早歿孝事舅姑撫幼子成立

孟千惠妻范氏年二十二夫歿無兒女矢志守節孝事

舅姑

武舉安爾甸繼室王氏年少而夫歿有庶子撫之成立爾甸前妻女久病卧牀第足不履地者已八年成廢疾王迎至家供飲食藥餌備至鄉里歎息以爲賢

田士英母毋氏苦節矢志孝事舅姑有司額其門曰節孝維風

劉良弼母郭氏年十九夫歿撫孤守志孝事舅姑

郭維斗妻侯氏早寡事姑孝謹守節五十六年壽八十三終子爾安武進士官守備誥封太恭人

劉氏小字梅兒劉汝德女姿容端麗夫無行投身爲奴

逼令偕往梅兒號泣累日語其母曰身爲奴婢易見汙辱雖死遲矣兒意已決次晨當行啟戶視之竟自縊

監生梁法周妻宋氏年十九夫歿子生纔二齡撫之成立事姑以孝稱知縣雷暢上其事得　旌

雷邇章妻武氏年十八夫歿子可望生纔兩月矢志撫鞠孝事舅姑可望長爲諸生有司上其事給匾　旌

侯岑妻馬氏夫得狂疾而歿子生未二齡上事下撫既而舅歿姑病癱奉養扶持不少怠知縣錢廷鏞上其事給匾　旌

生員侯以乾妻劉氏夫歿家貧父母憐之欲令改適劉

曰姑老待養稚子待哺何忍棄之遂截髮以明志知縣

錢廷鏞上其事給匾　旌

張秉恩妻李氏秉恩外出有任四小者居址相近潛入

其室李驚喊四小懼而走李忿不欲生夫還告以故俟

夫寢赴四小門前自刎死有司上其事得　旌

郝烈女幼端莊不苟言笑事父母以孝聞年十七許字

閻管成閨壻暴病歿請往弔父母初不欲既而聽之往

既至願留奉舅姑不見許令之歸或勸以改聘女作色

曰是豈可爲乎從容告父母曰兒死勿更沐浴易衣斂

於男子之手明日遂自縊及死香氣經宿不散面如生

達邇傳異之
郝呈璠妻馮氏年十九夫歿子生纔數月郝寧都妻侯氏夫歿子纔二齡劉肇創妻王氏年二十一夫歿子生纔七月劉光昌妻董氏年十九夫歿子在襁褓皆矢志守貞事舅姑撫稚子鄉黨重其節操
監生郝世杰妻雷氏弟世芳妻趙氏兄弟相繼歿姒娣守節各撫幼子孝事舅姑
鄧廷楨妻張氏夫歿無子矢志守貞事舅姑三十餘年盡婦職知縣王如玖額表其門
任其妻侯氏叔及娣相繼歿遺孤琰纔三齡侯撫鞠之

既而夫歿無子侯奉姑盡婦職撫琰成立苦節四十餘年

冀先遴妻成氏年二十一夫歿遺孤纔五齡撫之長娶婦而子媳又相繼歿有孫一勤撫成立

雷起潛妻師氏夫歿家素饒而善用財每歲冬出米布木縣給養濟院以爲常城西北隅舊有木橋漸壞不可行改甃以甎城南薄姑村山水湍會勢急衆方欲爲橋即輸百餘金成之撫三子及長皆能孝事知縣雷暢額旌之曰母慈子孝

王某妻李氏縣續志作監生王淸棟伯母年二十三夫歿無子繼幼

子撫之爲夫後守節三十餘年
冀光妻雷氏夫歿無子家甚貧紡績度日苦節五十餘年壽八十四終族鄰憐之爲合葬夫墓立碑以表其節
貢生張振基妻王氏年二十一夫歿矢志撫孤而姑癱卧在牀左右扶持奉事惟謹
生員郭明詩妻胡氏夫歿撫子克峻及長娶婦李氏既而克峻又歿姑媳共撫一孫苦節守貞知縣雷暢以一門雙節額表之
劉邦奇妻武氏年二十五夫歿子迺纔四齡家甚貧紡績事姑學使額表其門

張爾忠妻李氏年二十五夫殁無子繼猶子爲嗣矢志守節學使額表其門

張大祿妻杜氏年二十一夫殁子秀翼纔二齡撫之長娶婦李氏秀翼又殁遺孤令嚴而李亦貞操自矢撫之成立兩世苦節

郝林旺妻劉氏生子纔六月夫客死舅姑以貧故令之改適劉紡績撫孤孝事舅姑終天年積勤所蓄屬弟以夫之柩歸得並葬鄉人稱其節孝兩全

宋九圜妻雷氏事舅姑以孝稱生一子纔四齡而夫殁矢志撫孤知縣德額表其門

曹上達妻張氏年十九方娠而夫歿子生名天賜撫之長甘貧苦節

生員梁澤妻雷氏喬汝樟妻毛氏張順言妻侯氏李三元妻冀氏裴一榮妻閻氏劉祥妻池氏鞏自英妻趙氏閻毓太妻趙氏武生劉翼妻武氏侯秉才妻安氏姚潤生妻李氏霍登縣妻張氏梁建鼎之母劉氏梁建鼎之母宋氏貢生田生穎之母閻氏呼國楹妻趙氏楊廷擢妻陳氏曹福重妻安氏並守志節以上平遥縣

劉讓繼妻張氏年十五適讓事姑以孝聞越五年而夫歿撫孤守志壽九十終子翊聖順治壬辰進士

監生郭天宜妻張氏年十九夫歿姑瞽子幼上事下撫矢志守貞康熙五十五年　旌

侯懋功妻賈氏年十九夫客死雲中櫬至卽飲毒姑救之賈曰吾志决矣不必生知縣某聞之躬祭其門額表之

左陞正妻孟氏年十五適陞正舅姑以家貧子生而不慧曰非匹偶也令新婦更適孟曰命也不可改節辱身十餘年夫歿婦恐饑寒孝事舅姑終天年遇忌日持壺漿拜奠墓前盡哀敬康熙中知縣金一鳳額獎其節孝

喬干仞妻江氏夫歿旣而姑又歿舅病癱江躬滌穢惡

母董氏老疾無子興舅養於母家兩病人奉饘粥湯藥勤孝事父母卒葬畢復興舅歸凡十有二年舅卒先是干仞從兄歿遺孤方乳哺江鞠養如已子不令隨母他適鄉黨多稱其賢孝

孟光輝妻李氏年十九夫歿生子纔八月事姑撫幼子苦節守貞壽八十有八康熙二十二年知縣金一鳳額表之

董奕榮妻任氏年十九夫歿遺孤振基方在襁褓奕榮弟生員董奕茂妻年二十二夫歿遺孤振聲亦幼同守志事姑撫幼子長皆爲諸生

王志會妻李氏年二十二夫歿一子五齡一子二齡家甚貧紡織種植以養舅姑及二子後次子維基及孫二聘錫皆爲諸生

張自昌妻南氏夫歿撫孤文湛長爲諸生壽踰九十乾隆元年　旌

生員穆大義妻楊氏夫歿撫鞠二子及長又相繼歿遺孫爾珅撫之成立爲貢生乾隆十九年　旌

宋璡妻温氏年十八夫歿事姑盡婦職撫幼子成立乾隆二十二年　旌

監生郭恒燕妻張氏夫歿守節所居鄉被大水令其子

造木筏以濟鄰人日夕作餅餌相餉至水涸方止值歲饑令子姪捐銀六千糴米散給乾隆二十二年 旌

監生茹連科妻梁氏年十七歸連科越九年有惡少竊得其履以爲戲謔者梁聞痛憤自縊官治謔者罪乾隆二十三年 旌

梁來正妻王氏夫歿子浩生纔七月有以貧諷之嫁者毀容自誓事舅姑以孝稱勤績紡以供甘旨而自食糠粃浩長爲諸生壽八十有八乾隆二十四年 旌

貢生梁質收妻王氏年二十六夫歿事姑盡婦職撫幼子成立乾隆二十五年 旌

楊桂宦妻馬氏年十八夫歿事舅姑撫稚子矢志苦節四十餘年

董源涵繼妻王氏年二十夫歿有前妻子女苦節撫孤鄉里稱賢

李蕃妻董氏夫歿守節四十三年學使及府縣官俱額旌之

侯承恩繼妻羅氏年二十五夫歿遺孤三躬蒲穀羅所生子纔二齡撫三子如一躬蒲皆成立穀長爲諸生

董殿卿妻羅氏夫歿二子俱幼上事下撫有賢稱

郭如璋妻温氏方娠而夫歿躬紡績撫鞠守節四十餘

汾州府志　卷二十二

年

羅鏜妻溫氏年十九夫歿舅亦隨歿備歷艱辛撫二子成立有司額表其門

郭元瑜妻劉氏夫歿子生纔八月事舅姑以孝稱學使額表之

郭敬秀妻趙氏年十九夫歿事舅姑盡婦職撫稚子成立壽八十餘

侯文存妻郭氏年十六適文存文存不事生業郭苦勸冀其悔悟而曲盡孝敬以事姑恐姑或逆於心憎其子也嘗忍饑寒卒無怨色孝婦之名遂徧達邇縣人立石

道旁記其事

孟仲顏妻李氏適仲顏後舅病癱症姑亦病仲顏又臥病李竭力支持延醫療治既而先後俱歿連舉三喪守節終其身

舉人張正任妻郭氏在室時兄嫂相繼歿撫其子女及嫁後姑老多病呻吟牀簣者十餘年侍奉盡孝正任官定州同知妹適李姓病卒子幼郭攜至家撫育成立授之室始還遠邇咸稱賢及卒姪與甥爲之服如子女

貢生張大震妻郝氏少值父喪哀毀自致鄉里咸稱爲孝女及嫁事舅姑如事父母通書史教子皆親自口授

後以母歿哀痛致疾卒

強運昇妻張氏家貧夫病卧牀簀者七年及歿守節撫孤三十五年

郝璵妻陶氏年二十二夫歿撫二稚子矢志守貞

生員李來翔妻燕氏年二十二夫歿嫡庶兩姑俱老而病事之盡婦職守志以終

董靖宸妻麗氏年二十二夫病篤子杜生纔六月指以謂麗曰以累女及歿矢志撫孤杜長爲諸生娶妻郭氏年十七而杜又歿婦姑守節

董志道之妾李氏年二十五志道歿子纔五齡守志二

十年

武生王憲妻孟氏年二十六夫歿撫孤及長授室又歿

而無子乃擇於族中繼孫

汪得昇妻王氏年十七夫歿遺孤又歿守志彌堅

梁世俊妻郎氏年二十五夫歿一子纔三齡值流寇四

起饑饉薦臻郎上奉孀姑下提攜子終克保全節操六

十八年至九十三以壽終

強瑗妻賈氏年十八夫歿事舅姑孝繼夫之兄子纘曾

爲子撫之長爲諸生

郝瑄妻張氏年二十七夫歿無子有勸之嫁者張以事

舅姑立後嗣爲誓守節四十七年而終

劉義元妻任氏年二十四夫歿舅姑皆七旬兒在襁褓其母家有强之改適者乃截髮以死自誓終完志節

梁恒年妻宋氏年二十六夫歿二子皆幼舅以哭子喪明宋曲盡孝事目忽復明咸以爲節孝所致

趙淑昌妻孟氏年二十五夫歿事舅姑盡婦職舅年至九十餘賴婦之孝養以安撫子鴻儒及長爲諸生

董繼遵妻孟氏年二十四夫歿子纔三齡舅久客在外姑又病侍績紡奉養舅歸而手足不仁孟敬事不怠喪葬盡禮知縣宋允清額表之

生員郭無伐妻王氏年二十四夫歿事姑撫幼子矢志守貞
侯命職妻宋氏年十八夫歿撫孤成立孫爲諸生學使額表之
王璜奇妻趙氏年二十八夫客死子幼趙拮据奔喪扶櫬歸葬府縣官俱嘉奬之
文四維妻宋氏年十九夫歿矢志撫孤苦節以終
田大預妻王氏年十八夫歿子生纔一齡貧苦無依矢志守貞事姑撫子鄉人咸稱共節孝
張正仲妻郭氏夫早歿無子姑王氏年二十八而寡兩

世孀居婦姑互憫以延祀計繼姪孫爲嗣覲王氏則曾祖母也

貢生黄廷瑗妻胡氏年二十二夫歿矢志守貞撫孤煥采光采成立學使額表其門

張學寛繼妻曹氏年二十三夫客死前妻一子撫之長授室復歿遺一孫撫之成立

梁塨妻劉氏年二十二夫歿撫子長授室而復歿撫孫成立以節終

陶大強妻李氏夫歿撫孤凌霞及長以武科授守備

武晃參妻李氏年十九夫歿守志撫孤

武生羅呈祥妻郭氏年二十二夫歿子銘纔四齡撫之
長官主簿
董敢才妻宋氏年二十二夫隨舅在外相繼客死姑老
子幼宋上事下鞠矢志守貞
生員郭素位妻孟氏年二十二夫歿守節五十二年學
使蔣元益額表其門
賈鉉妻張氏年二十一夫歿矢志撫孤
任日嚴妻李氏年二十六夫歿二子俱幼苦節撫孤
賈鍾玉妻鄭氏年二十六夫歿守節立孤有司額表之
趙廷翰繼妻燕氏年二十一夫客死有前妻一子矢志

撫孤燕旣老以紡織所積捐修石橋

趙秉智妻南氏年二十二夫歿子生纔三月舅姑俱老

南盡心事鞠苦節自勵人以爲難

燕扶桂妻傅氏年十八夫歿子生纔數月矢志撫孤鄉

人請於有司立石以誌其賢

白應照妻張氏年二十六夫歿守節撫孤壽踰八十

王振儒妻宋氏年二十夫歿子寵方在襁褓撫之成立

寵亦以孝行稱

武裕國妻宋氏爲夫婦纔十日夫卽遠出莫知所之宋

饑寒無依旣而望絶乃立繼爲嗣壽踰九十

《山西文華》編纂委員會 編

山西文華·史料編

汾州府志

清乾隆版 第四冊

卷二十三至卷二十九

劉益令◎整理

山西出版傳媒集團
三晋出版社

山西文集

汾州府志卷之二十三

古蹟

兹氏故城在府治南十五里語轉字訛俗呼之爲甄子城史記夏侯嬰列傳從擊項籍卒定楚益食兹氏漢書地理志兹氏縣隸太原郡莽曰兹同後漢中平中單于羌渠使其子於扶羅將兵助漢討平黃巾會羌渠爲國人所殺於扶羅遂以衆留漢於扶羅之子豹即劉淵之父也魏武分其衆爲五部以豹爲左部帥居太原兹氏水經原公水出兹氏縣西羊頭山東過其縣北酈道元注云縣故秦置也今其地名鞏村有故城遺址北魏所

置西河郡治此其後汾州移治西河不知仍居此城抑卽今之府治史無明文可考唐李吉甫元和郡縣圖志汾州西河縣郭下八門城在縣北十五里以地望考之唐之汾州城卽今府治矣

瀦城在府治東十里水經注云文水南逕茲氏縣故城東爲文湖世謂之西湖在縣直東十里湖之西側臨湖又有一城謂之瀦城水澤所聚謂之都亦曰瀦藂卽水以名城也

八門城在府治北十五里俗呼羅城元和郡國圖志云劉元海遣將喬嵩攻西河築營自固營有八門故名

偏城在府治西南五十里汾陽孝義接境處東南距孝義縣治三十里二縣志皆列之顧祖禹讀史方輿紀要云後趙時築此以防西北諸部其城北占山阜南臨絶澗有攲側之狀因名

陽城在府治南十里魏書地形志西河郡隰城縣下云有陽城是也

舊志古蹟又有祝融城在汾陽縣治之西相傳祝融所築今廢志於城池內有云大城俗名四陽言曰四面照也又名祝融者亦此義其說近是蓋祝融四陽皆即今府城之俗稱非別有一城

方輿紀要隰城故城在府西七十里美稷城在府西北漢美稷縣屬西河郡本在今廢勝州西後漢中平中以寇亂南徙五百餘里卽此城也尋廢牧師城在府西北境漢邊郡皆置牧苑以養馬此卽西河郡牧苑也或曰亦在今廢勝州境隰城故城辯詳後及沿革漢西河郡美稷其故城在隋時之勝州城西南自勝州城北至黄河五里東至黄河五十里唐杜佑通典言勝州東渡河至馬邑郡四百二十里者是也漢西河郡都尉治美稷建武中詔南匈奴徙居美稷之虎澤永初三年南單于叛圍中郎將耿种於美稷四

年梁慬等擊之於屬國城南單于敗還虎澤西河郡治及美稷虎澤牧師城皆本在河西永和五年西河郡南徙五百九里治離石紀要乃以爲中平中美稷城南徙五百餘里似有舛誤今府西北亦無所謂美稷牧師城者

汾陽縣志古蹟列定陽城齊斛律光圍定陽築南汾城以逼之周使郭榮城於姚襄城南定陽城西今不可考案杜佑通典姚襄城西臨黃河控帶龍門寔爲險峻定陽郎今吉州治南汾城正值龍門上口壘石爲之東北高據峻巍西南俯臨黃河懸崖絕壁百有

餘丈俗呼倚梯城時周齊交爭在彼不在此徵引其事非也北魏太和十二年改吐京鎮爲汾州本治蒲子城孝昌中陷移治西河其所屬吐京五城定陽三郡並寄治焉不必別有三城

禁火臺在府治南一里士人以清明前一日寒食祭介之推於此

黄華亭在汾州儒學泮池西貯金翰林修撰王庭筠行書詩石庭筠父遵古爲汾州觀察判官省覲至此州學改爲汾陽縣學舊石漫滅不存今府學及縣學各有石四皆重摹刻者矣亭亦久廢金史稱庭筠讀書黄華山

寺因以自號書法學米元章與趙渢趙秉文俱以名家

舊志又列郭林宗舊宅在東郭相傳天寧寺是其遺

址文潞公舊宅在縣治之南相傳淨心寺是其遺址

嘉靖三年改建察院汾陽縣志列汾陽宫遺址在縣

東十五里段干木廬址在縣治東郭愛子鎮在縣北

三十里卜子石室在縣治西北四十里謁泉山多出

於好事者之傳合

以上汾陽縣

京陵城在平遥縣東七里漢縣隸太原郡莽曰致城後

漢書郡國志云京陵春秋之九京唐置京陵府以居府

兵又詳沿革

中都城在平遥縣西北十二里漢縣隸太原郡文帝爲代王時嘗遷都於此三國志魏明帝景初二年封孫資爲中都侯水經注侯甲水逕祁縣故城南又西逕京陵縣故城北又西北逕中都縣故城南城臨際水湄又西逕鄔縣故城南今侯甲水逕中都城北水道徙流故也漢西河郡有西都縣史記趙世家秦取我西都及中陽秦本紀六國表並訛作中都西陽唐魏王泰括地志云中都故縣在汾州平遥縣西卽西都也蓋因史記訛文遂淆中都西都而一之又詳沿革

來城在平遥縣西三十五里城塚記云後漢來歙所築冰聞其審

羌城在平遥縣西四十里舊志云漢建安中築此以居羌人來城羌城相距三里汾水舊逕其西今逕二城之東

思歸城在平遥縣東二十里魯澗逕其西距靑城五里方輿紀要劉淵攻劉琨於太原築壘以拒守因思歸而夜遁故名

蔚州城在平遥縣西北二十五里北魏時爲太原郡鄔縣地魏書地形志永安中改懷荒禦夷二鎭置蔚州寄

治并州鄔縣界方輿紀要云蔚州城城塚記謂之屈頓城晉武帝於汾隄側屈曲爲頓後因汾水泛溢廢城後魏於其地僑置蔚州今城址猶存

青城在平遥縣東二十里魯澗逕其西亭岡城在平遥縣南二十八里亭岡水逕其東方輿紀要云青城亭岡城或曰皆後魏所置

清世故縣隋開皇十六年析平遥置屬介州大業初廢方輿紀要清世城在平遥縣南今無遺址可考

喜雨亭在平遥縣署金大定十二年縣丞寇右慶禱超山有應因建亭署內

金井樓在平遥縣城内高百尺下有井水色如金

舊志古蹟又有尹吉甫將臺在東城上蓋後人所傳

合辯詳沿革

以上平遥縣

隨城在介休縣東左氏春秋魯隱公五年春曲沃莊伯以鄭人邢人伐翼王使尹氏武氏助之翼侯奔隨曲沃叛王秋王命虢公伐曲沃而立哀侯于翼六年春翼九宗五正頃父之子嘉父逆晉侯于隨納諸鄂晉人謂之鄂侯杜預經傳集解云隨晉地考此時隨地蓋姜戎之境翼侯既出奔故王立其子明年乃自隨迎入别居於

鄂隨非國中也後屬晉爲士會食邑今無遺蹟可考

鄔城在介休縣東三十五里左氏春秋魯昭公二十八年晉分祁氏之田以司馬彌牟爲鄔大夫史記平陽侯曹參圍趙將戚將軍於鄔城中漢書地理志鄔縣隸太原郡魏書地形志於介休縣云晉亂罷太和八年復有鄔城於鄔縣下云晉後罷太和十九年復有鄔城一鄔城兩言之者介休置於太和八年漢之鄔城在其境內及十九年更置鄔縣復以鄔城割入於鄔非北魏之前有兩鄔城也其北魏之鄔城在今介休縣東四十五里俗訛作武城謂秦遣武安君白起伐趙駐兵於此因名

非也文詳沿革

左部城水經注汾水西南逕界休縣故城西汾水之右有左部城側臨汾水葢劉淵爲晉都尉所築也今不可考縣西北十八里有板橋城志云劉淵擊劉琨於此

介休故城在介休縣東南二十五里北魏太和八年所置俗目之爲六壁城非也元和郡縣圖志云後魏明帝時爲賊所破至孝靜更修築遷朔州軍人鎮之因立南朔州但領軍人不領郡縣孝靜因殘破修築宜卽此城今縣治乃漢縣之舊北齊省介休併入永安北周復置介休寔因漢舊治水經注汾水西南逕界休縣故城

西以北魏縣治不在此故目爲故城魏書地形志介休晉亂罷太和八年復有介休城以太和中復置之介休不於漢介休城故分别言之又興和中置寧州寄治汾州介休城宜爲漢之故城也隋書地理志謂後魏置平昌縣後周以介休縣入焉開皇十八年改平昌曰介休元和志謂高齊省介休入永安縣周武帝復置介休縣宣帝改介休爲平昌縣隋開皇末又改平昌爲介休縣考北魏所置平昌縣隸五城郡本在今吉州鄉寧縣東南孝昌中五城郡陷寄治西河豈因其民僑居於漢之介休城故周宣帝時介休改名平昌歟北周之平昌即

漢介休舊治寔與北魏介休異地是以隋志元和志彼此互異又詳沿革

方輿紀要又有平周城在介休縣西四十里考之史記魏世家襄王十三年當秦惠文君改元之三年秦取我曲沃及平周漢書地理志平周縣隸西河郡闞駰十三州志云古平周縣在汾州介休縣西五十里蓋北魏時其地屬介休今介休縣西二十里即與靈石縣接境其地割屬靈石非復介休境內矣

開元府在介休縣東北八里華夏府在縣東北三十里皆唐置以居府兵

舊志又列郭林宗故宅在北關郭家村今廢華嚴寺即其地假糧堆在縣南四里唐太宗圍尉遲恭於此糧餉不繼故負土而以粟覆之金果園在南門外諺傳唐太宗收尉遲恭屯兵於此介休縣志又列忌坂在縣西南十二里其坂壁立世傳介之推避晉文公於此介之推事辨見綿山條下

以上介休縣

六壁城在孝義縣西十二里水經注文水又東南流與勝水合水出西狐岐之山東逕六壁城南魏朝舊置六壁於其下防離石諸部因爲大鎮太和中罷鎮仍置西

河郡爲勝水又東合陽泉水水出西山陽谿東逕六壁城北又東南流注於勝水魏書地形志永安中置顯州治汾州六壁城漢書地理志汾州西河郡有府十二曰嘉善六壁崇德華夏靈扶五柳京陵介休賈胡寧固開遠清勝皆以居府兵六壁者辛壁賈壁白壁許壁柳壁併六壁城而六今孝義縣西北二十里有村曰東辛壁西辛壁縣西北三十六里與汾陽縣西南二十五里接境有村曰賈壁縣西十五里有村曰白壁關縣西南十五里有村曰東許壁縣西南二十五里有村曰西許壁縣南三十里與靈石接境有村曰遼壁即柳壁而六壁

府今呼六壁頭古名皆未變然但爲鄉土所呼地志於六壁府白壁關之外其餘四者不復及之矣

瓜城在孝義縣北十四里與汾陽縣接境左氏春秋魯宣公十五年晉侯賞士伯以瓜衍之縣說左氏者多援孝義之瓜城釋之稽之於古無可證實魏書地形志永安中置定戎郡治瓜城而方輿紀要云虞城在孝義縣東北十里虢城在縣北十里俗訛爲瓜城相傳晉滅虞虢遷其人於此築城居之因名案瓜虢一聲之轉瓜城見魏書而虢城不見史志未可謂俗訛虢爲瓜也虞城今屬汾陽縣境晉遷虞虢之民其事亦無可証實

東多城失其所在魏書地形志天平中置眞君郡治東
多城武定四年置武康郡治東多城方輿紀要云東多
城在孝義縣北二十里則宜屬汾陽縣境今二縣皆無
可考

團城在孝義縣西北二十里許魏書地形志武定四年
置武昌郡治團城元和郡縣圖志孝義團城在縣西北
十八里後魏築以防稽胡其城紆曲故名團城

吐京僑郡在孝義縣西二十里魏書地形志眞君九年
置吐京郡領新城吐京二縣孝昌中陷寄治西河

溫泉故縣在孝義縣西九十里高唐山之西元和郡縣

圖志武德三年置溫泉縣因縣南溫泉爲名元史地理
志至元五年割溫泉縣之半置怨檢司隸本縣
舊志又有吳城在孝義縣西南七十八里史記魏吳
起爲西河太守時築以拒秦案史記吳起爲西河守
守謂守將非郡守也西河舉龍門西河爲言其時魏
與秦以洛水爲界河西濱洛並魏地秦魏相攻在河
西不在河東辯詳治華漢景帝中二年始更郡守爲
太守前此亦無太守之稱方輿紀要有魚城在孝義
縣北十里或云後魏末六鎮擾亂置城於此爲戍守
處孝義縣志有務城在縣西八十里誤兒城在縣西

七十里

比干臺在孝義縣東二十里考元和郡縣圖志西河縣北百一十里有比干山或汾陽孝義之間比干食邑在焉未可知也縣志云舊傳比干避暑處

溫公鎮在孝義縣東北十里司馬村舊傳溫公嘗經宿於此故名

義虎亭在孝義縣城西相傳明時有樵夫墮深巖虎穴中虎負之出樵夫與虎約割豚西門外以謝至期虎來攫豚以去

魏文侯宅在縣治東也傳今察院是其遺址院之堂

東有八角琉璃井撿閉不敢啟方輿紀要列安生原在孝義縣南十里舊志云土地沃饒有西河之美者安生原耳孝義縣志列介休坂在縣西四里魏文侯臺在縣城內鄙語云文侯觀魚臺臺前有魚池上有看河樓仙童原在縣西南五十里禮仙莊鄙語云漢武帝遇仙童處栢桑原在王莊里庾信枯樹賦西河有枯桑之社

以上孝義縣

太和故城在臨縣南三十里湫水之左隋書地理志後周置曰烏突及置烏突郡開元初郡廢縣尋改焉有湫

水
臨泉故城在臨縣北四十里湫水之右唐武德三年所
置
以上臨縣
土軍故城在石樓縣西北五十里史記高祖功臣表十
一年封宣義爲土軍侯武帝元朔二年國除建元以來
王子侯者年表元朔三年封代共王子郢客爲土軍侯
四年置西河郡土軍隸焉水經河水篇南過土軍縣西
酈道元注云吐京郡治故城卽土軍縣之故城也胡漢
譯言音訛僞變矣其城圓長而不方太平寰宇記云城

在團圓山下其城圓而不方俗謂之團城
長壽故城在石樓縣東五里臨河故城在縣東六十里
並唐武德二年所置貞觀元年廢五代周廣順初北漢
劉承鈞自攻晉州不克移軍隰州隰州將孫繼業迎擊
之於長壽城太平寰宇記石樓縣北六里有夷吾館後
魏孝文置長壽縣於此案魏隋唐史志皆不言長壽縣
爲後魏孝文置寰宇記之言未聞所出
石樓縣志又列試劍石在縣西十里相傳宋呼延瓚
獵此獲劍試石兩分
以上石樓縣

臯狼故城今不可考周成王時趙之先曰孟增居之史記秦本紀及趙世家皆言孟增幸於周成王是爲宅臯狼臯狼生衡父衡父生造父宅臯狼者蓋因所居以爲號徐廣音義云臯狼地名在西河是也後爲趙邑知伯請之而襄子弗與史記建元以來侯者年表元朔三年封代共王子遷爲臯狼侯漢書王子侯表狼訛作瑯元朔四年置西河郡臯狼隸焉方輿紀要臯狼城在永寧州西北

藺故城今不可考趙魏之初魏有河西地藺爲趙之邊邑與魏鄰故魏武侯十五年當趙成侯三年魏敗趙藺

其後魏之河西上郡入於秦趙藺離石乃與秦鄰漢武帝元朔三年封代共王子憙爲藺侯漢書憙作罷軍四年置西河郡藺隸焉方輿紀要藺城在永寧州西

隰成故城在永寧州西漢縣隸西河郡水經注離石水南流逕離石縣故城西又南出西轉逕隰成縣故城南漢武帝元朔三年封代共王子劉忠爲侯國王莽之慈平亭也胡俗語譌尚有千城之稱其水西流注於河據道元所記漢隰成縣在離石之西甚明方輿紀要隰城故城在汾州府西七十里漢縣考晉書地理志始改成爲城西河郡領離石隰城中陽介休四縣紀要所目爲

隰城者殆晉徙治之縣歟以爲漢縣失之矣今州西六十八里穆村有一舊城遺址於水經注之隰成縣地望適合

左國城今不可考晉書劉元海載記云今離石左國城即單于所徙庭也元海至左國城劉宣等上大單于之號二旬之閒衆已五萬都於離石尋遷左國城爲壇於南郊即漢王位時晉永興元年也永嘉初遷於蒲子方輿紀要左國城在永寧州東北二十里

盧城在永寧州東二十里元和郡縣圖志離石縣盧城在縣東二十里晉幷州刺史劉琨所築以攻劉曜案隋

書地理志後周置盧山縣大業初併入脩化有伏盧山新舊唐書皆無脩化縣亦不詳其何時省併方輿紀要言脩化城在臨縣南盧山廢縣在臨縣東南今永寧州東有伏盧山山南盧橋村距州治二十里爲盧城遺址地望與元和志相符周所置盧山縣或卽因於劉琨之故盧城咸取伏盧山以名城名縣也脩化雖不可考當據隋志伏盧山在其境內不得遠至臨縣舊志云盧城在州北六十里今亦無有能言其處者臨縣永寧州之間往往有古城遺址而莫能舉其名古縣名如藺皐狼之屬多在此間又不復可考世遠事湮莫足證實大致

然矣

良泉故城在永寧北六十里北齊所置良泉縣今其地猶呼泉城有遺址

方山故城一在永寧州北百一十里今呼故縣村唐貞觀十一年方山縣所徙治一在州北百五十里今方山堡金貞祐四年所徙治金史地理志所云徙於積翠山者是也俗因縣名遂呼其山曰方山而隋大業三年徙良泉縣於方山故改名方山縣名山與故城皆不可考矣方輿紀要云方山城在州西北七十里宜即隋之方山縣今亦莫知其處

孟門故城在永寧州西百二十里北周大象元年於此置定胡縣唐貞觀二年改曰孟門七年廢八年復置曰定胡金明昌六年又改曰孟門元廢西有孟門關又詳沿革

方輿紀要又列穀羅城在永寧州北漢縣案漢書地理志西河郡穀羅武澤在西北武澤本名虎澤唐人避廟諱所改胡三省注資治通鑑云虎澤應在五原曼栢之北後漢建武二十六年詔南匈奴徙居西河美稷之虎澤亦即此澤也蓋境相接矣其說得之五原曼栢其故城皆在河西未聞穀羅縣僑置離石紀要又列虎澤在州北尤失之

以上永寧州

寧鄉故城方輿紀要云在寧鄉縣東案北周析離石置寧鄉縣隋大業初廢其周大象中所置平夷縣金明昌六年改曰寧鄉是爲今縣縣東故城不可考

避兵臺在寧鄉縣南五十里高千丈周盈三里下有清泉昔人避兵居此一名没虎臺

舊志列龐涓寨在縣北十里龐家會城基尚存周里餘世傳龐涓駐兵於此寧鄉縣志列吳王城在縣西百五十里三交原俗傳爲吳起寨案此二地葢因古城遺址世遠莫考方俗遂傳合名之無足證實也

以上寧鄉縣

塚墓

晉西河王司馬斌墓在汾陽縣西七里斌字子盛爲魏中郎晉初封陳王咸寧三年改封西河王四年薨唐賈耽刺汾州於古寺中掘得司馬子盛碑太康中尚書郎索靖八分書可辨者大半今其碑不知所在矣

趙離石侯石嵩墓在汾陽縣萬戸山之西趙封嵩爲離石侯卒葬於此

唐郭君墓在汾陽縣北三十五里永安鎭有乾封二年所立碑朱錫鬯曝書亭集唐郭君碑跋云今在汾陽縣

北七十里余於丙午秋經郭社村行溝中仰見土岡之上碑額微露環岡數里乃登讀其文皆駢儷語首二行剥裂君之名字門世與撰文者皆闕焉其知爲郭君者藉有額存也碑立於乾封二年中有云揮霜鉞而斬老生蓋從太宗攻霍邑者按舊唐書宋老生棄馬投塹甲士斬之新唐書則稱爲劉宏基所殺溫大雅創業起居注又云老生攀縋上城軍頭盧君諤所部人跳躍及而斬之世咸不知揮办者之爲郭君而君之名以石裂終不傳可惜也顧炎武金石文字記云郭君碑今在汾陽縣北七十里郭社村峯即永安鎮岡上距縣治三十餘

里耳作七十里蓋有舛誤又碑文可識者有父嵩二字顧君朱君皆未之及

唐上柱國任君墓在汾陽縣南十里文侯村有上元三年十一月所立碑金石文字記云任君名恭官至金紫光祿大夫上柱國臨濟縣開國男貞觀十七年二月卒夫人郭氏其文有曰未掛東都之冠先覆北墉之首按論語伯牛有疾注禮病者居北牖下仁山金氏曰牖字誤當作墉蓋室中北墉而南牖墉牆也

唐上騎都尉相里瑞墓在汾陽縣北二十里小相里之北有碑金石文字記云此碑漫滅特甚其可識者曰上

騎都尉相里府君之碑曰相里瑞字鳳威曰夫人任氏而中有亓埊(乙)字知其爲武后時立

五代晉建雄節度使相里金墓在小相里之北今猶呼太師墓有天福五年十月所立碑李象撰文成知訓書

金石文字記云五代史相里金傳略同惟傳云字奉金而此云字國寶傳云贈太師而此云贈太子太師又封西河郡開國侯而史遺之皆當以此碑爲正也

宋狄武襄公青墓在汾陽縣北十里郝洪里劉村有嘉祐四年二月甲申所立碑翰林學士王珪奉詔撰文墓餘地九十六畮九分有奇

元呂篤薾沆墓在汾陽縣西南三里洪哲里翰林學士虞集撰碑文

元國子監司業張盂墓在汾陽縣西北三里中千里馮家莊

明慶成恭僖王美墧墓在汾陽縣西北二十里宋家莊

溫穆王鍾鑑墓端順王奇湞墓恭裕王表欒墓悼懷王新堤墓並在孝臣里安穆王知㸂墓在宋家里

明永和昭定王濟烺墓在汾陽縣北太平里永和王美塢墓在洪西里順僖王鍾鉠墓在小相里榮懷王奇淯墓在池定里端憲王表㭊墓在羅城里安僖王知㸇墓

莊定王新壇墓並在太平里恭懿王慎雷墓在三泉里

明儀賓辛彥博墓在汾陽縣西南三里南社村

明長清縣知縣田耔墓在汾陽縣南一里斜敎口之原

明登州府知府嚴泰墓在府城西關萬歷十三年知州

白夏爲立神道碑

明孝子劉仲原墓在汾陽縣南董師河南西嶽廟北

明河南左布政使孔天胤墓在府城北人美廟官道西

明戶部右侍郎王緝墓在汾陽縣西十里萬戶山下

明太僕寺卿張更化墓在汾陽縣西十五里尉陵里

明太常寺少卿張第元墓在汾陽縣西南四十里馬家

莊

明禮部郎中靳光先墓在汾陽縣南三十里靳家莊

明兵科給事中曹艮直墓在汾陽縣東北三十五里仁顏村

國朝車駕司郎中鄭之璞墓在府城西北原底

行人劉興漢墓在城東北文會里

會同縣知縣宋謙墓在府城南關之西以上汾陽縣

周鄉士尹吉甫墓俗傳在平遥縣東門外北路明萬歷二十五年知縣周知度始於墓前立石題曰周卿士尹吉甫神道三十四年知縣陳所學以甎砌墓前建享堂

四極四十五年知縣楊廷謨封墓修祠葢不知誰氏之
墓因世俗所傳合指而實之耳辨見沿革
北濟王妃墓在平遥縣西北二十里
唐吏部尚書裴藹墓在平遥縣金莊村
唐上柱國梁思墓在平遥縣下西門外誌銘石方二尺
墓壁石出貞元九年癸酉歲刻不書作者姓字
宋裴尚書墓在平遥縣下西門外
宋禮部侍郎裴定墓在平遥縣下西門外
元評事杜遇墓在平遥縣范洛村
元評事梁秉鈞墓在平遥縣梁官村墓碑中書省選充

汾州教授張藻撰文平遥教授邢仲元書丹鄉貢進士
趙𪸩篆額歲次壬寅九月庚辰朔初六日乙酉太原路
平遥長官男梁琮孫男梁楝次孫男梁翼梁羽立石
元平遥縣尹梁瑜墓在梁官村
元征行都元帥五路萬户梁瑛墓在平遥縣梁官村神
道碑文嘉議大夫御史丞行御史臺事魏初撰集賢侍
讀學士奉議大夫李倜書丹中奉大夫中書省參知政
事杜思敬篆額延祐元年重九月日少中大夫西蜀四
川道肅政訪司男天翔立石
元平遥縣尹梁琮墓在梁官村

元河東南北路與魯萬戶侯杜珏墓在平遥縣范洛村

元明威將軍吉州路達魯花赤杜思明墓在平遥縣范洛村墓碑毋弟前資善大夫中書左丞杜思敬撰文延祐六年歲次己未十月壬子朔十六日丁卯承直郎潞州路義烏縣尹兼勸農事長男杜恕立石

元杜文定思敬墓在平遥縣范洛村

元通奉大夫河東山西道宣慰使杜肯搆墓在平遥縣范洛村

元集賢大學士晉國公杜宣墓在平遥縣范洛村

元中少大夫西蜀四川道肅政廉訪使梁天翔墓在平

遥縣梁官村神道碑銘奉政大夫監察御史亳郡李元
道撰集賢學士資德大夫吳興趙孟頫書丹翰林侍讀
學士中奉大夫知制誥兼修國史淸河元明善篆額延
祐二年七月初十日前僉廣東廉訪司事授朝列大夫
信州路總管府治中長男梁時中承事郎大名路淸河
縣尹次男梁時正承事郎秦州成紀縣尹次男梁時義
中顯校尉僉淛東海右道肅政廉訪司事次男梁時仁
等建
元工部侍郞梁日新墓在平遥縣姚村
元朝列大夫信州路總管府治梁時中墓承事郎大名

略清河縣尹梁時正墓忠顯校尉僉浙東海右道肅政
廉訪司事梁時仁墓並在梁官村
孝女墳在平遥縣東七里梁村北相傳趙氏三孝女負
土爲父墳各植栢一株今猶存一株孝女不知何代人
故崩記於元明間
明高郵州知州任艮才墓吏科給事中任艮弼墓俱在
平遥縣北門外
明延長縣知縣雷潔墓在平遥縣南門外
明淄州府同知李頤墓在平遥縣梁趙村
明舉人梁殿邦墓在平遥縣梁官村

明陝州知州王尙龍墓在平遥縣金莊村

明繩池縣知縣范道行墓在平遥縣南門外

明永年縣主簿劉士鰲墓在平遥縣北門外

明華陽縣縣丞梁棟隆墓在平遥縣南門外

國朝孝子梁州尹墓在平遥縣東郭村梁州儒墓在西郭村

河州知州梁禹甸墓在平遥縣南門外

順慶府知府梁潢墓在平遥縣南門外以上平遥縣

漢李陵墓介休縣志云在縣東四十里陵卒塞外單于遣遞陵屍於長安至介休東四十里下梁李侯村南馬

不行遂葬焉宋天禧二年鄉民因墓建祠

郭有道墓元和志介休縣郭林宗墳在縣東三里周武

帝時除天下碑惟林宗碑詔獨留介休縣志云在縣東

五里官路南塚高二丈許周圍繚以垣墻案宋嘉祐中

胡景初撰魏文侯墓碑云嘉祐戊戌歲余爲吏汾州旣

至考圖牒則云東漢郭泰林宗之墓在介休縣東二里

蔡邕作林宗碑在墓之側他日涉郡守園池見唐開元

二十年孝義令楊仲昌所作魏文侯碑在焉而於州城

東大中佛寺北廡得林宗碑脩刻二辭其一蔡邕之文

其一記林宗後裔纖悉不刻立碑之年載推本似隋唐

閒不知何時移置州城也予遂摹二碑畀孝義李令介休閻邸令訪求二墓已而得魏文侯之藏而林宗亡之矣據此則林宗墓宋時已不可考豈後人乃復求得之歟明嘉靖十年知縣王正宗闢地植樹隆慶三年知縣劉旁環塚礴封高一丈縱橫八丈有奇二十四年知縣史記事復石砌甬道

漢徵士宋子浚墓水經注汾水又南與石桐水合又西逕介休縣故城西城東有徵士郭林宗宋子浚二碑宋沖以有道司徒徵林宗縣人也山西通志於元魏又列宋子浚墓在介休縣南西靳村而縣舊志云後魏左僕

射太師宜都王第二子天統十三年拜車騎大將軍儀同三司賜邑天統乃北齊年號僅五年舛誤不可通

晉介休令賈忠義墓在縣南三里

北魏車騎大將軍穆祚墓在介休縣南七里許

唐御史馬周墓在介休縣東四里官路北有碑記

宋文潞公祖母墓在介休縣西一里許明萬歷中教諭趙璿築垣墻建亭堂立表

宋總理大元帥曹玠墓在介休縣仁安里東祠在里中

元汾陽伯鈕克讓墓在介休縣西北三里許

國朝吏部文選司郎中粱欽構墓在介休縣南七里西

靳屯村之南以上休縣

周魏文侯墓宋嘉祐中汾州通判謝景初撰碑云考圖牒則曰魏文侯都之墓在孝義縣西五里他日涉郡守園池見唐開元二十年孝義令楊仲昌所作魏文侯碑在焉其旁記墓在勝水之陽與其周環高大甚備至大中十年刺史崔騈自孝義移於此已而得魏文侯之藏於是使李令改石別刻楊氏之碑與其所記墓之所在周環高大幷崔騈所列者盡鑱而立之墓側案孝義縣境始終爲趙地徒因北魏置西河郡於兹氏唐人遂傳合子夏設教西河在是間故元和志孝義縣魏文侯墳

在縣西五里段干木墓在縣東北二十五里孝義縣志則段干木墓在縣東六里又有三子墓在縣西北七里俗指爲卜子夏段干木田子方墓是一縣中而段干木墓已有三矣水經注河水自河北城南東逕芮城二城之中有段干木冢今芮城縣東南八里有魏文侯墓東北十五里有段干木墓唐貞觀中禁樵採求之於彼爲近辨見沿革

孝子郭巨墓在孝義縣東北五里青義村案永安縣以縣人孝子鄭興改曰孝義元和郡縣圖志作郭興鄭郭字形相似無從考證其孰是其曰郭巨者當即郭興之

訛

唐上國武府君墓在孝義縣南七里吳屯村其碑銘云公諱某字嘉仲西河永安人加游擊將軍卽於咸亨三年殯於孝城七里

宋宣皇聖母陵在孝義縣西南六十里宣皇原王才里考宋史太祖本紀建隆元年九月丙午奉玉册謚祖曰簡恭皇帝廟號翼祖祖妣劉氏曰簡穆皇后皇考曰武昭皇帝廟號宣祖然則此稱宣皇聖母當爲宣祖之母卽簡穆皇后也

宋劉宣王陵在孝義縣西南六十里下馬寬村

宋參知政事趙景肅昌言墓在孝義縣西五里趙家莊北

宋文氏先塋在孝義縣南二十里董屯村葬文潞公曾祖周國公及夫人郭氏霍氏武氏

宋辛氏先塋在孝義縣西北五里居義村葬辛仲甫祖父

明晉恭王妾劉氏墓在孝義縣西南三十里偏店村劉氏以子永和王封汾州就葬因葬此

明慶成莊惠王濟炫及虞妃墓在孝義縣西二十里吐京村濟炫太祖之孫也永樂元年就封汾州

明慶成榮懿王愼鍾墓在孝義縣西北獨但村

明陝西按察使梁明翰墓在孝義縣西五里張家莊東

明兵部尚書霍冀墓在孝義縣北二里新莊村王崇古撰墓表

明監察御史霍莘墓在孝義縣西三里

明刑科給事中任道亮墓在孝義縣西北三里

霸州兵備副使張晃墓在孝義縣西北二里

明西安巡撫王裕心墓在孝義縣北三里以上孝義縣

金吉狀元墓在臨縣吉家莊名失考

元四川道提刑按察使袁克忠墓太原椽本司袁克良

墓俱在臨縣穆村峪

元淮陽王張宏範墓在臨縣松峪村案元史張柔易州定興人宏範字仲疇柔第九子也不知墓何以在此

元尚書紀秀墓在臨縣北萬安坪以上臨縣

五代刺史薛鐵山墓在石樓縣東南二十里麻鄉村碑文剝落

宋康州團練使呼延瓚墓在石樓縣南九十里忠孝村黃河岸

元韓子忠墓在石樓縣西北四十里

元衛國公鄭允中墓在石樓縣南原五里鄭氏先塋碑

至正十六年四月立翰林院承旨榮祿大夫管翰林院國史趙孟頫撰文

元褚忠肅不華墓在石樓縣西五十里留村以上石樓縣

北魏孝文帝陵相傳在永寧州東北七十里拓拔嶺

隋離石郡太守楊子崇墓司法李德紹葬之於離石今失其處

唐右臺侍御史宋務光墓在永寧州南五十里碑文剥落

唐右領軍使昌化郡王鄔承玼墓在永寧州東七十里煖泉滙山

唐吳武烈墓在永寧州東北三十里石村有古碑

宋陳希夷墓相傳在永寧州城北三陽雲鳳山而大華山希夷峽舊以爲希夷葬處

宋寇宰相墓在永寧州東北八十里康家嶺相傳即寇萊公準所葬案寇萊公墓在陜西西安府渭南縣此或別一人也

宋工部侍郎滕茂實墓在永寧州東七里有自撰碑今不存案茂實還代州間欽宗將至即自爲哀詞且自篆宋工部侍郎滕茂實九字取奉使黄旛裹之後卒雲中元好問中州集云士大夫哀其忠爲之起墳於鴈門歲

時致祭而舊志在永寧州姑仍之

宋王女墓在永寧州西南十里土人名王女滙塚高丈餘

宋石嶺關都部署郭進墓在永寧州北百四十里方山城內田欽祚以暴卒聞贈安國軍節度使中使護葬

金吳永墓在永寧州東北三十里中和原其子希尹撰碑

明宣府巡撫車霆墓在永寧州城北三陽雲鳳山之西有諭祭碑

明工部尚書張襄敏珩墓在永寧州城西十五里于家

居西山麓有諭祭碑

明兵部右侍郎張珏墓在永寧州城西

明水圖先生墓在永寧州西北四十里大武鎮不知何許人有碑贊其文云問君何事吞聲泣抱玆長憾其誰識五月披裘九冬齧雪身雖骨肉心猶金鉄意者文信仕三百年之綱常蘇武持十九載之漢節依稀乎而亦未可必

國朝太子太保于清端成龍墓在永寧州北八十五里橫泉鎮以上永寧州

元昭毅大將軍陳資壽墓在寧鄉縣城南三里許鷹灣

元知石州事高岡墓在寧鄉縣城北半里許二郎坪有碑銘少中大夫山東東道提刑按察使勿祗適撰正議大夫中書禮部尚書王博文題額至元二十六年乙丑宣授奉訓大夫安西路乾州知州兼管本州諸軍奧魯男高彥萃立石

明山東布政司參政劉有誠墓在寧鄉縣城北半里許二郎坪有墓表賜進士資德大夫正治上卿加一品俸戶部尚書侍經筵復齋王友賢撰賜進士資德大夫正治上卿都察院掌院事左都御史前兩京吏刑部尚書涇陽漸菴李世達篆額賜進士通奉大夫陝西布政使

司布政使應城宏岡陳藻書

明戸部尚書贈太子少保王友賢墓在寧鄉縣城北五里許卧牛坪有勅葬祭碑曾勅修

國朝高烈女墓在寧鄉縣城北里許野狐子溝坪烈女郭以昇之聘妻也與以昇合葬以上寧鄉縣

汾州府志卷之二十四

祠廟

三皇廟在汾陽縣治西南元元貞初命郡縣通祀三伏羲以勾芒配神農以祝融配黃帝以風后配黃帝俞跗以下十八姓名見於醫書者並從祀有司於春秋二季行事而以醫師主之今府城東北三里許又有楚韓廟介休孝義永寧則有藥王廟

臺駘廟在府城東南三里唐貞元九年建有碑令狐楚撰文五代晉封昌寧公宋稱宣濟廟又有金大定十三年汾州觀察判官王遵古碑銘石樓縣在翠金山

源神廟在介休縣東南鸑鷟泉上宋至道中建祀堯舜禹三聖而平遥縣北門外有帝堯廟康熙中知縣王綬建以平遥本作平陶傅合也孝義縣北十里司馬村有

大禹廟元大德九年建臨縣大禹村亦有禹廟

湯王廟在平遥縣朱坑村

比干廟在永寧州北呂梁山上九域志云石州有比干祠禱驗

高禖廟在平遥縣東城上元皇慶元年創立又周師士廟在上東門內二廟皆以祀尹吉甫謂北伐玁狁駐兵於此由後人誤釋詩之太原致滋傅合詳辯沿革

忠惠侯廟在介休縣東北義安村祀晉大夫狐突又永寧州東劉王嶧有狐偃廟

夷吾廟在石樓縣東南四里屈產泉上

晉介子廟一在介休縣城西一在縣東小宋曲平遥縣城西亦有介子推廟兼祀狐突卜子夏田子方

潤濟侯廟在府城西北白彪山麓宋崇寧間稱永潤廟宣和元年封潤濟侯碑銘知汾陽軍事周煒撰土人稱爲賀魯將軍府城內及介休縣北河村孝義縣西北郭村亦立廟元至元中馮鈺撰河村新修潤濟侯廟記以北魏源賀實之案白彪山之馬跑泉即水經原公水以

趙襄子之臣原過得名後世猶有原公池之稱俗傳北魏賀魯將軍駐師於山馬跑得名故其泉一名賀魯泉又名馬跑泉考之北魏無所謂賀魯將軍者馮鈺因原公池之目遂歸於源賀三晉之原過在北魏源賀之前八百餘年馮氏未察原公水爲古名而原源音同又取一賀字傅合鑿矣唐時突厥室點密可汗之五世孫名賀魯屢入寇顯慶初西域平蕭嗣業執之以歸賀魯謂嗣業曰我亡虜也先帝厚我我則背之今大降怒罪尙何道且聞漢法殺人必都市我願就死昭陵謝罪於先帝也既至獻昭陵赦不誅裂其地爲州縣賀魯死詔葬

頡利塚旁紀其概於石是賀魯寔有其人然在唐而非北魏其足跡亦未至河東白彪山之麓名壺盧谷此泉又有壺溪之稱殆壺盧賀魯一聲之轉遂致滋異說而忘其水之由來不起於北魏且忘原公水之爲古名今此水宜復舊名爲原公水則主是水者宜以原過實之襄子滅知伯祠霍太山三神於百邑使原過主之又有原過水在今榆次縣水西亭上有原過祠皆地相連屬此地或古有原公祠故以之名水耳

子夏祠一在府城北十八里大相里元樊宗英建一在城東十里明嘉靖三年分守冀南道王崇慶改元元官

建二十八年以段干木田子方附焉更名三賢祠一在平遥縣南岳壁村元至正間建而介休縣仙臺村孝義縣治南俱有三賢祠此外所稱子夏祠段干木祠者村里中往往有之府境雖非魏地然志仰昔賢師其道德何地不可嚮學之心爰爲立祠固其宜矣

魏文侯廟在孝義縣治南元中統三年建

漢高祖廟一在永寧州北漢高山上高祖破左右賢王追至離石後人立廟一在石樓縣西三十里團圓山之巔

樊王廟在介休縣東南三十里樊王村祀漢舞陽侯樊

嚐

灌嬰廟在平遥縣東嬰溪上縣志云漢高帝征陳豨時嬰屯兵駐此後以禱雨靈應封利潤侯

李陵廟在介休縣東四十里陵墓旁元大德十一年建

漢武帝廟在永寧州北百六十里宋五禮新儀祀漢孝武皇帝於永興軍以大將軍衛青及驃騎將軍霍去病配

郭有道廟在介休縣城北

關聖廟在府治西平遥縣在縣治西南介休縣在城東二里孝義縣在縣治南臨縣在縣治東南石樓縣在縣

治東北永寧州在州治東寧鄉縣在縣治東皆有司致祭及朔望行香者其民間別立廟隨在多有前代各有封號　國朝順治九年封忠義神武關聖大帝雍正七年定制郡縣胥歲三祭五月十三日及春秋二仲月之上庚乾隆某年以原謚壯繆侯未允改曰神勇三十三年加號靈佑

潤濟侯廟在平遥縣東麓臺山劉嶠遊麓臺山記曰碑云王允姪王淩化於此山語多誕郡縣志云淩允子仕魏官太尉封南鄉侯誅司馬氏不果死之鄉人竊葬於麓臺立廟祀之并祀其母與妹後人禱雨輒應案後漢

書王允傳長子侍中蓋次子景定及宗族十餘人皆見誅害惟兄子晨凌得脫歸鄉里三國志王凌傳叔父允爲漢司徒誅董卓卓將李傕郭汜等爲卓報仇入長安殺允盡害其家凌及兄晨時年皆少踰城得脫亡始初爲征東將軍假節都督揚州諸軍事二年吳大將全琮數萬衆寇芍陂凌率諸軍逆討力戰連日賊退走進封南鄉侯是時凌外甥令狐愚以才能爲兗州刺史屯平阿舅甥並典兵專淮南之重凌就遷爲司空司馬宣王既誅曹爽進凌爲太尉假節鉞凌愚密協計謂齊王不任天位楚王彪長而才欲迎立彪嘉平元年十一月愚

遣張式詣彪未還會愚病死三年春吳塞涂水淩欲因此發大嚴諸軍表求討賊裴松之引魏書曰愚字公治本名浚黃初中爲和戎護軍烏丸校尉田豫小違節度愚以法繩之帝怒械繫愚免官治罪詔曰浚何愚遂以名之于寶晉紀曰淩到項見賈逵祠在水側淩呼曰賈梁道王淩固忠於魏之社稷者惟爾有神知之三國志又言淩死後發淩愚冢剖棺暴屍於所近市三日燒其印綬朝服親土埋之于寶晉紀曰兗州武吏東平馬隆託爲愚家客以私財更殯葬行服三年種植松柏一州之士愧之據此則封南鄉侯官太尉者乃王允之兄子

浚非允子也而名浚者乃王浚之外甥令狐浚浚先浚死及暴屍後兗州武吏馬隆爲更殯葬豈茲山即其更葬之所歟俗呼是廟曰王浚廟或山有古碑因令狐浚連及王浚事而碑文殘闕遂以爲王姓浚名祁縣志不復詳考猥稱浚允子官太尉封南鄉侯謬矣

賈侯廟在介休縣南三里晉介休令賈渾墓側縣境及孝義永寧寧鄉境民間亦多立廟以爲祈禱雨澤之所俗呼龍天廟

劉刺史祠在永寧州西北馬頭山北祀晉并州刺史劉琨

祖逖廟在永寧州西北馬頭山上以晉豫州刺史祖士雅嘗駐軍此山土人立廟祀之

北魏孝文廟在永寧州北孝文山上有碑一長丈餘廣五尺文字漫滅

秦王廟一在介休縣東南十里崇賢村一在縣東溫村以唐太宗爲秦王時討劉武周駐兵於此土人立廟

秦侯祠在介休縣治大門內祀翼國公秦瓊

尉遲敬德廟在孝義縣西十里尉家莊

康太尉廟在介休縣東下莊村祀唐殿前護駕將軍康深

汾陽王祠一在府城北二十里明萬歷十三年知州白夏改佛寺建一在城南萬歷四十三年同知楊伯柯建此地以汾陽名軍起於宋以汾陽名縣起於明而汾陽郡王之封非於此然當僕固懷恩頓兵汾州御史大夫王翊使回紇還懷恩慮洩其交通狀因留不遣卽使子瑒攻辛雲京雲京敗進攻榆次顏眞卿言於帝曰今言懷恩反者獨辛雲京李抱玉駱奉先魚朝恩四人耳自餘盛言其枉懷恩將士皆郭子儀舊部曲陛下若以子儀代之喻以逆順必相率而歸從之子儀至河中焦暉白玉等斬瑒首獻闕下懷恩與部曲三百北渡河走靈

武則以消亂之功立祠於此宜也

鄭孝子祠在孝義縣北門內又縣東五里淸義村有郭巨廟縣西五里下坊村舊有龍天廟明萬歷中縣人趙訥改祀郭巨鄭興稱大經地義廟城南有河神廟亦附祀二孝子案郭巨非孝義縣人而鄭興元和郡縣圖志作郭興俗又指稱郭巨訛謬相承習焉不察矣

趙相公廟在臨縣南七十里郝家塔村祀五代晉中書令晉昌軍節度使趙瑩宋元豐四年帥臣孫永固祈禱有應奏封明靈侯

陳希夷廟在永寧州北二里三陽山上

狄武襄公祠在府城西門内明萬歷五年提督學政鄭旻檄知州張一敬遷公後裔給衣巾俾世奉祀

文潞公祠在介休縣城北舊未列祀典乾隆三十四年因知縣王謀文請奉上憲議於縣令繁費內歲開支銀四兩以供春秋之祭

忠孝祠在府城南爲明都御史辛彦博長清令田耔建後增入登州府知府嚴泰

陳公祠在孝義縣北城上祀明知縣陳情

楊公祠在寧鄉縣城南祀明知縣楊正達

史侯祠在介休縣城東先農壇東偏縣人祀明知縣史

記事

孟公祠在孝義縣城南祀明知縣孟道溥

黄太僕祠在府治東即冀南道署故址康熙五十年建祀贈太僕卿汾州府知府黄廷柏

謝公祠在永寧州治北城隍廟東祀知州謝汝霖

舊志汾陽縣又有項槖祠在縣西三十里武安王廟一在縣治南一在東郭永寧州又有思鄉廟在州治西世傳有宦遊者自長安來過此回望思親遂立化於此永寧州志列元濟廟在州治北山西通志永寧州列莊麟祠麟禱雨輒驗人號爲雨師莊老臨縣鄉

民也順治初卒年七十餘士人立祠河干於祠禱雨
猶驗
畢宿廟在府城西北三里許金泰和元年重修許安仁
碑記稱宋景德以前已有之中州集許內翰安仁字子
靖河間樂壽人大定七年進士歷禮部員外郎出守澤
州同知河南府事以汾陽軍節度使致仕子古字道眞
父子俱名流也元遺山題許汾陽詩後云許彥淸示其
從祖汾陽君山水圖詩語意高妙而其字畫與明昌辭
人龍岩黃華黃山諸公各自名家世猶寶惜之其子右
司諫道眞亦以能書稱今廟中許節度碑具存

文昌廟汾陽縣在縣治西北平遥縣在縣治東北介休縣在儒學東孝義縣在城東南臨縣在文廟東南永寧州在文廟東寧鄉縣在縣治東其餘所在多有天官書中宫斗魁戴匡六星曰文昌宫一曰上將二曰次將三曰貴相四曰司命五曰司中六曰司祿世俗乃求一人以實之事出於無稽

元武廟亦曰元帝廟亦曰真武廟汾陽縣一在東郭新巷一在城門上一在西郭一在東郭東北平遥縣一在縣治東北一在城南介休縣在城北孝義縣一在城北門內一在南關城上臨縣在城內長壽山之巔石樓縣

在縣治北永寧州在州治東寧鄉縣在縣治北其餘所在多有考工記龜蛇四斿以象營室也鄭康成云營室元武宿與東壁連體而四星又曲禮言軍行前朱鳥而後元武左青龍而右白虎春秋說所謂北宮黑帝其精元武元取水色武取龜蛇象有甲能捍禦是也

文湖神廟在府城東文湖隄上其來已久有唐碑令狐楚撰文宋崇寧間汾水泛漲碑没金大定中同知汾陽軍節度使雷志重修

昭濟聖母廟在府城北七里賈家莊下有泉曰悶泉引資灌溉介休縣西十里有助國聖母廟縣志云唐貞觀十五年勑建

東禖谷又有聖母廟祀介之推妹孝義縣臨縣皆有聖母廟在縣治東南永寧州在柏窊山

應潤侯廟在平遥縣東南超山宋宣和元年勑賜廟額有牒文碑又有知汾州事周煒所撰祭文宣和二年三月立石廟有井池禱雨取水處也

源神廟在平遥縣東南永泉里元大定三年建

河神廟在平遥縣城東惠濟橋北

崇應侯廟在臨縣北六十里紫金山旱禱有應勑封浮濟王土人呼三石郎或云石勒祠

湫神祠舊在臨縣城東石隄上明萬歴中知縣常時芳

建後圮於水移建東城下又圮於水遂於東城樓上水
神廟兼設湫河神之位
濟瀆祠在臨縣東五里許甘泉溝導源處明正統七年
歲大旱知縣郭元夔禱不應元濟源人遂遣僚屬赴濟
源迎濟瀆神霖雨隨降累歲大熟因立廟於此
府城南元至大二年建西嶽廟而鐘鼓樓北有東嶽
廟介休縣城東南隅及縣山有五嶽廟孝義縣則元
至大元年建東嶽廟延祐五年建南嶽廟俱在城東
南至正十年建中嶽廟在城西南至大元年建西嶽
廟在城西北建北嶽廟在城北臨縣東南二里許甘

泉溝口有東嶽廟東北八里許高山之巔有北嶽廟介休縣張蘭鎮石僂縣東關永寧州治西北寧鄉縣鳳山俱有東嶽廟出於流俗所爲非所當祭也

上清宮在汾陽縣北七里宋大中祥符三年建内有古柏二株

長春觀在汾陽縣西十里田村之鶴鳴洞遊人拍手洞中聲應手若鶴唳因以名焉元初張眞一號丹華子居此中統中增建殿閣

仙槐觀在府城隍廟東相傳槐已枯朽如刳舟狀金皇統中異人投之藥槐復茂因建觀卽以仙槐名有

勝㸃子步槐下長吟云眞仙有似閑庭樹心死心空

不記年

元眞觀在汾陽縣治南元初建有翰林修撰張益碑

記明萬歷二十四年永和王拓修又名法元宮

崇勝禪寺在汾陽縣北二十里大相村齊天保二年

建有天保三年正月所立碑八分書碑刻佛像其下

方及兩旁皆題名碑陰有文并頌一通漫滅顧炎武

金石文字記載是碑

靈巖寺在汾陽縣東北小相里之西隋唐以來代加

修葺明嘉靖中構浮圖七級萬歷中慈聖太后頒賜

全藏發帑創建經閣神宗御書恭熹萬安閣額於七佛殿後造無梁洞建閣高七丈有奇上起水陸樓

天宮寺在汾陽縣董寺里隋唐以來鉅刹也太平里之法興寺池定里之馬鳴寺皆其下院

資福寺在府城南郭隋開皇二年建

天寧寺在府城東郭西北隅相傳爲郭林宗故宅唐建大中寺宋改名太子院善昭禪師住此偶罷夜叅有振錫而至者謂會中有大士六人柰何不爲說法言訖去明洪武十四年大加修建更名天寧寺置僧正司釋了覺詣崑山從慧澄落髮徧遊名席探得元

樞後住此十有七年壽八十一枕股而寂內有萬佛
樓参政宋岳修孔天胤撰記王緝書
石塔寺在汾陽縣西五里舊名開元精舍唐時無業
禪師號澄源本商州上洛人姓杜止西河衆香佛刹
州牧董叔經延住於此學者致問多荅曰莫妄想憲
宗召以疾辭穆宗遣僧錄靈準賫勅迎遂示寂長慶
三年十一月葬練若之庭琢石爲塔謚大達國師
石佛寺在汾陽縣東北四里米家莊唐大順二年建
淨心寺在汾陽縣治東路北相傳宋文潞公舊宅嘉
祐八年建寺明嘉靖三年分守冀南道王崇慶改建

察院御賜潞公詩刻碑移置學宫

顯慶寺在汾陽縣北十里狄武襄塋側宋時以守塚

奉祀建元增置祠侍講木寅撰記

白雲寺在汾陽縣東三十里杜村宋政和七年建

龍橋寺在汾陽縣西北二十五里白彪山上有龍橋

澗洞頂建佛殿僧習穴居巖棲

寶際寺在汾陽縣西北二十里狄谷里之北山巖際

棲閣懸樓水竹穿繞最爲幽勝

太平崇聖宫在平遥縣下東門内唐顯慶二年建太

平觀道人薛守元所居締造爲一方名勝宋治平元

年勅賜清虚觀額有清虚眞人畫像元祐七年修權
汾州軍事判官謝悰記太廟齋郎朱處厚書金趙秉
文草書陰符經在觀内石多剥藏枯骨碑銘皇統中
李致堯撰弁書元初改太平興國觀後勅改太平崇
聖宫蒙古碑于道淵授通元徵妙靜照大師冀寧路
平遥縣太平崇聖宫住持本宗提點高道陟通義中
和大師本宫提點趙道恒棲遠常妙大師提舉有玉
皇閣高百尺歲久寖圮明成化間重修觀多古碑有
禮部學士郝純夫題名碣佮思賢安樂會詞石碣清
和眞人畫像郝眞人碑郝志松字善甫元制贈能仁

普濟沖虛眞人翰林學士朝請大夫知制誥修國史姚樞撰八分書多剝又有清和子手書元丁酉提點大師潛德沖立石西源散人李晉子趙氏跋淸和子邱長春弟子也元掌教大宗師賜號淸和道人觀內古柏十六株殿前十閣下閣後共六質怪偉而閣下三株尤奇相傳唐時植

上淸觀在平遙縣侯冀村宋時建

崇壽觀在平遙縣城內東南隅宋建

柏仙觀在平遙縣西南十里胡村元皇慶二年重建中有古柏一本五枝圍二丈五尺西向一枝以石柱

擎之石入柏尺餘拔柱離地一柱金泰和七年一柱
明嘉靖三十年一柱磨滅不可辨
瑞雲觀在平遥縣閻良莊舊名虚白菴元賜名瑞雲
觀其左有菴曰太上菴
洞元觀在平遥縣達蒲村勑建
棲眞菴在平遥縣東北十里舖明崇正十六年建
百福寺在平遥縣東南四十里超山北魏熙平中建
舊名郭村寺北齊淨懸禪師住此宋嘉祐八年勑賜
百福寺額有牒文碑金時釋益公名志益初剃度於
柏山後得法蒙山雲和尚參頌曰跛躃痿羸鈍復痴

口如鼻孔眼如眉自從一吸西江盡天上人間更不疑學士王庭筠子端閒居與雲和尚友因見盋公盋公歸吾過庭筠庭筠贈以詩承安元年樓此貞祐二年坐化年七十有五寺內有百福井禱雨輒應民亦祈病多獲愈有元遺山題名石溫仁甫跋

鐵佛寺在平遥縣東南十五里細遥村北齊武平二年建

興隆寺在平遥縣南二十里清村北齊武平四年建舊名雙和寺宋嘉祐八年改今名

太子寺在平遥縣治東敬義坊初名寶昌寺隋開皇

中建後改名修念寺中有畢梵王太子像氣韻如生
世傳安生所塑唐武宗大毀佛寺頻上人匿篠南河
壖坎崖元至大中修寺移像寺中改名太子寺明洪
武中置僧會司併集福小太子寺入焉

金相寺在平遥縣西十里曹村唐貞觀元年建

普恩寺在平遥縣東龐莊村唐貞觀七年建金大定
三年勑賜今名莊人龐[illegible]坐化瘞莊南寺中有龐公
鐵像

慈相寺在平遥縣東十五里冀郭村舊名聖俱寺唐
無名禪師居麓臺山四十年肅宗召至京師無名之

旨荅曰大方造物總持萬變走爲日月駕爲雲雷四
時行百物生收功於無形者天地之心也大人御世
不煩而治鼓之爲太和不識不知而天下歸心焉者
至人之妙也是故上聖得之而無爲彼蒼禀之而奚
言抑何絮絮於細名哉上善其言待若悖友上元初
化詔還葬故山宋慶歷間建塔又名麓鏡臺有慶歷
中碑銘碑高丈餘闊四尺餘字方二寸其欵勒可識
者一曰朝奉郎守秘書省著作郎知汾州太谷一曰
朝奉郎太常博士通判石州軍兼管後存慶歷六年
五月二十二日十字金明昌五年重修改名慈相寺

笈泰撰記門外之西有宋丞相張天覺撰荊南玉泉
山寺關將軍廟記碑東則金泰和元年汾州觀察判
官趙大端撰僧衆塔記碑嚴坦八分書寺東一碑趙
大端碧鮮堂詩泰和二年刻石寺有聖水池水醫眼
又名眼藥池今湮聖水池記石刻剝落依稀可識金
明昌元年麓臺老人數字
集福寺在平遥縣下西門內唐時哲法師住此有泰
和末董紹祖樂府辭石碣在寺壁泰和戊辰前四月
中旬後二日寓汾庠進士馮天傑謹跋昭信校尉行
汾州府平遥縣尉劉鎮立石

法燈寺在平遥縣西南堡和村唐時釋卧如住此洞達科條無病而寂後多顯跡宋元間寺燼像獨存時人異之因號爲卧如菩薩

吉祥寺在平遥縣治東北内有唐貞元九年梁思墓誌銘石

智覺寺在平遥縣西北張趙村唐太和三年建

福智禪院在平遥縣西北二十里北郡里唐太和七年建

石佛寺在平遥縣西北張村唐大中元年建

妙法寺在平遥縣西南十五里侯冀村唐建

善音寺在平遥縣西南二十里常村唐時建
青霄寺在平遥縣東南三十里坡底村唐建
梵業寺在平遥縣南二十里西泉村舊名靜觀寺宋嘉祐八年勑賜梵業寺額有碑
顯慶寺在平遥縣南岳壁村舊名永顯寺宋嘉祐八年勑賜顯慶寺額有碑
聖壽院在平遥縣西北四十里寧固村宋治平四年勑賜額有碑
壽聖寺在縣南西源祠村謝金吾建宋瑞平四年勑賜今額

洪濟寺在平遥縣達蒲村宋紹聖四年建金大定四
年勅賜今名
睡佛寺在平遥縣釋清源代州人年六十棲於此寺
百有五歲端坐而化
龍泉觀在介休縣城東街隋義寧初建唐太和三年
修
太虚観在介休縣東二十里石桐村南岡金大定五
年建
三淸觀在介休縣治北元至德二年建
保陽觀在介休縣東三里石河社置道會司

鐵瓦寺在介休縣南緜山漢建安中建其山峰曰摩
斯頂摩斯者唐時釋志超之弟子
石桐寺在介休縣東水經注汾水又南與石桐水合
水出介休縣之緜山北流逕石桐寺西卽介之推祠
也又西流注於汾水今縣東南二十里有石桐村寺
久廢
興聖寺在介休縣東四十里上梁村北魏太和二年
建
興國寺在介休縣西南抱腹巖之麓卽迴鑾寺也唐
太宗有遊巖至迴鑾寺詩宋建隆三年重建勑名興

國寺

華嚴寺在介休縣城北關相傳即郭林宗故宅唐時僧志超自五臺還講經於此元中統二年重建

宏濟寺在介休縣西南二十二里師屯村高巖上宋錫鬯曝書亭集云唐太宗破劉武周於汾州立宏濟寺又名滚鐘寺相傳釋志超自華嚴寺移住於此既而止緜山抱腹巖寺僧汲水於汾甚艱建浮圖時舁旦見水甕常滿衆異之密蹤跡於山門外有以鐘汲水而至因覘者有聲倏不見鐘遂墜地滚入汾水後河津縣覺成寺於汾水得鉅鐘孔皆銅錮人以爲即

此鐘今寺東南有滚鐘坡春夏間草茂獨自寺側至山下一道草胥偃望之宛然可辨

雲峰寺在介休縣西南抱腹巖上相傳唐太宗勅建石梯陡峻古洞天成釋志超自滚鐘寺移住此唐貞觀初坐化太宗詔建寺賜號空王佛塑像寺中有二橋一曰鹿橋一曰兎橋巖右有鉄索嶺嶺上有五龍纏對峙有說法臺竹林寺在鉄索嶺上距抱腹巖三里又有雲中寺在曰雲洞下土人呼爲中巖光明寺在圪堆頭土人呼爲下巖郎入縣山所取徑

普濟寺在介休縣東二十五里張良村唐貞觀七年

建

寶豐寺在介休縣南十里遐壁村唐貞觀十八年建

興王寺在介休縣城東南隅唐貞觀中勅建明永樂
間晉恭王重建

廣福寺在介休縣西七里大宋曲唐先天二年建

吉祥寺在介休縣東十七里兩水村唐開元中建

慧明寺在介休縣東北十八里東段屯村唐時建

崇壽寺在介休縣城東南隅宋大中祥符八年勅建
明洪武八年修置僧會司

空王院在介休縣文氏先塋宋文彥博奉墳寺也有

藏經
安化寺在介休縣東五十里張原村宋崇寧二年建
永利寺在介休縣東三十里鄔城西宋大觀元年建
顯聖寺在介休縣東三十五里下梁村金大定元年
都僧録雄辨建
廣和院在介休縣西二十二里郭壁村金大定六年
建碑字半剥落
希眞觀在孝義縣南七里吳屯村元建
淸虚宮在孝義縣西兑九峪面對柏山
元都觀在孝義縣東今廢

普化寺在孝義縣東五里大村唐貞觀六年建宋景祐二年修明萬歷中縣人霍冀梁明翰張芹張艾並讀書此寺

護國寺在孝義縣東十里盧家莊宋天禧二年修越二十二年爲寶元二年有傅從政碑記

永福寺在孝義縣南二十二里董屯村唐時建賜廣法寺額宋慶歷八年改今名爲文氏墓寺文潞公有永福寺藏經記

法性寺在孝義縣南十五里南姚村宋宣和九年建

太子寺在孝義縣中陽樓東金天會三年建

崇聖寺在孝義縣南七里吳屯村金大定十年建
廣仁寺在孝義縣南門外金大定十年建
廣濟寺在孝義縣西稍門外金大定十三年建
香嚴寺在孝義縣南十七里下栅村元大德八年建
慈聖寺在孝義縣南三里曹村元大德十年重建
華嚴寺在孝義縣西北六十里龍隱山隨山巔層遞
為梵刹康熙三十四年釋德楷建
明真觀在臨縣北二十里金大定四年建今廢
西雲觀在臨縣西南九十里大同磧口元皇慶中建
浩然觀在臨縣東一里明洪武間置道會司後改建

鳳山巔上

普照寺在臨縣南八十里招賢村漢建唐乾符北漢天會間屢修碑剥落不可辨識金大定中賜名普照禪院有牒文碑

慈雲寺在臨縣東南五十里漢建金大定三年重建內有石碑二瑩澈如鏡照見山川人物土人呼鏡碑

正覺寺在臨縣西九十里漢建一云金太和三年建多古柏

善慶寺在臨縣南三十里府底村隋開皇中建即古善訓府東關豐市街釋智祚住此有戒行

觀音寺在臨縣西九十里唐建

廣嚴寺在臨縣西南六十里劉家會村唐建

蕭寺在臨縣南二十里殷梁載宋雍熙年號

天宮寺在臨縣南七十里醫兒泉村宋建

叢福寺在臨縣西五十里宋建

純孝寺在臨縣西南三十里孝彰村宋建

大覺寺在臨縣南九十里一名香爐寺宋建

普化寺在臨縣賢良坊金皇統二年建大定三年造大鐘重數千斤聲聞百里明崇正壬申寺遭寇燬鐘墜地損

林峰寺在臨縣北四十里廟坪村金皇統三年建今廢

隆福寺在臨縣西北五十里紫金山東麓金泰和五年建

東林寺在臨縣東二里許明成化十二年建

佛堂寺在臨縣南六十里一名義居寺背山臨水古柏參差內有萬佛洞

老君觀在石樓縣北十里東衛村

永慶寺在石樓縣治東崇文坊宋太平興國七年勅修元大德十年重建明洪武中置僧會司

洪福院在石樓縣南關面對翠金山宋慶歷間建明嘉靖乙卯冬地震圮復修建內有古鐵佛高數丈白牡丹數本

般若院在石樓縣西五十里留村金天會十一年建

聖壽寺在石樓縣西三十里元延祐間建

竹笆寺在石樓縣西百二十里義牒村西黃河旋遶如在中流

龍顏寺在石樓縣西南十里龍臺村明嘉靖四十五年修

黃雲寺在石樓縣東六十里黃雲山有黃雲祖師修

真洞今廢

元天宮在石樓縣西北飛龍山縣人賀登科年十八即結廬是山後建宮三座造銅殿一座及銅牌坊一康熙四十二年兀坐而化壽七十有八縣人塑像祀之

普濟院在石樓縣北六十里永曲村

清涼院在石樓縣西北九十里下馬村

洞陽觀在永寧州東南五十里即九鳳山白馬仙洞也唐貞觀中勑建觀後即白馬洞世傳有白馬逐之入洞至今蹄跡猶存又有夫婦牽黑犬胥化此塑像

廟側晉高祖旱禱輒雨天福改元詔封淵濟仙洞勅
樞密使桑維翰書額
元都觀在永寧州東北元中統間建明洪武間置道
正司
卧龍觀在永寧州西五十里勅賜額元至元二年重
修有進士劉汝周碑
鳳仙道院在永寧州北二里三陽雲鳳山卽希夷殿
羽客孫雲際亦棲焉有淩虛樓白雲洞明洪武甲子
天眞觀道人王混然與道者張仲謙建許孟和撰記
正統六年修河東王撰記

金閣寺在永寧州西北三十里馬頭山之下舊志云梁武帝重修世俗傳先有金閣寺後有石州城之語

靈泉寺在永寧州西南百二十里孟門之南頂舊名南山寺唐貞觀中勑建有泉飛瀑山椒旱禱輒應金大定中勑賜靈泉寺額元圓光禪師號勝默子住此戒行卓越明仁宗賜釋志亨號圓契大師併賜佛乘

安國寺在永寧州西二十里相傳唐昌化公主食邑時代宗以佛牙二賜公主爲建寺置銅塔貯之今失其一然代宗十八女無昌化公主宜屬舛誤山嶺有安國王城基金興定三年重建寺東有琉璃井井側

有牡丹二株高丈餘山半石巖下有靜室于濤端讀
書於此有讀書樓大學士吳璵題釋性善字純天俗
姓李隰州人能詩濤端讀書時夢餐鉢羅花性善檢
藏曰此優曇花也濤端作詩記之
香嚴寺在永寧州西六十里唐貞元中勑賜額僉正
隆大定間重修有碑
柳溪寺在永寧州南七十里宋嘉祐三年建
華嚴寺在永寧州西三十里金大定四年重修勑賜
華嚴寺額
龍泉寺在永寧州西六十里金大定中勑賜龍泉講

院額元至元中重建名鳳背禪寺

天寧萬壽寺在永寧州治東北元大德四年建內有石刻羅漢像十有六稱爲四絕謂作畫寫刻也

金容寺在永寧州西南三十里元至正中建

洪濟寺在永寧州西八十里山頂古塔有翰林馬汝驥記

迎曦寺在永寧州北百二十里銅柱山山高數千仞半山湧泉寺踞其巔

寶泉寺在永寧州北六十里山頂有泉因以名寺

江猪寺在永寧州西七十里寺後石洞懸一石似猪

下有潭明成化中斷其喙潭遂涸

石佛寺在永寧州西二里虎山旁一名龍興寺內石像三相傳山水暴漲浮來者

元都清虛觀在寧鄉縣東一里卧龍岡洞眞子高志輔隱此穿穴以居王伯昌陳資壽爲建觀蜕後門人立石元丁未秦志安撰記

天眞觀在寧鄉縣西百一十五里大成村元延祐五年建

修眞觀在寧鄉縣南四十里没虎臺之山明韓教遠修眞於此養一鹿名仙童後與其徒皆死於盜鹿觸

石亦死數日有自平陽來者言見没虎觀二道士引鹿南去

龍泉觀在寧鄉縣東南十里柏窊山

寧國寺在寧鄉縣南五十里白石村唐顯慶二年修金大定四年重修有金時碑

廣濟寺在寧鄉縣西北九十里柏林山相傳唐時建金明昌三年修僧海淳元初賜號宏法領山西路僧尼等事坐化時有五色祥光見空中頃之獲舍利三百餘粒有碑僧智瑋有辭世頌刻於石僧惠闊有異行時呼爲忠融菩薩元丙申端坐而逝亦有碑明正

統十三年别構毘盧殿及七佛殿嘉靖三十一年僧
善琴修舉人龐賢撰記　國朝康熙三十二年重修
鐘樓禪院亦在栢林山有石碣記仙姑遺蹟仙姑鋤
溝鎮逯氏女出家五臺山後歸栢林有鉅鐘衆莫能
懸各就午食仙姑舉而懸之及衆覺已坐化矣土人
感其異建祠祀之明萬歷四十七年重修禪院舉人
賈同春撰記
清凉寺在寧鄉縣治南舊名南山寺在縣東松林坡
金明昌中建後廢移建今所
普照寺在寧鄉縣西五十里上鋤溝村元泰定四年

建
石佛寺在寧鄉縣西克虎村元至正三年建
鷹嶺寺在寧鄉縣南二里明景泰三年建

汾州府志卷之二十五

事考

烈王四年魏敗趙藺

史記趙世家成侯三年魏敗我藺魏世家武侯十五年敗趙北藺正義曰在石州趙之西北屬趙故曰趙北藺也

顯王十有八年秦攻趙藺

史記趙世家成侯二十四年秦攻我藺

四十有一年秦取趙藺離石殺其將趙疪

史記趙世家肅侯二十二年趙疪與秦戰敗秦殺疪河西取我藺離石

慎靚王五年秦取趙西都中陽

史記趙世家武靈王十年秦取我西都及中陽六國表作秦取我中都西陽安邑秦本紀惠文君十四年更爲元年九年伐取趙中都西陽六國表作取趙中都西陽安邑案漢西河郡有西都中陽二縣太原郡有中都縣此趙之邊邑近秦者當以趙世家作西都中陽爲正秦本紀及六國表並轉寫之訛又六國表連安邑言之豈趙亦有地名安邑者歟似亦有舛誤

赧王二年秦拔趙藺虜其將趙莊

史記趙世家武靈王十三年秦拔我藺虜將軍趙莊

正義曰本一作茈音匹婢反案秦本紀惠文君後十年伐敗趙將泥十二年庶長疾攻趙虜趙將莊六國表趙武靈王十一年秦敗我將軍英徐廣於趙將泥云泥一作莊今考作莊作泥作英皆茈字轉寫之訛

三十年趙與秦會中陽

史記趙世家惠文王十四年與秦會中陽秦本紀昭襄王二十二年與趙王會中陽

後十有餘年秦拔趙藺離石

戰國策秦攻趙藺離石祁拔趙以公子郚爲質於秦而請内焦一作應下同黎牛狐之城以易藺離石祁於秦

趙背秦不予焦黎牛狐秦王怒令公子繒請地趙王乃令鄭朱對曰夫藺離石祁之地曠遠於趙而近於大國有先王之明與先臣之力故能有之今寡人不逮其社稷之不能恤安能收恤藺離石祁乎寡人有不令之臣實爲此事也非寡人之所敢知卒倍秦秦王大怒令衛胡易史記作傷伐趙攻閼與趙奢將救之魏令公子咎以銳師居安邑以挾秦秦敗於閼與反攻魏幾廉頗救幾大敗秦師案趙奢將擊秦大破秦軍國下趙世家繫之惠文王二十九年值周赧王四十五年秦昭王三十七年其後二十二年而秦拔趙榆

次三十七城又二年而秦拔趙晉陽

漢高帝三年假左丞相曹參從韓信擊趙相國夏說軍於鄔東大破之斬夏說韓信與故常山王張耳引兵下井陘而令參還圍趙別將戚將軍於鄔城中戚將軍出走追斬之

七年擊匈奴左右賢王追至於離石

史記韓王信列傳七年冬上自往擊破信軍銅鞮信亡走匈奴與其將白土人曼丘臣王黃等立趙苗裔趙利爲王復收信敗散兵而與信及冒頓謀攻漢匈奴使左右賢王將萬餘騎與王黃等屯廣武以南至

晉陽與漢兵戰漢大破之追至於離石後復破之匈
奴復聚兵樓煩西北漢令車騎擊破匈奴
永和五年九月丁亥以南匈奴寇掠徙西河郡治離石
後漢書順帝紀永和五年夏四月南匈奴左部句龍
大人吾斯車紐等叛圍美稷五月度遼將軍馬續討
吾斯車紐破之使匈奴中郎將陳龜迫殺南單于九
月丁亥徙西河郡居離石離石縣在郡南五百九里西河本治平定縣至此徙於離石
南匈奴傳永和五年秋句龍吾斯等立句龍王
車紐為單于東引烏桓西收羌戎及諸胡等數萬人
攻破京兆虎牙營殺上郡都尉及軍司馬遂寇掠并

涼幽冀四州乃徙西河治離石上郡治夏陽朔方治
五原
建安中分南匈奴之衆爲五部以劉豹爲左部帥居太
原郡茲氏
晉書劉元海載記初漢高祖以宗女爲公主以妻冒
頓約爲兄弟故其子孫遂冒姓劉氏建武初烏珠留
若鞮單于子右薁鞬日逐王比自立爲南單于入居
西河美稷今離石左國城即單于所徙庭也中平中
單于羌渠使子於扶羅將兵助漢討平黄巾會羌渠
爲國人所殺於扶羅以其衆留漢自立爲單于屬董

卓之亂寇掠太原河東屯於河內於扶羅死弟呼廚泉立以於扶羅子豹爲左賢王即元海之父也魏武分其衆爲五部以豹爲左部帥其餘部帥皆以劉氏爲之左部居太原茲氏右部居祁南部居蒲子北部居新興中部居大陵劉氏雖分居五部然皆家居晉陽汾澗之濱匈奴傳前漢末匈奴大亂五單于爭立而呼韓邪單于失其國攜率部落入臣於漢漢嘉其意割并州北界以安之於是匈奴五千餘落入居朔方諸郡與漢人雜處其部落隨所居郡縣使宰牧之與編戶大同而不輸貢賦多歷年所戶口漸滋彌漫

北朔轉難禁制建安中魏武帝始分其衆爲五部部
立其中貴者爲帥選漢人爲司馬以監督之魏末復
改帥爲都尉其左部都尉所統可萬餘落居於太原
故茲氏縣右部都尉可六千餘落居祁縣南部都尉
可三千餘落居蒲子縣北部都尉可四千餘落居新
興縣中部都尉可六千餘落居大陵縣武帝踐阼後
塞外匈奴木水塞泥黑難等二萬餘落歸化帝復納
之使居河西故宜陽城下後復與晉人雜居由是平
陽西河太原新興上黨樂平諸郡靡不有焉案於扶
羅以其衆留漢後漢書云乃止河東是也於扶羅立

當中平五年呼厨泉立當興平二年晉書匈奴傳太
原故泫氏縣乃茲氏轉寫之譌

晉泰始十年四月乙亥甘露降西河離石

永興元年八月匈奴左部帥劉淵反於離石自號大單
于十有一月僭號漢王幷州刺史司馬騰使將軍聶元
討之爲淵所敗淵將劉曜寇中都陷之

晉書劉元海載記會豹卒以元海代爲左部帥成都
王穎鎮鄴表元海行寧朔將軍監五部軍事惠帝失
馭寇盜蜂起元海至左國城劉宣等上大單于之號
二旬之間衆已五萬都於離石元海曰漢有天下世

長恩德結於人心是以昭烈崎嶇於一州之地而能抗衡於天下吾又漢氏之甥約爲兄弟兄亡弟紹不亦可乎且可稱漢追尊後主以懷人望乃遷於左國城遠人歸附者數萬永興元年元海乃爲壇於南郊僭即漢王位東嬴公騰使將軍聶元討之戰於大陵元師敗績騰懼率幷州二萬餘戶下山東遂所在爲寇元海遣建武將軍劉曜寇太原泫氏屯留長子中都皆陷之魏書序紀昭帝十年晉惠帝爲成都王穎逼留在鄴匈奴別種劉淵反於離石幷州刺史司馬騰來乞師桓帝帥十餘萬騎帝亦同時大舉以助之

大破淵衆於西河上黨會惠帝還洛騰乃辭師桓帝與騰盟於汾東而還案晉載記言騰率幷州二萬餘戸下山東即劉琨故從事盧諶崔悅表所稱太原西河盡徙三魏是也

二年幷州刺史司馬騰遣司馬瑜周良石解等討劉淵次於離石汾城與淵將劉欽等戰瑜軍敗績

晉書劉元海載記永興二年騰又遣司馬瑜周良石解等討之次於離石汾城元海遣其武牙將軍劉欽等六軍拒瑜等四戰瑜皆敗欽振旅而歸是歲離石大饑遷於黎亭以就邸閣穀留其大尉劉宏護軍馬

景守離石使大司農卜豫運糧以給之魏書序紀昭帝十一年劉淵攻司馬騰騰復乞師桓帝以輕騎數千救之斬淵將綦毋豚淵南走蒲子

永嘉初幷州刺史劉琨鳩集傷痍以拒淵降者萬餘落淵遂遷於蒲子

晉書劉琨傳永嘉元年爲幷州刺史加振武將軍領匈奴中郎將時東嬴公騰自晉陽鎮鄴幷土饑荒百姓隨騰南下餘戶不滿二萬寇賊縱横道路斷塞琨募得千餘人轉鬬至晉陽府寺焚毁僵尸蔽地其有存者饑羸無復人色荆棘成林豺狼滿道琨翦除荆

棘收葬枯骸造府廟建市獄寇盜互來掩襲恆以城門爲戰場百姓負楯以耕屬鞬而耨琨撫循勞來甚得物情劉元海時在離石相去三百許里琨密遣離間其部雜虜降者萬餘落元海甚懼遂城蒲子而居之劉元海載記以其前將軍劉景爲使持節征討大都督大將軍要擊并州刺史劉琨於板橋爲琨所敗攻寇蒲坂平陽皆陷之元海遂入都蒲子

大興中石勒將石虎破走鮮卑鬱粥于離石盡降其衆

城

晉書石勒載記大興二年勒僭稱趙王尋署石季龍

爲車騎將軍率騎三萬討鮮卑鬱粥於離石俘獲及
牛馬十餘萬鬱粥奔烏丸悉降其衆城
咸和七年雹起西河介山大如雞子平地三尺洿下丈
餘行人禽獸死者萬數歷太原樂平武鄉趙郡廣平鉅
鹿千餘里樹木摧折禾稼蕩然
北魏天興元年三月離石部帥呼延鐵西河部帥張崇
等聚黨數千人叛詔安遠將軍庾岳討平之
魏書庾業延傳後賜名岳呼延鐵張崇等不樂內徙
聚黨反叛岳率騎三千討破之斬鐵擒崇搜山窮討
散其餘黨以功賜爵四昌公進號征虜將軍

二年八月西河部師護諸於內附

永興二年十有二月辛巳詔將軍周觀率衆詣西河離

石鎮撫雜部

三年六月西河張賢等率營部內附

五年五月乙卯詔會稽公劉潔永安侯魏勤等率衆三

千鎮西河十月丁巳與將軍元屈擊吐京離石叛部失

利潔失馬登山力戰矢刃俱盡遂被執勤戰死

魏書劉潔傳河西部張外建興王紹等聚黨爲逆潔

與永安侯魏勤率衆三千人屯於西河以鎮撫之又

與勤及功勞將軍元屈等擊吐京叛部時離石部出

以眷引屈丐騎斷截山嶺邀潔潔失馬登山力戰矢刃俱盡爲其所執送詣屈丐潔聲氣不撓呼其字而與之言神色自若屈丐壯而釋之後得還國典東部事

神瑞元年二月赫連屈子入寇河東蒲子西河部曹成吐京民劉初原攻殺屈子所置吐京護軍及其守三百餘人

延和三年七月壬午行幸美稷遂至隰城命諸軍討雜部白龍於西河九月戊子克之斬白龍及其將帥

魏書陳建傳世祖討白龍意甚輕之單將數十騎登

山臨嶮每日如此白龍乃伏壯士十餘處出於不意
太武墮馬幾至不測建以身捍賊大呼奮擊殺賊數
人身被十餘創世祖壯之賜戸二十奚眷傳世祖幸
美稷眷受詔督諸軍共討白龍於西河破之屠其城
斬首數千級虜其妻子而還娥清傳鎭幷州討白龍
於西河斬白龍父及其將帥遷平東將軍
太延三年七月戊子使撫軍大將軍永昌王健司空上
黨王長孫道生討白龍餘黨於西河滅之
太平眞君六年二月幸上黨遂西至吐京討徙叛部出
配郡縣

魏書源賀傳從擊白龍又討吐京部皆先登陷城進
號平西將軍
八年正月吐京部阻險爲盜詔征東將軍武昌王提征
南將軍淮南王他討之不下雜部曹僕渾等渡河西保
山以自固
九年二月徙西河離石民五千餘家于京師
和平元年二月衛將軍樂安王良督東雍吐京　壁諸
軍西趣河西征西將軍皮豹子等督河西諸軍南趣石
樓以討河西叛部豹子等與賊相對賊遁走不覺無捷
而還

三年部帥賀畧孫聚衆千餘人叛于石樓安西將軍陸眞擊破之殺五百餘人

皇興中河西都將李洪之築壘於石樓南白鷄原

魏書李洪之傳封汲郡公徵拜內都大官河西羌胡領部落反顯祖親征命洪之與侍中東郡王陸定總統諸軍輿駕至并州詔洪之爲西河都將皆保險拒戰洪之築壘於石樓南白鷄原以對之諸將悉欲進攻洪之力開以大信聽其復業遂降顯祖嘉之還拜尙書外都大官案天安元年以侍中陸定國爲東郡王皇興四年爲司空此言陸定脫一國字

延興元年十月朔方民曹平原招集不逞破石樓堡殺軍将

太和中命中堅将軍奚康生爲軍主從章武王彬討吐京叛部賊自號新支王遣精騎一千邀路斷截康生率五百八拒戰破之

太和十四年八月乙未汾州霣霜

二十年二月癸丑詔介山之邑聽爲寒食自餘禁斷

二十有一年三月乙未車駕南巡己酉次離石叛部歸罪宥之

景明元年八月乙亥汾州暴風霣霜

二年五月癸酉汾州大雨雹六月乙巳又大雨雹草木稼雉兔皆死七月甲戌暴風大雨雹起自汾州經并相司兖至徐州而止廣十里所過草木無遺

正始二年五月汾州霣霜殺稼

三年六月汾州上言永安縣木連理

延昌四年閏月汾州獻白狐

神龜元年正月汾州上言永安縣木連理

正光末汾州吐京雜部薛悉公馬牒騰並自立爲王聚黨作逆衆至數萬詔員外散騎侍郎裴慶孫爲募人別將招率鄉豪得戰士數千人以討之賊屢來逆戰慶孫

身先士卒每摧其鋒遂深入突陳賊衆大潰

孝昌中尒朱榮旣據幷肆以汾州部逆表加王椿征虜
將軍都督尉勞汾部汾部與椿比州服其聲望所在降
下

永安三年尒朱兆自汾州率騎據晉陽永熙二年正月
丁酉齊獻武王大破尒朱兆於赤洪嶺衆並降兆竄於
窮山殺所乘馬自縊於樹

天平三年九月辛亥汾州部王迢觸曹貳龍聚衆反署
立百官年號平都齊獻武王討平之

北齊書莫多婁貸文傳汾州部爲寇竊高祖親討焉

以貸文為先鋒每有戰功還賚奴婢三十人生馬各

五十四布一千匹

四年四月汾州霜旱人饑流散所在開倉賑給

武定二年十一月西河地陷有火出

三年齊獻武王出軍襲雜部分為二道以大司馬石城

郡公斛律金為南道軍司繇黃櫨嶺出獻武王自出北

道度赤谼嶺會金於烏突戍合擊破之是年汾州西河

北山有火潛行地下熱氣上出

五年十一月汾州上言木連理

北齊天保三年九月辛卯自幷州幸離石冬十月乙未

至黄爐嶺仍起長城北至社于戍四百餘里立三十六
戍
四年正月丙子雜部圍離石戊寅討之未至賊已逃竄
五年正月癸巳討雜部從離石道遣太師咸陽王斛律
金從顯州道常山王演從晉州道掎角夾攻大破之斬
首數萬獲雜畜十餘萬遂平石樓石樓絶險自魏氏所
不能至於是遠近雜部莫不懾服
河清二年四月汾州蟲旱傷稼遣使賑恤
北周建德五年十月癸亥遣齊王憲率精騎二萬爲前
鋒守雀鼠谷柱國趙王招率步騎一萬自華谷攻齊汾

州諸城十有二月景辰師次介休齊將韓建業舉城降

周書趙僭王招傳建德五年從高祖東伐率步騎一萬出華谷攻齊汾州及并州平進位上柱國

宣政七年步落稽入寇西河司武上大夫宇文神舉率衆與越王盛討平之時突厥與步落稽連和遣騎赴救神舉以奇兵擊之突厥敗走

隋仁壽二年西河有人乘騾在道忽爲迴風所飄并一車上千餘尺乃墜皆碎

四年八月并州道行軍總管河北安撫大使楊素率衆數萬討漢王諒素令諸將以兵臨之而自引奇兵潛入

霍山緣崖谷而進諒所署介州刺史梁修羅屯介休聞素至懼棄城走

大業十年十有一月乙卯離石部劉苗王舉兵反自稱天子以其第六兒爲永安王衆至數萬將軍潘長文討之不能克

唐書劉季眞傳劉季眞離石部人父龍兒大業十年舉兵自稱王以季眞爲太子第六兒爲永安王鋒甚銳將軍潘長文連年擊不能下後虎賁郎將梁德破殺龍兒衆乃散

十有一年五月癸卯賊師司馬長安破西河郡

十有二年四月甄翟兒號歷山飛衆十萬所在刼掠十有二月太原留守唐公擊破之於西河

隋書煬帝紀十二年十二月唐公破甄翟兒於西河虜其男女數千口唐書太宗紀高祖擊歷山飛陷其圍中太宗馳輕騎取之而出遂奮擊大破之

十有三年六月唐公傳檄諸郡稱義兵以子建成爲隴西公左領軍大都督世民爲燉煌公右領軍大都督元吉爲姑臧公引兵徇西河至城下郡丞高德儒閉城拒守攻拔之殺德儒

唐書隱太子建成傳隋末高祖被詔捕賊汾晉間留

建成護家居河東高祖已起兵密詔與元吉赴太原
隋人購之急從間道至授左領軍大都督封隴西郡
公引兵畧定西河太宗紀高祖已起兵建大將軍府
太宗率兵徇西河斬其郡丞高德儒柴紹列傳將起
兵紹走間道迎謁時太子建成齊王元吉亦自河東
往遇諸塗建成曰追書急恐吏逮捕請依劇賊冀自
全紹曰不可賊知君唐公子必執以爲功徒死爾不
如疾走太原既入雀鼠谷聞義兵起謂紹有謀乃相
賀
是時劉季眞擁衆刼掠離石境諸部復相嘯聚太守楊

子崇自孟門關赴京師因道路不得通而還七月甲寅
唐公遣將張綸徇下離石尋討劉季真平之
隋書楊子崇傳楊子崇高祖族弟也出爲離石郡大
守治有能名自是突厥屢寇邊塞劉六兒復擁衆刼
掠郡境子崇上表請兵鎮遏帝大怒下書令子崇巡
行長城子崇出百餘里四面路絕不得進而歸時百
姓饑饉相聚爲盜子崇前後捕斬數千人歲餘朔方
梁師都馬邑劉武周等各稱兵作亂都中諸部復相
嘯聚子崇患之言欲朝集遂與心腹數百人自孟門
關將還京師輜重半濟遇河西諸縣各殺長吏叛歸

師都道路隔絕子崇退歸離石所將左右既聞太原有兵起不復入城遂各叛去子崇悉收叛者父兄斬之後數日義兵夜至城下城中豪傑復出應之城陷子崇爲讐家所殺唐書劉季眞傳唐兵起六兒復聚爲盜附劉武周季眞從之自號太子王六兒爲拓定王迭爲邊害西河公張綸眞鄉公李仲文合兵討之季眞降詔以爲石州總管賜姓李封彭山郡王宋金剛戰澮州勢未決遂復連武周及敗秦王執六兒斬之季眞奔高滿政俄被殺

唐武德二年劉武周總兵二萬入寇六月丁未陷介州

尋破平遥離石部劉季眞叛應武周陷石州刺史王儉殺之太常少卿李仲文守浩州兵力孤絶齊王使都水監新興郡公趙文恪率步騎千餘助守會太原陷文恪棄城遁武周兵畧浩州九月賊將宋金剛據介州晉州道行軍總管裴寂屯度索原賊埭水上流寂徙屯爲賊所搏兵大潰賊遂南侵十月詔秦王督兵進討劉武周攻李仲文於浩州不勝遣將黄子英護饟道驃騎大將軍張德政襲斬之虜其衆武周部將稍離三年三月乙酉劉季眞降秦王與宋金剛相持左一總管劉宏基以勁卒二千繇隰州趨西河邀賊歸路四月金剛戰敗秦

王追至雀鼠谷日中入戰斬級數萬獲輜重千乘金剛走介州官軍廹之以餘衆二萬出西門背城陣亘七里王令李世勣程齩金秦叔寶爲北軍翟長遜秦武通爲南軍旣戰小郤王以精騎突擊破之劉宏基亦率騎尾戰與秦王合擊金剛將輕騎去賊將尉遲敬德尋相張萬歲降收其精兵遂復介州

唐書太宗紀武德三年四月擊敗宋金剛於柏壁金剛走介州太宗追之一日夜馳二百里宿於雀鼠谷之西原軍士皆饑太宗不食者二日行至浩州乃得食而金剛將尉遲敬德尋相等皆來降劉宏基傳從

秦王屯柏壁以勁卒二千繇隰州趨西河賊銳甚宏基堅壁儲勇及宋金剛遁走率騎尾之介休與王合擊大破之累封任國公尉遲敬德傳尉遲敬德名恭以字行劉武周亂以爲偏將與宋金剛南侵武德三年金剛敗走突厥敬德合餘衆守介休王遣任城王道宗宇文士及諭之乃與尋相舉地降引爲右一府統軍從擊王世充會尋相叛諸將疑敬德且亂囚之行臺左僕射屈突通尚書殷開山曰敬德慓敢今執之猜貳已結不即殺後悔無及也王曰不然敬德必叛寧肯後尋相者邪釋之引見卧內曰丈夫意氣相

許小嫌不足置胷中我終不以讒害良士因賜之金
曰必欲去以爲汝資是日稱榆窠會世充自將兵數
萬來戰單雄信者賊驍將也騎直趨王敬德躍馬大
呼橫刺雄信墜乃翼王出率兵還戰大敗之擒其將
陳智畧獲排矟兵六十王顧曰比衆人意公必叛我
獨保無他何相報速邪賜金銀一篋
貞觀八年七月汾州青龍見吐物在空中光明如火墮
地地陷掘之得元金廣尺長七寸
二十年汾州言青龍白龍見
景雲二年正月甲戌汾州地震壞廬舍有壓死者

天寶中楊仲昌爲孝義令鸞降庭樹太守蕭恕表上其政

廣德元年八月僕固懷恩反屯汾州九月壬寅裴遵慶宣慰僕固懷恩於汾州三年懷恩走靈州

唐書僕固懷恩傳詔護回紇歸國道太原辛雲京内忌懷恩又以其與回紇親疑可汗見襲閉關不敢犒軍懷恩既父子新立功舉河朔若拾遺名出諸將遠甚而爲雲京所拒大怒表上其狀頓軍汾州使裨將李光逸以兵守祁李懷光拒晉州張如岳據沁州高暉等十餘人自從會監軍駱奉先自雲京所歸雲京

已厚結其歡因言懷恩與可汗約反狀明白奉先過懷恩升堂拜母母讓曰若與我兒約兄弟今何自親雲京然前事勿論自今宜如初酒酣懷恩舞奉先厚結以幣懷恩未及酬奉先亟辭去懷恩即遣左右匿其馬奉先疑圖已乘夜遁歸懷恩驚追與其馬奉先還具奏懷恩反狀懷恩亦請誅雲京奉先詔兩解之懷恩之過潞李抱玉贈以幣馬懷恩荅之俄抱玉表懷恩私有所結廣德初進拜太保與一子三品一子四品官增封戶五百子瑒與一子五品官封戶百仍賜鐵券以名藏太廟畫象淩煙閣又以瑒檢校兵部

尚書朔方行營節度使然懷恩怏怏又性彊圉不肯爲讒毀屈無以自解乃尚書陳情又言來瑱之誅不暴其罪天下爲疑四方奏請陛下皆云與驃騎議之可否不出宰相詞言慢狠帝一不爲嫌且欲其悔過故推心待之詔宰相裴遵慶臨諭詔旨因察其去就遵慶至懷恩抱其足泣且訴遵慶道帝所以不疑卽勸入朝懷恩許諾副將范志誠諫以爲嫌隙成矣柰何入不測之朝獨不見來瑱李光弼乎二臣功高不賞瑱已及誅懷恩乃止欲使一子入宿衛志誠固止御史大夫王翊使回紇還懷恩慮洩其交通狀因留

不遣郎使瑒攻雲京雲京敗進攻榆次初帝幸陝顔眞卿請奉詔召懷恩至是帝使往辭曰臣往請行時也今無及矣帝問故對曰頃陛下避狄於陝臣見懷恩責以春秋義不奔問官守故懷恩來朝以助討賊則其辭順今陛下即宫京邑懷恩進不勤王退不釋衆其辭曲必不來矣然則柰何曰今言懷恩反者獨辛雲京李抱玉駱奉先魚朝恩四人耳自餘盛言其枉然懷恩將士皆郭子儀舊部曲陛下若以子儀代之喻以逆順必相率而歸從之子儀至河中瑒攻榆次未拔退兵於祁責其緩鞭之衆怒是夕偏將焦暉

白玉等斬其首獻闕下懷恩聞以告母母曰我戒汝勿反國家訓汝不淺今衆變禍且及我柰何懷恩再拜出母提刀逐之曰吾爲國殺此賊取其心以謝軍中懷恩走乃與部曲三百北渡河走靈武稍稍引亡命軍復振帝念舊勳不加罪詔輦其母歸京師厚卹之以壽終舊唐書郭子儀傳十一月車駕自陝還宮時河北副元帥僕固懷恩方頓軍汾州掠汾并諸縣以爲巳邑乃以子儀兼關內河東副元帥河中節度觀察使出鎮河中蕃戎既退僕固懷恩部下離散是月懷恩子瑒主兵榆次爲帳下將張維岳所殺傳首

京師惟岳以瑒之衆歸於子儀懷恩懼棄其母而走
靈州唐書李抱玉傳從父弟抱眞抱眞字太元沈慮
而斷抱玉屬以軍事授汾州别駕僕固懷恩反陷焉
挺身歸京師代宗以懷恩倚回紇所將朔方兵精憂
之召抱眞問狀荅曰郭子儀嘗領朔方軍人多德之
懷恩欺其下曰子儀爲朝恩所殺今起而用是伐其
謀兵可不戰解也旣而懷恩敗如抱眞策遷殿中少
監陳鄭澤潞節度留後

二年六月丁卯有星霣於汾州
貞元二年吐蕃尚結贊入寇詔侍中馬燧爲綏銀麟勝

招討使與駱元光韓游瓌等會師擊之燧次石州結贊懼乞盟

咸通三年夏平遥民家羊生羔如犢

五年冬汾石隰等州大雨雪平地深五尺

十二年正月汾州孝義縣民家鼠多啣蒿芻巢樹上

天復元年四月汾州守將李瑭迎梁軍降會天大雨霖梁兵多疾解去五月晉將李嗣昭符存審復取汾州誅李瑭二年二月癸丑梁將朱友寧破汾慈隰三州遂圍太原大疫解去丁卯晉將周德威李嗣昭復取汾慈隰三州

唐書沙陀傳友寧長驅略汾慈隰州皆下遂圍太原
嗣昭夜擾友寧營汴人驚引去德威追之抵白壁關
復收慈隰汾三州
周顯德元年四月河中節度王彥超與侍中符彥卿會
兵圍汾州諸將請急攻彥超曰城已危矣旦暮將降我
士卒精銳儻驅以先登必死傷者衆少待之翌日北漢
防禦使董希顏降遂引兵趣石州彥超親鼓士乘城躬
冒矢石數日下之擒其守將安彥進獻行在
建隆元年九月壬寅昭義軍節度使李繼勳焚北漢平
遥縣十月乙酉晉州兵馬鈐轄荊罕儒領千餘騎抵汾

州城下焚其草市案兵以退夕次吐京原北漢劉鈞遣大將郝貴超領萬餘衆襲罕儒黎明及之罕儒遣都監閻彥進分兵以禦貴超罕儒錦袍裹甲據胡牀享士方割羊臂臑以啖聞彥進小卻即上馬麾兵徑犯敵鋒幷人攢戈舂之罕儒猶格鬭手殺十數人遂戰死

開寶二年二月乙卯命趙贊爲汾州路部署以伐北漢

辛亥遣海州刺史孫方進率兵圍汾州

太平興國四年五月北漢節度使蔚進盧遂以汾州降

七年汾州民鄭訓妻一產三女

淳化元年八月汾州悉達院僧智巖頭生角三寸

二年四月汾州旱

至道三年汾州民趙演妻一產三男

景德元年十一月癸丑石州地震

大中祥符八年九月知汾州王守斌獻嘉禾圖

天聖中南郊賞賜軍士而汾州廣勇軍所得帛不逮他軍一軍大譟捽手佐堂下刼之約與善帛乃免城中戒備遣兵圍廣勇營河東轉運使孫沖適至命解圍弛備置酒張樂推首惡十六人斬之遂定

慶歷七年九月汾州嘉禾合穗

皇祐二年九月石州嘉禾異畮合穗十二年石州禾四

莖合一穗

熙寧四年二月辛巳汾州禾異壟同穗

元祐元年石州禾異畮同穎

建中靖國元年石隰等州地震

宣和七年十二月金將銀术孛菫攻汾州縱兵四掠知州張克戩禦之燕人先内附在城中者數十陰結黨欲爲内應悉收斬之數遻勁卒撓敵營出不意焚其栅敵懼引去

靖康元年六月金兵逼汾州城下知州張克戩堅守河東察訪使張灝都統制張思正轉運使李宗來援八月

戊申張思正等夜襲金人於文水縣敗之已酉復戰師潰死者數萬人思正奔汾州都統制折可求師潰於子夏山時威勝隆德汾晉澤絳民皆渡河南奔州縣皆空九月思正聞太原不守紿言出戰與灝宗奔慈隰平遥久與金抗金兵先陷平遥遂脅降介休孝義等縣十月金人陷汾州知州張克戩兵馬都監賈亶死之尋取石州

金史太宗紀天會四年八月宋張灝率兵出汾州拔离速擊走之九月鶻沙虎取平遥靈石孝義介休諸縣十月婁室克汾州石州降婁室傳宋張灝軍出汾

州拔离速擊走之灝復營文水婁室與突葛速拔离速與戰灝大敗婁室取汾石二州及其屬縣温泉方山離石邪律塗山傳宗翰伐宋塗山爲先鋒至汾州遇宋將折家軍請濟師併力破之突合速傳從諸帥列屯汾州之境宋河東軍帥郝仲連張思正陝西軍帥張關索及其統制馬忠合兵數萬來援皆敗之孛堇烏谷攻石州屢敗亡其二將軍士没者數百人突合速謂烏谷曰敵皆步兵吾不可以騎戰烏谷曰聞賊挾妖術畫馬以繫其足疾甚奔馬步戰豈可及之突合速笑曰豈有是邪乃令諸軍去馬戰盡殪之

建炎元年復石州金戍將烏虎棄城走

紹興九年出兵涉河東復石州金將斜卯阿里來攻粘割胡撒率所部登城陷之

十年秋王忠植舉兵復石州等十一郡明年金人圍慶陽急川陝宣撫使胡世將檄忠植以所部赴陝西爲叛將趙惟清所執死之所復之地旋入於金

金天眷三年寧鄉縣地震

皇統三年寧鄉縣嘉禾生

大定十七年秋石州東鄉白果地產嘉禾四壟莖長三尺五寸定胡縣令表獻於朝

興定二年六月甲辰石州賊馮天羽衆千據臨泉縣爲亂帥府命將討捕之爲賊所敗旁郡縣將謀應之州刺史紇石烈公順赴以兵天羽等數十人迎降公順殺之餘賊走保積翠山遣將王九思攻之不下詔國史院編修官馬季良持詔勅金帛往招之比至九思先破栅殺賊二千人餘復走險已而其黨安國用等詣季良降者五千餘人分其衆於絳霍間九月戊子元兵狥汾州節度使完顏訛出虎死之辛卯元兵下孝義縣十二月乙卯以禮部侍郎抹撚胡魯刺爲汾州軍節度使

元太祖十五年十二月上黨張開以萬衆寇汾州征行

元帥左監軍杜豐率精騎五千敗之
太宗二年上黨晉陽合兵攻汾州河東路南兵馬都元帥李守正赴援衆寡不敵別遣老弱百人曳薪揚塵多張旗幟敵懼遂解去
至元元年十一月丁酉太原路臨州進嘉禾一莖
二十三年夏寧鄉大旱
二十九年寧鄉饑
元貞二年六月離石雨雹
大德七年汾州平遥介休西河孝義等縣地震成渠泉湧黑沙汾州北城陷一里東城陷七十餘步

十一年八月平遥縣水

延祐七年八月汾州平遥縣水

泰定元年三月石州離石寧鄉縣旱饑賑米兩月

三年九月汾州平遥汾水溢

天歷元年九月石州之塢堡口汾州之向陽關皆令穿塹壘石以爲固調丁壯守之

至順二年四月石隰等州旱

三年六月汾州大水

至正九年冀寧平遥等縣曹七七反命刑部郎中八十一馬指揮沙不丁討平之

十年五月汾州平遥縣雨雹七月平遥縣汾水溢十二
月庚子孝義縣雷雨
十三年七月汾州白彪山坼十二月汾州雷雨
十四年夏四月癸巳朔汾州介休縣地震泉湧秋七月
壬午汾州孝義縣地震十二月辛卯孝義縣雷雨
十五年十一月戊戌介休縣桃杏花
十七年十一月汾州桃杏花
十八年六月汾州大疫
十九年夏四月癸亥朔汾水暴漲秋七月介休蝗八月
汾州孝義平遥介休三縣蝗食禾稼草木俱盡所至蔽

日礙人馬不能行塡坑塹皆盈饑民捕蝗以爲食
二十年汾州孝義縣自四月至秋不雨十一月孛羅帖
木兒以兵侵汾州察罕帖木兒以兵拒之
二十一年正月癸酉石州大風拔木六畜俱鳴民所持
鎗忽生火焰抹之即無揺之即有十二月石州河水淸
至明年春冰泮始如故
二十六年六月壬子朔汾州介休縣地震平遥縣大雨
雹秋七月辛巳朔介休縣文水石州大星如斗自西南
而落辛亥汾州之孝義平遥二縣石州同日地震有壓
死者

二十七年七月介休縣雨雪

二十八年六月壬戌汾州孝義介休二縣臨州隰州之石樓皆地震

明洪武九年十二月江淮行省參知政事傅友德行省右丞薛顯擊賀宗哲於石州拔白崖桃花諸山寨

永樂十一年八月寧鄉大雨雪

十二年秋八月寧鄉雨雪

景泰元年寧鄉霣霜殺稼山西巡撫朱鑑奏石州寧鄉等處宜令汾州營守備協守從之

天順六年寧鄉饑

成化六年三月朔石樓縣風霾
九年春三月石樓縣地震秋七月再震有聲如雷
十八年六月寧鄉水
十九年孝義旱
二十年孝義縣旱大饑寧鄉饑疫遣使賑恤免通省田
租之半
宏治元年秋八月寧鄉雨雹
十四年正月孝義大水
正德元年孝義縣民薛大室壁倏見樹影枝葉扶疎如
繪逾月始隱石樓大有年

三年石州獲白鹿知州張克恭以獻
四年七月介休大水平地起波丈餘城南長東鄉地裂
里許闊二丈深不可測水皆下洩
五年夏四月汾州黑眚
六年汾州黑眚居民咸鳴鉦鼓燃燈達旦彌月乃止石
州饑
八年介休孝義黑眚見五晝夜始滅
十一年寧鄉饑
十四年石樓饑
嘉靖元年八月寧鄉地震汾州大稔

八年正月朔寧鄉大雨雹六月汾州螟蝗食稼秋七月石樓隕霜八月孝義縣地震

九年寧鄉饑

十二年盜據劉王峰八月石樓霣霜害稼寧鄉汾州石州大饑道殣相望

十三年二月盜犯黄蘆嶺遍吳城石州同知陶璽率衆擊賊賊奔退追至黑暗嶺遇伏璽與部下閻大剛王天佑等力戰死冀南道朱孟震集各路兵平之

十四年四月石州王峪莊民李賓牛將生犢黄氣滿廐牛臥終日既生形似麏尾似牛有鱗以爲怪棄之識者

知爲麟負入城身黄如金口赤如丹有司厚賚之以麟死不奏貯太原庫

二十年九月辛亥韃靼部俺荅寇石州大掠而去

二十一年七月朔介休孝義俱晝晦星見如深夜俺荅入寇由太原南下掠汾州等處列營汾水東西大衆駐平遥介休間諸將無敢乘險邀擊副總兵張世忠自傒城村起營躡寇力戰自巳至酉卒無援者中二矢墜馬死部將張宣張成亦力戰死之

二十三年孝義汾州大水傷稼

二十四年四月十一日午時汾州五色見日邊長二丈

餘廣二三尺移時方散
二十八年春三月介休地震
二十九年夏四月汾州風霾晝晦
三十年汾州火
三十四年十二月汾州地震
三十五年平遥大水汾州大有年
三十六年二月二十六日平遥地震
三十九年寧鄉石州疫
隆慶元年九月癸亥俺荅陷石州殺知州王亮采屠其民遂由向陽峽分掠孝義介休平遥隰州等處男女死

者數萬遣間入汾州分守冀南道宋岳獲之遂殄兵州
城下攻八晝夜不克乃引去
萬曆七年孝義疫
八年寧鄉見天開如眼光耀爍人
九年寧鄉饑
十七年介休縣署梁間生靈芝十六莖明年復茁一莖
二十年夏四月寧鄉大雪三尺不害麥
二十五年夏六月日食復圓汾陽見暈珥
二十六年介休旱
二十八年春正月汾陽介休孝義天鼓鳴隨有白氣一

道經天踰時方散

二十九年汾陽孝義臨縣永寧州大饑

三十年夏五月永寧州雨雹大如雞卵孝義民武惟揚妻一產三男

三十二年夏六月平遥水

三十三年介休水夏六月孝義縣暴雨孝河泛溢水入城壞廬舍傷人甚衆

三十四年春正月平遥雨雹寧鄉縣民高天順妻一產三男夏五月汾陽星晝見十餘日

三十六年十二月十二日平遥地震

三十八年汾州旱饑

四十一年春三月平遥大水

四十三年平遥地震有聲

四十六年夏四月平遥介休地震

崇正四年五月流賊至介休義棠鎮知縣何騰蛟嚴守以待賊留三日而去寧鄉石樓等處俱被剽掠五年賊分道四出連陷隰州等處郝天狼上天龍據吳城向陽以窺汾州巡撫許鼎臣督張應昌頗希收艾萬年兵七千人駐汾州討賊參將劉光祚游擊王尚義敗賊張有義於臨縣賊還兵犯之軍盡覆土寇王豹五陷臨縣與

田福田科等相倚六年春撫標中軍陳國威誘田福斬之縣其頭城下劉光祚與諸將急擊豹五及閻正虎上天龍邢滿川等始離境遠竄賊犯石樓劉光祚分三道出擊大破之斬隔溝飛撲天虎等六人獲首功二百七十又數敗賊於臨縣撲天飛等詐降光祚設伏斬之而衆將虎大威從巡撫許鼎臣擊賊介休殲其魁九條龍鼎臣令總兵張應昌軍汾州先是延綏賊首鑽天哨開山斧據永寧關前阻山險下臨黃河負固數年不下是年十二月延綏巡撫陳奇瑜謀取之乃陽傳總制檄發兵簡衆七千人抵延川潛師疾走入山賊不虞大兵至

倉皇潰逸焚其巢縱擊斬首千六百級二賊死分兵擊
賊首一座城斬之延綏盜悉平七年正月巡撫戴君恩
誘孝義土寇通天柱斬之令副總兵艾萬年捕殺豹五
等
五年夏四月臨縣有野雉集城中西山兩月始去九月
臨縣雞輒夜鳴滿城不已
七年夏有流星出參宿閒有聲紅光如縷直垂至地良
久方滅汾州平陽兩府皆見冬十二月二十四日夜介
休空中火光如斗自西起墜於東南經過有聲
八年正月十四日介休地震十九日夜城東北有聲如

壽占者謂之城吼

十二年秋孝義介休蝗食禾如掃冬介休見彗星入北斗

十二年冬十二月介休空中有赤光數十丈起西南墜於東北

十四年介休平遥水

十五年夏四月介休隕霜殺麥臨縣饑冬十月寧鄉桃李花

十六年九月寧鄉水內生花如雕鏤

十七年正月李自成渡黃河而東陷汾州府知府侯君

昭知縣劉必達死之

國朝順治二年春二月汾陽蚩尤旗見夏五月介休雨雹傷麥地震

三年介休太白經天寧鄉蝗

四年臨縣城堞火光倏發以物擊之即燃爇視無燬介休臨縣蝗賑恤有差

五年汾陽太白經天

六年四月流寇餘黨姜瓖王顯名攻汾州府知府黃廷柏死之榆林賊平德圍臨縣防兵背城力戰老營堡副將羅貺壇由北路南下汾州叅將甯獻功踰漢高山西

來大破平德張再元賊遁走

七年介休寧鄉蝗

九年臨縣雨雹平遥水

十年三月汾陽地震

十一年夏四月臨縣雪深三尺六月介休地震秋七月

汾州汾河西移二十里

十二年夏四月永寧州雨雪盈尺介休雨雹

十六年閏三月孝義火

康熙三年汾州府潦

四年夏五月汾州府太白經天

六年冬十月寧鄉見山市連城樓閣數座
十三年夏四月臨縣地震
十八年汾陽平遥介休地震
十九年孝義介休地震
二十一年十月癸未介休地震
二十二年夏五月臨縣龍起冬十月平遥臨縣地震奉
旨賑恤并免次年税糧三之一
二十三年汾陽臨縣水
二十六年四月臨縣大風雪積二尺許
二十八年春二月乙卯介休有流星光如日自東南墜

西北鄉地有聲

二十九年介休虸蚄傷黍

三十年介休旱蝗民饑　詔發穀賑恤仍蠲免稅糧
有差

三十三年癸酉孝義地震

三十四年四月初六日永寧州地震兩旬不止

三十五年夏汾陽永寧州旱冬臨縣無雪

三十六年六月孝義水汾陽寧鄉臨縣永寧州旱疫

三十七年免通省稅糧

三十九年夏五月臨縣暴水壞城

四十二年汾陽蚜蚄食黍穀

四十四年春正月平遥天鼓鳴是年孝義報縣民霍鍾昌壽百歲

五十一年免山西錢糧及舊逋

五十二年汾陽民李應讓妻一產三男

五十九年汾州府等屬旱無禾免税糧有差

六十年平陽汾州府等屬旱無麥斗米至八九錢奉旨遣左都御史朱軾賫帑賑恤仍免税糧有差

雍正二年孝義縣大稔汾陽縣民賈三聘之妻馮氏壽百歲

四年十二月丙寅臨縣永寧州寧鄉等州縣黄河澂清自口外界起歷火山孟門龍門砥柱下達豫省凡山西布政司境上下二千餘里河清如鑑一月有奇越明年正月己亥庚子始復

五年秋八月平遥臨縣嘉禾一莖二三穗至五六穗

六年臨縣嘉禾一莖六穗

七年八月以山西連歲豐亨　詔免通省庚戌年地丁銀四十萬十一月又以民人急公復頒　詔免辛亥年地丁銀二十萬

九年九月丁丑石樓緑城東北隅溪河將衝城址忽湧

沙堆改向北流自闢支河一道袤百九十丈廣六七丈深七尺

乾隆二年臨縣永寧州旱緩征賑恤有差

三年十一月寧鄉縣地震

八年臨縣民薛以新妻一產三男

十年奉　詔免通省戊辰年稅糧

十六年免汾陽介休孝義三縣地丁銀十之一

二十一年二十二年汾陽介休二縣水濱汾居民照例緩徵

二十三年平遥介休二縣水免濱汾居民稅糧

二十四年臨石樓永寧寧鄉四州縣旱饑免徵有差
二十七年九月臨縣空中有火大如斗墜城南隅
三十二年臨縣民李映實妻一産三男

汾州府志卷之二十六

雜識

薛亨學記俗尚儉重文義近競豪奢

馮琦府治記民物浩穰俗用侈靡訟獄滋煩

趙喬年風俗利弊說民率逐於末作走利如騖而又無富之實有富之名歲辦額辦雜辦日益月增附郭一邑頃且無端加稅八千有奇民窮而偷訟獄繁興一言不合辭語搆訐一錢相競格殺輕生豪有力者通大猾爲窩訪睚眦之恨株連旁及必報爲快且以開騙局焉慣投匿名鬼狀陰圖吽嚇報復往往破人産隕人命莫可

究詰羣告黨證誣者十之八九幸得其情抑之不勝輒復刁訟於上語侵縣官見謂偏護過聽使若不得其直也甚則父子兄弟駢首對簿不難廷辯以爭錐末即父訴子失養其子猶嘖嘖訐父過不已也是尚可令漢賈生見也哉

舊志平遥地瘠薄氣剛勁多耕織少商賈健訟尚侈紀雲鶴平遥學記士之童入黨塾壯游膠泮者猶荆璞未剖藍石待鑿悃質純幹得全於天

介休縣志萬歷間邑令史記事云毋嘉士大夫敦朴有古風獨慮民習於奢幾不可訓且崇佛重禱市利輕生

而少知教

舊志孝義民性敦厚婚喪周濟不吝

臨縣志土阜平叢川流迅厲其民悍而不奸感而易從

石樓縣志其性醇其俗儉樸畧少文男不經商女不紝

織惟農是務棟宇不飾民多穴處

舊志永寧土瘠民貧野曠人稀士多慷慨民亦質直勤

於業農拙於服賈衣冠文物頗有古風

舊志寧鄉地瘠俗儉無奇飾無逐末

元和郡縣志汾州貢龍鬚席石膏麻布菽粟石州貢胡

女布龍鬚席麝香麻布唐書地理志汾州土貢鞍面氈

龍鬚席石膏消石石州土貢胡女布龍鬚席蜜蠟燭荎萸

王世貞酒品云羊羔酒出山西汾州孝義等縣白色瑩徹如冰清美饒風味遠出襄陵之上

山西通志酒有羊羔玉露豆酒火酒之名羊羔玉露尤美宋張能臣酒名記有汾州甘露堂紫胡出汾陽孝義永寧味殊芬唐汾州貢三七今無

呂氏春秋晉文公反國介子推不肯受賞自為賦詩曰有龍於飛周遍天下五蛇從之為之丞輔龍反其鄉得其處所四蛇從之得其露雨一蛇羞之槁死於中野懸

書公門而伏於山下文公聞之曰嘻此必介子推也避舍變服令士庶人曰有能得介子推者爵上卿田百萬或遇之山中負釜蓋簦問焉曰請問介子推安在應之曰夫介子推苟不欲見而欲隱吾獨焉知之遂背而行終身不見

劉向說苑介子推從者懸書宮門曰有龍矯矯頃失其所五蛇從之周遍天下龍饑無食一蛇割股龍反其淵安其壤土四蛇入穴皆有處所一蛇無穴號於中野

王嘉拾遺記晉文公焚林以求介之推有白鴉繞烟而噪或集之推之側火不能焚晉人嘉之起一高臺名曰

思烟臺

後漢書周舉傳遷并州刺史太原一郡舊俗以介子推焚骸有龍忌之禁至其月咸言神靈不樂舉火由是士民每冬中輒一月寒食莫敢烟爨老小不堪歲多死者舉既到州乃作弔書以置子推之廟言盛冬去火殘損民命非賢者之意以宣示愚民使還溫食於是衆惑稍解風俗頗革

崔鴻十六國春秋石勒時雹起西河介山大如雞子平地三尺洿千餘里樹木摧折禾稼蕩然勒問徐光光曰去年禁寒食介推帝鄉之神歷代所尊或者以為未宜

替故有此災矣勅下書曰寒食既并州之舊風朕生其俗不能異也尚書其促檢舊典定議以聞

魏武帝明罰令聞太原上黨西河鴈門冬至後百五日皆絕火寒食云爲介子推且北方沍寒之地老少羸弱將有不堪之患令到人不得寒食犯者家長半歲刑主吏百日刑長奪一月俸

黄憲天祿閣外史李膺訪徵君於衡門雪甚道遇郭泰而問曰子得見叔度邪曰泰昔以布衣交安得不見子以軒冕交亦軒冕者謁之耳安得見李膺有慚色乃稅駕於野與郭泰乘蹇驢而造焉有樵者臨溪浣足而歌

曰衡門之雪霏霏兮有客緼袍寒谿澹而無聲兮木落
遠皋二子聞而淒然
漢紀童子魏照求入事郭泰供給洒掃泰曰當精講書
何來相近照曰經師易獲人師難遭欲以素絲之質附
近朱藍
晉書楊方傳賀循報書諸葛恢曰昔許子將拔樊仲昭
於賈豎郭林宗成魏德公於畎畮足下志隆此業二賢
之功不爲難及也循遂稱方於京師司徒王導辟爲掾
北齊書恩倖傳有開府薛榮宗常自云能使鬼帝信之
經古冢榮宗問舍人元行恭是誰冢行恭戲之曰林宗

冢復問林宗是誰行恭曰郭元貞父榮宗因前奏曰向見林宗從冢出著大帽吉莫鞾操馬鞭問臣我家阿貞來否

商芸小說郭林宗來遊京師還鄉里送車千餘乘李膺亦在焉衆人皆詣大槐客舍而別獨膺與林宗乘薄笨車上大槐坂觀者數百人望之若喬松之在霄漢

語林陳元方遭父喪骨立其母愍之以錦被蒙其上郭林宗弔見而責之賓客絕百許日

裴松之注三國志於鍾會傳云會爲其母傳曰夫人張氏字昌蒲太原茲氏人太傅定陵成侯之命婦也世長

吏二千石夫人少喪父母充成侯家修身正行非禮不
動爲上下所稱述貴妾孫氏攝嫡專家心害其賢數譖
毀無所不至孫氏辨博有智巧言足以飾非成過然竟
不能傷也及姙娠愈更嫉妒乃置藥食中夫人中食覺
而吐之瞑眩者數日或曰何不向公言之荅曰嫡庶相
害破家危國古今以爲鑒誡假如公信我衆誰能明其
事彼以心度我謂我必言固將先我事由彼發顧不快
耶遂稱疾不見孫氏果謂成侯曰妾欲其得男故飲以
得男之藥反謂毒之成侯曰得男藥佳事闇於食中與
人非人情也遂訊侍者具服孫氏由是得罪出成侯問

夫人何能不言夫人言其故成侯大驚益以此賢之黄初六年生會恩寵愈隆更納正嫡賈氏又云會時遭所生母喪爲其母傳曰夫人性矜嚴明於教訓會雖童稚勤見規誨年四歲授孝經七歲誦論語八歲誦詩十歲誦尚書十一誦易十二誦春秋左氏傳國語十三誦周禮禮記十四誦成侯易記十五使入太學問四方奇文異訓謂會曰學猥則倦倦則意怠吾懼汝之意怠故以漸訓汝今可以獨學矣雅好書籍涉歷衆書特好易老子每讀易孔子說鳴鶴在陰勞謙君子籍用白茅不出戶庭之義每使會反覆讀之曰易三百餘爻仲尼特說

此者以謙恭慎密樞機之發行已至要榮身所由故也順斯術已往足爲君子矣正始八年會爲尚書郎夫人執會手而誨之曰汝弱冠見敘人情不能不自足則損在其中矣勉思其戒是時大將軍曹爽專朝政日縱酒沉醉會兄侍中毓宴還言其事夫人曰樂則樂矣然難久也居上不驕制節謹度然後乃無危溢之患今奢僭若此非長守富貴之道嘉平元年車駕朝高平陵會爲中書郎從行相國宣文侯始舉兵衆人恐懼而夫人自若中書令劉表侍郎衛瓘夏侯和等家皆怪問夫人一子在危難之中何能無憂答曰大將軍奢僭無度吾常

疑其不安大傳義不危國必爲大將軍舉耳吾兒在帝側何憂鬪且出兵無他重器其勢必不久戰果如其言一時稱明會歷機密十餘年頗豫政謀夫人謂曰昔范氏少子爲趙簡子設伐邾之計事從民悅可謂功矣然其母以爲乘僞作詐末業鄙事必不能久其識本深遠非近人所言吾常樂其爲人汝居心正吾知免矣但當修所志以輔益時化不忝先人耳常言人誰能皆體自然但力行不倦抑亦其次雖鄙賤必以言信取與之間分畫分明或問此無乃小乎答曰君子之行皆積小以致高大若以小善爲無益而弗爲此乃小人之事耳希

通慕大者吾所不好會自幼少衣不過靑紺親營家事自知恭儉然見得思義臨財必讓會前後賜錢帛數百萬計悉送供公家之用一無所取年五十有九甘露二年二月暴疾薨比葬天子有手詔命大將軍高都侯厚加贈賵喪事無巨細一皆供給議者以爲公侯有夫人有世婦有妻有妾所謂外命婦也依春秋成風定姒之義宜崇典禮不得總稱妾名於是稱成侯命婦殯葬之事有取於古制禮也又云魏氏春秋曰會母見寵於繇繇爲之出其夫人下太后以爲言文帝詔繇復之繇恚憤將引鴆弗獲餐椒致噤帝乃止觀此則會自作其母

傳誣薛虎飾誠無足取而舊志及孝義縣志載之節嫡
且以張爲鍾繇妻孫爲妾據魏氏春秋孫寔夫人且孫
出而更娶正嫡賈裴松之云鍾繇於時老矣而方納正
室以是言之繇前此豈無正室者卽孫爲正室無疑貴
妾嫡之言會之辭誣也

周書王羆傳魏太和中除殿中將軍先是南岐東益氏
羌反叛王師戰不利乃令羆領羽林五千鎮梁州討平
諸賊還授右將軍西河內史辭不拜時人謂之曰西河
大邦俸祿殷厚何爲致辭羆曰京洛材木盡出西河朝
貴營第宅者皆有求假如其私辦卽力所不堪若科發

民間又違法憲以此辭耳

魏書薛懷吉傳正光初除後將軍汾州刺史四年卒懷吉本不勵清節及爲汾州偏有聚納之響自以支庶餌誘勝己共爲婚姻多攜親戚悉令同行兼爲之彌縫恣其取受而將勞賓客曲盡物情送去迎來避寒熱性少言每有接對但嘿然而退既指授先期人馬之數左右密已記録俄而酒饌相尋芻粟繼至逮於將別贈以錢縑下及厮傭咸過本望其延納貴賤若此

梁書海南諸國傳西河離石縣有胡人劉薩何遇疾暴亡而心下猶暖其家未敢便殯經十日更蘇說云有兩

吏見録向西北行不測遠近至十八地獄隨報重輕受諸楚毒見觀世音語云汝緣未盡若得活可作沙門洛下齊城丹陽會稽並有阿育王塔可往禮拜若壽終則不墮地獄語竟如墮高巖忽然醒寤因此出家名慧達遊行禮塔次至丹陽未知塔處乃登越城四望見長干里有異氣色因就禮拜果是越王塔所屢放光明由是定知必有舍利乃集衆就掘之入一丈得三石碑並長六尺中一碑有鐵函函中又有銀函函中又有金函盛三舍利及爪髮各一枚髮數尺即遷舍利近北對簡文所造塔西造一層塔

歐陽修歸田録至和初陳恭公罷相而並用文富二公余時爲學士奏事垂拱殿上問新除彥博等外議如何余以朝士相賀爲對上曰自古人君用人或以夢卜不知人當從人望夢卜豈足憑耶故余作文公批荅云永維商周之所記至以夢卜而求賢孰若用縉紳之公言從中外之人望者具述上語也

馬永卿嬾真子洛中士人張起宗字起宗以教小童爲生居於會節園側年四十餘一日行於內前見有西來行李甚盛問之曰文樞密知成都回也姬侍皆騎馬錦繡蘭麝溢人眼鼻起宗自嘆曰我丙午生相遠如此旁

有瞽卜輒曰秀才我與汝算命因與籍地卜者出算子約百餘布地上幾長丈餘凡閱兩時日好笑諸事不同但三十年後有某星臨某所兩人皆當對案而食者九箇月起宗後七十餘歲文公亦居於洛起宗視其交遊飲宴者皆一時貴人輒自疑曰余安得並案而食乎一日公獨游會節園問其下曰吾適來聞園側教學者甚人對曰老張先公曰請來及見大喜問其甲子文與之同因呼爲會節先生公每召客必預召赴人會無先生則不往公爲主人則揚於左公爲客則揚於右並案而食者將及九月公之子及甫知河陽府公往視之公所

居私第地名東田有小姬四人謂之東田小籍共升大
車隨行祖於城西有伶人素不平之因爲口號曰東田
小籍已登油壁之車會節先生暫別瑤筵之宴坐客微
笑自此潞公復歸洛不復召之矣譬之言異哉聞之於
司馬文季
聞見錄元祐初起公平章軍國重事召程正叔爲崇正
殿說書正叔以師道自居每侍講色甚莊繼以諷諫上
畏之公對上恭甚進士唱名侍立終日上屢曰太師少
休公頓首謝立不去時年九十矣或謂正叔曰君之倨
視潞公之恭議者以爲未盡正叔曰潞公三朝大臣事

約主不得不恭吾以布衣爲上師傅其敢不自重吾與潞公所以不同也識者服其言

東坡別集蘇子瞻出守錢塘來別文公公曰願君至杭少作詩恐爲不相喜者誣謗再三言之臨別上馬笑曰若還有與也便箋

石林燕語元豐末文潞公致仕歸洛入對時幾八十年神宗見其康強問卿攝生亦有道乎潞公對無他臣但能任意自適不以外物傷和氣不敢做過當事酌中恰好即止上以爲名言

明道雜志文潞公以太尉鎭洛師遇生日僚吏皆獻詩

多云五福全者潞公不悅曰遽使我考終命耶有一客詩綽約肌膚如處子蓋用莊子姑射仙人事也洛人笑之曰願爾得婦色若此潞公色黯也

過庭録神廟大長公主哲宗朝重於求配遍士族中求之莫中聖意御帶器械狄詠頗美丰姿近臣奏曰不知要如何人物哲宗曰人物要如狄詠者天下謂詠爲人樣子狄詠靑子也

元好問忠武任君墓碣銘前泌陽令任嘉言亨甫狀其考忠武君之行涕泗百拜謂某言先君子棄養十年惟是轉徙南北不得以時安厝今北還矣期以明年勉卒

大事墓當有碣碣當有銘敢以識述爲請恭於亨甫有州里通家之舊不可以不敏辭乃爲論次之并著予之所感焉按任氏世爲汾陽人有諱才珍者登天會六年進士第由洪洞令入爲尚書省令史皇統中坐吏部田侍郎穀之黨毀於貶所田初爲朝廷所倚用慨然以分別流品愼惜名器自任羣小積不能平造爲飛語搆成大獄鍛鍊田以下伏首惡者八人以致爲朋黨謗昧上下擅行爵賞之權皆置極刑自餘除名爲民杖決徙遠方者又二十八人明昌初始蒙昭雪洪洞預賜典復朝散大夫生子徵以蔭補官監惠民司君即惠民之元子

也諱德懋字君範資稟淳雅有受學之質弱冠就舉屢爲鄉府所薦惠民早世事繼母無間言泰和南征以良家子被推擇署軍中千夫長積官忠武校尉已而罷歸閒居鄉里愈更樂易雖在愚幼皆知其爲善人君子嘗爲人言先大夫以直道立朝横被羅織自明昌昭雪之後右丞蘇公而下凡二十有六家往往將絶而復續猶微而更甚吾知吾子孫必不獨爲神理所遺也乃力課亨甫學其後果以正大庚寅收世科　鄉里榮之中歲之後即置家事不問唯日誦般若而已積習既久靈昭著休咎多前知之避貞祐之亂於鄜於京兆以天興壬

辰五月十有六日春秋六十有七終於鄧州之寓舍臨
終遺命以所誦經内懷中續息定家人發哀良久復開
目云經安在家如言奉之怡然而逝其明了如此先娶
柳氏再娶劉氏子男三人長亨甫次震亨鼎亨皆早
亡女一人適士子白季昌皆柳出也亨甫以某年奉君
之柩祔於郡西南洪洞里之東原嗚呼朋黨之禍何其
易起而屢作也宣政之季蔡京吕惠卿輩至指司馬丞
相爲元祐奸黨魁列其姓名著之金石碑甫立隨爲雷
火所擊惠卿等懼大禍將及乃赦黨人死者復官流徙
者復還自今觀之元祐黨禁不過追削竄逐禁其子弟

不得至京師而已曾不若皇統之禍之慘也余嘗深求讒夫之心而後知讒之所以爲病者蓋心魄既喪猝爲謾疾所乘嘗糞爲甘嗅足爲香口鼻耳目皆失所守而不自知矯亢忌嫉敢爲大言居之不疑造大謗起大獄視正人端士若有血讐骨怨期必報而後已苟可以售其術雖殺身滅親亡人之國有不恤焉者迨其受病既深至於中風狂走雖和扁捺萬金良劑亦無如之何耳蔡呂諸人欲以黨議誣天下士而天下反以不預温公黨爲耻又欲以黨禍絶士大夫之嗣而後之名卿才大夫賢宰相皆出於黨人之門然則爲朋黨之論者其亦

未之思與銘曰善爲言先壽爲福元有子而賢卒歸骨於九原惟其有之是以似之吾得推其原至於人衆勝天而天定亦以勝人者蓋當以我爲知言

張鼎新撰張承業碑夾城之役武皇遣公求援於岐時河中阻絶自離石渡河春冰方泮凌澌奔蹴艤舟不得渡禱於河神是夜夢神人謂曰子但渡流冰無患寤津吏報曰河冰合矣侵晨躡濟旋踵冰解

賈至撰授蕭晉太府少卿制門下宫相之位亞卿之職朝廷所精擇必惟其人守西河太守蕭晉陽城太守嚴向等歷踐中外皆聞政理涉於艱難尤著誠節宜司長

府之劇式備儲闈之選晉可守太府少卿向可太子左庶子

蘇頲撰授崔隱甫洛陽縣令制正議大夫行汾州長史崔隱甫抗迹清循在公明察素禀才識早聞簡鍊故以正而不撓和而不同趣眘有洛是稱中土百里居官四方作則宜副曹掾之選俾旌王渙之能可檢校洛陽令散官如故主者施行

朱竹垞曝書亭集余次應州避雨馬神祠下前有施食臺刻石列八卦於旁又書二十八宿字心異焉俾從者覆而觀之上有篆文曰唐故汾州刺史朱那府君墓志

銘蕃沙陀之俗死焚其骨盛以石函此則其蕃也考後
唐家人傳無官汾州者惟明宗之父霓墓銘無疑也史
稱明宗無姓氏太祖養以爲子不知其父冐姓朱邪者
久矣乃言於按察副使曹公溶徙之於州學

裴士淹白牡丹詩序開元末士淹爲郎官使幽冀回至
汾州衆香寺得白牡丹一窠植於長安私第天寶中爲
都下奇賞

周佑韓醫婦記畧余母患噎病七日湯勺不入口氣奄
奄至盡聞介休韓婦治噎有奇效僕馬迎之來以花椒
煮水令婁漱之出一白石長可三寸許爲稜六一末銳

隱紅紋如線納之口中令咽其液數以指掐咽喉外用箸探吻中喀喀出一肉片卷之狀若虬龍能蜿蜒動婦言咽人者其物二一居喉一居心坎上仍治如前法復出一物隨呼作麵茶食之三日而起贈以錢絹及所乘馬婦取錢餘謝不受嗟嗟昔秦越人治虢太子太史公奇其事今世病噎者百無一生婦能舉奄奄垂盡之氣三日而起之其功豈在越人下也吁韓婦有奇術而能不貪亦異人哉因紀事以勒諸石

華嚴寂大士墓銘曰師諱恵寂姓王氏西河陽城里人為童子時白其父求出家父定以一子故難之及長於

佛書無不讀授華嚴法界觀於汾州天寧寶和尚父歿乃祝髮君孝義之壽聖時年已五十有一矣崇慶初以恩例得僧服俄賜紫遂主信公講席學者日盈其門避兵南來居汝州之普照又遷南陽之鄂城師以華嚴爲業手抄全經日誦四帙爲課旣客居徒衆解散獨處土室中而不廢講說人有問之者曰吾爲龍天說耳龕前叢竹旣枯而華隨委隨生人以爲道念堅固之感正大丙戌九月五日夜說世界成就品明日以偈示衆告以寂滅之意且曰何從而來何從而去於是枕右脇而化壽七十有九會葬萬人所得舍利及宅靈異甚多此不

具錄起墖於普照華嚴銘曰大方無隅涉跡則偏攝一切法歸頓漸圓究竟云何且實且權彼上人者言外之傳於華嚴海爲大法船一龕宴居幽祇滿前曾是枯株秀穎鬱然靈塔相望有光燭天鈴音演法普爲大千

續高僧傳曇鸞鴈門人家近五臺山年未志學便自出家大通中遊江南還魏移住汾州北山石壁元中寺今號鸞公巖

通志元梁誌通介休人號達眩子元丙子間慕道西遊終秦之玉泉觀或遇於長安灞橋與使客傳鑰封煙霞無爲眞人

通志明范榮字子蘭介休人永樂甲午舉人任江西興國令相傳曾遇仙人張三丰遺詩曰鐵笛風吹破曉烟相逢又在十年前曾將物外無爲事訴與毫端不盡傳白髮垂纓君已老青雲得路我爲先世間舊景只如此何不同歸一洞天成祖朝邑人忽遇榮於京師榮約終日飲邑人笑而去後成祖物色三丰不得徵知與子蘭友因遣使至介休訪之邑人云見子蘭於京邸遂與偕往榮曰吾固知君之必復也相與傾倒頃之竟不知子蘭所往

通志明王元寧鄉人少貧負薪同樵者歌詠胥叶仙什

娶妻未婚薄遊燕習吐納術旣卒太監梁訪將殯之啟棺無迹人復見於關西連雲棧中

通志明王綱居孝義北姚村之古廟終年不舉火嘗約人遊五臺其人不告而去至山下道人笑迎之已先至矣又送下山囑曰我所居屋勿爲風雨毀壞及其人歸道人乃立化古廟中計即山下笑迎日也因立碑以誌異云

通志明高神仙臨縣人少遇異人授木尺病者擊尺輒愈冬時浴湫河冰立解

通志明孫浩遠字雲際自號樂陽子永寧州人得五雷

天心正法禱雨立應以符藥濟人疫癘多解後羽化
孝義縣志吳悉達始居聞喜兄弟二人以報父母讐避
地來居門內和睦敬愛賓客恤窮乏不吝傾橐遇恩贈
其父官欲改葬亡墓所在哀訴於神忽足下地陷得父
櫬有司以聞於朝
介休縣志東徙谷村民收養一白牛一日牛忽言曰吾
乃泓中白龍神也久居於斯被黑龍所困約明日與戰
見有黑氣可助我以礮倘得驅黑龍去吾可安居於此
以濟爾鄉次日衆至泓所果水波沸騰黑氣四塞即如
言助之旋見黑氣沖天而去因名爲白牛泓

介休縣志文家莊舊無龍王廟相傳昔年南山水漲時忽漂一巨石於此其狀如牛一老人夜夢石作人言曰吾白牛泓中龍神也可建廟於此以爲邑中禱祈之便遂立廟祀之今廟中有池池中尚卧大石

平遥縣志俗健訟平居里閈及市井之間片言相左拳毆梃擊刃刺甎石齊下惟恐不死或以睚眦或以言語或以數十文錢致殺傷者率以爲常及陷罪當坐則帖然而已至於受笞公堂忍死吞聲不出一乞憐哀語杖刑之下亦不移地尺寸有痛楚弗堪濛離所伏階墀地或上下左右者鄉里率薄鄙斥下之以爲非夫此人終

世爲親故所不齒當杖之時父兄持瓦石立堂外謂之曰汝如敢移那尺寸地卽非吾子出衙吾卽立斃汝矣以故忍死受責如木石人者其悍且愚如此而畏官府復如神明

平遥縣志嘉靖四十年十月初九日鹽運司發國稅銀萬餘宿洪善鎮被賊五十餘人刼去本鎮按察司承差李得智鄉民曹廷瑞劉權李質率領鎮人李得海等八十餘人趕賊奪稅還鎮四人爲毆皆以力捍被殺撫院楊嘉其奮勇捐軀各給銀七兩爲葬埋資鹽院汪以事申戶部各賞銀十兩仍免其子差徭十年區其門曰猶

身王事

平遥縣志劉澤民字潤卿少慷慨重然諾才智絶人然任俠使氣人不敢廹視年四十鄉長齋布衣折節行善事修惠濟橋量工庀材雖尺寸必周凡經營八九年而橋成他如平道塗收棄嬰多有力焉太原傅徵君重其行誼與之交

平遥縣志張三樂字玉吾國學生順治元年土賊李虎侯應任國啟等大肆搶掠所在振驚六月六日圍困南鄉之段村村堡淺卑勢將傾潰賊中忽揚聲曰與我千金者我當釋爾以去不攻也三樂曰堡一潰此中千百

人老少婦女生死存亡名節所係千金小事耳吾儕惜焉遂出銀一斗令數人持至城下益以酒食羊豕賊相覷喜出意外遂引黨衆去去數日復還欲攻人曰賊耳雖捐金無益也其黨中欲攻者首領李虎也侯應獨不可曰吾曹雖作賊亦有信義人以千金與我許而復悔如此豈得名賊乎竟引之去

胡庭李節婦傳節婦居郡城之南郭爲姊夫畏之過於嚴父甲申賊自成陷郡城李舍舍賊可五六十輩紛紛託索器物肆媟嫚李察其爲首領者招之曰我夫遠出諒不肯相免幸禁約士卒夜靜墻中來勿使張揚去與

我留少顏面首領亦幸其秘密喜甚迫夜李與妾及一女奴升屋脊去梯俟首領入遽亂聲鑼巡捕者逮詣自成斬以殉李不肯退曰爲一婦人誅一將部曲誰肯甘心雖畏法臨敵行時何難戕害自成發令箭驅衆賊出封其門已丑城破被虜至濠次撲馬下擊石碎首死同時史家堡張氏女者十四歲于歸慓男子拔簪刺夫股夫怒竟遣還遂不復嫁乃僦陋巷傭女紅自給夫謝而迎之曰我幼穉無知累不相矜恕何顏更相見卒不往獨居五十九年病一夕歿

汾州府志卷之二十七

藝文一

漢文帝　詔

封宋昌壯武侯及官從臣九卿詔

方大臣之誅諸呂迎朕朕狐疑皆止朕惟中尉宋昌勸朕朕已得保奉宗廟已尊昌爲衛將軍其封昌爲壯武侯諸從朕六人官皆至九卿

唐太宗　詩

遊巖至廻鑾寺作

廻鑾遊福地極目玩芳晨寶刹遥承露天花近足春梵

鐘交二響法日轉雙輪寂爾眞仙境超然離俗塵

唐元宗　詩

南出雀鼠谷答張說

雷出應乾象風行順國人川途猶在晋車馬漸歸秦背陜關山險橫汾鼓吹頻草依陽谷變花待北巖春聞有鵷鸞容清詞雅調新求音思欲報心迹竟難陳

宋仁宗　詔制批答

賜除宰臣文彦博讓恩命批答

朕躬儉約以先人而生民未足憂勤以勵政而百職多隳豈布德之不明抑任人之弗至是以齋居正慮先志

後占鑒屢易以爲煩念難知之可愼永惟商周之所記至以夢卜而求賢孰若用縉紳之公言從中外之人望卿以舊哲比嘗相予惟宇量能寛以服人惟純誠故久而益信勳德兼著可以重朝廷忠信不同可以臨大事夫謀於其始而既審則果於必用而不疑汝其欽哉朕命無易所讓宜不允仍斷來章

賜河陽三城節度使同中書門下平章事判河南府文彥博加恩告勅詔

朕因孟冬之吉辰饗太宫而合食膺受神貺推行慶恩眷惟同德之臣方處居留之任宜優異數少示眷懷既

敷告於外庭其往祇予休命

賜河陽三城節度使同中書門下平章事判河南府

文彥博辭加恩不允詔

朕屬者潔齊精誠薦見宗廟掌神之貺受福孔多推慶賜以大行均中外而咸及矧我同德乃時舊臣惟體貌之隆宜加於異數而褒優之意未稱於予衷嘉讓節之甚勤顧成命之難止所讓宜不允故茲詔示想宜知悉

除文彥博判大名府制

朕惟將相之崇資是爲文武之極選隆其名器所以重朝廷列於藩宣所以屛王室矧乃居留之任必屬老成

之人爰擇剛辰敷告有位具官文彥博器閎而厚識粹而明學得其方通古今而知要才周於物適大小以惟宜自憤發於聲猷早更揚於中外居則參裨乎國論出則宣暢乎皇威兩踐台司首當柄用賢愚式序舉百職以咸修綱紀甚明贊萬幾而至悉自懇避鈞衡之任出司管鑰之嚴逮此逾時蔚然休問眷言邦哲實簡予衷是用更其擁節之榮委以別京之重勁兵所宿是資總制之權雅俗惟淳兼頼撫綏之政於戲與國同體是爲股肱之良惟民具瞻方隆師尹之望顧我舊德豈煩訓辭往其欽哉祇服休命

宋英宗詔制

賜樞密使守司空兼侍中文彥博不允手詔

省所奏伏覩詔書宰臣陳升之位在臣之下者願寢異恩庶安孤跡事具悉卿翼亮三朝周旋二府國之耆舊望寔素隆升之任用尚新甫登宰席原其雅意必欲推先是用斟酌禮文裁其宜稱發於朕志奚取常規蓋以褒異老成豈與例用爲比卿謙恭久著於此何嫌徃安乃居毋逆朕命所乞宜不允

賜樞密使守司空檢校太師兼侍中文彥博乞退不允手詔

省所再上表乞罷樞府事具悉卿器質方厚謀猷明審
憂公盡忠臨事能斷越自仁祖知卿美材入輔出藩於
茲二紀再冠台席一總鴻樞事功蔚然洽於黎庶任重
道遠卿寔有焉朕負荷前烈夙宵危懼若涉大川必憑
舟楫卿當悉心致力以裨不逮而何嫌何疑遽求去位
封奏洊至良用憮然撫覽再三殊失所望老成之德重
於典刑當體至懷安居厥職所請宜不允

加文彥博食邑實封制

門下雖天子必有尊所以嚴事上之訓唯聖人能饗帝
所以昭報本之誠朕祗紹丕基肇稱元祐禮文既備慶

賜誕敷眷惟心膂之臣榦是機衡之任共膺神貺宜處衆先具官文彥博道茂國華才推人傑體忠厚以居德壯謀猷而奮庸弼亮三朝周旋二紀再司魁柄仍冠中書仗鉞臨戎則兇渠折首秉鈞調化則黎獻承風內外洊更望重彌劭夙在纂承之際親聞顧託之言委寄至隆眷注爲重協贊盛儀之舉克臻熙事之成是用進美號以褒功取閒田而增邑併伸異數式示優恩於戲處危於安所以綏萬國懷遠以義所以靖四夷益懋乃官用副朕志可

宋神宗節制敕詩

封介之推潔惠侯勑 元豐元年

惟神之生嘗以羈靮從晉侯行天下而不言祿晉人思之卒與其母隱死於深山而不顧可謂忠廉自信之士矣則其殁也宜爲明靈血食於土守臣來告有禱必從庇民之德是不可以無報錫命侯爵神其享之宜特封潔惠侯

除文彥博樞密使賜功臣制

天極環樞上通帝位之紀神兵會府內嚴師律之謀朕方垂講丕平進經常武雖天下無事思備禦之不敢忘葢王者有征視安危之不敢忽適登髦傑資以輔予具

官文彥博器閎而深才敏以濟早賁賢人之業寔膺聖
考之知以忠孝之名形家國之盛節以文武之畧輯將
相之大猷肆纂命於皇圖廼離憂於喪紀追終哀戚甫
見儀刑屬疆事之方興煩師旅之載舉折衝境外方將
出膺於王靈收畫帷中曷若坐圖於廟勝宜長機廷之
務寘符嚴石之瞻於戲過餌北戎未厭貪驕之志再盟
西夏猶苞狂忽之圖終佇奇勳用恢遠馭

除文彥博守司空依前樞密使加食邑實封制

朕若稽先生維御羣品左謀金鉉之老以經治於廟堂
右屬鴻樞之良以定策於帷幄厥有成績可勿褒乎具

官文彥博風力肅明器資恢傑臨至劇有轉圜之易定大謀如執玉之堅逮事神文之廟已緝熙於鼎路追言聖考之遇又密勿於機廷肆涼昧之丕承會精神於羣慮雖兵民之與本亦文武之交修未隆賛册之恩曷懋圖庸之舉其保宏父允釐華陽顧豈明分之私終繄老成之助於戲有若閎夭尚迪文王之彝罔俾阿衡以專商家之美往篤爾烈永承於休

除郝質殿前都指揮使安武軍節度使加勳食邑實封制

國家統御之勢大維持之業隆外倚四巖藩翰之臣中

謀萬夫貔虎之帥故奉委裘而羣情固聞受璽而三靈趨肇臨發政之辰首下敘朝之命具位郝質性資莊厚氣畧沉雄通玉帳之善經體金行之正氣自昔先帝卽爲勁臣因其勤舊之名立在親信之地會綴衣之陳牖提衛甲之環宮會無夜驚之譁自得剛牙之重紹帝符於景祚渙邦號於前彝視秩冠於文昌徙節臨乎安武加以總正使範敦封拜旌嚴陛之勞以表師干之寵於戲天之壁壘象在羽林王之爪牙職於圻父蓋地嚴則必資拱扈之力師衆則猶賴訓齊之方往堅壯圖思荅殊遇

除文彥博司徒判河南制

秉國大鈞絕席廟堂之上經時常武運籌樽俎之間維吾老臣多所更踐懇辭幾務往殿近藩敷告於廷進疇厥位具官文彥博器質閎偉智謀靖潔逮事祖宗早登丞弼周旋左右當四海之具瞻密勿樞機定萬邦之爲憲肆予纘御屬在倚毗深惟注意之勤勉徇均勞之請眷言耆舊宜所褒崇增秩上公衍封眞賦光華故里揭全晉之旌旄假息名城壯陪京之屏翰出入中外始終顯榮於戲進而論道經邦則必告嘉猷於后退而承流宣化則必下膏澤於民爾惟欽哉尚多受祉

賜太師文彥博詩詔

四紀忠勞著三朝聞望隆享玆難老祉報在不言功富矣勳彌大居焉貌甚沖西都舊士女白首竚瞻公

勑彥博卿在祖廟蚤冠三事懷忠稽策迄有大勳來觀外廷相成宗祀崇進公品位蒞洛師錫燕賜詩詔示殊禮仍勑近輔序而識之庶傳無窮著見賢業其承朕志體服眷恩今賜卿詩序至可領也故玆詔示想宜知悉冬寒卿比平安好遣書指不多故

元豐三年季秋皇帝行大饗之禮於明堂方守魏被召侍大禮慶成後四日特蒙制恩進位太尉保

薹浴郊臣犬馬之年七十有五前此累年章十數
上以求致仕聖恩俯憐舊物曲念老臣皆未之許
今復優進公位俾守別都自顧衰殘非敢當克俯
伏辭避至於再三訖不獲命乃以閏月二十三日
陛辭翌日出都仍賜宴於瓊林苑以二府大臣押
伴既有臨遣中使內出寶器俾酹天醴以極魚藻
之樂及賜御詩以寵其行臣伏思蒙厚恩荷殊遇
自近世逮本朝以來未有此比則有弼臣惇奉詔
作序事義詳矣臣雖窮極語言不能盡意惟知負
戴天地生成之德感極而繼之以泣惟陛下聰明

睿智煥乎有文帝庸作歌光昭前典伏自臨御以
來十有四載而英韶之韻雲漢之章百執願聞萬
物思睹者久矣曾未之得夫何老臣首蒙天賜至
榮至幸超絶等倫始至都門則已傳布於宮省壽
抵洛宅又得誇示於吏民是用圖金石刻以永其
傳將與夫日月並明天地同久復使臣之子子孫
孫相繼率勵保之守之亦克永世老臣爲不朽矣
元豐四年正月三日文彥博謹記

宋哲宗詔制批答

除文彥博平章軍國重事制

師傅道之教訓先王所以廸厥官老臣重以典型天下所以資其智廼瞻舊德時謂元勳謀合祖宗之心名載鼎彝之器申敘贊策播告外朝河東節度管內觀察處置等使守太師開府儀同三司太原尹致仕上柱國潞國公文彥博惇大而清明方嚴而信厚出則秉乎旄鉞入則總我鈞衡文武兼備其才夷險能致其力畢公之弼四世三紀於茲傅說之總百官萬邦其乂爵隆無富謚之累名遂有身退之榮神明相其壽康人心想其風釆是用還之論道倚以經邦以帝者之師臣謀議廟堂之上以天下之大老制馭夷狄之情庶幾有爲底於極

治陪敦多井申衍眞封於戲吕望惟賢起佐文王之治周公已老留爲孺子之師矧我耆英無愧前哲徃宣一德用裕多盤

賜太師平章軍國重事文彥博宰相吕公著自今後入朝凡有拜禮宜並特與免拜詔

朕聞几杖以優賢耆之典禮耄耋無下拜書於春秋魏太傅鍾由以足疾乘車就坐自爾三公有疾以爲故事而唐司徒馬燧亦以老病自力對於延英詔使毋拜今吾耆老大臣四朝之舊德隆而望重任大而憂深者唯卿與公著而已方資其蓍龜之告豈責筋力之禮今後

入朝凡有拜禮宜竝特免卿其專有爲之報畧無益之儀姑或固辭以稱朕意

賜太師文彥博辭免不拜恩命允批答

朕優禮師傅達德齒之尊以亟拜爲可畧古之道也卿謹嚴朝廷明君臣之分以不拜爲未安禮之節也道竝行而不悖義有重而難移勉循所陳不忘嘉歎

賜太師文彥博乞致仕不許批答

卿出入四世師表萬民無羨於功名而有厭於富貴其所志身狥國捨逸就勞者豈有求而然哉凡以先帝之恩生民之故也卿之在朝如玉在山如珠在淵光景不

陳而草木自遂去就之際損益非輕昔西伯善養老而太公自至魯繆公無人子思之側而長者去之卿自爲謀則善矣獨不爲朝廷惜乎藥餌有暇時遊廟堂家居之樂何以異此

賜太師文彥博乞致仕不許斷來章批答

爲君難爲臣不易非吾推誠無疑不能起卿於安佚非卿忘身狥國不能從我於艱難召用之初中外相慶搢紳莫不競勸父老至於涕流中道而歸其義安在宜思一身之樂輕於社稷毋使庶人之議及於朝廷

賜太師文彥博乞致仕不允斷來章批答

君子安身崇德如山嶽之鎮開物成務如江河之流若山嶽之鎮搖動不安江河之流行止自便則物將交病人亦何觀朕之望卿無以異此宜守不移之志以成可大之功

賜太師文彥博生日詔

陽月載臨剛辰協吉篤生元老弼亮四朝允爲廊廟之華豈獨閭門之慶往膺寵數永錫壽祺

賜太師平章軍國重事文彥博上第一表乞致仕不許批答

昔師尚父九十秉旄杖鉞猶未告老此諸葛元遜所以

屈張昭也而衛武公百年猶箴儆於國曰毋以我老耄而捨我此左氏倚相所以誨申公也今卿壽考康寧而退托衰病自引求去獨不念天下之士有如彼二子者議其後乎姑安厥位以答公論

賜太師文彥博上第二表乞致仕不允批答

朕聞之成王之政周公在前召公在後畢公在左史佚在右四子挾而維之目見正色耳聞正言一日卽位天下曠然未聞四子以老而求退亦未聞成王以老而聽其去也朕雖不德猶庶幾成王之治卿雖老矣獨不能以四子之心爲心乎勉卒輔朕無愧前人

除文彦博太師河東節度使致仕制

周公未嘗之魯老亦居豐留侯晚雖彊飱終不任事葢委寄之重初無間然而止足之風所不敢廢惟我耆舊歷事祖宗纘服之初復命以位雖師保之地優佚不煩而邱樊之心朝夕以請布告在位俾聞高風太師平章軍國重事上柱國潞國公文彦博克孝而忠允文且武其在師旅有方召之勳其在朝廷有崇璟之業士民視其去就夷狄震其威名時更四朝躬蹈一節先皇帝慭勞以事既許其歸越予訪落之年禀有涉淵之志起之既老待以仰成出入五年終始全德進而論道日聞典

訓之言倚以折衝卒靖邊防之警委成功而不處指暮景以求安動請屢聞誠心莫奪顧瞻閭井近在洛師郭氏有永巷之嚴裴公有綠野之勝豈以簪紱之累久致形氣之勞貴極上公既無復加之爵秩分領全晉仍畀久還之節旄增廣舊封益衍眞食殫盡人臣之寵歸從父老之游於戲音聲不遐尚有就問之禮几杖以俟復斯親祀之陪勿以進退之殊而廢謨猷之告式燕且譽俾壽而康

明成祖勅

勅慶成王濟炫永和王濟烺

永樂十二年八月十二日皇帝勑姪慶成王濟烒永和王濟烺朕念爾父骨肉同氣至親前令爾兄弟往汾州權住勑至即收拾不數日前去汾州權住

明宣宗諭書

諭慶成王美埥

宣德八年閏八月初五日皇帝書諭弟慶成王美埥得奏欲存留本府隨侍軍校該發回原籍餘丁供給使用已勑兵部準王存留王其知之故諭

書復永和王

宣德八年九月初五日皇帝書復叔永和王所言欲將

本府軍校該發回原籍餘丁存留供給使用已勅兵部俱從所言人回專此以復惟叔亮之

明英宗勅

旌汾州義民王志可勅

正統二年九月十五日皇帝勅諭山西汾州民王志可

國家施仁養民爲首今之守令或不能奉承有屬民者而所在姦民豪奪鄉里以肥其家恬不知愧爾於饑歲乃能出穀豆一千石用助賑濟有司上聞朕用嘉之今遣官齎勅旌爾爲義民勞以羊酒仍免本身雜泛差役三年尚允蹈忠厚表勵鄉俗用副朝廷褒嘉之意欽哉

故勑

明武宗勑諭祭文

諭都察院右副都御史高崇熙勑

今命爾巡撫四川兼理松潘安緜建昌等處邊備撫安兵民總理糧餉修理城池器械操練兵馬現今保寧江津等處殘賊復聚爲患爾一面會同總兵官楊宏征剿藍五等餘黨一面公同副總兵王憲剿殺江津強賊朕念彼處地方四年用兵軍民困憊已極爾須加意撫卹設法賑濟存問疾苦寛釋脅從禁約所屬官吏不許擾害貪尅公廉有爲者以禮奬勸貪酷不才者依法懲治

應奏請者指實叅奏或有獄訟不平即與申辯屯田水利等項俱要用心整理凡事與鎮守等官計議而行事有便於軍民者俱從宜處置事情重大者具奏定奪其撫剿松潘番賊事宜須公同鎮守總兵巡按及督同叅將兵備都布按三司等官從長計議酌量處置務在計慮周密區畫停妥軍情一應機宜悉聽便宜從事叅將而下俱聽節制其賑濟一事照依戶部近日題奏事理着實舉行務使民沾寔惠不許虛應故事各處盜賊寧息之日爾仍多在松潘駐劄不許專駐省城自圖便安其安綿建昌等處邊計照舊督理播州土官讐殺事情

會同各官處置務在得宜不許因而顧此失彼爾為風
憲大臣受兹委託須盡忠竭力展布猷為務俾威武振
揚地方寧靖以紓朕西顧之憂毋或因循苟且及處置
乖方自貽咎責爾惟欽哉故諭

諭祭都察院右都御史高崇熙文

維正德十一年歲次丙子四月壬子朔越七日戊午皇
帝遣山西布政司王軏諭祭於都察院右都御史高崇
熙曰爾性資敏達器宇魁梧發跡賢科擢司風紀歷官
藩臬緯著能聲晉佐都臺徃撫西蜀時因盜起受命臨
戎捷報既聞賊氛復熾事出不意遂致人言方在申誣

胡濙淪没訃音忽至良可悼歎宜加䘏恩賜以諭祭九
泉不昧尚克承之

諭都察院右僉都御史車霆勑

今命爾巡撫宣府等處地方整飭邊備訓練軍馬防禦
賊寇務先撫䘏士卒養其銳氣俱要衣甲整齊器械鋒
利城堡墩臺坍塌以時修治堅完官軍騎操馬匹責令
喂養肥壯仍督理屯田糧草并預備倉糧其錢糧出納
之際尤須關防嚴謹不許官吏人等侵欺作弊禁革管
軍頭目不許科尅下人及私役耕種職官有犯輕則量
情懲治重則送巡按御史并彼處問刑衙門問理應奏

請者參奏處治若內外官員及權豪勢要之人有侵欺
盜賣糧草及阻撓屯種等項者指實奏聞凡一應軍機
邊務須與鎮守總兵等官從長計議而行分守參將遊
擊等官俱聽節制凡有益於邊備有利於軍民者聽爾
便宜處置爾爲風憲重臣尤宜持廉秉公盡心職業務
令邊備修舉糧廪充實軍民得所地方無虞庶不負朕
之委託爾惟欽哉故諭

諭祭都察院右僉都御史車霆文

維正德十二年歲次丁丑十月癸卯朔越十五日丁巳
皇帝遣山西布政司諭祭於都察院右僉都御史車霆

曰爾發跡賢科擢官郎署明刑西部積有餘年出守名
邦屢聞嘉績載叅藩政益著英聲遂由苑寺之卿晉拜
都臺之秩風紀方期於委任急流中懇於退休旣遂優
閒宜膺壽祉胡然一疾遽爾長終追念往勞特賜諭祭
爾靈如在尚克歆承

明世宗

勑諭慶成王奇湞

嘉靖七年二月二十一日皇帝勑諭慶成王奇湞朕惟
爲人子者要竭其力以孝於親乃人倫第一善行爾奇
湞乃慶成溫穆王之子素聞先人之教乃得此不易之

者近該禮部覆奏先因都御史江瀜奏爾孝行云爾自
㓜事父不離左右飲膳必親供定省不違者二十餘年
及父薨逝哀毀踰禮幾不能生披跣送喪兩足皆腫欲
廬墓側衆勸始同別居一室足跡不至寢門母妃陳氏
患瘡自吮膿以驗甘苦凡母疾朝夕侍側藥必親嘗夜
則禱神願以身代母疾果愈後居母喪亦如爾父遂行
有司勘審明白皆如初奏朕一聞之衷懷稱歎夫如上
所述之事人以爲難爾獨能之寔由爾天性純懿氣質
淸奇故能專務孝德以率諸仁義深惟罔極而時刻無
忘此乃古今所罕聞常人所難蹈故朕深加喜悅特賜

書旌獎命行人司行人尚倫兼持白金彩幣羊酒之物往諭以彰爾孝行之卓異冀以風勵乎諸親爾可益持乃志堅其孝誠推之以事上移之以弟長以至修身齊家率遵先人之教勉副朕所著諸辭庶於孝德愈有光焉則天地鬼神莫不鑒護膺祿位於無窮輔皇基於億載福衍康寧慶延後世與國同休顧不嘉歟於戲凡吾宗親可不以是爲法乎朕述此數言用伸崇禮孝子之意且以見朕嘉獎之誠爾惟欽哉故諭

書與慶成王奇湞

嘉靖十年正月二十二日皇帝書與慶成王奇湞茲者

南郊禮成大頒恩詔朕念王政先於老老仁民始於親親惟王宗室懿親壽邁七十恩澤覃布所宜加隆茲特以羊酒幣帛令本府進表官員順齎存問以見朕優禮之意尃書以達惟王亮之

勑諭慶成王奇湞

嘉靖十一年十一月初八日皇帝勑諭慶成王奇湞近該鎮國將軍奇洪等各奏稱王行年八十五世相見同居乞要照例旌異惟王平日積善餘慶致此親睦良可嘉尚况前此以王孝行卓異已經降勑旌獎茲再遣官齎勑褒諭以風勵諸藩王宜益敦善行以永終譽顧不

美歟欽哉故諭

敕諭永和安簡王長子新墇

嘉靖二十九年十月二十三日皇帝敕諭永和安簡王長子新墇近該巡撫都御史應檟等奏稱爾嗜學好禮敦彝睦族居喪哀毁賢孝可嘉茲特降敕差官奬勵表揚爾宜益懋前修以永終譽

敕諭慶成王表欒

嘉靖三十四年十二月十五日皇帝敕諭慶成王表欒近該山西巡按官差稱王仁孝謙和謹言慎行樂善循理睦族親賢年登八旬修持愈篤四世相見餘澤有孚

良可嘉尚茲特遣官齎勅褒諭以風勸諸藩王宜益敦
懿行遐承壽祉欽哉故諭
勅諭慶成王府鎮國將軍奇溙夫人王氏
嘉靖三十九年七月初三日皇帝勅諭慶成王府鎮國
將軍奇溙夫人王氏近該巡按山西官奏稱爾事姑以
孝卹孤以慈守節彌堅善行昭著乞要照例獎勵事下
該部議覆相應茲特降勅差官往諭以彰爾賢爾尚服
思寵榮益延壽祉欽哉故諭
諭祭兵部左侍郎謚襄敏張珩文
嘉靖四十年四月甲子朔越二十四日丁亥皇帝遣山

西布政司堂上官右參政祝天保諭祭原任兵部左侍郎張珩曰惟爾志行端方器識宏遠早登科第簡任內臺南僕叙遷旋佐棘寺薦陟都憲載貳夏卿晉秩臺端敭歷中外盡心邊事累立戰功終制家居方期委用云胡遽逝良切悼傷追念往勞特頒恩䘏諭祭營葬稽行易名爾靈有知尚其歆慰

諭山東按察司副使曹科勅

今特命爾整飭天津等處兵備專在天津滄州二處往來住坐自天津以南至德州止并河間滄州軍衛有司衙門悉聽管轄務要不時巡歷操練軍馬修理城池禁

革奸弊督捕盜賊問理刑名兼管河道其德州河間軍
衛巳有守備專一管理操練爾不必遠地干涉遇有盜
賊生發即督調應捕官軍民快人等相機剿捕毋令滋
蔓河道淤淺仍與巡河御史管河郎中等官從宜處置
疏濬以便糧運及官軍人等船隻毋致疎虞阻滯一應
軍民詞訟應受理者即與問理所屬官員有怠惰貪虐
不職者輕則量情懲治重則聽爾拏問及奏聞區處捕
盜事情有應與霸州兵備官通州分守官議處者協和
計議停當而行仍聽經該巡撫提調都御史節制其河
間等衛原有安插土達亦須嚴加鈐束撫恤隄防有警

隨即調用爾爲憲臣受兹簡命尤須持廉秉公正已率下振揚風紀預防寇盗務使軍民安妥地方寧靖斯稱委任如違責有攸歸爾其勉之愼之故諭

明穆宗

勑諭慶成王府鎭國中尉表㭠

隆慶三年十月二十九日皇帝勑諭慶成王府鎭國中尉表㭠近該山西廵按官題稱爾樂善好學端謹自持年逾七袠始終一致宗黨咸稱其孝州志嘗紀其賢乞要旌奬該部議覆相應兹特賜勑奬勵以爲宗藩之勸爾尚益篤善行永保令名故諭

諭廵鹽監察御史張更化勅

近該浙江廵撫官題稱浙西杭嘉湖與直隸蘇松等府均爲國家財賦之地水利所係甚重乃今遭罹水患民瘼攸關要將浙直二水利事務併令廵鹽御史一體兼理該部議覆相應今特命爾不妨原務兼管蘇松常鎮四府及杭嘉湖各府地方水利在浙江則行水利道在直隸則行兵備道爾須查照先今該部題準事理往來督率各該司道及各府州縣掌印官責令水利官帶同塘長人等躬親相度考究原委要見某處係上游水匯某處係下流支港應分某水以殺其勢應闊某岸以緩

其衝應濬某湖以會其流某處陡閘應修某處塘堰應築合用人工隨宜區處其劉家河黃浦七浦白節其緊要河港湖匯併浙直交界處所有未經開通及已開仍欠深闊與夫塘堰涇瀆陡門閘霸等項應修應濬應復舊應新置者通勘估計議處如一圩之中塘岸溝池等項不煩多費者卽令得業之家量田多寡出力修濬果係工力浩大動支淘河等銀應用如再不敷會同撫按官從長計處撫按亦要悉心遠計務求共濟不得推諉其該道幷府州縣掌印水利等官敢有怠玩誤事若勢豪之家侵塞水利姑令首正免罪敢有隱瞞及違拒阻

撓者即行拿問干礙職官指名參奏其水利官營求別差累廢職業或需索常例利已病民應拏應參並聽舉行如例每年終將修濬過緣由造册奏繳復命之日仍將所屬大小官曾否有益水利照例舉劾以昭勸懲爾爲憲臣受茲重委須夙夜殫心務俾水利興舉旱澇有備以爲益國便民之計如或因循苟且虛應故事責有所歸爾其欽承之故勅

諭山東按察司副使劉有誠勅

臨清係水陸要衝之地軍民雜處客貨叢聚往往有豪横詐僞之徒恃勢肆奸善良受害所在有司不能禁戢

又迺年各處流民衆多一遇饑饉公行刧掠貽患非小今特命爾專一分廵臨清地方問理刑名整飭兵備兼理馬政幷管河道保固城池操練軍馬撫䘏士卒禁捕盜賊查考倉糧革除奸弊幷管轄東昌府所屬高唐聊城夏津武城淸平茌平博平堂邑館陶冠縣莘縣恩縣邱縣兗州府所屬東阿平陰陽穀壽張等一十八州縣及境內衞所一體管理仍聽廵撫幷提督河東軍務都御史節制所在軍衛有司官員如有貪財黷貨生事害人及縱容盜賊不行緝捕等項違法者輕則量情處治重則叅奏拏問爾爲憲臣受兹委任尤須持廉秉公正

已率下毋或曠職廢事自取罪責爾其勉之慎之故勅

諭陝西按察司副使劉有誠勅

朕惟自古帝王治天下者率以興學育材爲首務而學校之興廢人材之盛衰世道之隆替係焉此蓋已然之明驗也今特命爾往陝西巡視提督各府州縣儒學爾其欽哉夫總理一方之學校是即一方之表率也然率人以正必先正己爾其務端軌範嚴條約公勸懲俾爲師爲弟子者一崇正學運正道革浮靡之習振篤實之風庶幾儲養有素而待用不乏斯足以稱簡任之意如或因循歲月績效弗彰厥將爾責焉爾其勗哉所有合

行事宜申明條示於後其愼行之毋忽故諭

明神宗

勑諭慶成王愼鍾

萬歷十二年八月二十日皇帝勑諭慶成王愼鍾朕以

元祥大慶恩渥涣頒肆推宗室之賢特舉旌揚之典近

該山西廵按官題稱王敦倫盡孝樂善親賢明道義而

祖訓克遵端表率而郡宗咸服朕甚嘉焉兹特賜勑奬

勵以彰有德庸勸諸藩王宜益敦素履永保令名茂揚

睦族之休風無負展親之至願欽哉故諭

諭都察院右副都御史王緝勑

今特命爾巡撫江西南安贛州福建汀州廣東南雄韶州等府及湖東郴州地方提督軍務撫安軍民修理城池禁革奸弊一應地方賊情軍馬錢糧事宜小則徑自區畫大則奏請定奪其餘民情事務不須干預爾常在汀贛二府駐劄不時往來於汛地巡視但有盜賊生發即便嚴督各該兵備守備守巡并各軍衛有司設法剿捕所屬官兵鄉兵務要嚴加選練軍衛有司官員有不職者文官五品武官三品以上照例參奏其餘俱許徑自拏問發落如在軍前違期逗遛退縮者聽以軍法從事生擒盜賊鞫問明白亦聽斬首示衆事有應與各該

鎮巡官計議者須計議而行爾受茲重任須殫忠竭力
以副委託如或處置乖方及致他虞罪有所歸爾其欽
承之毋怠毋忽故勑

諭南京戸部右侍郎王綸勑

今特命爾不妨部事帶管總督南京各倉幷象馬各草
場收支一應糧草嚴督監管郎中員外主事御史於收
放之際務要關防愼密出納分明不許忽畧疎失致生
奸弊如遇倉場墻厫損壞隨即量撥軍夫修理其監管
收支官員幷倉官人等但有侵欺作弊及巧立名色濫
罰米物等項除文職五品以上幷軍職具奏挐問其餘

輕則量情責罰重則就便提問如有官豪勢要之人干預攬擾爾即指實奏聞處治仍監督南京各衛屯田比較子粒其清出撥軍田地若有仍前侵占及屯軍恃強奪占民田者即與究治剖斷下屯官軍亦不許別項差占有妨農務在外各省司道府州縣掌印管糧等官徵解依期者照例舉奬怠玩廢事者叅究提問爾受兹重委宜持廉秉公除奸革弊罔稱厥職毋或乖違怠弛自取過愆爾其勉之慎之故諭

諭湖廣布政司右叅政兼按察司僉事張更化勅

今特命爾分守上荊南道駐劄灃州撫治流民聽理詞

訟兼整飭岳州九溪等處兵備督理軍衛有司選練兵馬修葺堡隘彈壓苗人務要不時廵歷所轄地方仍選差員役遠爲哨探遇有大小苗人擾犯卽督兵相機撫勦敢有不用命者卽以軍法處治仍聽廵撫官節制爾受兹委用須持廉秉公正己率下務俾苗人斂戢地方平寧斯稱任使毋得怠玩曠職自取罪愆爾其勉之慎之故諭

國朝

世祖章皇帝

諭祭贈太僕寺卿汾州府知府臣黃廷柏文

烈士酬知寧捐軀而靖節忠臣報國無舍義以全生爾山西汾州府知府黃廷柏貞毅銘心直方著行值小蠢之變血戰不屈遂隕命鋒鏑以全厥志可謂見危授命視死如歸者矣所司上聞深用憫悼特賜祭一壇造墳安葬以表英魂爾靈不昧尚歆承之

諭祭浙江道御史臣張煊文

舍生者臣子之誼卹死者朝廷之恩特沛龍章追光馬鬣爾浙江道御史加一級張煊秉心霜肅論事風生驄去烏臺壯拔丹而入告鶴歸華表嘆化碧以非辜躋幽秩於清卿庶酬素志寵遺昆以膴仕用慰輿情特賜祭

一壇給與全葬桂餌椒漿少釋九原之痛豐碑宿草長

昭三錫之榮爾靈有知尚克歆享

聖祖仁皇帝

御書文廟額

萬世師表　各省府州縣啓行頒發

御書賜汾州府知府臣沈寧

桃紅復含宿雨柳綠更帶朝煙花落家童未掃鳥啼山

客猶眠

御書賜汾州府通判臣韓開藩

雞鳴紫陌曙光寒鶯囀皇州春色闌金闕曉鐘開萬戶

玉階儼仗擁千官花迎劒佩星初落柳拂旌旗露未乾
獨有鳳凰池上客陽春一曲和皆難
御製詩賜臨縣知縣臣李芃
雜詩之二
桃花歷落李花開綠柳含煙傍水隈鴻鴈平沙看不盡
春光暖暖入蓬來
勑諭都察院右副都御史臣于成龍
茲命爾巡撫直隸等處地方管轄紫荆密雲等關監贊
理軍務兼理糧餉駐劄保定府專理該管地方舉核文
職賢否糧餉刑名一切民事爾宜宣布德意撫安人民

約束衙門員役使之恪遵法紀毋致作弊生事擾害兵民操練兵馬修濬城池詢訪民瘼禁戢奸頑其衛守備守禦所千總衛千總經管錢穀領運漕舡仍照舊聽爾統轄所屬地方應徵應免錢糧皆照戶部題過新定經制遵行曉諭仍細加體察如有司各官朦朧重收借端科派叅奏處治嚴飭所屬察解逃人督理屯政河間府至通州一帶河道須督各道屬州縣勤加疏濬使漕運通便長蘆等處鹽政並宜廉飭期於鹽政無滯又密雲等關監不許擅立關稅侵擾商民嚴禁權豪勢要侵入田地兇攬糧草蠹耗軍需天津一帶海口重地尤宜接

聯防備沿海烽臺設法嚴察不得廢弛備造運艘製辦火藥器械如地方寇賊生發即會同總兵官計議統率將領戮力擒滅務盡根株凡地方利弊有可蘇息民困振飭維新者逐件條奏請旨施行地方備儲之計如常平社倉等事責令有司力行備舉境内逃丁荒糧責成道府轉行有司從實察核造册開報應蠲豁者一面曉諭招徠勸課農種嚴禁濫徵侵佔使民人樂業毋容有司將現存人戶概派包賠以致重累黎民所屬司道以下各官果有真心任事廉能著效者即據實舉薦如粉飾欺偽貪酷殃民庸懦溺職者不時叅奏副將以下武

職聽爾節制并該管防守地方勦禦賊寇提調兵馬舉
劾武職賢否一切軍務俱會同總兵官行如有武官騷
擾地方攪害良民縱兵搶掠及隱匿賊情不報等事聽
爾會同總兵官糾叅從重治罪勅中開載未盡事宜聽
爾詳酌施行年終將行過事蹟及兵餉錢糧造册送部
察考爾受茲委任須持廉秉公殫心竭力以副委任如
怠玩廢弛貪黷乖張貽悞地方責有所歸爾其慎之故
諭

御製詩賜直隸巡撫臣于成龍并序

直隸巡撫于成龍秉性醇樸廉介夙聞朕心嘉賴俾典

節鉞保釐畿輔惟能激濁揚清始終如一清潔之操白
首彌勵貞國家之可重人所不能也茲來陛見爰賜以
詩用示鼓勵之義且以風有位焉
自昔崇廉治勤思吏道澄郊圻王化始鎖鑰重臣膺政
績開留犢風期素飲冰勗哉貞晚節褒命日欽承
敕諭兵部尚書兼都察院右副都御史臣于成龍
茲特命爾總督江南江西等處地方軍務兼理糧餉操
江駐劄江寧府居中調度宣布德意收拾人心嚴飭文
武官吏修濬城池簡閱器械稽察奸宄查解逃人設險
固防修理戰艦操練兵馬裕儲核餉信賞必罰弭盗安

民一應戰守機宜悉聽便宜區處誠諭文武將吏共圖保障該省巡撫提督等官聽爾節制如有賊寇生發卽應指授方畧督率提督鎮將等官戮力勦滅毋使滋蔓仍申明紀律禁約官兵使所過地方秋毫無犯賊若悔罪棄戈眞心歸順者準與招撫安插依山據海負固不服者設法招撫務須區處得宜如招撫事體重大奏請定奪內地小盜嚴責各汛防官及州縣衛所印捕官員緝擒有隱匿賊情不報者卽行糾參從重治罪如有鑽投文武各衙門充爲標員吏役暗通賊信及潛出行刼者其濫收官員不分守土駐防糾參重處大兵出征往

來境上須行各該有司將糧草船隻預先備辦應時支給毋名州縣衛所横徵科派苦累窮民該省官兵各有統轄爾須與統領官及巡撫提督等官計議而行有不法擾民者依法處治駐防滿洲兵丁如有擾害百姓妄行生事者爾會同該管官審問嚴行治罪軍資糧餉應行支給事竣察核漕糧船隻沿河撥兵護送毋致疎虞其兵馬實數向係道臣查點今停其查點爾督同提督選擇武官内廉幹者查點如有虚冒即行指叅有與各督撫相關者必會同詳議施行鄰省如有兵事移會務須犄角策應爾猶須正紀率屬所統文武大小官員必

常加申飭令其約束衙門官役俾一遵法紀罔敢作弊生事擾害軍民用兵之際稽遲糧餉遺悞軍機或臨陣退縮殺良冒功及借軍剝民侵餉肥已者文官六品以下武官四品以下會同巡撫提督以軍法從事巡撫提督鎮道等官飛章參奏候旨處分所屬文武官員一秉虛公嚴行甄別有實心任事廉能著效者即據實舉薦貪殘闒懦輕則降黜重則拿問具疏奏聞興利除害有裨地方事宜勅中開載未盡許便宜區處爾膺茲重寄須持廉秉公攄忠殫力俾盜賊屛息地方寧謐斯稱委任如因循怠忽或處置乖方致悞重地責有所歸爾其

慎之故諭

御書額聯賜兩江總督謚清端臣于成龍

高行清粹

歷仕甘棠隨地蔭兩江清節至今傳

御製太子太保兵部尚書兼都察院右副都御史總督江南江西等處地方軍務兼理糧餉操江謚清端于成龍碑文

朕讀周官六計獘吏廉善廉能廉敬廉正廉法廉辨吏道厥惟廉重哉朕用是審觀臣僚有眞能廉者則委以重寄錫以殊恩所以示人臣之標準也爾于成龍秉心

樸直涖事忠勤而考其生平廉爲尤著以故累加特擢皆朕親裁蕃拔自庶官之中洊授節鉞之任爾能堅守夙操無間始終古人脫粟布被或者嫌於矯僞爾所謂廉本於至誠聞爾之風可以興起乃不憖遺忽焉奄逝日者省方察吏南及江表採風謠於草野見道路之謳思清德在人於今不泯惟爾之廉天下所知朕俯合輿情載褒勁節既考名副實諡曰清端葬祭以禮又晉之崇秩賜予有加恩卹爾子於戲人臣行已服官事主之道爾可謂有始有卒者矣顧不可以風世也與康熙二十四年三月十五日

諭祭兩江總督謚清端臣于成龍文 二道

朕惟國家敷治簡賢道先保障人臣奉公奏最節重清勤苟四知之克嚴歷終身而弗替寵褒宜賁恩卹用昭爾于成龍志篤醇誠誼敦貞介甫膺民社聿著循聲旣懋旬宣彌彰令績是用畀以節鉞綏乃邦畿爾克撫字維勤苞苴盡絶迨兩江遷鎮一節罔渝馭下則大革貪風勵己則寒同儒素雖古廉吏曷以加茲迺倚任方殷遂遽焉淪逝軫懷良惻異數頻頒於戲蕭然官舍竟擔石之無存煥矣綸章庶泉臺之克慰苾芬在御尚其歆承

惟爾苦節克貞鞠躬匪懈真一介之弗取越數官而彌
堅奄忽云亡能無憫焉於戲淸風未遠長存表德之恩
寵䘏重頒丕著旌賢之典爾靈不昧其克歆承

御製詩賜四川布政使臣于準

偶成五言絶句

石岸衆芳靜斜陽柳色邊揮毫意獨遠魚躍在深淵

御書額聯賜江寧巡撫臣于準父贈光禄大夫臣于廷翼

紹德貽謀

一經式訓光先業屢錫承恩裕後昆

御書額賜江寧巡撫臣于準母封一品夫人張氏

壽幃恩承

御書額聯賜江寧巡撫臣于準

敷惠寧人

愷澤三吳滋化雨節旄再世繼清風

勑諭陝西臨洮道按察司副使臣田呈瑞

玆命爾整飭臨洮道管理平凉臨鞏等處驛傳事務駐劄蘭州管轄臨洮府蘭州河州狄道渭源金縣及臨河蘭三衞境外歸德所地方其衞所經管錢穀各官仍照舊聽爾統轄首在撫綏兵民勒宣德意約束衙門官吏胥役使之恪遵法紀無致作弊生事擾害官民監司本

源既正方可表率屬員用循職業宜加意修濬城池積聚糧餉捕緝盜賊稽查逃人仍誠諭有司簡訟清刑潔已愛民生聚教訓共圖保障凡係流移人戶須設法招徠各復本業不許奸人借端詐害如大兵征討經由地方糧草舟車皆當通融預備以得臨時支給事竣報核毋容有司朦朧橫派重困小民爾仍稽核州縣衛所民屯錢糧專理廢藩一切租課其平慶臨鞏驛傳屬爾專理須稽察驛站錢糧核明報銷察驗勘合火牌及時應付其枉道騷擾違例需索等弊如法究治至所轄臨鞏二府鹽法宜督催各屬鹽引按季完銷所屬官員有貪

殘溺職者轉報該督撫參處爾仍聽督撫節制年終將
行過事蹟開送該撫咨部察考爾受兹委任須持廉秉
公殫心竭力使小民樂業斯稱厥職如或貪黷乖張因
循怠忽貽悮地方責有所歸爾其慎之故勅

世宗憲皇帝
御書額賜贈太僕寺卿汾州府知府臣黃廷柏
成仁取義

汾州府志卷之二十八

藝文二

郭有道先生墓碑　漢蔡邕撰

先生諱泰字林宗太原界休人也其先出自有周王季之穆有號叔者寔有懿德文王咨焉建國命氏或謂之郭即其後也先生誕膺天衷聰睿明哲孝友溫恭仁篤慈惠夫其器量宏深容度廣大浩浩焉汪汪焉奥乎不可測已若乃砥節礪行正道正辭貞固足以幹事隱括足以矯時遂考覽六經探綜圖緯周流華夏隨集帝學收文武之將墜拯微言之未絕於時纓緌之徒紳佩之

士望形表而影附聆嘉聲而響和者猶百川之歸巨海鱗介之宗龜龍也爾乃潛德衡門收朋勤誨童蒙賴焉用祛其蔽州郡聞德虛已備禮莫之能致羣公休之遂辟司徒掾又舉有道皆以疾辭將蹈鴻崖之遐跡紹巢許之絕軌翔區外以舒翼超天衢以高峙稟命不融享年四十有二以建寧二年正月乙亥卒凡我四方同好之人永懷哀悼靡所寘忘乃相與推先生之德以謀不朽之事僉以爲先民既没而德音猶存者賴之於見述也今其如何而闕斯禮於是樹碑表墓昭銘景行俾芳烈奮於百世令聞顯於無窮其辭曰於休先生明德通

元純懿淑靈受之自天崇壯幽浚如山如淵禮樂是悅
詩書是敦匪惟摛華乃尋厥根官牆重仞允得其門懿
乎其純確乎其操洋洋縉紳言觀其高棲遲泌邱善誘
能教赫赫三事幾行其招委辭召貢係此清妙降年不
永民斯悲悼爰勒茲銘摛其光曜嗟爾來世是則是效

徵士頌二首北魏高允撰

行司隸校尉中都侯西河宋宣道茂

道茂夙成弱冠播名與朋以信行物以誠怡怡昆弟穆
穆家庭發響九皋翰飛紫宸頻在省闥亦司于京刑以
之中政以之平

廣平太守列人侯西河宋愔與廷尉正安平子博陵崔建興祖合頌

崔宋二賢誕性英偉擢穎閭閻聞名象魏謇謇儀型邈

邈風氣逵而不矜素而能賁

上柱國梁府君墓誌　唐人失名

君諱思字恭其先安定人也昔秦仲伐西戎有功周平

王東遷封少子康於夏陽梁山因而命氏其後疎因才

著冀以榮稱禮樂弓裘千載不墜曾祖志誠祖從政父

當意並立言立德爲龍爲光前史詳矣君幼重儒素長

好交遊義及友于信誠鄰里不羨榮貴以素琴濁酒爲

娛屬荒郊有事大國用師公奮不顧身掃清邊鄙特蒙

累功加上柱國錦衣綵服宗族爲榮於戲四時流謝易徃難追優哉游哉聊以卒歲大歷十二年七月三日遘疾終於家也春秋八十有七夫人清河張氏閨闈秉德婉孌宜家遂首終身不移霜操廣德二年八月八日奄然長徃公有二子伯曰崇壁次曰廣濟孝情克著追遠恩深遂展靈儀旋開兆域以貞元九年歲在癸酉十月十四日卜麟鳳福慶之穴得鷄犬鳴吠之辰合葬於平遥城西北一里舊塋禮也辭曰寒郊十月四序旋周白日朝暗黄雲暮愁蕭蕭壙野鬱起荒邱人世此謝泉臺路幽雖餘刓石萬古千秋

狄武襄公神道碑銘　宋翰林學士王珪奉詔撰

汾晉之氣蒙於崆峒有如其人武襄之雄始來京師感慨從軍以節自發孰莫不聞元昊蓄姦歸節塞下西邊用兵露甲在野公出大里至於杏林奇謀縱横以警戎心上顧將帥威名無如來汝陪予秉國之樞盜起南荒乘邊弛防陷邕圍廣妖氛以猖公於上前憤然請討賊失昆崙雪血原州還服在廷越兹累年夙夜廼事匪圖弗宣將相出藩年甫五十公不復還天子爲泣生莫與榮殁莫與哀旂常之載其績有來有勤其初有大其後著德於詩以質不朽

贈尚書祠部員外郎文府君墓誌　宋文彥博撰

夫水之有源源出之深者其流長人之本祖祖德之厚者其嗣昌噫源深德厚者見之吾祖祠部府君矣君諱銳字挺之本姓敬當晉室以犯高祖御名改易今姓取文象也至聖朝以避翼祖廟諱遂不復舊有嬀裔遷於齊子完之孫以謚爲姓自時厥後胄遂益蕃或占籍於平陽或流居於蒲坂八代祖太尉平陽王有大勳力於中宗載於國書可考太祖諱太和中由鴻臚丞辟北都留守判官曾王父璲時以明經中第守汾州叅軍未幾留判歸老於西河叅軍榮侍於膝下且又嘉是山水樂

其風土乃自河東縣之同果里徙居於是故府君今爲西河介休人也王父沼澤州録事叅軍烈考崇遠長興中守遼州平城簿與晉高祖有豐沛之舊天福初龍興大夏鳳起晉陽遂以協贊之功亟昇出宰之任授代州崞縣令稍遷幷州太谷令帷幄之助居多而綿上之封蓋薄方將偕隱以保天和屬劉氏偏覇於太原選用俊賢縻以要職而又兩宰劇縣再更都轄而考終於家有子二人其長蚤亡府君卽其次也始以蔭補郊社署丞尋辟石州軍事推官太平興國中武車載駕王師有征後主率幷民因壘太宗皇帝霈陽春之澤封歸命之侯

凡劉氏之舊臣率度材而被用時府君方以既退便於
家居且以頤養爲懷無復出入之意雖詔書搜訪州司
敦遣竟以疾辭不克上道常以杖屨浮沉於鄉里頗用
文酒燕樂於朋友故與進士溫夢說詩蓄崇果詔休輩
有世外莫逆之契藥餌弗驗壞梁斯及以至道二年九
月三日啟手足於晉陵里之第享年五十有三府君始
娶王氏故戶部郎中丕之女也生慶善之門稟柔懿之
德天奪其筭先府君而亡有子三人長曰洎今爲司訓
員外郎荆湖南路轉運使次曰淳郊社齊郎次曰淵未
仕而亡有女一人適史氏再娶郭氏有子一人曰渭府

君以長子登朝遘慶凡四追命爲尚書祠曹員外郎夫人追封臨沂縣太君娶耿氏有子一人曰彥博即府君嫡孫天聖五年春進士甲科今爲殿中丞知幷州榆次縣權倅西河郡事而耿氏早亡亦以彥博預殿閣之引籍遘農壇之展禮得援恩例追封扶風縣君再娶王氏封永樂縣君有子一人曰彥若應進士舉有女二人長適將作監主簿鞠齊鄉故天章閣待制咏之子也次適進士成偉殿中丞元吉之子府君之次男淳始娶郭氏冀氏皆早亡今娶武氏有子四人長曰彥先次曰彥國其次幼渭娶王氏斯皆府君貽謀積德之至厚故子孫

錫美流光之寢昌也彥博之生也後不逮事捧遺規以出涕瞻畫像而下榻嘗立侍於父叔因習聞於話言曰惟府君局量宏深性資端厚德行著於鄉黨仁愛洽於族姻希蜀嚴之沉濵達義易之素履善教諸子俾紹家聲惟以清白傳家不以產業爲事識者以府君爲林宗干木西河之後出也所不至者壽耳府君棄代之年權窆於里第之西原今郎眞宅以明道二年十月十七日乙酉得吉卜於靈石縣之孝義原祖母臨沂太君先葬於介休之西原陪祖之舊封松檟美茂不復遷祔從古禮也禮曰銘者稱先祖之美表孝孫之心也庸刻沈礎

以識佳城銘曰王父之德柔嘉維則行有枝葉信著金石州黨胥化宗姻是式跌巖交石涵泳典籍美璞中存含華內蘊道屈當世慶流後昆祠曹追命密印推恩綿山南峙汾水東瀰吁嗟佳城茲焉寧止爰石勒銘徽音無已

魏文侯墓碑　宋謝景初撰

嘉祐戊戌歲予爲吏汾州既至考圖牒則曰魏文侯都之墓在孝義縣西五里東漢郭泰林宗之墓在介休縣東二里蔡邕作林宗碑在墓之側他日涉郡守圃池見唐開元二十年孝義令楊仲昌所作魏文侯碑在焉其

旁記墓在勝水之陽與其周旋高大甚備至大中十年刺史崔駢自孝義移於此且盡敘魏之世系始卒於下而於州城之東大中佛寺北廡得林宗碑備刻二辭其一蔡邕之文其一記林宗後裔纖息不刻立碑之年載推本似隋唐間不知何時移置州城也予遂摹二碑昇孝義李令復介休閻邸令訪求二碑已而得魏文侯之藏而林宗亡之矣蓋楊氏所建文侯墓側載述之詳也惜乎人知愛其碑恐暴露毀折而徙之不知其碑徙而墓夷也今林宗墓旣不可得幸而得文侯之墓如不表識久之則亦剷平磨滅如林宗無疑也於是使李令改

石別刻楊氏之碑與其所記墓之所在周環高大弅崔駢所列者盡鑱而立之墓側予是爲記其由庶幾可考矣

論乞不勘狄青侵公用錢劄子　宋歐陽修

臣風聞邊臣張亢近爲使過公用錢見在陜西置院根勘其勘官所取干連人甚衆亦聞狄青曾隨張亢入界見已勾追照對臣伏見國家兵興以來五六年所得邊將惟狄青种世衡二人而已其忠勇材武不可與張亢滕宗諒一例待之臣料青本武人不知法律縱有使過公用錢必不似葛宗古故意偷謾不過失於點檢致誤

侵使而已方今議和之使正在賊中苟一言不合則忿兵爲患必至侵邊謹備邊防正藉勇將況如青者無三兩人可惜因些小公用錢於此要人之際自將青等爲賊拘囚使賊聞之以爲得計伏望特降指揮乞勘官只將張亢一宗事節依公根勘不得枝蔓勾追其狄青縱有干連仍乞特與免勘臣與邊臣本無干涉豈有愛憎但慮勘官只希朝廷意旨不顧邊上事機將國家難得之人與常人一例推鞫一旦乏人誤事則悔不可追伏乞朝廷特賜寬貸邊臣知無功之將犯法必誅要藉之人以能贖過則人人自勵將見成功取進止

賀文參政啟　宋歐陽修

伏以元膺制命參秉國鈞爰擇令辰已諧禮上伏惟慶慰恭以某入學通繫表識照幾先懿文爲大國之光華偉望乃一時之柱石上心所柬適符賚弼之祥輿頌載喧久渴爲霖之望果膺寵數式副具瞻進退羣材遵誠衡之輕重調元和氣登至治於升平然後正台衮以代天工列功勳而銘彝器符爲元志以重熙朝某幸在陶鎔惟知慶忭商秋式序歲物方成伏請上爲邦家精調寢膳

賀文相公拜相啟　宋歐陽修

伏審就降命書入持宰柄伏惟慶慰恭以某官際天蘊
識名世標才以文章甲賢科以忠義挺臣節華要之選
翱翔逮周素蘊內充所臨必最化行右蜀政貳中樞屬
邊寇之肆狂仗使威而殄滅暫形籌畧已取蕩平還居
廟堂副聖主仰成之意坐調鼎鼐洽羣生咸遂之和凡
被陶鎔皆知忭頌矧居庶列實倍常情

回文相公謝服闋入覲書　宋歐陽修

右某啟伏承榮奉制恩顯膺寵典伏惟慶慰恭惟相公
道兼文武功著鼎彝言行縉紳之表儀出入朝廷之輕
重自執至情而不奪勉從制禮之難逾爰被徽章遂趨

召節介圭來覲方優體貌之隆前席嘉謨即正弼諧之任寔繫士夫之素論豈惟朽拙之焉依敢謂謙撝特貽誨翰感銘之至忻怵交深

回文相公辭起復使相判河南書　宋歐陽修

伏承光奉制書起從哀次未皇馳賀特辱貽函伏惟留守太師相公望重縉紳道高巖廟出處之際繫中外之重輕張弛有宜兼將相之文武蔚爲元老柬在先朝雖孝性之隆專守經而執禮而權時之制或以義而斷恩副聖君仄席之思見忠臣許國之急諒難遵於固避幸勉屈於至情修方與舊生同茲引領遽煩誨諭但極感

又回文相公服除遷侍中移判永興書　宋歐陽修

又修啟竊承顯奉制恩薦膺寵拜伏惟歡慶恭惟太師侍中器深宏達業茂經綸弛張文武之才出入將相之任而日者來覲冕旒之遂喜聞履舄之聲從容話言固多仁者之利體貌耆哲是惟先帝之臣宜加異數之優以爲一面之重雖方勞於憂顧藉有素之威名然而患輕四支不足爬搔於蟣虱坐制萬里理當根本於朝廷即期廊廟之來歸始慰士夫之素望過蒙謙挹曲示誨言趨賓阸以無由積累悰而徒切

代文潞公謝太皇太后表　宋張耒

稽留君命敢求免於刑誅惠養老臣不使勞其筋力仰膺思之從欲撫衰志以知榮伏惟太皇太后厚德無疆至仁在上神孫臨祭知保依之聖功多士充庭見肅雍之盛德恩及草木喜同天人臣幸以餘齡獲逢盛旦雖籩豆駿奔之事徒有心哉而禮樂大備之時爲後死者豈不偶爾尚足矜榮

書狄武襄事　宋蘇軾

狄武襄公者本農家子年十六時其兄素與里人失其姓名號鐵羅漢者鬭於水濱至溺救之保伍方縛素公

適餉田見之曰殺羅漢者我也八皆釋素而縛公公曰我不逃死待我救羅漢庶幾復活若決死縛我未晚出衆從之公黙祝曰我若負羅漢當蘇乃舉其尸出水數斗而活其後人無知者公薨其子詠諮護喪歸葬西河父老爲此言元祐元年十二月五日與詠同館北客夜話見之眉山蘇軾記

宋將西征禱應克捷碑記 元符二年十月日牒

禮部申準都省送下端明殿學士大中大夫河東路經略安撫使知太原府林希劄子奉近嵐石麟府西路出師進築堡寨凡所過神祠並令致祭今據統制官王文

振等申石州明靈侯祐助王師皆有應驗不敢一一縷
陳契勘明靈侯世傳趙氏元豐四年帥臣孫永奏爲祈
禱有應先朝封號明靈侯經今二十年本路前後出師
必有冥助今來王師進築靈應尤異伏望聖慈加封爵
號庶使鬼神効職者亦被褒録尚書省牒陳奉勑石州
明靈侯王師濟河問罪西夏元戎愼奉有祈於侯正直
聰明惟順是助晉寧建壘遂合新秦我陵我阿民樂耕
牧底兹勝績寔靈之休進封貴公秩冠五等永福幷土
尚其格思可特封明靈公至牒

潤濟侯廟記　宋知汾陽軍事劉煒

宣和元年夏五月今提舉秘閣開封李公始領河東水事會天久旱川流涸竭而修楠巨梓積於汾之境內者不啻數萬計是時朝廷有大營造詔令絡繹公夙夜敦促懼不時進而煒領郡纔踰月承命靡安殫思竭慮殆非人力可及乃詢父老求神之有功於民者將禱之咸言距州三十里有祠曰賀魯將軍在後魏嘗屯兵山下水遠士渴馬跑地出泉今疏其流溉田數千頃歲時亢旱有請必驗煒乃涓日詣祠默與神約且曰惟神廟食茲土有赫厥靈能於此時回枯借潤激三尺之波寬萬夫之力吏得逭責敢忘神休史奉祝讀未訖有雲蔽空

來庭廡變夕翌日大雨綿延浹旬一川澎湃洶洶然若擁干兵萬馬如昔時於是圓若楹者方若梠者曹雜而相依若榱者喬傑而特出若棟與梁者結桴聯筏首尾相銜屬邑晏然不勞而辦郡以狀言公異其事抗章請封以爲神寵有旨進五等爵是爲潤濟潤濟之命寔自公發初祠無額崇寧間郡將許侯上神之功朝廷賜以永澤榜其廟時有紀其事曰微名之建煒煒煌煌當有來者繼今以請後十年乃有是封是豈無待而然耶郡人素嚮神平時祭賽惟恐後聞公爲請樂之遠近出金帛以佐完繕者日相踵由是神宇加新威靈益熾汾再

歲大稔神有力焉煒嘗謂神依人而行而人亦賴神以濟二者常相須亦各從其類也是以聰明鯁亮之神必忠孝端莊之是聽故曰靖共爾位正直是與神之聽之式穀以女又曰靖共爾位好是正直神之聽之介爾景福公以靖共飭身以正直將使事乘軺攬轡不憚寒暑而藹然忠孝端莊譽孚於上下是宜神之聽之其效如此故一歲之間華資沓進乃知天子式穀而神介之福公有以取之也煒以守臣備詳靈貺且慶公能發揚隱德以聞於朝廼爲序其本末刋寘廟左

超山神祝文　宋知汾陽軍事周煒

維宣和元年歲次己亥十二月癸酉朔初十日壬午中奉大夫知汾州軍州管勾神霄玉清萬壽宮管勾學事兼管內勸農使兼點檢牧馬事借紫金魚袋周煒謹以清酌庶羞之奠敢昭告于應潤之神惟神惠澤一方民蒙其福狀聞于朝以彰休德錫以應潤顯揚厥功煒職守茲土獲庇良厚謹遣宣教郎知平遥縣事余彥和涓辰致禮明告于神伏惟降監尚饗

太守周公守郡之首年朝廷以本部超山神靈應頗著乃賜廟額然額旣頒又太守周公親出祭文俾邑長余公往告焉標忝周公門下之屬僚也懼斯文泯決無以流播盛美爰刻堅珉用傳永久宣和二年三月立石忠翊郎權縣尉趙安平迪功郎權主簿管勾學事張公厚宣教郎知縣丞管勾學事張標宣教郎知縣事管勾學事余彥和

勑賜應潤廟記　宋平遥縣知縣余彦和

并汾古艮郡也惟平陶介於二大國之間又號爲劇邑邑之南五十里有山焉名曰超山勢高且厚下視邑城山之巖有泉出焉源雖微挹嘗其味清涼而滑甘耆老相傳歲遇旱禱於兹未嘗不應彦和試吏兹邑連二歲春夏旱率三禱皆應如響泉之旁雖舊有祠而圮壞不修榛莽不除因喻所居之民完而葺之民自赴功不日而成廟宇既崇復思名號不立非所以盡報神之道且自古有功德於民者皆載在祀典故因功德以立名號所以報神於無窮也彦和具以事狀白郡守前後凡再

請皆齟齬不克行及周侯領是邦也父母其民民之所欲無不從之於是彥和再狀其事於周侯即請於朝乃錫以應潤名廟嘗考易之繫辭曰雨以潤之書之洪範曰水曰潤下茲山之泉能出雲爲雨有雩必應是宜得斯名而有以祀其功也今聖天子道格皇天德被黎庶曰雨而雨曰暘而暘年穀屢登海內豐庶至矣然猶以道寧神懷柔之禮無不備盡故山川鬼神亦莫不寧非特寧處而已又能受職效靈以濟萬物豈非懷柔之效歟號稱既降周侯復作爲祝文遣彥和卜日齋戒祭告於祠下是日闔境之內老幼畢至莫不歡呼鼓舞咨嗟

大恩謂非我侯不能克成乃事咸願紀其歲月俾後來者知我侯之惠愛及民德無愧於神而神之食於斯民永永無窮也功無愧於祀典云宣和元年十二月初十日記

修濤虛觀碑記　宋謝悰

三晉之地古爲冀州北接燕代據鴈門雲中之塞東達趙魏帶太行碣石之險大河界其西汾水貫其中堯之所都晉之所封唐之所興地也澤潞以北平川千里鼎足汾崎者幷晉汾而汾之爲州地高氣爽土厚水深其民淳且重桑麻之沃秔稻之富流衍四境汾之盛也漢

唐以來將相名臣古今相望汾之英也而平遥爲汾之佐邑其民純儉節用有堯舜之風慷慨好義髣髴子夏千木之遺烈况夫山川秀麗物産之富庶人物之雄邁而道家之居至於卑陋而不修非所宜也清虚觀建於唐高宗之末年觀名太平天祚中嘗葺之本朝錫名清虚百餘年來廢壞不修日月浸久惟元始天尊像僅存焉旁穴上穿不庇風雨四無牆垣過者直入罷民遊手攘竊蒲博聚爲淵藪則所主者非其人也其後得道士武太交居之太交質直而好義凡觀之田有所收入用以修完棟宇贍給往來秋毫不私於已惻然悼觀之蕪

廢經營攝集不避寒暑人知能完其居也朝散大夫裴
公惆太文之有志自捐其資以成就其所欲爲而公節
操行誼素爲鄉里士大夫之所信服故一出言親舊里
人與夫旁邑願相其事爭先恐後豪者獻財巧者獻技
貧者獻力而觀爲之成於是增大元始天尊像而益之
以道君老子之像又爲小殿四一以奉玉皇十二曜列
焉一以奉北極十二元辰列焉一以奉天地水三官一
以奉真武而北斗列焉凡道堂庖舍無不修整今之過
其前者覩其大廈輪奐金碧昭耀出於頹垣廢屋之後
庭除潔清壇墠完具出於荊榛白露之中黄冠雲來步

虛逍遥大異前日之呼嘯喧囂也太文誠有力焉然非公以信義率其郡邦汾之人慕道奉善亦不能化舊而爲新於是觀之興遂爲西河之巨麗矣自三代之後世衰道微然後道家有助於世故有爲紛更然後知清靜不擾勝焉馳騖夸奪然後知不爭無欲勝焉欺誕矯詐而負者勝焉縱横排闔而默者勝焉故老子謂絶聖棄智之說將以還淳返樸而已矣漢之文景尚黄老之學止尊其說崇奉之典闕如至於唐祖老子本朝始大其棟宇華其像貌崇奉之儀日以嚴潔是以茹芝煉丹蟬退而羽化者歸焉吐故納新熊經而鳥伸者歸焉以至

福之可祈罪之可弭亦歸之然後其教有以興而其徒有以盛也觀之成功屬武當從事謝悰爲之記因識其風土之淳厚觀宇之興廢與道家之爲教載之於石云

汾州平遥縣葬枯骨碣銘并序　金李致堯撰

蓋聞衛國風之詩曰凡民有喪匍匐救之周小弁之雅曰行有死人尚或墐之是知死葬之禮古今所重也然生死異路而苦死者其理堪哀非生者孰爲埋瘞壽夭殊塗而横夭者其情可惻非壽者孰爲薦享噫枯骨者寔横夭而苦死者也亘古以來間或有之或遭饑饉之難或值刀兵之刼或溺大水或焚烈火賢愚罔間貴賤

無分若崑岡火炎玉石俱焚致使屍橫於地穢達於天無人收葬深可悲恤且兎悲狐死謂傷類也況至靈於禽獸者乎巷埋里葬乃常禮也況其間有親知者乎昔頴川黄霸造棺而葬窮民掾尉曹褒買地而葬無主陳龍賢守也案行葬洛縣之骸骨致哭聲而盡絶孔車長者也冒法葬無親之誅者遂聞上而嘉稱古人若是德被羣靈名垂後世顧不偉歟本縣頃自丙午歲季秋二十一日大軍破城時有援兵五千人遺民數百戸內外生靈約計十萬或長驅不返或迎敵而殂威臨而墜井臨河者有之勢協而自刎自縊者有之士民共戮善惡

同誅有千里而離鄉者有一門而盡歿者屍盈郊邑血滿道途髑髏天地暴露星霜日往月來股分肉盡親知莫辨男女無分白骨交橫孰可忍聊於是時也僕雖辱齒傷刃幸老幼全生二親遊宦千里歸鄉仰承天地之洪恩深懷螻蟻之謝意至甲寅歲敬從父命與衆特推悲憫哀矜枯骨命工僱力遠收近拾數月之間聚一千五百餘副於中秋十三日卜葬於城西北五里古大墓之北春秋祭享以時不闕嗚呼風吹雨灑淺土尚多未經葬者依靑暴白耳聞目見僕等於丁巳歲徧向郊原廣收遠掇半載之間又得二千餘骸於中秋二十七日

葬於叢塚之西歲時祭焉至辛酉歲因井中淘出屍骸五十餘副於城南浮土耕出軍屍七百餘副及裏外井中水浸者命土人淘出二百餘副諸處尋收又得一百餘副於上秋二十五日葬於前墳之南皆並祭焉凡此三禮盡出羣誠謹書於石庶永其傳而作銘曰哀哉六靈生逢運刼不意天心深懷忠節師旅雷霆器橫亂爭城破家殘父離子別避刃者殂迎敵者折河井淙流冽繼交列驚戶幾歸敗軍殄滅千里而來一門盡絶不分士民莫問愚哲徧地橫屍滿城流血郝勇戰亡彭機計竭渾殁堯臣空悲孝烈嗟爾英雄嗚呼夭折我輩推誠

哀收痛掇廣萃羣骸連閧數穴葬禮三修醮筵屢設春秋以時祭享不輟日落風悲雲愁霧結鬼泣神號猿啼鳥噎寂寂悲墳煙鏁明月皇統壬戌歲上元日立石鄉貢進士李致堯撰并書施墳地田贊收拾枯骨梁琮閻獻王德成深史協張得柔劉道沖閻彥沖郭儀封

開廣濟民渠記　金張元喆

國之本在農農之資在水水之爲利廣矣大矣原其性之潤下功之濟物而注瀉無窮周流不息淪浹之道詎非溥哉孝子河者發源孝義之西山百餘里一水自高唐之西北會於白壁之左次南二水合流四派縈紆邐

郭東注入於汾其於常也救旱之功爲最郊之西南層巘崇邱屬溪騈壑經積雨支流吞併洶湧之勢洪波怒濤不下三二丈邑東卑下之田爲鹵之地變爲膏腴民寔賴之自正隆二載雨不時降邑民蘇仲禮世習儒業宋淇精通算術以積水窺管知地形高下二公慨然相謀曰今之大旱編戶愁歎孝子河岸高百丈開厓穿動流渠行水斜多工成之可以救旱今雖不及興嗣歲不亦可乎聞者忻從集功七十五公以已錢代買渠地十餘里費千餘貫就藥家里河口三處卜七月十九日啟土率衆渠長監部入役莫不相勵而樂爲之導及邑之

東北司馬里上下二十里中間地之突者削而平坎者積而坦堆阜者鑿而深之缺窪者補而完之斷岸則刳本爲槽以通焉積工至次年四月二十五日落成三年月口也牛車併人力總二萬二千衆工孫奇等推舉二公作都副水頭立券分水酧之沿渠枯骨以瓦棺瘞於寺之陰會朝廷賜廣濟院二公及衆工相謂南北地八畮施院下所葬枯骨利及幽冥名渠以廣濟不亦宜乎且田之瘠者一溉之效稼穡如雲變磽确爲膏腴轉貧窶爲康阜此濟之廣又可知矣夫先王之治天下也始於一夫之遂成於萬夫之川有瀦以聚之有防以泄之

史起導漳水以灌鄴白公引涇水以注渭民自今歌之今二子建一時之功垂萬世之利寧讓前賢之嘉績也武同時導河者五侁家里王家里仙閑觀龍渠皆不就獨此渠成焉則二子之功尤有不朽者爰是紀其始末俾後世知創始固難而成之非易易也

重修儒學記　金汾陽軍節度使李山

汾於河東號名郡文風不替蓋有卜段之遺焉州學宏麗年遠寖成荒圮殿宇傾漏齋廡疎剝殆不蔽風雨西廊四楹舊缺未備樓觀敧斜危不可登生徒講誦未見安所學之前後雖有輸租隙地而歲入無幾莫償補治

之資以故居者相仍坐視彫敝同知節度權州事康侯玉潤甫下車顧瞻恐懼思爲作新之而費用鈌如會州有捕盜微賞錢五十餘萬寄貯公帑侯曰用是以新吾學可乎同職者從而勸之議遂決卽委學正王大純學禄茶主吏郭瑀併取地租見在傭工市材以甲申六月乙丑始事至七月癸丑畢工敝者正破者完無者增敝者飭殿堂廡宇煥然一新自文宣版位至於鄒兗神座各施羅幌黃紅有差壁繪七十二賢就加彩色鴛幌之前闢爲六齋分序兩廡卽至墻垣甃堤之飾版閣門窻之具無不整嚴不費於官不勞於民汾之庶士未見斤

斧之施畚鍤之運而功已成嘗謂材之難於天下久矣君子施政固自不同才小而覺雖不出位猶患未周才大而斂至於餘事無所不辦僕目覩勝事賞侯之才有餘且知風俗之原也喜而爲之書

嘉禾記 金 姜國器

天地之間賦象成形者有萬不同而以罕見者爲祥如麒麟之於走獸鳳凰之於飛鳥上則慶雲甘露下則醴泉芝草類皆不常出則所以爲瑞也嘗考諸圖牒即其實而較之獨嘉禾最爲上瑞何則嘉禾者穀之精也穀者生民之命有國之寶政之急務也夫穀之精英者出

則百物阜成其可知已借使年數不登民有饑色雖麒鳳在郊藪慶雲甘露出於天芝草醴泉出於地則將何益是知嘉穀之爲瑞大矣哉然則彼物果何爲出也是豈人力之所能致耶是豈造物之偶然耶蓋嘗聞之和氣致祥又曰聲和則天地之和應今夫一郡一邑間豐凶之不同災祥之各異無不繫百姓之休戚百姓之休戚無不繫吏政之賢否吏政之失則百姓受弊怨讟充積邪氣姦其間不能無妖孽之作也吏政之善則百姓受賜懽忻交通流爲叶氣不能無祥物之應也昔魯恭爲中牟令政有異迹是歲嘉禾生河南尹袁安以檄勞

之曰君以名德久屈中牟豹產之化流行天降休瑞應行而生乃上書言狀帝為之異是以自古言賢令者莫不以魯恭為首定胡小邑僻在一隅河濱山嶠間風薄俗鄙者久矣加之素乏賢令尹恩澤不流教化不宣挾姦肆巧愁恨歎息之聲稔聞於田里故向者旱乾水溢之患無歲無之大定甲午文林郭君河間人諱震字伯起者奉命來宰是邑痛矯前弊其用心也公其從政也果其憂民也切弱者扶之強者抑之姦民無所容其迹巧吏不得措其手未幾三載政平訟理向之乖爭凌犯者化而為禮義昔之愁恨歎息者易而為謳歌是以和

氣熏蒸陰陽調風雨時一方之民薦獲豐稔丁酉石州六縣被災者大半獨此一邦歲則大熟俄而有邑人白廣王詔同日詣庭而告云有異穀二本相隔數隴合爲一穗令矍然而語曰信如是說豈非嘉禾邪乃率僚屬趨而往視之果祥物也迎之以歸於是闔境喧傳觀者如堵白叟黄童無不舉手加額皆曰昔之水旱相仍家室不保今則樂歲終身飽仰足以事父母俯足以畜妻子而又祥物顯應者如此非吾縣大夫德政所感其誰之力與翌日士民相率趨庭奉酒而賀不知手舞足蹈而歌咏滿前已而令乃顧謂士民曰此一境間雨獲上

瑞所謂美之又美者非吾敢擅其美今明天子在上衆賢和於朝萬物和於野日月之所臨舟車之所至無不被潤洽而大豐美故天不愛道地不愛寶所以嘉祥爲時而出當與斯民同鼓舞太平歌咏聖德而已豈敢貪天之功以爲己力吾聞善則稱君人臣之義也昔唐叔得禾異畮同穎獻諸天子周公旅天子之命作嘉禾名之書篇炳如日星輝映千載今歸美報上適其時矣乃緘禾于匱仍圖其象具表以獻先聞于部刺史部刺史達于州自州而達于京師上自侯王貴戚縉紳士流下逮民庶爭先覩之爲快咸謂此瑞天下和同之象今荐

獲二本乃太和之和也自春官用事從而太常禮官採摭故實聞諸朝堂乃于正月上日稱觴之次寶而進之使驚動萬國耳目爲一代美事先以照符用下本所獻者廼具聞前議邑人相告曰玆者上瑞並産吾土獲百年未易逢此上以見聖朝格天之德高越於西周下以見吾縣大夫政迹之異不減魯恭之治中牟使千世後知吾縣有是美瑞吾縣長揚休天子表獻之力可不備記以示諸後

重建超山應潤廟記　金郭明濟

圖經云超山在縣東南四十里高三百三十六丈峻越

餘山城塚記云平陶東南有過山是也唐天寶六年改名超山山之谷超谷也谷行十餘里中有佛舍百福寺也寺東有古神祠應潤廟也廟有井池乃禱雨取水之泉也宋宣和元年縣宰余彥和狀聞甘雨應祈之事因賜額曰應潤廟勅牒碑刻斯具存焉到今七十年矣大定十二年縣令蘭嗣吉亦祈雨即應掛搆喜雨亭於縣署以明應潤之徵也邇來自春徂夏雨澤愆期知丞權縣寇公大夫步至超山應潤廟取水祈雨因瞻廟貌毀舊殿廡摧圮祝曰如獲甘雨願輸俸錢修完祠宇感而遂通雨隨水行信宿至縣三日而俾滂沱矣水還廟而

復雨世謂廻馬雨也由是觀之廟曰應潤豈虛言哉卽以淸滌充修廟之費且闔縣鄉里願施瓦木人工者源源而來皆德政感神降雨所致如此寇公大夫字伯祥代郡崞縣人也自大定乙巳仲春來丞吾邑特權縣事庭無留訟獄無滯囚鄉無追胥境無盜賊優優然下無事矣乃廣廨署修學舍葺弦歌之南樓引渠水於東郭百廢皆起庶民咸和茲之營建制度燗然可觀前後正殿東西兩廡龜亭拜廳挾堂樓門繪塑一新皆寇公之所規畫也於是神有所來饗峯巒梧栢掩映左右爲一方之壯觀不其偉歟爲之記歲月以徵其實

汾州府志卷之二十九

藝文三

河村新潤濟侯廟記　元馮鈺

侯名破羌自署河西王禿髮傉檀之子也傉檀爲乞伏熾磐所滅侯自樂都奔北魏世祖愛其男賜爵西平侯加龍驤將軍謂侯曰卿與朕同源今可爲源氏賜名賀累立戰功封平西王改隴西王卒贈侍中太尉謚曰宣魏書班班可考也初侯從世祖擊西河叛胡白龍至白彪山下馬或墮足躍地出泉後人遂名其泉曰馬跑泉又名源公池疏流濬源溉田數十頃立廟以祈宋崇寧

中鎮將許某祈雨立沛因牓爲永澤廟宣和元年大梁營宫室遣使取河東大木時亢旱汾流旣涸知汾州軍周煒懼違詔命誠禱於侯大雨浹旬木筏得順流以達於是河東經畧安撫使李某請於朝封潤濟侯介邑之民亦欽侯之靈可以介黍稷穀士女相與祈年而報賽兹村之廟所以作也歲久欲圮父老慮無以妥侯之神醵金更新之而問記於余余因敘侯之巔末以垂於後時至元二年閏五月二十一日也

延安兵馬總管袁公神道碑銘并序 元按察副使姚燧撰

袁虞舜裔也舜生姚墟居嬀汭子孫以地姚姓以水嬀

姓以有天下之號則虞姓及周武封胡公滿於陳以國
陳姓以陳公謚又胡姓袁則肇於陳大夫轅濤塗西京
轅固生猶未省文至後漢太尉安而下始爲袁矣其家
太原石之臨泉者不知始何世何人所可譜者則在金
有隱德農畝者諱亨生廸業儒博極羣書尚氣節不食
然諾生企景有父風生鐸丰儀峻修克世其家學實生
今延安路兵馬總管諱湘字潤夫金之壓國王公佐持
節鎮葭蘆當吾元勁兵之衝殫力竭謀惴不自支一日
集將佐使各推辟所知可與計事者或言公賢爲書致
之三往返始來用其策以守則完以戰則捷衆論多之

聞諸汴京官以忠顯校尉遥主延安之延長簿再以功
超武節將軍令臨皋石與嵐之合河恃公爲藩援以安
者五年後王公佐卒鎮人心離異不可復一公歎曰吾
愛一死哉死而兵民完何害敵以不即下藴怨積忿於
我者爲日既久吾死而捐兵民以甘其心胡寧忍哉遂
乘夜載鴟夷濟河款我大將孛罕營降解所佩誓曰所
有二於公者有如此劍將孛義之相與飲酒盡歡以便
宜升臨爲州版公爲帥遣將州兵畧地鄜延悉下之移
鎮延安臨民德之寧輕去其鄉不忍去公多擕家來從
朝廷賞納土功授延安路兵馬總管時既偃兵民方去

危即安公敦勸耕稼裁抑游惰使各食其力隣境聞之
逾河而西雖有良田美業不恤願托處深山窮谷者不
可勝計公符其守令居借之廬耕助之牛儒生之賢而
文實聳人瞻聲動人聽者如侯立巖昭焦翠張華王明
翠美郤瑞張輔之流欲仕者則登之幕府以師郡吏不
者則升之學宮以範多士由是悍俗消華而禮讓興行
矣會大料民止籍土戸漏其僑家浮客者或告以何獨
損吾戸數公曰若欲肥版籍以衒庶耶一日賦役下僑
浮生必計曰等賦役也與避人境而不免何如歸吾
家之安焉客去而主孤實亡而名存祇益累也人服其

能圖遠其後河東山西呆來徙其民公謀使者曰若所
以必徙者豈以代吾賦役而汝無得哉吾所籍止主戶
未嘗妄以僑浮土著版册具在可稽也何如勿徙使各
奠其居即是民推擇置吏歲集其賦入是以吾土育爾
民奚必其徙其以是歸語汝帥使者亦慶民已安此雖
徙之旦道亡不達許之而還尋有詔令民隨在占籍公
德仁其僑浮爲輕其調庸同列害其能且位加吾上多
行金帛貴幸以訟公徵使就辨公贄貴幸幣殊涼薄庭
臣以訟者之言方騰能不以賄免顧歎重其忠儉歸益
自勉礪四方行李至者相踵廩肉不足爲射獵麋豕以

繼勞贍之須皆出其家不足則從富人稱貸郡民之豪傑謀曰吾屬依公以生坐視寡之莫之省憂人曰我向捐金餉之亦謝不取及大封宗室劃所治爲公主湯沐邑有說公厚歛入謁可結主知且無令同列得先之也公曰吾豈剥下市寵者耶不行先朝時今上以太弟之重征南詔駐兵六盤山公見行府建言始延安之籍民爲兵皆懸賞募之人率授銀三十兩始行及遣戍久役津餽不加於前老稚日困於家則怯者挺身而孤亡勇者連伍而俱歸軍吏以法誅之莫之能止也非大選閱郡民厚業饒丁者更代以休其力盈其氣則兵帳不完

上然其策讓鄰道臣之在行府者曰若曹之來其所請
求不過官資之崇卑符節之輕重便己私耳亦嘗有一
自軍民利病如袁某者乎聞者愧讋自是雖不自行遣
官屬有所奏請上必曰若從袁某所來耶言輒報可歲
癸丑冬乘適京兆未至輿病歸人來唁疾公安之言笑
如平時夫人問焉一旦公疾小加於今日如吾母子寡
幼何惟治命是聞公曰吾平生所爲無有不可語人者
天將厚予是外非若知也以十二月十六日卒於正寢
年五十有九以中統三年十一月二十二日歸葬臨州
太平鄉白汶里先人之兆次凡再娶元配馬氏繼配梁

氏子男三人馬出一人未名前公卒梁出二人克忠昭勇大將軍隴右河西道提刑按察使克良提舉太原採木司女三人馬出伯適定西州尹蒲察仲德仲適中部縣尹張欽用梁出季適屯田總管折叔玉男孫四人長仕圭餘未名女孫八人在室十八年燧以陝西憲副録囚延安昭勇君至隴右得告家居一際言色固已心推爲巨人長者若不見毛髮比出紈絝家者古人有云觀其子可以知父矣明年克良持君書與公事狀碣石墓碑因得究公爲人益自信昔者觀人之不失也蓋嘗諭之人生紛綸尚武之時儒者固不能以自立惟強之依

而強者或徑行而無謀亦旋然敗亡善謀矣其力不足以先衆則人亦莫之信而爲之使嗚乎公於此時克樹功業裂地而侯以傳諸子亦戛戛乎其艱哉是可以載行事於石見白於後世也銘曰緊袁之先世繼顯賢由金百年力本於田起踣而行篤公之自逢時未靖實艱初試人求其生雌從雄鳴有距跳踉有翼奮翔臨泉葭蘆襟帶河山公居其間梃其悖頑智資我謀勇怛吾力我麾我招莫不順適國步未改效死我臣天命維新吾生斯人府葭延長綏丹鄜坊我旗樹降千里其疆朝爲逋亡夕則樂康人無我敵東而矛戟斂而耕桑督而籠

纖而方瘡痏孰爾朘剋孰顰孰呻呴手摩撫隣曰時哉爰適樂土寵光不希釣言不危說進可行丹扆肯頤不年永辭延民之思今三十年如在樞時黃髮髫子牧誦其美事上之忠繩下之嚴生民之仁與人之謙顯親之孝奉己之廉人一二有公乎具兼延民之思日遠則亡我詩之碑百世昭章

梁公祈雨靈應記　元張翼

雩而請雨旱祭也按周禮地官則有供雩歛之人教翌舞之師雩祭之名始基於此故傳稱龍見而雩及仲夏之月命有司所祈山川百源大雩帝用盛樂乃命百縣

雩祀百辟卿士有益於民者以祈穀實雖曰帝尊而百神次之反以山川百源爲所祀之先者何哉蓋以二氣良能天地功用流行於其間而能出雲氣降時雨潤澤羣物而民生頼焉者其德惟此爲尤盛是故爲之壇壝立之祝史牲殺不同珪幣各異順薶沉之類嚴備物之享有天下者秩而祭之諸侯惟及其封內自秦漢而降因革旣殊非復古制將有事於山川者或遣官而攝之至於守令之徒適有水旱之災許以通祭其來遠矣今茲距平遥之南有所謂超山者崗巒起伏形勢聯絡東西與麓臺抱腹諸山對峙獨茲山爲最高路轉峰迴林

壑深秀望之則鬱鬱蒼蒼翠光接天晨煙夕霞燦若畫
本往往騷人賞客登臨嘯咏窮日而莫能去焉山之麓
初有百福禪寺東有靈泉其上立祠芘之或謂雨暘之
徵無禱不應宋宣和初天子以應潤賜額由是名益著
聞其或雨澤愆常禱祠者相望於道路今侍御史行雲
南諸路御史臺事梁朝列其父自大朝革命攻城畧地
爲國虎臣績紀太常勛藏盟府逮至伯叔兄弟佩金符
者凡六人其子孫列職郡縣者袂相屬也鄉民受賜餘
三十年其惠政遺愛英聲茂實表表然著人耳目者未
易概舉朝列公當中統壬戌之春初仕爲平遥令夏暨

秋旱甚公歷禱縣界靈祠卒無所獲有以應潤爲言者乃率父老詣焉幣祝甫登雷礮電明香火未收甘雨洪注均湥縣境於是和氣充盈抃蹈布野賀者輻輳咸謂我侯非神無以享其誠神非我侯無以表其應侯謂古人禱祠其或靈貺不答自咎而已幸而應焉不敢以居其功今也令寔不德殆偶然而雨遇歟抑神矜我民而致然歟是皆恍惚而不可復知意影響之報恐不如是之捷也衆復曰古人有致雨反風蝗不爲災虎負子而趨者是皆誠之所感侯又何辭焉既而秋乃大登遂相與報祀於神周覽祠制俯仰太息以爲瓦老木腐上雨

傍風無所蓋障且念比年以來水旱之變意其咎或在
是因其故廟悉易而新之明年會更官制遷除於外者
凡十九年至元乙酉之秋由海北廣東道提刑按察副
使秩滿以歸一日特謁祠下乃捐餘俸繼欲增廣之遂
命安君文美相里君德董其役時傍近之民與邑中好
事者翕然相率以助貲先建東西兩廊後葺闕宮前立
獻殿不三月而成復以丹青潤色于神像於是嚴其鎬
鑰以時啓閉使褻味燕器莫敢淫瀆於祀典罔不懍然
知所畏敬竊惟宣和之初朝廷賜額褒崇之意實自邑
宰余君與郡守周侯啓之洎金之大定中蘭尹嗣吉寇

丞居慶俱以禱雨有應而能尊明靈作新廟今刻石俱
存況我侯涖官一出於家法方其初仕有仁民利物之
政今尤頌之如宰介美則立縣學以勵風俗開渠水以
溉民田及代縣民陳五事並舉之詞以不得保留爲恨
如同知于懷孟于郢州俱有治效及提刑獄於兩廣四
川雖在炎荒僻遠莫不緩視徐按以洗寃澤物爲己任
用是聲聞於朝除朝列大夫侍御史行雲南諸路御史
臺事後之封拜未易以淺近量也由是觀之則事神治
人之道可謂備至矣鄉人合辭以記爲請義不可以不
敏辭嘗本其地之始也虎豹踞而龍蛇走陰樾萃而禽

鳥樂霜露之所蒙翳狐虺之所竄伏方是時安知有應
潤祠聊令也化金碧於驚泉怪石之墟以爲鄉人祈福
之所每遇嘉辰令節時和歲豐有絲竹管絃之聲游賞
於其下則山川之盛風物之美登高作賦弔古書懷宜
其覽者自得之余惟春秋書法喜雨憫雨皆曰有志於
民者也自祠之立於數百年之久是邑非無令佐每經
歲旱請雨而以愛民重穀爲心者惟此數公而已是宜
大書特書而屢書之俾後之爲政者將有所感必以侯
之心爲心則民可得而治神可得而享矣又念丹青所
以昭神像也丹青有時而渝廟宇所以蔽風雨也廟宇

有時而敝後之廢興成毁皆不可復知獨兹山之神與泉之靈同宇宙而常存民托靈庇宜血食於無窮焉於是乎書之以爲記

重脩廨宇碑文 元王元弼

夫廨署之建原自古以迄今雖興廢有時稽其歷譜則可見矣粤自周武王伐紂封大臣高於畢以是爲姓其後裔畢萬事晉獻乃賜萬爲魏大夫卽今西河屬郡也萬世孫文侯斯列國於魏當時天下有七雄魏居一焉迨乎曹魏立西河國分此城名中陽縣後及元魏孝靜帝武定元年烽燧有警大城不保移廨於城西北隅迄

今七百五十餘歲矣當時卜地建宇即今之重脩者也歷唐正觀元年邑人鄭輿以孝聞朝廷因改中陽爲孝義以其世代旋更歲月綿遠至於戊寅皇朝開創天兵拔縣廨宇悉爲灰燼已丑歲宣差完顏忙答李大答木來撫是邦建住宅於廨之舊址於今六十餘歲其間繼是任者多矣覩茲遺迹或知而不問者有之問而不謀者有之謀而不爲者有之及乎至元丙戌新遷達魯花赤阿散縣尹王愬簿尉周備等下車以來僑居民舍或聽政於驛館或決獄於神祠莫不肅然而歎因謀同僚各割已俸不足仍醵衆庶明年二月乃成南北堂東西

二廳計一十六間又創牘房門樓狴犴俾舊者新之卑者崇之缺者完之少者增之乃卜吉日移司於内遂使政有居退有寢庶民有觀瞻之肅簿書得扃鑰之嚴四望曠遠燦然一新豈不快哉邑之人士忻然相謂曰先後選官不可勝數苟延日月秩滿而去未有一言及此者公來能復興之功不誠偉歟高嵩輩丐余爲記固辭不已勉以俚語紀其實政如此

梁公祈雨靈應記跋　元楊天澤

僕濫叨恩命來涖兹邑視事之初遍謁境内靈祠至超山應潤廟觀舊碑刻知其封額所自父老有言今侍御

梁公亦嘗禱雨獲應惜未有紀於是歸而訪諸耆艾有安文美相里德者云教諭張君唐臣已爲之記亟命工刋石于以表應潤神之靈于以彰侍御公之美而又以勵來者於無窮焉至元二十九年五月日

應潤祠碑跋　元俆思賢

成大廈者非一木之材製良裘者非一狐之腋而況廟庭深廣工役浩繁不資助於衆人豈可以易而爲之哉超山應潤舊祠歲久摧毁侍御梁公嘗以祈雨靈應欲撤而新之旁近居民翕然相助而爲之首倡者則鄉老武用里正宋德曹廣林社長胡邦彦匣刺局提領李仲

文也縣尹楊侯既爲梁公刻文于石而昔之助貧力者不欲泯没其姓氏俾盡書于碑陰其用意忠厚有如此者因并刻之以示將來庶或有所勸云豫章俞思賢謹識

安樂會詞　元俞思賢

伊平遥之爲邑乃并汾之勝地有山兮清且奇有水兮秀且麗有樓閣兮可以登覽有田疇兮可以種藝有桑麻兮可以織紝有鷄豚兮可以享祭風俗返樸而還淳人物居仁而由義雖去古以益遠猶有唐陶之遺意皤皤諸老於焉生聚德邵年高功成名立悟知止之不殆

思食進之可愧乃結交於鄉鄰義金蘭而斯契躡商山四皓之後塵繼竹林七賢之先志追徃哲以同遊永相忘於人世無榮無辱無憂無慮無是無非無拘無繫了兒女之婚姻畢公家之租稅或圍棋以消日或賦詩以成趣或拍手以高歌或策杖以流憩春則花圃尋芳夏則槐庭熟睡秋則採黃菊而泛酒盃冬則對紅爐而避寒氣隨時遊快活之鄉任分樂安閑之味斯會也不爲名不爲利聊相與以娛情且優游以卒歲

脩廟學記　元侯思賢

元貞元年八月一日介休縣脩廟學成縣尹居延田侯

澤以書來語余曰縣之學故在縣治之東中更兵革鞠
爲茂草大元勃興文武並用詔諸路郡縣官吏春秋釋
奠先聖先師以時脩其廟宇士能通一經者復其身其
有茂才異等則歲貢而超擢之由是天下學校始復立
焉至元甲子閻梅子實來宰是邑與儒生議脩城之東
南偶買民居一所以爲奉祀之地歲壬申西蜀四川道
肅政廉訪使古陶梁公天翔繼至始作大成殿於故居
之前而以故居爲講肄之堂未及訖工而代去後二十
年主簿平陽王君益仲謙下車之初愛民重士慨然營
葺不憚勤勞於是邑之吏民相勸率以助資役甃瓦級

碕嚴飭像貌門牖彝器以次而舉未越月而澤賓來乃悉其力而贊成其事自惟小邑寡民不敢重爲勞費而又當驛路之衝南北往來冠蓋相望朝夕迎送不遑寧居第因時之隙日積月累以漸而圖始終三年乃克告備今秋上丁用釋菜之禮而落之儻辱爲記以風示一邑之士庶乎其有以作興焉則澤之願也余念今天下之邑號能其官者不過優於簿書期會之間詳於追胥督責之末而學校教養能如二君之協心者夫豈不可貴者矧今屬筆之意且以作興人才爲言是有不容以荒陋辭者故爲叙厥始末因誦所聞以告其邑之士曰

孟子有云設爲庠序學校以教之皆所以明人倫也葢自天降生民則既莫不與之以仁義禮智信使有君臣父子夫婦長幼朋友之常是所謂物則而秉彝者惟其拘於氣質之偏遷於嗜慾之誘或至陷溺其心而不自悟耳古者先王爲是建學立師開之以詩書之訓成之以禮樂之文人生八歲則入小學而教之灑掃應對進退與夫六藝之習十五以上則入大學而教之格物致知誠意正心以脩其身然後齊家以達於治國平天下莫不因其固有還以導之期於不失其性不亂其倫以復其初而已夫然故其爲教易知而其爲學易明此三

代之前所以賢材衆多風俗淳厚而非後世所能及也及周之衰異端並起邪說詖行惑世誣民至吾夫子出發揮堯舜禹湯文武周公之道以傳於回參伋軻顧孟氏歿而諸儒之論不足以及此是故師之所以教弟子之所以學悉皆棄本逐末爭利去義上則放於虛無寂滅之外下則入於雜博華靡之中雖學校之設其名若存其實已亡浸淫及於五季之亂而敗壞極矣近世周程朱張數君子相繼迭作實尊信孔氏而得其不傳之統著書立言闡發幽秘窮理盡性之微脩己治人之要兼該畢舉莫非正義反本以復先王之遺意其有功於

當世豈小補哉然而世之儒者泥於俗學之僻未嘗考其已試之效或輕論而竊笑之其有畧知慕之者則又捨近務遠處下窺高而不思反之於身以求其切於致君澤民之實也今天子即位首發德音以爲孔子之道垂憲萬世深勑有司擇其儒通吏事吏通儒業者以備選用其意已甚美矣而二君乃於斯時一新其學又能挺然自立學乎古人之道而推之以教其人是皆宜書之以示來者邑之士誠能於日用人倫之際講論問辨敬守力行則良心可識而天理自著馴是而進益高益遠在一家則爲孝弟雍睦之行在一鄉則爲謙遜廉耻

之風遺而在朝廷則功名事業光顯於時三代之盛何不可及之有此則先王建學之意而二君之所望於多士者可不勉哉可不勉哉

杜氏孝感泉記　元郝天挺

書曰至誠感神者誠也至誠而不動者未之有也夫上天之載無聲無臭者神也力有所極智有所窮極之智力感無聲無臭之神天合誠奚先誠身之道惟孝爲大故王祥之盛冬躍鯉姜詩之近舍湧泉皆其應也振古如茲豈今不爾太原平遥孝感泉者出於本縣西汾村里杜氏先塋之側泉之得名由今四川行省左丞之母

沁帥便宜夫人王氏之所指而鑿者也里自開闢有聚
落已來土脉鹹苦列井數十皆螫舌不可嘗負綆抱甕
遠汲他所民甚病之帥薨歸葬夫人扶柩哀慟之餘相
地出井以供蘋藻錡釜之薦泉忽通透獨甘如飴耄稚
歡駭目之曰孝感旣周葬遺澤至今賴之帥諱豐起跡
農畝金末兵亂以材勇保據沁州國初入附累從戰伐
所破城柵全活萬計朝廷授以虎符金吾衛上將軍絳
陽節度使沁州都元帥便宜行事其本州所隸親王亦
有旨錫以沁陽公之號投戈撫字得人懽心乙卯夏五
月薨年六十六遺命還葬西汾州祖塋沁人留之不可

乃别建祠堂以奉香火夫人王氏孝於親睦於族治家
教子慈肅有方生男長曰思明襲沁尹累遷至明威將
軍吉州路達魯花赤次思忠自高麗國經歷官遷承務
郎固鎮鐵冶提舉次思敬由汴梁安西路總管召拜内
臺侍御史尋叅知内省政事改資善大夫四川等處行
中書省左丞練達辨博識明氣和歷中外餘三十年謝
病退去次思問以綏德州知州僉奉議大夫僉河東山
西道肅政廉訪司事衆孫三十許人文通經史武便騎
射出仕者依日月之光春秋㞐從居家者安桑梓之舊
晨昏甘旨求忠臣於孝子之門至誠感神於斯見之矣

噫西河之井泉日夜洋溢供鄉里饑渴之求源源無窮杜氏之子孫日夜蕃衍供家國人才之用亦源源無窮臨其亭甃飲其清冽鄉里不能知所自爲忘本子孫不能知所自爲忘孝是宜勒諸石以告來者大德三年三月初五日記

應潤廟祈雨靈應記　元武亮

書曰至誠感神又曰至誠可以動天地感鬼神感而遂通者神也夫天地鬼神未有不誠而能動者也方皇元大德之四年春迨夏無雨黄埃彌空騫陽肆虐二麥乾槁草木焦卷人民惶惶有離散之歎適逢曾花赤完顔

太帖木兒受勑命來監是邑公善騎射美容止正直方嚴中心樂易祇愼厥職治人以明事神以誠内外畢盡不爲表襮聽事之際以歲旱爲閔於是修雩祀作土龍遍謁縣内神祠禱之則輒無一應遂詢諸耆老有以超山應潤侯言者公是日齋戒躬詣靈山謁神宇嚴香火極誠敬暴身致禱不旋踵而玄雲四合洪雨河注越五日公以牲醪用答神貺輒又雨均浹縣境于是二麥舒榮草木滋茂秋遂大稔本縣儒吏溫仁甫翌日踵門以記爲請用示將來以表神侯之靈應者也歎辭不獲已姑以公敬心之由神侯靈應之實以紀之且山林川谷

邱陵能出雲爲風雨見怪物者皆曰神况晉邦超山應潤之名先賢祈禱之實鄉先生教諭張公已備言之矣不必喋喋云耳夫感應者在神之靈人之誠幽明感通如響之應聲耳藉神之無靈人之無誠焉能致感應哉是有其誠則有其神無其誠則無其神非神之靈則不能歆公之誠非公之誠則不能感神之靈幽明旣交是誠意接矣昔張雍士遜爲射洪令適歲旱禱白崖神卽雨士遜立須雨足乃去蜀人異之我完顏公禱超山之神卽雨則與士遜何異哉於是乎書之時大德六年歲在元數攝提格孟夏一日記

元遺山先生超山題名跋 元溫仁甫

大德六禩壬寅秋寘前一日謁講主標月老人繹留二宿登臨覩覽奇峯削壁林木豐茂東壁見遺山先生筆跡又源祠有景氣清淑平泉達樹之歎先生常作詞云一笑青山頂未受二毛侵於此可見賢人之心不以利名拘其身仁智樂其樂也刻諸于石以紀其末

征行都元帥五路萬戶梁公神道碑 元魏初撰

梁嬴姓非子之後秦仲有功於周平王封其少子唐於夏陽梁山是爲梁伯其子孫以國爲氏如梁宏梁益耳梁嬰父輩爲晉大夫汾晉地平遙其屬邑也公之先家

於平遥者其世蓋久然自公始大著祖諱顔父諱秉鈞好施與鄉人以長者稱之娶郝氏生子七公其第三子也公諱瑛少有大志勇力絶人善騎射金季中原受兵所在郡邑望風奔潰戊寅元朝太師國王領兵南下公曰天也死塡溝壑何益乃率衆詣軍門上謁即授元帥左監軍使撫定居民攻諸城堡之未下者公屢出奇計招誘降附凡百餘所明年從國王掠霍踣沁徑太行大將懷孟又明年入關秦隴悉定用是錫虎符陞征行都元帥以縣行平定州事俾公領之兵火之餘戶口蕩析公安集有法人始有息肩者戊子四月武仙陷平陽太

原州介於其閒卒莫敢犯國王檄公進兵仙大敗卽棄城走己丑入覲適改定天下官制特授公金符御前千戶明年扈從南征至鳳翔俾西徇宋地西和興元十數城俱下壬辰天兵次唐鄧公前其鋒與金兵戰於鈞之三峯山大破之河南震恐時降附軍民日衆他將以糧不給欲盡殺之公曰殺降不祥凡隸麾下者悉得不死其父子兄弟離析而復合者俾籍於民幾三千餘人乙未從元帥塔海甘不入蜀宋人守瞿塘衆不克進公作皮渾航以濟塔奇之奏權征行萬戶留鎭興元戊戌又從塔公圍資州踰月始下塔怒欲悉坑之公曰今始得

一城而坑之他城未易下也塔善其說公喜曰吾起身
鞍馬間不啻百數十戰未嘗敗北所全活者亦不下數
萬計壬寅宋人陷成都公與先鋒禿薛擒其四川制置
陳隆之成都平丁未公年五十有七告老不允詔公充
西京平陽太原京兆延安五路萬戸治太原以子襲襲
行軍千戸公以太原甫定民多離散懇聞於朝給復三
年於是四方來歸者三萬餘戸刑簡令信境內以寧丙
辰三月十九日卒於家第之正寢享年六十有六越五
月葬於本邑麓臺里先塋之次禮也夫人温氏子男四
人曰羽太原路管軍千戸曰天翔少中大夫西蜀四川

道肅政廉訪使曰翊早喪長即翼也遷成都轉運使文
四人平遥李思齊忻州長官塔察京兆路兵馬總管馬
祿太原路鎮撫都彈壓李燦其壻也孫男一十八人偉宣
武將軍行軍總管儀偁傑秦王府侍衛補太原路管軍
千戶佐時中時正鴨水縣主簿時仁時義俱有立志女
一十八七適大族三在室曾孫男一十四人長思賢次
思敬行軍千戶餘幼女一十五人天翔與初有一日之
雅謂碑銘未刻請文其實乃按所具狀序而銘之銘曰
天地草昧間氣鍾豪傑秉機騰其中漢唐之初如囊鋒
聖元乃有平遥公公之譜系嬴本宗世稱善人服於農

風之從虎雲從龍千載一時公實逢萬夫肝膽誰爭雄
批秦扶晉天爲紅望之而畏羆與熊其心休休如有容
救降釋俘扶疲癃弃氓至今猶呼翁天之報施亦已豐
若子若孫咸登庸麓臺西原汾之東龜螭有文圖有松
千秋萬祀何終窮

少中大夫西蜀四川道肅政廉訪司使梁公神道碑

銘并序　元監察御史李元道撰

公諱天翔字飛卿梁姓世爲汾州平遥縣人曾大考顔
大考秉鈞娶郝氏考瑛多磊落有當世志便騎射以拳
勇聞佩金符御前千戶尋升都元帥五路萬戶娶温氏

生囝子公其季也公生而卓異未冠能樹立讀書通大
義弧矢之藝妙絶一時尢邃國言家素武弁獨以文階
起歲丙辰尹平遥縣時公年十有八克自振厲有夙成
風毋召邑老十餘輩禮以酒食詢以民事衆老皆曰可
而後行會歲旱境内饑問以救災術僉言東南縣可兩
舍有神曰超山致雨暘弗爽公乃自責不德一禱而雨
是歲大稔民勒石以頌中統五年制受同知懷孟路輿
魯總管府事至元九年授從仕郎介休縣尹邑當南北
驛衝藩邸絡繹使軺蜂午迎候供億不擾而集建學勸
農井井有條承制簡兵編戸以戍南方公第民衆寡甲

乙爲伍少老服其公平用部使者薦十三年授承直郎
同知郢州州初附兵氣未戢人懷反側羣不逞聚而爲
盜前政不能制公捕得首惡杖殺之餘釋不問於是豪
猾畏縮一境帖然而後發廩庾賑單貧恤孤遺撫創罷
修校宮葺津梁開陂澤課民力穡野無汙萊州之滯事
留獄裁遣一空御史臺才之授僉嶺南廣西道按察司
事嶺海瘴鄉人多不憚於行公毅然赴上部按郡邑適
發姦伏以舉職聞遷海北廣東道提刑按察副使白姓
者宣慰廣海貪墨厲民土豪黎德因之爲鬨公劾奏乞
選望臣以代朝廷然其請海徼遂寧改奉議大夫西蜀

四川道提刑按察副使歲薦饑蜀山水四塞糴販路絕
公言諸主者當發廪以周饑民僉議上聞公獨曰報下
則民殍矣朝廷罪責僨其身任之衆莫能奪遂發糧四
萬斛舉郡覃焉桑哥柄政遣使校天下錢穀檄公分理
時皆希旨肆暴公寬猛適中不事剸劇時論多之廉部
南郡建言思播入沓蠻貊所家恃險莫制盜弄我干戈
虔劉我疆埸宜遷其右族郡之便且選良撫臣使之知
懼朝廷後以宣撫殿南服由公請也授奉政大夫浙東
海右道提刑按察副使未上二十六年雲南行御史臺
授朝列大夫侍御公下車白曰南詔衆夷變服無常而

守臣綏御乖方得不爲將來之大戚乎訪軍民利病得汰冗員薄稅歛省驛傳遷土官恤兵政已逋懸布威德懷遠人切治體者二十餘條乘傳以聞世祖皇帝深所嘉納授吏部侍郎會高麗儀制以公往賑還日奏對稱旨授少中大夫成都路總管未幾改西蜀四川道肅政廉訪使命下疾革至元癸巳七月四日卒於都城寓舍春秋五十有五子時中等以柩歸以是年九月二十一日葬縣之麓臺先塋夫人周氏太原鼎族子男六人曰時中朝列大夫信州路總管府治中時正承事郎清河縣尹時仁忠顯校尉僉浙東海右道肅政廉訪司事時

義承事郎成紀縣尹時智時信未仕女三長適將仕郎懷孟路鈔庫大使劉自得次適沁州杜仲箎季適宣使相里輔孫男一十一人之材從仕郎保德州判官之楹之栱之樞之權孫醜閭延童孫女二十三已適將仕佐郎萬泉縣尉茹春承事郎太谷縣尹張伯顏不花忠翊校尉管軍千戶寇彥禮集賢院宣使李完澤寇州長官李答答曾孫男八黑黑頑頑霜臺曾孫女二幼時中狀公行事走京師泣懇曰先公棄諸孤養既克襄事歷年二十矣與先公聯事久莫子若知先公之素亦莫子若敢以銘墓道請公資易直不置府城鄉黨稱孝友喜文

士樂推挽後進蒞官將四十年理民爲循吏執憲爲才
監司轍迹所莅威惠並著脊治官書必察吏之賢否有
以小罪當笞其人懇以母老且病願没身不齒仕版自
贖公惻然釋之論者以公有公輔之度云銘曰維金其
符維璧有蒲父擒元戎子爲大夫梁氏曰嫣四葉始大
司牧司憲遐邇畏愛弱齡植節白叟是從教予百里澤
普九農天討南方索兵毗籍臚分殿最毗妥兵集繄郢
之壖靡爲盜區殄厥渠魁乃菑乃畬嶺海之南蛇虺之
窟有來泠風廓清瘴毒粒民之饑鋤吏之姦威行務川
德被岷山下詔行臺民勞官沸露章入告交泰庭階南

人是惠帝曰俞哉處汝南黎共領春官哺我東夷囫遠身周幾半天下使指蜀臬吾將稅駕袁中其壽天畀其才胡不百齡吁嗟公哉汾流蕩蕩晉山屹屹植石鑱銘以表窀穸

杜思敬謚文定議元人失名

培之厚者其根大德之深者其澤遠故求忠臣必於孝子之門論王佐必考正學之自乃若故中書左丞杜思敬由其父奮起行伍顯立勳勞遂得給衛世祖皇帝潛邸及遊許文正公之門益知講學源委初任御史臺都事轉治書侍御史權姦伏辜臺臣以失言併逐世皇獨

量其忠命涖職如故無幾除戸部侍郎歷右司左司郎中出爲順德安西總管就僉陜西行中書省事尋移汴梁總管復入爲侍御史議事上前首當帝意拜中書叅知政事進四川行省左丞以疾不行及爲中書左丞彌綸匡贊洪圖大抵以忠誠爲格君之本以安靖爲出治之基進退適宜始終全德所謂西平之家有子而河汾之門多賢豈不信哉誄行易名所以勸善矧茲丞弼歷事累朝可無美謚申示褒旌謹按法敬直慈惠曰文踐行不爽曰定請謚曰文定公

故沁州長官贈沁陽公杜君祠堂記　元弋　轂

以人之身爲身則人亦身其身以人之家爲家則人亦家其家已之身非人之身乎人之家非已之家乎古之君子一視同仁物我無間奮不顧身以濟人利物爲已任視人之害猶已之害而去之視人之利猶已之利而爲之實德久孚輿意同感或捐軀以報之或奕世以祀之猶恐不能盡其心是以南陽遺父母之愛宏農羞紘歌之薦望峴碑而感泣藏甘棠而弗翦葢有不期然而然者矣沁之爲郡襟三晉帶兩河扼南北之衝變故之際憑阻而觀望者蜂起蟻聚于時之民可謂難安矣烽燧既息版圖一定以蕞爾之荒區當出師之要路以瘡

瘐之疲俗應倉卒之急賦其政可謂難平矣士隘而多瘠民勞而易貧生財之道甚少而用之者夥其治可謂難治矣合數者之難而我元帥杜公一以誠意處之未嘗以夷險芥蔕于胸中故能制其二而懷其柔安其邇而來其遠阡陌荆棘衽席塗炭均徭賦賑乏餒四十年間政平民安課其殿最視他郡爲優此其章章著見于人之耳目者惜乎其績未究而遽有拂衣之歎此人之所以思慕痛恨而不已也若夫家世之系出處之蹟則碣銘存焉茲故得而備述之蓋其敦本抑末尚實惡華勇于去惡篤於撫善小民號泣哀慟之聲達于遠近是

豈偶然哉中書楊君以朝命宣撫是邦期月之間覩閱政迹况於公有二十年之舊故其知之審而詳之深一旦集僚佐耆老而諭之曰卽公始闢此境還定勞來以迄于今旣肉而骨又壽而脉矣功德所著不爲不多今不幸而逝其忍遽忘之乎祠而享之亦報本之禮也僉曰此衆人之素願也重以王恩優渥廟貌俾新榮上公之號腆血食之祀報功崇德一遵古典上下之情不約而同誠之不可揜如是夫遂卜吉地旣堂而且豫焉以爲歲時酬奠之所乃謁僕以紀其實辭不獲巳因謂自古人正學之廢而誠意之道間見于勇烈剛毅之士蓋

以性質之端毅資禀之渾厚故其善言善行皆自誠意中發見傳曰誠者天之道也誠之者人之道也至誠而不動者未之有也而上之所以嘉公之勞而學報下之所以感公之德而不忘者其以此歟僕非知公者盍聽夫邦人之頌如此故樂爲之書與夫色仁行違以竊時之聞者固有間矣歲丙辰七月二十五日記

呂簡肅公神道碑銘　元虞集

公名流字彖甫大原汾州西河人彖泉者大濟王鉅書而錫之號也性篤實方正承乃父彰德公教潛心性理既冠觀光京師以國語文字爲廣平大名教授秩滿辟

內府史復授承事郎監豐穰倉論課為京倉最遷通政院照磨能聲丕著大定甲子朝論以公優於理授承直郎備用庫副非素志不拜又除河間等路鹽運使經歷以疾辭時中正院狄公知公抱負授承德郎都府經歷公勉就職擢淮西道肅政廉訪司知事將行復拜大宗政府左右司都司尋拜江南諸道行御史臺監察御史首言八事開經筵嚴衛禁清選法舉賢才復常平設義倉備邊關修武備其貪鄙罷懦皆苗薅髮櫛之其治績顯然者薦諸朝天歷初四川兵叛公守省湖廣料賊兵必東乃督行省平章劉爰恒等分兵守歸峽潛授方畧

謀知有備不敢東使大江南北得奠枕者公之力也由南臺都御史僉海北海南肅政廉訪司事既至興學校厚風俗按海南四郡明年按海北五郡訟息化行高城深池以備盜浚渠立栅以防姦揚威有堂以習武通極有關以禦暴寇至弗能害寇退老稚相泣曰微呂公吾屬俘死矣有疑獄參伍得失俱賴以免嶺海之間去天日遠民之鬱抑多未獲伸公洗滌寃滯不可勝記南闔洞蠻構難誘陷鄰境公單騎叩賊巢來降者以萬計剪木通道冒險夜行旦暮不得息人不能堪而公處之晏如先是客死海南者皆委之水火公惻然捐俸金市雷

陽高壤地垣以護其葬屋以庇其祀名其堂曰澤幽化
洽南土聲達天朝上遣使特賜服以勞加中憲大夫移
遷嶺南道肅政廉訪司事凡所行悉如海南北其孤寒
子弟公割俸延師以教育之民告饑吏白當聞公曰比
聞動淹旬月吾不忍赤子之絕於乳亟命發粟賑之墾
屯田教樹畜凡爲民興利除害者汲汲而勇爲之至順
三年四月十九日弟浹歿於家公聞之泣曰二親年邁
一弟又亡其能居乎乃歸省親老幼遮道垂涕不忍别
就道詔加亞中大夫僉江南湖北道肅政廉訪司事未
遑赴任亟歸途中聞乃父恒齋公已歿矣丁父憂服除

起爲襄陽路總管本路諸軍奥魯總管管內勸農事既至一新約束明憲令先之以戒告申之以懇切未數月襄民大化丹夫子之宮牆碑六賢之封誥增廣生員申明勉勵揭示白鹿洞規不惟郡邑有所師社學亦從而興起新社稷壇葺三皇廟凡庫局亭碑廊而宏之備水潦防姦慝便於民者知無不爲凡爭訟積年不決者決於公之一言有誣服殺人者在禁六年五府不能明公覺免其辜有妖言惑衆者株連數郡止坐首惡餘誣者得自白禱神雨應拜火風回甫歲餘以侍親歸襄民泣留者數千人丁母憂服闋詔加公爲刑部侍郎公遂於

待學審事平允聲譽甚著丞相脫公偉其才平章王公引見上上記其桂林之政特賜服以寵異之大名大府也是時上方勤恤民隱愼簡守令公作新治化乃授公大中大夫大名路總管兼府尹本路諸軍奥魯總管管內勸農事知河防事既至修明政教丕變舊俗餘如尹襄陽而加詳焉至正甲申秋七月水大至幾入城公督官屬堅隄防民竟免害及羣盜起大掠燕南而齊魯尤罹其毒忽賊騎兵數百至時夜未半公方巡警聞之撤西南二門橋梁把截衝要諜知不可入賊乃退會臺議各道憲長公以宿望擢拜嘉議大夫海北海南道肅政

廉訪司使十年而重來老幼咸乘風濤而至如復見其父母焉雷境有譚福旺者據險逵擅朘剝其民或忤已必因官府文致其死或竟殺之其勢延水陸數百里有司莫敢問帥府懸捕盜之賞譚持檄遍虐其鄉俘平民以獻曰此盜也又執傍近之人以告曰此賊黨也凡百十八有司通爲姦利獄久不可決會陳斗柄被逮攝與捕卒相拒譚大煽其虐無辜甚衆吏更蔽之公亟命捕譚至罪如山積一一欵服磵州民羅仲仁與譚並稱二豪逮治之罪尤甚於譚二酋服辜海民始得安縣吏有強委禽廹良家女爲妾者女家不願適女過市捽而訴

之重辱之女憤投水死憲府按吏以法有二商船遇盜
盡劫其貨商之徒十九人浮以登岸告岸之父老因執
以爲盜獻諸官有司弗察憲府問之得其情罪執者求
眞盜有商郭艤舟白沙浦夜遇風登貨於岸岸人掠之
而韓氏兄弟適至得所遺物甚微郭詰韓取之欲盡償
所失有司以盜論韓而白諸憲府得其情謂韓拾遺非
盜按律免之猺人寇遂溪石城及海康諸鄉官府驅賊
退民有執盜後者繫獄吏用其辭以爲皆鬱林博白民
移文捕之博白吏械良民與己讐者六人以致憲府問
得實皆釋之凡如此者皆足以服民志使荒遠之人知

國家法度不可犯憲府政治不可欺賄賂黨與之不可恃誣罔羅織之不可行此其畧也至正六年除嘉議大夫山北遼東道肅政廉訪司使赴任殁於海北雷陽之民如失所恃以聖恩扶還靈柩葬於洪哲里先塋之次前夫人吳氏祔及請謚授嘉議大夫禮部尚書上輕車都尉追封河東郡侯謚簡肅然內助之功再娶王氏方氏居多焉公二子長曰權次曰楷一孫曰達海帖木兒凡公自筮仕至屬纊其行狀則河東田渭棗陽縣尹徐真朝列大夫國子司業潘迪等之所撰乃子權謹書而備錄之屬予銘焉銘曰於皇聖明龍德在淵鑒茲臣庶

念無遺賢濯濯桂林司憲之貳服其父訓奉職盡瘁乃錫天章以昇其家惟久惟恒則於汝家帝開明堂召用舊臣寖貳憲部秉國之鈞上憂遠人信任是使郡府使節往稱其使聰茲島夷海波間之要荒弗治從宦實來寄重事煩不遑眠食不以細務弗及心力商困於盜賊身自歸反爲吏執加以楮衣民有室家吏欲強婚廹之自沉孰究其冤民有強梁恃險爲姦奪貨殺人有何辜鰥捕盜有賞盜不時得平民怨家桎梏爲賊留獄無驗至正六年毀家殞身誰爲之言凡此之流善良瘠瘂狙詐壠斷何適非賈蜂蠆搶攘職此之由不渙其羣吾民

曷休煌煌繡衣既信既久無情之辭一見立剖羅織鉤箝罟不得施蕩蕩其安于于其髓父母妻子晝耕夕寢惟棠甫公貽我豐稔惟皇聖明當宁念兹遠人所安錫召以時歌以蓼蕭燕以湛露遂相所朝百福來陏

山西文華·史料編

汾州府志

清乾隆版　第五册

卷三十至卷三十四

劉益令◎整理

《山西文華》編纂委員會　編

山西出版傳媒集團
三晋出版社

山西文集

汾州府志卷之三十

藝文四

孝義縣重開潤民渠記　明武德新

孝義縣之西南隅有河名曰孝子源出縣西白里之薛頡山有渠曰潤民通孝子河引水溉田其來已久歷元辛卯民以避兵爲急不暇於農至我明洪武三年命亞尹成公器之來治是邑下車之始惟以招集流亡勸課農桑爲守土安民之要攢合戸籍均平地畝示寛征薄斂之由桼殘毁之餘民猶有未獲來蘇者繼至去秋及今春不雨乃呼里民喻之曰方當東作雨澤愆期歲功

一失饑饉臻矣兹有潤民渠廢未久若輩當汲汲起壩導水庶可利農事而禦荒旱矣衆皆鼓舞從命即糾合鄉村之被利者得工八十有五始自二月之辛未卜於高崖底壅築隄堰疏通水道成於三月之丙申由縣南廂達於縣之東北隅次則文瑞中義等鄉首末輪流循環不已俾境埆之地變爲膏腴舄鹵之田轉爲肥澤二麥蕃然而秀五穀蓁然而茂籬落園圃間一望如雲耕者悅耘者喜荒者闢閑者作回凶儉之萌爲饒給之兆是以田夫野老馬走牛童皆知水之利無窮公之德實溥矣衆乞予爲文以紀諸石欲使後之人被其澤而思

慕不忘也併録工程人姓氏於碑陰以共傳不泯

孝義縣重修廣濟渠記　明王宏

高唐之山有孝子河源出孝義縣西北山駢於白壁之左右旁分二水合流一派開渠東注環流城郭朝廷賜額曰廣濟渠潤物惠民誠有利於百世也邇年以來世與事殊物因時變或秋水泛流洪波横逆久而淤澱俾高者傾平者漫且荒且涸耕穫之地咸爲榛莽值兵革煩興民物凋敝不復知有廣濟渠矣洪武庚戌春三月天久炎旱瘠痍之民弗克更生新授判簿成公器之濠梁人也才兼通敏素以民事爲心訪於耆宿成執中於

是驗地之形勢水之故道舉衆興工雲集而至不旬月而渠復成知物之情與民之利亦由漳水灌鄴涇水注渭克紹前賢之嘉績者傳之百世庶幾其不朽乎

孝義縣濬濠築隄記　明人失名

邑之西北蜿蜒屈曲高下皆山一值春霖夏潦萬山之派悉東注焉城中之水無所洩城外之水無所蓄兩相距而衝決激盪匯爲巨浸歲歲爲城垣民舍患蓋城之濠淺且狹又經填淤向曾有護濠隄岸兩重亦漸就摧圯故水之患較前益劇予涖事之明年因其故跡募丁夫數百名具畚鍤輿鼛鼓親身督役俾濠之淺者浚之

深狹者闢之廣隄之庳而薄者增高益厚樹栁數千株使牢固其根址保使無嚙蝕焉庶西來諸山之水不至內偪於城城中積潦悉注於濠居民安堵城郭晏然然後于心始慊尤冀後來者踵行而修濬之以俾勿壞則一邑生民之幸也是爲記

石州重修上鳳山希夷廟記　明許孟和

石州三陽山在州北二里而近廼宋希夷先生蟬蛻之所也山有土穴二世傳希夷嘗居於此按史希夷姓陳氏名摶字圖南自號扶摇子五季末宋初亳州人方四歲戲渦水側遇青衣媪抱置懷中乳之聰慧日益性好

睡明易數之學有圖天下之志嘗曰大丈夫不爲一世之主必爲百世之仙因過宋值太祖於酒肆中詫曰此方面大耳者異日必貴作歸隱詩曰十年踪跡走紅塵回首青山入夢頻紫陌縱榮爭及睡朱門雖富不如貧愁聞劍戟扶危主悶見笙歌聒醉人收拾舊書歸舊隱野花啼鳥一般春入武當山辟穀練氣廿餘年徙居華山雲臺觀周世宗召至禁中以其好睡令淨掃一室以居之閉戶月餘不出人或以爲死及啟戶視之其鼾息如雷賜號曰白雲先生久之乘白驢入汴至洛陽聞太祖登極大笑墮驢曰天下自是定矣宋太宗雍熙元年

十月召至以野服見戴華陽巾草履黑條不類凡俗因問歷數則答曰且睡且睡直待五更三點至時問之則曰已言之矣問建都則曰一汴二杭三閩四廣再請還華山詩曰華山高處是吾宮出即凌虛跨曉風臺殿不將金鎖閉來時自有白雲封賜號希夷先生曰與蜀之季真八百游八百自稱神仙年八百歲曰吾動則日八百里故楊誠齋譏之有步行猶是地行仙之句再召則辭曰九重仙詔休教丹鳳啣來一片野心已被白雲留住終不起其相法尤精弟子种放初往見之作樵夫拜於庭下希夷挽之而上曰君豈樵者邪二十年後當爲

顯官放曰某爲道義而來官祿非所願也希夷笑曰君骨相當爾太宗太平興國六年上聞召見放以母老辭賜予甚厚詔曰使天下知朕厚逸民旌孝子而相勸爲善也乃命長吏旌其事眞宗朝張齊賢言放隱居求志孝友之行可礪澆俗召爲左司諫表求歸山因改右諫議大夫授給事中作七言詩二章餞於龍圖閣隨手引登如明皇之優李白焉隱居終南之豹林谷東明峯結草廬以講習爲務後進從之甚衆傳易道於穆伯長伯長傳李挺之挺之傳邵雍雍傳其子伯溫至其孫溥始不得其傳焉張忠定公詠少時謁見欲分華山一半同

隱希夷曰公有官爵未可議此天子望君如失火家待君救豈可不赴也以筆墨蜀箋遺之公後帥蜀作詩贈之曰性愚不肯住山林剛要清流擬致君今日星馳劍南擻回頭慚愧華山雲故兩鎮杭益皆有善政錢宣靖公若水十歲能屬文希夷一見以爲有仙風道骨請麻衣道者共相之擁爐以火箸書做不得三字徐曰急流中勇退人也眞宗朝任樞副年四十致仕皆如其言端拱初先生命弟子張超鑿石爲室化形蓮花峯下此見諸史傳者也洪武戊午秋僕典教玉亭其故老則傳希夷居室之草塲街嘗掃禿帚乞食於市面垢不洗洗輒

雨人以爲雨讖後居三陽之嶺有女奴日饋飯食忽陜右人過見而拜之作詩曰古洞巖前碧水流白雲繚繞鳳山頭幾年不見先生面今見先生在石州遂蟬蛻於穴鄉人瘞其骨於山右二百步元季有州官達魯花赤濁龍者聞其異發視之見其骸仍趺坐於座令人舁出整之既而首忽墮地而解髑髏大如斗而色赤土人以紙裹香於傍經宿盡赤將帥荆子倫亦欲往視土人辭以不知而瘞之華山道士累欲盜其骨以還陜至吉隰而不能進復送瘞於茲此聞諸土人之說也豈希夷羽化之後而復神遊於石乎嗚呼僕聞道家者流欲其精

神專一動合無形以虛無爲本以因循爲用能究萬物之情而不爲萬物先後此神仙之要道也又豈若吾儒之踐履篤實而可以傳名於萬古哉然世之人每喜聞而樂道者得非以其若曾點之狂而其名尤彰於宋乎且希夷一隱士也或以爲居於亳或以爲居於石至於九江陳氏家世業儒往往亦冒其名以啦流俗豈吾儒之事業果不如仙道之可傳於久哉是可傷也已是可嘆也已山有舊廟元季燬於兵國朝洪武甲子天眞觀道人王混然與道者張仲謙重建祠以祀之因礱石走其徒王斂道請記僕因摭采史之文著於前復紀其土

人之說著於後俾刋諸石以俟後之博雅君子操大手筆者有所采擇亦以袪後人之惑云

贈文林郎雲南道監察御史霍公墓誌銘　明余學夔

公諱大方字仲矩姓霍氏汾州孝義人世爲邑著姓曾大父霍道大父霍艮父霍彥祥潛德於儒弗耀於時母周氏公生元至正丁未九月二十七日自幼端重不事羣嬉元季四方弗靖退伏閭里肥遯之樂貴其豐富貧者資之弱者仰立焉質直不伺擇交不論貴勢惟德是洽苟有富且貴而德義罔聞雖衆車徒弗顧也故閭井之弗平者往往求直且平居事父母孝膳服之奉必身

親之不以委人執親之喪泣血弗見齒附於棺者必誠必信造次循理弗苟焉尤篤於訓子嘗謂莘曰吾少經離亂弗克紹先業汝生長昇平其勿墜吾教以庠序爲禮義相先之地俾遊鄉校者教之經術行義莘承其意永樂丙戌以明經登進士第奉詔歸榮故鄉公戒之曰

朝廷作興士類一至於此汝尚克慎乃身以無負兹寵

命庶不忝所生而有光吾門也莘受教惟謹果爲名御史簡慎凝重得憲臣體有告公者公大喜曰吾亦可以瞑目矣永樂辛卯十二月十七日以疾卒於家享年六十有五葬於本縣張家莊之原洪熙改元舉褒功之典

凡廷臣勞勩彰著列於誥勅榮及其親子華雲南道監察御史勅命贈官如其子配崔氏贈孺人子二人長曰功遠次即華娶任氏寵如其姑孫男元愷憲振吉祥慶雲嗚呼公之行義有不可掩如此是宜銘之曰霍本姬姓河東其里博陸衍施世濟其美中陽著姓德義同豐流分源一爵禄以崇公能敎子克明聖志久隱而顯歆羨於世是曰子能賓公大明載世有碑閭里之榮汾河源遠奚止千里我銘墓碑厥聲無已

盧氏縣令于君墓表　明劉定之

予往歲奉命祀嵩嶽登高臨遠見環嵩千百里間歷指

以聞人有言永寧盧氏兩邑富庶其民自得於熙洽之
辰積有年矣予心善之今行人劉秩以其同官于坦來
謁爲坦之父縣令君請表墓追憶歲月則予至嵩止君
爲此兩邑績成之後也君名淵字德深石州白霜里伯
達建中仕賢其曾祖祖父也俱隱處不仕有善行君少
入州庠習詩經貢至國監益勵所業師友稱之歷政事
滿得仕初丞永寧巡撫河南都御史與藩憲交章薦擢
爲令繼改令盧氏其在永寧民男女嫁娶不及期者促
之成禮勿以資賄相責望從而畢婚者三百餘室臼渠
三宣利新興萬箱溉田十項湮塞既久失其故利率衆

鑿治之腴壤彌望歲有常收巖洞產銀採者爭鬭死傷
奏置崇陽巡檢司前患乃弭邑遺民協濟孟津渡以其
遠言於朝得免役者十七家所修社稷山川邑厲壇城
隍嶽洛大禹光武文彥博廟皆勝舊規於大成殿學宮
致力尤多像設禮器巍煥堅備增拓翰林學士薛友諒
所建洛西書院以居來學絃誦翕然奉詔完其邑郭鼎
新聚木石從堞濬池可爲經遠計其在盧氏不克久然
聲已著於鄰封民歸嚮之賦集訟理不異永寧也於時
君年餘六十母張孺人年踰八望九矣君乃告歸奉親
教子之暇優游山水間歸之明年甲戌見子坦登進士

列於朝行又若干年而母壽終近百齡葬祭有儀光於
聽聞未幾君卒卒年七十有一矣元配慕繼車及高三
氏子男四泰振茂坦女二適李振王琦皆庠生孫男十
一璽國監生瑄瓚玒瑭璜珽璇琉璘孫女八適庠生安
貞王甫韓璡餘未聘曾孫男三天順癸未十月十四君
卒之日州西孟家領之陽其葬處也惟君宦績存於所
蒞之處有實可表而祿集於家者蔭本延枝豈非天以
報君而然邪未有無足報而天爽施之者也由是觀之
君信善令矣表其兆域非特示子孫使克念前聞抑俟
顯揚於未已爾彰宜民澤物之有後祉也

梁節婦墓誌銘 明張 錦撰

節婦元肅政廉訪使梁天翔曾孫旭之長女溫良恭敬慎而寡言出自天性且勤於女事父母最鍾愛之年十八擇嫁於榮祿大夫光甫元孫辯克執婦道無違親戚咸愛重之年三十辯卒寡居是時子公茂方五歲公輿方三歲顧方八閱月欲從死柰舅姑在堂遺孤在懷無所依托遂躬紡績織紝夜以繼旦以給衣食居數年教公茂公輿力農業支持門戶家道漸豐遣顧入鄉學攻儒業中成化乙酉鄉舉名動京師孫五人曰瓏曰瑚曰璉曰璋曰珙秀發異常咸節婦之教育也成化二年間

賜進士出身平遥縣知縣田揄奏請於朝以旌表之詔
未下而卒年幾七十舊墳在縣治西南地名梁趙原周
圍百晦林木森鬱中有石人石虎石羊石望柱石過門
碑銘剝落世傳元兵馬大元帥六世祖彦哲之所卜也
合葬節婦於墳之艮位送者及千人鄉邦慕之顧抱終
天之恨乞銘於予以示永久予以同年之好義不可辭
遂爲之銘

孝義縣補修舊治歲月記　明張日升

宏治改元年冬十一月余來知是邑也以教化安養爲
心農桑學校爲務均平賦役殄除盜賊凡利可興弊可

革者即與興革之強當鋤弱當扶者即與扶鋤之催科以時簿書無壅詞訟少簡而事多就績遂及夫敝壞者乘時以次而修葺之蓋以公署者政事之所也正廳建自元大德間迄今百九十餘年敝陋弗堪兼且促淺故於宏治二年季秋因舊架而增深二丈砌以磚石圍以木欄仍於堂後立庖廚五間西北隅立工匠局三間分糧倉二間西南隅馬神祠一間牧馬廈一十間從獄門於儀門之內其功雖鉅不越月而落成學校風化之地也堂齋創自洪武初年今百二十餘歲傾圮弗支况又卑陋遂於是歲孟冬撤去故搆而創立五門壘以堅石

覆以筩瓦四年季秋東齋樹三楹西齋亦如之前立門房左右二角門其費雖多不滿朔而畢舉宏治三年秋成之後補築城牆垛口高九尺覆以甎瓦四門各建門三間以壯保障之固宏治四年農隙之時重修布按二司二門各一間後堂拖尾四架塗以粉飾兩廂各三間以安上官之寢六年改立帝君祠三間開學門東南向號房射圃東西對峙七年復建學後堂五間開三門倖廩倉左右輔翼又建澄清坊一座公館後寢三間西南二南壇齋宿房三間東西吏舍各三間八年秋以鐘鼓啟晨昏即號令政事之一端也前人懸之於槐岔間亦

因循數年未暇飾之以架士夫見者莫不匿笑欲創建柰力弗逮一旦故老咸曰縣東南隅舊有鐘鼓樓前龔二尹立於真武廟前爲樂樓余以爲真武樓必元妙必不樂此遂移徙分建於戒諭亭之後東西各二架而增大之以懸鐘鼓而宣政令也通記補修則有十以間架計則九十其數雖多尚有缺者幸而來歲有秋重修東西幕餘及西吏舍廡幾少完矣凡此修葺因舊規而增新之未嘗得以改作其料物皆因時措置不敢科擾民財其功役皆因在官而益之不敢勞民力故不怨而厥功成矣數事既竣非敢自修其能況春秋有事必書姑

刻此以紀其歲月俾來者其有考焉

孝義縣重修南曹村普濟民渠記　明張日升

聖朝大政畢舉其於水利一事特注意焉既設郡縣以分領之又命重臣以總督之無非欲其水之大小凡可以利民者悉令築堰鑿渠以備旱潦而灌民田尤慮其職之舉廢無以勸懲故於律戒其官失時不修隄防懲其民則曰盜決河防俾人人趨所以利民而避所以病民者孝義古名邑也境內山川環繞水泉灌溉之利亦多西有勝水河舊疏潤民渠廣濟渠新開上原村渠賈家莊盧家莊渠北有行春河舊開虢城渠郝波渠東有

汾水河舊疏王政村渠文峪河渠歷歲兹久率多淤塞
宏治改元仲冬予來知是邑明年春民有以故事陳者
悉與鄉人疏通之維五里許有渠曰普濟民者其源出
自西南七十里玉泉山下經流南曹村入勝水河東道
於汾其勢湍急隄防每爲所壞水利弗興況此村四頃
桑田千頃非資此水曷克有濟先時永樂間知縣劉祥
創修之未幾患大水隄堰坍塌遇歲旱民多病之越數
十年更代無常未暇有舉之者予於三年春詢其故專
意欲復舉親督工役不踰月而成纔經二載患大水河
防復崩六年秋二尹葉公蓮幕黃公鄉耆張能等詢謀

僉同先期黃公督工事將竣公出葉公代焉尋舊蹟而增築隄堰高厚倍於昔傍栽柳樹百餘以附之仍立分水日期於是渠道遍流歷數載無崩決之患鄉民僉謂宜立碑以紀歲月予因民之自記者幷及渠之兩岸民置田畮四至認糧石斗升合水程次第澆田頃畮村落散處贅陳於末圖以示將來云宏治十一年秋九月日記

辛文淵墓表　明任艮弼撰

辛氏自勝國來爲石州巨族至太守公始貴顯公諱文淵字道深號東山曾祖智祖守中父憲咸嗣行義高於

鄉宜耀而晦母李氏亦克配德生子四人公其次也公
姿貌莊重慎簡笑語喜讀書輕貨利公之兄嘗督公儆
鄉貨公曰使弟不爲周孔而顧使爲陶朱乎且先人已
没世忍使之終無聞與時公年十五始入鄉校刻苦問
學爲士聞人提學副使胡會稽沈金陵皆名知人按試
匇首公且布所試文以式郡邑中成化庚子鄉舉命與
時奇累不捷於春官遂築室於東山人因號之弟子從
者日衆公學益純粹登宏治癸丑進士冢宰耿公悉公
抱負欲置公科道中偶疾作弗預明年授大明府濬縣
尹濬大邑也素難治公嚴威寬仁咸適厥宜頌聲至今

在王威寧嘗贈以詩有水淸鑑明衡平之句皆紀實非妄言巡撫史琳首公薦剡未及擢而公丁內艱先是聞母病即欲解綬歸當軸不可焚香籲天願減己筭益母壽及卒哀毀幾絶葬旣悉從禮不顧俗服除補順天府固安尹固安亦難治又近京師多權倖儒者苦其撓剛者輒羣矢而毒之公接之以忠信處之以公平衆始疑終化倨者以恭未半年政聲流行巡按黄世經以公風力聞於上欲署公爲御史阻於仇轉無爲州知州州庠舊狹隘且傾圮公下車釋奠而嘆曰是誰之責邪即拓地築室輪奐翼然化美俗善於先有光秦尙書有記紀

其事巡撫張公紳巡按曹公玉交薦越二載陞河間府同知專戎務值隳廢甚公樹場連屋簡器練卒纖悉畢燭民咸怪以爲神豪賊巨寇避跡他所巡撫韓福喜曰是可爲諸郡法矣式於五府以顯異之值逆瑾擅威福用飛語逮公詔獄竟謫公廣東化州同知公戒行李無戚容有勸公省桑梓者公曰既以身許國而又懷土君子不爲也抵境廣之藩臬委公盤運州鹽意欲濟公之乘脫瘴癘公笑曰吾豈以利害死生易其心者邪竟之任未幾復河南汝寧府同知尋致仕以御史薦復公官改彰德公欲不赴親友力勸曰害公者瑾也公不起欲

譙咎邪始就職時盜賊縱横於山東所至破郡縣殺長
吏於莘州尤甚銓部難其守知公賢推公知府事既至
浚湟崇雉器守戰具信賞令嚴復諭以忠義曰若等王
民也理勢宜勝賊縱不幸亦忠義鬼矣忍蹈踣於犬豕
邪卒獲保全闔境以寧時忌公者據要津或勸公饋遺
免禍公曰古人無書抵政府吾獨效時輩爲哉竟爲訕
復致仕歸鄉里爲願壽會與耆英飲陶然自得若未嘗
仕者一日動子長之興南遊江湖舟次臨淸病卒正德
十一年五月二日也公壽六十二娶吳氏子二曰粲義官
桂卿進士有文行不忝公後果葉積德於斯亦有徵女

一孫男四孫女一桂奉狀來乎求墓表乎幸進士從公後知公詳狀公門人張戸部所作者因爲之辭曰辛公孝於母友於兄弟睦宗族嚴妻子世共知也然學不耑章句而務得聖賢之藴奥以故造詣深而涵養固執此以往雖忤權奸蹈危險瀕死而不屈者蓋外之輕而不易其內之重也是豈獨今人之所難哉可謂剛直之士矣乎以是表諸隧若夫隨官奉職易人之難此又公之小試而弗克大施者命有遇有不遇又適乎時之宜不宜也其阻於仇厄於權閹忌於讒佞邪正異好從古如斯無足怪也無足怪也

贈君潛菴高公墓表　明　閔如霖

正德十五年二月十五日邱縣知縣潛菴高公以疾卒於家又明年三月二十五日葬於石州沙會村渠西丕之原其女婿之子兵部侍郎南川張公實爲誌銘又三十一年而公之長子按察副使涵門先生以書來屬如霖爲文表於墓公諱學明字文昭以太學生受長垣縣丞謙恭接士不畏彊禦豪貴人請托未嘗曲聽上官廉而賢之委以録囚賑饑公決疑平寃案無留牘賑䘏有方疲人全活又奉牒董築邑城以身率先民樂於趨不數月而雉堞樓櫓雄壯孔固已而旁郡寇起剽刧横行

所至殘破長垣獨賴公以全課最陞邱縣知縣長垣人士垂涕遮道留不獲乃僉謀立碑記公功德且生祠之夫邱山東要衝也時寇勢益張入邱界中百姓奔竄震駭公呼諭以義親提劍登陴晝夜巡守金鼓震天地寇薄城下終不能攻而去公治邱不尚威刑惟以德化而獷悍乾沒之徒誅鋤不少貸舉無秕政邑有頌聲當道擬慰薦之待以大任而公輒致政還觴詠之暇則課試諸子講說經籍諸子咸以文著名孟門先生登進士授行人歷陞兵科左給事中大名府知府以故公贈文林郎給事中再贈中憲大夫知府配馮氏太孺人加封太

恭人有賢淑之行宗黨儀式之曾祖整皆端純而隱里中稱爲長者父岱景泰丙子舉人授觀城知縣贈監察御史兄崇輝義官崇熈都察院副都御史崇省宏治已酉舉人崇慶義官與公友愛甚篤子四長金卽孟門先生先生直道彰於諫垣仁政流於畿輔遷兵備副使持正不阿有以私恨中傷之者竟弗能爲先生害先生乃移疾乞休吏部重先生才德爲請俟其疾已而徵用之上許焉乃今撫臺監司交章累薦且復大用矣次全次介麟遊縣丞次僉三河主簿再遷壽州吏目孫男云翔等十四人曾孫維松等二十三人各業儒元孫二人燿

煩幼嗚呼公族貴而德則茂也位卑而績則大也宜有以表揚之況如霖乃孟門先生門下士承命可無辭乎遂論次以刻諸石

增修城隍廟記　明　張晃

城隍廟天下郡邑皆有之謂其有大功德於民也神之小而爲防爲水庸爲昆蟲猶虎猶得列祠祀而血食一方況城之高池之深百里封域之廣以袤也有神尸之禦災捍患保障人民者其功德不已卓然大邪神於民有怙冒之恩民於神有報稱之禮焉家尸之戶祝之非諂矣一飲食而祭之非瀆矣合一邑之人新廟貌而承

祭祀靈之所在顧可聽其敝陋乎孝義城隍廟舊在縣
城西北隅創建於金末修建於元初我朝洪武成化中
知縣郝思敬主簿成文貴義官張羽等再修之迄今四
十餘年矣風雨雀鼠之所蠹棟宇傾撓甃瓴破裂若將
墜焉無以肅具瞻而起敬畏義官張公翥病之慨然以
修葺爲已任乃謀於壽官吳公鸞協於大衆張首輸百
金吳五十金大衆十金五金一金不等合得千餘金乃
飭材鳩工諏日而興土木之役大殿五楹左右司廊廡
二十四楹寢殿三楹左右廊廡六楹棟梁之敧仄者正
之榱桷之腐蝕者易之楹柱之卑小者崇之垣墉之覆

敗者整之黝堊丹漆金碧重輝煥然倍勝於舊矣又病樂樓之湫隘無以陳歌舞而樂神聽也撤而去之更構以危樓三楹高三丈深三丈廣五丈有奇延閣棧道翼壁飛簷脊獸聳蕎尾指雲漢遂雄峙於汾水之上而壯闔邑之觀矣工興於癸未之五月落成於乙酉之十月蓋三年云衆謂宜有文以記之予謂神秉陰陽參造化乘風雲乃變化不可測者烏能以形迹求然廟之修與否雖於神無損益而實有係於民之觀感也使歲久而坐視其敝焉風雨不除日星不蔽神且不能冠冕而臨之在上則崇德報功以人事神之道不幾於熄乎公之所

勿不惜其財與力如此也予因紀歲月於麗牲之碑並撰樂歌三章以侑祭焉歌曰畫棟兮雕甍革故兮鼎新衣文繡兮佩珠瓊焚蘭桂兮薦藻蘋吉日良辰兮老幼拜迎神威赫濯兮用鑒微誠右迎神　脆管兮繁弦鐘喤兮鼓闐俎列方兮豆羅圓搜山海兮具珍鮮民稽首兮座前靈連卷兮眷憐右享神　禮備兮樂終返旆兮紫宫驂兩乘兮架六龍神眷顧兮民禧洪雨暘時若兮年穀豐千秋萬祀兮戴神功右送神

汾東關建城記　明孔天胤

嘉靖庚子秋匈奴寇邊及我樓煩由是幅幀蓋亦有輔

車之戒脣齒之虞焉時廵撫大中丞中川陳公亟下令言備於未然斯無患其來今郡縣外無河山之險內寡藩垣之固柰何用戒不虞哉其議所以繕城郭築堡寨毋緩是時左叅政疊川於公方徙鎮冀南埋輪汾上式宏憲典爰理化機誅鋤姦穢照察隱微盜賊遠遁流亡四歸羣生和植百務允愜得兹繕城之議即慨然語吏民曰是在我矣夫汾編氓十萬城中居者不及什一而占東郭外者殆十之三焉其勢三面當郡孔道其民市殷富然曠屏蔽何以示守焉故專爲一城以保障之宜莫先此矣遂檄州判馬君負圖等跡久湮之故址復強

占之原基定之表經載以繩約諭居民各以其力而修築之而太守張侯又新政而善作於是百姓欣然以爲爲己防患乃協心趨事併力獻工不閱月而厥城告完延袤九里有奇樓堞四望而森嚴視內制蓋翼翼如也由之諸鄉之堡亦次第以考成焉初議築時人或難之謂非千金之費全民之力竟歲之期弗克臻也然備物則因之民用力役則輸之本居成功則假之旬日是其舉事若甚鉅而其營則甚省其動衆若甚勞而其情則甚悅其就緒若甚難而其効則甚速昔人有築舍道傍三年而不成者志其渙也今其築之以爲民也故民心

一焉築之以自防也故民力齊焉耆民雷景昇等願刻石紀頌公德予因陳公之遠猷列於公之惠義著張侯之勤始而善作及馬君之董理而不煩與夫管執工役分命視作之人咸併録於後焉工起於庚子九月之季落成於仲冬之始明年辛丑六月上日而刻石

介休縣興復西渠水利記　明孔天胤

縣東南有勝水出狐岐之山其流湛洋汪濊實惟沃壤之資力農之本故通溝瀆畜陂澤則奮揷而雲興決渠而雨注田惡可腴而凶年不憂蓋因天分地之自然也然細民未知其利庸吏闇於化裁則水之用微矣自宋

文潞公始作三渠分引此水灌田其東渠中渠則由東北灌浸北張宋安等村之田西渠則由石河而西經邑城黌泮灌浸韓板等村之田百姓享其利其後石河壅閼西渠乃遂不流蓋近百年莫之能復焉今年辛丑之夏分守大叅政疊川於公行縣尋介子之桂樹訪有道之林邱觀風川谷問水郊原遂得西渠所由廢與即召吏民而語之曰泉流之興以利民也而今乃湮廢如是夫石河之壅有不可辟者乎是則吏不爲民故行水失時地利有不盡焉其奋治之哉乃顓命主簿董舉正與石河之役又命新任知縣董公宗魯督視之浚河深七

尺而暗構石隊於中𡨋二百餘步高三尺廣二尺有奇作十日而功成西渠之水遂復流如故焉又爲鑿泮池廣橋門用受新泌之流於是士民欣然謂公曰一旦而貽萬世之利知縣董君等以訓導呂萬里撰狀介生員馬璐高𣗳屬余爲記其事以表石章俾邑人世世有所考繹昔西門豹之治鄴也令名炳焉史起以爲仁智豹未之盡則有以漳水而不知用史起乃引之以灌鄴田鄴人爲歌今於公之澤溥矣介人之歌寧有已邪嘉靖二十年陝西參議文谷孔天胤撰

張襄敏珩墓誌銘　明孔天胤

嘉靖三十九年庚申三月二十三日通議大夫兵部左侍郎南川先生張公卒於家卜明年辛酉某月某日葬時其弟都察院右僉都御史永石公玭廵撫順天乃先期以其從姪進士德化所述公行狀寓書於外史印曰子知吾兄者幸作銘嗚呼悲夫哲人其亡失我柱著顧其立德與功炳炳而在敢不銘公諱珩字佩玉别號南川世稱南川先生始祖和之自秦遷石故張氏家世石州焉高祖居曾祖大全俱戢德弗耀祖讓贈都察院右都御史兼兵部右侍郎考文紳初封監察御史歷贈大理寺左少卿都察院右都御史兼兵部右侍郎母康氏

歷贈夫人繼母馮氏歷封夫人咸以公貴云叔考禮起家宏治中進士公八歲從授小學十四授易母兄時齋先生即潛心性命之學敦尚儒行才章兼美焉中正德癸酉鄉試辛巳登進士第自癸迄辛益專力聖學者九年壬午皇上即位爲嘉靖元年授試御史上疏請崇正闢邪以新聖政癸未實授陝西道監察御史清審京通鋪行奏革投充占役二十餘家給補負欠物價二萬餘兩尋奉勅巡鹽兩淮條上清理十二事綜覈利弊盡見與除如罷權奄掛號之例杜姦商請托之門乃其大者葢正德以來權姦用事鹽法大壞至公始一釐正區課

之外歲得羨銀一百三十餘萬解貯大倉大司農秦公表乞旌勞得賜羊酒文幣有差又造運船以省耗年之徵派清草場以來貧竈之復業至於講學興禮問苦賑饑所以敦士習續民命亹亹如也事竣巡按畿輔復巡按陝西所至獎廉正黜貪邪察宼隱除横暴在畿輔則奪勲貴濫討之莊田而歸之民發武吏積稔之罪惡而收其黨在陝西則正強宗驕横之罪而訓典昭華奏帶冒功之獘而名器審監臨舉選最號得人窮邊下邑靡不謳歷至於講學興禮問苦賑饑所以敦士習續民命一亹亹如淮揚焉事竣部議超擢會外艱弗果壬辰起

復掌河南道振紀揭紘匡益宏多時講官員缺大學士
方公薦公學行純明補翰林侍講公三疏力辭之已乃
陞南京太僕寺少卿未幾轉大理寺左少卿尋引疾告
歸居歲餘召還陞都察院右僉都御史巡撫延綏是時
邊計久疎公至罷不急之務汰無益之員躬勵將士融
以恩威慎審機宜戰守無失尤自節約以弭貪競忠信
以倡勇敢蓋凡所經畧壹意安攘而已故延鎮獨稱厎
寧己亥陞南京都察院右副都御史提督操江尋取廻
坐院進階嘉議大夫辛丑借吏部考察天下官員多覩
公爲準裁其年陞左副都御史會宣大總督之缺廷推

屬公公上疏言鄉人不便從事遂以忤旨落職爲民奈
邪召復原職巡撫寧夏凡所經畧安攘一如延綏時其
年陞兵部右侍郎兼都察院右僉都御史總督陝西三
邊軍務公至總統方畧計出萬全居中調度算靡遺策
大要以飭內治爲上廣德心爲本故其選將練兵整飭
設備率以靜制動以逸待勞臨事決議必開誠布公無
用智自私之意以故公威重如山岳惠流若江河云是
時四鎮大吏如翁公萬達等皆一時鴻碩之臣無弗敬
服公節制者前後斬獲首虜五百八十有奇生擒十一
奪獲馬駝六千二百有奇夷器一萬四千有奇賞璽書

金帛褒獎者三乙巳陞都察院右都御史仍兼兵部右
侍郎丙午陞戶部尚書督理太倉兼管西苑農事未任
以延綏失利被繫議配慶陽壬子召起用復以都察院
右副都御史巡撫延綏癸丑陞南京兵部右侍郎隨轉
本兵之左適丁繼母馮憂制終撫按交薦起用而公忽
不起矣公生於成化丙午十一月二十五日享年七十
有五葬於山寺平原之新兆從公卜也先是奏聞於朝
以公功德允元贈工部尚書謚襄敏仍廕一子送監讀
書其致祭造葬各遣官從事焉甚渥典也元配王氏累
封夫人生子賢路娶車氏早亡女一適車珏副室楊氏

李氏楊生子賢門殤女一適監生馮潮李生子平路卽鳳麟者聘綏德都御史孫公女賢路有子曰鉞卽官生公至御史歷太僕廷尉及中丞司馬皆簡授重殷罔弗宜序而經制西陲之功久且大矣然兩陟再窐未究厥勳其竭忠盡瘁而已者耶公忠孝仁明廉允剛毅涵養定正踐履精實尤博綜羣籍眇覿衆有而體當於一源故所出功行文辭不愧古人生平樂取人善尤好指誨後進泊懷遠度淵渟山峙令儀令望邦國之典型人倫之師表云所遺有恩光綵綸録心學圖南川紀年奏議文集各若干卷傳於世系之銘曰在昔貴立厥維德功

德由學懋功以德崇維公純備精典博通以事以業宜勤亮忠侍史僕射命滋益恭綏彼西土式遏寇戎文武是憲實司馬公進庸兩寔望出遂終入爲公惜公罔時恫謚贈徽顯曰襄司空再廕厥嗣俾世克鴻景行坦坦高山隆隆銘其費朽曷其有窮

新甃汾州城記　明孔天胤

夫城何言新甃也尚於舊也舊畚土而築而今包之甎也汾城古西河地其勢阻山帶河稱要害其城方廣千六百丈高三丈二尺蓋王制百雉之軌云隆慶元年丁卯北寇至攻石州城破遂憑陵我疆堡寇退乃大議繕

城三年已增高於舊一丈六尺然宿士屢見築壓則多塌於是分守左參政張公分巡副使董公劉公更議所以甃之乃命官計度其事有五一曰定功以包牆五十丈爲一功四面各八功通定三十二功計用工匠八百名夫七千二百名二曰定料以牆廣一丈高四丈八尺爲率定甎及石條石灰爲數各如干通用甎二千四百二十四萬枚石條四千丈灰萬車三曰定直計甎以萬石條以丈石灰以車爲率直銀爲兩各如干通用銀萬九千有奇計匠以百計夫以千爲率工食爲兩各如干通用銀七千二百有奇而餼廩犒賞之費居外四曰

定財計照糧起夫照夫徵銀出銀募夫而不用其力率以糧十石編夫一名名徵銀三兩凡以徵民兼之絺羨通得銀之爲兩二萬九千有奇五曰定委計功三十有二每功委官二員富民一名通用官民九十六人分管造作而州正佐二總管督視凡既備矣以五年辛未二月興事適張公陞去左參政紀公分巡乃申畫董正至六年壬申告有成緒其甕城之未甃濠隍之未挑者復次第綜理至萬歷元年癸酉六月告完其雉堞聯延樓櫓相望什器儲偫塡委錯陳其上隆崇參郿日薄星回其下盤紆鞏固環隄夾渠其周圍四面削成均毗巀嶪

卽易謂設險詩言崇墉蔑以過焉至其說以使民一勞而永逸藉以制事小費而大成其爲民社之計誠甚殷矣郡中因屬爲記外史氏曰昔楚使公輸班攻宋聞墨子之捷而謀解是公輸之善攻不如墨子之善守魏武侯謂山河之美而吳起折之以德是墨子之守又不如吳起之善故起守西河而秦兵不敢東鄉豈偶然哉夫天下之事忽於豫非智也畧於備非仁也怠於成非勇也當是時其修政教之紀乎其講府兵之制乎其舉團練之法乎其精器械乎其廣儲蓄乎其重官守乎神而明之存乎其人得其人萬事理不得其人失之千里明

明廟謨固迪之久矣是役也知州甯策議其始同知夏詔判官邱思敬總其事知州鄭逢時理其中知州周鐸纂其成而同知劉綸判官高魁吏目陳邦佐皆與有勞焉夫春秋之法君舉必書茲其大者記

寧鄉縣新遷儒學記　明吏部尚書喬宇

寧鄉縣本漢離石縣地今屬石州舊有學在縣西城下面山背壑陂陁峻側弗稱厥觀歲遠傾圮日甚且素之科目議者恒欲改圖之久未決嘉靖丁亥歲監察御史穆君相出按晉陽惓惓以興賢舉廢爲務於是太原知府黃君卿督知縣張軾訓導曹昌具以白君君欣然報

可曰學校不修則士無所景行而民不知方何以出治是誠不可已況改遷出於人心所同厥績易成爾尙擇善地用安厥土時提學副使劉君儲秀議以克合令軾輩卜日祭告鳩工聚材相地於縣之東南高爽疏塏芟刈荒穢别畚新土規制宏麗輪奐炳如凡爲大成殿六楹東西廡各二十二楹櫺星門四楹戟門四楹宰牲房造酒房各四楹殿之後爲明倫爲兩齋堂之後爲饌堂爲尊經閣各四楹側爲倉若庫若號舍凡五十楹後爲官舍凡三區區爲屋各十六楹戟門外爲楔二曰靜修曰致遠六廟兩腋爲射圃爲儀門聖賢像設及諸庖廩

祭器俱次第就緒是役也本於邑士夫與好義者翕然
樂助以資財力豐足公帑無耗創立於嘉靖戊子三月
十三日訖工於是歲閏十月三日僉謂穆君所以嘉惠
吾民者深不可不垂示永久乃據陽曲縣知縣崔廷槐
所述事由遣庠生靳堂王愚不遠數百里請文刻諸麗
牲之碑予辭弗獲爲之言曰聖人之道在天地間萬古
如一日爲上者以是立教則導民宏化沛施至洽之澤
爲士者以是爲學則業修德進以有成孝弟忠信之行
兹學肇遷敝於數十年而修於一旦固人才蔚興民俗
敦厚之始也推而廣之殆不止於掇巍科躋膴仕而已

章縫衿佩之徒自今而後其尚致力於學以無忝作人興教之意苟居於斯聚於斯若傳舍塗路然由之不知習矣不察而無振起策勵之功則廟學猶夫昔也所謂徒取觀美者亦奚貴乎改遷爲哉寧鄉之士可不知所勗哉用書以爲勸若分委其事者典史孫睿訓導吳宗仁義官史宗紀生員張錦而下凡若干人則附書於碑之陰

寧鄉縣增修城池記 明張珩

嘉靖癸丑東鹿賈子廸受簡命宰寧鄉下車即屬士大夫而告之曰某自都城聞庚子歲北寇由神池入嵐石

及寧蹂躪甚慘今欲休養疲敝之民預爲保障之計何如僉曰明公念及於此誠禦寇保民之急務也吾屬無慮矣越二載乙卯會欽差整飭石隰兵備雙石葛公面縛寇諜譯知酋長俺答欲伺秋深再舉檄郡邑長吏務深溝高壘爲民捍患令曰此有司所當日夕皇皇者也遂銳志荒度羣黎咸奮百工胥勸甫六月而厥功告成焉僉議太學生王子棟庠生王子希道輩執進士劉子有誠狀逾石句文時余習靜山中久疎鉛槧但重茲舉之關於安危甚大乃揖王子輩於雲巖精舍按狀以質之曰今天下之憂在寇患安攘之策在戰守詩美干城

易利弧矢不知令經畫城垣也果如狀東西倚山爲險因河爲池環帀雉堞雲樓祟闈曲闉爲足拒寇乎王子曰此形勝之故今增修如制矣又不知令登陴誓衆也果如狀彍弩負韇足伐寇謀鞮鼙枹鼓堪褫寇魄乎王子曰此土俗所未諳今下令徵集矣余曰古謂善守善戰者雖有金城湯池帶甲百萬若無食與信兵家謂之虛不知令果如狀義積之食足共晝夜更番之衆恩信之孚可收緩急效死之心乎王子曰城守者闔邑之軀命也信義者人心之固有也今令一鼓而民罔有不勃然興者余復訊之曰城守固善矣四境之內皆赤子也

不知令亦巡歷郊原相地據險教民爲堡寨除戎器在
在堅利可保無虞否乎王子曰此皆憲司所須條格也
令嘗出舍而經畫之斯亦足恃如城守然余聞之而歎
曰寧隸於石惟輔車相倚往歲寇薄石城危如累卵既
退未聞有爲善後之計不得已倡義鼓衆仕者居者各
輸貲有差大加修葺之勞屹成難犯之勢至今恃以無
恐者吾儕所自爲也今令遵憲度寇才畧務切庇民其
績誠可尚已斯舉勒石紀之亦足覘上之凡利於下者
必不能忘使冀北一路郡邑咸若時地方不有裨益哉
昔余按畿課士識令有折衝之材尋薦京闈筮仕疲邑

今觀作用若是則其素養豈不益徵矣夫稽東有王忠
毅者在明初守正不撓以靖寇保民特進勳階士林推
重令若德邵前修追襲芳軌所詣胡可量耶近建議者
因倭寇跳梁欲愼擇守令復古寓兵於農之意令非其
人與敢以是復王子若夫城之沿革里丈高闊及財用
之需區畫之善董役效勤之人備載舉人陳子謨碑故
得畧

孝義縣官署題名記 明劉大觀

孝義舊無題名碑予自嘉靖庚戌受命吏茲土即歷訪
前吏姓名欲礱石爲司馬公韋弦計乃詢故老稽往牒

得某人而下若干人上壽者莫之可考也已遂以不備爲輟迨今甲寅又閱三載復懼及今不録則愈久而愈晦也後之視今不由今之視昔邪乃即其知者刻之虚其右以俟來者嗚呼縣治之剏昉於曹魏元初兵燬地覆前無可考宜也乃明興二百八十年不見有是焉謂非闕典與雖鴻人達士揚烈垂聲如唐令楊仲昌氏固不假是石爲有無而循名責實勸善懲惡爲中材計者又豈可以終無邪覩斯石也其愼之毋使觀者得以指摘而致懲焉或亦相成之一道也是爲記

旌表孝烈坊記　明　孫陛

明興百七十餘年治教休明民物康阜文學理法之士彬彬然其盛矣而純孝懿行不槩見於天下得孝且烈者衷而異之豈非皇朝之令典所以勵行風世者哉嘉靖辛丑歲邊關不守蒙古擁衆入太原橫掠石州甚慘時郡守暨鄉大夫士協力登城防捍乃張舉人鈞憂惶彌切北鄉垂涕詢之謂父居城北別業不知寇至存亡未保有不諱鈞無死所矣閱四日寇退民舍燔燬虐焰尚熾亟奔出城親友勸之弗聽北至董家灣遇零賊數騎射中右肩墜馬褫其衣乃分鈞服令鈞還負痛獨行夜宿南村憤惋莫能寐及旦聞變首數觸地幾絶益狂

馳至水井墦父被害已二日收殮扺家躃踴悲號窮思極憤不能言矢毒內崩竟弗可藥巡按童御史漢臣以聞旌其門扁坊曰孝烈嗚呼志士耿耿一念格天地日可隳戈石可沒羽慤然孰能禦之始張君奔出城冀得救父否亦蚤奉父櫬歸葬萬萬無他慮所以冒攖賊鋒至死不悔乃今稱孝且烈信然張君鐵面修髯長軀偉狀望之知爲驍雄丈夫積學有鉅識倘獲用世必能爲國家樹大勲庸乃遭閔阨悲夫然孝烈之名永曜不蝕扶翊綱常有賴矣君胥子舉人洙從余遊饒有父風徵文鐫石追憶先忠烈公之變使非大憝速平聖明御極

余幾何不殞絕以從先公如張君也哉兹聞張君事願爲秉筆然感愴不自任其何能文

廣惠樓記　明劉有誠

吾邑距邊疆不數百里素罹寇毒闔境恐甚嘉靖癸丑夏東鹿賈公迪來宰是邑越乙卯刑政修明大舉役理葺我城池濬渠增堵頃至繕完樓臺亭直戎器備除壯觀且固堪爲一方保障戶部尚書南川公丙午鄉進士陽山公紀事甚詳嘉乃績也已而兵憲葛公縉文移所屬郡縣各於城北門駕樓閣像元武神以爲怯寇計守令罔不爲命丁巳歲余以仟運餉歸里樓適落成桴榱

飛雲琉璃爛日圖塑森嚴絢綵渥浮美矣哉敦役楊大
訓張宗顯郭鉉楊士廉衛君愛王憑數過予懇請爲之
記余惟天地間無處無神元武之實漫無稱稽指爲非
神者褻如必世人所傳者幻蓋北方之正神不假形像
而自存者以正驅邪退寇奚疑奚諾其請既賈公集賓
於樓余亦與宴時溽暑煽威鑠金爍石憑虛倚空浩蕩
無涯觴流三五而止爾乃兀然危坐送目四極諸峯砦
砦千章鬱蓊翔飛而鳴者禽鳥也倏忽而變者風雲也
悠洋而逝者流水也余默然若與道契有魚鳶飛躍之
趣公循欄倚與遠眺近睎凝眸者久之惻惻如有傷也

指掌而示余曰傴然而鋤禾者耕夫躩然而採桑者蠶婦皆吾赤子也吾與汝肉其食綺其衣消清暑於危樓挹薰風於紈扇其烜蒸倘爾此夫此婦誰爲之庇廕哉因酹余而歌曰瞻彼南畮蓺黍稷兮炎炎夏日田工郎兮嗟我盤餐農夫之力兮瞻彼田疆冉冉桑桑有女來只採葉盛筐載絲載錦爲我身章余亦爲公壽而歌曰嗟彼耕兮嗟彼織兮胡缺乃衣胡乏乃食民之父母其心孔盡其心孔盡民惠我德於是衆客次第稱觴且歌且飲歌既闋瓶亦罄日杳杳其西匿而賓主歸矣公遂益加振厲慨然以仁民爲志卜築後舍之東圃題曰後

樂識先憂也公餘輒退處靜思庸究實惠省刑薄斂春補秋助之政且行矣予欣然遂記曰神人理一政善則人和人和則神悅神人胥悅寔奚足畏公之威斯樓正將廣仁民之政也豈曰盡聽於神哉因以廣惠名樓是爲記

永寧州重修儒學記　明學道袁隨

永寧舊石州雖地邇邊徼而國家文明之化流暨遐洽士遊黌序者彬彬稱盛科不乏人隆慶丁卯秋邊騎壓境城墮守大肆殲焚仗義之夫守節之婦蹈水火而殞者不可勝紀士罹鋒鏑百三十人見之有慘目怵心之

狀事聞天子軫蒼生之念易名永寧擇吏守之時李子
春芳以兖州貳留署保德兹又攺太原署永寧乃憫艱
惆隱百方綏輯諸闕廢者急要而序理之謂學宮燬圮
士失其業首意率興遂仍貫拓址收遺增植所補修者
計三十楹有奇大成殿更爲廓潤臺級森峩闌欄楚飾
一新陳構飾加徃模又置神位具籩豆收經籍給巾服
學校之事完繕靡缺已已秋予蒞試掄稽知藝者補弟
子員幾及數三之二士皆喜其殘敝之餘而值此更創
之舉亦駸駸有嚮徃志李子來請記予謂此亦時數改
革之會不可以弗識乃言曰爾諸士遊兹學其知建設

初意哉嘗考周禮學校教人之法惟成周爲獨詳自鄉射飲至勞農訊獄受成獻馘之禮無不在於學不獨訓之德藝已爾故人材之盛俗化之隆雖罝兎野人咸腹心干城之侶夠羣士誨育者哉自是以後學雖代興而教之意浸失其失不惟罔志於武而論文者亦擷浮撦藻挾册獵名期僥倖於有司之選而求兼才鴻略洞然於忠孝之義足裨世用者不能常得佔俾之業徒資口吻且不能翼城守而衞鄉閭又奚望其他日效用策勳萬里之塗哉審如是則國家興學之意有司作新之功胥有負矣諸士其居業而思之學成於戊辰夏記之者

庚午春正月之吉

永寧州甎城記　明胡櫶

城曷爲而甎之謀久遠也今永寧非舊石州乎自昔隆慶丁卯遭寇陷易新名伊時非無城也城不足恃斯羅横厄耳省會大臣憫地方之變具疏請於朝曰永寧當三晉西鄙之衝業已殘毀城非環土之築可保宜易之以甎天子曰可令如議行諸執事奉命惟謹調工度費相地限時期底厥績經始於萬歷三年六月落成以七年九月大都供需之重發自藩儲擘畫之詳專責守土城四圍基用石壁頂睨牆悉用甎計千二十丈高計四

丈城門三門樓角樓八敵臺鋪房各二十六懸樓六十二馬道濠梁各如式所費錢穀夫匠料物備載公移城既成一方遺黎贍依戀藉始有樂生興事之心不可無紀也予因感今思舊喟然太息曰九邊各設重鎮畜養士馬凡以衛民也今寇騎一入民輒受禍則將與兵奚賴哉持邊籌者方且日繁興作朝議築臺暮議增堡龍荒萬里塹山堙谷盡欲操畚鍤樹樓堞以爲一時觀美偷安之謀初不謂邊庭宜戰內地宜守向令移築邊浮費繕腹裏諸城邑省增餉嬴餘休養吾民俾自爲守寇小犯責兵直挫其鋒寇大舉命將互擣其穴聲勢相倚

臂指相援萬一深入民胥登城清野高壘可恃足保無虞亦奚懼驕寇之憑凌哉嗟夫既往不咎將來可追今城誠堅矣敗亡之後人戶凋殘室家離散勞來安集之方所以宜先致意也戎器未除生理未復勸農講武之法所宜先亟圖也市廛敝則商旅不行倉廩虛則饑莩無救賑貸積儲之政所宜兼舉而不容緩也他若偵盤詰以防奸人明法令以禁暴客減徭賦以恤困窮益民兵以增戍守敦禮教以回風俗賢司牧者悉心注措不遺餘力庶幾聲名文物之舊可望漸復也昔人云十年生聚十年教訓則政有經而民可使矣不然瘡痍未起

繭絲如故雖有崇城誰其守之予不佞綢繆過計有言必盡如此後來者諦觀於斯勿謂常談則予郡士若民其永孚於休乎是役也部院兩臺公祖楊公巍趙公孔昭方公逢時吳公兌鄭公洛朱公笈崔公鏞高公文薦賀公一桂孫公代田公樂賈公如式黃公應坤本道司府公祖徐公行張公夢鯉秦公吉士張公大道王公子惠房公如式喬公應春梁公式張公修吉李公春芳州主父母先劉公祐高公光陳公嘉謨與今許公天球皆於城工與有力者悉書之記

新城南上堡水神廟記　明　劉藎臣

余村自昔建有水母廟溢灰南東郲二泉資上中下三堡溉資賴靈長之德有以利濟無涯歲時報享之宜也鎮神向無主名意水爲天下之至柔有母德焉故以母道事之歟維廟宇日就傾頹衆懼無以妥神之靈也相約整修解囊不吝衆志維勤凡費白金百兩工不币月煥然增美於前於是父老畢集旣焚香奠神藹吾乃遍告之曰茲水賴神之靈吾三堡三分其利毎分三日週而復始次第輪流向無爭奪誠恐日久弊生致水澤有不均之患非但人起訟端而神其馨此黍稷乎僉曰願子孫世世守此舊規若有違者唯神殛之因記斯廟

之修而幷勤諸石以垂於後時萬歷八年春仲也

臨縣陳侯石砌城隄記　明雷應志

臨之治屬於山西太原府而其城肇於金之大定我朝洪武二年繕仍舊址至正德辛未始增置外城然崇不過丈餘闊不盈數尺亦藩籬之形跡耳非保障之策也壬子高廣其制第以距東一面川原平敞正寇賊躍馬之區受大河衝決之害歲傾而歲葺之官勞心民勞力雖智巧百出莫可施其計也河南賀侯嘗築隄以防之矣而瀰瀰者如故關中吳公嘗砌石以城之矣而崩決者如故編杙挑濠鑿渠引流無歲不然民之生業盡廢

自修葺以來歲計丁夫之費已至百萬餘金而百姓迄無寧宇每歲二月興工之際逃竄避役者扶攜塞道臨爲太原庶富之鄉而今困敝若此以修城之役所致也幸際陳侯來蒞是邑明敏果銳暇豫以應旁午之政廢墜悉爲興理乃集士紳耆老親詣衝流要害之地而告之曰徒濬河漕築沙隄眞以有限之民財填無窮之鉅浸耳無怪其工之不成也莫若爲大石以砌高隄而蟠根以護其基而堅固以完其縫斯可障狂瀾而東之此一勞永逸萬世無疆之休也侯毅然任之不爲羣議所搖凡規制之力日期之限用度之數靡不計算周悉且

夙夜程督始終無倦甫期月而隄成再踰歲而功就如岡如陵水之泛漲者屢至而不愆其行工始於萬歷丁丑之三月越戊寅之九月告成沍寒之月息役實計一十有四月告竣侯諱舜道字希孟新槐其別號也保定府興安縣人績難以悉數院道旌章紛馳疊上凡國家難剖民情召侯至而立判之能聲籍甚別有功德之石

汾州西關建城記　明侍郎王緝

夫保障之道莫大於金城湯池若據要衝完形勝尤金湯萬全之計顧兩端俱備輿圖所難乃今汾郡兼得之汾古西河地彪卜雄峙於西北汾曲瀠洄於東南山河

之國甫來續美第宗藩繁衍風俗競奢囊中藏事外飾靡靡無度致使北虜窺伺延頸垂涎往昔之虞無論已迨隆慶丁卯秋遂大舉入寇路徑石州攻破之徑抵汾州雖大城有備無敢近而郊坰村落不任傷殘夷考其來則由偏關夫吾北邊境其關有三中寧武東鴈門其勢皆與雲中相表裏寇犯而顧忌尾後多不深入惟偏頭一關孤懸西陲一失守則犇突長驅與嵐而下險無可扼汾城西面首當其衝識者有隱憂焉謂宜城守西關以遏其鋒又謂東北南三關俱有城軍民安堵大城亦倚之堂奧藩離中外相制獨西關不城是四肢闕一

形勝弗完矣我郡伯白公之守汾也不期月而功德懋著頌者軫念地方爲久安計正在經營適大參知梁公以分守下車仁政鴻猷若合符節遂建議爰白兩院創建此城仍移守備兵馬駐劄訓練令甫下晉掌臬司張公繼政先後協心肇自九月八日至次月八日即有成緒週廻三里許共五百六十八丈基廣二丈八尺頂闊一丈四尺墉崇二丈五尺加以雉堞六尺通計三丈一尺其方如矩其峙如岳墉外壕塹二丈俯深仰高巍巍然矣墉之隅有敵臺共四座門之旁有護臺共八座隨臺鋪舍共十二間守望擊柝咸得所依葢匪特規制森

嚴而布置更周市形勝至此完矣要衝於此據矣乃白公慮遠思深城外濠塹並城內田糧悉與開除催科之阡陌轉爲寧靖之閭閻宜聚者之日庶也梁公諱問孟號靜齋河南新鄉縣人張公諱一霽號襄野河南睢陽衛人白公諱夏號道南河南潁川衛人同知州事王君專董其事經理綜覈日無虛時其功亦不可泯王君諱登雲號澤菴陝西高臺所人

汾州府題名記　明侍郎王緝

汾州府舊汾州也聖主初升爲郡汾故西河地州賾有祝融城而陶邑實隸焉州秩既不能制兩藩子姓且訟

獄經道府途寥邈艱徃來又與靈石接壤監司分總職事互諉故魏中丞以設郡請制特報可汾改爲汾陽縣而孝義平遥介休仍其舊益以太原之永寧寧鄉臨縣平陽之靈石沁州之沁源武鄉凡爲州者二爲邑者九內絡晉陽外控林胡體統尊嚴巍然稱重鎮矣太守盧公首蒞是郡與郡丞白公郡倅于公司理劉公法宜有題名記夫二千石之任鉅矣置貳設糾參錯爲理又何容易幷冀際二百載熙平而汾郡正當更始剏丕基以開後軌俾嗣仕者曰某也循某也良咸仰止而則效之以貽十一城休烈詎不於新治大有光哉召伯甘棠之

勿剪何武去後而見思芳名實自今兆矣不佞敢先齊民須且用以俟來者

新設汾州府碑記　明禮部右侍郎馮琦

萬歷二十三年五月二十四日山西撫臣允貞上言汾稱州所從來久然於地寔不便州有兩藩邸子孫以千百乘勢嚙小民持吏短長州吏權輕不足示彈壓不便一其地商賈走集民物浩穰俗用奢靡相高訟獄滋煩凡大獄經道府始決往返論報數百里疲於奔命不便二邑於州名爲屬寔有輕州吏心州亦不能自持其體撫按有所咨問皆署其考上上晉中直隸州凡四諸錢

穀法當互稽覈而叅佐瑣尾不足稱任使不便三汾與永寧近當路塞石州之變岌岌震於鄰故汾設守備有警移住永寧永寧隸冀寧道汾州隸冀南道兩地故多盜事發相諉不便四臣竊覩其山川形勢與人物畜産名雖州其實郡也臣請遂建爲郡設附郭邑而割太原之永寧寧鄉臨平陽之靈石沁沁源武鄉皆隸之臣謹與督臣按臣議以爲便昧死以聞制下部議戶部尚書臣俊民議曰汾州在先朝數議改郡迄無肯任之者撫臣允貞擔荷甚力汾隔永寧踰黃河接延安榆林屹然爲扞蔽於西陲臣俊民晉人任其議必可行也請遂改

汾州爲郡設附郭邑及割諸州邑屬之皆如撫臣章制口可名府曰汾州縣曰汾陽乃設官郡守及貳倅理各一人縣令丞簿尉各一人乃建學宮設博士廣諸弟子員乃建長盈倉乃建府治自堂序及廨舍凡四百十楹改故州治爲汾陽縣治乃擇良二千石視事與百姓更始擇良監司檢察非法董治之於是藩邸約束諸王孫凛凛奉法諸州邑政令皆禀於郡民有訟獄皆就其郡取衷相維民是以和内拱偏關外聯絡塞上稱重鎮焉是役也後先費金八千二百有奇金取諸榷稅力取諸薪粲一錢一役勿以煩民凡八閱月而竣始終皆中丞

魏公爲政云既告成事魏公請歸養疏三上上不許而會廷中見推擢爲廷尉爲少司寇疏入久不報上若曰今天下撫臣爲國計久遠謀事見本末不以險易易慮無如魏中丞中丞經畫塞上拊循吏民方有緒若始之若終之事事其有成績若建茲郡也嗚呼上意深遠矣是役也始與中丞合詞以請者制府尚書蕭公御史劉公騎公黃公也咨議則布政司萬公方公參政甯公薛公經理則參政麻公汾州守盧公而太原同知武君汾州同知白君通判于君推官劉君皆與有勞焉法得並書吏臣琦旣記其事爲之詞曰惟晉之雄被山帶河厥

河惟汾泙渫揚波古有名城控其上游或郡或州亦有建侯建侯維藩鬱彼椒聊或饑而梏或盈且驕惟汾之民士女如雲輷輷殷殷訟滋而棼自石之戕烽火相望民用震驚乃飭乃兵乃治乃城崇墉言言乃增其郛百雉連連中丞來宣原隰膴膴疏請于朝易州而府于藩于臬爾謀旣同旣同爾謀荒度爾工乃室乃堂乃庾乃倉乃立泮宮多士思皇乃劃疆土錯壤而理如臂於指則惟所使言察其屬以莫不肅如車有輻皆共一轂匪劬匪勞有此安宅總總下民靡不手額在昔疆宗恣其武健今且斂手奉天之憲在昔質成千里而赴其在於

今不離跬步昔議爲郡屢議屢格豈其今日乃言厎績嗟彼宦遊再歲而遷誰以歲月計千百年誰其尸之惟魏中丞永利是營大猷是經經之營之中丞之謀匪中丞之謀天子之休羣山北走大河西來千萬斯年惟保障哉

汾陽縣題名記　明蔡成巳

寓内治有題名舊矣記題名者志實也夫名實相須榮辱永永係之噫可懼乎哉汾陽縣舊汾州也汾宗踰閑民健訟回視有汾沮洳之俗胥壞矣蒞斯土者誰不艱之撫臺南樂魏公爲汾計改府疏入旨可以汾陽附焉

若時有百務倥傯文移旁午官郎夙夜拮据兢兢憂恐供職不遑且強宗刁民率沿舊習藐法度輒令就之約束中艱哉余乙未冬月三原調繁來宰斯邑欲爲記不果今年冬余僚友高陵劉君永寧祿君僉曰縣令新建之題名脫或不記吾儕異日名泯泯矣余曰嘻可懼乎哉輒思之人心有淸議在至曰某良士某不肖嘖嘖口碑詎俟異日而始臧否之耶則斯記也洵不可已焉者諸君曰唯唯若淬勵之無忝厥名期與諸君共勗之

建汾陽縣儒學記　明禮部尚書余繼登

萬歷二十有三載中丞魏公撫晉之明年請改汾州爲

府設汾陽縣以附之移州學爲府學而汾陽建學設官如制詔可於是中丞公檄冀南分守叅政麻公督同知白象知縣蔡成巳相郡東關巽隅得地一區長八十丈闊四之一諏日鳩工飭材庀具中爲大成殿五楹南角房各四楹北角房各三楹大成門三楹外爲名宦鄉賢祠各三楹又外爲欞星坊者一右爲明倫堂五楹上爲尊經閣東西齋房各一楹居仁由義門各一儀門一東西號房各十楹儒學門三楹後左爲敬一亭三楹右爲啟聖祠三楹又後教諭訓導宅各十六楹前爲泮池其城雉對峙者爲青雲坊一費取諸撫院酒課暨修府支

剩餘銀夫役取諸民壯於百姓無與焉計物與價計工
與值價無濫值工無曠日經始於二十四年七月至明
年三月而工成費金錢二千四百有奇役竣麻君以中
丞公命徵予爲記予旣紀其歲月而復申告多士曰學
以明倫自三代至今未之有易非不欲易以窮理盡性
此其本原化民成俗此其要務不可易也子夏老於西
河非汾人所嚴事者乎彼以文學稱於聖門而其所謂
學者不越父子君臣朋友之事後乃有高談性命妄稱
頓悟其流之弊至謂人倫爲幻景悖倫爲鄙事此學之
大蠹而兩觀之誅所必不赦者汾士生於賢聖之域即

服聖賢之訓天性醇朴必不惑志於邪術此無足慮然不慮諸士之有惑志而慮諸士之無定志也以子夏之賢心志不定不免入聞聖道而悅出見紛華而悅而況於後之人孔子十五志學三十始立四十始不惑不惑始定立未可以言不惑也是豈旋致而立效者邪靑衿之士羣聚學宮誦讀孔孟其志孰不欲爲孔爲孟紛華靡麗與接爲構又薾然靡執矣此不定志之故也故曰隱居以求其志求志者求定其志而已諸士方隱居之時學宜無先於此者志於道德志於功名原無兩念道德虛位功名實用用之而正功名亦道德也孔子思東

周顔子問爲邦何嘗厭薄功名彼以功名爲可厭薄者爲世之一切就功名者言耳自寻適籍而靜觀功名之士或趨勢或趨名或朝附勢而暮附名或陰爲勢而陽爲名此其人百巧百慧自佹必得卒之有得有不得爲世所指笑惟定志之士不然目無勢心無名廉不言貧勤不言苦忠不言已勁功不言已能世或信或疑或巧排而思中官或升或沉或齟齬而不遹惟獨立獨行一意而不變若中丞公是也諸士觀其訓士與其服官者而其志可識矣夫士也既已俛首受書自異於凡民奈之何志不素定以至隨時上下如波流頹靡宛轉無一

特操哉此士之恥而教之不明也予繆典三禮職司教化憤邪術之汨士而士無眞心一志爲國家分猷念者故思與諸士共圖之詩曰視民不恌君子是則是效予不佞無足爲視者諸士而思則效有中丞公在矣中丞公名允貞大名府南樂人麻君名溶寧國府宣成人及諸有事茲役者法得并書於後

魏公生祠記　明王宇

辛丑之春時當大計山西巡撫都御史魏巡按御史趙巡鹽御史汪交章薦平遥縣知縣魏廉善可風上嘉獎之課最還職治化益宏民心愈勸咸謂永沐洪庥矣無

何以內艱歸闔境士民莫不悲愕皇皇焉如赤子之失慈母扳轅泣送者連絡數十里不絕既而相與議曰公雖去矣公之德澤在人心者終不可忘盍建生祠祀公庶少寄涓涯之報於萬一耳一時捐貲相助者無慮數千百人衆白其事於守道左叅政劉因俞成之遂度地於太平興國觀東搆正堂過庭各四楹廂房各三楹門寢堦垣咸備不數月而厥功告成堂之中肖公像四時致祀朔望則瞻拜其宇下凡入公之祠睹公像者則思公之德不置至有感泣弗忍去者又相與議曰祠雖建矣不勒記於石將何以垂永久昭來禩乎因托介請記

於余余幸接壤公治聞公治狀最詳姑撫其大者公諱學徵號忠軒陜之咸陽人以乙酉鄉薦筮任平遥下車之始一以剔弊維風懲惡又善爲己任且其秉性清潔毫無所染裁冗費革行戶閭閻供億之擾十去其九先是奸蠹横恣以至侵欺百端飛詭萬狀種種爲民害公至詧其尤者重懲以法餘悉許令自新而百年之弊習盡洗縣俗好訟甚至捐軀破産而不顧者有之公惟諭以曲直俾自悔愧不罰片紙狡焉者悉皆易慮矣時遭歲祲呼庚癸者萬口嗷嗷公乃深加軫念捐俸煑粥仍勸富室輸粟以賑濟之其所全活者不可數計又給穀

助民使開渠道或分中都麓臺二河或引汾涉二水以資灌溉鹹鹵盡爲沃壤歲可常稔事聞三院翕然稱善遂刻入三晉救荒政册永爲遵行以成萬世之大利是以蒸黎樂業貢賦易辦縣糧五萬餘石甫下令而畢完非其大效哉至如修學宫以新士志建常平以廣儲蓄藥局設而民登壽域保甲嚴而奸宄潛踪是皆本愛民之實心行惠民之實政以力追古循良之芳躅者也故歷任猶未及乎三年害已無不除利已無不興而百姓頌德院道旌能比其去也宜民之感而思思而建祠以祀夫豈有私於公哉乃一念愛戴之誠弗容自已焉耳

況公裕養經濟大用有期將沛膏澤於寰區流盛名於天壤爲我朝名臣自有太史紀績太常議祀其所樽俎而尸祝之者寧止乎平遥之民爲然哉余因樂爲之記以告夫世之司民社者

重修汾州府治碑　明知府崔士棨

汾故州也因宗藩難治改府彈壓之凡事苟完廳事儘有可觀守倅住宅則促矣家眷僕多至難居處予稱慨焉稽庫有餘金請於撫臺白公允其請用千餘金買民居十丈闊與治等又用五百金建樓一座東西房各三楹三廳亦如之頗稱衙宇庶幾苟美哉嗚呼可已而作

之者迷民者也可作而已之者厲民者也旣爲府治令其淺促卑隘何以示觀又值歲荒令民就食用其力而救其饑豈不良便乎作於是年四月落成於夏末董其事者經歷鄧浩仁也

重修寧鄉縣儒學記

明禮部郎中王編

皇上承乾履泰久道作人文教翔洽彬彬稱盛葢三十年所矣以余譾且昧也承乏儀曹道化汙隆與有其責頃緣風教漸蝕士習漸窳附大宗伯條上事宜荷蒙俞允須行天下嘉與更始有能廣勵功令嘉意賢關固其所樂聞也寧鄉有學厥惟舊矣近洛南張公會一慨飭

余亦嘗辱一言以紀歲月則之西廡旋復告圯議修者譁然逮至主者意難之今年懷仁王公以瑞城亞尹奉劄代篆值歲祲饉前政多所闕失比封之內訟獄煩興所在蕭條公至恤民隱剔吏蠹簡訟清刑輕徭戢盜而諸所稱塞狀甚悉聞廡廟不葺故曰押櫝何矣償我狃前後復狃我將縣官何賴郎捐俸命役鳩工庀材財匪帑需力罔農妨撤其敝壞而繕完之櫺星中外卓成麗觀博士弟子程先生輩謀所以永公勛也徵余爲記余不佞竊爲古造士於學三代其盛乎庠序學校之爲名君臣父子兄弟夫婦朋友之爲倫典謨雅頌卦爻之爲

誦縞收轁紳琮璜琚瑀之爲佩服逶迤歌擊之爲容聲
而諸學士大夫類能舉之逮而衰也師之誨與弟子之
學並束於經生之制呻吟佔僤以希一旦之青紫目若
望洋心揺揺若懸旌即孝友睦婣任恤且不知爲何物
奚學之足云諸學士大夫類亦能訾之乃至於今而極
矣夫遠不能舉三代我高皇帝定鼎之初制詔天下州
縣立學羣之師儒且廩餼之文教濃郁人文倍出鉅之
鼎彝爛焉宇內屬者詔釐文體申飭士行天下翕然嚮
風猶有以爲諟我者彼且焜傳注甚而左袒竺曇矣彼
且湫程度甚而白眉軋茁矣彼且分以內置不修嚚然

炫於程墨之外甚而憑藉宮牆恣行胸臆矣而且攘袂爲敢鼓噪爲義而且武健示俠而且建言示豪而且設局封已而且揑造黙人雍容俎豆之側跳梁尼父之敎嗚呼簡書在前月旦在後踰越若此誰其馴之茲又學士大夫不足訾者也夫王公修學誡不溺所職矣多士幸際明時欽承訓典胡不覆爲聖道自修此身由詩書踐迹古人而於彜倫日用斤斤不骫尺寸則世道人心終必賴之異日者出菰蘆膺弓旌爲明天子所倚重將經以治事文以飾政行以維世勳在社稷功在旂常名實騰瀾光照日月上不負國家所儲育中不負王公所

修飭下不負一已所穡養而秉筆紀績者亦有榮施矣哉昔范無擇修袁州學記之者李太白天下至今兩豔之余不佞雅非其人王公盛美不在無擇下余所爲獨纓而搦管也王公諱誠一河南永城縣人懷仁其別號云

甘泉溝水利記　明張惟學

邑古臨州地山多峯嶂嶙岏田率塉塌坡坳故山田多崎嶇無畷畛以疆理川田雖平坦無溝澮以蓄洩無畷畛則不能受水無溝澮則不能用水縱使隨地皆水亦何利焉臨邑湫川北自興縣而來自縣南三变又西南

折而出大同磧口其閒千溝萬壑之水會歸於此而入
黃河自前至今無人治之以興其利西浙諸葛侯莅臨
邑見山田川田之均不得其利也乃緲疏渠築壩引水
滋田之制其渠道之深與寬相等其隄堰之高與厚相
等度地以分區區分以畦塍植以粳稻乃以隄堰逆其
水以渠道公其流引而注之于南畮曲盡水利法故邑
人效以播種耕耨而歲得豐登民歌大有昔人作三石
人以止水漲作五石犀以壓水精鑿山分三十六派以
灌溉田畮與製木龍以殺水怒見汾水暴漲築大隄栽
柳萬株以堅隄防以禦洶湧皆因水以興利捍患而一

時蒙其惠利者也今侯治臨因水興利人無旱乾之憂田有嘉禾之慶侯興水利利民明德遠矣較之昔人亦何媿乎

鸑鷟泉水利記　明王一魁

初邑民温恕等爭鸑鷟泉水利聚訟有年不能止余蒞任未閱月上官命平此訟以息爭端卽詣泉所召三河父老遍問致訟之原謂昔時水之所至地卽灌之今豪強之徒覩爲利藪往往多壟斷謀故有有地無水有水無地諸弊有地無水者自來無買水券不能引水溉地旱則苗槁有水無地者自來有買水券雖無地可澆得

以市利於是訟者囫起矣余以爲地者糧之自出水者地之資生糧與地不能判而爲兩則地與水能分而爲二乎因與民約曰自今伊始不論水劵之有無惟旣輸水利之糧卽當按程分灌後凡賣水地者水卽隨之不得賣地不賣水賣水不賣地復循夙弊如此有水無水皆曉然於人之耳目縱有豪强之徒亦知法之嚴一無所施其狡獪寧不貧富相安爭奪可息邪父老聽斷之下無不稱便乃與主簿浦君命書吏取水地圖籍與民冧劵校對計畮分水仍註諸册使不能紊亂大畧具矣而巡按御史文公謂水地與平坡糧之輕重遠甚册中

尚未昭悉且買水買地百姓各爲世業今日驟爲更張民情果帖然服邪輪澆之法向先自下而上今仍如舊邪事屬更始不厭詳審余復按册稽之自萬歷九年清丈地畮就見在水程計水地二百九頃六十五畮有奇每畮水糧八升一合共水糧千六百九十八石而嬴又自萬歷十年至十六年接續更正平坡沙鹹地爲水地十一頃二十九畮有奇加水糧二十九石而嬴今復清出水地四頃二畮有奇加水糧八石四斗而嬴較之九年清丈時溢出水地十四頃三十二畮有奇水糧三十八石而嬴仍解豐贍庫存儲倘國家有加賦之條民地

有陵谷之虞卽可絕長補短無庸重累我民更有本非水地私買水程計地十三頃九畮有奇仍改平坡申詳各上官訖既關民利不得不勒石以記之而灰柳二泉水地二十三頃九十一畮有奇水糧百九十三石而贏水程二十三程十時舁載入焉至灌溉之法自下而上自昔良規不能易也

創建城臺記　明李文郁

常聞聖人爲戒必於方盛之時故泰之復隍豐之日中易惓惓焉臨西北近邊往歲外藩款貢西隔黃流天塹二十餘年邊無牧馬農徂其野士庶方恬熈相慶我邑

侯古瀛常公憂深慮遠不憚艱勞築南北二臺甃以甎石繚以周垣房各十五間令其中可容千人南臺中屋匾曰有備堂左柵曰齊心防守右柵曰協力折衝中一大池名曰待渴取以逸待勞以近待遠以飽待饑之意北臺中匾曰無侮堂左柵曰未雨徹土右柵曰先霜戒水池亦如之每臺蓄器械什物不少缺焉夫當今盛際凜凜如對壘處心積慮寧可尋常測度邪昔姬公賦鴟鴞尼父稱知道周情孔思孰有如公者其工始於丁酉四月至八月而落成匾書盡方勸課合矩民不稱疲財不稱耗後必有採拾所聞以傳之史册者茲姑紀其始

宋公諱時芳字允桂直隸交河人

卜子祠記 明 錢以塏

先賢卜子夏衛人講學西河爲魏文侯師其終老於西河或復歸於衛史未之載也河津有子夏墓芮城亦有子夏墓而孝義縣西有三子墓三子者謂子夏田子方段干木是益荒唐不可信而通志並載之乃隰州則亦有子夏墓云夫世所傳古蹟大抵出於傅會有好事者創其說復有好事者傳述之而其後遂不可辨一遇博物洽聞之士考今訂古徒滋一笑而已矣雖然五方之人性不同曰某所某奸佞之所居也則怫然以爲辱某

所某聖賢之所處也則欣然以爲榮爲榮爲辱不言而
同然是郎可以徵人性之本善也彼夫埋魂委骨邱夷
陵毁石馬蜥湮豐碑卧草蓋不知凡幾曾未有稽其姓
氏攷其里居官爵而爲之欷歔憑弔者乃若先賢一抔
土微茫疑似之間遂若信之切慕之深勃然動墟廟之
思僾然有羨牆之見此一念也謂非可與爲賢可與爲
聖之機也哉

重修虹霽橋碑記　明馬初登

汾水出自太原入於河其汪洋數百里灤洄旋轉以至
余邑之西南谷口若歸國門際聖明一瀉浩瀚奔騰滿

注其兩岸之山氣氤氲如蒸山麓有長橋卧於波上余嘗憑高遠望見若神龍翔舞而來水天蕩漾而應虹倚銀漢彩見雲端亦一方之勝槩也堪輿家謂太原一川之脈關闌於斯信不爽云然形勝之說儒者不道吾獨美虹霽一橋蓋晉陽土易汾水善潰倏忽遷流橋梁罔功故斯所徑非舟莫渡惟此谷連山參差土勁多石是以泛濫橫肆之勢至此若聽約束而津梁不受衝齧若乃秋水時至萬頃一碧地勢冥迷泥沙決裂舟楫不還深淺難測彼汾一方嗟限南北斯橋獨以天塹一虹通全省之血脈是非太原一川之脈關闌於斯實太原一

川之脈疏通於斯也而橋斷而石殞如斯人何鄉耆衆糾首等咸有利濟之意共爲扼腕道士李常靜苦鍊身心遇修葺頂踵從之故協力經營於今年三月告成計圯之日僅半載餘也又增碑坊二座如左右翼起三官廟於西以鎮之余嘉數父老及道士之功爲全晉利賴無窮也故爲之記

靈濟祠寢室記　明　王文清

余遊仕南北履跡幾遍未見有爲華君祠者吾州前輩進士于公諱坦特刱州南城外余年未舞象嘗咿唔其地見祈禜者徃徃得紅白丸更摩娑壁上神馬篇而誦

之欣然竊有異焉及常感痰症喘嗽怔忡幾不可保家貧不能延醫先母宜人日夜撫而哭之予亦若瞑目長往者魂夢飄飄忽如入華君廟中見一道人癯瘠藍褸方解衣捫蝨余前揖道人命之坐從衣縫中取一紅丸爍爍有光即以手納余口曰吞此可以立瘥及醒沉疴頓失精神如舊有頃余兄亦語余曰夜夢華君饋爾丹粒信哉其爲神力之所療也越一日先母攜余至神所謝曰吾兒後日富貴當爲神立寢宮復再囑勿忘逮余叨冐至今每念先母之言泣而雨血天啟丁卯從南部休沐即欲闢地授工柰大殿獻殿兩廡頹圮正甚余曰

前殿廢而寢室將焉用之於是先理前殿金碧琉璃煥然舉舉崇正庚午余以差歸始捐金爲舊願計諸鄉友亦協力助之正北砌甎蓋三空上建祠三楹內列神像下掛小房二間大殿後餘空地一區欲蓋呂祖洞尚有待未果甲戌余從天水罷便即神所廟祝請余爲記余曰昔陸賢病篤感神僧之入夢而病尋愈杜燮死已七日夢董奉以藥沃之遂立甦余德不逮古人而華神入夢於貧寒之時則神之佑我亦殷矣神生時每遇人疾或伐骨破髓或洗腸刮胃療治神奇爲千古醫方之所不載不幸爲阿瞞所中而其術遂不傳然神靈顯異則

萬代如新也余不暇摭拾其事即以余證備記敢忘神力乎哉時先後督工并助貲姓氏例得並書於後

冀南道兵備副使王公平寇碑

吾冀之南鄙賴國家福敉寧無事戶口蕃殖鷄犬之聲相聞有康衢擊壤之風葢二百六十年於兹矣往者闖中震鄰言竊有杞憂無何賊王家印以萬衆渡汾水而南壬申秋七月賊遂以十數萬衆綿亘百餘里壓高都而西子女玉帛厭而去踰且月一至焉沁之南暨邑東西賊建號樹幟者不一而足或以萬計或數千既揭竿嘯從者且十五六至若上黨汾水亦不啻幾過於是聖

主遣大將軍率偏裨凡若而人更敕大中丞親履行間少詹再以嚴旨切責邊司馬輟宣雲來視其事又再遣軍容日夜督察罔少怠先是既飽賊公私如洗賊十五六過兵尾其後者數如之壬申秋稍有獲初尚踴躍供億父老子弟更相勸勉曰此二百餘年纔有今日爾敢愛其餘悉索敝賦以充壺漿不幸大軍之後又以災告賊氛既未衰滅我師與發未已瓶罄罍恥可柰何且大將軍建旗鼓來者凡幾易偏裨而下材官蹶張各率所部冀厭厭欲未易更僕數然緜蕞發縱之機愚闇未知所屬格格不相能而文武遠近中外之間叩籲不靈軍

容奉簡書赫然居其間吁難言之矣往者芹池之捷賊巳踰吾邑而西五六十里時偏將軍領二千之衆旣越富店問誰督之令共啣枚而返殺千餘級賊遂鳥獸散乎龍泉之捷賊巳數萬據潤城白巷恒舞酣歌曹將軍出賊不意殺賊數千除墮崖塹而死暨所獲婦女無算計先後大小之捷茲爲首功賊膽裂於龍泉之戰後不復飲馬於沁陽問誰督趨大將軍卷甲而趨夜發高都行百餘里賊驚從天而下也流寇禍始關中強半桴卒日者踰關逃伍嘯聚輌轤間效尤家印問誰曉譬禍福以千金犒首從遂下馬投戈感恩圖報後皆得當以報

究不至逆叛之害而反受撫之利乎冀之南守與巡各畫地而治若農之有畔也誰能左右晝朝潞子而暮汾水拮据卒瘏奔走永寧石樓閒三交坪豪子原督率兵將大小數十戰所殺虜過當不以代庖卸擔者乎郡縣被兵者二年餘矣納屨踵決正冠纓絕茲其時矣兵至之數與賊相當供億之苦亦等焚掠問吾父老何以不怨年來芻饟無算丁抽畮稅應命如響懷誰之恩感誰之義而令子來如茲也軍容之役吾未之前聞也一切上下之文率功令所不載往者豪傑之士且曰吾有捋此鷄肋爾今中外多故簡書在上諸司令勢不得強項

曰吾覘此冠紐土苴也問誰調停其間曰吾赤子方在水火我爲父母不救焚拯溺而區區爲倔強之故自矜豪舉乎將受命則忘其家援枹而鼓則忘其身茲且驕蹇無人禮至擁綵肉得所掠娟靚諸於繡驅以見兵使者又偏裨而下半以廢閑從志在玉帛幸則躐其功罪無所歸問誰駕馭之貪者驕者狙詐者究皆束於文法得奏寸尺之功而我卒借其半臂也宣雲非無事之地也大中丞臨至晉賊豕突狠奔東西無已時更風雲之變將在呼吸年來倉卒機宜邊司馬御史大夫直指使者皆從容受成於誰氏之手軍興既無惟正守令從事

卒不至襟肘及羽書旁午牒訴倥偬率從稟誰成也客兵之害葢從古記之矣豈惟兵諸大小將領有事而至吾土皆客也年來往返之積殆不啻百萬矣此百萬之客誰爲主人令去來無恙且令得奏膚功也不寧惟是辛未水峪之役賊以數千僭號九龍窩穴於兹盤據五百餘里匪朝伊夕矣有司匿不以報當事者卽知之曰姑有待爾使此賊尚未授首當紫金諸賊跳梁之秋東西響應上黨高都皆此賊駕輕就熟之地一犄之一角之踞太行之脊進戰退守恐今日尚未得朝食也誰爲從薪之謀毅然搗其穴不幸而中伏芒額中創者至再

三事幾殆矣奮臂再呼渠魁授首遂犁其庭獻俘於闕曾未幾時西賊見告我遂得一意攻守無東顧之憂也三晉有事三年於此不爲不久其間兵民上下中外文武蹯弁之際戛乎難以覼縷矣卽御史大夫將軍且二易焉又其間朝更夕易者不知凡幾獨使君幾幾於後先久近卒奏破斧之歌此豈爲苟且之政儌倖萬一耶使君諱肇生山東掖縣人以司農郎奉勅而來頃賊濵河以南秦楚騷然朝廷復簡少司馬陳公奇瑜節制諸省仍以使君監其軍竹帛鐘鼎之勳方新未艾也

介休縣禱關廟記　明　劉正宗

三晉夙稱天府爲中原必爭之地而介邑適處衝衢且商賈四方輻輳邑屋萬家不得不深保聚計況今流寇多出沒於此哉初隆萬間蒙古屢警城旣以石爲基易土以甎稱完固矣而城外東北二面向有土郭北人稱爲關廂未之堅厚卽欲繼城而修之衆以力竭而止因循至今大半傾圮倘不及時規畫其何以壯外而固内然費以數萬計國家當用兵之候帑藏不盈藐兹下邑何敢復傷度支而謀諸閭黨道旁之築訖無成功可柰何維時侍御張君獨慨然告衆曰柰何以萬世利狃目前自阻哉願出千金爲紳士先復上疏云臣邑當三晉

之衝土城非百年之計守城必先守闕修闕勝於修城闕之弗守卽金湯𡾟屹何益臣雖寒素當捐金首倡以共保此一方疏入天子可其奏乃下詔勅撫臣詣邑召富室計議於是人咸急公工亦畢集經始於己卯仲夏爲高爲厚俱如城制雉堞翼如樓櫓相望厥長千一百丈有奇用白金四萬而嬴至癸未八月告竣侍御乃徵余言以記之余按春秋有築必書凡以興萬世利非愜輿情而破隅見無以堅厥志而勸厥成是役也中丞斷其議卽郡守邑令董其成而不吝千金抗疏首請者寔惟侍御張君之力侍御邑人名煊戊辰進士餘若員外

郎董君直愚共計斯役者并宜泐於左以爲衆志成城
之勸

汾州府志卷之三十一

藝文七

書歐陽文忠論狄青劄子後　魏禧

予嘗推古今奏議漢賈誼鼂錯宋李忠定明王文成爲第一及再讀歐陽文忠奏則又未嘗不反覆流連而不能已公爲人正直和平遇事敢言特其錯置之方天下大畧大計不能與四公比而政事之闕失人之賢不肖則知必言言必盡而其言直切而婉至反覆而不窮其移人之性情入人之深爲前古奏議所未有吾則所特不滿公者在論包拯狄青二事拯劾去二三司使而已

居其位於形迹不無嫌疑然拯豈貪美官敗人以自成者公亦當出一二言爲拯回覆何至謂其不知廉耻壞國家之紀法以重誣賢者而推致其罪乎至論狄青則又甚青立大功爲當世名將公旣多鄙夷不屑之辭而小心謹慎朝野共知公則曰今雖未見顯過是隱然以其心爲不可問也又曰外人謂青用心有不可知此臣所不敢决是顯然以青爲叵測也至采身應圖讖宅有火光無稽之訛言以發動主上而又引朱泚以爲證其後又因水災並建皇嗣極言噫幸其君爲仁廟耳使遇漢景宣唐肅德則公一言殺青而有餘而青滅族之禍

固已不旋踵矣而其間則仍爲一二護青之語操縱出入之間似乎持平而實深文巧詆以中人於深禍而自脫於小人吾則以爲險狠陰猾若古小人害君子之術而又工焉者蓋莫甚於此也宋武功最衰當時將帥未有賢於青者藉令青功大謗興主上危疑公爲侍從尚當出力曲相保全而顧無端以啟君臣之釁哉然則公皆不當言與曰言之可也所以立言非也然則如何曰言拯也但當曰拯劾去三司使而已居其位雖非出拯初心然拯宜避嫌辭位以自白朝廷亦宜授拯他官以全其名節而已他已甚之言可無言也言青也但當曰

青功大而賢甚得軍心浮議沸騰雖青萬無他志然不宜久掌機密滋讒慝之口朝廷宜授青外藩以保全其功名而已他已甚之言可無言也嗚呼公正直和平之君子如此等類豈君子所宜出吾深惜此爲公盛德累而疑公之未必純出於君子也公爲後世所信服未有非之者吾懼夫誤後世之爲君子不擇言而自陷於小人故特表而出之或曰宋乘五代後如郭威藝祖黃袍加身之事庸或有之公忠愛不得不言不知杯酒釋兵之後將帥不能爲大惡者已百有餘年而顧於青之賢將爲已甚之言以危之乎或又曰青武人典機密列爲

大臣公惡非其類故言之狠戾如此噫信斯言也則甚矣

開除荒地絕丁碑記　高普

今天下蜩螗羹沸蠱之會矣小大盡喪我邑更受其禍死於歲死於兵山城寥寥幾於無民石田纍纍誰是其耕則減錢穀而滋物命必經哲人調劑因革乃成補救維新之治　清興雖蠲免三餉澤潤生民賦役一準全書猶弗堪也士大夫出而霖雨桑梓事足千古至匹夫請命如王氏子家棟者亦可尚已彼其貧而急公髮短心長念土滿丁殘數世之患也慨然告免不憚其勞然

一手不能舉鴻鼎一臂不能支大車爰謀諸鄉大夫烏臺王公存予協憲王公若竿咸可其請以爲大有造於寧也於是有兩臺陳乞之役蒙移文詢縣邑侯喜曰民旣利矣余必與焉據實上狀兩公遂激切爲詞亟達藩司使者王子悉自儲資斧呼籲再三兩月始允其事得免荒閑地糧四千五百一十七石二斗六升絕丁差銀二千三百三十四兩二錢八分九釐祇存成熟地糧六千九十八石五斗四合見在丁銀六百八十四兩七錢一分一釐百姓莫不徧爲爾德曰仁人之爲利溥也陳利害藝貢事罔不咸賴君子於是善編人之義桼吏胥

掣肘非存予麐子諱琯者倡義出金鮮克有濟則二公斡旋之力公子慷慨之誠與王氏子請命之勞足稱三不朽焉自今伊始于垣作堵邦族復也特乃錢鎛三事職也量入修賦追呼息也終善且有小休汔也不至歌碩鼠而賦鴻雁嗟緜葛而悲萇楚足以爲邑基矣古云作法于涼其敝猶貪惟後之長人思其始而成其終節以制度不傷財不害民克寬克仁從容以和原隰有不畇與總秸有不供與生齒有不登與又何汙萊不日墾戶口不日繁殷乎詩曰豈弟君子民之父母斯無負朝廷草昧建侯陰隲下民之意里人士勒石以志所以

報也俾後人垂之永矢無諼云

董生修文廟記　李如模

邑之文廟自渭南史公整修後歷數十載無繼其役棟宇摧殘丹雘脱落紳士朔望瞻拜雖莫不欷歔興歎而未聞有更新之創獨邑庠董生爾型謂我既朔翔禮樂之林沐浴文明之化坐視宫墻頽廢心何以安既鮮衆志我獨任之積二十年力亦可以竣雖曠日持久終勝道旁之築也於是鳩工度材殿廡堂階暨神庫神厨之屬靡不次第以舉無何天不永年未及觀成而卒厥子正紳善繼乃志不避寒暑朝夕踵修星霜凡屢易而後

規制大備賁飾煥然矣是役也經始於崇正辛未至
國朝順治丙申而工方訖歲踰兩紀時更兩朝人經兩
世其辛勞不爲不久苟非貫以誠心烏能不中輟耶夫
明季自思陵卽位以來無歲不用兵天下騷動流寇所
過城邑爲墟生其際者皆謀苟全之不暇而董生父子
獨以文教爲重作述相承修於舉世不能修之時迨
聖朝定鼎我邑學校獨不煩當事振興而鐘鼓豆籩無
不完具其功豈不大哉余涖任以來嘗贊歎之玆邑人
咸謂不忍沒其美請記之以垂不朽余雖不文何敢辭
抑聞董生篤行君子鄉黨無不奉爲楷模獨惜早逝不

得一見之而三子俱已列膠庠好學能文正紳其長君也同時董役若王君建極傅君商霖羅君巖聲馬君先登桑君日扶侯君來貢等咸著勞勩於法得書

修建故縣橋記 周士章

距縣東五里許爲故縣趾村河一道秋至山水怒發沿隄衝没道路爲之梗歷有年所矣石邑疊經兵燹遺黎力農不贍牧斯土者欲爲撫輿艮不易余承乏逾載惟與斯民休息重念環境曠土一帶童山教民樹植鳩葺津梁誠爲本願值入夏越四閲月亢暘不雨石髮就枯遑念泣東海之波是致肥蟲乎有縣民賈自英賈自秀

退甘蔬食本分自守相村河水勢殺修建石橋一座殆亦民之良也是為記

修李姑岩記　梁鍾豫

綿上之岩有名李姑者相傳唐太宗妹入山禮佛至此結廬焚修有年卒登覺岸後人即其廬肖像祀之考唐書高祖十九女皆先後下嫁無出家者惟睿宗女玉眞公主始度為道士號上清元都大洞三景師後多繼其風終唐世凡十二人未聞有為比邱尼者李姑果太宗妹耶仙耶佛耶皆未敢信顧斯岩自昔至今率皆黃冠奉香火則李姑疑為道家近是甲申之歲邑境遭闖寇

肆掠余避兵入綿上得遊斯岩鍊師王某欵留信宿問黃庭論眞誥娓娓有元旨而道宇雜樹交蔭雲垂烟接拔拂淸芬令人坐卧忘返岩之最上層則李姑像在焉瞻拜仙儀飄飄出塵世狀匠手亦巧於繪哉下覽衆峯如萬點蒼翠呼吸之際可通帝座矣自辭鍊師歸後未能再至已丑之秋斯岩遭餘孽蹂躪而鍊師亦厭世去其徒微興慮道宇之漸及荒榛也亟告邑人士捐金以助於是取材於山陶土爲瓦舉廢易新工始於順治庚子暮春之九日凡十旬而竣微興走告於余願爲記余曰天下事佛禮仙之地不過榜之曰寺曰觀而此獨以

李姑棲息之岩即名之曰岩蓋岩以李姑顯而洞宫亦可以岩稱也抑聞之山之石窟曰岩又殿旁高廡曰岩意者李姑生則修真岩穴死則得侍通明殿頭如上元夫人邪姑不具論惟綿山爲吾邑勝地而斯岩又爲綿山勝地至今憶舊遊心嘗戀戀愧予已濫竽雁塔勢不能不爲風塵俗吏宦海蒼茫望之不可涯涘苟得早賦遂初重遊勝地則如出火坑中登蓬萊仙島豈不大快哉因記斯岩之修而誌余異日之志

邑侯莊公建修城樓碑記　曹席珍

國家襲夏殷奠神皋於析木之次寄肘腋於幷肆鍵關

梁於西河故自寧鄉以南右轉而濱於上郡雖邊腹不同或稱極要或稱次衝咸禁暴禦亂之凛焉臨邑孤懸兩河當新城五原之孔道爲全汾肩髀驗往占來蓋亦西北之重地也由懷廟以迄今甫歷三紀而數見攻圍一則始於援遼之叛將介甲投門一則起於固綏之草竊蹈瑕抵閒一則鄰寧之士弁勾絡交寇一則泰中之廢帥遥應乎賊數者禍亂不等或得則殲其醜或失則毁其郛總倚此戍陴墐戸塗隙效死嬰守之重地焉然當時慮先庚甲內外暇備內則方面之中有戸樓耳臺之上有箭樓雉堞之口有楯蔽分甲之地有汛舖下至

弓刀砲石籌箭更燈咸殷殷秩秩焉外則城麓之下有
御月重濠之外有品坎南北之繚有虹隄隱短伏垣跳
巒賭截風鶴一傳扶攜如歸自勝國以來湮廢積久前
蹟泯然且南北兩臺包絡孤角最爲險闕壬申之歲禍
本所發至今尚談虎而色變也然朝斯夕斯者慶禍未
及煦煦相樂不思事變無常棼棟之或及已也幸莊公
以吳世族巍科試鮮山邑數年之內政通人和其補偏
救弊如市水田以濟殘里賠工食以給閽役厚衣粥以
贍獄囚種種嘉績悉出已資茲歲在辛酉季夏周視城
垣進蓮幕王公暨弟子員張生郭生趙崔白生而告之

曰臨邑盤踞萬山介呂梁嵜嵐其氛甚惡今城之苦窳若此是豈勇夫重閽擊柝禦暴之義乎爰出俸金倣劉晏理財必用士人之意屬諸弟子董治之遂率義士高標等朝夕拮据庀材飭厈課日督工復恐糜費錙銖將各匠口食輪流而犒勞之於是費省功倍不日告成復於文昌舊趾建治臺閣巽塗茨仍勤其丹艧迤廊遥望雲隱翬飛宛然西偏一重地也然前此非無民牧一病其漶金而好入一病其剋刻而不出公痛革紙贖等弊絲毫不入公私有事輒措自已手如此良有司今天下能有幾人哉能有幾人哉

唐郭君碑跋　朱彝尊

右郭君碑在汾陽縣北七十里予于丙午秋經郭社村行溝中仰見土岡之上碑額徵露環岡數里乃登讀其文皆駢儷語首二行剥裂君之名字門世與撰文者皆闕焉其知爲郭君者藉有額存也碑立于乾封二年中有云爍霜鉞而斬老生蓋從太宗攻霍邑者按舊唐書宋老生棄馬投塹甲士斬之新唐書則稱爲劉宏基所殺温大雅創業起居注又云老生攀繩上城軍頭盧君諤所部人跳躍及而斬之世咸不知揮刃者之爲郭君而君之名以石裂終不傳可惜也

建雄節度使相里金碑跋

汾陽縣有大相里小相里相里氏子孫聚族居焉按相里氏東周時即有之莊子稱相里勤之弟子是已漢有御史武十六國前趙有偏將軍覽大都皆晉人也金墓在小相里之北繹碑辭與五代史傳畧同惟史稱字奉金而碑云字國寶史稱贈太師而碑云贈太子太師則碑爲可信已

賢侯莊公買水田恤東白都記　崔景輝

臨僻處晉西陂阜縱橫土田磽确舊十七里內東白一里丁戶稀疎田半濱山啟正間計厥亡失登鬼籙者十

乙六載司民者十之四煢煢遺黎鵠面鳩形眞賈涕鄭繪所難悉夫以四甲丁輸十甲賦剜肉補瘡日復一日勢必至瘠者困肥者亦困究也瘠者瘠肥者亦瘠不至於流亡載道不止雖有智者難爲善後策幸我邑侯莊公來蒞茲土三載有餘每念東白籌所以拯溺救焚者乃集邑中鄉先生暨厥士暨父老子弟令各抒一見俾公私兩宜柰言人人殊鮮定衡公曰與其目前莫若百世與其損下莫若損上惟有捐俸市田以給賠戶一法令公私兩宜無出此右者於是相田之可水者得三十畝有奇其值百有二十討畝四金底秋地租多寡若干

視賠之上中下而差等焉噫嘻若公者買犢買牛者乎其見佳禾麥乃笑者乎其璽書勉勵增秩賜金者乎將拭目以俟之

于清端公墓誌銘　熊賜履撰

總制兩江大司馬北溟于公卒于官卒之日金陵人爲之巷哭相率炳香燈祭于寢日幾千百人衙舍至不能容遠近聞之皆輟市如喪其親訃聞于　朝　天子大震悼給與恩卹有加公卒之三月孤廷翼等將扶櫬歸里門卜葬於某所於其行也謁銘於予予謂公之清德令望即海內孰不知之而予又辱公之肺腑交與聞

公生平甚悉則銘公者舍子而誰謹按狀公諱成龍字北溟別號于山山西永寧人先世業儒潛德不仕父時煌授鴻臚寺序班居鄉力行孝義有長者之稱生二子公居次公生而莊毅異於凡兒稍長鬚髯如戟即嚬笑不苟見者憚而敬之性善喫辛苦諸人所不能堪者一處之恬如爲學務敦實行不屑屑詞章之末嘗曰學者苟識得道理埋頭做去不患不到聖賢地位識者韙之順治丙申公年四十五以明經謁選授粤西柳州之羅城令羅城在萬山中又屢經兵燹無城郭人民四時毒霧迷天豺虎晝行于市人頗爲公難其行公曰君命

也獨不聞義不辭險邪遂跨蹇驢從二三僮僕之任至則滿目荒煙野狼咷嘷而已公坐卧一茅廨以一蒼頭執爨招集殘黎每夜月啼猿饑猩嘯雨聞者淚下而公弗顧晨起著芒鞵出郭省農事衝煙觸瘴上下懸崖絕澗中如是者七年而治成與時獿雜椎髻之子且漸知所禮義矣報最遷四川合州守其清風惠澤如在羅城時未幾轉楚之黃州郡丞時吳逆叛亂賊逼荆岳國家以江漢爲巖疆而黃郡南瀕大江東連廬皖光蔡諸境所屬蘄麻數邑中多崇山峻嶺歷來盜賊盤踞伏莽未靖上官欲借公才望以鎭之遂題陞黃州守無何有盜

魁何士榮等嘯聚東山謀爲內變人心皇皇莫知所出公曰黃爲襄漢襟喉東山又黃之左背也無東山則無黃無黃則無襄漢卽江以北危矣天下事尙忍言哉於是躬擐甲胄鼓率義勇直擣賊巢比至公挺身對壘礮火燎鬚不爲動士卒爭先血戰陣斬士榮等降其餘衆東山以平以功陞監司馬防下江尋遷閩臬未數月遂晉本省左轄時閩海方用兵公曰此則惟軍需重矣乃日會計八郡正供及江浙各省協餉數百萬按時輸轉以濟饋饟仍爬梳鱗比鉤稽出納剔華飛詭破冒那墊諸弊盡斥羨餘若干兩還民間官吏不得名一錢軍民

用是兩便而公自茹淡素如空門老衲卽親友贈遺惟攬果蒲葵而已僚屬爲公苦之公曰我生來無他嗜好布衣蔬食纔免饑寒足矣不知世間有受享事亦不知饋遺交際欲何爲計俸入自給有餘要何用聞者歎服是時外計舉天下清官第一　天子固久知公見公名喜謂侍臣曰如于成龍方不愧卓異二字特晉內臺副憲巡撫畿輔畿輔固　帝邦也滿漢軍民雜處其黠者假投充侵奪民田勢豪恣爲囊橐以攻奸利所在盜賊縱橫充斥白晝殺人莫可窮詰而八旗莊頭尤多不受理卽民間有訟莊頭輒上堂呼譟把持之有司莫

敢誰何惟仰天太息而已莊頭者屯莊之頭目也公曰我奉　天子命來撫茲土以惠養斯民也豈怯佃伯莪若雖悍獨不畏三尺耶於是編保甲嚴連坐以清盜源鋤豪強嚴隱占以甦窮困令下各屬奉行惟謹公仍不時單騎行旅肆中密切廉訪諸有抗違立置之法無所假貸自是人人惴慄無敢有干功令者而盜以息民以安滹沱易水之間洋洋乎頌聲作矣　天子聞之咨嗟歎息曰朕獨不得盡如于卿者而用之耳寧憂百姓哉庚申春二月　召至行在溫綸獎慰錫予更蕃
御製詩篇親灑宸翰以寵異之明年滇寇平四方底定

天子念吏治爲重遂特晉公大司馬總制兩江以風羣吏公聞　命感激涕零曰君恩至此難爲報矣乃星馳就道語所親曰江左承六代之餘習尚浮靡奸弊牢不可破今　天子命我我必思所以易之而南中人聞公簡命則亦駭汗股慄轉相告語曰于青天來矣吾儕尙如此裝飾邪于青天者異時楚人所稱號公者也無何金陵闔城盡換布衣卽婚嫁無敢用音樂士大夫減騶從毀丹堊至有驚怖喘卧不能出戶者長干朱雀雨花桃葉舊時歌舞遊樂之地一旦闃寂如僧舍奸人猾胥各挈妻帑鳥獸竄葢公未入境而江淮間已大改觀

矣公至則繩之盡力畧無假借懲刁頑抑僭濫禁苞苴華加派舉廉劾貪勸學講約期月之間兩江數千里蓋駸駸乎丕變焉而勢家豪右則多所未便爭搆爲飛語以撼公公畧不爲意笑曰直道在人爾彼呶呶者惡足恤哉居無何有巡海之命公襆被扁舟以行月餘事竣旋治所偶患嘔吐不食數日而卒時康熙甲子四月十八日也公之清操姱行不可枚舉姑就予之耳目所覩記者數事述之黃州有巨盜一影漏網且數載矣百方緝之不可得公察知其窟穴所在則嘗匿聚深山古廟乃密帶捕役若干名伏廟側身易丐者衣往來廟前羣

盜見而餉之公故稱病遂臥病門內已語盜渠願入其夥渠壯其膂力而許之變姓名曰楊二以公鬚因綽號鬍子與羣盜雜處者旬餘盡得其平時所爲行劫狀公度再不可久遂如厠而出審召所伏捕役入廟盡縛之盜覓楊二鬍子不得則意公且遁矣捕役械諸盜至公治所盜問役曰拿我者何官也役曰青天于二府及進見則廟中行乞入夥楊二鬍子也盜始知爲公所策叩頭伏罪無異辭公乃下堂親破其械命酒滿引各手一盃盜詫曰我等死期至矣不死而飲我胡爲者公笑曰汝等自作不善罹于法網我不能代爲之寬念廟中一

日之雅薄具觴酒一巡聊識故人意爾言已復笑既乃又泣即諸盜亦泣公曰無庸也讞已成矣第不忍見汝曹之羣即于戮且以株連我良善爲也命舉棺若干具至並活埋之表之曰某府某官某瘞盜處於是楚人咸服公之神羣呼公爲于活埋云公之自江防遷閩臬也瀕行僅襆被一囊朝衣一襲爾公趣僕人買蘿蔔數石舉上船舟人曰是賤物烏用多爲公曰我沿途供餼也載之且可以壓船既登舟日啖蘿蔔一二枚至閩界乃已其赴任江寧也僱騾車一輛與幼子共乘之各袖制錢數十文宿飯店不入公館在制府兩載餘日食粗糲

一盂粥糜一匙侑以青菜終年不知肉味江南八叉號公爲于青菜僕從無從得蔬茗則日採衙後榆樹葉啖之樹爲之禿夏月盛暑公以疏苧布爲帳不能避蚊諸子衣藍布袍侍側汗透背不敢脫亦不敢揮扇冬則皆衣褐或棉絮襖無裘也公嘗微行或肩輿或徒步早晚出入僧舍中於是人人轉相驚愕各有一公在目睫間彷彿如或見之舉凡面赤鬚白形貌微似公者即皆指目以爲公兒女牀第閒語亦不敢高聲曰于總督得無聞之夢中醉中喃喃囈語亦或大呼于青天于青天云而公之歿也予以一瓣香哭公于喪次仰瞻几筵惟青

燈布幔伶落萊羹而已問其篋笥則敝衣破靴外無長物葢公之素履卓絶類如此嗚呼予考傳記三代而後以廉幹稱者代不乏人然類多矯飾沽激流爲刻覈以納于偏畸故措施建豎表裏初終之際往往難言之未若公之狷介性成質任自然畧無矯強刻厲之迹而誠意感孚無不服教畏神不疾而速直有超越於古人之上者然後歎公爲真不可及而益信誠中形外之爲不誣也公倅黃埼予卽耳公名屢爲言于朝士故公亦以予爲知已初至金陵卽乘籃輿過予廬坐雙梧下握手欵語論及地方事則任之甚力無何稍以直道難行爲

憂予曰公而亦慮此也大丈夫勘得透時雖生死亦不可易何況其他公曰先生言是也愚意亦如此嗣是公餘常枉過予而予常常不在家今年春公意興甚索頗有請告之志一日訪予于淸涼精舍相對欷歔者久之其中隱然若重有憂者予厲聲曰遂忘梧桐樹下語耶公應之曰唯唯相與握手而別然公殁公友人鄭君某爲予言公近有所忤于時貴寃陷中之公懼爲所誣陷將無以自白坐是憤恚以殁實無他病也予聞之太息泣下以謂公之精忠獲上而猶遭廻沓且有如此至餘有志者又焉望其能特立而不懼也烈然觀　上之

遇公恩禮終未少替則知公之所以結　主知者良有素而　聖朝初未嘗以浮議而有所參閒之也嗚呼公亦可以自慰于九原矣公生于丁巳年八月二十七日丑時得年六十有八娶邢氏封淑人三子廷翼貢生廷勵廷元並諸生孫三俱幼公有文集若干卷行世易名曰清端於法皆宜銘銘曰嗚呼噫嘻爲蒞中之芝爲駑中之騏蹂之益糵紲之益馳物理既如斯天道其易知噫嘻廉不可爲也而可爲如或疑之請視茲辭

復鸑鷟泉水利記　王埴

狐岐之鸑鷟泉自宋文潞公分濬三河溉農田數十村

其利甚溥厥後豪強侵奪東河據上流而獨行尚無爭擾而中西兩河同源分派弊有不可勝言者萬歷間一經於一魁王公之釐正再經於記事史公之均平計立地程挨次輪灌設水老人渠長給與印信簿籍分時刻以澆地始於三月之三日終於八月之一日舊規載在邑乘暨諸碑記無容紊亂者也迨順治年間法久弊生屢興訟端不能卽止今夏雨澤愆期農民急資灌溉聚訟愈多中西兩河之民謂石桐人以圪搭水相混有使中霸西使西霸中之弊石桐村謂西河人以五分作一刻紊亂舊規互相攻訐余曰五分作一刻私增水利圖

大不可宜即禁止而水各有地地各有主何自而有圪播之稱此弊不除尤爲霸水根由下流受害之源何以息訟而安民乃召水老人而問之對曰石桐應得西河水六分大約於七十日之內用九程十一時石桐應得中河水四分大約於四十五日之內用四程五時二刻三分五釐合中西兩河之水共十四程四時一刻三分予又思石桐中河水於四十五日之內計水五十三時二刻三分五釐則西河七十日之內自應得水七十九時七刻五分二釐五毫然兩河分水多寡不齊因使石桐人於七十日內用西河水七十九時七刻五分二釐

五毫用中河水七十九時七刻五分二釐五毫再補以四六折算之水借中河二十三時三刻四分八釐五毫此外中河八又貼石桐放程水七刻四分以上石桐八各河共應用百四時四刻一釐此四六折算兩河並行之法也於石桐西河九程十一時中河四程五時二刻三分五釐之原額毫無增減西河借中河時辰亦用四六折算法還中河六分水十四時四刻五分九釐外浸河水一時如此通變則兩河之原額不增不減下流之憤氣可平又何受使中霸西使西霸中之害哉此法與父老幾經籌畫猶恐未協輿情因幷召石桐士庶暨各

渠長共酌可否咸以爲公余曰衆旣稱公則情可平法可久石桐與中西兩河之民可以各按程灌地上河永不能浸奪下河矣至輪水牌舊例起於三月三日止於八月一日夫八月田禾尙資灌溉何可輒停使水有遺利致起爭端今更酌定至九月寒露後方止輪牌此均水息訟之微意也較之王史二公之法雖稍爲更張然民家水程原額仍無增損何妨通變於其間尤恐時移勢異日久生奸因命工鐫石樹碑於治之儀門垂爲定例俾後人不得紛更焉

修城隍廟記　顧崧

寧鄉處萬山中地僻瘠民貧城內外耕山爲田峯坳嶺側人牛却立千仞上種黍稷麥荳雖耕雲鋤月似別有天地而吾民亦甚勞勤矣田無水灌溉天不雨立稿雨稍溢又下溜沙土和谷種且漂沒爲之天者不亦難乎是故歲多饑一切迎神報賽之典俱闕焉不講維城隍尊神固寧民之主與縣令同守茲土而香火稀少司廟者僅一人時逸去官捕之乃來予朔望禮神畢顧瞻廟宇墻壁傾頹梁柱朽敗幾不克蔽風雨何以妥吾神而稱斯職守爰謀之紳士父老作修葺計紳士父老爲予言歲饑不暇予告之曰周禮救荒之政不廢興作饑民

無食今修葺神廟俾其出力以博糊口廟既成民又得食范文正蘇文忠皆行之奚不可乎衆唯唯然不肯施一錢予權借官穀數十石庀物料賦工食擇老成八董厥事閱三月報竣大門正殿寢宮左右廊廡皆整理堅固不得壞此康熙三十六年冬事也予卽於次年春去官丹雘塗墍諸事則尚有待焉嗚呼邑之水旱雨雹神實司之余薄德無以召神庥累吾民災祲頻仍流亡載道其放棄固宜然亦未必非吾民不積善不敬明神之過也自今以後廟貌巋然犧牲粢盛必潔齋明其心志洗濯其褊私用邀惠於神使歲功有成疫厲不作相與

含哺鼓腹優遊山中而共沐　聖天子昇平之化者此皆神之靈後令之力也於我乎何有

永寧州開礦詳文　謝汝霖

開採病民得不償失况礦徒易聚難散小則爭掠大則嘯聚關係地方不小我　皇上連歲蠲免數十萬之錢糧欲四海富贍至於開採之議屢格不行　聖慮誠周詳也有內務府商人王綱明者因欠鉛斤得擅礦利詐言節省實恣花銷若伊果能節省何至積欠纍纍即使歲進萬金奚裨耕桑正賦乃盡趨遊手獷悍之徒散布晉楚深山之中雖今昇平日久保無意外之虞耶

明季科臣上言自萬歷二十五年十月開採至二十六年費過三萬餘金得礦銀二萬八千五百此開礦無利可知也礦既無利旋而散砂砂有盈縮旋而均派民情愁抑謂椓鑿入山者十二年虎狼出柙者半天下此開礦病民可知也往事昭然足爲殷鑒今開採既寛費用難省分肥人衆礦利自微初則冐領庫銀繼必誘傾人産節省未知何日將來虧欠更多但患之在事後者畢州不敢妄陳患之在目前者畢州豈能緘默兹有王允治劉承基王恕等到州皆王綱明之商夥也呈稱州屬骨脊山之黄帝廟卧羊山等處有礦可採人馬赫奕繹

騷徃來骨脊山即古呂梁地接交城綿跨數縣高山大林積賊盤踞今交山之寇焰甫息呂梁之白骨猶橫新設營盤駐兵防守名靖安營此易亂難靖之區也礦商網利三晉何惜留此寸土以慰甫靖之遺民乃必求礦於舊賊之巢聚衆於營盤之内騷擾防兵驚逐殘黎就使十倍礦利尚且不可況未必有利乎伊謂開礦係奉

旨之事卑州奉職撫民亦係奉　旨之事但礦商志在營利卑州職在靖民事各不同勢難共處礦商來則卑州必去毋滋亂萌階為晉禍即加卑州以阻撓　國課之罪亦所不辭

遊麓臺山記　劉崡

自過嶺越上店以東北皆曰麓臺入由蘇家莊越三嶺或升或沉或騎或步十餘里最高阜曰田家垍風漸多峯廻路轉又上五里即麓臺中峯曰在城中所望見山至此皆西北俯覩而東南萬山重疊如踞下一澗東北去割麓臺不與東南山連山無林木草色瀰天滴翠襲人襟袖衆壑參差千岩一色幾欲目眩山根石紫黑色如壁立頂上方石平置纍纍如九層臺麓臺得名或以此峯東偏因石坪起廟六楹前樹松一後二中祀神名潤濟侯碑云王允筵王浚化於此山語多誕按祁縣志

云浚允子仕魏官太尉封南鄉侯誅司馬氏不果死之鄉人竊葬於麓臺立廟祀之并祀其母與妹後人禱雨輒應然則廟以報忠臣忠魂爲茲山主理可信無疑者供案下即龍洞如井深不可測中多横石齒撇捩不得下洞口但時時作風雨聲爽冽逼人山高風猛小憩即下山之陰嬰溪出焉東北流入深壑及出山由東崖岡抵陰溝村石壁夾立水聲潺潺泄出即志云晛照處也灌嬰廟在溪東二里名利潤侯廟亦以禱雨有應故也世傳嬰從高祖征陳豨駐軍於此故立廟祀之神貌巍峩面紫黑怒目鬚髯皆張冠皮弁垂紳執笏右並祀其

夫人冠鳳冠衣宮衣嬰澗之名或以灌將軍故邪此行僅得張中宿先生詩二首而麓臺夙願始償大抵山樾高藏萬疊中荒古岑寂遊人絕少謝康樂所謂昏旦變氣候左太冲所謂荒途横古今者是也時同遊之士爲余門人梁敏梁淑張道逵楊之楨趙燮旭崖垌村霍振乾則東道主人攜酒以從者丙戌四月二十六日記

與王誠亭先生書 劉嶢

適從冀郭村來見慈相寺碑一大者約過丈餘題曰大宋西河郡麓臺山聖俱寺碑銘并序慶歷六年書字體端楷骨榦如鐵迎日視之光怪球璃惜下半爲雨激碎

失其姓名文字亦不完側北宋崇寧二年夥人題名草書如碗大側南上宋建中癸未題名下政和乙未題名字如北碑陰上文宋景祐二年吳郡張伯玉書下皇祐二年記沙門名約百餘乃知傳聞漢碑之誤也對立一小碑金明昌五年重修寺記安泰撰書中叙塔之由乃唐西極大士曰無名師肅宗詔至京因寂於京詔還山至宋慶歷其徒砌塔約高三十餘丈郎志所稱麓鏡臺又知舊名聖俱創始甚遠至金改名慈相而志曰慈祥不惟遺漏名跡幷訛傳至此可歎也寺門外幷立二碑西丞相張天覺無盡居士撰荆南玉泉山寺關將軍廟

記東爲僧衆塔記金泰和元年承務郎前汾州觀察判官雲騎尉賜飛魚袋趙大端撰平遥主簿嚴坦書字八分體寺東一破庵東牖下卧一石泰和二年南生逸民趙大端留題碧鮮堂云寒陰鑠碎暗僧軒玉立森森翠滿前墜露修梢雲影濕破綳春筍綺文鮮雅宜冷映梅溪月尤稱香浮茗竈煙淸夜沉沉正成寐恍疑飛夢遶淇川跋云杲公喜公種竹成叢因牓堂曰碧鮮門人介山王棊跋小楷書剥落不堪讀西牖下小碣上畫慈相寺圖下聖水池記云水醫眼又名眼藥池池不復存字亦剥落不完依希識金明昌元年麓臺老人數字總計

大小六碑皆當墨榻而寺荒凉止一僧作主其規模當盛時直是一大叢林沙門不下二三百而大人先生過平遥者必遊麓臺遊麓臺者必憩慈相寺如此等題詠皆宋金兩朝人物又味趙大端言或似吾邑人爲汾州判官而府志不載又不知麓臺老人爲誰非親到其地僧不知八分書又不解何碑當榻何碑當鈔終不了了也歸過棲眞庵訪傅青主先生碑乃八分小篆更可怪者陸狀元親筆一王山史徵君親筆一許時庵先生詩一皆炳炳蔚蔚爲斯地增勝而道士乃云無古跡轉諱之不能了事如此此事至重先生爲陝名人康孟老又

摻筆二美具矣千載一時也不一一搜剔令古跡湮沒于荒煙蔓草如慈相棲眞者可不愴然耶愚以節孝風俗地理水泉財賦問邑之賢士夫任以採訪至名勝之區涵當力往探討總之舊志疎畧殊甚我輩今當愼之先生裁度如鄙言可採即遣墨刻匠二三人來問應搨碑如何

古栢圖詩跋　劉涵

吾友河南張潛谷嘗語中嶽漢栢云爲孝武封禪時物其奇其怪其古其大其蒼茫渾穆實非人世所有余亟欲一往觀之而未能也今春自燕山討借歸道出平遥

適故人王誠亭先生作令於斯下車就訪酒酣話舊因及邑中名勝事先生曰茲地山高水深他無所得吾爲令數年自超峯麓臺外獨有胡邨萬年古栢暇日共晨夕耳遂遲余共賓朋往觀栢在古觀中觀即以栢僊名周圍可二丈五尺許光怪陸離曲折縱横岳岳茫茫人對之不敢廹視其西去一枝幾欲墜地前人以石柱擎之石入栢尺餘拔柱離地如龍之爪物者然石有字志之爲金泰和七年其傍南二柱一爲嘉靖三十年一則漫没不知歲月矣徘徊俯仰遂擬栢梁臺體爲古栢行以附工部孔明廟作之末公亦解衣浮白謂座客曰此

栢數千年不遇吾徒幾空老荒邨矣即走筆爲歌而吾友浙東陸子左臣自湖上來方居公幕中亦放歌成篇以紀其勝余唯公得栢以爲友栢亦因公以得名何其幸也密縣白松不知幾千萬年自歷下先生偕諸子詠之且繪爲圖以刻諸石而上古仙靈遂得與海内共覩公亦胡弗爲此古栢作皇甫玄晏令石根銅柯一著人間也哉公曰是吾志也遂磨石一片後圖前詩刻而表之仍以甃砌爲臺以護栢而立石其上焉後之賢人君子名公騷士驅車行邁過此邦者或來訪勝探奇與嵩陽三株南北並稱則公與栢且同壽天壤矣召伯之棠

不是過也

修張蘭城記　劉爾聰

張蘭距邑東四十里爲孔道鉅鎮盖即古之張南村蘭聲相近故音變焉鎮向有城不知建自何時無碑刻可考自明季流寇肆虐所過都邑爲墟我鎮之戒嚴者歲凡三四而卒不受瘡痍寔惟堅城是賴今　國家奠安海宇休養黎元數十年來干戈既息盜賊罔聞閭閻之間往往有夜扉不闔而　天子方下　詔令天下完固城郭以衛封疆此非安不忘危憂深慮遠之至意乎我鎮城周五里屋舍鱗次不下萬家盖藏者什之三商

貫復四方輻輳儼如大邑然環視四垣大半頽落於是馬贊府德馨捐金首創里人翕然相率以助經始於丙申春暮告竣於已亥孟秋鬻工凡九萬而盈費白金四千有奇是役也上以慰求寧之意下以免守望之勞且以徵吾鎮衆志成城親睦之古風在焉是不可以不記余亦里人樂觀厥成且有馬贊府之屬因述其巔末以壽諸貞珉凡以財輔以力相者並得列焉是爲記

邑侯方公重開利導渠碑記　李國祉

嘗思古聖王盡力於溝洫無日不以民生爲念必使斯民享粒食而後安由此觀之水之係於民也豈淺鮮哉

然天時之不齊地勢之各異有汜濫於畎澮橫流於村落中者不能順其性而導之而民之受其害者往往而有茲李家莊數村逼處汾河康熙六十一年山水漲漫渠道壅塞凡此數村惘於昏墊者歷今三載莫可如何雍正元年十二月邑侯方公蒞任茲邑利無不興弊無不革念數村之水害尤切於民二年春率同官廣文胡公粱公少尹江公縣尉朱公耑司劉公親履其地以豕一羊一禱於河伯祭畢餕餘召父老而飲食之開導勸諭至再至三相度形勢申請於上李家莊村西開東西渠一道自秦廷墻西畔起東至李保瑞西畔止復開南

北渠一道自李保瑞地内起北至長畛東西大道止二渠各闊三丈八尺共計地二十八畮二分五釐所挑之渠道係衆姓之地多寡不均已經公議每畮價值四兩各照地畮之多寡收價有情願不受者另行鐫名開後其挑渠之夫役亦各照地畮均派至渠道錢糧公令地主開除糧數共計銀二兩四錢有奇捐俸完納永爲定例於是渠道乃成天潦則洩水歸河以免昏墊之憂旱則引水灌地不受旱魃之虐水患既除農業可興一舉兩得孰非萬世之利乎而今而後數村之民世世子孫享其利於無窮即沭公之德於無盡也事當告竣僉謀

勒石用誌不朽公諱士模字文治號樵舟江南歙縣人
辛卯科孝廉

修尊經閣記　李壽彭

文廟例有尊經閣所以藏典籍課經生由來遠矣介之文廟舊在縣治之東元初縣尹閻公梅徙置城之東南隅今其遺趾也厥後殿廡亭廨祠庫齋廚之屬俱以次整齊而尊經閣獨缺焉未備明正德十年歷城趙公睿來宰是邑乃於明倫堂後購民地一區創建之此有閣之始也自是終明之季百餘年間雖復因時葺補而歷年既久風雨摧折岌岌就傾我朝鼎興整飭天下郡縣

學校以文太平於是邑中有重修之舉顧是閣工費尤鉅本邑貢生梁君錫珩請於祖中書君星炯慨然獨任一切腐材裂瓦盡撤而更之堅其物料廓其規模凡三層崇五丈二尺週十六丈八尺縻金錢百二十萬有奇是役也始於康熙辛巳越五載而落成又二十一載寔今　天子建極之六年余奉　簡命承乏茲土則中書君祖孫之歿已久而適於是冬營葬余既往弔於其廬而退觀今少司農俞公兆晟所爲君墓志銘則修閣之事載焉辛亥春會有欲新文廟之舉中書君之曾孫濬泌念是閣爲先人義舉復捐六十金丹堊之既竣學

博榮君欲謀所以不朽者請余言勒諸石余惟古者建閣命名之意非徒備規制修觀瞻已也葢卽以是爲師生講學之地也自學者溺於科舉之業所讀者章句之書所務者繡摹之學而聖賢所以示人窮理正心修已治人之實置焉弗講葢經學之不明久矣今此邦之士幸得博雅敦行如榮君者爲之師旣日進諸生而啟廸之矣當此之時誠能聚聖賢萬卷之書于閣上昕夕誦習相與講明切究以修實行將道德明秀之材庶其有冀乎則是閣之建所關非細而因名責實有不可以徒然者矣今夫坐擁鉅萬資不惜貫朽雖捐錙銖爲里黨

利輒有難色又其子孫或職是以墮廢先猷者比比皆是間有一二樂施之輩則又惑於浮屠果報之説以爲福田利益計求其如梁氏祖孫所爲亦已鮮矣嗟乎是豈不足以維風勵俗哉余既嘉中書君祖孫倡義於前濬泌昆季復繼述於後而又喜榮君之樂於成人之美因爲次第其始末以詔後之君子而併於紀事之餘著其尊經實益於此邦有厚望云中書君名星炯字漢昭孫錫珩字楚白候選郎中曾孫濬泌俱國學生世爲邑聞人後先經營法得備書焉

南城引河記　邵之楷

寧邑連嶂疊岫依山爲城每屆夏秋積雨霖潦羣峯澍流波激而湍悍巖間巨石飛薄而下疾如鳥逝瀆瀑洶涌響振林谷而城之東南隅適當下流之衝城趾日就傾圮往往奔潰泛濫直入城内受患最劇予於雍正八年勸率士民修葺墉垣既訖工樓堞蔽虧屹然巨鎮旋築石隄一帶以捍冲突日久隄齧不能支且有泛溢之虞終非鞏固金湯歷久靡敝者也先是城東百餘步有河道舊蹟自南至北三百餘丈溯流而北屆於永寧界又折而西歷青龍泉又西六十里入於黃河歷年沙石填淤委爲榛莽水失所歸宜其橫決四出而不可制討

惟於東南受衝之處高築隄岸編荆囤植木樁以塞其流而挑濬舊河引水東下使趨故道此百世之利也余亟蠲俸爲創而一時士庶相率醵金願襄其事爰爲之請命於大府而庀工焉凡九閱月告竣是夏山水漲發衆流抵隄下則泊然以止旋循舊河縈洄而去城闉安堵輿情胥悅是役也購物料督工作稽簿籍謹出納皆二三紳士之才者司其勞不假吏胥之手無滋箕歛之擾予既嘉士庶之義舉幸藉手以底成績并願後之吏茲土者踵而修之無或廢墜則此河之利永永無極於是乎書凡河長一百一十丈深四尺廣六丈五尺隄岸

長一丈廣一丈高八尺用木以椿計者八百荊以斤計者十有二萬役夫以工計者四千四百三十八總計費白金以兩計者四百有奇捐金者若干人例得並書

修石桐分水夾口記　張任政

余邑生齒既繁非商賈生涯即盡力於南畮農家之水耨至重也西北地勢汙下且濱汾河灌溉之資甚便而東南率皆高阜歲或愆暘穀即不登所利者惟狐岐之勝水混混下注足以潤數十村之土壤耳志載宋時文潞公始開三河建石平以分派東河既順流獨往而中西兩河上流雖分而向合至石桐得過環翠橋數百步

始立石夾口判而爲兩一趨於北爲中河一注於西爲西河其制如夾字故曰夾口舊制中河三分西河七分歲久木石既頹三七莫辨利歸於中貽害於西聚訟不休時關中史公蒞任廣咨博訪又得鄉先進武別駕名奮孝者相與講明區畫乃重立夾口昔以石者易以鐵昔以木者易以石中河地約四十頃分水四分西河地約六十頃分水六分兩河人皆稱平允告之上臺勒碑垂遠此明萬歷二十六年事也百餘年來夾口復壞於是兩河人僉議興修請諸邑侯宋公中河以侯君起明張君宏漢西河以楊君濤鳳經紀其事而命余董之工

始於乾隆十四年季秋終於次年孟夏夾口寬狹低昂如昔水循故道史公之良法庶幾復焉凡用鐵以斤計者五百而贏石以丈計者三十有奇白金若干兩兩河計畝而出情無或吝厥成之日衆咸屬余爲記余乃述史公之舊章今邑侯宋公之纘緒願我兩河人世世守之自均平如一無煩當事之躊躇矣爰勒之貞珉俾後人知所法守云

表宋孝子廬墓記　李生棟

聞之表懿行發幽光皆司風教者分宜行之非是則爲𤸇爲曠庚辰秋余秉鐸是邦朝夕課諸生苟有一善奬

掖即隨之而尤欲砥節勵行之士表而章之以爲邑中勸訪之既久乃得張艮村故州司馬宋君者君諱如隱字仲黙幼即失怙事母先意承志數十年始終弗懈愛妾偶忤姑意即出之弗顧母病伺湯藥夜不解衣禱天願代母既卒水漿不入口哀毀骨立而殯殮俱如禮洎營葬畢即結廬墓傍寢食其中凡三越寒暑晨昏仍若定省然嗚呼可謂孝矣鄉黨嘉其行咸欲告之有司請旌君固辭至再曰人子事親惟恐力之不竭以虧子道我供我事親之職而已豈敢以此博聲譽哉及老病劇猶屬二子勿循人言以違我志二子涕泣受命至今十

餘年隱而未彰也噫親在則養之以誠親没則盡之以敬而終身猶不欲以一旌博後世名此眞所謂生前有懿行殁後有幽光非表而章之何以慰鄉評而廣風教爰立石於故廬之側以昭秉彜之分詞之不文所弗計也

汾州府志卷三十二

藝文八

郡學故優行生員肯構郭公墓誌銘　錢大昕撰

三晉以孝友世其家者曰平遥郭氏五世同居門無異財縣學生肯堂肯構兩翁實董其家政每督學使者至輒旌其門以示勸士大夫翕然交稱之今春肯構公卽世將卜葬於城西十里之長寧原其從子禮賓狀其行事乞余銘禮賓與余同年進士肯堂公子也讀其狀質而無溢美故樂得而書公諱大址肯構其字始祖諱思忠自陜西渭南縣徙平遥之王郭村其十世孫曰三耀

生縣學生紹儀紹儀生三子長爾强爲肯堂翁之考季爾翰貢生公故公於肯堂翁爲從父昆弟公少肯堂翁一歲總角時食同器卧同榻入塾同硯席旣冠同籍學宫自壯至老晨夕相依雖同産無以過也公狀貌嚴重鬚長尺餘事親孝交友信視端行直非禮不動家世同爨食指衆多而肯堂翁性曠澹事無大小悉委之公每辨色卽起諸子姓上堂問起居惟謹婚嫁喪祭必裁以禮平居服用皆取儉樸獨課子弟讀書必延名師一門羣從學業皆有師法平遥三百年來以進士起家者自禮賔始公之教也禮賔之孫於公已親盡公撫之如已

出有過輒加箠楚公旣不以屬疎引嫌家人亦帖然無
少嫌也姑之子某負官錢二百緡吏逮治之急旦夕且
瘐死公齎白金詣縣代輸之得釋諸姑之孫以貧告者
公出資數百金俾各作生計折閱殆盡無慍色或諷公
不善殖財則曰吾藉先世遺產家頗饒彼雖遠戚自吾
祖視之皆外孫曾也吾敢私先人所有哉公生於康熙
三十二年六月十三日卒於乾隆二十九年三月十六
日春秋七十有二配高氏子男一人于京國學生女三
人適國學生梁理介休縣學生范韜光國學生張應瑤
孫男三人豐型豐烈豐予銘曰子壯出分俗自秦別籍

異財始弟昆戚單服盡行路均不念厥初同一身范道根李聖伯五世同居表史册誰其繼之平遥郭千秋萬載視貞石

贈儒林郎翰林院檢討曹公墓碣幷銘　錢大昕

吏科掌印給事中汾陽曹君學閔一日過其同年友錢大昕告之曰某之先人行甚高而不求聞於世旣殁四十年士大夫數鄉之耆德宜有後者必首屈一指焉夫無善而誣其先非孝也有善而不能彰非義也某生十二年而孤於先人行事知之不詳惟夙所聞於先太宜人及親故常所稱述不一誣者粗識一二乞吾子一言以

志墓石給事人品修潔其文質直無虛詞乃詮次而志之曰公諱曰英字彥傑世居汾陽縣城北十里之太平村曾祖朝仕嘗遇異人授以術可暴富終不一試客請以千金受其方曰挾術而忘義豈惟害人兼將害己固弗與易簀時告其子曰吾得異術非不知可少利汝曹也然遺之以利何如遺之以正乎術竟不傳公未冠失所怙事母夫人孝爲邑諸生有聲庠序間與人交有終始重然諾倜儻好施予宗鄰賴以舉火者甚衆邑有王惠菴先生者孝子也貧而樂道獨與公善歲時常餽之粟寒則遺之布人或效公所爲王先生輒怒曰若豈彥

傑比哉安得以所有涸我張媼者於母夫人爲中表姊妹孱老無所依公養之終其身張病且死語人曰吾受曹氏恩無以報天道有知其子孫必有顯者矣汾之土斥鹵可鹽塞外鹽亦閒有擔以至者例皆禁不得售而令商轉安邑池鹽鬻於市道險又回遠鹽益貴豪商倚勢淩平民輒誣以私販罪公稔其害糾同志詣官白狀請均其稅於糧而逐商事得行民至今以爲便居鄉務爲退讓子偶與鄰眂詬語即抶之曰此吾鄰里即汝諸父行孺子敢無禮邪親詣眂舍謝失教不計其曲直也年五十有一自尅其亡之日病革家人移床正寢笑曰

尚須數刻及期整衣冠而逝實雍正九年九月三日也
配王宜人壽陽縣儒學訓導凝道公之女奉養君姑數
十載無間言後公二十歲卒子男四人長學曾次學思
季學雍給事其叔子也登乾隆甲戌進士由翰林院檢
討累遷今官女五人孫男六人延齡奇齡錫齡鶴齡夢
齡保齡曾孫三人守廉守拙守儉給事又言公歿後數
日見夢於給事張蓋輿馬導從甚盛到家撫諭子弟如
平時類世俗所祀神人者嗚呼幽明之理固不可測而
行道有福其常也世果有神人其必在正直而壹者矣
生不求聞死而神之此理之可信者夫給事在翰林日

逢　國大慶得贈及父母　勅贈公儒林郎翰林院檢討王宜人　贈安人葬在本村之西原以乾隆十八年歲次癸酉正月二十六日銘曰西河古郡卜子所教凜然節概先民是傚亹亹曹公行善於鄉貞固隱括以矯俗涼五十未衰乘化則止匪天靳之以昌孫子幽蘭空谷其芳不言過者必式有道之阡

宋孟曹玉山救水災文　郭興讓

汾水源出管涔南經太原合涂晉諸水而流益廣抵平介間地勢平衍水不受制每夏秋汎水怒漲則漂没田廬淹斃人畜不可勝數蓋延袤百餘里間瀕河村落靡

有寧字丁亥七月霪潦連日夜汾水衝決沿河浸没數十村而平邑南官地村爲害尤烈平地水深丈餘居人二百戸屋宇盡坍婦女乘木板漂泊巨津中號呼望救人爭逃命雖兄弟妻子不相保余姻孟曹玉山昆仲新搆大廈地高敞水不能浸緐具木筏拯溺水者於家男女凡數百口有奇分處内外舍朝夕煮粥餔之歷五六日無難色村人舉手加額相謂曰今日之患微宋氏兄弟活我吾其爲魚矣水退衆始稍稍引去葢二百戸舉得無恙是舉孟曹倡之而經紀衆人之居處飲食使各得所者則玉山偕弟璲與侄大鵬之力居多云十月水

涸村人旋集故里將製屏酧德以誌不忘孟曹郄之再三卒不獲村人於是走予乞言予考古傳記所載救災恤患若潘好古葉封翁輩所活不過數人或數十人而止若孫登甲升履臺鼎其食報彰彰如是今孟曹昆季拯數百人於洪濤巨浪之中而衽席之飲食之其惠澤所及視古人何如其食報於將來寧可量耶雖然使孟曹昆弟預圖食報而始爲是舉則是有所爲而爲之此心已爲利欲所障狥利之人其肯捐目前顯據之利而圖渺茫不可知之報邪惟目擊漂泊之狀耳聞號呼之聲中心惻惻如疾痛在身欲須臾緩其拯救而不能自

已而豈有所爲而爲之也哉孟曹昆季幸推廣此心遇歲則救見患則恤將德施無窮蒙休者不獨在一鄉矣予拭目望之

遊超山記　郭興讓

超山於吾邑最稱名勝乙亥秋侍家君杖履往遊焉自城南東行三十里皆平田廣疇無可登眺近東皋隱隱望之煙樹蒼茫中遠峯峙露始令人有谿山之想逾五里至郭谷灘灘際兩崖間亂石縱橫如卵如棋最奇者如舞人如奇鬼臥獸不可名狀水從石間流出潺潺有聲灘行數十武緣磴東上有徑鑿山腰間廣可並騎遇

險狹處須側肩行左顧石壁百仞立巔有林木望之若小草狀右臨深澗水溶溶不可逼眂偶一搖目意凜然輒欲墮下盤折紆迴十餘里始復下灘中境稍平曠神色徐定廻眂逕上行者如置身峩眉天半自是折而東磴益高澗益深崎嶇不減前逕而懸崖怪樹怡人心目登陟之艱殆若忘之東行半里許崖壁如削多宋元人刻章漫漶不可讀余方摩挲其下而山僧已軋然啟扉肅客矣揖同儕扶老人拾級上憩百福禪院院東偏有閣曰飛雲清光左峙紫燕遥臨叠嶂層巒皆几席間物南瞰松嶺蒼翠接天此身殆欲飛去因亟呼山僧前導

觀龍泉泉即前灘潺潺作聲者也水流齧石成澗廣不可踰通之以梁踰梁而上抵萬松嶺濤聲謖謖若與水聲上下相應和然立其巔遥望遠峰湧螺獻翠昌黎所云天宇浮修眉者彷彿遇之寺僧遥指東嶺招提境也幽邃俗所謂後寺者是也余欣然神往方欲偕同儕鼓力而前於時日西沉風颼颼響林木間遥見老人從閣上舉袂招之乃相率尋故道下還寺中已深黑不見人矣越宿而去時同遊者余友梁修六郝康侯及門人安東之郝大臨田大全也

贈儒林郎翰林院檢討曹先生墓表　朱筠撰

汾陽曹君孝如生十二年而孤孤而力學有立又十年而舉於鄉又十有四年而成進士改庶吉士六年授館職又三年改官河南道御史有聲又五年晉刑科給事中又一年轉吏科掌印給事乃以其尊甫先生之遺行告於其同年友大興朱筠曰學閔不祿不及侍先君子於有所知識之時於先君子之行懵焉及少有所知識得之鄉人所稱道咸謂先君子較然有古王彥方之風然問其事十不得一二也即問得一二亦不全學閔其何以爲人子竊思欲稍稍次第梗概以告於世惡言之不寔或誣吾先君子然及今不書又恐日久益忘失是

[illegible]學閔之無以爲子也學閔謹以其所知識者告子子爲善之以示我嗣人鈞謂如子言尊甫先生應銘法且子已貴爲都諫官五品先人之墓道當伐石以表行於制爲稱鈞茲當爲子表先生之行於吁無所辭謹按先生諱曰英字彥傑山西汾陽人世居郡北之太平村曾祖諱朝仕遇異人授術云可立富或以千金願得其術嘆曰吾術信豈獨得千金哉顧心不義之故不用亦不欲告子以得千金郤之臨終謂子孫曰吾授異人術非不知可以少遺利子孫也然何如遺若以正乎術竟不傳其事在明之季年祖諱復琦祖母靳氏鼎革初靳

夫人率諸子避兵於村東之羅城鎮旣定來歸家室已
空入門坐堂中堦上抱兒泣餓見乳貍將子自水溝入
夫人卽止泣撫兒曰吾子孫有起日矣自是家日以豐
父諱應璽母樊氏先生生十八年父卒識力絕人自念
少孤而處豐不樹立易敗也於是內嚴事母夫人外從
名師何先生者遊奉之至謹以自檢束何先生者學甚
高性尤忭急飲食起居小不中節輒訶責求去食器有
一窳駁者輒面擲碎之先生拱立下氣以謝師爲感動
課之盡力服除入縣學爲名諸生後師竟老於縣中且
死先生心喪之如父所以始終盡交於其子者無不至

縣有傅青主先生山之弟子王先生某孝子也貧不受人一錢先生與之交甚歡賙之則受數十年如一日有張媼者先生母氏之中表姊妹也老無所歸先生推母夫人之愛養之終身卒頃曰吾死無以報曹氏恩惟祝天祝曹氏子孫而已其厚德之感人有如此先生尤善處人骨肉之間而其居鄉里也固讓鄉人某以過見怒於其父父過怒鳴之官先生爲往來委折罕譬以天性道之父子歡然卒無間長子學曾與村中老農語言不相下先生聞之怒曰若聞小雅所稱諸父諸舅微我有咎者邪若今且得罪於鄉黨州里矣手批其頰令卽老

農謝過然後已先生居常恂恂遇事不可未嘗有所畏懾雍正中郡人苦鹺商之横而郡下地故可煎鹽且黄河東出套外歸化城所在鹽舟溯流計日集郡中食無缺先生先率郡人具疏所以告於當事且言郡民願均鹽税於田良便事聞得請而商競逐郡人至今賴焉先生生平奉母至孝母夫人好躬自操作先生事事無不先當其意而母不勞且喜甚會疾作母來視之雖憊極必強歡笑以慰母疾革前十日豫知死時刻召諸子曰吾生五十年自問不覺有所慚悪惟不克終養吾母此心惓惓若輩當畢吾志耳令家人具衣冠遷牀正寢卧

其上獨置冠於胸微笑曰尚需數刻少旋冠而卒越數日幼子學閔夢先生駕軿張蓋儀導甚偉逕來至家呼學閔撫誨如病中嗚呼其先生之精爽未沬者耶先生生康熙二十年辛酉十一月八日卒雍正九年辛亥九月三日年五十有一夫人王氏稱克配云後先生二十年卒乾隆辛巳遇 覃恩聘學閔官檢討獲 贈先生暨夫人如其官階子四人學曾學思學閔學雍孫六人延齡喬齡錫齡鶴齡夢齡保齡曾孫三人守廉守拙守儉其詳具載於錢學士大昕所作碣銘中筠特書先生之孝於親睦於家仕郵於鄉黨敦篤於師友落落數

端用揭於墓道之石以告來者謹表

正汾州府名宦祠祔祀碑　孫和相

祀典之有名宦嗚呼難言之矣或數十年中羣思其功德久之而姓氏至莫之能舉或得於民不必得於上而以罪去官民雖心予之在官者未敢顯列之至若昔時撰次志書郡縣流移考之不審同名異地雜取於篇按以祔祀初無證實加之前後沿襲訛舛相承汾州府名宦祠舊在祀典廿有七人其五人宇文測西魏大統六七年間行汾州事王雅後周明帝初除汾州刺史韓褒保定三年王慶大象元年而舊訛西魏曰後周至後周

三人則又一繫之晉一繫之西魏一繫之後魏典禮之地若是其茫昧乎西魏之汾州在今陜西宜川縣後周之汾州其一在今吉州卽東魏所置南汾州其一在今霍州隋開皇十八年改爲呂州而唐汾陽郡王郭子儀鎮絳州絳在汾水之陽唐時州郡無名汾陽者也此五人者未嘗官斯土然記稱有其舉之莫敢廢則以賢而祀又何慙焉刁雙北魏肅宗時拜西河太守而舊繫之晉房豹北齊河清中而舊繫之三國魏其餘前後失次寔多不可以勿正也唐汾州刺史崔宏禮史稱其短於治民又以愛利務多積見譏不宜列於祀其賢而功德

及民舊失考者北魏裴艮隋李衍蕭大圜唐崔隱甫徐堅杜希望薛從崔圓劉暹孔巢父裴向魏謩宋郭逵張確賈亶金郭企忠傳慎徽許安仁烏古論德升完顏訛出虎明茆志道紀正張軏李善葉穆伍秀海鯉高俊張恕郁浩何賢王崇慶郭鏊王正中劉坤於敖張信孫繼魯葛守禮齊宗堯白夏麻溶劉一佺劉光祚王肇生侯君昭　國朝周召南凡四十有七人或以賢艮稱或以忠義見千古之人心懷之如一日也可勿祀乎他如石州刺史離石郡太守仍祀永寧州名宦入州縣之賢艮忠義祀於各州縣不在此數夫未祀而宜增既祀而宜

廢且非官於斯也旣祀而援莫敢廢之文以進之寔官於斯亦旣祀之矣稽其治行退之祀典之設要以功德爲斷觀於斯者可以悚然懼矣

治汾說　孫和相

乾隆二十六年文水縣知縣顧學海議稱縣境汾河自清源縣交界之楡林村起至田家堡永樂村平遥縣交界止縣亘六十餘里爲寧武靜樂陽曲壽陽楡次太原太谷徐溝清源交城祁縣永寧州衆水匯歸之處汾河而外尚有文峪瓦窯磁窯蔦泊五馬等河亦俱流入文邑藉汾洩水夏秋汾水泛漲其勢洶涌遷徙無定自古及今從無隄埝而田家堡以上河槽深闊水患尚少下游永樂村以下平遥汾陽一帶河槽甚淺其害爲甚沿河沙土不堅督民所築之隄又非官工可比本浮鬆單薄不足以防異漲又稱汾河遷徙靡常　國朝數十年來已不知幾經更易耆老目擊者猶能歷歷言

之凡遇異漲奪溜改道之時奔騰浩瀚頃刻另自成槽寔非單薄隄堰所能防禦而汾河水隨沙壅附近悉繫帶沙之土其性鬆浮萬難挑濬且亦不堪築隄目下所有隄堰高寬不過數尺各處民力不齊原皆有名無實是無隄固難禁其泛溢有隄亦不能保其歸槽無隄而在上游四處散漫之害輕有隄而聚於下游一處衝決之害重嗣於二十七年平遥縣知縣李在田議稱縣境汾河自文水縣交界之回回堡起至介休縣交界之李世村止縣亘四十餘里自築夾版隄堰以來汾水泛漲之際急流衝決勢不能免地畝更多受害似不若廢棄隄堰聽水漫散順流即有淹没爲害亦輕縣境與文水縣情形相同民間向有護村隄堰似可倣照文水縣沿河有種麥田者亦聽築隄防水麥收後即行廢棄聽其漫灘民力獲免疲敝且汾河水勢洶涌沙土築隄不能堅實一經泛漲即至衝決終歸無益不如順水之性聽其自流無庸兩岸修築夾版隄堰

汾水上自太原府之文水縣下至　府屬之介休縣百餘

畢閒每遇夏秋水漲近河居民田廬屢被淹没乾隆二十一年會議於河身兩岸修築夾版隄堰因旋築旋衝遂惟於種麥之處各自築堰保護麥田歲十月起工二月竣工六月麥既收卽聽其衝漫其後文水縣知縣顧學海平遥縣知縣李在田廢隄之議不過以汾川泛漲時單薄之隄徒儆民力無補於事而已夫黄河二漳永定子牙等河最難施治沿河亦多沙土尚可爲隄而謂汾不可隄無是理也汾自陽曲太原徐溝而下滙合衆流至此勢已盛大而汾陽孝義之東平遥之西介休之北古時往往多陂澤則地勢卑下可知後代改爲民田

聚爲村落由來已久遂忘其本澤地也考昔人棄地爲澤之意禹貢曰九澤旣陂胡朏明云陂即隄也而川澤之隄其用各異川於兩岸築隄制其旁溢澤則環而陂之爲水門以時蓄洩川水暴至開高門受水使水得游蕩陂中以分殺其怒川平則仍閉以蓄水遇旱則開下門以溉田書傳所記壽春芍陂楚相孫叔敖作五門隋趙軌修之更開三十六門穰縣鉗盧陂漢南陽太守召信臣作六石門號六門陂山陰鏡湖會稽太守馬臻作築塘周迴三百里疏爲二門其北隄石闥二陰溝十九南隄陰溝十四此陂古法也賈讓言內黃界有澤方數

十里環之有隄太守以賦民民起廬舍其中觀此可知
廢澤爲田出於謀國者之見小利而貽大害古人瀦水
之地無尺寸不耕致百川决溢民無寧居翟方進壞汝
南鴻隙陂而郡人怨之謝靈運求會稽回踵岯崲二湖
以爲田而太守不許近考之府境城東文湖宋時名西
河濼轉運使王沿廢爲田民不以爲便熙寧初御史劉
述請復之金大定間濱湖居民又欲涸以爲田州守傅
慎微力爲嚴禁陂之不可廢也如此今如西河濼鄔城
泊之屬在府境汾川左右者一一皆輸賦民田有川無陂
水大至則渾洪贔怒無所分殺徒恃隄制防亦非左右

各棄地數里厚爲之隄固難以禦盛漲也若倣黄河隄工以治汾半之亦已足計浴糧地凡若干頃晦民失其業宜規畫奠安之者凡若干戸是以一時難行不得不爲之説謂聽水漫散之害輕而已如僅漫散害猶可測而按之顧議中有數十年來幾經更易奔騰浩瀚頃刻成槽之語此汾川轉徙實録然則居民適當其衝者隨流而下何可不預爲籌哉

狄武襄公神道碑跋　曹學閔

宋故推誠保德守正翊戴功臣護國軍節度管内觀察處置等使特進檢校太尉同中書門下平章事行河中

尹判陳州軍州事兼管內隄堰橋道勸農使上柱國天
水郡開國公食邑七千七百戶食實封貳阡一百戶贈
中書令兼尚書令謚武襄狄公神道碑翰林學士朝散
大夫尚書禮部郎中知制誥充史館修撰判昭文館知
審官院提舉集禧觀公事上騎都尉長安縣開國伯食
邑八百戶賜紫金魚袋王珪奉勅撰三司度支判官朝
奉郎尚書刑部員外郎充集賢校理上騎都尉賜緋魚
袋宋敏求奉勅書其碑額則仁宗御書賜之故碑文之
上方別題御篆賜額四大字不與諸臣儕也碑文首云
至和三年八月上以樞密使護國軍節度檢校太尉河

中尹天水狄公拜同中書門下平章事出判陳州明年三月感疾於州求幾以薨聞考宋史本傳嘉祐中罷青爲同中書門下平章事出判陳州明年二月疽發髭卒仁宗以至和三年九月辛卯改元嘉祐青之罷樞密在是年八月故碑文猶稱至和也傳當云嘉祐初而云嘉祐中其卒在二年三月而云二月皆史家之失也傳稱爲保大安遠二軍節度觀察留後碑止書保大軍傳稱爲秦州刺史碑作泰州皆當以碑爲正儂知高他書多作智高古字蓋通用也武襄之功宋中葉以後罕有及之者而中朝文臣出死力以沮抑之雖以歐陽公劉原

父之賢猶幷爲一談意欲殺之而後快不已甚乎徒使折衝禦侮之臣不得久安於朝宋之不振有自來矣

西河考　曹學閔

西河之名始見於禹貢雍州西距黑水東據大河故曰黑水西河惟雍州河在雍州之東而云西河者據堯都冀州言之猶豫州之河曰南河也河自東受降城折而南行歷龍門以至華陰幾二千里皆在冀州之西則皆得以西河目之孔傳云龍門之河在冀州西者特因經有龍門西河之文而言非謂龍門以北不得稱西河也王制自東河至於西河千里而近自西河至於流沙千

里而遥亦舉河之大勢而言所謂西河者泛指瀕河之地非專指一處春秋之世晉爲强大西有河外與秦接境漢書晉文公攘戎翟居於西河圁洛之間此在今延綏榆林之境左傳將爲子除館於西河注家未詳其地蓋在晉都之西是則西河之名不專屬一地明矣自三家分晉魏氏得晉西河之地史記子夏居西河教授爲魏文侯師張守節正義以爲西河即今汾州又引括地志謁泉山一名隱泉山在汾州堰城縣北（堰城當爲隰城之訛晉故慈氏縣爲隰城縣唐上元元年改西河縣即今汾陽縣也）有一石室去地五十丈頂上平地十餘頃隨國集記云此爲子夏石室退老西河

居此有卜商神祠今見在元和郡縣志云汾州西河郡春秋時爲晉地後屬魏謂之西河子夏居西河吳起爲西河守皆謂此也又云謁泉山上有石室去地五十餘丈頂上平地可十頃相傳以爲子夏石室又云卜商祠在西河縣北四十里按謁泉竭泉隱泉一山而三名而子夏石室之在此山兩書無異詞蓋汾州西距河僅二百餘里故有西河之名曹魏黃初二年置西河郡於此亦必因古名命之且子夏教授之石室在焉則汾州之爲古西河審矣鄭康成注檀弓退而老於西河之上云龍門至華陰之地後人疑子夏不當居汾州以此然康

成究未實指西河所在似猶疑而未决之詞史記索隱引劉氏說稱同州河西縣有子夏石室學堂然元和郡縣志同州不言有子夏石室恐是附會不足信史記胡衍謂樗里子曰魏亡西河之外而無以取者兵弱也正義以爲西河之外謂同華諸州也傳記稱子夏教授西河矣不云教授西河之外則以爲在同州郃陽者益難據即曰魏都安邑去汾州爲遠然汾實在魏之封內以廣輪計之不過五六百里之間文侯果能尊師重道何患遠莫致之元和郡縣志載魏文侯墳在孝義縣西五里段干木墓在孝義縣東北二十五里前哲相傳已久

則子夏之教授於此亦何疑焉若史記匈奴傳所云魏有西河上郡以與戎界邊者似又在汾州西北葢魏時西河郡境跨大河之西與上郡壤相接漢志秦惠公初稱王得上郡西河者卽謂河以西之地非能盡西河之域而得之也其他史傳稱西河者不一史記趙武靈王行新地遂出代西遇樓煩王於西河而致其兵葢趙之北境亦距河故亦稱西河而非魏之西河也史記韓信從夏陽以木罌缻渡軍襲安邑而李左車謂信涉西河虜魏王此夏陽之西河非汾州之西河也漢武帝置西河郡治富昌縣在大河之西今爲塞外河套之地與河

之西河尤遠汾陽舊志凡文涉西河者幷摭入沿革擇焉不精徒啟後人之惑故辨之如此

中陽考　曹學閔

按以趙之中陽爲今汾州府孝義縣地者其說始出唐張守節史記正義而宋樂史太平寰宇記因之要之皆本於括地志也秦本紀惠文君後九年伐取趙中都西陽正義云西陽卽中陽也在汾州隰城縣東十里趙世家惠文王十四年與秦會中陽正義云括地志中陽故縣在汾州隰城縣南十里漢中陽縣也寰宇記汾州六國時屬趙趙世家云秦侵我西河中陽是也不知漢之

西河非魏以後之西河也然則魏以後之中陽亦非周秦以前之中陽也考李吉甫元和郡縣圖志云汾州禹貢冀州之域在虞及周屬幷州春秋爲晉地後屬魏謂之西河子夏居西河吳起爲西河守謂此而不引趙世家之西河則知其時西河已不一矣云秦屬太原郡漢武帝元朔四年置西河郡理富昌則知漢之西河去汾州遠矣云後漢徙離石卽今石州離石縣也按離石爲今永寧州在府西北百六十里亦非今汾州治也云獻帝末荒廢魏黄初二年乃於漢慈氏縣置西河郡卽今州理是按慈氏卽茲氏漢志屬太原而不屬西河則知

漢之西河郡與南部都尉塞外相接而今之汾州治實古西河而其後爲曹魏時所復置明矣又按郡縣圖志孝義縣本漢慈氏縣地曹魏移西河郡中陽縣於今理觀此可知中陽自西河郡移置慈氏而非漢之所謂中陽也云永嘉後省入隰城後魏又分隰城於靈石縣東置永安縣貞觀中改孝義因縣人郭興孝義故名志又云西河縣本漢慈氏縣曹魏於此置西河郡晉改慈氏爲隰城縣上元中改爲西河縣觀此可知隰城亦慈氏所改而非漢西河郡屬之隰成莽曰慈平亭者也然則道之西河中陽或謂與漢之西河郡屬隰成相近則可

而括地志乃以當唐之汾州訛矣而張氏據之以釋趙
地樂史因之以証汾州訛之訛矣再考酈道元水經注
亦爾載中陽其一文水逕大陵縣故城西而南流又南
逕平陶縣之故城東西逕其城內南流出郭又南逕茲
氏縣故城東爲文湖世謂之西河文湖又東逕中陽縣
故城東晉地道記太康地記西河有中陽縣舊縣也按
曰舊縣者永嘉後省入隰城故也此中陽即今汾之孝
義也其一汾水南逕大陵縣東注云汾水於縣左迤爲
鄔澤俗謂之鄔城許慎說文曰漹水出西河中陽縣之
西南入河即此水也鄔澤是爲祈藪即爾雅所謂昭餘

祈矣按顧氏方輿紀要昭餘祈藪在祈縣東七里祁縣在汾州府東北百里而鄔水所出之中陽又在祁縣之西其距孝義縣在汾州府南三十里者遠甚此中陽當爲漢西河郡屬而史記所謂趙地者是也要之汾之西北鄔城離石在春秋時多近趙地而自汾以南其爲虢之西河地無疑夫釋地者當知西河有二中陽亦有二即隰城亦有二郎不得強據史記中陽以附會今之孝義爲趙地矣

叅軍廳壁記　毛麟

乾隆十有五年庚午余始至茲署廳事後所謂一一堂者

敝斜四楹東西廡共四間其後爲棚者一僅容爐竈周旋四顧無可以安家室者有老役立於側詢之則云此地舊嘗有樓久頹已無遺蹟署前小屋四楹北嚮曰花廳腐黑橈折望之危不敢進北方少薪用石炭謂之煤火盡而質留積於隙地余先使負煤入城空驢之歸者酌與之錢取其積以去將及一月地始平明年太守鶴村李公念茲署不修外無儀形內無以託處命州縣分助之費遂於夏末搆屋四楹以居東廡四間西廡一間補其垣之缺者季秋功竣費白金近三百得於助者半南來妻孥始可依樓越十年庚辰夏連雨七晝夜而花

廳全傾倒在地署故有關聖廟偪在儀門左因弁馬祖廟俱移建別爲一院廳事後之東廡則展以爲客至設坐之所門亦得如制寬拓工起七月中旬畢九月中旬費叉三百越五年甲申秋立亭陳侯來尹汾陽過余顧二堂作敧狀戲謂余曰此巖牆比也太守月峯張公亦毎言及此遂以明年季夏撤二堂及西廡盡更之以新費近四百益蒭蹷從事而得於陳侯所助者百有五十先是庚辰之役署前取土得水甃井一今去井稍遠增茨馬棚三間儀門西增設牌樓以表門凡坳缺漫漶次第修整赤白之茲署於是稱完好計余之至忽忽十六

載矣憶自少時讀左氏春秋其言叔孫婼也曰叔孫所館者雖一日必葺其牆屋去之如始至未嘗不忻慕其事況余以無能宜久安下職而又賴上官暨同寅之以其不敢妄自菲薄也盡及其居處豈非幸與豈非幸與故總其顛末用書之屋壁

重修護城石隄記　丁宗懋

臨城東距湫河湫水經大小連枝山北與榆林諸溝匯激而西射以與城牆築隄所以護城也自前明嘉靖兵備副使趙公度地河壖伐石爲堰後之繼斯役者屢修屢圮歲以有事迄明之季兵燹相仍而當年遺蹟遂與

山埤麗譙盡付馮夸矣越雍正壬子水暴至延及城内居民蕩析時請於覺羅石大中丞得報可發公欵三千築而新之從東門而南延袤百三十丈則兹之石隄是也昔爲荒墟今列廛市依斯隄以宅爾宅者且三十年亡何歲月寖深根埽剥落縫裂罅穿難與持久其迤北一帶水勢益蹙近時郡伯張公會加補苴疊亂石而糝以灰沙亦隨湍漫不可復識壬午春予令兹土竊以爲欲衛民莫先完城欲完城莫先急修隄顧未信而勞弗敢也其明年遂與邑之紳士里老謀謀僉同不以予爲劳而任之量力捐輸匪徵而集則費省於前也羣力趨

赴必偵乃傭則人不滋累也方春經始徂秋告竣庀石[illegible]基惟深且固編縫則綴以鉄錠層累則貫以鉄管葢歷稽前代興廢之跡而厎法加密焉隄既成或曰水之爲城患者以不由東山崖下故道行耳宜鑿渠以引之或又曰城以北舊爲趙家崖崖踣而水乃直薄城下宜墩於崖以捍之顧予觀湫水漲溢奔沙徙岸大石俱下鑿未息肩淤不旋踵若趙家崖踞其上游適抵最衝捄甃石之功以禦撼山之勢是螳臂而當車也何足與洪濤爭怒哉因扼隄之中權更爲築臺狀如偃月與隄相抱以避趙家崖之衝也水勢至此得稍停泊又若廻旣

倒之狂瀾以障而東之者登臺南望則石大中丞之遺澤新焉其北則今所增築直繞城隅而止枕殘堞駕長虹晨炊宿靄空翠霏濛此湫川煙雨之所以稱勝槪也竊於斯臺有取云故並及之

學宮開路記　丁宗懋

聖人之道若大路然以極高明則壅蔽者務去焉以致廣大則窒礙者必通焉要在識其所從入毋戕於他岐而已學宮前臨大街廣不盈數武南向廡舍參差規模湫隘跬步跼未嘗不歎廟牆也其窒礙壅蔽也孰甚癸未冬予亟與諸紳士約捐置李姓常姓宅若干間撤而

去之既復購楊姓牛姓宅各一區惟牛姓宅之在西偏者留爲縣尉廨餘亦撤而去之自是疊嶂層巒軒豁呈露攬秀挹青令人意境俱遠矣學者觀於此誠知擴充聞見開拓心胸而從始入以馴至於高明廣大之域斯所謂能由是路者乎予方擬搆先師牌樓以崇觀瞻引牛澗水作外泮池尋以有事於城工未遑就緒爲紀其廣長丈尺以俟君子時乾隆己丑天中節也

臨縣修城碑記　丁宗懋

皇上御宇之三十年詔天下有司相視城垣圮者修之殘缺者補之毋習故常徒侈靡費毋事苟簡徒飾外觀

黜浮崇實以爲一勞永逸計維時彰大中丞秉節方新銳意率作晉省之以城工請者凡十有八州縣而臨與焉臨之城完舊之功半新建之功亦半先是估費盈數萬乃省之又省約二萬六千有奇而工在萬兩以上者例得委員分修因即其段落析而爲三自東南隅至於西屬汾陽令朱濬任之自東北隅至於西屬孝義令王椿任之其正東一面俾宗懋董其成焉以丙戌暮春筮吉從事明年丁亥九月甲午朏告成夫興大作集大衆昔聖人常慎用之春秋凡城必書重勞民也詩稱寔墉寔壑而以韓城之溥歸美於燕師所完則承平所事矣

其時暇故其力豫民雖勞又烏可以已乎我　國家世際承平內寧外謐斯民之暇且豫也固宜乃猶重其勞之也用民之力即以軫民之艱費惟取諸公帑役不煩於鼓鼛門無鷄犬之驚野有耕鑿之樂年穀順成人罔弗給百工輻輳市肆帖然豈非興事集衆用之自有其道哉是役也以備不虞而資捍禦也抑所以壯太平之觀瞻也宗懋雖不敏敢敬述以仰承　天子之休命

黃櫨嶺候館闢路記　朱濬

汾陽古兹氏也羣山亘其右汾川行其左而黃爐嶺爲西山之隘口東魏武定中齊獻武出北道度赤谼嶺觧

律金爲南道軍司則繇黃櫨嶺出與之會前代嘗置關嶺上憑高爲固循山峽而東則金鎖關亦曰向陽關元天曆初令汾州之向陽關穿鑿壘石是也東於峽曾不容軌峽之南取徑亦西達黃櫨乾隆丙戌秋城臨縣余分與其役明年秋事竣凡募工匠踰三百里乃抵臨余念未傳功不計傭值則工匠苦途遠因令一往一來即鑿治道路不虛其在途之日東起黃櫨之東二十里西越嶺行永寧州境又三十里許纍者崎嶇嶔險至是始可通車無阻當嶺之隘舊有廟曰石雲菴去居民遼闊東西行仰空循磴力疲喘息不能定乃蹐乎是況大吏

以歲時行部歷險僻度雲霄誠不可無在疆候館茲廨南鄉四楹東西廡暨廚竈備門亦四楹兩旁爲茶亭葢余於城臨工竣之月蹄而創建焉然山高風勁陂阤敧危房舍道路均成之甚難而廢壞也易都數歲中便官之曰暫便民之日久倘蒞斯邑者恒治之於未廢修之於未壞其暫者屬在典文久者尤施政大經也用識歲月以俟後之君子

永安鎮候館記　朱濤

縣令畫地而理有城池民人社稷如古諸侯然上屬於府又上之則監司大吏汾陽雖倚郭縣而其北即與太

原之文水鄰大吏以時省疆土觀民風由太原而來過文水居汾陽北境首及永安鎮疆之寓望宜於是乎在乾隆己卯知縣馮兆麟因舊義倉地爲公廨凡四楹左右廡各三間余以丙戌來茲邑見序舍址隘且敝剝漫漶倉卒除門戒候仍假民居待公用頗未能即展新之戊子秋仲乃購其旁地增北序二間小房一間東三間畫分兩院前構四間在西照牆一左側樹碑一紀胥役毋藉備公館名擾里民稽之周官經十里有廬廬有飲食三十里有宿宿有路室路室有委五十里有市市有候館候館有積永安距縣治三十里禮當設路室而地

寔入縣之首候館修除在疆事也可云非官守責歟因書以志諸石

晉邑令賈公墓碑記　王謀文

公諱寧晉太安二年爲介邑令時劉淵起離石遣其將喬晞攻陷之公抗節不屈曰吾爲晉守不能全之尚求生以事賊何面目以視息世間哉晞將殺之尹崧曰盍舍諸以勸事君晞不聽遂遇害夫人宗氏年二十餘晞艷其色夫人罵曰胡賊奴豈有害人之夫而欲加無禮何不速殺我因仰天大哭晞又殺之淵聞而怒曰使天道有知喬晞豈有後乎追晞還收公夫婦屍而合葬焉

祭之以禮嗚呼忠烈之感人如是夫典午當八王爭國之日外患迭起五嶽三塗並皆淪陷其間分符郡邑閉門延款者所在多有而公屹然孤城與之存亡慨血殷紅偕其伉儷是已足不朽於天壤寧獨介邑也乎哉雖然介固公土也守於斯殉於斯其隆然而若斧者恭忠魂貞魄之所棲也尸而祝之社而稷之介之人無忘焉余既拜公於墓下爽然興感因次其事而勒諸石

張良村增堡修廟記　王謀文

張良村爲介邑東南巨鎮聚廬而處者幾數千指環四闊以爲堡門墉雉堞而捍而衛因擇其地之爽塏者以

爲春秋祈報之所則廟祀興焉廟在堡外坤隅祀晉邑令賈侯當侯之令介也值喬嘛之難侯與夫人身殉之葬於城南城南之人感激於忠節之氣就其墓所而作之棟宇陬日筮吉吹笙設熸婆娑而饗之固以爲神之所棲錫福於民者近也村之於墓遠矣乃亦作廟以祀之而且以命社且以報功若詩之歌艮耜焉者是豈侯之靈即足以當勾龍后稷之所司歟聞諸祀典能捍大患則祀之以死勤事則祀之以侯之與城存亡生而勤勞著於介死而呵護被於介則夫祀於城南祀於是村其又奚擇況精英所達寔足以感風雲而動雷雨哉廟

之建不詳所始按碑記修於順治年又修於乾隆初年歲月既久傾圮隨之村人議用補葺而復慮乏財之難於藉手也適一時有增堡之舉堡本缺西南形如曲尺外向而廟址故當其缺爰於版築所屆傍廟址而折旋之使堡外耡植之地易爲堡内舍基計二十餘畮以俟卜宅於斯者即其價爲修廟之費廟工與堡工並起閱二載告成自正殿及旁殿皆重葺加戲亭樂樓鐘鼓樓若干楹巍然煥然望之鬱鬱葱葱蓋廟與堡始稱壯觀矣至廟名龍天無可據意斯民仰之如天而以龍爲陰雨所由施也然則介民之有望於陰雨從可知也

春秋致祭文潞公祀堂碑記　王謀文

有宋潞國文公以太師致仕居洛年九十二薨葬於河南之登封縣而公介人也子孫之在介者緣水木之義建祠於縣治之北關有堂有廡有几有筵爲穆爲昭以烝以礿至於今而子孫則稍微矣　皇帝御極之三十有三年謀文來宰是邑暇日肅衣冠謁祠下其子孫暨鄉人於是乎觀禮乃合辭而進曰文氏之有是祠也不載祀典而公之勳業功名沿及千年後嗣漸替誠慮儀牲之不共駿奔之不恪將無以妥先靈而貽典禮之缺計唯請於官而官爲之祭庶幾永永不朽余曰然凡

祀典有二祠於功德所以勸忠也祠於子孫所以廣孝也禮以義起事以時增則就廣孝者而移以勸忠亦兩合之說也爰於次年九月稽史傳繙譜牒具文申請撫憲鄂　藩憲朱皆曰可即據陽曲縣致祭狄梁公之例準於本縣繁費項下春秋支銀四兩以祭永爲令典蓋公之祀祠今其眞不朽已乎顧予竊謂公與梁公其功勲等而福澤寔有過焉者當天后革命之日李氏不祀如綫梁公委蛇周旋卒復唐祚而公於仁宗違豫時京師業業獨賴公持重繼而調護兩宮俾之孝慈無閒古大臣善處骨肉以爲宗社計洵有然者乃梁公以後事

屬五王虞淵反日卒不親見其功之成公則逮事四朝優游致仕領袖耆英寵光奕世是梁公之所不能及而今於祀事媲而同之帥公其奚讓焉余既喜其事之得所請而且冀文氏子孫之遵守之因勒諸石復作歌以祀公歌曰緜之山兮幽幽公之出兮駕雲虬勝之水兮差差公之來兮悠然以思翳公居洛兮領耆英元老宿德兮信史是徵唯故國兮衎雲礽昭事不忒兮是禋是烝爲公作廟兮神式憑雕甍起兮華榱承粤祀典之不彰兮慮及奕世官爲理兮長使勿替明粢盛兮肥牲麗春秋執事兮覩唐文惠几筵重飭兮廟貌鮮膋蕭四達

兮年又年　國典既渥兮祖德以宣吹簫擊鼓兮彈神絃芬芬苾苾兮通後先緜之山兮勝之水碧嶂層層兮白石齒齒唯公功德兮與之比廟無圮兮碑無毀告子孫兮昭萬禩

長庚橋碑記　鄧必安

縣有城城有池池有橋此通制也獨邑西池之長庚橋藉郭門外之堰爲保護其修防有不得不詳其本末者自郭門而西盡高原遇大雨則西原數里之水歷西關而東注於西池甚且爲城害舊於郭門外橫築堰一道而又直北濬溝障水北流不使入關迨歲久堰廢溝平

無事日亦覺坦途可安兹戊子夏大雨連旬復丁水害豎水去橋傾城門之軌驅遇池塹橋安得不修第橋成而堰廢如故非若修橋之難緩須臾也適余承乏兹邑閱視之下詢悉西城内外爲宣化坊再西爲城西廂築堰則專屬西廂地方承辦因堰廢日久修築滋難乃勸令宣化坊助築四分之一於是堰亦成而橋可無患矣且申明其舊規俾西廂百姓仍專任築堰之責外宣化坊仍專司修橋之役餘役俱免事竣勒石以昭法守焉

西河考　王埈功

西河之名見於禹貢而史家之記載爲特詳後人第弗

深考耳禹貢曰黑水西河惟雍州又曰浮於積石至於龍門西河葢主冀而言河在西故謂之西河然但據河言之非以名其地也戰國之時魏有西河之地而逼近於秦其在河以東者則趙魏二國之分境也故史記胡衍曰魏亡西河之外而無以取者兵弱也趙世家主父遇樓煩王於西河而致其兵魏翟璜曰西河之守臣之所進也由是觀之則二國固各以西河名其地矣然亦但據河以爲名而實非有分地也漢氏以來始建西河郡領三十六縣其在河之東者美稷中陽平周藺離石隰城臨水王軍八邑而已其餘二十八縣皆在河西而

郡治建焉則此八邑之在西河如今河北三府之隸河南耳永和五年始徙郡治於河東之離石至司馬晉建西河國統離石隰城中陽介休四縣後代因之始異於古矣故嘗論之禹貢之西河因地以名河即因河以紀地至戰國時則遂以河名其地矣漢之西河跨河而置郡即據河爲郡名至晉宋後則但沿其郡之名而幾失其地之實矣今不覈其源流而直以晉宋後之西河當漢郡遂專以今之汾郡爲西河豈不誤哉

寧鄉縣修城臺樓堞記

知寧鄉縣朱懋炳撰

寧鄉故趙之中陽也漢置縣屬西河郡曹魏徙中陽於

兹氏南而地并入離石後人遂以縣之設起宇文周忘其漢以前之舊矣當秦趙之際秦盡得魏河西趙離石中陽直逼秦屢爲所拔輒力復之所以爲太原之外蔽迨宋扞西夏縣西接黄河設伏落津寨而城之建乃自明景泰元年始後因韃靼部内侵樓堞敵臺漸具旣而又增高厚甓之我 朝順治六年修城之西南尋修東南及樓距今且百年戊子冬檄下縣修繕城垣余周行審視女牆之缺者水槽之損壞者臺樓之頹圮朽腐者宜以次就治肇工已丑孟秋至今年閏月工竣東城南城凡爲樓二城中央樓一巍然肅瞻觀焉暨女牆水槽

亦整之咸完好按諸水經河水南過中陽縣西又南過
土軍縣西漢中陽故城邈不可考今城西倚鳳山東南
臨潤其潤導源可寒堆逕寧鄉關南來循城而北即李
吉甫元和郡縣圖志所謂寧鄉水者也　國家承平百
餘年民見山之峙水之流昔時逼近邊陲今則延緣以
徃萬里未極官與民幾若相忘於墉堡於是謂守土之
吏爲民重且大者在詩書禮教不在城郭詎曰不然然
而施政次第城墉臺堞之修嘗不敢以爲後茲之役都
之費白金八百余首捐俸爲之倡縣薦紳齊志急公義
不煩請帑而事舉余既樂觀成績更有感於諸君子能

曉然通達大義斯正詩書禮教之澤之涵濡甚深而爲
盛世太平之民如是其可觀也是宜有記兼與玆役者之
姓名書之碑陰用告夫後之人

奉政大夫例授朝議大夫奉天府府丞提督學政西
園呂公墓誌銘　魏定國

乾隆十二年丁卯夏六月年友盛京少尹呂公卒於里
第子未能赴奠也孤子銜韶將以己巳三月葬公於本
里祖塋乃走千里來京師持狀踵門謁予銘墓予與公
自丙戌締交都下稱莫逆後公筮仕爲西江弋陽令又
隣郡也未一歲循聲大起耳公名甚悉嗣是敭歷中外

未竟厥施而公歿矣予忝知公其何辭按狀公姓吕氏
諱文櫻字杲初西園其别字也世本勝朝望族明季雲
擾全晉無寧居考　封奉政大夫謹躬公避地於汾
陽之劉村時先業如洗而奉母甘旨無缺與諸昆合處
無間言鄉人以孝友稱之子四人公其長也幼英特九
齡出就外傅卽晨夕躭吟誦學日進旣遊庠名籍籍諸
生間康熙丙戌成進士需次選曹因出遊直省所至守
宰咸虚中請質因得遍悉諸方人情土俗及政治得失
之故丙申抵弋陽任吏治已嫻習矣弋爲江右疲邑地
瘠民貧劣衿土豪競事把持刁民效尤逋欠日積公念

爲政首在鋤強甫莅政即計取市曹中所云金剛者數
人窮治之咸伏辜又知其徒衆皆市儈小有才貰其罪
而嚴飭之令在官造册自贖江右自經兵燹舊册俱燬
吏胥奸弊百出暨册成具得民欠清數而逋賦可徵矣
弋達鄉名邵家坂者習尚尤頑梗公乘不意向夕出城
秉炬行萬山中黎明達彼所集衆反覆曉諭衆大悟呼
曰公無言我曹皆良民向未識大義耳因檢其歷年完
逋之數第其賞抃自此不復梗化先是公嘗葺陳謝二
公祠乃即祠設書院延師擇士之秀者肄業其中又設
蒙館於署右擇諸生之有誼行者爲師凡民間子弟概

許入館貧者給衣食月立限期親往稽其勤惰第其優劣一時人士翕然又念弋邑科目寥寥賓興之歲起送有禮行李有資諸生咸踴躍趨赴有獲雋者又慮去任後其事或廢因捐俸置田每年得租二百餘石以爲資編入邑志令學師協同耆儒經理至弋人健訟譸張爲幻凡戶婚田土及命盜諸案搆控累年不結公總以得情爲主一訊之後訟端永杜弋人多傳爲美談不能縷述適故相白公來撫江右稔公政績深器之會入爲大司馬力薦公得附列行取去任時弋民勒石紀遺愛是年七月爲謹躬公八袠大壽公適抵家稱祝里人榮之

抵京少司農張清恪公舉爲監督會　世宗在雍邸
奉　聖祖命至通查倉詢以新舊米石及終年出納
細數公心識口陳條分縷析　世宗顧而異之
登極後即授戸部浙江司員外郎　命與倉塲侍郎
李公英貴等監修京通諸倉節省帑金六萬餘兩議敘
加一級雍正元年四月陞禮部儀制司郎中仍協辦倉
塲事務十月奉　命提督山東學政公念學政一官
爲朝廷養育人材厥任綦重歷試六郡精心校閱弊絶
風清今相國海寧陳公時撫山左有秉公校士生童感
悅之奏旋奉　溫綸奬勵公仰圖報稱益厲氷操乃

科試未終遭謹躬公變公慟不欲生銜哀罔極服闋授
湖廣道監察御史監己酉科文武順天鄉試武科有齊
生者以未中的不得終試公破格收之竟得捷庚戌以
武殿試第一人魁天下人咸以此奇公識尋陞通政司
右叅議九年督修郭莽爾格隆二寺不踰年報竣改授
奉天府府丞專司學政公念陪京重地加意振飭於奉
錦二府各建考棚復量治學田試期給飲食以遽請增
學額殊失　上意降　旨切責尋議上鐫一級公
遂歸時甲寅歲也乾隆元年蒙　特旨召見尋告歸
前公遊宦時已奉謹躬公自劉村遷鴻士所遺果園推

從兄斗嶦居之至是就所居隙地蓺花竹構小室有終焉之志暇日與二三親故結耆老社每集或清談或野步或敲棋覓句必竟日歡讌以爲常家居閱十四載足跡不履城市竿牘不一至公門郡守張公嘗贈聯云聲華高栢府雅望重西河邑宰沈公亦贈詩有句云岳陽酒市人同伍渭水漁家品一流其高風可想也公內行修飭少事兩尊人先意承志無所忤休歸建宗祠榱題欂櫨胥循制祠成奉祖父母父母兩世主入祠春秋集子姓入祀惟虔諸季久分居朝夕恒過從無間於諸子皆視之如子與人交始終如一同官黃某故人子馬某

值窮途咸解橐以濟其困今猶嘖嘖人口丙寅孟秋朔
爲公七十懸弧之辰親隣致祝顏其堂曰善氣怡人共
歡呼永日而去謂自是而耄耋期頤鄉人之所以壽公
者將更十年而一進固綿綿而未有已也孰意其遽止
於是哉公歿於乾隆丁卯距生於康熙丁巳得壽七十
有一恭遇　世宗憲皇帝登極　覃恩　誥授
奉政大夫以少尹降一級例授朝議大夫元配賈氏同
邑國學生諱三德公女　誥封宜人例封恭人歿於
乾隆戊辰距生於康熙辛酉得壽六十有八側室于氏
歿於乾隆乙丑距生於康熙丙寅得壽六十王氏張氏

子二人長審韶雍正壬子科舉人揀選知縣于氏出娶同邑魏氏繼娶同邑樊氏次審信張氏出聘同邑宋氏女三人長適同邑國學生賈生璸次適同邑候補州同宋國璉次適介邑國學生范清灃銘曰卜子西河有石室淨心寺故潞公宅彼汾一曲六三德代有名流蔚史册　帝顧西江士多瘠安得民生有起色我公蒞政翕以闢谿山遠所羣情帖懋績升聞畀京秩天庾政獘深擘畫山左人文喜矜式陪京吏滿詩書澤諸生宜且遵成額遽請恩施疑汲汲　帝念老成姑薄斥宣室有問將前席賢人竟值龍蛇厄彼蒼者天難致詰彌望

青青原上栢蕭瑟悲風吹白日

汾州府志　卷三十一　三十八

汾州府志卷之三十三

藝文七

扈從南出雀鼠谷　唐張說

豫動三靈贊時巡四海威陝關凌曙出平路半春歸霍鎮迎雲罕汾河送羽旂山南柳半密谷北草全稀遲日宜華蓋和風入袷衣上林千里近應見百花飛

奉和聖製同二相南出雀鼠谷　唐張九齡

設險諸侯地承平聖主巡東君朝二月南旆擁三辰寒出重關盡年隨行漏新瑞雲叢捧日芳樹曲迎春舞詠先馳道恩華及從臣汾州花鳥意併奉屬車塵

奉和聖製荅二相出雀鼠谷　唐徐安貞

兩臣初入夢二月扈廵邊澗北寒猶在山南春半傳頌聲先奉御辰象復回天雲日明千里旌旗照一川柳陰低輦路草色變新田還望汾陽近宸遊自窅然

奉和聖製荅張說出雀鼠谷　唐蘇頲

雨施廵方罷雲從訓俗廻密途汾水衛清蹕晉郊陪寒著山邊盡春當日下來御祠元鳥應仙仗緑楊開作頌音傳雅觀文色動台更知西向樂宸藻協鹽梅

餞潞州陸長史再守汾州　唐蘇頲

河尹政成期爲汾昔所推不榮三入地還美再臨時擁

傳雲初合聞鶯日正遲道旁多出餞別有吏民思

奉和聖製荅張說扈從南出雀鼠谷　唐宋璟

秦地雄西夏幷州近北胡禹行山啓路舜在邑爲都忽覩寒暄隔深思險易殊四時宗伯叙六義宰臣鋪徵作宫常應星環日毎紆盛哉逢道合良以致亨衢

奉和聖製荅張說扈從南出雀鼠谷之作　唐袁暉

魏國山河險周王警蹕廻九旗雲際出萬騎谷中來石路行將盡烟郊望忽開賞矜垂柳報春畏落花催輿逸横汾什恩褒作頌才小臣聽日月延首詠康哉

奉和聖製荅張說南出雀鼠谷　唐席豫

鳴鑾初幸代旋蓋欲横汾山盡千旗出郊平五校分前林巳暄景後壑尚寒氛風送蕭韶曲花鋪黼黻文鹽梅推上宰禮樂統中軍獻賦紆天札飄飄飛白雲

奉和聖製荅張說扈從南出雀鼠谷　唐王光庭

省俗恩將徧巡方路稍廻寒隨汾谷盡春逐晉郊來雲騎轉行漏煙旄引從臺惠風初應律和氣正調梅雅頌通宸咏天文接曙臺霸陵桃李色應待日華開

奉和聖製荅張說南出雀鼠谷　唐崔翹

硤路繞河汾晴光拂曙氛笳吟中嶺樹仗入半峯雲願覺山原盡平看邑里分早行芳草迴晚憩好風熏嘉頌

攄英宰春遊扈聖君共欣承膚渥日月照天文

奉和聖製荅張說扈從南出雀鼠谷　唐梁昇卿

何意重關道千年過聖皇幽林承膚澤閑客見淸光日
御仙途遠山靈壽域長寒雲入晉薄春樹隔汾香國佐
同時雨天文屬歲陽從來漢家盛未若此巡方

故西河郡杜太守輓歌三首　唐王維

天上去西征雲中護北平生擒白馬將連破黑鵰營忽
見芻靈苦徒聞竹使榮空流左氏傳誰繼卜商名

返葬金符守同歸石窌妻卷衣悲畫翟持翣待鳴雞容
衛都人慘山川駟馬嘶猶聞隴上客相對哭征西

塗芻去國門祕器出東園太守留金印夫人罷錦軒旌旗轉衰木簫鼓上寒原墳樹應西靡長思魏闕恩

咏郭有道　唐盧照鄰

大漢昔云季小人道遂振玉帛委閹尹斧鑕嬰縉紳邈哉郭先生卷舒得其真雍容謝朝廷談笑獎人倫在晦不絶俗處亂不爲親諸侯不得友天子不得臣沖情甄負甑重價折角巾悠悠天下士相送洛橋津誰知仙舟上寂寂無四鄰

天寶中宋州刺史有西河郡太原守張夫人輓歌學今

鵲印慶仍傳魚軒寵莫先從夫元凱貴訓子孟軻賢龍

是雙歸日鸞非獨舞年哀榮今共盡悽愴杜陵田

李中丞訓萬年房署少府過汾州景雲觀因以寄上

房與李早年同居此觀　唐盧綸

顯晦澹無跡賢哉常晏如如何驚孤鶴忽乃傳雙魚叙以泉石舊悵然風景餘低回靑油幕夢寐白雲居玉洞桂香滿雪壇松影疎沈思矚仙侶紆組正軍書積學早成道感恩難遂初梅生諒多感歸止豈吾廬

送單于裴都護赴西河　唐崔顥

征馬去翩翩城秋月正圓單于莫近塞都護欲臨邊漢驛通煙火胡沙乏井泉功成須獻捷未必去經年

送汾城王主簿　唐韋應物

少年初帶印汾上又經過芳草歸時徧情人故郡多禁鐘春雨細宮樹野煙和相望東橋別微風起夕波

巫山縣汾州唐使君十八弟宴別兼諸公攜酒樂相送率題小詩留於屋壁　唐杜甫

卧病巴東久今年強作歸故人猶遠謫茲日倍多違接宴身兼杖聽歌淚滿衣諸公不相棄擁別惜光輝

過宋員外之問舊莊　唐杜甫

宋公舊池館零落首陽阿枉道祇從入吟詩許更過淹留問耆老寂寞向山河更識將軍樹悲風日暮多

謝汾州田大夫寄茸氊葡萄　唐姚合

筐封紫葡萄筒卷白茸毛卧暖身應健含消齒免勞衾衣疎不稱梨栗鄙難高曉起題詩報寒澌滿筆毫

留題汾上舊居　唐薛能

鄉園一別五年歸廻首人間總禍機尚勝鄰翁常寂寞敢嫌衰馬未輕肥塵顏不見應消落庭樹曾栽已合圍難說累牽還却去可憐榆柳尚依依

懷汾上舊居　唐薛能

素汾千載傍吾家常憶衡門對浣紗好事喜逢投宿客刈田因得自生瓜山頭吹笛陰沈廟陌上薪蒸突兀車

投暗作珠何所用被人專擬害靈蛇

子夏山 宋趙瞻

山因先師成令名人心仰止懸青冥文侯北面欽山局石室至今猶南傾直松萬株天籟聲長材大棟資連甍溪泉四出潔胥清潤物功溥民罔爭朝兮新雲澤根莖暮兮和風發勾萌山川氣稟天地英民何知爲夫子靈魏最稱治由師經晉俗自是多諸生時尚辭華取衣精皓首學行徒修明非無神降弼王庭國朝嘗議平文衡斯文未喪吾道亨商之傳授今可行

比干臺 宋趙瞻

九閽大壞一木支勢知不可誠不欺商之三仁異所歸
死諫不欲狂囚爲賢哉萬世忠臣師比干而已前其誰
諫不當顯何所持忠必愛君無拂辭帝舜載賡歌康樂
風雅比興陳盛衰君賢臣聖流書詩光華榮輝同葳蕤
扶起不欲憂顛危剖心血頸鼎鑊糜此意不獨在一時
死者一傳星日垂猶有佞人乘其機順正逢惡稱諷規
甘言好語解人頤如飈食角寢不莆聰明蔽密蔀莫知
微干之節世亦疑章華非不窮峩巍姑蘇一同宗社移
名與土滅埽無遺但爲世鑒那足譏茲臺巍巍存遺基
尙覺濤風灑肝脾妖狐狡兎不敢依飛沙落日弔心悲

郭林宗故宅　宋趙

悲哉漢末之人士虛名譁衆世皆靡姦邪憤怒相角觡
潰然天下黨錮起黨禁根剔密如此何歟網漏郭夫子
意在大儒照物理逆鑒禍福以行已才不蓋人行不詭
謙損涵納海之水又豈高卧安閭里鴻飛鳳舉不可企
前視亂國如覆軌明哲大雅之所美有道進退能猶是
故宅莫問但遺址然誰敢謂李元禮其徒器識不能爾

鶴鳴古洞　宋趙瞻

山勢嵯峩接遠峰九皐鶴唳徹長空清音彷彿蒼松外
踈影依稀皓月中石洞雲封仙去後桑田世換水流同

登臨厭聽黃鸝語弄巧綿蠻噪碧叢

文湖漁唱 宋趙瞻

湖光瀲灩泛蓮荷欸乃漁郎慣此過笛韻吹殘紅蓼岸櫓聲摇出錦鱗窩狂歌明月閒愁少放浪扁舟適興多蓴菜鱸魚供一醉棹歌歸去卧煙蓑

馬跑神泉 宋盧象

將軍稱賀曾遺廟俯靈淵漿噴蛟龍穴波跳赤鯉泉路廻芹澗水 村近石林烟野馬含暄氣農夫出故躔土膏興耒耜尸祝傍山巔閱世無銘石茲遊匪慕天頃來規下宇必葺慕先賢恍使成能事掄材出俸錢伉香推幹

蠱班匠擇精專黝堊何其麗欒櫨本自然松青離石道
雲白介山出適歎飛暈速仍憂黃雀穿梨花寒食後桂
籍酒樽前饑麝尋香栢流鶯助晚絃吳歈擢玉笋趙舞
落金鈿上已無過酒春衣試欲㴉故園思鞏洛禊飲客
汾川寄語西河老鄉心朝暮懸

魏侯故城　宋袁藏雲

獨向條陽翠靄行杖藜徐步愴吟情長河漫有懷山迹
故國空傳讓畔名遠樹半遮干木廟斷雲猶鎖魏侯城
可憐列土繁華地秖是寥寥作釣耕

和詰巖祈雨　宋皇甫韶辭

路盡山尤勝溪深水愈豪寺樓今不見依舊五峰高

宿平遥集福寺　金劉濤

院僻和僧靜門閒與晝長燕泥朝雨淖蝶蕊晚風香野興煎詩思乾愁繞客腸青奴如解事供我莫牕凉

登縣山上方　金周昂

環合青峰插劍長小平如掌寄禪房危闌半出雲霄上祕景盡收天地藏野闊羣山驚破碎雲低滄海認微茫九華籍甚因人顯迥秀可憐天一方

碧鮮堂　金趙大端

寒陰鑠碎瑲僧軒玉立森森翠滿前墜露修梢雲影澄

破綳春筝綺文鮮雅宜冷映梅溪月尤稱香浮茗竈煙清夜沈沈正成寐恍疑飛夢繞淇川

臨泉道中　金蕭貢

半世事行役茲游初未經峽門迷白晝嶺脊上青冥澗曲蘚苔滑松盤霧雨濵登危人踽踦涉險馬跉跰落日留行客提鞭得驛亭短牆明積雪破屋漏疏星羌笛誰三弄羈懷强一聽葭蘆知不遠河外數峰青

謁狄武襄祠　金王鑄

傑士西河秀英雄挺偉姿奮身甘衛國勵節願匡時妙略風雲會威名草木知功高懾南服討重破西陲定亂

勞三箭干戎在一麾勢傾銅柱遠聲振玉關奇頗牧才何濟孫吳譽益馳朝廷分重寄將相賴兼資豹略多全勝鷹揚屢捷師雍容敦禮樂談笑屈缺二字褒錫酬章服勳勞著鼎彝雲臺儼冠劍麟閣繪形儀錦里家仍在蘭陵塚不燎風號墳上木苔漬廟前碑過客煩詩句居人奉酒卮汾陽遺美蹟千古話芳規

送二道者歸汾州　金許安人

介休山下兩閒人來訪汾陽舊使君明日却歸塵外去一雙白鶴上青雲

贈益公和尚還超山　金王廷鈞

平沙漠漠鴈翩翩風弄菰蒲水拍天短艇得魚撐月去
一聲漁笛破寒煙

題南山友雲亭　金王廷筠

朝遊南山南暮遊北山北所以兩山雲盡與師相識師
自出山去雲亦出山飛兩人眇何許矯首送雲歸雲歸
人未歸小亭無恙否向來有奇姿無膚變蒼狗雲兮淡
而貞載與壽宿盟論交須耐久持贈近無情淸風動亭
側明月生空碧嘉時爲招呼相與成三益

壽聖院古柏詩　金普信

老柏千株不記年滿堂中夜冷生煙不容明月秋幽地

欲作鶯蛇春上天雪後未忘夫子道風前猶記祖師禪
曉聞寒韻披衣起錯認廬山落澗泉

送次張南　金石玠

迢遞張南驛蕭然動客愁天風吹木葉落日盡城頭兵
氣逢秋肅河聲入夜流那堪久行役搔首獨登樓

送王子壽之平遥　元段成已

卜築謀南邁回轅遠北之有情慚見厚無語只空悲易
忍行時淚難堪別後思明年鴈到日屈指數歸期

過鹿臺山　元王惲

遠尋文石岡來歷南山經鹿臺臺為山幽徑蟠古篆後

峪行未盡前嶺已當面秋聲蕩林樾風露淒以泫陰壑
氣蓊鬱疑有虎豹變山田苦無多溝崦耕已徧柴楥結
半空羅絡碧巖轉自憐終歲勤猷患防一旦我本山中
人束帶對郡掾頹然還舊觀瀟灑償夙願行經雙蟾嶺
石怪驚變現闖首獅樹間氣自太古練月中誰推墜囚
鎖屬山縣乃知北平守認虎飲羽箭物肖本偶然長歌
下層巘

汾州北席里石氏節婦　元陳旅

北里高樓晝掩扉水銅光冷上苔衣寸心誓比南山石
汾水秋風鴈不歸

義棠廢橋 元鈕克讓

甃石駕空虛伐山頽崱屴長橋當面起陰靄見虹霓汾河勁地至崩濤響霆霹勢壓銅山摧風馳羽箭激水石相撞擠群鯨隨蕩折百年締造功遭此洶水擊遂令北村民往來無翼翼提榼廢朝沽負橐甃暮糴坐見病涉圖何由救漂溺憶昔結構初十錘震騞砉飛空百丈梯運石如運鼈横亘截雲峰突兀立鐵壁萬物無堅牢世事等飄焱獨立沙堤邊蒼茫何所適

登南城樓 元楊乘

南來綿水抱城隈瀰瀰流沙去復回却上高樓看山色

畫圖十幅雨中開

送友歸介休　元魯翀

游踪曾向薊門過欒府刀環夢裡歌今日青山眞踐約
鬢絲應比昔年多

題郭林宗墓　明薛瑄

幾經滄海變桑田高塚長留古道邊瑞鳳有時鳴曉日
冥鴻終古没秋煙關河迢遞膺舟隔江漢空茫雅信傳
千載有碑應不愧路人猶自識高賢

過孝義縣有感　明于謙

茫茫煙樹遶孤城千古猶傳孝義名郭巨墓荒春草合

比干臺古野煙生落花飛絮迷征旆剩水殘山惱客情
鞍馬匆匆無限意不堪回首暮雲平

介休道中　明程可中

征旅聊蕭當勝游庶僥那復數中州雪融隙地培桑棗
日出通衢噎馬牛望望縣山侵面出時時汾水避人流
太行春色黃河外猶自嚴寒滿敝裘

超峯曉月　明任良才

聳出千山接太空山頭初曉月溶溶晴嵐蚤霽橫青黛
湫沼洄瀠映碧瓏五月花殘無湛露三春松古有寒風
幽人策杖登臨日天下奇觀一望中

源池潤民　明　曹武

寒泉漱玉徹清流曲轉餘波兩岸秋浪卷平原黃種熟雲迷沃野綠陰稠池心帶雨千洨碧水面凝煙一鏡幽試問村墟勤歲叟膏泥深處出珎羞

詠周卿士將臺　明　任良弼

山城周室六軍臺世遠星移紫霧埋將壘四圍無鐵馬女牆半落有蒼苔殿廊重建人安在草木成林鳥復來從今誰主爭雄地明月清風任往迴

送客遊長春觀　明　賈璇

長春觀裏最幽清送客西歸適我情獨賞孤松含晚翠

不看衆木占先榮四圍山色濃還淡一派河流縱復橫
若說仙家都是幻何如拍手鶴來鳴

宿鋤溝鎮和石橋韻　明　王素屛

白髮年來種種生幾回對鏡使人驚故鄉北望三千里
官路西行數十程廿載離家緣薄宦半生悞我是虛名
夜深孤館渾無寐獨伴寒燈待月橫

段干木祠　明　王翰

殺妻吳起非良將食子樂羊真鄙人爭若先生無一事
西河能解虎狼秦

羊羔酒出山西汾州孝義諸縣白色瑩徹如冰清美

饒風味遠出襄陵之上小抉羶氣耳　明王世貞

清心玉映五銖衣可是朱顏有慍嫵爲道阜蘭秋月下

流蘊帳底見明妃

三陽雲鳳山　明張湘

華嶽當年是舊遊此間何日醉蒙頭官辭諫議歸仙洞

醉識真人下酒樓優詔九重丹鳳杳野心一片白雲留

三陽山上空塵蹟只有長河水自流

題林宗　明祝顥

四海頽波正横流搴裳猶自遠周遊笑談不顧三公辟

標榜終懷八顧憂舉世英豪攀逸駕至今風度想仙舟

松青雲白南山下多少行人拜墓邱

謁狄武襄公墓　明祝顥

蚤因黥湼募從軍天賦英姿廻出羣動合兵書兼熟武
閒觀經傳亦通文高明不受梁公像智勇能追漢將勳
慨想丰標豈易得爲停車騎拜穹墳

謝郡侯張公禱雨輒應　明孔天胤

使君閔雨愜靈心一請垂天三日霖笙鼓水龍喧社處
兒童竹馬躍城陰青山閣眺晴光滿翠野帷褰秀色深
歲有何人不稱慶老農先奉萬年吟

望介山緬懷郭有道先生　明孔天胤

鴻飛白雲中衆鳥徒營營達士一何遠杳然凌太清內蘊保身哲外無絶俗貞横波順仙棹角巾偶華纓誓將斷巨鰲支彼天柱傾時哉不我與高嶺獨含情

送李西渠通府署汾畢事還潞 明孔天胤

五龍高郡出浮雲一鶴清風借與汾月在冰壺同亮采雨隨芝蓋下晴聽舊驪還守車仍邁新館留行袂竟分東望迢遥盡烟樹可勝嵐嶺復氤氳

贈程一山叅戎始建牙汾郡 明孔天胤

北闕授符推轂後西河分閫建牙初宏修軍禮昭文幕遠闢兵威到朔廬戍靜關山和月唱氓安隴畝帶經鋤

方鄰上將收全勝頓令邊庭絶羽書

贈張龍嵎太守入覲榮旋　明孔天胤

春日朝迴守舊疆萬家烟景襲餘光桃紅細雨隨車下

蘭葉香風引綬長再見王君馳蜀道重逢蔻老借河陽

依然美稷兒童輩竹馬紛紜迓路傍

仙槐觀訪王全真道士　明孔天胤

搶榆猶不至容與道林翔庭儼更生樹人修不死方詩

瓢逢隱逸茗椀酌清香無限青霞意偏令此地長

題林宗墓　明沈伯咸

小雨綿山過野田林宗古墓夕陽邊鴻飛萬里芝留澗

鶴返千秋松卧煙落帽清風爭折角蕩州春水擬登仙

勤予亦致生芻莫敢謂同心企大賢

鐵索嶺　明趙訥

節節高巖上誰知復有山便當安見在何事費躋攀天

險本自絶人爲故不開因憐好進者豈止仕途間

普濟渠　明趙訥

城居厭煩燠偶到南山隱屋舍溪流處田園雨後時野

花鋪作繡嘉樹列成帷霧隱無如此慚非玄豹姿

廣仁寺　明趙訥

高秋尋遠寺萬象與心清窻竹籠僧語簷風遞磬聲波

澄禪意定葉落俗緣輕但得閒中趣何須世上名

興國寺　明趙訥

勝遊憑地主流憩有柴門預問登山路還將窮水源古槐列疏冷老栢聳駢繁閒對高僧坐鳴鐘晝已昏

題介子　明趙訥

蒼蒼綿上遥松柏滿山椒古廟今猶在遺魂不可招乾坤留舊蹟陵谷變前朝斜日西風起林巒自寂寥

早度上店嶺　明宋岳

征輿當曉發麾劍倚秋風霜葉紅千樹雲山碧萬重村童喧吸水野老醉攜筇藩守慙多拙惟應喜歲豐

卜山書院 明慶成王朱知㸅

卜山擁翠勢崢嶸世遠空堂草自橫澗底寒流嗚咽裏
令人疑是讀書聲

謁狄武襄公祠 明范珠

宋祚方興寇未平將軍百戰捍危城流言難泯生前節
信史猶傳身後名八尺穹碑蒼蘚合一區故宅野雲橫
晚來風撼溪山樹彷彿南征萬馬聲

過黃蘆嶺題 明楊璿

冉冉夕陽西行行信馬蹄亂雲山遠近碎石路高低黃
鼠作人立玄猿迎客啼自緣羈思切觸景轉淒淒

懷古　明楊伯柯

郭林宗

東京主德衰舉世尚揚摧士論日以清朝政已濁不知禍所基猶自矜高卓及乎黨錮興善類遭擠擠賢如李杜輩駢首就刑剧哲哉郭林宗千仞翔鳳鸞和不與物比清不與衆角立身有常儀讒怨無由作至今士一邸士林仰先覺

狄青　明楊伯柯

將軍奇特士發身自行伍志畧既過人姿壯復英武敵人望其來畏之若猛虎初破元昊師遂荷范公許一握

大將符勃勃氣愈吐儂寇方鴟張一戰成逃虜此功亦甚高子獨別有取不除黥面文不認梁公祖二事出眞誠卓哉越千古

校士喜雨　明趙喬年

同雲瀰漫雨垂垂正是三農悶望時太守何能尸帝力皇穹原自軫民危煙籠棘院龍蛇蟄霧擁文林桃李滋自此西河多樂事微臣擬獻太平詩

汾州閱武　明魏允貞

親提虎旅控西河聞道匈奴遁塞過關外秋聲生鐵甲臺前霜色上雕戈材官一夜精神倍野戍三秦殺氣多

賦得普天烽火熄盡將鐃吹變笙歌

卜山書院　明慶成王朱慎鍾

洙泗傳經業河汾退老居山深惟石室泉隱自林墟樹
鳥鳴先哲階蟲篆古書聖門重高尚千載仰芳譽

過金鎖關題　明朱鳳岩

世事已如此勞勞愧此生十年塵土夢萬里故鄉情曲
路稀人跡高天有鴈聲羞看白髮變忽爾壯心驚

文湖漁唱　明鄭儀

萬頃銀濤裏扁舟雜往還煙消然竹籟日上整綸竿聽
足蘆花月歌殘雲水灣得魚橫野渡心與白鷗閑

題法興寺　明朱表

載酒東林上巳前春風消息杏花邊日長塔院逢僧奕草暖堦除見鹿眠流水漸融巖洞雪清雰未散石堂煙平生也解求心性一到禪關一了然

亂後過天寧寺　明朱奇涵

禾黍離離烟滿川寥寥孤鴈夕陽邊將軍馬繫禪林下借得僧牀一覺眠

鶴鳴古洞　明崔士棨

山人騎鶴入遥空祇聽餘音振谷中遺跡千年成勝景浮生半世類飄蓬黃花招客樽盈緑碧洞棲雲木落紅

忽憶家山深隱處巢由高轍許誰同

宿吳城驛　明黄素屏

登登鳥道亂山多白草黄蘆遍石坡絶壁倚空凝積雪飛流直下激層波紅塵歲月驚秋盡淸鏡勳名奈老何立馬西風增感慨籌邊何日許重過

過有道先生墓　明沈鍾

草根沙軟霜花白客衣馬上寒於鐵介休縣僅半舍餘突見高墳傍城陌乃知縣人郭林宗千古於茲妥魂魄挽衣下馬立斯須北面稽首躬趨謁憶昔漢季丁桓靈黨錮之禍如蝟與海內英賢被名誤枉死不獨滂與膺

君名當世良不薄角中折亦人爭學胡爲明哲獨全身
黄鵠高飛能寥廓我欲起君一問之九原邈矣將奚爲
青山亦復不能語三復扼腕空遐思嗟乎三復扼腕空
遐思

孝義有感 明魏綸

薄宦觀風日蕭條歲暮天空林巢烏露遠岫凍雲懸草
没文侯墓冰堅孝子川自慚叨圖祿行役又經年

立秋日遊東觀課應試諸生 明劉有誠

宿雨濛濛暑欲收肩輿不爲訪丹邱文昌昨夜輝三晉
才子同時第一流遥眼槐花忙驥足報秋桐葉過樓頭

熙朝幸際唐虞世勳業誰當禹稷傳

薛頡曉照　明張晃

一聲殘角又黄昏無數牛羊遠近村十里平川生暮色半邊林影入柴門人爭問渡呼舟急鳥欲棲巢向樹喧遥望幽巖深翠裏孤鐘隱隱出祇園

題林宗祠　明蕭敀

暫停車馬謁荒祠高節清風想昔時明哲獨能逃漢黨人亡誰解慟周詩斷碑零落藏榛莽古墓荒凉近路岐英爽若存應識我生芻莫訝奠來遲

窮民歎　明王文清

戊辰中秋同友人覩月而歸見閭巷有窮民向月悲楚者因感而作

乾坤萬里湧金波碧霄滄海影婆娑何秋不見光皎潔何人不見清冰雪或捲蝦鬚廠鶴軒或封蝸竇處鳶蹲或漱蟾晶喜炎息或畏冰鏡愁寒纖或奏雲璈簇管絃或泣露葉血涕漣非是天月有悲歡貧人難與富人般貧人屋上非無月貧人骨中髓已竭種蠶全家無一絲種穀終日無半炊得錢數緡遣一女得粟數斛賣一子子女仳離腸欲絕吏債追呼心滴血春夏蚩蚩盼秋期秋期怕見月上時四壁磬懸寒徹骨殘魄亦照窮愁窟

啼鳥啞啞皷角秋鳴蜩嘒嘒鬒髮颼梧葉柳林朝墜駛
夢魂擾擾如欲死慘淡蛜蝛和爾爲閉門椎爾淚平涓
今生願祝中秋月照破窮愁四海歡

白馬仙洞禱雨　明許天球

春郊聯轡訪仙蹤洞口桃花色正濃白馬已隨黃鶴遠
蒼虹猶見紫苔封重巒殿古懸雲榻絶澗崖空瀉石淙
爲報山靈元應禱甘霖時霈慰三農

過永寧　明李邦彦

匹馬來過舊石州荒城殘壘暮堪愁哭聲尚逐風聲咽
兵氣猶兼厲氣浮三晉黎民多北走千山白骨未全收

何時得掃胡塵靖爲雪當年漢國羞

次平遥夜望　明韓邦奇

漠漠荒城署飄飄旅笛哀坐看寒燭盡愁絶夜更催冀北花爭發塞西鴈不來歲華容易改春盡且塵埃

尹吉甫墓　明韓邦奇

瞻仰周卿士凄其古墓門苔荒啼鳥跡草没斷碑痕俎豆千秋遠儀型百世尊空留墓畔月常照此乾坤

讀壁間端溪韻有懷　明韓邦奇

不見端溪十四載江南塞北日相思郵亭此夜無窮意對月遥看壁上詩

孝義謁孔廟遇雨　明韓邦奇

星門侵曉闢化雨向春滋烏雀喧壇樹蛟龍起泮池衣冠三晉士道德萬年師獨愧觀風使無能荅盛時

抱腹巖　明韓邦奇

崔巍峻嶺與雲連梵刹宏開際碧天佛殿有風金鐸響石巖無雨綠旛懸優曇砌上花香馥祇樹林中鳥性禪信是空王有靈異祥光絢耀起前川

題介郭　明馬卿

林宗不絕俗介子固深逃兼心各自潔夷惠豈殊操嗟我尚縻祿憂思日夜勞終然慕高爵長揖過林皐

謁有道祠　明胡漢

先生出處漢人豪半畝祠堂半野蒿古木寒鴉棲未穩
霜清天潤月輪高

由關子嶺發兵入綿上　明高叔嗣

戎衣曾事主羽檄日徵軍敢奮一朝畫而邀百戰勳深
山連古木落日斷黄雲愁思荒村夕誅求不忍聞

十一月朔孝義道中　明高叔嗣

山城風物歲將闌行縣初因問俗安援歷漫驚蓬一載
趨朝尚計逐千官煙鐘動闕天微曙火樹薰庭夜不寒
久忝恩私今始悟簿書催急驛程難

試府學寧鄉兩學諸生明倫堂　明文翔鳳

巴蜀規王者西河疑聖人荆州既持論終亦謬稱臣從來多自大不免笑洪鈞寵茲應非馬匍匐壽陵塵夜郎休擬漢禹圖曠無垠六經續王氏雅志抗千鈞靡門談禮樂雍雍在河汾仇董將無褊顏冉未堪倫姚薛庶中說龍以當泗濱遂破吳楚請壯夫挂恚瞋吾道歸佐聖如奉斗樞尊羽儀方端木九江苔濫淫忝膺敎化主廣大括一元堂端危獬豸代野括麒麟誓以天人力破茲歷劫昏長庚寧右幟犬丙推輕輪一戰清江湖再戰踰崑崙奇書收羣玉明珠采大秦希聖稱良宰絕筆贊獲

麟文學匪具眼言語聊激脣卜山一抔土甘爲魏侯藩
願曳垂雲罘八紘掩俊民彌天兼四海繹習眇羊贄

巡西河見兩學諸生郊迎輶軒有句書以示之　明文翔鳳

子佩青於千樹柳帳紗紅是半天霞桃花水裂文湖錦
蘋末風還后土家電影欲飛登座舌帝鄉新到借書車
吾將促發陽春箭坐督烟香入露華

西河建衡文臺告成予以上春十三日初蒞喜賦　明文翔鳳

乍見文昌第一宮梁拖飛電礎盤虹僊靈拱手紅雲握
星座垂光絲玉瞳春借錦毫千氣色運憑神力破鴻濛
誰能斂冠三千士蚤攬青天繼聖功

題林宗　明藺舜澤

高張琴絶絃暗投珠委路嗟哉東都士禍樞踵危步穆穆郭林宗深心托幽素含章貞自抱誠微幾早悟仙舟嘘可並隆甑豈堪顧懿彼烝民章明哲伊誰賦

秋月登石樓山　明李瀚

倚醉尋殘壁拂雲認舊題林扉秋色早山崦夕陽低白髮雙吟屐清風一杖藜興來還履險疑是躡丹梯

閲士西河值久旱喜霖雨沾渥漫賦二律步壁間文太青先生韻　明吳時亮

敎衍河汾聖澤賖人文蔚起赤城霞薰風徧洽凌霄士

甘澍抾敷望歲家應識詞源能倒峽敢云化雨即隨車

滄溟波湧神魚躍會看文湖翻浪華

森森桃李晉陽宮劍倚青天氣吐虹燭漢奎光絢五色

連城寶焰徧雙瞳望㡿韓斗雲霞迴澤借商霖煙霧濛

藝苑漫誇香雨潤滋培玉樹揔神功

登南山寺有感　明王守履

尋幽覓景好從吾茶命僧烹酒屬沽舉足忘常防錯誤

登山路不畏崎嶇摩霄松柏風霜古傍月禪林世界殊

羽檄忽傳頻悵望朝天何策獻奇謀

過林宗墓　明黄洪昆

角巾吹折憶王孫出使星軺過古墳汾水魚龍閒白晝
漢家宮殿正黃昏保身暗識高賢恨騈首誰招黨錮魂
千載精靈何處是鶴鳴華表夜深聞

弔子推祠　明楊巍

每於青史想高風故里經過悵望中欲弔當時栖隱處
滿山殘樹夕陽紅

源泉　明王一魁

縣治東南三十里有泉出山下名源盞即酈道元
緜山石洞水也泉分東中西三河余爲濬渠均流
溉田萬畮且著約束以息爭端民甚便之又改建

源神祠宇祠前起樓曰鳴玉又構軒左右曰趨稼

三河北去是橫汾目極平川幾派分遠岫連天都入畫

回風吹浪動成文決渠競注瀟湘雨奮鍤俄興觸石雲

爲問田家何事業休將游惰悞耕耘

倚山樓閣鬱崔嵬蜃氣疑從海上來入檻泉聲鳴珮玉

當簷樹影落罇罍將雛野雉高還下驅犢農人去復廻

欲向秋風重寓目離離禾黍繡成堆

長春觀　明　鄭柏齡

烟霄開紫閣雲日亂青林怪石臨流淺幽花入院深縈

廻盤水曲迢遞俯岩陰爲愛山源好春來幾度尋

汾上夜歸　明裴邦奇

一篙烟水碧潺湲幾片秋雲度遠山最愛白蘋洲上月夜深常送釣船還

住持天寧寺　明釋妙總

語言全不滯高涉祖師蹤夜坐連雲石春栽帶雪松鏡明金殿冷山苔月樓鐘有問西來意虗堂對遠峰

半㾱　明徐渭

小鳥形半於雉名半翅㾱而易襲又名半㾱𡖖山多有之

厄與㾱相半會將鼠共縣上谷人與黃鼠共稱宋雖供客好名郄

使人憐所下惟雙箸何妨少一拳如聞三嗅叟笑殺雉羹筵

督家僮築場　明朱慎鍃

露墜聞秋氣原田已漸黃夕陽西嶺下暝色遠郊涼爾輩宜乘月將鋤好築場蟲吟聲在草切莫誤相傷

過屛風山　明王鳳翼

天外屛山類削成葱籠佳氣接孤城松蟠鳥道侵雲直水遶羊腸徹澗清騷客揮毫堪作賦仙翁跨鶴欲吹笙深林不見樵蘇者絶頂風過短笛聲

汾州府志卷之三十四

藝文八

與胡處士庭訪北齊碑　顧炎武

春霾亂青山卉木苞未吐繞郭號荒雞中田散野鼠策杖向郊坰幽人在巖戸未達隱者心聊進蒼生語一自永嘉來神州久無主十姓迭興亡高光竟何許棲棲世事迫草草朋儕聚相與讀殘碑含愁弔今古

子德自燕中歸省我於汾州天寧寺　顧炎武

一載燕臺別頻承注問書天空烏鳥去秋到鴈行初共識斑衣重偏憐皁帽疎輕身騎欵段一徑訪樵漁

過郭林宗墓　顧炎武

路畔纍纍墓石多中郎遺愧定如何應憐此日知名士
到死猶穿吉莫鞾

介休　顧炎武

淡霓生巖際奔泉下石間龍蛇方起陸雀鼠尚爭山雨
靜前郇市秋凋故國顔介君祠廟在風義夐難攀

冬至寓汾州之陽城里中尉敏泙家祭畢而飲有作
顧炎武

歲時常祭祀朝夕自饔飧尚是先人祚誰非故國恩枯
畦殘宿雪凍樹出初曦奠醊求何所鄰家借小園

流離踰二紀愴恍歷三都墮甑烘還拾承槽酒旋沽荒
庭依老檜空谷遺生芻白髮偕宗叟相看道不孤
王孫猶自給一頃豆萁田今日還相飯千秋共爾憐青
門餘迆窄白社舊交偏傳與兒曹記無忘漢臘年

咏松　胡庭

汾俗正月斬松枝植門前或編花朶其上夜炷香
苞中

誰向石橋畔移來金谷闌陰濃連上苑跨據近通津散
子叨佳餞分枝占艷春遨遊游冶客鑒賞老山人解與
歸僧侒會爲社鼠鄰皁聯梅竹友貴挾虎狼秦巢頂鴟

梟滿乘凉犬彘頻嗙冥藏魍魎交互長荆榛夜黑啼風雨秋空罷鬼神龕雲深薇日攀葛遠聯姻竅竅號天籟時時墮瘖塵高低香饋送南北鳥逢迎直作千年計長存百尺身會無滄海固太認棟梁眞粉蠹俄爭蝕條枚不重新焦枯拳蝟縮垢膩宿龍囷望影堪加惡批根欲錯薪甘棠猶剪伐切莫怨洪鈞

向陽道中　胡庭

曲折向陽道遥瞻路渺茫形從驢背子泉逐佩聲長鳥道繁花發人烟古樹蒼啥然回首處落日半山黄

望縣上忌坂作　王士禄

南望介休郭青山鬱相繆爲問斯何山云是古緜上子推從亡返託迹此巖嶂公子詎烏喙斯人自遯尚况殊少伯逃復異靈均放焚林艮已奇抱樹或過當疇卹志士心未易恒情量誰代歌龍蛇其迹類有望棲隱儻不終懼爲高人謗田光齒利劍瀨水没清浪所貴明一心何能畏死喪嗟彼苟且人浮沈詎爲曠

介山　王士正

驅車緜上聚懷古緜上田授璧事已遠遺跡今虚傳晉國昔多難公子寔大賢五蛇爲之輔一蛇獨者乾身隱竟焉文狐趙羞比肩逃榮詎固高報德理亦然徘徊望

忌坂落日無寒煙何人貪天功嗟哉南内年

郭有道墓　王士正

大槐坂上逐車塵爭效先生折角巾至竟淸流解亡國

望門投止是何人

謁文忠烈公祠　王士正

精神如破貝州時晚節猶能動四夷天遣不同韓富没

姓名留寇黨人碑

送張劭之平遥　朱彝尊

彼汾沮洳吾舊遊送爾匹馬踰徐溝人行芳草碧於水

日出杏花紅滿樓榼中酒味苦桑落簾外鳥聲黄栗留

客居適意遠亦得搖筆題詩何所求

介山石乳泉　傅山

佛恩滋靜者石乳勑龍潭菡萏瓊茹引摩尼玉線甘惠
該功德八清徹法身三一勺醍醐足那伽不許貪

三道河　傅山

三道河邊春可憐桃花一曲起紅烟老夫不解先生樂
日日偷閑學少年

柏窊山四首　傅山

今秋何秋兮乃從河之涯物外三四人帶情聊烟霞灌
薄得霜早蒼翠紅紛拏嫵媚頷南國睥睨摘幽花言言

語語而行行來柏窊

翠柏爐幽壑細雨騰秋香柏根轇轕錞雲根函一牕老

人忌清薄朝暾散林光俯批綠影入石房殊不涼坐久

神氣和探書有蒙莊林郎之所美先令靜慧生福祠出

裿襦可以弄文章

前窊多茂柏後窊復松林既無樵蘇擾亦鮮羶葷尋高

步取微徑香綠滴素襟牕外有虎跡牕中冥坐吟彪炳

此長友總勝奴子臨

大石任坐臥古蘚天花茵何處能喪我入林即外身親

知時時至相感獨晨昏

端陽後一日同高春元王監元重遊豸嶺寺　王之儀

緑醽青尊過梵宮淡雲踈雨散長空花香隔樹紅千朶草色浮烟翠幾叢見慣自甘野鳥狎飲豪獨與故人同歸來豸嶺峯頭月已背禪林返照東

孟門洪濤　梁檥

孟門西向瞰秦京萬丈蒼山鐵削成日暮寒鴉啼古樹夜深殘月照孤城導開積石河從軌崩落梁山水逆行未闢龍門眞個險商家曾此借藩屏

行次孟門　高首標

春日儘憑弔輕鞭指孟門望烟迷舊堞穿樹見孤村積

翠來山色廻濤咽水痕疇桑千榦潤岸柳一天蕃辨䊮
尋荒碣敝醪愛木樽俗廿剩䰀味人絶市城論坐久看
雲亂行遲聽鳥喧避煩堪甚此何必問桃源

題栢山廣濟寺　辛東山

屛山城郭水雲鄉沙磧孤村度柳行欒峪曉埔天漠漠
人烟日落樹蒼蒼兵戈阻絶終年險鎻鑰清嚴此道長
問俗開襟延故老白頭爲我見鴻荒

老松歌　碩崐

西山啣日日欲落潺湲萬派生波濤鏗鏘鏜鞳發異響
九天何處吹雲璈卽而聽之聲在樹虬姿偃蓋松風號

離奇天矯一百尺雪榦霜稜金石牢下有伏霛之精上有仙露之膏蒼龍吽虎豹嘷鸖鶴舞燕雀逃風雷相護神霛扶干霄蔽日聲勢高吁嗟乎胡為蕪没于荒崖絶壑之間徒令人徘徊瞻眺而蕭騷

離石行　顧嵫

離石離石蚕叢道插天峯頂田星羅農夫腰鐮插禾黍耕雲鋤月何嶭峩比年赤龍煽虐來青霜肅殺降奇災夏麥枯槁秋稼傷黄鳥驚飛中澤哀黎民子遺滿路衢兒别爺娘妻别夫斗粟貫錢隨人走烟鬟霧鬢啼嗚嗚村落八九長荆杞雞狗無聲鳥雀死黄狐直立官道旁

白狼跳梁入城市吁嗟造物何不仁繪圖發粟徒苦辛
天王自聖大官法燮理無狀在微臣

夜聞城外澗聲　顧嵫

白晝不聞聲潺湲入夜鳴隨鐘度遠岫和月到孤城濤起松翻雨響沉茶沸鐺頻諳山水癖塵梦一時清

再之茶亭道中　顧嵫

行役亦已慣荒山一倍遥斷崖誰補石亂水不安橋馬畏霜蹄澁鳥驚春樹凋老夫嗟況瘁空自羡漁樵見慣仍閒事行吟聊一題松梢歘老鶴石齒漱寒溪巖古蘚都黑谿深逕轉迷居人樂故土老稚自提攜

屏山樓和韻　顧崍

阿誰經始費誅茅東面樓成瞰遠郊萬嶺雲霞生屋角千家烟火出松梢石衝野澗喧微浪木落寒鴉露舊巢吏隱居然塵外致移文不用更相嘲

師莊道上　顧崍

萬山稠疊隱孤城澗水西流活活鳴野寺峯坳樵路細荒村石罅爨烟橫境鄰邊塞征難緩歲隕嚴霜稼未成慚愧斯民猶古道壺漿簞食有逢迎

即事　霍崍

救荒無策實堪嗟鏡裏朝朝添鬢華家室仳離悲滿目

春風猶放女郎花

山城春色又平分無那愁心欲望雲花柳寒深渾未見

江南紅雨落紛紛

校士西河時方憂旱忽降甘霖喜賦二律和文太青

先生石刻原韻　李觀光

半載馳驅道里賒甫來石室想煙霞時當蒲木紛千畮

雨足田疇樂萬家自信此心爭似水漫言甘澍好隨車

論文且喜消炎熱擬向郊原攬物華

芹藻方思樂泮宮更看化雨吐長虹懸知潤物資蒼昊

何事尋仙問紺瞳載酒鶯啼聞睍睆插秧人滿滴空濛

逢年況有蠲租詔鼓腹羣黎頌聖功

之寧鄉所治紀事述懷三十韻 呂履恒

攢巒雞鳴候之官鳥道邊漢家離石地禹貢冀州田下下難分壤高高欲上天畎花郇舍隱嶺樹縣城懸驛路緣沙磧闗門鎖澗泉三家忻市集一木畏橋巔晉趙多征戰河山屢破全妖星躔彗孛野日耀戈鋋谷沓黃巾聚峯高赤幟寨耕牛充犒餉牧馬躪園壓況乃因饑饉如何歷歲年鬻妻艱易米質産怯增錢黑嶺春添戌黃河夜捉船雨昏明鬼燐犄眺絶人烟徃昔民耗矣登臨意悵然壘培餘土在陶穴幾家延山荳稀仍發墳松斷

復連燕巢依木作巑乳入村眠氓業應思復官階敢望
遷徵名遺　盛代深意附高賢未種河陽樹遑揮單父
絃行觀新麥隴卧弛舊蒲鞭退食簷雲落移牀牖月圓
竹聲濤響勁槐葉冷淘鮮蜡祭時迎虎遺風有獻豣祀
崇民藉鑒俗樸吏忘權祝　聖聞歌壤經時感濟川
風雲銷赤手日月去華巔冉冉侵衰甚悁悁逼恨牽祈
年希道泰天地荷陶甄

祈雨行　吕履恒

雲者風所讐見之則震怒不惜吹雲去孤日其誰與雨
能靑我苗風能赭我土我土氣力薄歲豐拾斗許沙鹵

褱石骨耕鐵茹復吐官租月以分率半十之五婦媼子
懷抱十五亦何取入城視長吏飲水祈甘雨甘雨不可
得鋤鐺器壇所

坤元宫雙松歌　呂履恒

雙松東西互爲友丹楹粉壁江聲走枝幹排雲入窈冥
萌蘖不知何代有東株倚户半攲斜滿身苔蘚生霜華
雷霆忽起蛟龍怒掀翻鱗甲張爪牙有時風靜日移晷
青陰覆殿凉於水元氣茫茫混太清幽叢寂寂棲神鬼
近西一株獨正直亭亭上出千峯碧流膏入地似黄金
偃蓋扶天蕩白日主人延客坐其側舉杯不飲皆白得

與君同結歲寒〻心隨天自布陽春澤嗟哉雙松的的有
根株哀今之人似此無

屏風山 呂履恒

一徑通林喔千崖厰石屏瀑聲紛積雪日氣漾空青獨
立高雲表羣瞻太古形不知眞宰意鑱削待誰銘
情移忽黯澹車轉自低徊勝地無終極何人見始開中
嚴環日月衆竅吐風雷欲問樵夫徑松聲隔磵來

雲棲嶺感賦 呂履恒

天畔羣山勢不平登高欲賦客心驚松巖雨細猿寒嘯
花谷雲深鳥暗鳴水碓騰餘惟草宅火田兵後少人耕

幾時村落還成聚兼遂林泉吏隱情

秋日寧鄉關有感　呂履恒

宿靄幽林曉自昏晚花殘照更銷魂秋山雁度黃雲嶺古戍人歸白石村宦況清華惟水木農功寒雨爲饔飧停車陌上詢田父舊里千家幾復存

黑坡廢村有復業者喜而賦其事　呂履恒

數椽茅屋萬松間一帶新疇是故山慚媿鶉衣和淚說餘生今爲使君還

田婦朝饔汲石潭山花捋采已盈襜烹來土銼無香茗坐對松巖飲亦甘

山菌新鮮獻乃公草間長跪捧筠籠憐渠雨嶠霜林裏
念我清齋孤署中
石田新闢雨初收女饁男耘正麥秋傳語吏人休駐馬
恐驚雞犬入林邱
石州道中 吕履恒
白日下汾曲清秋宜遠行泉經山店引烟望驛樓生背
嶺人聲接刋林鳥道平亂餘初買犢逋賦賴深耕
離石雙松歌 吕履恒
離石西南林壑奇兩松離立皆殊姿大者勁挺百人外
雷雨恍忽生虬枝其一東偏勢尤古攫拏偃蓋蟠蛟螭

黛色半浮巖岫出蒼鱗欲混青冥移高齋短墻在阿堵
暇日緩步相追隨吾兄爲政多餘閒減騶撤蓋攜鉼巵
盛夏山城朋好稀獨與兩松結心知晴風舒卷微濤生
謖謖過耳塵襟披其時日夕山氣佳樓臺倒景何參差
造物豈供耳目玩靄根疑有神鬼持香臺畫亞山殿冷
颯然如在涼秋時摩娑欲去還復留酒酣爲作雙松詩

夏日遊栖霞山即事　呂謙恒

首夏氣清和淩晨訪薜蘿仰窺空碧小坐挹野芳多騶
從無塵事壺觴有嘯歌石房題字滿處士舊羊何

李陵墓　梁杰

雲中憶上望鄉臺黃沙極目迷龍堆落日邊城胡笳動但聞牧馬鳴聲哀將軍賫志忽以没不勝憑弔獨徘徊君不見鞮汗山下戰鼓絶成安一死早自裁又不見李緒教兵爲謀主單于用事無相猜故人數把刀環示曷不屑意同歸來徒欲得當報于漢曹沫匕首安在哉生旣莫望關門入何處魂從故國回汾水深深繇山崔崔地下孤城骨應朽愁雲終古鬱未開韓嶺土三尺介休樹幾枝由來多感喟寧獨少卿才嗚呼只今鄉人作寒食乾粥猶能祀子推

賈侯廟 梁杰

表異維藩地緣邊偪五戎當途失其馭分部汾西東圾

運屬典午妖魚兆夢熊本非池內物況假之雨風一旦

遭反噬郡邑鮮完墉岌茲彈丸土四面圍梯轒侯竭捍

禦力城亡身與從矢志豈苟活堪笑賊將崧允矣史臣

贊方搽美勁松會謁睢陽廟勒馬弔雙忠靈旗颯颯動

侍衛森且雄每當春秋社簫鼓奏明宮雞豚爭報賽豈

但慶年豐維侯流澤遠庥烈先後同隱作山河氣長扶

社稷功至今棠保障列戍靖邊烽

上光岩寺　董柴

隱現光岩寺林深徑自通山僧逢谷口野鳥下雲中涼

借千峰雨秋生一樹風南樓高敞處塵慮滌教空

謁有道祠　董柴

偶來東郭外繫馬謁先民高蔭槐猶古遺碑篆又新一身超黨錮千載表人倫細雨祠前暮臨風想墊巾

超山西莊　劉蘊

西莊連一山澗水劃東西鑿石穴岩隱列樹學巢棲種禾高山巔汲水下深溪谷轉人不見但聞午時鷄嶺上松如蓋孤煙與之齊欲捫藤蘿徑不得通輪蹄

超山　劉蘊

一片超山色連天翠欲浮浹旬常入夢今日始來遊拳

樹晴雲谿沿花曲澗幽鶯聲三十里速客遍枝頭

紫蓋臨深澗扶節欲上難低徊緣石磴矯首忽雲端天闊諸峯小風高五月寒細尋幽勝處引入坐中看

謁梁萬戸墓呈康大太乙　劉崡

大元文物訪平遥繫馬荒墳石象牢綠水長鳴嬰澗細青山不改麓臺高英雄事業埋蒿里松雪風流見鳳毛梁墓碑趙子昂楷書五百餘年誰呵護好憑金管起人豪

登麓臺山　劉崡

煙樹天邊度幾村青山萬疊麓臺尊下方城市渾無見一片雲飛出雁門

拾得白雲馬上行千山萬壑向重城歸來夜半寒窻下

猶聽松濤作雨聲

麓臺山歸　劉

栢仙觀古栢歌　王綬

平陶十里西南行栢仙之觀明朱甍樵牧不至剪伐少

老栢得壽以仙名瞥見蒼翠浮天際近身拔地起復傾

磊砢盤挐幾千尺鬱曲剥蝕癰而清本根數人圍不得

分支參錯猶弟兄一支北頭挺然立扶疎柯葉垂繁纓

次東鐵幹勢欹側欲趨未趨還力撐次南瘦削如髯叟

羽騎鶴氅調吹笙廣成偓佺呼欲下岸幘磅礴饒縱橫

就中青銅蕩白日聯絡行列如有情最奇老蛟西騰走
鬐鬣戟張神魂驚五丁力士不可挽攫拏奮怒凌高閣
風雷震動儼回顧鬼廷彷彿靈虬聲奇姿異狀絕不類
仙邪栢邪難區評超山俗吏對之欽徘徊一酌癭瘤觥
大冬嚴寒未彫改暑伏白晝移陰晴甘子落堦盈道氣
香脂自服已長生天齊地等閱八代泰和桂石直孩嬰
一形仙化今如此荒唐秦漢疇定衡吾聞孔明廟前栢
霜皮黛色非凡英螻蟻鸞鳳杜陵句愛惜奚啻錦官城
又非荆州與新甫詩書名號徒喧轟土衰木盛爾何意
支離偃仰同老傖眞率無言長穆穆洪蒙不鑿全幽貞

巴東兩株亦千秋栢仙栢仙吾欲從爾蓬山瀛海訪飛
瓊

劉思齋游麓臺山以記見示幷録壁間張中宿先生
詩步原韻即呈太乙思齋　王綬

麓臺青峭白雲頭杖策高閒羨此游石起壘峰何處是
嬰常名澗客初留飲看萬壑千岩記幾上城南縣北樓
失却麗公存守黑壁間題句細凝眸

超山幽居　釋際得

雨過千林霽開窻坐翠微蟬鳴孤樹靜鳥啄落花肥白
日催人老青山到客稀誰能同寂寞身世兩忘機

名藍饒古跡泉石足怡情幔卷雲山色廚分澗水聲蒼
蒼煙樹碧漠漠遠川平麥老桑空處農忙帶雨耕

夢餐優曇花作　于成龍

余讀書山寺時夢餐優鉢羅花卽吟一句詩仙人賜我鉢羅花醒語純天和尚卽性善檢藏乃知鉢羅花卽優曇花也因賦以誌

優曇昔記夢中餐山寺日高栢水寒雲繞佛龕常五色
香飄精舍比芝蘭生平不識金銀氣偶爾輕扰麋鹿灘
四十年來摩障盡好教拂袖紫霞端

黃河古渡　朱紹鳳

天地何年老勞人半渡頭浮梁隨逝水斷岸落殘湫猿嘯秋風急馬嘶曉月愁爭如牛背上閒欲看東流

弔八將軍　顧凌霄

將軍玉牒出天潢不許貲財齎盜糧舌在豈能摧魯國膝強誰敢屈睢陽早知國破家何惜轉恨宗殘命合亡折頸裂冠悲獨慘幽魂自可報高皇

弔馮生　顧凌霄

儒林義勇寔堪推守策津津數出奇壯志未酬身土壤忠魂有淚哭城陴雖無鴻績垂青史自可蜚聲勒口碑宿草一抔長寂寞令人空憶舊容儀

介休道中大雪用歐公字體并次其韻　周在浚

緜山峷嵂開蓮蕚爾來怪底雲氣薄曉來鞴馬欲出戶
颯颯風聲忽大作蒼崖不復辨狐岐林宗祠前莽寥廓
手縮難綰紫遊韁日眩但覺光閃爍沿村沽酒苦酸澁
敲門乞火嗟冷落胡為歲歲勞行役老我不如郎中貉
聞道此邦春夏旱棄兒拋婦隨人攫道傍尚自多流亡
憭傷半似依人雀馬凍不前惟長嘶僕餓急走遺芒屩
忽逢年少披貂裘豪興但誇逐兎樂執手不暇問姓名
金盌行酒恣傾瀹擊鮮聊復慰老饕最喜乾坤歸淡漠
一時頓忘行路難掌熱儘堪握冰捌搖鞭我亦急馳上

回首相看各狂噱

郭林宗祠下觀傅靑主鄭谷口重書蔡中郎二碑歌

用少陵李潮八分小篆歌韻　周在浚

軒頡文字不可見金石之刻飄殘雲劫灰之後若瓌寶西漢以來珍八分歐趙當時已嘆息後之寶者誰爲眞太原傅山筆力徤以意摹寫多丰神我友鄭八號稽古秦碑漢碣身相親當時客都下硯山（孫退谷少宰）會卜鄰石經遺字數晨夕寢斯食斯如對當時人重爲臨摹儼然相祠中兩兩同西向波撇矯徤俗書違與來老腕休屈強中郎之文無慚容谷口之字多雄壯千載萬載難磨

宕傳鄭今時李郭行我來坐其下摩挲還作歌碑乎碑
乎從此流傳歲月不可紀風風雨雨柰此貞珉何
過右道祠見公他書中郎舊詠歎美不已因紀以詩
吳雯
繫馬古槐下槐花石堂偏誰書有道碑古法蛟龍纏其
文中郎舊書亦堪比肩嗟哉濁堂老縱横照秋煙鴻都
蹟久蕪幛幕留殘鐫㪅承誰呵護靈光猶巋然巍巍九
疑頌託迹於神仙此碑妙接武絶響續千年粱鵠鄙不
爲頡籀或後先我來重歎息典型欣目前坐卧欲三日
苦被塵累牽上馬再回首孤鵬方高騫

麓臺龍洞　陳祖法

透迤入洞口衣帶盡寒色竦身入深邃亂雲千里黑四洞各離奇儼然如分域北麓地最崇潛龍爲窟宅古木横深淵危梁俯空碧稍南聯二穴水乳交凝滴龍孫與潤濟據之司霖澤東南更深窅腥風朝暮廻日没萬鬼號雨來千弩集奔雷與噴霧鴻濛終古闢茫然驚飛鳥何從振杖策緬想月上時皎皎照寒栗猛將擁嫦娥新花附古栢

將歸渭南留别方明府樵舟　雷日鐺

驚魂初定復何之春水柴門繫夢思最是陳遵能好客

幾番投轄遲歸期

官齋寢食動經年一曲驪歌着短鞭回首魏城斜日外
落花如霰柳如煙

平情讞獄信如神百里甘棠夾去津勒馬風前頻慰語
官箴最好是清貧

龍山書懷　釋德膺

深秋林木間青黃嘹嚦南飛雁影涼二十年餘離漢水
三千里外滯中陽樓頭玉笛他山月溪上蘆花野店霜
差喜此身猶未老一肩飄笠返江鄉

過穴居即事　吳嵩允

茅穴依然古帝民石田可稔未爲貧塍頭舉步應憐汝敢燿冠裳學貴人

弔八將軍　劉文德

敢咲金符肘後懸天家義武勝戎旃虎鬚盜跖驕鴟吻龍種王孫泣杜鵑絲粟空箭滕有鐵風雷交口刄無權長爲秦楚舒悲嘯貫日虹飛憤始宣

弔楊生　劉文德

浩然士氣凛難移耻作圉人逐亂離慷慨特歸甘死衣冠還付井泉知忠魂雨夜重閨夢信史千秋一乞兒得已從容猶不免鯫生亮節最關時

憶山寺舊游　劉元錫

環山皆古栢繞逕盡蒼苔峯插青霄上花開緑水隈曉煙迷雉堞月色凈蓮臺山有安國王城並蓮花石記得逢僧話禪機觸處開

庚戌五月十有三日署内隙地露雖民骷髏三百零余立塚瘞埋置田設祀同諸公分韻弔之　袁學謨

聞說明時被賊攻石樓最慘血流紅嶙嶙白骨埋荒草盡是英雄節義躬

經郭有道宅　袁學謨

西河高士昔稱仙蓬蓽餘暉別一天剪韭只知延上客

窮經不厭鑄羣賢龍歸溟海雲霞爭鳳隱丹邱毛羽全

漢代英雄今已矣寒鴉猶噪舊廬邊

南州孺子慕高賢遠送淸風一榻懸鈎黨不逢藏石室

角巾無恙濯靈泉空庭皓月留餘照匝徑黃花繞暮烟

莫道遐飛鴻未杳羨君茅屋白雲邊

先生故址傍雲阡禾黍離離鶴唳天勝蹟空留殘碣篆

孤芳猶帶夕陽烟霜侵老樹風還古秋滿荒臺月尚圓

今日訪仙蹤跡遠桃花洞口色依然

汾陽官署秋夜　周于韓

羈旅西河日高秋晩眺時涼風入幕早孤月到窻遲籟

靜琴餘韻機忘鶴欲隨東山何處是南雁去參差

金鎖關　邢秉誠

地險雄金鎖天工勝玉關兩厓巖勢敵一逕騎行艱荆
棘攢千疊巉峨扼萬山昇平嚴戒少障塞亦常閒

游筆架山次白玉蟾韻　釋性善

白雲隱没舊山家活計甜薺與苦茶睡起不知人世事
石臺講罷落天花

弔晉太子耶律妃墓四絶墓在城南二里許俗稱淨
梵王太子妃者可發大噱且謗佛矣詩並正之康
乃心

鏡奩何代掩荒邱瑤瑟玉簫出鳳樓一自故宮人去後
年年煙雨泣深秋
琉璃碧瓦照蒼苔猶似鸞車寶扇開妙麗夫人應有相
故教金粟傍如來
晉國山河一夢移君恩如舊雁鴻知於今墓栢青青在
黛色長留夜月時
一枕千年向此中山郵麥飯冷春風憑他浪說西天話
三月桃花滿院紅

哭于北溟總制　魏象樞

簡命深叨　聖主知臣心精白總無私淸風亮節高千

古吏治民生濟一時寢食難忘 宸翰重死生未報
賜金慈巖疆賴有斯人在何事驚傳箕尾騎
生與同庚性不殊居然三晉兩迂儒憐君盤錯身先瘁
顧我膏肓病未蘇南望江河誰復挽北瞻雲日總難呼
當年薦草曾聞否歷盡平生一語無

金鎖關 周超

一雙峭壁插天起崢嶸勁敵相對峙朶朶巉石色穿雲
勢欲壓覆行人悸萬株矮樹棘成叢互嵌迸裂根玲瓏
犬牙鹿角爭萬狀罅漏一綫窺青空吾送 王師亦策
蹇過此馬首勒莫轉層岡叠嶂扼咽喉百轍千途總不

舛三晉雄圖左太行黃蘆右虔通秦疆廻環崩岃不勝
數飛泉屈曲奔向陽南接狐岐北虎嶺汾石兩分內外
昇世平則玩久則弛自昔秋防最嚴整漢晉歷代廵邏
制專屯要害訐奸宄控弦帶甲六十名斥堠延袤三十
里嗟今山勢空崔巍王公設險安在哉原非五丁巨斧
劈障塞無煩管鑰開王道本貴蕩平路唐虞豈恃山谿
阻謀國苟非兵食足總有天險亦不固君不見秦地崇
關一百二沛公先入誰能禦又不見蔦伢劍閣蜀門戶
奉璽降王問何故但聞嘉隆兵氛來偏頭直抵汾城隈
假能阻隘預守備何至四野烽煙摧吁嗟乎薄祿總膺

民社職係障申嚴豈無識夕照停鞭空嘆息

弔賈客　周超

亂離莫賤販夫名拔刄捐軀志獨貞大吼轟天人盡廢九廻委地賊猶驚身羞蜚影三招辱命等鴻毛一擲輕應笑計然推善筭遥垂七策止謀生

弔朱忠令　周超

闗中鞞鼓勢縱橫殘破荒城邑宰驚勁卒三邊猶失守孤臣八口盡捐生冰清泉路形先現兎解山河力尚爭隆準無慚漢祖裔魂歸故里恨難平

弔武妃　周超

黄巾白馬勢縱橫妃主捐軀井共清絶勝湘君揮淚死
羞從羊后腆顔生重泉有志尋龍種荒塚無人奠兕觥
薄宦忝持風教職奚容康定不蒙旌

弔劉氏　周超

枕尸慟哭恨無天簇擁難摧烈性堅豈忍纖腰馱馬背
自甘延頸飲龍泉緑林敢使朱顔汙芳草猶教碧血濺
寄語史臣彤管載凊風嶺上舊痕傳

仙臺原　方士模

經過原上路怪石踞松根一自仙童去千秋暮雨昏砧
聲傳別浦瓜蔓匝孤村地古人多壽鉏犁課子孫

宿龍山寺贈雪岸上人　方士模

石磴盤空上禪林帶夕曛俄然身外事已付嶺頭雲花影明堦照蟬聲隔院聞剛來逢結夏聽偈到宵分

深山僧臘古白髮倚枯藤筆寫春江水心寒玉井冰鐘磬裕外月人語佛前燈去住憑浮世何須憶武陵

貧民行　方士模

中陽之民勞且苦西山高下皆瘠土鑿坏作廬長兒孫倚蘿爲幕雲爲戶土銼然煤照眼紅煆背詎分寒與暑傳託充饑半糠粃客至倉皇戛空釜鶉衣綻裂骭不遮鵠面皴枯氣如縷洊荒三載幾空存父子散竄迷處所

招來田舍已榛蕪官賦私逋浩難數我今承乏懷撫綏無術深慚衆人父昨朝有檄督催科流民難繪心酸楚

勸農　方士模

桑陰布穀鳴田家競舉趾辛苦此農夫披衣亟晨起巡行遍郊坰青塍時憩止勞來傾壺漿聽誡集疆以昔者魃頻災維草宅其址揚箕砥粃糠採山餌石藥歲事滋慚登不聞呼庚癸三春霢雨零四野轆轤委時哉不可失努力劃疆理畎深耐風旱器庀戒窳呰毋爲鹵莽耕庶博田畯喜盛世無遊民黍稷看薿薿

望縣山弔介之推　方士模

拔地蒼崖起岧嶤劃碧天晦明秋色裏凸凹暮雲邊白
骨旌何補青烟禁尚傳幾時一藤杖憑弔倚層巔
丁未首春三日有雉來署中集衣笥上馴習不去如
家禽然紀事二首　方士模
政拙惟遵三字箴無端雄雉到花陰梳翎爲愛文章色
厲響思明耿介心自向堦前分鶴俸不從海上駭鐘音
中牟異績吾何有謾詡休徵誌藝林
憶昔祥鸞下德輝唐開元中楊仲昌令孝義有鸞集公廨桐樹間太守蕭恕表其事於朝
春城今日又翬飛吉占敢比蛇蟠笥寵命難希鷟畫衣
却喜無媒來冷署非關防患遠虞機公餘宿食能相傍

只當籠鵝換字歸

過鶴鳴古洞　呂文櫻

跨鶴仙人去遺踪寄碧岑得音方信近探洞不知深丹
項雲隨杳黄冠塋共沉空留餘響在千載費追尋

弔雷節婦齊氏　呂文樞

天地有正氣秉作匹婦烈豈爲身後名濺賊有碧血亂
擊罵益厲〻心若九鑄鐵甘死鉅石下凊白不可巇　詔
旌大節存一坏猶凛冽

讀黄太僕公殉難篇　呂肯堂

我聞星嶽鍾間氣生人秉之得英銳殺身成仁自古難

忠肝義胆照天地君不見張文昌守睢陽血戰四百誰能當又不見顔魯國罵賊舌淩淩氣奪李希烈我今披讀黄公傳凛凛如見顔張面公馳五馬遼海來汾州方賴仁風扇大同姜瓌本新降心屢反側舉兵變賊黨突至圍汾城黄公氣憤經百戰内無宿飽兵外無螻蟻援羣醜勢方張蓦駭東門陷張拳巷戰晝昏霾孤臣力竭身遭絆痛罵殉城義素裕血灑英風死不仆䘏贈太僕饒榮施　勑立特祠金碧亞四篇家訓世德昭文孫開府牂牁駐天報丹忠不爽真爭光日月廟貌新顔張鼎足垂千春

文湖漁唱　賈健

文谷經汾滙似湖漁歌傳咏蹟糢糊流波千頃舟明滅欵乃一聲人有無滄海昔曾變黍稷桑田今又走魚鳧清音水面留風韻想像蘆花蕩裏呼

代西河長命女歌　周天益

儂本漢歌女採風入樂府誰料千秋後巍然食茲土特因長命字謂儂本仙侶恐斯言不信寔之以漢武更嗤好事者片碣藏陋語一旦撅以出閧然驚聾瞽且問聖仙號錫自何帝主史册所不書緻典憑竊取倘遇鼇正人儂將何地處聰明正直一念此汗如雨而乃大標榜

者儂過阿姆莊嚴其廟貌輝煌其牖戶尊儂以正位侠儂以四輔昭濟自有屬紛若競樽俎邑志不知昭濟所出此晉祠水妃封號也侲僮猗那迎優令婆娑舞周市與曲街喧闐儼如堵晨則薦牲幣夕猶考鐘鼓嫗豎樂趨蹌騎慳偏儸僂熱腸急供事冷眼自閒顧漸趨漸紛拏詟以回祿怒不肯測天心轉爲廓基宇臧辰縱逆祀宣聖嚴鉞斧哀哉俗情愚儂亦何屑數但念生育事此理自明楚厥初自天地是爲大父母或其積累深發祥自乃祖栽者必繁昌傾者隨顛僕往古曁來今鬼神鑒如炬何人恣婞阿求取能越矩矱儂一女身焉能保爾後可惜鼎俎餘陰以

唫狐鼠可惜釵鈿費竭以填谿谷寄意夸毗子何如勤秩祜爾雖潔肥腯爾雖載清酤豈不聞神不歆非類胡爲營營徒自苦

馬跑泉　魏國卿

清源初見細涓涓只是尋常石底泉流出短墻才一尺便驚雪浪撼山前

神泉傳有馬跑痕騎馬空山覓舊源收盡江南好風景一鞭紅雨十三村

烟籠賢閣　魏國卿

三賢寓里古傳聞師友文侯閣上分百世清風猶藹藹

一簾佳氣正氤氳笑他畫棟迷南浦絶勝晴川漾白雲
鼎峙於今馨配享烟籠舊跡話横汾

彪嶺樵歌　魏國卿

髙尋彪嶺鬱嵯峩中有神仙謫大羅幾見岡前吹牧笛
却聞巖際發樵歌茯苓老處應蹲虎棋局終時已爛柯
市上往來人不識負薪沽酒醉西河

經上頂山　魏國卿

巉巖突兀撑青空羊腸一徑綿長虹緣崖逼仄夾兩脅
陡從山脊穿雲中往來過客迷今古力鑿何年五丁斧
舁障汾川鎖鑰雄海宇東南此門户登臨忽見頂摩松

虬枝偃蓋蟠橫峯遍體龍鱗老歲月大夫未肯邀秦封時排雷雨驚濤起瑣碎羣山皆拱峙松摩山頂頂摩空肇錫嘉名艮有以我來欲問蒼然叟呼吸能通帝座否恨無謫句足驚人落日驅車重搔首

狄武襄公祠　魏國正

崑崙封一丸天險不可渡王師久環攻蠢蠻終負固天使親把鉞方略定指顧元夜大張樂讌飲天未曙嚴關忽崩拆虎穴熊羆據龍衣委逝波震霆掃瘴霧李愬淮西城鄧艾陰平路公本大將材韓范知之素折節受春秋恂恂儒者度面涅勸軍伍華胄絕依附二事人所難

殆由讀書故古祠崇報功檜柏風雲護負鼓逢盲翁猶說銅面具

送徐明府同年量移寧武八絶　魏國正

桂籍遥聯楚晉通會攀清話旅燈紅甲戌春晤公於鹿泉邸舍十年别後無消息忽報神君即我公

下車三日政聲馳白叟黄童手額時獄市不驚農在野士林又頌閟宫詩謂平反熙獄裁行戶勸農及修文廟牌坊諸事

何人關節到閻羅大猾倉皇失揣摩不見秦臺懸鏡處鐵鞭偏着鬼醫多邑中胥役顛橫公痛懲之乃戢

負蝂久假事朦朧一滴紅泉水乳融個是我兒兒類我

青天霧散日當中邑有二婦人爭子久不决公令刺血驗之立判上二事尤民間所樂道者故及

目刮金篦鑒最眞珠林一顧得奇珍試看月殿攀枝客早是珊瑚網裏人觀風牧李劉兩生是秋皆捷

琴堂風靜畫無譁對客淸談與亦賒折簡有時來草屋爲言文學故通家余閑關久公以譜誼招時一往焉

文湖芳草露初零有脚陽春去不停十萬人家齊墮淚笛聲吹折柳條靑

北風料峭嶺雲屯琴鶴蕭然出鴈門贏得哀矜心一片從看塞上轉春溫

徐荆山邑侯由寧武歸里過余留飲賦詩送之　魏國正

有母拋雛去一年空從雲外望青天公前蒞汾時有青天之號投簪過我重攜手戴笠逢君許拍肩拇陣喧闐更漏外楸枰歷落燭花前來朝又是匆匆别酒冷香消意黯然

詠肯構郭優生二首　德保

河汾風教在千載故斷然史列儒林傳詩流樂府篇回思持節地頗識墊巾賢坐失青雲器沉緜且問天

舊隱中條下開簾每枕書一生留獨行九世信同居高誼徵馴鷇頹風激借鋤碑辭垂不朽試問有誰如

詠肯構郭處士　梁錫璵

懿行鄉之重百年土一邱哲人今不見芳躅自堪留九世張公宅終身晏子裘瑾瑜光祖德詩禮裕孫謀騎鶴音容遠招魂草木秋朔風吹夜月陰雨滴青楸感里傷彌切素交嗟未休淚添汾水曲併入黃河流

戊子夏五由臨邑回汾郡望中見小廟甚整咨輿隸得其概因記之　徐浩

古洞青山曲相傳有女仙歸來自文水未記是何年十八都相奉三千界不遷隔溪瞻畫角疑在白雲邊姓氏無人識麻田却翠鈿相傳由麻田遜跡郎君已逝矣仙子亦飄然聲入先民耳洞中昔有人聲今無聞矣風銷卧虎阡此地多虎行行問

舊蹟與隸口成編

題滙清園　徐浩

園亭誰是主憑弔亦徒然脩竹依前緑長松獨自堅暮雲沉白水朝露拓輕煙化鶴歸來復曾孫不記年

登臨縣新城　徐浩

半臨溪水半憑山人在高低煙樹間諸葛造門通西壑汾陽補閣矗南關長空萬里雲霞窟平野千年禾黍灣使者此來宣　聖德老農牧豎盡開顏

宋神宗賜文潞公詩石刻　曹學閔

元豐失道升羣佞王蔡紛紛執朝柄偉然碩果推潞公

灌灌老夫留正性河陽出判移魏都身在外臺如藥屛
偶然入贊饗禮成優進公階行賜慶連章乞退仍慰留
改守洛郊被新命瓊林錫宴寵其行祖道簪裾互輝映
宮中寶器出侑觴更有宸章發高詠君臣唱和一時榮
髣髴賡揚際全盛流傳貞石幾摩挲零落遺聞光志乘
當時中外多名臣曲說何爲惑主聽如公聞望冠三朝
曷不疇咨授國政賜詩雖美奚足言裕陵遺恨淆邪正

狄武襄公祠　曹學閔

百戰曾將宋祚恢穹碑紀績尙崔嵬致身有具從行伍
黥面無妨出將材談笑從容韜畧合儀形瓌爽畫圖開

蕭蕭風栢門堂路猶似崑崙甲騎來

故鄉祠貌儼來歆青史威名世共欽帳下孫張才孰並朝端韓魏契偏深大勛屢向巖疆建浮議休愁末路侵一種深沉傳智畧要從慎密識公心

鶴鳴古洞 曹學閔

王喬去緱山令威辭華表仙踪一以遥鳴鶴音亦杳何年有黄冠此間結茆草羽化托靈禽騎之赴瑶島道人不復還鶴響猶繚繞古洞清且幽遊人恣尋討偶然一鼓掌嘹唳出深窈山空谷應聲疑和在陰好我愛巖壑殊攜筇展遐眺琳宫晻靄間雲氣散晴曉泠然風一來

瀟灑滌塵抱長嘯學蘇門招鶴下林杪

卜山　曹學閔

山頭濃翠自氤氳退老高賢此避氛千載儒宗詩禮著一堂文學晉吳分隱泉曲折沿蒼麓石室荒涼鎖白雲謖謖松風崖畔起空林疑有詠歌聞

臺駘廟　曹學閔

昔聞金天子嘗爲元冥師厥嗣曰臺駘世業克繼之帝用嘉乃績封之汾水湄沈姒及蓐黃守祀沿宗支滄桑數變更滅沒不可知傳書晉侯疾茲神實祟爲當時鄭國僑博物無所遺數語聳君聽血食爰在茲立廟始唐

代禳衛隆其儀水官既受職肸蠁存有司功澤在斯民有禱必應時村巫走報賽或降雲中旗願神惠茲土賜雨無愆期覩彼汾流長利賴同留貽

渡汾水　曹學閔

櫂歌處處放晴川風物依稀見昔年歌向中流傳漢帝渡經萬里感唐賢當時行殿蒿萊没幾頃文湖荇藻連便欲攜琴彈一曲試看鴈影落遥天

石盤山　曹學閔

花村西去路林岫望中明積翠千巖落孤雲一徑平鞏臺留絶頂雉堞隱遥城拄策蒼茫處松風走壑鳴

初抵臨境石門堝作 丁宗懋

相傳離石舊僻處大河東一水來天上羣巒在眼中纖
盈榆半綠冷淡杏初紅最好知時雨今宵四野同

城工成東樓讌集喜賦二首 丁宗懋

險絶若疆捍晉汾滿城佳氣靄氤氳河流千里成天塹
地控五原接塞雲廢墜何年空悵悵綢繆未雨獨殷殷
不煩鼛鼓人趨事斷續歌聲雜杵聞
高樓此日啟芳筵屈指重新到百年蜡地雲根皆壁立
枕山雉堞宛行聯版圖式廓 昇平世耕鑿羣安作息
天況復西疇歌大有臨風欲試武城絃

過孝子宋如隱廬墓所　梁文五

純孝傳於昔豐碑樹至今故廬烏喔喔如聽蓼莪吟

漢槐　康載衢

有道祠前卧古槐相傳當日手親栽千秋榮落標孤節
一代興亡付劫灰偃蹇自安泉石志摧殘應痛棟梁材
祗今繫馬濃陰下猶見高風拂面來

己亥季夏雨後同諸社友遊柏窊山即事　劉鑑

山口雲深萬樹攢穿雲樹杪上層巒息林野鳥千巖靜
挂壁流泉六月寒濟勝苦無康樂屐尋源剩有葛洪丹
相逢試問鑽山客五尺石稜何日完

自煖泉公回途中口占　朱懋炳

肩輿宵涉任家灣問俗何妨帶月還麥秀最宜春後雨
雲輕不礙望中山傍溪茅屋河流近薄暮村墟卧犢閒
勤儉不忘好樂戒唐風猶喜在民間

柏窊山即事　厲清來

寂寂深山遍屐痕羣峯限日斷晨昏數堆雲罩松環甲
千尺崖高柏抱孫遺世惟公勞寤寐多情遲我伴琴尊
低徊自惜飄蓬侶散漫形骸安足論

丁亥孟夏陪朱堂臺王學博步禱柏窊山歸途得雨
賦此紀事　王吉士

不教大地苦如焚虔禱殷殷向水濆泉在聖母廟前冬夏清冽不增不減

一片雷聲轟報雨半空風色密堆雲千村禾黍沾膏澤

萬戶謳歌頌使君回首再看隴畮畔秧針刺水正堪耘

柏窟山即事紀勝　曹鑑任

柏窟雙柏不記年挺標盤石根蜿蜒使君知我好奇特

手磨如拍洪厓肩紫芝碧蘚乳常滴服之可以成飛仙

有客導引上絕頂乃是能詩老鄭虔攝衣扳藤長發嘯

清陰萬木穿雲烟衆山羅列兒孫立猿鳥閒閒虎豹眠

巖壑幽哉夜雨綠及時好花開後先攜琴堪奏南薰曲

一彈再鼓咽流泉下視郊原多起色絃歌滿城禾滿田

乘興載酒若甘醴舉觴豪飲翠微巔抽筆伸紙酌大斗

不惜盡醉傾百千岑參渼陂事已往但留工部之長篇

公餘行樂正六月入林炎凉分判然此身恍似東海鶴

暮栖三島朝九天雨腋風生殊覺爽落霞斜照擢言旋

從兹别路紅塵遠何日重來話澗邊

漢槐　王謀文

生意婆娑紀漢年古城風雨耐寒烟二千歲月盤根老

百尺欄杆抱影圓漫樹旗亭留醉客得尋華表拜高賢

征車頻向花黄過都在先生藻鑑邊

七星槐　王謀文

五沃之土產嘉木道傍歷歷種如栗昨從城東識漢槐銅柯鐵幹贊不足官舍驚看得未曾好奇往往供所欲端倚身閑雅興多却對軒窗開兎目此樹移來數百年深根貫石枝垂屋雲氣遥來山脈連苔痕欲斷波紋蹙凝髮爲帶曉烟青交蔭初宜春雨緑香飄漫繫玉騊駼葉密應棲金鸑鷟玲瓏七竅歎絶異錫此嘉名誠不辱中藏月魄影惺忪上應星精光熠煜即今列宿羅心胸喜見文章出肎腹靈秀雖云造化功神奇原不受夔觸我來相視若忘形赤脚歌吟屢往復材大希逢匠石嗟賞眞那不誇予獨摩挲差慰平生心兩袖頻攜風穆穆

高譚便可藉花茵清讌無勞設蘧蒢天上常看暎白楡
人間幾度然紅燭但得終朝賦酒泉底須遥夜聞絲竹
遭遇由來非偶然寄懷豈必都諧俗歸去溪堂繪作圖
對君日日酬醽醁

邑志載小人悍愚輕於犯法余甚憫之作此示勸德貴
漫言下里屬愚氓五氣都從造化生肢體全歸敦孝養
農桑世守篤庸行醇良禮讓能彌患刁健頑殘毋觸刑
幸際雍熙敷化日願胥擊壤慶昇平

文湖漁唱　馬錦襄

不辨天光與水光滄浪歌處問滄桑漁家風月迷幽火

鮮旗烟波是故鄉欸乃一聲雲拂影隱然半櫂節生凉

即今望去猶疑練可有絲竿掛夕陽

狄武襄公祠　程學孔

宋時武功誰足數將軍磊落起行伍百戰元昊掃妖氛

畧地攻城闞虓虎韓范二公竒其才左氏春秋授干櫓

將軍折節肯讀書異畧竒謀動人主丹青圖像霽天顔

樞密宣麻册天府儂高流毒廣東西天兵南討敢余侮

朝廷命將重出師臣靑爲國奮厥武夜半飛奪崑崙關

賊將見面面如土始信布地百錢紅振旅闐闐奏凱鼓

勲名自足照簡靑識量更能高萬古頰邊涅字不肯除

梁公像在非吾祖湊烟閣上多功臣有如公者今吉甫
士人俎豆春復秋桂酒椒漿薦歌舞

介山思烟臺　程學孔

樹隱綿山路崎嶇石磴連霜寒臺畔草雲過廟旁烟蛇
蟄焚林後鴉鳴禁火前只今借隱處臨眺獨潸然

鶴鳴古洞　李瑶

古洞深幽寄此生人言跨鶴入雲行峰頭悵望無飛影
谷口空傳有唳聲響接山岩聞嚦嚦韵來崖壑覺清清
仙姿不識歸何處落得餘音應手鳴

文湖漁唱　李瑶

文湖好景舊曾多最愛漁人發棹歌一曲新詞翻錦浪幾囘古調散清波聲隨綠水無心去響逐金鱗得意過緬想遺踪何處是依稀還自聽吟哦

彪嶺樵歌　李瑶

採薪嶺上白雲平緩步高歌入調清每向峯頭吟泄泄時從曲裏度丁丁林飛逸韵兼山響澗落餘音繞谷鳴妙有牧童牛背笛吹來又和兩三聲

謁卜子祠　程學曾

教澤西河訪古賢儒先此地有真傳卜山遠接尼山脉汾水遥通泗水淵鳥語書聲縈嶺上風鳴琴韻過林邊

至今石室誰爲主藤繞苔封不計年

謁汾陽王廟　辛顯祖

維唐七葉山逢鬼天子蒙塵狼疐尾令公手扶半壁天
克復兩京績何偉吐蕃癸爾兵氛起倉皇勅公一幅紙
奪海內於群盜區大河南北復姓李驀地酋兵驚若雷
都訝令公天上來羅拜歡呼還起舞靈臺單騎提音回
嗚呼補天浴日功如此血食千秋應不死下馬擎觴酹
斷碑廟貌嵯峨儼仰企

過向陽峽　辛顯祖

五丁鑿破混沌竅劈分兩壁陡且陗中有羊腸一徑通

絶頂瑩瑩燭籠照崗巒凸凹失前路霜皮黛色列古樹
山雀輕翻雉雞飛野狐突跳蹲狡兔懸崖欲墜迎脺來
瀑布飛噴白雲開陰風颯颯疑虎伏曲磴盤迂斜陽催
欵段崎嶇三十里望中隱隱近村市行人莫唱行路難
迢遞西來山邐迤

汾陽宫懷古　辛顯祖

北齊併後南陳滅混一金甌堅似鐵大茹勤儉土成金
阿麼哮矙百姓血也知外問多圖儂行幸猶築汾陽宫
汾陽宫殿巧玲瓏江北江南杼柚空太原公子提戈來
一呼天下歡若雷魚爛鳥離刼火後汾上於今剩殘灰

汾兮汾兮脉脉流不見當年帝子遊蔓草萋萋膦鬼粦
滿目蒼凉白雲浮

協辦志事

戶部山東司員外賈生琇

前任江南建陽衛守備候補遊擊王邦廸

候選布政司理問呂審疇

議敘主簿卞懷瞷

議敘州判卞爾垣

議敘縣丞董忞舒

州同武汝翼

千總王恒茂

千總張乾昌

貢　生王愷

貢　生李開江

貢　生張書政

貢　生郭繼傳

監　生趙　忠

監　生趙維淮

監　生任從直

監　生卞懷謙

監　生卞爾潤

監　生張素莊

監生任元龍

監生宋祖憲

監生侯希武

監生張明元

監生劉錦祿

監生曹光鼎張樹功等

汾州府志

二

梓人稷山葛吉瑾璋